投资台湾

——大陆企业赴台投资指南

中国企业投资协会
台湾并购与私募股权协会
汇盈国际投资集团
编

九州出版社 JIUZHOUPRESS | 全国百佳图书出版单位

图书在版编目（CIP）数据

投资台湾：大陆企业赴台投资指南 / 中国企业投资协会，台湾并购与私募股权协会，汇盈国际投资集团编.--北京：九州出版社，2012.10
ISBN 978-7-5108-1759-5

Ⅰ．①投… Ⅱ．①中… ②台… ③汇… Ⅲ．①投资环境－台湾省－指南 Ⅳ．①F127.58-62

中国版本图书馆CIP数据核字(2012)第246733号

投资台湾——大陆企业赴台投资指南

作　　者	中国企业投资协会　台湾并购与私募股权协会　汇盈国际投资集团　编
出版发行	九州出版社
出 版 人	徐尚定
地　　址	北京市西城区阜外大街甲35号（100037）
发行电话	(010)68992190/2/3/5/6
网　　址	www.jiuzhoupress.com
电子信箱	jiuzhou@jiuzhoupress.com
印　　刷	涿州市星河印刷有限公司
开　　本	787毫米×1092毫米　16开
印　　张	35.75
字　　数	677千字
版　　次	2012年11月第1版
印　　次	2012年11月第1次印刷
书　　号	ISBN 978-7-5108-1759-5
定　　价	98.00元

投資台灣—陸資來台投資面面觀

付梓出版誌念

經貿共榮

連戰（連戰）敬題

连战先生为本书台湾版付梓题词

序一

青山遮不住　毕竟东流去

王洛林

俗话说，三十年河东，三十年河西。时光如梭，大陆经过三十年的改革开放，经济规模不断扩大，像人世间的沧海桑田，演绎出许多传奇。在改革开放的初期，大陆对于台湾的开放近乎是单向的，台湾的人流、物流和资金流滚滚登陆，对大陆的经济发展和社会进步做出了巨大的贡献。受益于大陆经济的一枝独秀和两岸经济发展互补融合，这种状况在近些年来正发生着迅速的改变，大陆和台湾正在走向双向的、可持续的良性循环与互动。据有关统计显示：最近这 4 年来，两岸之间，每年访客来往加起来约有 600 万多人，大陆访客累积 300 多万左右，同时每一年 1 万多交换学生；双方深度的交流有助于推进未来的和平发展。

我们栖身于历史的潮流中，同时也在改变和创造着历史。两岸双向的、可持续的良性循环与互动必将带动巨大商机。近几年来，台湾对大陆企业入台投资政策逐渐放宽限制，让更多大陆企业能够进入台湾投资，宝岛台湾正在以诱人的姿态为大陆企业家提供一块可以淘金的沃土，揭开一个崭新的大舞台。2012 年 3 月 19 日，台湾当局正式公布并实施第三阶段开放大陆资金来台投资的相关规定，在 2009 年 6 月和 2011 年 3 月两阶段已开放 247 项的基础上，新增开放 161 个产业项目，这使台对大陆开放项目占总投资项目比重提高至 67%，为加快推动大陆企业来台投资的步伐提供了良好机遇，使得“陆资入岛”备受瞩目。

随着两岸经济合作框架协议的签订，有越来越多的大陆企业来台投资，据台湾经济部门公布，今年 1 至 5 月核准大陆企业来台投（增）资金额达 1.15823 亿美元，较去年同期飙增 488.35%，投资件数则为 51 件，较上年同期增加 13.33%。另据统计显示，自 2009 年 6 月 30 日开放陆资来台投资以来，累计核准陆资来台投资件数为 255 件，核准投（增）资金额计 2.9139 亿美元。

由于过去两岸投资一直是以台商对大陆单向投资为主的模式，大陆企业对台湾社会、民情、投资营商环境及相关政策、投资范围、审批管理手续等了解还不够，投资台湾仍存在许多障碍和困惑。另一方面，为确保台掌握关键技术产业的发展优势与主动权，台湾当局在扩大开放陆资入岛的同时继续强化管控措施，短期内陆资入岛仍难以取得外资同等待遇。

针对这一现实情况，为帮助内地企业投资台湾，应对在台湾投资时遇到的种种情形，中国企业投资协会与台湾并购与私募股权协会合作，联合出版《投资台湾》一书，借助台湾并购与私募股权协会的菁英资源与专业知识及经验，举凡陆资来台将遇到的各项法令、投资环境、投资优势，以及实例探讨、障碍剖析等相关信息，整理并集结成书。并从不同产业趋势发展之角度分析及解说，提供所有大陆企业来台投资的完整实用指南。此实用指南大大有益于促进大陆企业家来台投资和两岸经贸合作，相信此书的出版将会是两岸企业界、投资界的一项盛举。

世界潮流浩浩荡荡，全球化的趋势不可逆转，两岸经济的一体化也将是大势所趋，是任何人也改变不了的历史潮流。相信大陆的企业家能从“陆资入岛”的潮流中捕捉商机，创造财富；相信有志于来台投资的企业家，看了本书后，会在来台投资时，明确自己的“所需”，选择好的合作对象和伙伴，用对人才，实现优势互补。透过本书为未来的投资找到出路，不仅开发台湾本土市场，还能通过台湾辐射全球，走国际化路线，同时借助台湾的商品化、工业化设计优势，提高产品品质及设计能力，最终通过合作取经，提高产业配套能力，尽快进入盈利阶段。他山之石，可以攻玉，相信大陆的企业家可以通过投资台湾这艘不沉的航空母舰，而得到很好的出海演练，提升国际化的水平，规避风险，创造财富，探索走出去的“新路”，从而为中国企业家走向世界，纵横四海，打下坚实的基础。

《投资台湾》一书架构宏富，内容详实，包含法律、会计、资本市场、产业及其它诸多方面的内容，而又分门别类，便于查阅，全书浸润着编著者的心血和汗水。作为一名经济理论工作者，一个多年从事的国际贸易、国际投资领域研究的学者，对《投资台湾》一书的出版，我谨致以诚挚的祝贺，并在此向所有为此书编撰和出版付出辛勤劳动的全体工作人员表示衷心的感谢！

青山遮不住，毕竟东流去，愿本书的出版能有效指引大陆的资金流、人流和物流滚滚东渡，造福于两岸人民。是为序！

王洛林

序二

潮平、风正、新局开 “投资台湾——大陆企业赴台投资指南”

尹启铭

过去四年，两岸重启中断多年的制度化协商，两岸经贸交流也逐渐进入制度化与稳定发展的阶段，两岸和平发展成果有目共睹，亦备受国际肯定。不过，仍有些关键瓶颈尚待突破，其中即包括吸引陆资来台投资。开放陆资来台投资虽已成为台湾重要大陆政策之一，而大陆推动企业“走出去”战略也已超过十年，陆资来台投资却仍然有很大的提升空间。

探究其原因，除了两岸仍缺乏投资保障协议，以及目前台湾对陆资的投资产业项目与条件限制过严之外，对台湾现行法规、制度、政策、市场、习惯与态度不够了解，也可能让大陆企业对投资台湾裹足不前。毕竟，两岸几十年来政治分离与经济发展差距所造成的差异与隔阂，并非因同文同种或短期的交流合作，就可以轻易消弭。另以数据来观察，根据投审会的统计，从2009年开放陆资来台投资至2012年4月底止，核准陆资来台投资件数仅246件，总投资金额为2.8亿美元。而根据商务部的统计，单单2012年1~4月，大陆非金融类对外直接投资金额就达231.6亿美元，显示陆资来台投资的潜力庞大。因此，目前台湾正在就投资保障协议内容紧锣密鼓地与对岸进行协商，有机会在近期内完成签署。未来也将随着局势的演进，秉持“优势互补、互利双赢”原则，适时、适度地进一步解除对陆资来台投资的限制。

当此之时，相当乐见台湾并购与私募股权协会决定出版《投资台湾》一书，因为这本书刚好可以配合当前的施政作为，有助将陆资来台投资的种种障碍予以减轻或消除。首先，作为一本对台投资工具书，陆资企业将可以透过此书，对来台投资在法律、会计、税务及资本市场上所应遵循的规定、准则与程序，以及可能遭遇的困难，有较通盘与系统性的了解，因此，可以做更充分的准备与避免犯不必要的错误。大陆企业也可以透过此书，对台湾总体经济的前景与产业发展的趋势有较清晰的认识，以发掘更多的潜在商机，并对可能的风险预做因应，这些都有助于大陆企业进行投资台湾的决策。

然而，这本书能发挥的功效不仅仅如此。本人认为，与两岸经贸事务相关的公务人员也应该详读此书，以对台湾目前陆资来台投资的管制体系及其效果与产生的问题，有更深入的了解，并据以推动革新。举如，书中王传芬与李映怡律师提到迄今仍未见两岸大型并购案件产生的五大理由当中，几乎全数与当局政策有关，也有予以检讨修正的必要。另外，台商与一般民众也可以透过阅读本书，获取其中丰富的专业性与实用性信息，并对当局在开放陆资议题上的谨慎态度与循序渐进原则，以及陆资来台后仍会受到严格的节制与规范，有更清楚的认识，避免对陆资产生不必要的恐惧与抗拒，阻碍陆资对台湾原本能发挥的效益。

展望未来，后金融海啸的国际局势变化，同时为台湾和大陆带来严峻的挑战与发展的契机。因此，两岸在各自的中长期建设计划中，不约而同地强调要提升投资在带动经济成长上扮演的角色，以促成发展模式向内外需协调发展转型。

大陆在“十二五”规划中，明确提出除了要继续积极实行“引进来”的投资自由化战略，还要加快实施“走出去”战略，透过法规松绑与激励措施，创造有利的条件与环境，引导大陆企业依序推展对外投资合作。大陆实施“走出去”战略的目的，即在透过参与国际市场及全球布局，降低企业经营成本，扩大企业经营规模，以增强经济成长与发展的动力。

台湾在“黄金十年”的“活力经济”愿景中，同样以“开放布局”为施政主轴，具体策略除了重申“接轨国际，让台湾走向世界”外，更强调要“创新开放，让世界走进台湾”，全面检讨外人投资、人才延揽等的法规及制度，推动革新，并打造对国际人士友善的工作与生活环境。在全球化浪潮铺天盖地的时代，台湾必须充分运用全球化带来的机会，将之顺利转化为经济成长的动力来源。台湾的优势条件足以吸引跨国企业以台湾作为基地或作为合作伙伴前进新兴亚洲市场，台湾就必须进一步增强这些优势条件而不是自我设限。

由于两岸在许多方面呈现很强的互补性，存在着宽广的合作空间，可以创造一加一大于二的加乘效果，协助彼此掌握契机与克服挑战，达到互利双赢的局面。两岸若在投资的议题上能合作发展，一个同时对两岸有利的理想状态是，大陆企业纷纷至台湾投资，从而获得在技术研发与市场信息上的好处，并利用台湾厚实的产业基础与自由的国际化环境作为“走出去”的平台；而台湾则可利用陆资来创造就业、促进经济成长与扩大外商来台投资规模。当各国企业齐聚台湾，台湾就可以作为所有跨国企业合作的舞台、成为东亚的核心，外来直接投资就会成为驱动台湾经济成长的新动力。明显的，吸引陆资来台投资的瓶颈是否能突破，将是其中的关键。

相信这本书的出版，将对陆资企业来台考察与投资提供丰富的信息，有助于突破陆资来台投资的瓶颈，进而对台湾经济转型做出贡献。个人相当肯定与感谢台湾并购与私募股权协会出版本书的用心与努力，也衷心推荐本书，期望它能成为大陆企业经营者来台投资的最佳工具书，发挥最大的功效。

尹启铭

序三

投资台湾——大陆企业赴台投资指南

高育仁

中国大陆自 1978 年实施改革开放政策以来，就逐步进入经济高速发展时期。其经济得以高速发展的重要原因之一，乃吸引了全球大量的外商直接投资。截至 2010 年 1 月止，中国大陆约得到了近一万亿美元的外商投资。大批外资企业使得中国企业的制造能力提升，强化中国产业结构、出口竞争力，也引进了先进的技术和管理经验，把中国大陆打造成“世界工厂”。

根据中国商务部同一时期的统计资料显示，台资企业名列中国大陆第五大外来资本（占实际累积金额的 5.23%，约 497.06 亿美元）。若以投资件数来看，台资企业更是仅次于港、澳地区，为投资大陆件数第二多的外来资金（占累积投资件数的 11.71%，共计 80,255 件）。对台湾来说，大陆已经是台商对外投资最多的地区，也是台湾的第一大贸易伙伴，第一大出口市场和第一大贸易顺差来源。2010 年，中国大陆正式超越日本，成为东亚第一，世界第二大经济体，拥有超过三兆美元的外汇存底。回顾大陆地区过去 30 年改革开放的经济发展史，台商投资大陆，对于大陆地区突飞猛进的经济发展做出相当大的贡献。

综观全球经济现况，当前美国和欧洲还陷于金融风暴与债信危机之中。对于向来仰赖对欧洲、美国出口，而维持了高度经济成长的中国大陆而言，对产业也有一定程度的冲击和影响，中国大陆正面临经济发展转型的关键时刻。中国大陆未来的经济转型，主要可以朝向两个方向，一是提高国内消费，扩大内需市场；二是积极进行产业结构的调整，促进产业升级。其中产业结构的调整，本质上就是投资结构的调整。大陆应该以其与港澳台的“大中华经济圈”为核心，进行全面的经济投资策略规划，引导更多资金投入生技、绿能、高科技、金融服务等战略性产业。

尤其 2010 年 6 月 29 日两岸完成签署“ECFA”（Economic Cooperation Frame-work

Agreement，两岸经济合作架构协议），让两岸进入“经贸关系制度化”的新纪元。两岸应该进行双方产业发展的总体合作，避免两岸产业相互恶性竞争与虚耗，两岸可以针对战略性产业，研商分进合击的投资策略。两岸相对而言，台湾在医疗、半导体、面板、电子、资讯、生技、金融、文创等产业，都拥有相当的领先技术或竞争力。2012 年 4 月“美国商业环境风险评估公司”(Business Environment Risk Intelligence；简称 BERI) 的“投资环境风险评估报告”指出，台湾的投资环境评比 (Profit Opportunity Recommendation；POR) 总分为 72 分，在亚洲地区排名第 2，全球排名第 4。在列入评比的全球 50 个主要国家和地区中，仅次于新加坡、瑞士和挪威，台湾实在是相当值得大陆积极开发的投资市场。

两岸的和平稳定与繁荣发展，是两岸人民的共同期望。海峡两岸自 2008 年重启交流之后，不仅实现三通直航，签署了 16 项协议，ECFA 的签订更建立了两岸制度化的经贸结构。两岸和平发展得之不易，两岸人民应当共同珍惜。二十一世纪基金会自 1988 年成立以来，即努力促进两岸对等交流，互惠合作。如今更期待中国大陆透过扩大投资台湾，进一步促进两岸的经济整合及产业分工，深化两岸的互信认同，巩固两岸的和平发展。

面对中国大陆启动经济转型，两岸经济发展与合作的重要时刻，台湾并购与私募股权协会出版了《投资台湾》一书。本书汇集许多财经、企业、法律等资深专业人士的评估研究，从法律、政策、财务会计、资本市场、产业分析各方面，完善而详尽地针对投资台湾进行总体性的介绍。本书不仅汇整投资台湾相关的法令规范、重要须知与各大产业分析，也提出具体的案例研究，使本书更具实用性，可说是目前针对大陆读者较完整而专业的投资台湾工具书。本书能够完成汇编而付梓，台湾并购与私募股权协会黄理事长齐元居功厥伟，由衷感佩。我也衷心期盼借由本书，使更多的大陆企业了解台湾，进而前往台湾投资。

序四

促成陆资企业来台投资　王道精神的思维是关键

施振荣

大陆在改革开放之后，加上台商这二三十年在大陆的投资，双方在互惠互利的基础上，建立了很好的合作关系，对台商的国际竞争力提供助力，也对大陆的经济发展有所贡献。

如今两岸关系和缓，在此时刻，两岸企业更应掌握机会，进一步在大陆经济发展转型之际扮演关键的角色，借由双方合作对世界做出更多的贡献。

台湾在制造领域已有许多外移至大陆设厂，因此，台湾的产业需要不断的升级，持续投入创新，并以整案输出的模式，更积极推动服务业的国际化。从台湾的经验来看，大陆的产业未来也需要转型发展，由制造经济转型为服务经济，且大陆企业也要积极寻求国际化的发展。

在两岸经济交流日益活络下，以往大多是台湾企业赴大陆投资，未来陆资企业投资台湾的情况也将大幅增加。如要能顺利促成陆资企业来台投资合作的成效，那么台、陆企业双方就必须以王道精神来思考，方能有助于双方的合作。

所谓的王道精神的三大核心信念是："创造价值"、"利益平衡"、"永续经营"。企业经营必须要能创造价值，且兼顾所有利益相关者的平衡，才能达到永续经营的目标。

因此，陆资企业如果要投资台湾，首先就要考虑如何来创造价值，陆资企业应思考如何借由投资合作将两岸企业的能力结合强化，以有效掌握大陆市场，进而迎向全球。

至于在考虑利益相关者的平衡方面，关键在于经营的"主导权"。如果陆资企业投资现有的台湾企业，与台商合资经营企业，并欲由陆资企业拥有经营的主导权，在那种情况下，只要台湾主管机关在法令规定上无相关的限制，且在陆资企业与被投资之台湾企业大股东及其经营团队沟通同意下，自然就能促成投资合作的立即成效。

另一个情况则是台湾主管机关的法令规定确有相关的限制，陆资企业不能取得经营主导权，则仍需由台湾企业的经营者来主导，只要陆资企业有此心理准备，虽然陆资企业并无主导权，但双方仍可共同来创造价值。如能借由双方的合作，进一步借重大陆资源来开拓大陆市场，一旦成功，陆资企业仍然有利可图。

而且在双方合作的过程中，未来将会衍生更多投资的新机会，届时可再由陆资企业来主导，同时在此合作过程中也可提升陆资企业的竞争力。

只要陆资企业来台投资时，在两岸合作此处的思维如能有所突破，相信未来必能促成许多双方合作的成功案例。

《投资台湾》一书内容邀集了台湾并购与私募股权协会大型机构会员的五十多位专业人士提出的论述，分别就陆资来台投资时所涉及的法令、法律、财会、资本市场、产业趋势概况等相关议题做了详尽的介绍，并以个案分析提供专业的信息及服务内容，让陆资企业充分了解来台投资应注意的事项，对有意来台投资的陆资企业是很好的参考资料，相信将有助于促进陆资企业来台投资，与台商共创双赢！

施振荣

序五

投资台湾与投资全球的视野与价值

王巍

大约在十年前，我曾为台湾的《经济日报》撰写专栏文字，面向来自台湾的投资者，介绍在大陆经营的法律财务与并购技巧。2000年台湾政党轮替后，鼓励投资大陆的专栏无疾而终。四年前首次带领中国并购公会代表团考察台湾，仍是低调潜行，与台湾同行多是窃窃私语，唯恐在台湾检讨产业空心化之际，大陆投资者招摇过市会干扰台湾选情。

现在看到黄齐元理事长主持《投资台湾》一书书稿，颇为振奋，欣然承命作序。希望以投资台湾为起点投资台湾与投资全球的视野与价值检讨大陆企业界海外投资的种种观念困惑，也求得台湾同行的指教。在商言商，本是投资者应有之义，无需赘言。不过，两岸商业交往已久，许多本来在开放之初就应当讨论的投资价值观，却因当时避嫌而未能展开，反而导致两岸投资理念的差异甚至大于大陆与欧美日之间的差异。这是我们在推动两岸并购交易时常常遇到的微妙之处，我也在多个场合与黄齐元先生以及台湾同行讨论过。在大陆投资人终于开始关注台湾时，重新检讨一下，也是补课。

过去三十年，大陆的经济增长主要获益于全球化的压力和市场化的改造，来自各地的全球公司在大陆的投资从产业结构，市场分布，人力资本，价值链条，技术更新等全方位地重组了经济格局，使得大陆经济有了今天这样的高速增长和繁荣。其中，香港台湾对大陆的投资更是附加了文化观念和华人公司治理等软性要素，这是被长期忽视的却是非常重要的历史，应给予积极和公正的评价。

全球经济正在经历一次新的洗礼，积累了巨大投资能力的大陆企业家和创业家有机会能够参与全球市场和全球产业价值链，这是一个空前的历史机遇。它不仅会改造全球经济格局，也会让大陆投资者的投资理念呈现给未来。我们如何把握这些要素，给海外市场和经济社会留下何种印记，这不仅是投资能力问题，也是如何融入国际社会的价值理念与文化问题．到目前为止，中国对全球的投资规模与契合度仍然是一个极大的挑战，甚至在相当地区形成对中国海外投资的排斥和"国家风险"（Country Risk）。投资台湾可以是一个新的检验平台。

全球经济的当下，投资能力是一个国家的富强与实力的表达，也是经济结构与发展阶段的呈现。在百年积弱和制度压抑民间财富的国家里，缺乏安全感和信仰会导致一段高速增长时期中对金钱和经济规模的贪婪甚至对自然和人力资源要素的掠夺性竞争，这也是欧美日等发达国家早期崛起的无法避免的阶段。问题是，在全球经济已经趋于一体化和资源保护的新产业时代中，中国这样一个举足轻重的大国发展如何与普世价值契合就成为全球关注的焦点。中国的投资能力和消费能力所表达的价值理念远远超出了投资规模和方式的意义。

投资是商业选择，市场规则奠定基础。长期以来，大陆对台政策偏重意识形态，以主张统一为标准，商业因素居从属地位，并建立了一系列优惠条件和经济特区。这种制度固然推动了台资企业群体的进入和生态圈的形成，但同时也使得大陆企业未能直接体验市场竞争的残酷与台湾商业的核心要素。而且，大陆来台投资企业也期待对方投桃报李获得优惠条件。

其实，大陆政策对海外投资的限制和选择，往往鼓励更具有非市场因素的国有企业和享受特殊待遇的民间企业走出国门，事实上也约束了这些企业商业触角发挥功能。一旦发生纠纷，民族主义情绪和国家情怀也带入更多非商业因素的考量。台湾当地和海外的市场规则应当是大陆投资者最为紧要的课程，这不是政府政策和接待酒会就可以熟悉的，必须经历市场竞争的打磨和洗礼，在失败中体验。

投资是观念选择，企业成长制约空间。大陆企在开放与改革后获得制度活力，在极度贫困的经济基础上一飞冲天取得全球瞩目的成就．这里有技术引进，人力成本低廉，资源过度开发和恶性商业竞争等种种因素，利润与市场占有是最高标准、公司治理、商业道德和社会责任尚不能成为约束条件，这也是大陆早期投资海外市场最与当地冲突的领域，而我们至今仍习惯地归结于对中国经济崛起的嫉妒或敌意。

企业成长的核心是对社会创造正面的价值，包括利润，更包括就业、丰富市场、保护环境和尊重当地习惯。竭泽而渔地单兵突进，掠夺未来资源的所谓做大做强将是恶劣的企业行为。海外投资不是炫富逞强，而是共同成长。企业并购是婚姻，不是一夜情。关注企业上下游，呵护企业左邻右舍，尊重现有的产业价值链，与台湾和海外当地企业融合并创新成长，这是大陆企业建立投资战略的核心前提。

投资台湾也是华人文化的选择，价值导向决定成败。中华文明中的商业文化源远流长，尽管长期处于社会价值的低端，但一旦起步便可以后来居上。1841年鸦片战争以来，历经列强入侵和内战的摧残，台湾和香港经济在上一世纪一鸣惊人，卓越全球。大陆在体制改革和开放后，不过三十年便跻身全球经济大国。预计2040年，也就是中国濒临破产的二百年之后，中国经济实力可以跃居全球之首。从大历史观上，中华商业文明可以是人类历史的奇迹之一。

儒道释法墨诸家融合发展出来的中华文明如何界定商业文化价值，如何融合竞争演化为可持续发展动力，如何建立与全球各国和谐共荣的经济秩序，这是华人投资家和企业家的共同挑战，也是大陆投资台湾过程中双方合作的一个值得关注的课题。华人投资家和创业家建立一个超越政治意识形态和制度差异的商业模式，在全球市场上打磨独特的产业价值体系，投资台湾可以成为起点。

二十年前，台资企业投资大陆，今天大陆企业反哺台湾。彼此在巩固市场地位，提升企业竞争能力的同时，也事实上推动了两岸社会制度和文化层次的融合，也是全球化体系和普世价值的塑造。政治敌对，军事对峙和制度排斥所不能企及的和平统一，商业交流和市场整合做到了，这也是两岸投资者和企业家对世界和平与文明的贡献。在中华商业力量在全球整体上升之时代机遇下，投资台湾可以有更大的贡献，天不负我辈，我辈安负天！

目　录

序一　青山遮不住　毕竟东流去　王洛林　1

序二　潮平、风正、新局开　“投资台湾——大陆企业赴台投资指南”　尹启铭　3

序三　投资台湾——大陆企业赴台投资指南　高育仁　5

序四　促成陆资企业来台投资　王道精神的思维是关键　施振荣　7

序五　投资台湾与投资全球的视野与价值　王　巍　9

前言　投资台湾的新战略思考　*1*

第一部分　法律面　*7*

第一章　ECFA 介绍　*7*

王宝玲／合伙人／理律法律事务所

刘怡莎／律师／理律法律事务所

第二章　台湾有关主管部门介绍　*13*

程守真／合伙人／常在国际法律事务所

第三章　陆资来台投资相关法令介绍　*21*

宋天祥／合伙人／理律法律事务所

林秀玲／资深顾问／理律法律事务所

第四章　陆资来台投资之沿革与特色　*35*

程守真／合伙人／常在国际法律事务所

第五章　来台投资税务需知　45
杨明珠／副营运长／资诚联合会计师事务所
第六章　两岸搭桥计划介绍　53
协会整理
第七章　两岸投资保障协议的功能　63
吴必然／资深顾问／协合国际法律事务所
第八章　两岸合资相关法规　75
蔡玉玲／主持律师／理慈国际科技法律事务所
张承中／资深顾问／理慈国际科技法律事务所
第九章　浅谈两岸并购之法律与政策／“并”出两岸钱景，“购”得和平愿景　83
王传芬／合伙人／宏鉴法律事务所
李映怡／合伙人／宏鉴法律事务所
第十章　陆资投资台湾重要法律议题　93
王怀宇／律师／众达国际法律事务所
第十一章　陆资来台投资常见问题分析（上）／掌握来台契机共创两岸双赢　101
蓝聪金／副总经理／勤业众信联合会计师事务所
第十二章　陆资来台投资常见问题分析（下）　115
程守真／合伙人／常在国际法律事务所

第二部分　财务会计面　119

第一章　陆资企业“走出去”应关注税务议题　119
周黎芳／会计师／安永联合会计师事务所
钟艾芳／资深协理／安永联合会计师事务所
第二章　陆资企业来台投资需知　127
林淑怡／会计师／勤业众信联合会计师事务所
徐祥如／协理／勤业众信联合会计师事务所
第三章　陆资来台投资架构剖析　135
何嘉容／会计师／ KPMG 安侯建业联合会计师事务所
第四章　陆资来台之财报相关探讨　143
张耿禧／会计师／勤业众信联合会计师事务所
第五章　国际会计准则在台湾　153
游万渊／审计部营运长／ KPMG 安侯建业联合会计师事务所
叶秋秋／知识管理组协理／安侯建业联合会计师事务所

第六章　陆资来台投资税制考量 165

袁金兰／会计师／勤业众信联合会计师事务所

王昭悌／税务部协理／勤业众信联合会计师事务所

第七章　台湾税务概论 175

杨明珠／会计师／资诚联合会计师事务所

第八章　台湾各类税种简介 183

何嘉容／执业会计师／KPMG 安侯建业联合会计师事务所

杨雪卿／执行副总经理／KPMG 安侯建业联合会计师事务所

第九章　陆资来台投资税务议题停、看、听 195

周黎芳／会计师／安永联合会计师事务所

苏仁伟／经理／安永联合会计师事务所

第三部分　资本市场面 203

第一章　台湾资本市场之竞争优势 203

蔡松棋／会计师／KPMG 安侯建业联合会计师事务所

第二章　外国企业来台第一上市制度介绍 215

台湾证券交易所

第三章　外商企业来台上市应有之准备 225

关春修／KPMG 台湾所

第四章　外国企业来台第二上市制度介绍 233

台湾证券交易所

第五章　台湾存托凭证市场简介 243

邱昭贤／资诚联合会计师事务所会计师

第六章　陆资来台已上市、上柜公司之分析 251

邱昭贤／资诚联合会计师事务所会计师

第七章　陆资企业来台上市（柜）的重要法律议题 255

刘中平／众达国际法律事务所

孙欣／众达国际法律事务所

第八章　陆资如何运用台湾当地金融机构融资 263

刘博文／普华（PwC）国际财务顾问公司执行董事

第九章　台湾借壳上市探讨 269

蓝涛亚洲

第四部分　产业面　277

第一章　台湾 2011 ~ 2012 年经济情势与展望　277

叶明峰／财团法人宝华综合经济研究院

第二章　台湾的总体产业趋势介绍　291

福邦证券股份有限公司／综合证券商

第三章　台湾总体产业趋势介绍　305

黄贤桢／东亚证券（股）公司投资顾问部资深业务副总

第四章　2010 ~ 2012 陆资来台投资情形分析　317

何嘉容／KPMG 台湾所 税务投资部 执业会计师

陈淑渊／安侯建业联合会计师事务所税务投资部执业会计师

第五章　台湾创业投资及私募股权投资产业概况　327

杨正秋／台湾并购与私募股权协会

第六章　开放陆资来台投资产业清单剖析　337

沈碧琴／安永联合会计师事务所（安永台湾）执业会计师

倪佩玲／安永联合会计师事务所（安永台湾）资深协理

第七章　ICT 产业分析——软件产业　345

翁伟修／MIC 产业情报研究所

第八章　ICT 产业分析——信息硬件产业　351

魏传虔／MIC 产业情报研究所

第九章　台湾电子产业介绍　357

福邦证券股份有限公司／综合证券商

第十章　陆资投资台湾电子产业现况　373

大华证券

第十一章　台湾服务业整体发展概况　381

王建彬／商业发展研究院经营模式创新研究所所长

第十二章　台湾金融产业分析　389

翁丽俐／普华（PwC）国际财务顾问公司执行董事

第十三章　台湾银行产业剖析及未来契机　399

程淑芬／台湾大学国企系所专业实务教师

第十四章　台湾文化创意产业分析　419

刘承庆／益思科技法律事务所合伙律师

第十五章　被风吹着走，不如迎风扬帆 427

刘奕成／悠游卡公司董事长

杨舜帆／悠游卡公司董事长助理

第十六章　浅谈两岸文创产业的链结点以及投资机会 435

黄心懋／华阳中小企业开发股份有限公司文创基金合伙人

第十七章　台湾机械产业分析 441

福邦证券股份有限公司／综合证券商

第十八章　物流产业分析 455

林丽珍／安信商务律师事务所

第十九章　台湾生物科技产业分析（上） 465

刘承愚／益思科技法律事务所律师

第二十章　台湾生物科技产业分析（下） 475

沈碧琴／安永联合会计师事务所（安永台湾）执业会计师

第二十一章　台湾不动产制度及发展 483

陈联兴／华渊鉴价股份有限公司

第二十二章　房地产业分析：浅谈陆资来台投资房地产 493

将捷集团／永捷资产管理股份有限公司

第二十三章　房地产业分析：扩大经济受惠 发挥“筑巢引凤” 503

杜孟真／安信商务律师事务所

第二十四章　陆资想走出去，先要改变心态 513

张志浩／沃特（中国）财务集团 CEO

第五部分　其他 523

第一章　大陆人士在台工作、居住相关问题 523

李静秀／勤业众信联合会计师事务所税务部协理

第二章　台湾知识产权法制简介 529

赖文智／益思科技法律事务所

第三章　两岸交通直航，企业并购偏航 537

罗千里／北京金杜律师事务所，资深合伙人，两岸法律小组召集人

编辑后记 545

宋晓鹤／中国企业投资协会秘书长

杨正秋／台湾并购与私募股权协会秘书长

前言

投资台湾的新战略思考

黄齐元

黄齐元 / 台湾并购与私募股权协会理事长（蓝涛亚洲总裁）

经　历 / 宝来金融集团（Polaris Financial Group）集团副总裁暨大中华资本市场处总经理（2001~2010），美商汉宇资本（亚洲）（GC Capital）总裁（2000~2001），美商中经合创投（WI Harper）副董事长兼亚洲区总裁（1998~2000）

2008年后两岸关系开始趋于和缓，双方希望以优势互补的方式创建出更大的发展机会，台湾于2009年6月30日，第一阶段开放陆资来台投资正面表列业别项目，累计开放205项。第一阶段开放陆资来台湾投资后，发现陆资来台投资总金额并不高，为求更进一步的发展，台湾当局于2011年3月7日公布第二阶段开放陆资来台投资正面表列业别项目共42项，第一、二阶段累计开放陆资来台投资正面表列业别项目共计247项。自2009年至2011年两岸关系逐渐改善，两岸经贸关系日趋活络乃必然的发展趋势，为继续扩大陆资来台投资，将陆资来台投资正面表列业别项目做出大幅放宽举动。

台湾于2012年开放第三波大陆企业投资台湾核准产业名单，其中制造业开放97%，服务业与公共建设开放幅度51%。而外界相当关切的TFT–LCD面板与半导体产业，陆资来台投资这些产业均不得具有控制能力，除了陆资持股不得超过50%外，还需经项目审查。

根据台湾第三波开放名单，在制造业部分，新增开放115项，加计已开放的89项，开放幅度约达97%,包括发光二极管（LED）、太阳能电池（solar cells）等都是新增的开放项目，并分别依据产业发展规模及其因应能力，订定不同的限制条件。服务业部分，此次新增开放23项，加计已开放的138项，开放幅度约51%：公共建设部分，新增开放23项，加计已开放的20项，开放幅度约51%，不过公共建设是指非承揽的部分，并有限制条件，例如：公路及大型物流中心，限只能采用合资，且对该投资事业不得具控制能力等。

大陆企业对台湾产业有兴趣的包括几种类型：第一，台湾具有独特技术、管理和人才等相对优势的产业，例如：半导体制造业、半导体设计业和面板业。第二，台湾本地市场具有高度成长潜力的产业，例如：在线游戏业、生物科技业。第三，两岸可以一起携手合作走出去的产业，例如：钢铁业、石化业。而医疗产业更是台湾具有人才优势的产业代表，台湾以往受到日本的影响，最好的人才都去学医，形成了庞大的医疗人才体系，同时也具备全球最佳的医疗健康保险制度体系。第六次“陈江会谈”，特别开放了两岸医疗产业合作，台资可以在大陆五个城市成立独资医院，两岸开始进入医疗合作的新纪元。2012年以来，大陆观光客来台旅游频创高峰，衍生出许多“医疗旅游”相关商机，包括医疗健诊、医疗美容等，收费都非常惊人。2011年初，总部位于北京但在香港上市的金卫医疗在台湾成功第二上市，以“台湾存托凭证”（Taiwan Depositary Receipt; TDR）形式募集3,000万美元资金，并且和台湾人寿保险集团的龙邦建设形成策略联盟，将合资共同拓展两岸医疗观光等相关业务，算是相当成功的两岸医疗合作例子。

大陆也对台湾的文化创意产业表达出高度兴趣，台湾的人才早期来自中国大陆各地，汇集结果孕育出创新的种子。台湾对于中华文化长期以来相对保存较好，再加上社会开放，对于新事物接受度高，鼓励多元思考，因而培养出许多文化创意人才。这几年台湾主管机关也大力推动文化创意产业，支持成立了 12 个文化创意产业基金。去年台湾的电影产业大放异彩，《那一年，我们一起追的女孩》打破香港华语片有史以来最高票房纪录，描述台湾少数民族抗日的《赛德克·巴莱》也在创投支持下，得到国际电影大奖。虽然如此，台湾文化创意产业仍然有许多潜力尚未有效开发。且目前许多台湾文化创意产业人才均以个人工作室形态存在，未来需要进一步的商业化及企业化，并且和大陆市场接轨，才能形成具有规模的文化创意集团和产业链。大陆目前文化创意产业虽然不缺乏大型项目，惟仍然以和欧、美接轨者居多，如迪斯尼和梦工厂等，未来应该加强和台湾合作，推广具有两岸华人共同特色的文化创意产业。

另外一个台湾有人才优势的是金融业。台湾的金融业过度竞争，2,300 万人口却有 40 多家银行、20 多家保险公司、40 多家基金管理公司，连金融控股公司都有 16 家，竞争极度激烈，经营薄利化，金融机构往往要对客户做许多免费服务，但训练出很多市场营销和产品设计人才，特别在财富管理、中小企业融资贷款、信用卡和新金融商品等方面，这些都是中国大陆目前金融业发展的方向。台湾市场太小，大陆银行有兴趣的不在台湾本地市场，而在如何将台湾的技术引入内地市场，为此大陆银行愿意参股台湾银行或是和台湾金融机构在大陆成立合资公司，比如：台湾的富邦集团就和方正合资成立基金管理公司，并与南京紫金集团合资成立人寿保险公司。中国大陆正在推动金融改革，透过温州试点，未来会积极推动非银行金融机构，如：租赁公司、担保公司和小额贷款公司，这些都是台湾的强项，也是两岸金融可以合作的新方向。

至于和台湾市场直接相关的投资机会，主要以观光旅游为主，目前每年台湾观光客有 700 万人，其中来自大陆约 200 万人。反观香港一年的大陆观光客则是超过 2,000 万人，因此台湾观光旅游业的长期潜力无穷。目前台湾拟采用和香港经济发展类似的路线，透过观光来大幅带动酒店、餐饮、零售、航空以及旅游配套等相关行业。惟台湾现有基础设施仍嫌严重不足，需要靠大量投资来弥补。目前已有大陆企业透过海外控股公司间接投资台湾商务公寓以及酒店，未来投资热潮预计还会持续。

2012 年以来，台湾食品餐饮类股的股价大幅上扬，王品牛排上市后，其股价甚至超过手机大厂 HTC，说明台湾产业投资的新方向。其实台湾还有许多具有创意和实力的连锁餐饮业者，创投或私募股权基金如果投资参股，再将其引进中国大陆发展，未来可以透过资本运作创造双赢。

至于台湾的高科技行业，目前处在比较尴尬的地位。台湾过去引以为豪的“两兆”行业——半导体和 TFT–LCD 面板，现在由于产业景气低迷以及来自韩国三星的竞争，正面临严重的亏损，需要进行结构重组。日本电子大厂如：索尼、松下和夏普也有相同的问题，DRAM 大厂尔必达甚至进入破产保护。最近富士康集团以 16 亿美元投资夏普，而中国大陆弘毅资本也与美国 TPG 共同竞标尔必达，可惜最后败给美国美光。其实两岸科技业者面临韩国的挑战，可以共同思考策略联盟或股权结合，但合作方案极需要量身订制。最近台湾主管当局一直放宽法令限制，希望大陆业者参股台湾 TFT–LCD 产业，惟尚未有任何成果，说明两岸合作并不单纯是股权比例的考虑。目前两岸科技产业最有合作空间的是 LED，台湾在技术上仍有领先优势，但三星来势汹汹，对中小型的台湾企业形成极大的压力。LED 市场前景于 2012 年逐渐转好，上游产能已未再盲目扩充，而下游 LED 照明市场在中国大陆政策的带动下，形成了稳定上扬趋势。两岸现在最需要的是共同创立 LED 照明的民族品牌，透过中国庞大的市场和政策支持，两岸有机会共创“中华牌”，和飞利浦、欧司朗等国际大厂竞争，这绝对是两岸企业可以走出去一起征服全球市场的领域。

还有一个值得注意的趋势是：台湾资本市场可以作为中国大陆中小型企业上市选择地点之一。台湾的产业多元，市盈率高，流动性佳，投资人国际观强并愿意接受新商品，所以这两年台湾成为外来中小型企业上市的新热门地点，目前已有 40 家香港和新加坡企业在台湾第二上市，其中不乏大陆知名企业如：扬子江造船和神州数码，并有纯大陆企业在台直接上市，惟后者根据现行法令，其负责人必须具备“外籍”公民身份，类似大陆“红筹股”在香港上市的模式。另外据了解，目前已有大陆资金透过香港和其他渠道在台湾资本市场买壳，虽然在法律上仍属灰色地带，至少说明大陆企业家对台湾资本市场的高度兴趣。

最后，两岸即将于 2012 年上半年第八次陈江会签订两岸投资保障协议，未来大陆资金来台投资，将可获得法律保障，相信更能促进陆资前来台湾投资的意愿。总而言之，台湾是一块亟待开发的投资市场，三年以前时机或许还不成熟，但是现在不论是大陆和台湾政策，或是基于经济发展的需要，都为两岸股权投资和战略合作形成了良好的条件。大陆需要新的投资思考方向和经营合作伙伴，现在投资台湾，正是时候。

台湾招商引资热潮的第一波热潮在 2007 年，当年外资和 PE 大举投资，共有五家商业银行被外商银行收购，三家银行被 PE 控股，四家上市公司私有化，同时三大有线电视均被纳入全球著名 PE 旗下，不过之后由于全球金融海啸及台湾主管机关限制，外资开始放慢投资脚步。第二波热潮在 2009 年马英九上台后，由于大幅降低遗产税，吸引许多大陆台商回台投资，并且在台以台湾存托凭证 TDR 形式进行第二上市，包括康师傅与旺旺。而陆资来台投资则代表台湾第三波的招商引资热潮，主要带动的因素是两岸已就投资保障协议达成一致。

国台办主任王毅已经明确表示除了 ECFA 后续协商外，深化两岸产业合作，鼓励陆资来台投资将会是其未来工作重点。王毅指出，陆企来台不但可创造台湾就业，也让企业在技术研发、市场信息、全球运营等方面多所获益。在两岸产业合作方面，王毅并表示，新兴产业合作尤其是重点推动方向，也有助于发挥两岸各自优势，达成互补效益。目前两岸双方已在积极进行无线城市、半导体照明等项目试点工作。这说明两岸交流已经从务虚到务实，从贸易关系到战略伙伴，从单方让利到互惠双赢，发展到前所未有的新境界。

两岸虽然同文同种，交流密切，照理说彼此应该相当了解，但事实上并非如此。由于地理以及政治的隔阂，我们发现两岸各界相互的了解其实存在相当大的落差，体现在制度、法规、政策、市场以及生活习惯等多个层面。基于这个理由，台湾并购及私募股权协会（本会）乃决定出版《投资台湾》一书，竭尽能力的介绍所有关于投资台湾的各项政策、法规、会计、财务、资本市场及产业等要项，希望能对有兴趣了解台湾、投资台湾的大陆朋友们和企业家提供一个较全面的介绍。

我在2012年初本会理监事会提议要出版这么一本书时，获得全体理、监事们一致同意与支持，由于本会会员人才济济，涵盖台湾财经、法律、金融、基金和学术界各方菁英，遂决定动员所有会员的力量完成此书，前后仅有两个月的时间，展现大家高度的热诚、专业和效率。当然基于时间的紧凑，也有不尽完美的地方，如内容的编排、格式的完备以及两岸用语的统一，有待日后再版时修正，但至少成功地集合了众人智能，完成了一本兼具专业性和实用性的两岸投资工具书。为了方便大陆的读者，本书在编排上有几个重点：第一，涵盖面广：举凡任何和投资有关的法令、相关信息和法令介绍，本书均有分析，可算是一本相当完整的投资入门宝典。第二，深入浅出：本书在解说和遣词用语上尽量白话，避免太过专业的术语，或者是只有读者才能体会的一些背景描述，务求能让大陆朋友以很轻松的方式就能体会，大家如果想要深入了解细节的话，将来可以再向各专家们逐一请教。第三，实例佐证：本书尽可能以深入浅出的个案研究及分析，带动读者了解，实用导向超过理论说明，当然到目前为止陆企投资台湾还没有很多的案例，但我们相信随着时间演变将来一定会有更多的经验可供分享。

两岸交流是一个“沟通”的过程，从互动、互信到互利，很多事情都要加强沟通才能运作的更加顺畅。良好沟通的前提是加强对事情的认识与了解，本书基于这个出发点，抛砖引玉，希望作为一个开始，建立两岸投资教育的新平台，为陆企来台投资略尽绵薄之力，再次深深感谢海峡两岸各位先进、各位朋友的支持与鼓励，让我们一起加油与努力，共创两岸华人的新世纪。

第一部分

法律面

第一章　ECFA 介绍

王 宝 玲 / 理律法律事务所合伙人

专业领域 / 政府采购、促进民间参与公共建设案件、工程争议、公司投资、一般民事诉讼

刘 怡 莎 / 理律法律事务所律师

专业领域 / 资本市场、并购、不动产交易、一般民事诉讼

前言

随着两岸政治气氛的转变以及刺激投资的需求，大陆的海协会与台湾的海基会经历多月的协商与讨论后，终于在2010年6月29日于重庆正式签署《海峡两岸经济合作架构协议》(Cross-Straits Economic Cooperation Framework Agreement，以下简称“ECFA”)。ECFA的签订除了是两岸关系的重大突破，更展现了两岸鼓励民间商业交流的共识与决心，并且，种种数据显示，ECFA除了历史上的意义外，确实为两岸人民创造了许多投资利基，两岸商业关系正展现出前所未有的荣景。

ECFA简介

顾名思义，ECFA为一架构协议，其目标为加强双方之经贸合作、促进贸易自由化、建立投资保障机制以及扩大经济合作领域。ECFA本文内容共16条，可分为三大重点:(一)双方应就货品贸易、服务贸易、投资、争端解决等事项于协议生效后六个月内展开磋商;(二)建立货品贸易与服务贸易之早期收获清单;(三)设立“两岸经济合作委员会”(简称“经合会”)，定期就ECFA之执行情形进行讨论。

除协议的本文外，ECFA另有五个附件，附件一、二为货品贸易之早收清单及其配套措施临时原产地规则；附件三为适用于早收清单之贸易救济措施；附件四、五为服务贸易早收清单及服务提供者之定义。

ECFA于2010年9月12日正式生效施行后，货品贸易早收清单的部分产品已正式免除关税，预计2013年起早收清单上所有货品将实现零关税之目标。经合会亦于2011年1月6日正式成立，经合会下设六个工作小组，负责货品贸易、服务贸易、投资争端解决、产业合作、海关合作等议题，并且双方已经就两岸经贸团体互设代表办事处达成共识，预计于上海及北京将设立台湾贸易中心。

ECFA早收清单

1. 货品贸易

ECFA针对货品贸易与服务贸易分别订有早收计划，货品贸易部分，早收清单涵盖由台湾方面输入大陆之539项产品，以及由大陆地区输入台湾方面的267项产品，这些列于早收清单上的产品，以三年为期逐步降至零关税之目标。举例而言，由大陆输入台湾之产品，2009年税率为零至2.5%者，2011年之关税应降为零，2009年税率为超过2.5%至7.5%以下者，2011年税率为2.5%，2012年税率应为零。2009年税率超过7.5%者，2011年税率应为5%，2012年税率应为2.5%，2013年税率应为零。适用早收清单之入台货品范围甚广，包括化学物质(例如晶碱)、汽车配件(例如小客车用新橡胶气胎)、纺织品(例如其他不织布)、机械类产品(例如其他印刷机)及消费品(例如牙刷及原子笔)等等。

为了执行上述早收清单，并避免贸易转向其他国家或出现其他国家“搭便车”之情形，ECFA 附件二特别定有适用于早收清单之临时原产地规则，且该规则较一般原产地认定原则更为严格。根据该规则第二条，适用早收清单之货品应符合下列情形之一：在大陆或台湾完全获得、在大陆及/或台湾仅由原产材料生产、或在大陆及/或台湾使用非原产材料生产但符合该规则第四条之“产品特定原产地规则”者，所谓“产品特定原产地规则”系指就税则号列变更、区域产值含量、加工工序标准或其他标准可认定货品是出产于大陆或台湾者。

根据两岸共同协商并同时公布之“适用于货品贸易早期收获产品的临时原产地规则之行政程序”，申请适用早收清单优惠税率之货品，进口人于报关时应检附大陆签证机构所签发之原产地证明书。并且，该货物应符合直接运输之规定，亦即除符合例外规定之情形外，应在大陆地区与台湾间直接运输。

举例而言，中国轮胎公司自马来西亚进口橡胶原料，在大陆之工厂将之加工制造为小客车橡胶气胎（税则编号 40111000），并直接运至台湾销售。由于在大陆地区加工之动作使得橡胶产品已转型成为橡胶气胎，造成产品税则号别之变更，根据 ECFA 的临时原产地规则，该轮胎产品之制造地应为中国，该产品 2009 年时之关税税率为 10%，根据早收计划之降税时间表，2011 年关税税率应降为 5%、2012 年降为 2.5%、2013 年起降为零关税。

台湾对于 ECFA 早收清单之执行十分重视，台湾“财政部”关税局设有“海关”办理 ECFA 进出口通关业务专责窗口，专门负责处理 ECFA 早收货品通关事宜。

2. 服务贸易

台湾方面在服务业早收清单，开放了下列服务业：

业别	开放情形
研究与发展服务业	允许大陆服务提供者在台以独资、合资、合伙及设立分公司形式设立商业据点
会议服务业（指为会议或类似事件提供计划、组织、管理及行销等营业性活动，包括外汇及饮料服务）	同上
展览服务业（限合办之专业展览）	允许大陆企业、事业单位、与会展相关之团体或基金会等来台从事与台湾会展产业之企业或公会、商会、协会等团体合办之专业展览，惟需符合相关规定
特制品设计服务业（凡从事室内设计以外专门设计服务之行业均属之，如服装、珠宝、家具等商品及其他个人或家庭物品之设计、视觉传达（平面）设计及包装设计等服务）	允许大陆服务提供者在台以独资、合资、合伙及设立分公司形式设立商业据点
电影放映服务业（华语电影片和合拍电影片）	根据大陆有关规定设立的制片单位所拍摄、符合台湾相关规定所定义之大陆电影片，经台湾主管机关审查通过后，每年以十部为限，可在台湾商业发行映演，并应符合大陆电影片进入台湾发行映演相关规定

业别	开放情形
经纪商服务业（凡以按次计费或依合约计酬方式，从事有形商品买卖居间说合而收取佣金之行业均属之。经由网际网路从事商品经纪亦归入本类）	允许大陆服务提供者在台以独资、合资、合伙及设立分公司形式设立商业据点
运动及其他娱乐服务业	同上
电脑订位系统	同上
银行及其他金融服务（不包括证券期货和保险）	大陆的银行经许可在台设立代表人办事处且满 1 年，可申请在台设立分行

根据 ECFA 附件五服务提供商之定义，适用上述服务业早收清单之大陆业者应符合下列条件，并应取得“服务提供商证明书”：

a. 已在大陆从事与拟在台湾提供之服务的性质和范围相同之商业经营持续三年以上（银行业者应在大陆获得银行业监督管理机构营业许可并注册或登记设立且从事商业经营持续五年以上）；

b. 在大陆缴纳所得税；

c. 在大陆拥有或租用经营场所。

举例而言，在上海设立之某飞机计算机订位系统服务公司，如已连续三年在大陆地区提供飞机计算机订位服务，并在大陆地区缴纳所得税且拥有或承租办公室。根据 ECFA 早收清单之规定，其得向大陆地区之政府单位申请服务提供商证明书，在台湾设立全资子公司或与他人合资或合伙、或在台设立分公司，经营计算机订位服务。此业别在台湾加入 WTO 之服务业特定承诺表中并未开放给其他 WTO 会员国参与，就此而言，ECFA 确实为两岸人民创造了更自由便捷的贸易环境。

3. 双方防卫措施

ECFA 附件三“适用于货品贸易早期收获产品的双方防卫措施”规定，如台湾或大陆一方因履行早收计划，导致从另一方进口之特定产品数量绝对增加，或与其产量相比相对增加，威胁到进口方之同类或直接竞争之产品，进口方可要求进行磋商，并实行防卫措施，亦即可将所涉产品之关税税率提高至当时普遍适用于 WTO 会员之非临时性进口关税税率。

ECFA 与陆资来台投资成效

1.ECFA 早收计划成果丰硕

ECFA 正式施行后，两岸互相投资以及人民商业交流有显著之成长，根据 2012 年 4 月经合会第三次例会所公布之成果，除台湾输入大陆地区之货品以及赴大陆投资服务业之业者数量持续增加外，据台湾海关统计，2011 年 1 月至 2012 年 3 月，大陆地区对台湾出口适用 ECFA 早收计划优惠关税产品金额约 13.3 亿美元，减免关税约 3,356 万美元。

服务贸易部分，自 ECFA 正式施行至 2012 年 3 月止，大陆核准陆资来台投资 43 件，投资或增资金额 1.08 亿美元，其中中国银行台北分行、交通银行台北分行已分别完成登记手续，申请汇入共约 9,148 万美元作为营运资金。另，台湾已核准引进 20 部大陆影片，其中 16 部已先后在台上映。

2. 陆资来台许可投资项目持续增加

目前陆资来台投资项目限于台湾所公布之大陆地区来台投资业别项目列表，该列表以正面表列方式列出所有允许陆资来台投资之项目，未纳入该列表之项目即不准由大陆投资人参与。该清单于2009年6月第一阶段开放192项业别，2010年5月及2011年1月分别配合台湾金融三法的修正及ECFA服务业早收清单，开放陆资来台投资银行业、保险业及证券业等12项，及其他运动服务业1项。2011年3月第二阶段开放42项业别项目，其中包括策略性引进陆资投资人得参股投资或合资新设集成电路制造、半导体封装及测试业等。

随着ECFA的施行，两岸商业往来益趋频繁，2012年3月台湾公告第三阶段开放陆资来台投资项目，增加制造业115项（食品、药品、电子零组件、机械设备制造业等）、服务业23项（包括户外广告及其他广告业、汽车维修业、租赁业、酒精饮料店业等）及公共建设23项（包括公路、大型物流中心、公路客运转运站、车站等），并修正部分已开放陆资来台投资制造业项目的限制条件。第三阶段开放陆资来台正式上路后，台湾制造业已开放97%之项目，服务业及公共建设亦已开放超过一半之项目，台湾对于陆资来台投资的规范应可说是越来越友善。

结语

ECFA及其早收清单之实施是两岸经贸关系突破的第一步，也是两岸关系进展之一大步。目前双方的经合会代表仍定期开会讨论下一步降税计划以及进一步开放服务业之时间表，双方一方面希望能尽快开放其重视之特定产品与业别，另一方面亦须顾及保护两岸各自业者之立场。此外，两岸尽速签订投资保障协议，以及将允许投资之正面表列改为不准投资之负面表列等，均为目前双方谈判代表努力争取之方向。我们期许这样的友善谈判与磋商能以创造双赢为本，以实现两岸贸易全面自由化、共荣互利之目标。

第一部分

法律面

第二章　台湾有关主管部门介绍

程 守 真 / 常在国际法律事务所合伙人

台湾并购与私募股权协会监事

台湾律师公会律师研训所副执行长

专业领域 / 并购与跨国投资交易、保险、资本市场、BOT、公共工程及政府采购、不动产等相关领域之法律咨询与合约撰拟、审查等。对于大型并购交易、银行联贷、观光饭店或BOT计划（如高速铁路、高速公路电子收费等）有丰富之法律专业知识及经验。

前言

台湾具有优越的地理区位、高科技产业完整供应链、效率及灵活生产能力、开放及友善社会环境及高度创新能力的优秀条件。过去台湾经济发展的成果与外人直接投资具有重要关联性，从传统上创造外汇、促进就业、技术移转及打开外销市场，内化培养台湾企业等都有卓越成效，现今不论是高科技或传统产业已茁壮长大并且成功走出去面向全球布局，台湾也持续朝调整产业结构、厚植友善的投资环境、持续透明法制、追求公平税捐与争取国际经贸优惠待遇而努力。根据瑞士洛桑国际管理学院（IMD）最新公布2012年全球竞争力排名，台湾虽在总排名从第6名变成第7名，但在“经济表现”、“政府效能”、“企业效能”及“基础建设”四大指标中，“政府效能”（包括公共财政、财政政策维持、商业立法等）跃升为第5名，“基础建设”（包括科学建设、健康与环境、教育等）则从第16名升到第12名，足见，台湾组织改造已有相当成效。

以下就与陆资来台投资所涉之主要部门介绍如下：

1．“陆委会”

“行政院大陆委员会”（简称“陆委会”）为处理大陆、香港、澳门事务的政府对口机关，就经济事务而言，“陆委会”负责台湾地区与大陆地区财税、金融、经贸、交通、农林渔牧、环境保护等交流事项之审议、协调与联系事项，及关于大陆政策经济业务之建议与拟办事项。另一民间团体——财团法人海峡交流基金会，主要是受“陆委会”委托处理与大陆相关之事务，执行包括两岸协商、文书查验证、两岸交流涉及公权力的服务工作。

2．经济事务主管部门

“经济部”为掌理全台工商业发展、规划，产业政策制定订及国际贸易谈判等事务及经济行政运作之机关，另为配合各阶段经济发展需要及因应国际经贸情势变化，策订经济政策及措施，以营造有利经济成长及企业永续经营发展的环境及政策。而依规划的改造计划，“经济部”未来将结合能源及气候变迁组织设计，改制为“经济及能源部”；现行的“行政院原子能委员会核能研究所”有关核能研究业务，将移入“经济及能源部”，而包括“水利署”及水公司等，未来则将自“经济部”移交至新成立的“环境资源部”。

目前“经济部”辖下与陆资来台投资较为密切的单位，兹进一步说明如下：

A. 投资审议委员会

该会主要负责有关华侨及外国人投资、技术合作、陆资来台投资及对外（含大陆地区）投资之审核业务。具体业务项目包括：争取侨外商来华投资——简化侨外投资行政流程、提高行政效率；修正侨外投资条例，增订促进投资事项；配合“积极开放，有效管理”政策，持续检讨放宽大陆投资负面表列项目；建立并落实对大陆投资案件采专案审查方式之事后管理机制；建立标准作业流程，并提高大陆投资案件审理效率；处理违规赴大陆投资案件；简化大陆地区人民来台从事商务活动申请案件审查流程，并建立有效安全管理机制；建立标准作业流程，并提高对外投资（含港澳地区）申请案件办理效率；为鼓励企业全球布局并分散对外投资风险，研修对外投资法令；定期举办侨外投资、两岸投资及引进大陆产业科技及促进大陆科技及经贸人士交流等业务说明会。“投资审议委员会”仅系受理陆资来台投资申请案件之单一窗口，关于个案申请仍会函询其他的相关主管机关，表达其审查意见，并汇整所有相关部会审查意见后，再送交投资审议委员会讨论及作成决议。

B. 商业司

商业司主管商业事务及公司登记等业务，具体业务项目包括：商业政策及法规之拟订；公司、商业之登记管理及监督事项；商约、商税之研究事项；商业之规划、管理、辅导、监督及统筹配合事项；商业团体目的事业之指导、监督事项。

3．“金管会”

2001年6月《金融控股公司法》制定后，台湾原金融集团跨业合并或与异业结盟者日渐增多，为避免保险、证券期货、金融票券等多元监理制度所可能产生叠床架屋的管理问题，于2003年7月依公布之“行政院金融监督管理委员会组织法”，新设“行政院金融监督管理委员会”（简称“金管会”）。自此台湾金融监理制度由原来的多元化改变成垂直整合的一元化监理，致力于健全金融机构业务经营，维持金融稳定与促进金融市场发展。现行金管会委员共九人，包含主任委员一人、副主任委员二人（特任、常任各一）及专任委员六人。

惟自2012年7月1日起，因应组织改造，金管会将由现行委员制形态调整为首长制组织，其中“财政部”、“经济及能源部”和“法务部”“部长”为当然委员，委员不再全部为专任。未来金管会也不再是独立机关，且金管会的委员功能仅具咨询性质。

金管会主管金融市场及金融服务业之发展、监督、管理及检查业务，所称金融市场与金融服务业包括：

A. 金融市场：包括银行市场、票券市场、证券市场、期货及金融衍生商品市场、保险市场及其清算系统等；

B. 金融服务业：则包括金融控股公司、金融重建基金、中央存款保险公司、银行业（农会、渔会信用部之监督、管理及检查，于农业金融法公布施行前，先交由金管会办理）、证券业、期货业、保险业、电子金融交易业及其他金融服务业；但金融支付系统，由中央银行主管。

金管会辖下有四大业务局，为金管会业务的核心：

A. 银行局：规划、执行银行市场、票券市场、金融控股公司与银行业之监督及管理；

B. 证券期货局：规划、执行证券、期货市场与证券、期货业之监督及管理；

C. 保险局：规划、执行保险市场与保险业之监督及管理；

D. 检查局：规划、执行金融机构之监督及检查。并协助“中华邮政公司”（“交通部”）、“中央银行”及农业金库（“行政院农业委员会”）之金融检查工作。

4.“经建会”

“经济建设委员会”（简称“经建会”），为“行政院”辖属的政府机构，系推动及规划经济发展的专责机构，也是策划经济发展走向的主要幕僚单位，其具体业务项目包括：建设规划、经济分析及对策、促进产业发展与推动公营事业民营化、人力资源发展规划、土地空间规划与发展及资金运用管理等。“委员会”成员包含特任之主任委员与三位副主任委员、“行政院政务委员”、“中央银行总裁”、“财政部部长”、“经济部部长”、“交通部部长”、“农业委员会主委”、“公共工程委员会主委”、“劳工委员会主委”、“金管会主委”、“行政院秘书长”、“行政院主计处主计长”等人。惟配合政府组织改造，“经建会”预定于2013年1月1日将整并“行政院研究发展考核委员会”改组为“国家发展委员会”。

“经建会”之资金运用管理项目中，涵盖中长期资金运用制度及“国家发展基金”（“国发基金”）。中长期资金运用制度，系针对10亿元以上重大建设及1亿元以上民间投资计划，运用邮政储金转存各银行支应。已陆续支应“挑战2008-国家发展重点计划”、“新十大建设计划”、“投资台湾优先具体方案”及“大投资计划”等施政计划项下各重大公共建设案，并扶植钢铁、化工、半导体、资讯电子、电源开发及污染防治等产业之民间投资计划，带动投资金额达新台币4,946亿元；“国发基金”则系以公营事业移转民营之收入及“国库”拨款为资金来源，作为支应各项投资或融资业务之运用。“国发基金”目前总资产约新台币2,100亿元，主要结合大型法人或业者、直接投资或借由投资创投公司再投资于产业创新、高科技发展、能源再生、绿能产业、技术引进、文创产业及其他增加产业效益或改善产业结构有关之重要事业或计划，以及融贷资金于产业永续发展、防治污染、节约能源、降低温室效应及其他增加产业效益或改善产业结构有关之辅导计划。

5.“工程会”

“行政院公共工程委员会”（简称“工程会”），为各级政府工程建设及政府采购（工程或财务采购）的“最高行政机关”，负责统筹公共工程之规划、审议、协调及督导，并主掌政府采购法、技师法及促进民间参与公共建设法与工程技术顾问公司管理条例。近期为因应世界经济发展与环境变迁、能源及原物料日渐短缺，工程会的功能将配合调整，除继续推动公共工程建设之正确施政及节能减碳政策外，同时建构有效吸引民间及外资投资爱台12项公共建设之机制，健全公共工程相关法规及制度，全面提升公共工程品质，并提升工程相关产业国际竞争力与国际接轨。

依政府组织改造计划，工程会将自2013年1月起裁撤，大部分公共工程业务并入

“交通及建设部”，而政府采购业务则改由“财政部”主管。

6. 交通事务主管部门

“交通部”主管全台交通行政及交通事业，涵盖通信、运输、气象、观光等四大领域，负责交通政策、法令规章之厘定和业务执行之督导。其中关于通信之事务，原包含邮政、电信、广播（包括电台广播、电视广播）等三大项，但在“国家通讯传播委员会”（下称“通传会”）于2006年2月成立后，电信暨广播二项业务全部移交予通传会管理，原“交通部”掌理之通讯传播监理政策、通讯传播事业营运之监督管理及证照核发、通讯传播系统及设备之审验、工程技术规范之拟订、传输内容之规范与竞争秩序之维护等业务亦全数移出至通传会，至于通讯产业政策与产业发展之辅导，不涉及监理部分则仍由“交通部”掌理。至于运输部分，举凡陆海空运输均包括在内，高速铁运、铁路、捷运系统、交通路网、智慧交通系统之规划、监理、费率审定等均属“交通部”职权。“交通部”所属公营事业方面，除“中华邮政公司”、桃园国际机场公司、台湾港务公司及台湾铁路管理局外，尚持有“中华电信公司”、“中华航空公司”（透过财团法人中华航空事业发展基金会持有）、桃园航勤公司及阳明海运公司等交通相关企业之股权。

为配合“行政院”组织再造，自2013年1月1日起，“交通部”将整并“内政部”营建署、“行政院”公共工程委员会改组为“交通及建设部”，主管各类交通运输、营建产业、公共工程基础建设及技术规范、邮政等事务。观光业务将移由“文化及观光部”掌理，原属“交通部”的“中央气象局”及“国家风景区”经营管理业务则改隶“环境资源部”。

7. “劳委会”

“劳工委员会”（简称“劳委会”），主管劳工行政、工安检查、劳工保险、劳资争议、就业辅导、工会、两性平权、大量解雇等相关事务。虽然名为委员会，但并非采合议制，实际上是为首长制机关。有关雇主聘雇外国专业人员工作之许可均需向劳委会申请，惟聘雇外国籍船员仍应向“交通部”申请许可，律师聘雇外国籍顾问及助理应向“法务部”申请许可，科学园区内之厂商聘雇外国籍专门性技术性工作及侨外投资事业主管，应向科学园区管理局申请许可。至于大陆人士来台事务之主管机关则为“内政部”移民署。另劳委会将于2013年1月1日起升格为“劳动部”，成为劳动与人力资源事务的主管机关，并承接原“行政院”青年辅导委员会有关青年就业业务。

8. “通传会”

为因应全球性之数位汇流发展及监理革新趋势，以及整合现行通讯及传播分散之事权，2004年1月7日及2005年11月9日分别公布施行通讯传播基本法与“国家通讯传播委员会组织法”，嗣后于2006年2月22

日正式成立通传会。该会业务职掌包括通讯传播监理政策及法令制订、监督管理通讯传播事业及证照核发、通讯传播技术及内容规范、资通安全规范等监理。通传会委员会委员共7人，采委员合议制。

9．文化事务主管部门

“文化部”为台湾组织改造所新设之部门，自2012年5月20日成立，职掌文化业务，研订文化政策及法规，兴办文化设施及机构，扶植推动文化创意产业，推广艺术，及规划推动国际及两岸文化交流事务。“文化部”主要是将文化建设委员会及新闻局业务中关于出版、电影、电视、广播及流行音乐之相关单位整并。

10．财政事务主管部门

“财政部”掌理财政，主要包括三部分，一为“国库”制度规划及执行，及“中央政府”预算收支编列及执行，其二为主管各种税制及属“国税”之税务，第三部分则为“国有财产”之清理、管理及处分。另自2013年1月起，原属工程会之工程或财务采购业务将移交至“财政部”续行。“财政部”系陆资来台投资所有“中央”税捐稽征之主管机关。

11．卫生事务主管部门

卫生署负责医疗照护、保健防疫、全民健保、药物食品卫生、中西医药生技、医卫人力等，辖下有“国民健康局”、“中央健保局”、食品药物管理局、疾病管制局等，审查及核发医疗院所及医护人员证照、药物或药厂证照、医疗器材许可，审订药价及健保给付审费率，及推动生技产业等。

（本文仅为作者个人意见，不代表事务所立场）

第一部分

法律面

第三章　陆资来台投资相关法令介绍

宋 天 祥 / 理律法律事务所合伙人

专业领域 / 银行法、传统及结构式融资、金融资产 / 不动产证券化资本市场案件、不良债权及问题金融机构处理、公司并购、不动产相关处分及融资

林 秀 玲 / 理律法律事务所资深顾问

专业领域 / 银行、资本市场、并购、融资、航空器及船舶融资、重整、不动产

前言

为持续改善两岸关系、推动两岸经贸关系正常化，自2008年下半年起，开放陆资来台投资成为台湾重要大陆政策之一。为此，"经济部"依据台湾地区与大陆地区人民关系条例拟定大陆地区人民来台投资许可办法以及大陆地区之营利事业在台设立分公司或办事处许可办法，自2009年6月30日起，分阶段开放陆资来台投资。

根据"经济部投资审议委员会"（以下简称"投审会"）之统计资料[①]，自2009年6月底开放陆资来台投资，至2012年3月底，"经济部"累计核准262件投资申请，投资金额达2亿7千9百余万美元，其中2012年1月至3月核准来台投资件数为40件，较2011年同期之28件约增加43%；投资金额计1亿零3百余万美元，较2011年同期之1千3百余万美元约增加650%，显示陆资来台投资已有大幅增加的趋势。

依投审会统计资料之分类方式，目前陆资系利用新设公司、设立分公司、或投资现有公司之方式来台投资[②]，并以"大陆地区个人"、"大陆地区公司"、或"第三地区公司"之名义为之。若以投资方式区分，截至2012年3月底，陆资来台投资之主要方式为新设公司，总件数为150件，投资总金额约为1亿3千余万美元。若以投资名义区分，以大陆地区个人之名义进行投资之件数最多，有98件，投资总金额约为1千9百余万美元。惟以大陆地区公司之名义进行投资之总金额较高，约为1亿3千7百余万美元，总件数为90件。另依统计资料所示，陆资透过第三地区公司来台投资者，总件数虽仅有74件，但投资金额普遍较高，其中投资金额超过1百万美元者有13件。

若以陆资所投资之业别为区分，截至2012年3月底为止，陆资来台投资制造业共有47件，投资总金额约为7千3百余万美元，来台投资服务业共有212件，投资总金额约为2亿零5百余万美元，投资公共建设项目共有3件，投资总金额约为2百余万美元。

依"经济部"所揭示之政策，陆资来台投资之业别项目，系依据"先紧后宽"、"循序渐进"、"有成果再扩大"的原则进行检讨，并采"正面表列"方式分阶段开放。依此，一般均可预见陆资来台投资之业别项目系逐步放宽，此亦符合前述陆资来台投资之现况。有鉴于此，为利于陆资投资人熟悉来台投资之途径及相关法制环境，本文拟于后续章节陆续介绍台湾投资法规之概况，并针对陆资来台之关键法律问题，以案例介绍方式，提供陆资投资人参考。

① 参投审会公布之《陆资来台投资事业名录》，2012年4月6日更新，网址：http://www.moeaic.gov.tw/system_external/ctlr？PRO=PublicationLoad&id=86，或至投审会网站（http://www.moeaic.gov.tw/system_external/ctlr？PRO=FrontPage），至"出版品信息"分类下之《陆资来台投资事业名录》取得。

② 大陆地区人民来台投资许可办法第4条所规定陆资之投资行为，与投审会统计资料之分类方式，于名称上略有差异，本文将于后续章节说明之。

台湾投资法规概况

依台湾规定，非本地人来台投资之管道主要可区分为“陆资”及“外国人或华侨来台投资”。二者来台投资之依据并不相同，其要件及申请程序亦有不同。陆资来台投资所适用之法令主要为（1）台湾地区与大陆地区人民关系条例（以下简称“两岸人民关系条例”）；（2）大陆地区人民来台投资许可办法（以下简称“来台投资许可办法”）；及（3）大陆地区之营利事业在台设立分公司或办事处许可办法（以下简称“在台设立分公司或办事处许可办法”）。若以规范内容为区分，来台投资许可办法及在台设立分公司或办事处许可办法对于陆资来台投资之要件、申请程序及其他事项均有详细规定，故适用上，应先注意该两项许可办法之规定。

另外，实务上，陆资来台投资亦可能涉及大陆人士来台定居、短期从事商务或专业活动、或因企业内部调动而来台服务等事项，其相关法令规定于来台投资时亦应一并注意。

为利陆资投资人对来台投资之法令规范有全面性之概念，以下分别依规范内容之类别，以条列之方式进行说明。

1. 陆资的概念

依台湾法令的规定，陆资来台投资应先取得主管机关的许可，否则不得来台投资，故对投资人而言，首先即应先确认其身份是否属于主管机关所认定的“陆资”。

主要依据：

A. 来台投资许可办法第3条：

“本办法所称投资人，指大陆地区人民、法人、团体、其他机构或其于第三地区投资之公司，依本办法规定在台湾地区从事投资行为者。（第一项）

前项所称第三地区投资之公司，指大陆地区人民、法人、团体或其他机构投资第三地区之公司，且有下列情形之一者：

一、直接或间接持有该第三地区公司股份或出资总额逾30%。

二、对该第三地区公司具有控制能力。（第二项）

前项第三地区投资之公司在台湾地区之投资，不适用外国人投资条例之规定。（第三项）”

B. 来台投资许可办法第5条：

“投资人持有所投资事业之股份或出资额，合计超过该事业之股份总数或资本总额三分之一以上者，称为陆资投资事业，该陆资投资事业之转投资，应适用本办法之规定。”

依上述规定可知，如以投资的管道区分，陆资来台投资可分为“直接投资”、“间接投资”及“陆资投资事业转投资”等三种。

（1）直接投资

直接投资是指由大陆地区人民、法人、团体或其他机构以其自己的名义直接于台湾进行的投资。例如本文第一章所述以“大陆地区个人”或“大陆地区公司”的名义于台湾之投资，就是直接投资。

（2）间接投资

间接投资是指大陆地区人民、法人、团体或其他机构先投资于第三地区（即台湾及大陆以外的地区，例如香港或开曼群岛）的公司，再由该第三地区公司于台湾进行投资，且大陆地区人民、法人、团体或其他机构持有该第三地区公司30%以上的股权，或对该第三地区公司有控制力。例如本文第一章所述以“第三地区公司”名义所为的投资，就是间接投资。

如果投资人计划透过第三地区公司来台投资，则于其符合以下任一种情形时，即需先申请台湾主管机关的许可：（1）大陆地区人民、法人、团体或其他机构直接或间接持有该第三地区公司股份或出资总额逾百分之三十；或（2）大陆地区人民、法人、团体或其他机构对该第三地区公司具有控制能力。以下即进一步说明第一种情形下股权或出资额的计算标准，以及第二种情形下“具有控制能力”的定义。

A. 股权及出资额的计算标准

投审会在计算股权或出资额时，实务上是采取以下标准：

a. 以第三地区公司现有出资总额或已发行流通在外之普通股及特别股来计算，不包含大陆地区人民、法人、团体或其他机构所持有之认股权、股份买权或可转换为普通股之债券或权益等商品。

b. 第三地区公司及其上层股东架构中的公司，如已于国外证券交易所上市者，以其最近一次停止过户期限后所指定之特定基准日，该日股东名册列名者所持股权，计算股份或出资总额之比率。“投审会”于必要时亦得要求提供股东名册。

B. “具有控制能力”的定义

“投审会”于2010年8月18日发布经审字第09904605070号函释，规定“具有控制能力”系指陆资投资人对第三地区公司具有下列任一情形：

a. 依与其他投资人的约定，具超过半数有表决权股份的能力；

b. 依法令或契约约定，可操控公司的财务、营运及人事方针；

c. 有权任免董事会（或约当组织）超过半数的主要成员，且公司的控制操控于该董事会（或约当组织）；

d. 有权主导董事会（或约当组织）超过半数的投票权，且公司的控制操控于该董事会（或约当组织）；

e. 依据财团法人会计研究发展基金会公布的财务会计准则公报第五号、第七号所规定的其他具有控制能力[①]。

C. 投审会的分析流程

投审会对于是否为陆资，实务上是采取下图显示的流程进行审查[②]：

---

① 相关财务会计准则公报得自财团法人会计研究发展基金会的网站取得，网址：http://www.ardf.org.tw/ardf.html。

② 参投审会国外第三地区公司为陆资投资人认定标准释例，网址：http://www.moeaic.gov.tw/system_external/ctlr?PRO= APFormLoad&id=86，或至投审会网站（http://www.moeaic.gov.tw/system_external/ctlr?PRO=FrontPage），至投资法规、陆资来台投资分类下之大陆地区人民来台投资许可办法第3条规定解释令取得。

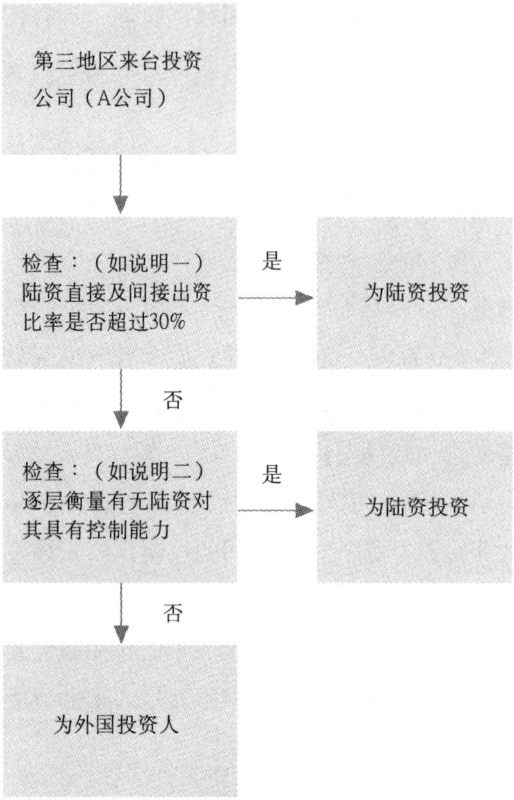

说明一：大陆地区人民、法人、团体或其他机构直接或间接出资比率的计算采综合持股计算方式（如以下参考案例之说明），无论其持股比例的数额，或其辗转透过多少间接投资人，均纳入计算。

说明二：对于第三地区来台投资公司（即A公司），应依前述投审会对于“具有控制能力”的定义，判断有无大陆地区人民、法人、团体、其他机构或其他第三地区公司（包括未持有股权关系之公司亦应一并考虑）对其具有控制能力：

a. 如大陆地区人民、法人、团体或其他机构对A公司具有控制能力，则A公司为陆资投资人；

b. 如有其他第三地区公司（B公司）对A公司具有控制能力，应再判断有无大陆地区人民、法人、团体、其他机构或其他第三地区公司对B公司具有控制能力：

（i）如大陆地区人民、法人、团体或其他机构对B公司具有控制能力，则A公司为陆资投资人

（ii）如有其他第三地区公司（C公司）对B公司具有控制能力，应再判断有无大陆地区人民、法人、团体、其他机构或其他第三地区公司对C公司具有控制能力；依此类推。

D. 计算持股的参考案例

以上图为例，大陆地区人民、法人、团体或其他机构直接或间接对第三地区来台投资公司之出资比率，应依以下方式计算：

出资比率为：A+（B*C）+（D*E*F）+G*F

综合以上规定可知，投审会对于间接投资是依其制定的判断流程详细审查，如第三地区公司之上层股东结构中，有任何资金是源自于大陆地区人民、法人、团体或其他机构时，投审会即将其全部纳入陆资对该第三地区公司之持股加以计算，如持股比率超过30%，该第三地区公司即属陆资。

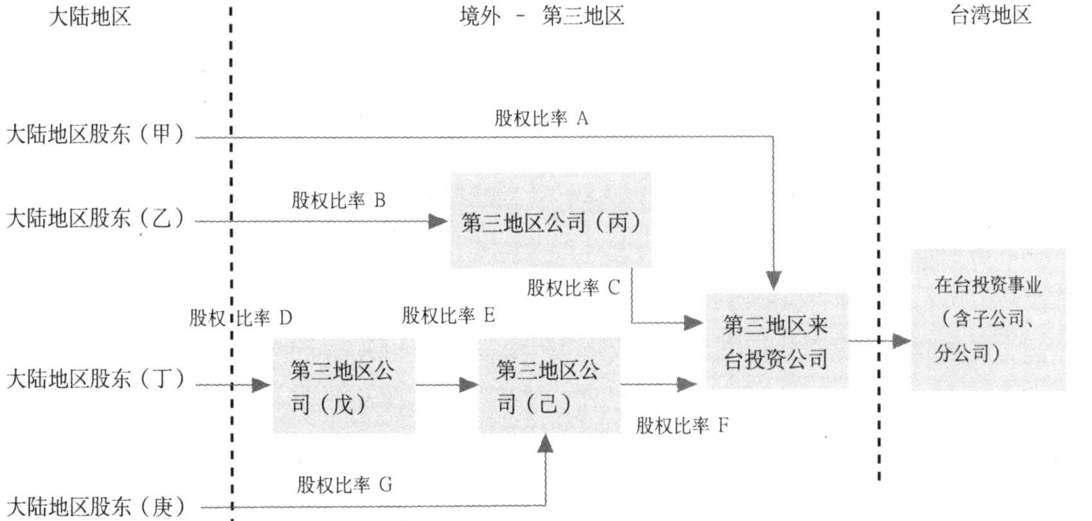

以上图为例，大陆地区人民、法人、团体或其他机构直接或间接对第三地区来台投资公司之出资比率，应依以下方式计算：
出资比率为：A+B(B*C)+(D*E*F)+G*F

（3）陆资投资事业转投资

如有符合上述概念的陆资投资台湾地区的公司或事业，且陆资所持有的股份或出资额合计超过该公司或事业的股份总数或资本总额三分之一者，该台湾地区的公司或事业即为此处所指的“陆资投资事业”，且该陆资投资事业的转投资，与一般陆资于台湾的投资相同，均应符合台湾相关法令的规范。

2. 陆资的出资种类

主要法令依据：

来台投资许可办法第 7 条：

依本办法投资，其出资之种类，以下列各款为限：

一、现金。

二、自用机器设备或原料。

三、专利权、商标权、著作财产权、专门技术或其他知识产权。

四、其他经主管机关认可投资之财产。

依上述规定，陆资投资人之出资除现金外，亦得以供陆资投资事业自用的机器设备或原料、知识产权、或其他经主管机关认可投资之财产为出资。

3. 主管机关的许可

陆资来台投资并非仅将资金汇入台湾，而涉及其他众多的行为，其中有若干行为应先申请主管机关许可，以下即就投资人主要应申请的许可进行说明：

（1）投资许可

主要法令依据：

A. 两岸人民关系条例第 73 条第 1 项：

“大陆地区人民、法人、团体、其他机构或其于第三地区投资之公司，非经主管机关许可，不得在台湾地区从事投资行为。”

B. 来台投资许可办法第 3 条：

“投资人依本办法规定应申请许可之投资行为如下：

一、持有台湾地区公司或事业之股份或出资额。但不包括单次且累计投资均未达百分之十之上市、上柜及兴柜公司股份。

二、在台湾地区设立分公司、独资或合伙事业。

三、对前二款所投资事业提供一年期以上贷款。（第一项）

投资人依台湾地区与大陆地区金融业务往来及投资许可管理办法、台湾地区与大陆地区保险业务往来及投资许可管理办法及台湾地区与大陆地区证券期货业务往来及投资许可管理办法规定，来台投资台湾地区金融保险证券期货机构，不适用前项第一款但书规定。（第二项）”

陆资来台投资首先应取得主管机关对其投资行为之许可，该主管机关即是指投审会，投资人取得投资许可后，始得于台湾从事相关之商业行为。另须注意者，该等商业行为亦视其性质，需另外申请相关主管机关的许可，本文将陆续说明。

所谓应取得许可之投资行为，系指下列行为：

（i）于台湾设立新公司；

（ii）持有台湾既存公司或事业之股份或出资额；

（iii）于台湾设立独资或合伙事业；

（iv）设立大陆地区公司之台湾分公司；及

（v）对上述事业提供一年期以上贷款。

但若上述第一类或第二类行为所投资的对象为台湾的上市、上柜或兴柜公司股份，若其单次或累计投资均未达该公司股份总数百分之十者，即不需申请投资许可；但若其投资的对象为台湾地区的金融、保险、或证券期货机构，因该等事业属于台湾的“特许事业”（本文将于后面章节说明），陆资投资人仍需依相关规定申请投资许可，且陆资的持股比率不得超过相关法令规定的投资上限。

（2）设立营运主体的许可

主要依据：

A. 两岸人民关系条例第 40 条之 1 第 1 项前段：

“大陆地区之营利事业，非经主管机关许可，并在台湾地区设立分公司或办事处，不得在台从事业务活动。”

B. 其他办理公司登记及商业登记之相关法令，包括在台设立分公司或办事处许可办法、公司之登记及认许办法等

陆资投资人于取得投审会的投资许可后，如有需要于台湾设立营运主体以进行业务活动，即需另外申请“经济部”商业司（如果是申请设立公司组织者）或各地方政府（如果是申请设立商号者）的许可。举例而言，如有大陆地区的公司计划于台湾投资设立股份有限公司，除该大陆地区公司应就其来台投资一事先取得投审会的投资许可外，另应就其设立新公司一事，取得“经济部”商业司的许可。

（3）经营特许事业的许可

台湾法令就若干特定的行业，设有专门适用于该行业的特别法规，台湾的主管机关

即依该等特别法规管理该等特定行业，例如对于银行业所适用之特别法规主要为“银行法”，目的事业主管机关为“行政院金融监督管理委员会”；对于酒精饮料制造业所适用之特别法规主要为烟酒管理法，“中央”层级的目的事业主管机关为“财政部”，地方层级则为直辖市政府或县（市）政府。若有陆资投资人计划来台投资经营该等特定业务，除应取得投审会的投资许可外，尚需依该等特别法规，向目的事业主管机关申请经营该等特定业务的许可。该等适用特别法规的事业一般称为“特许事业”。

申请来台投资特许事业，主要涉及的问题与开放陆资来台投资的业别项目有关，请详见后续第三章之说明。

（4）来台担任职务的许可

主要法令依据：

A. 两岸人民关系条例第 72 条第 2 项：

“大陆地区人民、法人、团体或其他机构，非经主管机关许可，不得为台湾地区法人、团体或其他机构之成员或担任其任何职务。”

B. 来台投资许可办法第 13 条：

“大陆地区人民申请来台于依两岸人民关系条例第 73 条第 1 项规定经主管机关许可在台湾地区投资之投资事业担任董事或监察人职务者，应依公司法及其他相关法令之规定办理。（第一项）

经许可在台湾地区投资之投资人属自然人者，得来台担任该投资事业之董事或监察人；投资人属法人者，得由大陆地区人民为其法人之代表人，来台担任该投资事业之董事或监察人。（第二项）”

依上述规定，如大陆地区人民取得投审会的投资许可，其本人即得来台担任该投资事业的董事或监察人；如大陆地区的法人、团体、其他机构或第三地区公司经投审会许可来台投资，得由大陆地区人民为该等机构的代表人，来台担任该陆资投资事业的董事或监察人。惟如前所述，大陆地区人民需就其来台定居、短期从事商务或专业活动、或因企业内部调动而来台服务等事项，另外办理相关申请。

（5）转让、撤回或减少投资的许可

主要法令依据：

两岸人民关系条例第 73 条第 5 项：

“投资人转让其投资时，转让人及受让人应会同向主管机关申请许可。”

举例而言，大陆地区的公司经取得投审会的投资许可以及“经济部”商业司的设立许可，在台湾投资设立股份有限公司，嗣后计划转让其所持有该台湾新公司的股份时，该大陆地区的公司及受让股份之人应共同向投审会申请许可。

（6）结汇的许可

主要法令依据：

投资许可办法第 12 条：

“投资人得以其投资每年所得之孳息或受分配之盈余，申请结汇。（第一项）

投资人经许可转让股份、撤资或减资者，得以其经审定之投资额，全额一次申请结汇；其因投资所得之资本利得，亦同。（第二项）

投资人依本办法享有结汇之权利，不得转让。但其出资让与投资人之继承人或经许可受让其投资之华侨、外国人或大陆地区人民、法人、团体、其他机构或其于第三地区投资之公司者，不在此限。（第三项）”

依上述规定，陆资投资人仅得就下列情形所生之资金申请结汇，且该结汇的权利不得任意转让：

A. 因投资所得的孳息及盈余；

B. 于投审会许可其转让、撤回或减少投资者，该等经投审会审定的资本额以及资本利得。

4．投资限制

主要依据：

A. 来台投资许可办法第 6 条：

“投资人为大陆地区军方投资或具有军事目的之企业者，主管机关应限制其来台投资。”

B. 来台投资许可办法第 8 条：

投资人得投资之业别项目、限额及投资比率，由主管机关会商各“中央”目的事业主管机关及相关机关拟订，报“行政院”核定。(第一项)

投资人所为投资之申请，有下列情事之一者，得禁止其投资：

一、经济上具有独占、寡占或垄断性地位。

二、政治、社会、文化上具有敏感性或影响台湾安全。

三、对台湾经济发展或金融稳定有不利影响。(第二项)

依上述规定，陆资来台投资受有以下限制：

a. 投资之业别项目限于“经济部”提报、“行政院”所核定的“大陆地区人民来台投资业别项目”(以下简称“开放投资业别项目列表”)；

b. 若有上述来台投资许可办法第 8 条第 2 项所定的情形，该投资即有可能被禁止；及

c. 若该陆资投资人是大陆地区军方投资的企业，或是具有军事目的的企业，即有可能被禁止。

5．主管机关的检查

主要法令依据：

A. 两岸人民关系条例第 73 条第 4 项：

“依第 1 项规定投资之事业，应依前项所定办法规定或主管机关命令申报财务报表、股东持股变化或其他指定之数据；主管机关得派员前往检查，投资事业不得规避、妨碍或拒绝。”

B. 来台投资许可办法第 11 条：

“实收资本额达新台币 8,000 万元以上之陆资投资事业，应于每届会计年度终了六个月内，检具经会计师签证之财务报表，并同股东名簿，报主管机关备查。(第一项)

主管机关于必要时，得命陆资投资事业申报前项财务报表或其他资料。(第二项)

主管机关为查验前二项资料，或掌握陆资投资事业之经营情况或活动，必要时，得派员前往调查，陆资投资事业不得规避、妨碍或拒绝。(第三项)”

依上述规定，陆资投资事业的实收资本额达新台币 8 千万元以上者，应于每年 6 月 30 日前，将其经会计师签证的年度财务报表，以及其股东名册，送交投审会备查。除上述送查的义务外，投审会亦得于必要时，命令陆资投资事业申报前述财务报表或其他

资料，或派员至陆资投资事业进行调查。

来台投资业别项目

依来台投资许可办法之规定，陆资来台投资之业别项目限于“经济部”提报、且“行政院”核定之特定营业项目，就此，“经济部”系采分阶段方式开放陆资来台投资之业别项目。

第一阶段系自2009年6月30日开始，先开放192项，2010年5月20日再开放银行、证券、期货等12项，2011年1月1日配合ECFA服务业早收清单开放其他运动服务业1项，累计开放205项，其中制造业64项，服务业130项，公共建设部分11项。

第二阶段系自2011年3月2日开始，新增开放42项，其中制造业新增开放25项，合计共开放89项；服务业新增开放8项，合计共开放138项；公共建设新增开放9项，合计开放20项。全部开放项目达247项。

第三阶段系自2012年3月19日开始，新增开放161项，其中制造业新增开放115项，合计共开放204项，开放幅度达97%；服务业新增开放23项，合计共开放161项，开放幅度达51%；公共建设新增开放23项，合计共开放43项，开放幅度达51%。

目前开放陆资投资之业别项目列表可自投审会网站[1]取得，该业别项目列表已记载各业别项目之投资限制条件、目的事业主管机关以及其他应注意事项，以便陆资投资人依该清单向投审会申请投资许可，以下兹举例说明陆资投资人申请相关许可时应注意之关键事项。

1. 特许事业

本文前述已简要说明陆资来台投资主要应申请之主管机关许可，如其拟设立之台湾营运主体计划经营特许事业时，应事先申请目的事业主管机关的许可。

为便利投资人判断其计划投资之事业是否属于特许事业，“经济部”设有“公司行号营业项目代码表检索系统”（以下简称“营业项目检索系统”）[2]，投资人可利用网络进入该系统画面后，利用关键词搜寻的功能，迅速判断其计划投资的事业是否属于特许事业。惟就陆资投资人而言，营业项目检索系统以及其申请设立营运主体时所申请经营之营业项目，系依据“经济部”规定之“公司行号营业项目代码表”（以下简称“营业项目代码表”）而为分类，惟前述开放陆资来台投资之业别项目列表，系采取“台湾行业标准分类（第九次修订）”之标准进行分类，两者系属不同分类方式，故陆资投资人为申请投审会的投资许可、目的事业主管机关就其经营特许行业的许可以及“经济部”商业司就其设立营运主体的许可，需就其计划投资经营的业别项目，分别依据不同的分类方式提出申请。就此，为便利陆资投资人提出

① 网址：http://www.moeaic.gov.tw/system_external/ctlr?PRO=LawsLoad&id=66，或至投审会网站（http://www.moeaic.gov.tw/system_external/ctlr?PRO=FrontPage），至“投资法规”、“陆资来台投资”分类下之“大陆地区人民来台投资业别项目”取得。

② 网址：http://gcis.nat.gov.tw/cod/html/sp_srh.html。

申请，相关主管机关已制定“大陆地区人民来台投资业别项目行业标准分类与公司行号营业项目代码对照一览表”（以下简称“对照一览表”），供陆资投资人参考使用。该一览表亦可自投审会网站[①]取得。简言之，陆资应就其计划投资经营之营业项目，分别查询以下列表：

A. 对照一览表；

B. 开放投资业别项目列表；

C. 营业项目检索系统。

举例而言，若有陆资投资人计划来台投资设立专门经营酒精饮料进口的公司，其首先需判断该等行业是否为开放陆资投资之业别项目，另外亦须判断是否为特许事业。经查询对照一览表，与酒精进口有关之业别项目，于开放投资业别项目列表上属于“4546烟酒批发业”，于营业项目代码表上属于“F401171 酒类输入业”，再进一步查询开放投资业别项目列表后，可发现“4546 烟酒批发业”属于目前开放之业别项目，目的事业主管机关为“财政部”，另查询营业项目检索系统，可发现“F401171 酒类输入业”，系属于特许事业。因此，该陆资投资人即得向投审会申请来台投资“4546 烟酒批发业”，并向“财政部”申请经营“F401171 酒类输入业”，最后再以其所取得的投审会许可及“财政部”许可，向“经济部”商业司申请设立公司。

① 网 址：http://www.moeaic.gov.tw/system_external/ctlr？ PRO=LawsLoad&id=68，或至投审会网站（http://www.moeaic.gov.tw/system_external/ctlr？ PRO=FrontPage），至“投资法规”、“陆资来台投资”分类下之“‘大陆地区人民来台投资业别项目’行业标准分类与公司行号营业项目代码对照一览表”取得。

2. 复数业务

前述营业项目代码表系以层级化的方式区分各营业项目，亦即营业项目代码表系先将所有营业项目分为 11 大类，每一大类再细分为中类、小类、细类；至于开放投资业别项目列表，亦将各业别项目细分至各细类。故陆资投资人须就其计划来台经营的业务，对应至各细类项目，以申请主管机关许可。

实务上，陆资投资人计划经营的业务可能涵盖复数业务项目，此时，陆资投资人须先判断该等业务项目是否均属于开放陆资投资的业别项目，并应判断是否涉及特许行业。

举例而言，若有陆资投资人计划来台投资成立公司，经营入口网站业务，因“6311入口网站经营业”属于开放陆资投资的业别项目，且相对应的“I301020 数据处理服务业”及“I301030 电子信息供应服务业”亦非属特许事业，故该等来台投资的申请与一般陆资投资的申请并无明显差异，但若该入口网站另外提供其他一般入口网站亦有的网络购物、广告、或是翻译、地图制作搜寻等服务，则陆资投资人亦须事先判断该等其他业务是否可能取得主管机关的许可。例如，若该入口网站亦提供网络购物服务，则其业务及可能涉及营业项目代码表中的“F301010百货公司业”、“F399990 其他综合零售业”及“F401010 国际贸易业”，其中前两项于开放投资业别项目列表上属于“4719 其他综合商品零售业”，为开放项目，但最后一项则属未开放项目，故陆资投资人可能须先考虑限缩其提供网络购物服务的范围，而不从事商品进出口贸易业务，否则无法取得投审会的投资许可。另外，如其亦提供地图制作及搜寻服务，因该项业务涉及营业项目代码表中的“EZ08011 测绘业”，并非开放投资业别项目列表上所列的开放项目，而且亦为特许事业，则陆资投资人需考虑不提供该项服务，否则无法取得投审会及目的事业主管机关的许可。

另外，若为一般非陆资的投资人于台湾设立公司时，实务上通常会于营业项目中增列一项“ZZ99999 除许可业务外，得经营法令非禁止或限制之业务”，以免该公司的营业项目有挂一漏万的情况，该公司因此即得经营特许事业以外之其他一般业务。但就陆资投资人而言，如前所述，目前开放陆资投资的业别项目系采正面表列方式规范，故陆资投资人仅得就开放投资业别项目列表上有记载者提出申请，而不得就该“概括营业项目”提出申请。

结语

陆资申请来台投资涉及诸多法律议题。简言之，投资人于进行投资前，宜先判断其身份是否属于投审会所定义的陆资，因陆资的范围包括直接陆资、间接陆资以及陆资投资事业三种，如属任一情形，其投资即须受到陆资相关法令的规范。特别是陆资投资人透过第三地区公司来台投资时，目前投审会已制定一系列严格的判断流程，如第三地区公司的上层股东结构中，有任何资金系源自于大陆地区人民、法人、团体或其他机构时，均全部纳入陆资对该第三地区公司的持股计算之。

陆资投资人另一个须考虑的重点应为其营业项目。因目前开放陆资投资的业别项目系采正面表列，故陆资投资人的营业项目必须为开放投资业别项目列表中明文记载已开放之项目。另外，陆资投资人亦须判断其营业项目是否为特许事业，因相关特别法规对于特许事业可能会有管理上的特别规定，该等规定不但可能影响陆资于台湾设立营运主体的申请，对于未来于台湾的营运亦有重要的影响，陆资投资人不可不慎。

第一部分

法律面

第四章　陆资来台投资[①]之沿革与特色

① 本文所称陆资来台之“投资”，系指金融业务、保险业务及证券期货业务以外之下列投资行为：

取得台湾地区公司或事业之股份或出资额。但不包括单次且累计投资均未达10%之上市、上柜及兴柜公司股份。

在台湾地区设立分公司、独资或合伙事业。

对A或B之公司或事业提供一年期以上之借款。

程 守 真 / 常在国际法律事务所合伙人

台湾并购与私募股权协会监事

台湾律师公会律师研训所副执行长

专业领域 / 并购与跨国投资交易、保险、资本市场、BOT、公共工程及政府采购、不动产等相关领域之法律咨询与合约撰拟、审查等。对于大型并购交易、银行联贷、观光饭店或BOT计划（如高速铁路、高速公路电子收费等）有丰富之法律专业及经验。

《海峡两岸经济合作框架协议》(ECFA)于2010年6月于重庆签订后，为两岸经贸往来推进一大步。不过目前台湾对于陆资，仍有相当程度的规范与限制。本文特针对当中一些要点详述如下。

1．陆资来台投资之沿革及法源

台湾地区规范大陆地区人民、法人、团体、其他机构或其于第三地区投资之公司来台投资(下称“陆资”)之主要依据系台湾地区与大陆地区人民关系条例(下称“两岸人民关系条例”)，系于2003年制订及实施，当时该条例第73条规定：“大陆地区人民、法人、团体或其他机构，持有股份超过百分之二十之外国公司，得不予认许。经认许者，得撤销之。外国公司主要影响力之股东为大陆地区人民、法人、团体或其他机构者，亦同。”上开条文未许可陆资直接来台投资，关于经由第三地所设外国公司之间接投资部分，亦限制陆资在该外国公司之股权不得超过20%且不具主要影响力，故2003年之前，陆资无法直接或间接由其具控力之海外公司在台设立办事处、分公司、子公司、参股或成立独资或合伙事业。

2003年10月9日，因应两岸先后加入WTO，台湾立法机关通过两岸人民关系条例修正案，修订第73条并增订第40条之1[①]，给予陆资来台投资之法律基础及依据，并采取原则禁止、例外许可之管制措施。由于核准陆资来台投资所涉问题复杂，具高度政治性，执行具多样性，相关作业繁琐，基于简化法律规定，弹性处理陆资来台投资议题，便于主管机关随时依政策及时空变化，适时修改相关规定，两岸人民关系条例第73条及第40条之1皆授权主管机关(即“经济

---

① 2003年10月9日修订之两岸人民关系条例第73条规定：

“大陆地区人民、法人、团体、其他机构或其于第三地区投资之公司，非经主管机关许可，不得在台湾地区从事投资行为。

依前项规定投资之事业依公司法设立公司者，投资人不受同法第二百十六条第一项关于国内住所之限制。

第一项所定投资人之资格、许可条件、程序、投资之方式、业别项目与限额、投资比率、结汇、审定、转投资、申报事项与程序、申请书格式及其他应遵行事项之办法，由有关主管机关拟订，报请“行政院”核定之。

依第一项规定投资之事业，应依前项所定办法规定或主管机关命令申报财务报表、股东持股变化或其他指定之资料；主管机关得派员前往检查，投资事业不得规避、妨碍或拒绝。

投资人转让其投资时，转让人及受让人应会同向主管机关申请许可。”

两岸人民关系条例40条之1：

“大陆地区之营利事业，非经主管机关许可，并在台湾地区设立分公司或办事处，不得在台从事业务活动；其分公司在台营业，准用公司法第九条、第十条、第十二条至第二十五条、第二十八条之一、第三百八十八条、第三百九十一条至第三百九十三条、第三百九十七条、第四百三十八条及第四百四十八条规定。

前项业务活动范围、许可条件、申请程序、申报事项、应备文件、撤回、撤销或废止许可及其他应遵行事项之办法，由‘经济部’拟订，报请‘行政院’核定之。”

部”），就陆资投资人之资格、许可条件、程序等拟订相关办法。惟由于2003年迄2008年当时之政治氛围及环境，“经济部”迟未出台相关办法，虽然在两岸人民关系条例第73条及第40条之1之规定下，已有允许陆资来台投资的法律依据，但因实际作业规范未出台，政府机关在依法行政原则下，无法受理及进行审查，实际上陆资仍无法来台投资。

直到2008年5月20日马英九上任后，将开放陆资来台投资列为重要政策之一。透过两岸持续沟通，加以2009年4月26日第三次“陈江会谈”时双方就陆资来台投资达成共识，“经济部”遂于2009年6月30日依据两岸人民关系条例，出台“大陆地区人民来台投资许可办法”（下称“投资许可办法”）、“大陆地区之营利事业在台设立分公司或办事处许可办法”（下称“设立许可办法”）及“大陆地区人民来台投资业别项目”，并于7月2日生效，此时台湾方建构完成陆资来台投资法制基础及作业规范，而能依法正式受理陆资来台投资之申请案件。

2．陆资来台投资之特色

（1）采事前许可制

陆资来台投资，皆须事先取得许可后始得为之，除设立办事处径向“经济部”商业司申请许可外，其余投资形态，包含设立子公司、设立分公司、参股或成立独资或合伙事业，皆以投审会为单一受理申请之窗口。又，倘陆资具军方投资或军事目的背景，则投审会应限制其投资；倘陆资来台投资将产生独占、影响安全等影响时，则投审会得限制其投资。

（2）投资限制

陆资来台得投资之业别项目，须事前由“经济部”采正面表列方式，核准公告于“大陆地区人民来台投资业别项目”后，方得投资。目前台湾已进行第三阶段之开放，其中第一阶段（包含银行业、保险业及证券业及其他运动服务业之开放）共开放205项、第二阶段再开放42项、第三阶段更再开放161项，目前总计开放408项。由于台湾业别项目共计611项，故目前开放陆资投资之业别项目达66.78%。

又，就开放之业别项目，“经济部”亦得依产业性质或特性而设定投资之相关限制，包括单一或合计投资比例上限、可否有董事席次或董事席次上限等，例如陆资投资集成电路制造业时不得具控制能力、担任董事之人数不得超过其他股东担任之总人数等。

（3）陆资认定包含直接及间接投资，亦含形式及实质认定：

为避免陆资经由第三地投资事业来台投资，以规避相关法规，不论陆资系直接或间接透过第三地公司投资台湾地区，皆适用陆资来台投资相关规范。又，除陆资超过股份或出资总额逾30%者之形式认定外，为避免形式上陆资持股少于30%，实质上却具有控制该被投资事业之能力，而规避持股比例的形式审查，陆资之认定标准亦兼采实质认定，凡陆资对该被投资事业具有控制力者，皆纳入陆资范围而应受规范。

由上述可知，陆资来台投资并欲从事业

务时，须依照投资许可办法或设立许可办法，并在允许陆资投资之业别项目中，向投审会申请来台投资。为使陆资了解投审会审核标准及流程，以下将就陆资认定标准、陆资投资限制及设立流程及所需文件等一一介绍，以俾有意对台投资之陆资企业参考。

陆资认定标准

1. 陆资投资方式可分为直接投资与间接投资

依投资许可办法第 3 条第 1 项之规定，陆资来台投资可分为直接投资与间接投资：

（1）直接投资：大陆地区人民、法人、团体或其他机构直接来台投资者。

（2）间接投资：大陆地区人民、法人、团体或其他机构经第三地区投资之公司来台投资者。

2. 间接投资之陆资认定标准

1. 间接投资认定标准

依投资许可办法第 3 条第 2 项之规定，所谓第三地区投资之公司，系指大陆地区人民、法人、团体或其他机构投资第三地区之公司，且有下列情形之一者：

（1）直接或间接持有该第三地区公司股份或出资总额逾百分之三十。

（2）对该第三地区公司具有控制能力。

2. 具有控制能力之认定标准

依“经济部”2010 年 8 月 18 日经审字第 09904605070 号函解释，所谓“具有控制能力”，系指有下列情形之一者：

（1）与其他投资人约定下，具超过半数之有表决权股份之能力。

（2）依法令或契约约定，可操控公司之财务、营运及人事方针。

（3）有权任免董事会（或约当组织）超过半数之主要成员，且公司之控制操控于该董事会（或约当组织）。

（4）有权主导董事会（或约当组织）超过半数之投票权，且公司之控制操控于该董事会（或约当组织）。

（5）依据财团法人会计研究发展基金会公布之财务会计准则公报第五号、第七号所规定之其他具有控制能力。

3. 股份或出资额逾百分之三十之计算

至于第三地区公司“股份或出资额逾百分之三十”之计算，则依投审会 2010 年 8 月 19 日公布“国外第三地区公司为陆资投资人认定标准释例”，其规定如下：

（1）以第三地区公司现有出资总额或已发行流通在外之普通股及特别股来计算，不包含其所持有之认股权、股份买权或可转换为普通股之债券或权益等商品。

（2）境外第三地区来台投资公司及其上层股东架构中之公司如为国外证券交易所上市、柜公司，以其最近一次停止过户期限后所指定之特定基准日，该日股东名册列名者所持股权，计算股份或出资总额之比率。（必要时投审会得要求提供股东名册）

3. 限制或禁止来台投资之陆资

依投资许可办法第 6 条及第 8 条之规定，有下列两种情形之一者，投审会应限制或得禁止该陆资来台投资：

1. 大陆地区军方投资或具有军事目的之投资人，应限制其来台投资。

2. 大陆投资人之投资申请案，若有以

下情形之一者，得禁止其投资：

（1）在经济上具有独占、寡占或垄断性地位。

（2）在政治、社会、文化上具有敏感性或影响台湾安全。

（3）对台湾经济发展或金融稳定有不利影响。

依2009年6月30日“大陆委员会”所发布之“开放陆资来台从事事业投资政策说明”，统计共有138家大陆国有企业[①]，其中9家属军方投资企业不得来台投资，至于其他129家国有企业或非国营企业倘有上述疑虑者，则投审会得禁止其来台投资。

陆资来台投资之限制

1. 应申请许可之投资形态

依投资许可办法第4条及设立许可办法第7条、第9条之规定，陆资来台投资应申请许可之形态如下：

（1）参股：即持有台湾地区公司或事业之股份或出资额，但除金融业、保险业及证券期货业外，不包括单次且累计投资均未达10%上市、上柜及兴柜公司股份之证券投资。

（2）设立分公司、独资、合伙或子公司。

（3）对上述两类被投资事业（即台湾地区公司、分公司、独资事业、合伙事业或子公司）提供一年期以上贷款。

2. 出资种类

依投资许可办法第7条之规定，陆资来台投资时，其出资种类包括下列现金、实物或权利：

（1）现金；

（2）自用机器设备或原料；

（3）专利权、商标权、著作财产权、专门技术或其他知识产权；

（4）其他经主管机关认可投资之财产（如继承、重整债权、并购等）。

3. 转投资之限制

依投资许可办法第5条之规定，陆资在台投资之事业，倘陆资持有该事业股份或出资额超过三分之一以上，即称为陆资投资事业，该事业之转投资行为仍应适用陆资投资相关规范。亦即陆资投资事业倘欲在台进行转投资，包含设立分公司、设立子公司及参股等，仍应依相关规定向投审会提出申请，取得许可后，方得进行投资。

4. 信息申报及揭露义务

依投资许可办法第11条之规定，倘陆资投资事业实收资本额达新台币八千万元以上，应于每届会计年度终了六个月内，检具经会计师签证之财务报表，并同股东名簿，报经济部备查。

5. 正面表列许可投资业别

关于陆资来台许可投资之业别，系采“正面表列”，即以“正面表列”所列之项目方为陆资得投资之项目（该项目可能有投资比例或董事席次限制）。“正面表列”系按“先紧后宽、循序渐进、有成果再扩大”之原则进行检讨暨分阶段开放，以降低相关冲击，目前已开放至第三阶段。

2009年6月30日开始开放陆资来台投资为第一阶段，包括制造业及服务业合计开放192项业别。其后配合金管会相关金融

① 依国务院国有资产监督管理委员会网站2012年4月30日资料所示，央企名录为118家。

法规之修正，及《海峡两岸经济合作架构协议》（Economic Cooperation Framework Agreement，下称“ECFA”）服务业早收清单，更于2010年5月20日及2011年1月1日新增开放陆资来台投资银行业、保险业及证券业等12项，以及其他运动服务业1项。

2011年3月7日为第二阶段开放，增加开放42项许可陆资来台投资之业别项目。而2012年3月19日则为第三阶段开放，截至目前为止，共开放408项业别项目，开放范围以制造业、服务业及公共建设为主，并未涉及农业。

以下就陆资来台投资之业别项目说明如下：

1. 制造业部分：

制造业已开放204项，开放幅度达制造业总项目211项之96.7%，其中有54项依据产业发展规模及其因应能力，订定不同的限制条件：

（1）限投资台湾地区现有事业且持股比率不得超过50%：

包括食品制造业、纸浆纸及纸制品制造业、机车零件制造业等31项。

（2）投资台湾地区现有事业时，持股比率不得超过20%；合资新设事业时，持股比率须低于50%：

包含肥料制造、冶金机械制造、其他金属加工用机械设备制造等共9项。

（3）对投资事业不得具有控制力，并应提出产业合作策略且经项目审查通过：

包含发光二极管制造业、太阳能电池制造业等2项，及集成电路制造业、半导体封装及测试业、液晶面板及其组件制造业、金属切削工具制造业、电子及半导体生产用机械设备制造业等5项。投资前述事业不得具控制力，且须由项目小组审查产业合作策略，陆资投资人于项目审查时应承诺陆资股东不得担任或指派其所投资事业之经理人、担任董事之人数不得超过其他股东担任之总人数，以及不得于股东大会前征求委托书等限制条件。

（4）另有7项与侨外投资项目订有相同之限制条件。

2. 服务业部分：

服务业已开放161项，开放幅度为服务业总项目316项之51.0%。其中就陆资来台投资金融业另有特定专门规范之办法，包括：规范金控及银行相关产业之“台湾地区与大陆地区金融业务往来及投资许可管理办法”，规范保险相关产业之“台湾地区与大陆地区保险业务往来及投资许可管理办法”，及规范证券相关产业之“台湾地区与大陆地区证券期货业务往来及投资许可管理办法”，上述三项办法一般称为陆资投资金融业三办法。

3. 公共建设部分：

公共建设共计开放43项，开放幅度为公共建设总项目84项之51.0%。主要限制包含公路限国道服务区、大型物流中心限采合资且对投资事业不得具有控制力等。

设立子公司、分公司流程及所需文件

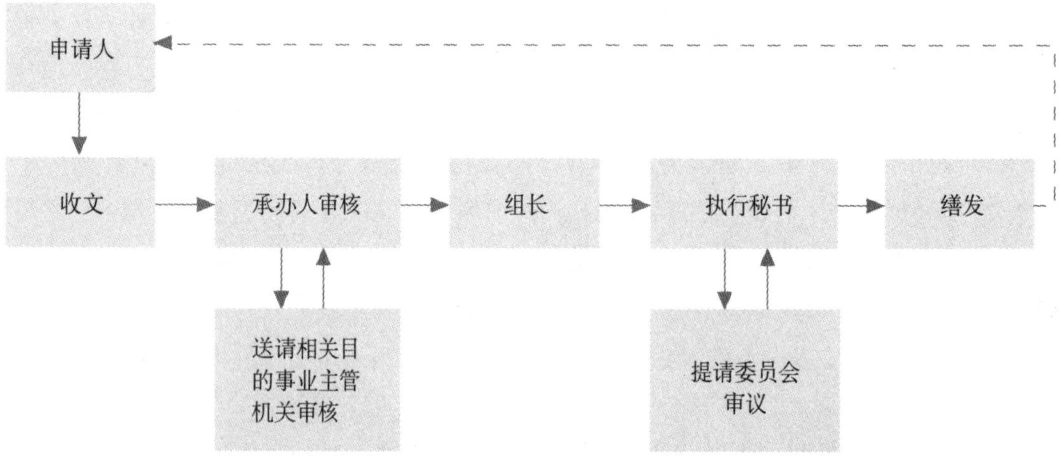

上图图示投审会审查陆资来台投资之流程（亦即下述表列说明设立子公司或分公司中有关流程 2. 申请大陆地区人民来台投资许可之部分）。

目前投审会审查之主要陆资投资形态为参股、设立子公司、分公司或独资、合伙事业，已如前述。由于本文重点在说明投审会审查流程，而参股与设立子公司时，投审会之审查流程及所需文件大致相似，故以下将区分为设立子公司与分公司，并假设该投资业别无须取得其他主管机关之许可（亦即非特许行业，例如投资银行业须取得金融业监管主管机关“金融监督管理委员会”之许可），而关于独资或合伙因实务上尚乏，故就设立子公司及分公司之流程及所需文件说明如后。

1. 设立子公司：

台湾公司法所许可的公司形态共有四种，即无限公司、两合公司、有限公司及股份有限公司，该四种分类主要区别为股东对公司或公司债权所负之责任，其中有限公司及股份有限公司股东原则上系以其所投入股本或出资额为限负责，系台湾地区最常见之公司形态，二者主要差异在于股份有限公司将资本分为股份，提供较完整之公司治理架构，较具规模、所具资本庞大、特定业别或公开发行、上市柜或兴柜之公司通常均为股份有限公司；而有限公司则以资本较小，许多小型或家族企业采此种形态。惟公司形态之选择并不影响投审会之审查，设立流程亦大致相同，故本文不予区分。

2. 设立分公司：

流程	主管机关	所需工作日	所需文件 / 信息及其他相关说明
申请核发公司名称及所营事业登记预查表	“经济部”商业司	1-2 日	提供最多 5 个公司中文名称（倘总公司有中文名称，则建议以该中文名称为主） 申请人：在台湾地区内指定之诉讼及非诉讼代理人或将来分公司之经理人 申请案委托代理人：以会计师、律师为限 申请费新台币（下同）300 元
申请大陆地区人民来台投资许可	“经济部”投审会	25-60 日	投资申请书 申请人身份证明文件及其中文译本 投资申请代理人（如律师）授权书正本及中文译本 投资申请代理人身份证明复印件 第三地区申请人之海外架构图（倘为第三地区公司） 背景及营运范畴说明书 公司名称及所营事业登记预查表复印件 其他所需文件 必要时，主管机关得命其申报资金来源或其他相关事项
汇入投资金额至子公司筹备处银行账户	台湾地区银行	7-10 日	以分公司筹备处名义开户 3 经核准取得上述步骤 2 之投资许可函后，才可由台湾境外汇入投资金额至境内 结售新台币时，应持许可函正本向台湾地区银行办理，汇款性质应注明“310M 侨外股本投资（大陆投资）”
办理总公司认许及分公司登记	“经济部”商业司	5-10 日	投资审议委员投资核准函 经营许可业务者应检附目的事业主管机关许可文件复印件 法人资格证明文件（须经大陆地区公证单位公证并附繁体中文本） 公司章程（须经大陆地区公证单位公证并附繁体中文本） 股东会或董事会请求认许之议事录（须经大陆地区公证单位公证并附繁体中文本） 会计师资本额查核报告书 在台湾地区内指定之诉讼及非诉讼代理人及非分公司经理人授权书（须经大陆地区公证单位公证并附繁体中文本） 在台湾地区内指定诉讼及非诉讼代理人及非分公司经理人身份证明文件 房屋所有权人同意书正本及最近一期房屋完税税单（或所有权状）复印件 大陆地区公司设立许可事项表 大陆地区公司分公设立登记事项表 登记费：按其专拨在台湾地区内营业所用资金之四千分之一计算，最低至少应缴 1000 元。

申请营业登记（或称税籍登记）	分公司所在地之税捐稽征机关	7~10 日	分公司经理人身份证明文件 公司章程 租赁契约复印件
办理进出口登记	"经济部"国际贸易局	1 日（可与步骤 6 同时为之）	提供最多 6 个公司英文名称

结语

自 2009 年开放陆资来台投资后至 2012 年 3 月，陆资来台投资件数共计 237 件，总金额约美金 2.79 亿，其中 2012 年 1 月至 3 月即有 33 件，较同期成长 17.86%。而 1991 年至 2012 年 3 月台商对陆投资件数共计 39,725 件，总金额约美金 1144.13 亿，台商对陆投资虽因开放时间较早与大陆市场规模较大而件数较多、金额较高，惟 2012 年 1 月至 3 月核准件数较同期减少 36.48%[①]，显见陆资来台投资为新兴趋势。而陆资倘欲来台投资，投审会审查作业及其核准（审批）为进行投资前应完备之事项，故期盼借由本文相关说明暨介绍，有助了解及厘清陆资相关疑虑。

（本文仅为作者个人意见，不代表事务所立场）

① 资料来源：投审会网站，2012 年 3 月核准侨外投资、陆资来台投资、国外投资、对中国大陆投资统计速报。

第一部分

法律面

第五章　来台投资税务须知

杨 明 珠 / 资诚联合会计师事务所税务法律服务副营运长（会计师）

专业领域 / 公司法及证管法令应用实务

集团企业移转定价分析研究

集团企业营运模式税务规划咨询

公司税务咨询及租税规划

企业并购实务及税务服务

各类税务案件行政救济

前言

当一个企业在进行境外投资活动时，除了经济环境外，要特别重视当地的法规环境。虽然两岸间存在语言及文化相通的优势，但相关规定仍然有着相当的差异，主管机关的决策及执行也有实务上的不同。因此，投资前对于规定及实务的搜集与了解、投资专业的会计师及律师的咨询，乃至必要的主管机关拜访程序，经常都是境外投资成功的重要因素。

境外投资所涉及的当地规则层面相当广泛，各项商业组织、交易行为、劳工、行政管理相关的规定，对于企业的业务经营、人事管理、财务管理等各层面都会有适用及影响。此外，针对陆资企业来台投资，台湾也订定有专项管理办法。然而考虑本文的篇幅，以下仅针对一般性境外投资及陆资企业来台特殊的规定，作出要点性的介绍，以便使来台投资之陆资企业能就台湾相关规定有重点式的认识：

商业组织的设立与治理

1. 组织形态

依照台湾公司法规定，共有四种类型之公司，分别为无限公司、两合公司、有限公司及股份有限公司。其中境外投资人最常设立之公司形态为股份有限公司及有限公司。以下即针对股份有限公司及有限公司之主要设立与治理条件，作出比较以供参考：

项目	股份有限公司	有限公司
有限责任保障	适用	适用
设立最低资本额	无	无
股东人数	自然人 2 人以上政府或法人 1 人	自然人或法人 1 人以上
股东会要求	每年须至少召集一次常会	无
治理机构	董事会（至少 3 人）	董事（至少 1 人；至多 3 人
股票发行	实体或无实体发行	无
公开发行暨上市柜	适用	不适用

在台湾，股份有限公司得自由设立，无证券主管机关事先审批的要求，惟必须注意发起人之股份原则上于公司设立登记 1 年后，始得转让。另，有限公司设立后，得经全体股东同意变更为股份有限公司。

除了设立子公司的方式外，境外企业也可以设立分公司之方式在台湾营业。依据台湾公司法的规定，境外企业在经过主管机关审批后，也可以设立台湾分公司之方式于台湾地区从事业务。经过认许的境外企业，可以透过分公司的商业组织进行各种营运活动。但是分公司与子公司的主要差异在于，分公司本身并没有有限责任的保障，境外企业对于分公司的债务仍需要负担全部的法律上责任。

如果境外企业无意在台湾从事营业行为，而只想指派代表人于台湾境内进行售后服务或商情信息搜集等功能时，也可以透过设置代表人办事处的方式，然而代表人办事处不得于台湾境内从事任何营业活动。

此外，依据台湾证券交易法的规范，股份有限公司得经主管机关的审批后，成为公开发行公司。股份有限公司于成为公开发行公司后，方可以办理上市柜之申请，且依据台湾相关的规定，公开发行公司于上市柜前，至少应于兴柜市场挂牌交易六个月。

2. 投资事业名称

在台湾设立企业时，企业名称及所营事业必须事先办理预查，且需使用“繁体字”。如果陆资考虑设立分公司者，其名称应标明“大陆商”。对于大陆集团企业想要使用同样的集团企业名称在台湾登记营业者，企业名称预查之程序宜尽早办理，以避免或降低集团名称已被其他非集团企业登记使用之风险。

3. 出资种类

依据“大陆地区人民来台投资许可办法”第 7 条规定，陆资出资种类目前以现金、自用机器设备或原料、专利权、商标权、著作财产权、专门技术或其他知识产权、其他经主管机关认可投资之财产为限。

4. 公司所在地

公司登记之营业场所必须符合台湾建管、都计、消防及卫生安全等管理规定，俟投资事业完成公司或商业登记后，登记主管机关会副本告知上述单位进行辅导及检查。因此，公司所在地之选定，必须事先予以了解是否符合相关使用用途，以免违法受罚。

陆资企业来台相关规定

1. 机构投资人投资上市柜股票相关规定

为扩大台湾证券与期货市场之规模、增加新动能及提升国际化程度，并带动台湾金融服务业之繁荣发展，以利台湾进一步发展成为亚太筹资中心。台湾已先行开放陆资投资台湾证券市场，并依据台湾地区与大陆地区人民关系条例（以下简称“两岸人民关系条例”）第 73 条第 3 项之授权，订定大陆地区投资人来台从事证券投资及期货交易管理办法（以下简称“管理办法”），并于 2009 年 4 月 30 日发布施行。管理办法的重要规范摘录如下：

（1）合格机构投资者及其他符合规定之投资人

依本管理办法之规定，经大陆地区证券主管机关核准之合格机构投资者（以下简称“机构投资人”）及其他符合规定之投资人得来台从事证券投资或期货交易。

（2）持股额度之管制与介入经营之限制

陆资企业单次或累计投资取得台湾上市柜公司之股份未达 10% 者，应根据管理办法之规定办理，惟若达 10% 以上，则必须依照下段所述陆资来台直接投资之规定向台湾主管机关提出申请。此外，经由管理办法持有台湾上市柜公司股份之陆资企业，不得有实质控制或影响该上市柜公司经营管理之情事，例如不得当选为该上市柜公司之董事或监察人、不得干预企业经营及人事安排等。

2. 产业直接投资相关规定

除机构投资人对于上市柜股份之投资

外，台湾也依据两岸人民关系条例第 73 条及第 40 条之 1 规定订定大陆地区人民来台投资许可办法（以下简称“投资许可办法”）暨大陆地区之营利事业在台设立分公司或办事处许可办法（以下简称“设立分公司或办事处许可办法”），并于 2009 年 6 月 30 日并同“大陆地区人民来台投资业别项目”发布施行。投资许可办法的重要规定如下：

（1）投资人与被投资企业

根据投资许可办法规定，适用投资许可办法之对象为大陆地区人民、法人、团体、其他机构或其于第三地区投资之公司（以下合称“投资人”）及陆资投资企业。陆资如果经由其在第三地区投资之公司在台投资，该第三地来台的外商，只要陆资直接或间接持股比率逾 30%，即认定为陆资。若陆资持股在 30% 以下之第三地公司，仍需判断大陆人士对于该公司是否有实质控制力，以确认该第三地公司是否仍属相关法令规范所称之陆资。依据投资许可办法所为之投资，应先向台湾主管机关申请许可。

所谓“陆资投资企业”系指投资人持有所投资事业之股份或出资额，合计超过该事业之股份总数或资本总额三分之一以上者。未来该陆资投资事业之转投资，亦应申请事前许可。

（2）投资之业别项目、限额及投资比率

与投资许可办法及设立分公司或办事处许可办法同时公告之“大陆地区人民来台投资业别项目”，已针对投资人得投资之业别项目、限额及投资比率订明，共分为：大陆地区人民来台投资业别项目—制造业、大陆地区人民来台投资业别项目—服务业及大陆地区人民来台投资（非承揽）公共建设项目。前开业别项目表业经数次修正，目前正面表列开放的项目共有 408 项。

其中制造业部分开放 204 项，包括纺织业、金属制品制造业、塑橡胶制品制造业、电子零组件制造业、电力设备制造业、计算机及电子产品及光学制品制造业等均有细项在开放之列。部分开放业别之细项如电子零组件制造业中之集成电路制造尚有持股比率等限制条件。

而服务业开放的项目共计 161 项，以批发与零售业为主，主要是配合 WTO 承诺表开放项目，其中包括观光旅馆、餐馆、游乐园及电信加值服务业之第二类电信事业一般业务等。

较受瞩目的（非承揽）公共建设部分，包括航空站与其设施、港埠与其设施，以及观光游憩重大设施，包含航空附加价值作业设施、航空事业营运设施、航空训练设施、过境旅馆、展览馆、国际会议中心等。其中航空站及港埠相关设施之投资案，尚规定陆资持股比率须低于 50%，且不得超过其他非陆资最大股东之持股比率。

3. 参与被投资企业之经营

经许可在台湾地区投资之投资人属自然人者，得来台担任该投资事业之董事或监察人；投资人属法人者，得由大陆地区人民为其法人之代表人，来台担任该投资事业之董事或监察人。亦即，陆资企业得经由投资台湾地区企业，参与该企业之经营决策，对陆资企业而言，得以更全面了解台湾企业相关技术，掌握经营权；分享经营利益，似较单纯财务性投资更具吸引力。

4. 企业并购相关规定

另外值得关注及考虑者，陆资企业来台除透过设立营业组织的方式外，亦可考虑以并购的方式进行，或于设立台湾之营业组织后对于台湾企业进行并购。相较于透过企业自然业务成长的方式而言，并购是更为快速、有效率的市场进入或扩张方式。特别是对于已经发展成熟的产业或市场，自然成长方式有其缓不济急的考虑。此外，针对技术的取得上，相较于自行研发，并购显然也有其快速取得技术的优点。

台湾为鼓励企业并购，于公司法之规定外，特别订定企业并购法，针对诸如合并、重大资产收购、股份转换、分割等企业并购态样，订有较为简便之程序及租税优惠。陆资来台投资时，如得符合企业并购法之规定而进行并购，除原有经营综效之考虑外，并可享有程序便利及租税优惠之效果。对于并购程序之快速进行及成本降低，均有相当程度之帮助。

陆资企业来台投资审查实务

1. 申请及审核流程

大陆投资人来台投资之申请流程包含两岸的审核机制。投资人必须依据大陆方面《境外投资管理办法》提出来台投资之申请，商务部在收件后，会探询国台办以及国家发展和改革委员会意见。

至于在台湾申请部分，则是由投审会作为业务窗口，收件后再汇集各“部会”意见后提审查委员会决定。据此，检附台湾方面之申请及审核流程简图（如后附），以供参考。惟实际申请作业流程，仍以主管机关公布为准。

2. 股本汇入程序

由于陆资企业来台投资采“事先许可”制，因此投资人必须在取得台湾方面之投资许可函后，才得以汇入股本。

无论是投资新设公司，或是认购现有台湾事业之增资股份，股本汇入台湾公司银行账户后，台湾公司均须委请会计师，对于投资之资本额进行查核签证程序。此外，针对股本汇入之执行情形，亦需向投审会申报审定之。

3. 财务报表签证及报备

针对实收资本额达新台币 8,000 万以上之陆资投资事业，应于每年会计年度终了后六个月内，检具经会计师签证之财务报表及股东名簿，报请投审会备查。

4. 投资额及资本利得之汇出

陆资投资人经许可转让股份、撤资或减资者，得以其经审定之投资额，全额一次申请结汇；其因投资所得之资本利得亦同。

陆资来台投资申请流程（投资新设公司）

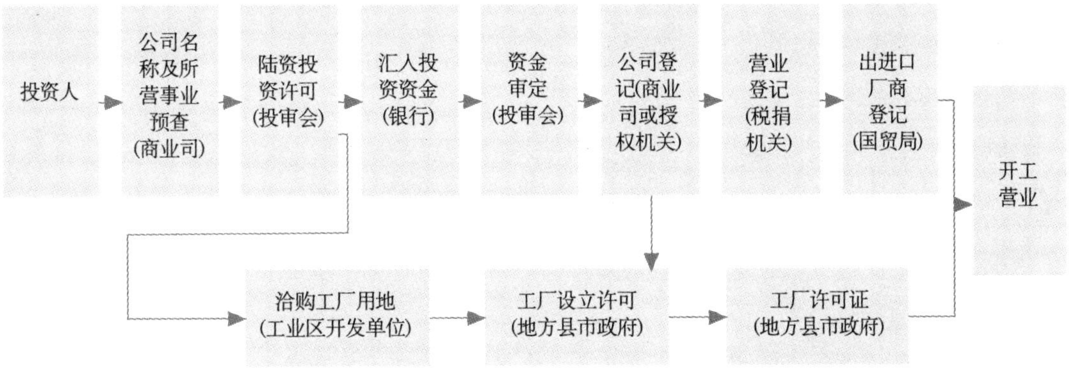

陆资来台投资申请流程（投资现有公司）

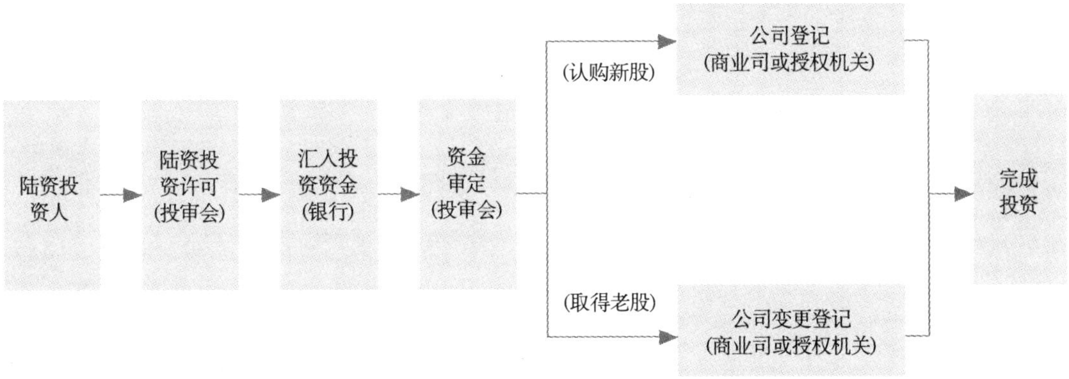

第一部分

法律面

第六章　两岸搭桥计划介绍

“经济部”搭桥项目办公室提供

台湾并购与私募股权协会整理

前言

为建立两岸产业合作平台，创造更多两岸产业合作商机，“行政院”推动“搭桥项目”政策，期许借由举办两岸产业交流合作研讨会，建立两岸产业合作模式，营造更开放、更友善的产业发展环境，进而创造两岸合作商机。希望挑选出海峡两岸可以优势互补并具有庞大商机或发展潜力之产业，搭建双方之交流桥梁与合作平台，以“一产业一平台”的模式，建立海峡两岸产业合作机制，进而连结跨国企业，进军国际市场，展开全球布局，创造两岸产业双赢。

两岸搭桥项目机制

此合作机制采取“政府搭桥，民间上桥”的做法，由政府出资举办两岸产业合作及交流会议，让民间企业在此平台上，进行互补性之合作，从共同研发、共同生产、产销合作、共同投资，到两岸跨国企业携手，借此展开营运管理、产业集资、金融服务以及仓储转运等方面之合作。目的在于促使台湾的经济发展与国际市场更迅速紧密地接轨，借以提供一般企业投资布局更宽广的决策和经营空间。

对应于“经济部”成立搭桥项目办公室，大陆方面也由国台办出面，协调大陆方面的相关部委派员成立协调小组和搭桥项目办公室对接，并由经济局副局长王征担任主要联络窗口。在协调小组之下，国台办经济局委托清华大学台湾研究所刘震涛所长（国台办经济局前局长）负责牵头，结合大陆方面相关智库，成立大陆方面之两岸产业专家小组，和台湾之两岸产业智库咨询小组对口。

至2010年底为止，“搭桥项目”已经在两岸轮流举办了36个场次的两岸产业合作交流会议，涵盖了中草药、太阳光电、车载资通讯、通讯、LED照明、信息服务、风力发电、流通服务（包括连锁加盟和物流）、车辆、精密机械、食品、生技与医材、纺织与纤维、数字内容、电子商务、电子废弃物回收利用等17个产业项目。三年来，两岸相关业者共计有15,571人次参与活动，促成了1,463家企业进行合作洽谈，签署合作意向书280份。

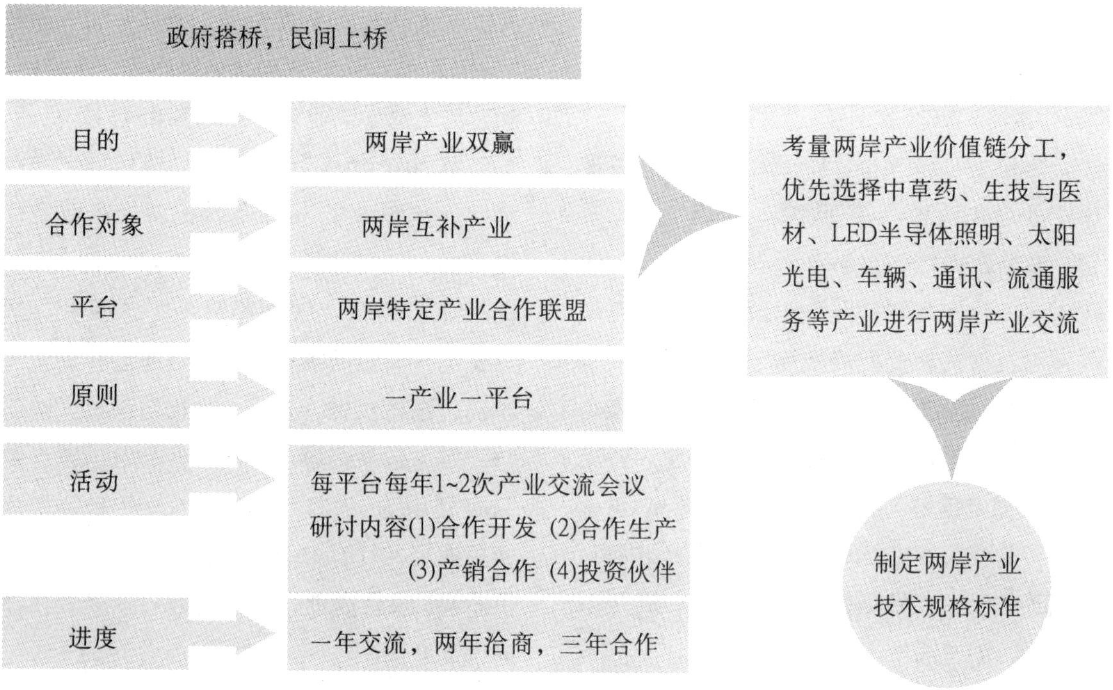
政府搭桥，民间上桥
目的
两岸产业双赢
合作对象
两岸互补产业
平台
两岸特定产业合作联盟
原则
一产业一平台
活动
每平台每年1~2次产业交流会议
研讨内容(1)合作开发 (2)合作生产
(3)产销合作 (4)投资伙伴
进度
一年交流，两年洽商，三年合作
考量两岸产业价值链分工，优先选择中草药、生技与医材、LED半导体照明、太阳光电、车辆、通讯、流通服务等产业进行两岸产业交流
制定两岸产业技术规格标准

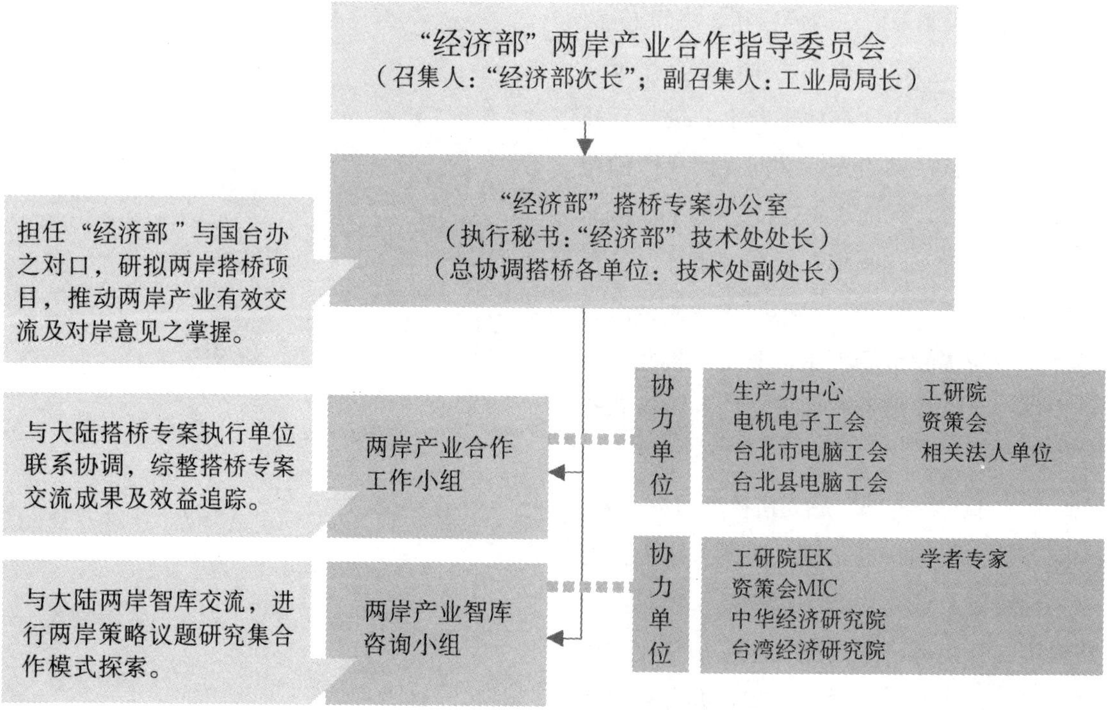
“经济部”两岸产业合作指导委员会
（召集人：“经济部次长”；副召集人：工业局局长）
“经济部”搭桥专案办公室
（执行秘书：“经济部”技术处处长）
（总协调搭桥各单位：技术处副处长）
担任“经济部”与国台办之对口，研拟两岸搭桥项目，推动两岸产业有效交流及对岸意见之掌握。
与大陆搭桥专案执行单位联系协调，综整搭桥专案交流成果及效益追踪。
两岸产业合作工作小组
协力单位
生产力中心
电机电子工会
台北市电脑工会
台北县电脑工会
工研院
资策会
相关法人单位
与大陆两岸智库交流，进行两岸策略议题研究集合作模式探索。
两岸产业智库咨询小组
协力单位
工研院IEK
资策会MIC
中华经济研究院
台湾经济研究院
学者专家

除了产业合作之外，海峡两岸原本从2005年开始，就有台湾的华聚产业共同标准推动基金会（华聚基金会）和大陆的中国通信标准化协会及中国电子工业标准化技术协会举办海峡两岸信息产业技术标准论坛。此一交流平台自1997年起纳入搭桥项目，并于2010年6月举办的第八届论坛中，签署了两岸共同制定LED照明、平面显示器、和太阳光电三个产业的共通标准合作备忘录。

在智库推动成果部分，过去三年两岸产业智库共举办8场次正式会议，共同对两岸产业交流之共通性议题、交流项目进行研讨、达成共识，并各自对两岸主管机关提出建议。透过两岸智库咨询小组的运作，具体成果如下：

1. 建议两岸选定特定产业建立合作试点，并曾具体建议六项优先试点产业，其中无线城市、LED照明、低温物流（大陆称之为“冷链物流”）三项，两岸正式立案并成立工作小组推动之。无线城市选择在成都和宁波进行试点，LED照明在广州和厦门进行试点，低温物流则在天津进行试点。

2. 建议在“十二五”规划中列入两岸产业合作具体政策文字，目前已具体呈现于“十二五”规划中。

3. 促进两岸跨智库间信息交流，增加相互了解沟通，避免产生误解。

4. 在两岸产业主管机关政策交流过程中，适度扮演第二信息联系沟通管道。

目前执行困难点与限制

1. 由于两岸经济规模悬殊，且曾经长期处于敌对状态，台湾内部对于两岸产业合作难免有较高的风险考虑，于是，相互信任就成为两岸产业合作必须面对的基本面问题之一。

2. 海峡两岸虽然是同文同种，但社会体制和政府组织架构并不相同，人民的价值偏好和行为习惯也有差异，这些差异会导致海峡两岸在推动“搭桥项目”时，出现双方制度安排和决策模式的落差，通常需要较长时间的调整与磨合，乃至于必须在不同的制度安排和决策模式之间桥接可行的机制。

3. 两岸产业合作需要了解彼此的产业发展状况，才能达到优势互补。然两岸恢复交流协商时间不久，信息的交流也不够充分、确实，原先规划的产业合作项目，与实际进行合作的项目出现了落差，例如设计、光储存和航空等三个产业项目无法启动合作步骤，而纺织和纤维、数字内容、电子业清洁生产暨废电子产品资源化以及电子商务等，则是双方有了接触，交换信息后新增的项目。

4. 产业发展须以企业投资量产来落实，政府固然可以制定产业政策、采取奖励措施、扶植特定产业项目来促使企业投资，但是，企业考虑的是市场与投资报酬。所以，在两岸产业合作上，政府该扮演何种角色，发挥何种功能，采取哪些措施，投入多少资源，都足以影响两岸产业合作的成效。

5. 两岸政经环境的不确定性，是本计划能否顺利执行的最大变量。台湾经济深受国际市场与大陆市场的影响，而政治因素势必牵动后续经济表现。伴随ECFA正式上路，在两岸交流合作制度化下，两岸政策大方向应不至于有重大改变，惟推动的方向与速度将深受连动。

搭桥项目未来推动方向

展望未来，台湾经济部门所属搭桥项目办公室将持续朝以下方向继续努力：

1. 落实及深化两岸产业合作：

搭桥项目在两岸官方支持与配合下，已成为两岸产业合作会议之“品牌”，未来“经济部”将协助推动扩大及深化市场、标准、技术、法规等面向之合作，并推动试点合作计划，促使经济效益及早显现。

2. 吸引跨国企业参与合作平台：

搭桥项目系以政府搭桥、民间上桥之模式形成两岸产业合作平台，其目标为促使国际企业参与合作平台，强化台湾扮演亚太营运枢纽之角色。未来“经济部”将积极向欧、美、日等跨国企业倡导，并鼓励参与搭桥会议及活动。

3. 提升两岸厂商在台湾营运活动：

两岸产业合作双向化后可纾缓台商长期单向投资大陆之现象，将促使两岸厂商增加在台湾之营运活动（投资、创新、研发、生产、市场营销等），从而创造经济成长与就业。因此，大陆在推动两岸合作时，特别是地方政府，必须跳脱“招商引资”的传统模式。

4. 整合资源，提高效率：

加强统筹和协调以及强化计划的政策引导功能，促使各关系利害人参与，包括研究机构、学界、智库、公协会、产业界与其他部会，协同规划、确认与执行创新需求（两岸各自的科技创新实力、亮点与缺口）、评估调整计划，以利整合资源，提高效率。

全球创新连结 开创产业新优势

两岸产业合作：台湾对大陆的建议

目前搭桥项目下之两岸产业合作进程，台湾对大陆的建议如下：

1. 加速推动两岸共同建立实质的两岸产业标准。

目前华聚基金会推动之两岸产业标准只达成共识，希望短期内能促成与建立一个新模式，能实质突破两岸产业标准，因为此涉及市场与产业利益很大，大陆方面很谨慎。因此，建议应让台湾参与大陆产业标准组织与制定等，可以加速合作进程。

2. 协助台湾中草药产品和医疗器材进入大陆医疗体系。

台湾建议争取在不需要台湾厂商赴大陆投资条件规范下，协助台湾的科学中药等强项的中草药产品进入大陆的医保体系，和医疗器材进入大陆扩大内需的医疗下乡市场，借由大陆庞大市场，壮大台湾生技与医材产业发展。

3. 推动台湾制造的电动车进入大陆市场，建立两岸新产业发展的合作模式。

4. 扩大实施试点搭桥项目，建议各个搭桥项目，比照 LED 与无线城市模式，希望大陆支持在两岸均有试点计划，共同制定海峡该产业与产品之采购规范，在此基础上完成两岸实验室比对，相互认证，共同开发两岸及国际标准与进军国际市场。

两岸搭桥成果案例分享

1、中草药产业

目前两岸已在科技研发、产业与教育交流、法规上拥有多项成果，让两岸中草药从分散零星的蛙跃式发展，进入整体计划的全面性合作，其中台湾工业技术研究院（工研院）已完成柴胡、黄柏、白及、葛根及山栀等五种药材专题论文报告，将进一步透过两岸搭桥让台湾药材得以进入两岸药典，进而扩大合作规模；两岸中草药产业交流亦为产业界创造共同发展之商机，例如台湾杏辉公司的抗老人失忆症药物系技转北京大学屠鸿飞教授之技术，已进行临床试验，目前该项产品在大陆已取得上市许可，并努力开拓中草药及保健产品通路。此外，台湾怀特与扶升公司共同推动咳宝、骨宝新药两岸临床研究计划，签署合作意向书，推动两岸多中心临床试验。另外，为让在台湾已发展并使用 40 年之浓缩中药制剂（一般称为科学中药），能被大陆民众所认识及采用，工研院参照大陆法规相关规范，汇整在台之多年研究成果，于 2011 年 3 月份向福建省提出临床试验之申请，即希望能具体且务实的逐步解决两岸中草药产业规范不同之问题。

2011 两岸中草药产业合作及交流会议中达成几项总结与共识：（1）科研合作已逐步开展，未来对于两岸有兴趣的议题，可由工研院与中国中医科学院规划找出 1 至 2 项共同课题进行合作研究，并建立共同研发的机制，（2）有关药材资源普查部分，两岸可成立共同专家团，先制定一致的标准，再进行普查工作资源共享。另外，可进一步对于药材优质品种及种子的保护工作进行合作，（3）台湾的科学中药再评价研究已有初步的成果，可供大陆参考，且值得积极合作；台湾厂商建立的基准方研究亦可提供两岸交流经验分享，（4）两岸中药药典编纂的合作交流具体可行，可先从推动两岸药材药食两用及药用归类的一致性着手，再推动两岸最常用的中药品/方剂挑选品项订立一致的标准，（5）有关两岸中医药教育合作方面，可朝两岸编撰一系列博士班研究生教材着手，如两岸搭桥论文集等。

2. 流通服务——电子商务产业

在举办搭桥会议前，国内的厂商想要跨进大陆市场，只能零星、个别接触、摸索，却面临大陆电子商务经营法制与域名遮挡等问题，求助无门，进展缓慢。搭桥后，由政府带头，法人公协会协助电子商务厂商以群聚的方式接触大陆与产业界，并透过系统化的安排，加速两岸业者的了解与合作效率。

透过2011两岸电子商务产业搭桥交流，协助排除经营华文市场之障碍，促成台湾电子商务业者与大陆平台介接与商机媒合，协助250家台湾企业运用电子商务拓展大陆市场，增加业者商机达7亿元。

同时亦积极协助促成各地方政府建立电子商务一站式服务窗口，协助台商三证申请服务。促成电子商务多元商机媒合，重量级业者参加并反应与台湾合作的重要性。淘宝网、拉手网、银联及支付宝都具体与台湾厂商合作，大陆重量级企业亦透过搭桥，体认台湾电子商务业者的细致与效率化，期待与台商合作，因此未来可望有更多的合作。

自搭桥计划执行后，台湾特色商品网络销售大陆产值超过6.7亿元，同时也辅导532家厂商应用平台销售商品至大陆，因此，2015年台湾EC兆元产值应是指日可期。

3. 流通服务——物流产业

两岸ECFA签订后，对两岸物流产业带来新的机遇，透过搭桥项目，协助国内业者与大陆物流相关协会与企业进行深度交流，并针对物流与供应链最新趋势之货物运输安全保障与低碳物流企业竞争力等趋势、物联网技术与现代物流业应用前景、ECFA签订对两岸物流产业带来的机遇等重要议题进行研讨，促进两岸物流业的交流合作，已建立良好互动投资契机。例如，透过搭桥会议，台湾空运及世邦国际分别与深圳亚风国际、上海世宏物流、厦门世明船代进行策略联盟，就双边物流配送、仓储托管等协同服务模式共同进行实质的业务合作、代理及扩展，拓展了商机。

4. 流通服务——批发零售（连锁加盟）产业

批发零售（连锁加盟）产业是流通服务产业的一种重要发展模式，透过连锁加盟方式快速扩张市场后，历经市场的激烈竞争，国内企业大多练就丰富的经验与技术，这是国内批发零售业者的优势；而透过搭桥活动与大陆连锁经营业者的互动交流，将以“台湾技术、大陆市场”的概念，引导两岸业者在技术与市场上交流合作，共同拓展大陆内需市场与朝全球化布局方向推动。

两岸经贸交流发展迅速，搭桥活动已建立起两岸合作及交流平台，2010年台湾更将服务业品牌的推介作为未来两岸交流的重点。早一批进入大陆市场的加盟连锁品牌如永和豆浆、仙踪林等在大陆的发展壮大，吸引了越来越多的台湾品牌进入大陆市场。2010年主办单位生产力中心筹组了十三家台湾特许加盟品牌组成台湾展团在特许加盟会场展出，包括景大食品（大井烤茶）、蓝海国际（几分甜）、王长发产业（丐帮卤味、锅两好）、六角国际（日出茶太）、弘爷、艾力克、快客、茶专国际、集山实业、翔美食品（雪花冰）、万益食品、欧都纳、六星集等，台湾经济研究院也设展位集中推出近两年评选出的十多个台湾优秀品牌，为两岸带来了合作发展台湾品牌的机会。

5. 再生能源（太阳光电、风力发电）产业

两岸具有再生能源产业互补优势，可同时发挥各自强项，共同解决产业面临的问题，从优化整体产业链着手，提高产品质量，降低生产成本，强化产品的竞争力，甚至携手合资新公司，共同拓展国际市场，以创造两岸在太阳能及风力发电产业双赢的新局面。

2010年全球大型风力发电产业年产值890亿美元，预计2015年将可达1,470亿美元，先进国家皆积极投入抢占市场。据统计，2010年全球新增装置容量达39.4GW，预期2011年还会再成长17%，尤其离岸风电均为两岸重要推动政策，相信会成为下一波成长之主要焦点。太阳光电则是快速成长的产业，2010年全球系统市场规模16.6GW，产值500亿美元。台湾太阳光电产业2010年由新台币1,057亿元倍增至2,000亿元，相关的厂商已超过160家，目前全球太阳光电产品制造生产的基地，已逐渐转移至亚太地区，两岸更为重要发展区域，太阳光电产业面临欧洲债券危机影响市场需求，产业正面临转型突破以带动成长。但能源是国家经济起飞的指标，再生能源具有保护环境、提升经济、创造就业的特质，势必成为全球新的经济动能。

两岸再生能源产业交流中，工研院太阳光电测试实验室与北京鉴衡认证中心合作，协助业者获得鉴衡金太阳实验室及产品认证，切入大陆太阳光电内需市场新兴商机，会议中颁发认证证书，包括：授权6个第三方实验室和1个工厂实验室以及10家企业产品认证，也确认“两岸新能源产业协调工作小组”沟通平台的运作模式，展开两岸风力发电与太阳光电合作与交流之协商与推动，并对未来两岸合作达成多项合作重点及项目的共识，更有利于后续的合作推展。

在风电产业方面，将以海上风电为两岸均积极发展的项目，且共同面临台风等关键议题，两岸同意朝下列方向进一步协商可能的合作与交流机会:（1）共同制订抗台风力机共通标准并纳入IEC规范,（2）持续推动两岸民间厂商共同发展风力机设备之可能性，投入拔尖型离岸风力机设备（如高温超导）开发。另外，两岸共同推动风力发电及太阳光电试点计划，验证两岸合作机制与合作模式的方向，若可行将再探讨大规模合作之可能性与机会。后续协商发展重点，结合两岸再生能源技术与应用市场在品牌、标准等方面合作，罗列数个具体合作项目，下一步走向具体项目推出，2012年在大陆两岸会议中能有项目结果。

第一部分

法律面

第七章　两岸投资保障协议的功能

吴 必 然 / 协合国际法律事务所资深顾问

东吴大学法研所兼任副教授

香港理工大学 CMBA 兼任教授

专业领域 / 国际经济法（WTO、FTA、BIA）、企业并购、能源法、新创事业（设立、募资、国际化及并购）、数位媒体、电信法令、不良债权 / 企业重整

投资保障协议于 ECFA 中之角色

随着全球化之发展，国际间之投资更为频繁，如何保障外国投资人于地主国之投资成为极需处理之问题。目前地主国提供外国投资人保障之方式主要有二，一为透过制定内国法以法律层次提供保障，其二则涉及本文所要分析的投资保障协议议题，即以国际条约之方式，透过政府间书面协议，将保障层级提升至政府间之义务，提供投资人较佳之保障。

目前国际投资领域仍然欠缺全球、多边的一致规范，以 WTO 为例，其架构下的与贸易有关投资措施协议（Agreement on Trade Related Investment Measures，TRIMs）仅能适用于货品贸易，且涵盖范围略嫌不足。因此，全球投资秩序之建立，仍依赖国与国间的双边投资协议（Bilateral Investment Agreement，以下简称“BIT”）或自由贸易协议（Free Trade Agreement，以下简称“FTA”）。二者之差异在于规范内容不同，FTA 之目的为扩大缔约国贸易范围，其规范内容包含贸易与投资，投资仅为章节之一，而 BIA 之目的则系关于保障投资者之投资环境，故规范内容仅限于投资。

随着投资保障协议之发展，双方投资协议已成为处理跨国投资议题的重要方式，其不仅有助于保障缔约国双方之投资者或投资，甚而能提供外国人较大的投资诱因。2010 年 9 月 12 日生效之两岸经济合作架构协议（以下称”ECFA”）第 5 条规定，双方将于协议生效后六个月内就建立投资保障机制、提高投资相关规定的透明度、逐步减少双方相互投资的限制等事项展开协商并尽速达成协议，“投资保障”之重要性可见一斑。

投资保障协议于国际上已发展多年，两岸皆有丰富的经验处理相关议题，参考国际上的做法并了解双方过去之实践，可用以了解两岸投资保障协议之内容，并分析其对于投资环境之可能影响。而投资保障协议既为国际协议，其保障乃国家间之承诺而独立于内国法之外，除了依据地主国的内国法规寻求救济外，投资人更能够利用国际协议之机制寻求其他救济管道，且地主国之各种行政作为也必须加以配合，对于投资人财产安全及投资之进行都将有重大影响。

因此 ECFA 框架下之投资保障协议[①]，将成为未来两岸投资相关议题的重要保护机制之一，以下本文将参酌近年国际上之发展，针对大陆及台湾投资保障协议核心内容进行分析，以了解可能的规范模式及解释方式，并分析未来投资保障协议施行后之可能影响。

投资保障协议核心内容之发展

国际上之双边投资协议规范，大致可区分为三种类型。第一类主要系为促进双方之投资，目的仅在确立缔约国间之友好关系，协议内容多为宣示性文义，且未涉及实质保

① 本文写作之时，两岸投资保障协议尚未签订。因此，本文所根据之资料系当时已知之公开信息，包括政府信息、两岸各自与其他国家签订之投资协议等。因此，两岸投资保障协议之最终签约文字，概以政府公布之版本为准。

护双方投资者或投资之措施，内容较为简略。第二类则近一步为缔约国双方投资者或投资提供实质保障，内容会包含投资保障等救济制度，也会因缔约国双方国情、经济环境或其他因素之考虑，而为部分条文之增删。第三类不仅保障缔约国双方投资者或投资，更含有市场开放之目的。而由于ECFA之设计架构下，对于市场之开放将置于其他协议当中，且投资保障协议条文涉及实质保障之内容，因此其设计应较为接近第二类型。

关于投资保障事项，其目的既在于保障"投资"，则对其中若干基本条款之定义，例如所规范的主体、客体、时之效力等，均关乎保障范围之广狭而具备相当的重要性。以下将从双边投资协议之核心条款加以分析，借以了解投资保障协议之内涵及保护之范围。

1. 定义与保障范围

（1）投资定义

国际间关于"投资"定义之规范方式，主要可概分为以下四种：

a. 以资产（asset）为核心之例示性规范，亦即例示说明几个投资的种类。此种定义方式亦为目前国际间常使用、保护程度最高的方式；

b. 投资一般广泛之定义，以涵盖各种可能之新投资种类；

c. 列举式规范，亦即仅有该条所列之投资种类才是本投资协议认定之投资；

d. 设计排除条款，将特定行为明确排除于投资定义之外。

两岸先前各自签订之双边投资协议，多采取上述（1）的定义模式。例如大陆与新加坡于1985年签订之《中华人民共和国政府和新加坡共和国政府关于促进和保护投资协议①》（以下简称"中新双边投资协议"）② 即属之。台湾方面，例如2011年所签订之"亚东关系协会与财团法人交流协会有关投资自由化、促进及保护合作协议"（下称"台日投资保障协议"），其第2条第1项对于"投资"之定义，明文包含"投资人直接或间接、所有或控制，并具投资特性之各类资产"，其后再为态样之例示，即是以"资产"为核心所为之例示性规范。因此，两岸投资保障协议之条文也应将以此种规范方式为之。

在上述（1）的定义模式下，所涵盖的投资资产种类，约可概分成六类：

a. 与物权相关之权利：包括动产、不动产所有权，以及其他相关权利例如担保物权等；

b. 公司之股份、股票、债券和其他以任何形式对公司享有之权利；

c. 金钱或其他具有经济价值之请求权；

d. 金钱、设备等具有经济价值之契约或类似契约所生的履行权利；

---

① 中新双边投资协议，参见中华人民共和国商务部条约法律司：http://tfs.mofcom.gov.cn/aarticle/h/at/200212/20021200058420.html（最后查阅日期：2012年5月15日）。

② 其第1条第1款规定："'投资'一词系指缔约一方根据其法律和法规允许的各种资产，主要是：（一）动产、不动产和其他任何财产权利，如抵押权、使用权、留置权或质权；（二）公司的股份、股票、债券和类似利益；（三）金钱的所有权或具有经济价值的任何合同的所有权；（四）著作权、工业产权（如发明专利、商标、工业设计）、专有技术、工艺流程、商名和商誉；（五）法律赋予或通过合同而具有的经营特许权，包括自然资源的勘探、耕作、提炼或开发的特许权。"

e. 工业及知识产权，例如著作权、商标、商名（trade names）、商誉（goodwill）等无体财产权；

f. 由法律或契约授予之执照、许可或特许权等，例如探勘、提炼或开发天然资源之特许权。

此外，“直接投资”及“间接投资”亦为投资定义中常见之差异，有鉴于国际投资实务上投资人多有在第三国设立公司再进行投资者，因此两岸洽谈时，也将参考“台日投资保障协议”或中纽FTA[①]，明确规定投资包括直接投资与间接投资。

（2）投资人定义

一般国际投资协议关于“投资人”之范围可分为自然人及非自然人。自然人部分较无争议，一般而言，只要是具有缔约国国籍之个人或公民均属之。而自然人以外之人，通常依据缔约国法律设立或组成之法律实体（legal entity），均为协议中之适格投资人，大部分协议均以“legal entity（person）”或“juridical person”称之，并包含除了公司组织以外的合伙、独资、商号、非营利机构、协会等。

关于非自然人投资人国籍之认定方式，大陆所签订之双边投资协议虽有采取“准据法主义”兼特别要求应在缔约国境内有住所者[②]，或是另外附加“控制标准规定[③]”者，但仍多单纯采取“准据法主义[④]”。而台湾虽有部分协议兼采法人真实所在地原则[⑤]或控制主义[⑥]者，但多数也采取与台日投资保障协议相同之“准据法主义”，因此预料两岸投资保障协议亦将采取之。

① 中纽FTA除明文规定投资包括直接投资及间接投资外，更新增一项定义“investments”，规定investments包括由缔约国一方投资人所拥有或控制之第三国法人在缔约他方所为之投资。惟中纽FTA仅在缔约他方征收该投资，而该第三国无权利或抛弃其请求征收补偿之权利时，始适用于该投资。

② 如上述大陆与匈牙利、芬兰签订之双边投资协议，此规范方式为部分大陆所签订之双边投资协议所采。

③ 此为大陆所签订之极少数双边投资协议所采，以与阿根廷于1992年签订之《中华人民共和国政府和阿根廷共和国政府关于促进和相互保护投资协议》为例，其关于投资人之定义为：“二、‘投资者’一词系指：在中华人民共和国方面，（一）具有中华人民共和国国籍的自然人；（二）依照中华人民共和国法律设立，其住所在中华人民共和国领土内的经济组织；在阿根廷共和国方面，（一）依照阿根廷共和国法律为其国民的任何自然人；（二）根据阿根廷共和国法律和法规设立，其住所在阿根廷共和国领土内的任何法人。如果缔约国一方的自然人或法人在某一设立于第三国领土内的法人中拥有利益，并且该法人在缔约国另一方进行投资，则它应被视为缔约前者一方的法人。本条该款仅在上述第三国没有或放弃保护上述法人的权利时方可适用。”

④ 即以该非自然人之投资人所据以成立之法律作为认定其国籍之标准，如上述中韩双边投资协议。

⑤ 例如《中华民国政府与哥斯达黎加共和国间促进暨相互保障投资协议》，另增加法人须“于该方拥有所在地、住所或登记事务所（which has its seat, domicile or registered office in the territory）”之要件。

⑥ 例如“台湾与巴拿马共和国投资待遇及保护协议”规定“公司：系指缔约任一方各依据其现行法律而设立之法人……以及由缔约一方国民所控制并合乎地主国法律规定之外国公司”、“台湾与巴拉圭共和国政府投资保证协议”规定“缔约任何一方之国民拥有过半数股权之外国公司”亦属该协议所称之投资人。

2. 投资待遇条款

“国民待遇”（National Treatment）原则、“最惠国待遇”（Most-Favored-Nation Treatment）原则以及“最低标准待遇”（Minimum Standard of Treatment）原则，均为双边投资协议中重要的投资待遇条款。前两者系以相对性比较之方式，保障缔约国他方之投资者享有不低于地主国国民或地主国赋予第三国国民之待遇；后者则是树立一绝对标准，以“公平公正待遇”、“完整保障与安全”以及“不歧视原则”为核心，将习惯国际法之规定体现于双边投资协议之中。

（1）国民待遇与最惠国待遇

国民待遇（National Treatment）原则主要在使缔约国他方之投资者，得以享受与地主国国民相同之待遇。《中华人民共和国和日本国关于鼓励和相互保护投资协议》（以下简称中日双边投资协议），虽曾将国民待遇条款[①]加以限缩[②]，而对国民待遇产生不小的实质限制。惟近年来此种限制已较少见，未来两岸投资保障协议也将避免此种规范方式，以符合国际上之发展趋势。

而最惠国待遇（Most-Favored-Nation Treatment）的规范目的在于，就双边投资协议所列之投资事项，缔约国一方承诺赋予缔约国他方国民投资之待遇，不低于其赋予任何第三国投资之待遇。在大陆所签订之双边投资协议中，虽个别具体协议之内容及约定略有不同，但均订有最惠国待遇条款。通常[③]会明定所适用之投资活动或阶段[④]，除了概括地说明缔约国愿意提供缔约他方最惠国之待遇，同时详细地举出最惠国待遇所保障的范畴，使得条文在操作上能更加具体明确，以避免争议。

值得注意者为，大陆所签订之双边投资协议最惠国待遇条款，多数只适用于投资设立后阶段[⑤]，仅有少数双边投资协议将是否核准缔约国他方投资人之投资，纳入最惠国待

① 中日双边投资协议，第3条第2款“缔约任何一方在其境内给予缔约另一方国民和公司就投资财产、收益及与投资有关的业务活动的待遇，不应低于给予该缔约一方国民和公司的待遇。”

② 同协议之议定书第3条“关于协议第3条第2款的规定，缔约任何一方，根据有关法律和法规，为了公共秩序、国家安全或国民经济的正常发展，在实际需要时，给予缔约另一方国民和公司的差别待遇，不应视为低于该缔约一方国民和公司所享受的待遇。”。使缔约国不仅得维持原有不符合国民待遇的措施，尚得基于所订之等目的，依据法律和法规继续给予缔约国他方投资低于本国国民待遇之差别待遇。

③ 例如：1985年签订之《中华人民共和国政府和丹麦王国政府关于鼓励和相互保护投资协议》第3条第2款及第3款、2003年签订之《中华人民共和国德意志联邦共和国关于促进和相互保护投资的协议》第4条第3款及《中华人民共和国德意志联邦共和国于促进和相互保护投资的协议的议定书》第4条，均有类似之规定。

④ 以中英双边投资协议为例，其第3条第1款及第2款规定：“缔约任何一方在其领土内给予缔约另一方国民或公司的投资或收益的待遇不应低于其给予任何第三国国民或公司的投资或收益的待遇。缔约任何一方在其领土内给予缔约另一方国民或公司在管理、使用、享有或处置他们的投资的待遇，不应低于其给予任何第三国国民或公司的待遇。”

⑤ 如大陆与土耳其于1990年签订之《中华人民共和国和土耳其共和国关于相互促进和保护投资协议》第2条第2款即规定：“投资一旦设立，缔约一方给予此种投资的待遇在相同情况下，不应低于给予任何第三国国民或公司的投资的待遇。”（该规定即明确将保障范围限于投资设立后阶段。

遇之保护范围[①]，而此一规范方式虽然对投资之保障程度较高，但将限缩缔约国决定是否核准他方投资人之投资的裁量权限。虽然大部分台湾所签订之双边投资协议中，规范内容较为简略，并未例示何种与投资相关之活动得适用此原则，而与大陆目前之情形相似，但最新的“台日投资保障协议”对于“投资活动”之定义，包括投资之设立，故其亦属于最惠国待遇之保护范围内。因此，两岸投保中的“最惠国待遇”是否适用于投资设立行为，虽有待双方谈判确定，但预料双方将针对该议题做出协商，尝试纳入两岸投保当中。

（2）最低标准待遇

为了保障外国人的投资，除上述国民待遇及最惠国待遇等相对性之投资保障外，最低待遇条款则提供外国投资人一个绝对性的保障标准，亦即对外国人投资待遇之最低标准应等同于国际法上对外国人之最低标准待遇。又可再细分为下列三种类别：

a. 公平公正待遇条款

公平公正待遇系判断“最低标准待遇”最常见之判断基准，为十分重要且常用之条款，但由于公平公正本身属于不确定之抽象法律概念，在适用上即容易产生争议。一般认为，公平公正待遇包含“正当合理期待”之保障权利，如地主国以武断且不合理之方式对待投资人或其投资，即可能违反投资人之正当合理期待进而违反公平公正待遇原则。*Alpha Projektholding GMBH v Ukraine*[②]一案中，仲裁庭认定公平公正待遇原则应包含“不辜负投资人之正当合理期待”及“避免政府之武断行为之义务”。*Tecmed* 案仲裁庭则认定，公平公正待遇系由国际法所创设之善意原则（good faith principle），应由缔约国双方提供“不影响外国投资人于进行投资时将考虑之基本期待”待遇[③]。*Siemens A.G. v. Argentina* 一案仲裁庭则指出公平公正待遇之违反系指“使投资人于进行投资时正当合理纳入考虑之期待无法实现”[④]，各个案例均曾清楚阐明公平公正待遇之内涵，可资参照。

晚近多数大陆所签订的双边投资协议均订有公平公正待遇条款，而其条款之规范方式，大抵上系以宣示性文字为之，针对何谓公平公正待遇，其定义、判断标准及可供参考的依据为何，均未有所着墨[⑤]。针对前述晚近国际案例所发展出公平公正待遇的实质内涵，两岸投资保障协议势必尝试纳入包括正当程序、公平审理与禁止专断等国际间所认同之标准，以充实、完善对于投资人之保护。

---

① 例如中韩双边投资协议第3条第3款规定：“在投资和商业行为方面，包括投资准入上，每个缔约方将在其领土上给予缔约另一方投资者、他们的投资及由缔约另一方投资者作出的投资相关的活动不低于类似条件下其给予任何第三国投资者、他们的投资及与投资相关活动的待遇。”

② *Alpha Projektholding GMBH v Ukraine*, Award, ICSID Case No ARB/07/16; IIC 464（2010）, at para 420.

③ Tecmed v Mexico, ICSID Case ARB（AF）00/2, Award rendered on 19 May 2003, at para. 154.

④ *Siemens A.G. v. Argentina*, ICSID Case No. ARB/02/08, Award, February 6, 2007, at para. 299.

⑤ 以1984年签订之《中华人民共和国政府和比利时－卢森堡经济联盟关于互相促进和保护投资协议》（以下简称“中比卢投资协议”）为例，其第2条“促进和保护投资”第2款规定“缔约一方的投资者的所有投资在缔约另一方的领土内应享受公正公平的待遇”。

b. 完整保障及安全条款

本条款之主要内涵在于缔约国一方有义务提供缔约国他方投资人在缔约国境内之投资完整的保障及安全的保护，避免遭到他人不法的侵害。而实务上对“完整保护与安全”之判断，系指缔约国一方不得以武力侵害缔约国他方投资人之资产，及缔约国一方应按习惯国际法提供警力，以保护缔约国他方之投资人不受可预期之暴力侵害。参考中韩双边投资协议第 2 条第 2 款之规定：“缔约一方投资者的投资应在缔约另一方境内……，享受充分与持续的保护。”[①]，可知大陆实务上亦将该等条款纳入投资保障协议，两岸投资保障协议也应不例外。

c. 不歧视待遇条款

“不歧视（non-discriminatory）”系指不因对象之性质差异而有不同的待遇。最低标准待遇即是以“不歧视原则”为基本原则，将习惯国际法之规定体现于投资协议之中。有时不歧视待遇原则未特别定于最低标准待遇条款，而是体现于其他条款，例如征收条款之“不歧视原则”，即为相同原则之体现。虽然也有认为不歧视待遇的概念可被包含于“公平及公正待遇”之概念中，但观察大陆所签订的双边投资协议仍可见到不歧视待遇条款的身影，其规范方式大约可分为以明文约定不得采取歧视性措施[②]或于“征收”中规范措施不应具有歧视性[③]，或是同时兼有两者之规范模式[④]。

就保障程度而言，同时兼有两者之规范模式，其保护密度自然较高，在解释适用上也较不易产生问题，因此两岸投资保障协议，应会参考台日投资保障协议之最新趋势，采取此种对于投资人之保障更为周到的规范模式。

（3）人身自由与安全保障

一般而言，双边投资保障协议不会涵盖此等议题，但由于对大陆司法制度之不信任与其秘密逮捕手段之争议，投资相关人员之人身安全乃成为两岸投资保障协议的焦点之

① 依据有关部门所公布之中韩双边投资协议中文版，其用语为“享受充分与及时之保护”，惟参照英文版，其原文为“full and constant protection and security”，两者有所出入。由于依据中韩双边投资协议，“如对文本之解释发生分歧时，以英文本为准”，故本文翻译为“充分与持续的保护”。

② 以中德双边投资协议为例，该协议第2条第3款即明白表示“缔约之一方不得对缔约另一方投资者在其境内投资的管理、维持、使用、享有和处分采取任何随意的或歧视性的措施”。

③ 以1984年签订之《中华人民共和国政府与挪威王国政府关于相互保护投资协议》为例，该协议虽然并无概括性之规定宣示针对缔约他方投资人缔约国境内之投资不能实行歧视性的措施。但在该协议第 5 条“征收”第 1 项第 2 款中，则明文规范缔约国针对他方缔约国投资者于缔约国境内之投资进行征收、国有化或其他类似措施时，该措施不得具歧视性。

④ 中比卢投资协议为例，该协议中除了在第2条第 4 款明订“在不损害法律的前提下，缔约一方不得对缔约另一方投资者的投资的管理、维护、使用、收益和支配采取任何不合理或歧视性的措施”外，在第 4 条第 2 项第 2 款亦明白宣示征收、国有化或其他类似措施，“措施不应具有歧视性”。

一[①]。

目前海峡两岸共同打击犯罪及司法互助协议，已经建立了“实时通报”的联系机制，因此首要目标当为要求大陆确实履行该制度。次则，观察其2012年新修正之刑事诉讼法相关规定[②]，可知其对于修法前之条文不确定性与得以不在24小时内通知家属的例外规定，做了进一步的明确化与范围限缩，显见陆方对于各界之评论有所回应，修法乃朝向人权维护的大方向。但其实际情况是否符合我方之需求与期待，则尚有进一步厘清之必要，若能将相关规范于协议中明文之，或参考第三次陈江会谈之成果而以共同声明方式展现双方共识，对于投资人的保障将更趋完整并符合投资人的期待。

（4）征收与补偿

目前双边投资协议中有关征收与补偿之规范，其趋势为缔约国一方，除非基于公共目的，以非歧视之方式，并依据正当法律程序，否则不得直接、间接征收或国有化缔约国他方投资人之投资，且若对缔约国他方投资人之投资为征收，即必须给予补偿。

a. 征收

大陆所签订之双边投资协议，均订有征收与补偿的规定，除中新双边投资协议[③]外，都规定除基于公共目的或利益[④]，不得对缔约国他方之投资人于境内之投资为直接或间接征收、国有化或采取具有征收、国有化效果的其他措施[⑤]。

而所谓以非歧视之方式为之，主要系指地主国对于缔约国投资之相关规定，未因其是否为地主国之国民而给予不同待遇，为不歧视原则之具体展现。就此而言，大部分大陆所签订之双边投资协议均规定征收必须要以非歧视之方式为之。

关于正当法律程序的要求，大陆所签订之双边投资协议，绝大部分均规定征收应依照缔约国的内国法律程序为之，但中韩双边投资协议第4条第1款规定，除应依国内法

① 近期案例而言，2011年11月台湾大学生遭中国拘留13天后，海峡交流基金会始获海峡两岸关系协会通报，该案未通知家属之理由，因无法取得相关信息而仍未明，但却显示陆方是否确实执行其刑事诉讼法所规定，应于拘留或逮捕后24小时内履行通知家属的程序，仍有疑虑。

② 明文原则上于刑事拘留、逮捕与指定居所监视居住时，除“无法通知”外，均应于“24小时内”通知“家属”；例外于拘留时，如涉嫌“危害国家安全犯罪”或“恐怖犯罪活动”而通知可能“有碍侦查”的情形时，方得不于24小时内通知，但有碍侦查情形消失后，应立即通知。

③ 该协议第6条第1款规定：“缔约任何一方不应对缔约另一方的国民或公司的投资采取征收、国有化措施或其效果相当于征收、国有化的其他措施，除非这种措施是为法律所准许的目的、是在非歧视性基础上、是根据其法律并伴有补偿，该补偿应能有效的实现，并不得无故的迟延。该补偿应受缔约一方法律的制约，应是在采取征收、国有化或其效果相当于征收、国有化的其他措施前一刻的价值。补偿应自由兑换和转移。”从该协议之用语可知，只要是法律所准许之目的，地主国即可依协议规定为征收，赋予地主国较大之裁量权，对于缔约国他方之投资人保障较少。

④ 此外，部分双边投资协议亦将“国家安全”同时纳入规定，例如与菲律宾所签订之双边投资协议。

⑤ 以中德双边投资协议为例，其第4条第2款前段规定：“缔约一方投资者在缔约另一方境内的投资不得被直接或间接地征收、国有化或者对其采取具有征收、国有化效果的其他任何措施（以下称‘征收’）除非为了公共利益的需要并给予补偿。”

律程序为之外，更进一步要求征收应依照“法律正当程序的国际标准”为之。因为“台日投资保障协议”亦有相同的明文，且对于投资人的保护也较完整，因此预料两岸投资保障协议应会将之纳入条文当中。

b. 补偿

目前大部分已开发国家所认同之征收补偿，必须符合“实时、充分且有效（prompt, adequate and effective）”三个要件[①]。惟大陆所签订之双边投资协议，均未明文采取上述已开发国家“实时、充分且有效”之规定方式，而仅单纯规定应“给予补偿”[②]，或规定给予“合理的”[③]、“公平合理的”[④]补偿。

其次，就补偿之支付，大陆所签订之双边投资协议早期大部分规定“不应无故迟延”或“不应不合理地迟延”，且能“兑换和自由移转”，近期则有部分双边投资协议，开始以“应不迟延”[⑤]的用语取代之。“不应无故迟延”或“不应不合理地迟延”等用语，应有别于“应不迟延”（without delay），前者意味着在有合理原因之情形下可以迟延，后者则系指应无条件地及时支付[⑥]。后者之规定方式对于投资人之保障程度较高。再者，就补偿价额的计算之方面，近期大陆所签订之双边投资协议，大部分设有加计利息之规定，且对于补偿之计算，亦规定的较为细致，将有助于协议条文之实际运用，并可避免解释适用上的分歧[⑦]。

承上所述，不同的条文设计将会导致不同之结果，而此又为投资人特别关注之焦点，将成为谈判之重点，并影响投资保护之范围。参考两岸关于投保协议的发展趋势，未来两岸投资保障协议也应将按前述已开发国家多所采用的标准，明文规范公共目的、正当程序与非歧视性等要件，并尝试将“实时、充分且有效”之补偿等要件纳入，以利条文之适用与投资人之保障。

（5）移转条款

大多数双边投资协议之移转条款对于外国人投资特别重要，因为利益、资金及其他支付是否能够适时地移转，为其投资活动之关键条件。也由于大陆严格管制其资金移转，因此应着重大陆投资保障协议中关于移转的规范，以了解未来对于投资保障的影响。

大陆所签订之双边投资协议，原则上均保障自由移转，惟其中有不少规定移转必须依缔约国内国法始得为之，此种规范方式让

① 此三个要件为前美国国务卿赫尔（Cordell Hull）在1939年对墨西哥政府发表声明时所提出，一般称之为赫尔公式（Hull formula）。

② 例如：与挪威、意大利、泰国、丹麦、新加坡、日本、新西兰、土耳其、匈牙利、阿根廷、越南、智利、德国、瑞典、芬兰、比利时、卢森堡、韩国、西班牙、葡萄牙所签订之双边投资协议。

③ 例如：与英国所签订之双边投资协议。

④ 例如：与马来西亚、菲律宾所签订之双边投资协议。

⑤ 例如：与贝宁、拉脱维亚、圭亚那、芬兰、德国、西班牙、葡萄牙所签订之双边投资协议。

⑥ 参见陈安主编，《国际投资法的新发展与双边投资条约的新实践》（上海：复旦大学出版社，2007），页94。

⑦ 中韩双边投资协议第4条第2款规定：“补偿应等于被征收投资在征收前一刻的公平市场价值。公平市场价值不反映因征收被公众过早知道而导致的任何价值的变化。补偿应无迟延支付并包含征收做出之日到补偿支付日的适当利息。”

缔约国得以内国法制定限制资金移转之相关规定，使协议之保障受限于缔约国内国法，降低对投资之保障程度[①]。即便其对于投资人之保护较不周延，但受限于大陆之惯常做法，谈判时欲要求其采取对于投资保障程度较高而不受缔约国内国法限制之规范方式，预料将有一定之困难。

（6）争端解决机制

一般而言，争端解决区分为缔约双方之争议，乃是对于协议之履行与解释之纷争；其次则为缔约国与缔约国他方投资人间之争端解决，此为投资保障协议特别之机制，且为国际义务，于未签订投资保障协议前投资人无法享受此一救济机制，以下拟从大陆过去双边投资协议中之发展进行分析，以了解未来对于投资保障的可能影响。

所有大陆所签订之双边投资协议，均对缔约国间之争端解决以及缔约国与缔约国他方投资人间之争端解决设有规定，其中缔约国与缔约国他方投资人间之争端解决，提供投资人防卫其依双边投资协议所拥有之权利的途径，使其无须仰赖投资人所属母国之外交保护，对于投资人之影响至关重大。

大陆近期所签订之双边投资协议，不再因该争议是否为与征收补偿有关之争议而异其规定，即便征收补偿以外之其他争议，亦可使用所设置的争端解决机制，对于投资人的保障程度较高[②]。此外，就投资救济途径的选择上，大陆近期所签订之双边投资协议，虽然亦使缔约国一方之投资人，仅得选择诉诸缔约国他方之有管辖权之法院或使用所设置的争端解决机制，但晚近部分使投资人得在缔约国内国法院作出判决前，透过撤回系争案件之方式，改利用所设置的争端解决机制[③]，对于投资人的保障较佳。前述的大陆最新发展，与国际趋势及台湾近来所签订的投资保障协议相同，且对于投资人的保障较为妥善，因此两岸投资保障协议也将会采取该等规范模式而为签订。

签订两岸投资保障协议后对于投资保障之影响

以上为对于两岸投资保障协议可能内涵之初步介绍，经由核心条款之分析可以知道，其基本上将是以国际标准条款为基础来签订，其中或有基于两岸特殊情势所为的设计，而有待未来调整、明确化，但此种做法也与国际上针对所签署的投资保障协议，持续进行沟通、协商以完善之无异。而其内涵事实

① 以中义双边投资协议为例，其第6条规定："缔约各方在其法律和法规的范围内，应保证缔约另一方国民或公司在其领土内自由转移用于投资的下列财产：一、收益；二、第2条第1款第（四）、（五）项所述无形权利的提成费；三、为直接参与投资的贷款的分期偿还金；四、在缔约另一方领土内为管理投资所支付的费用；五、为维护在任何缔约一方领土内投资所需的追加资金。"

② 以中德双边投资协议为例，其第9条第2款仅规定："如争议自其被争议一方提出之日六个月内，未能解决，应缔约另一方的投资者的请求，可以将争议提交仲裁。"

③ 2004年签订之《中华人民共和国政府和芬兰共和国政府关于鼓励和相互保护投资协议》，其第9条第3款规定："已将争议提交本条第2款（一）所述国内法院的投资者仍可诉诸本条第2款（二）和第2款（三）提及的任一仲裁庭仲裁，条件是该投资者在提交的争议判决作出前已经从国内法院撤回案件。在这种情况下，作为争议一方的缔约方应同意将其与缔约另一方投资者之间的争议根据本条款提交国际仲裁。"

上亦即为未来投资人于ECFA投资保障协议架构下的保障程度，投资人将可借由此机制主张权利，然徒法不足以自行，其条文之落实仍有待两岸持续认真地执行，方可有效发挥作用并提升投资人之保障程度。

虽然在尚未签署投资保障协议之前，仅能透过国内法寻求保护，但即便未来依据ECFA签订投资保障协议，国际法之规范仍不会取代国内法之地位，两者将共同成为投资人保护之法规范架构。国际法之效力是否会影响内国法，则须视投资保障协议之条文而定，一般而言，政府应负有使内国法规与国际协议相一致之义务，否则即属条约之违反。再者，在实务方面，各个地方政府（包括法院）对于法令的解释可能有所不同，导致台商的身份认定与保障范围等会因地方不同而有差异。相对的，若是在两岸之间的协议有所明文，则受到地方政府见解差异的影响就会降低。

更甚者，最广为台商所期盼处理者，是所谓“隐性台商”之问题，由于需符合台湾同胞投资保护法中“台湾同胞投资”之定义，投资人始受保护，但却因台湾之管制而致使台商迂回绕道第三地对大陆进行投资，也导致名义上之投资人并非台湾人[①]。基此，考虑约五成的台商是经由第三地赴大陆投资，为保障其权益而扩大投资人保障的范围，经由双方协商，两岸投保协议保障的范围已包括经由第三地间接赴大陆投资的台商[②]，此更可彰显投资保障协议比单纯国内法的保障更加优越之处。

从各国的经验亦可以知道，国际投资协议保护缔约国投资人的方法，在于降低投资人可能遭遇的非商业风险，以及约束缔约政府必须遵循投资协议相关规范的义务与责任，因此提升投资意愿并带动产业之积极正面发展。此为包括已开发国家及开发中国家在内，吸引外人投资的常用方法。简言之，在无国际投资保障协议等国际义务之拘束下，大陆可能随时依其政策需要单方修改其法令或发生歧异之法令解释，变更对台商投资保障之范围。故釜底抽薪之道，系从两岸间之国际协议上加以明确规范，以稳定台商前往大陆投资之环境与风险。

---

① 依据台湾同胞投资保护法施行细则第二条之规定，所称台湾同胞投资是指台湾地区的公司、企业、其他经济组织或者个人作为投资者在其他省、自治区和直辖市（以下简称大陆）的投资。在此定义下，若非来自台湾之投资人将不受保护。

② 参“经济部”网站之声明：http://www.ecfa.org.tw/ShowNews.aspx ?id=446&year=all&pid=&cid=（最后查阅日期：2012年6月5日）

第一部分

法律面

第八章　两岸合资相关法规

蔡 玉 玲 / 理慈国际科技法律事务所主持律师

专业领域 / 企业并购

科技产业相关法律事务

技术移转、专利授权等智慧财产权交易案件处理

智慧财产纠纷处理

媒体及文化创意产业

陆资来台投资 / 外商赴大陆投资

张 承 中 / 理慈国际科技法律事务所资深顾问

专业领域 / 企业并购 跨国投资

资本市场 证券及金融

媒体及文化创意产业

劳资法规

企业日常经营涉及之法律事务

前言

大陆地区人民来台投资主要之依据为大陆地区人民来台投资许可办法（下称“本办法”）及相关解释函令，主管机关为投资审议委员会。以下分别就陆资来台投资法令规范之对象、开放之业别项目、应申请许可之投资行为及出资之种类加以说明。

陆资来台投资之法令规范

1. 来台投资之规范对象

依据本办法第 3 条规定，本办法所称投资人，指大陆地区人民、法人、团体、其他机构或其于第三地区投资之公司，依本办法规定在台湾地区从事投资行为者。

至于所称第三地区投资之公司，系指大陆地区人民、法人、团体或其他机构投资第三地区之公司，有下列情形之一者：1. 直接或间接持有该第三地区公司股份或出资总额逾 30%；或 2. 对该第三地区公司具有控制能力。

所谓“具有控制能力”，依据“经济部”2010 年 8 月 18 日经审字第 09904605070 号令发布对大陆地区人民来台投资许可办法第 3 条规定之解释，系指大陆地区人民、法人、团体或其他机构对第三地区公司具有下列情形之一者：1. 与其他投资人约定下，具超过半数之有表决权股份之能力。2. 依法令或契约约定，可操控公司之财务、营运及人事方针。3. 有权任免董事会（或约当组织）超过半数之主要成员，且公司之控制操控于该董事会（或约当组织）。4. 有权主导董事会（或约当组织）超过半数之投票权，且公司之控制操控于该董事会（或约当组织）。5. 依据财团法人会计研究发展基金会公布之财务会计准则公报第 5 号、第 7 号所规定之其他具有控制能力。

此外，上述第三地区投资之公司在台湾地区之投资，不适用外国人投资条例之规定。

2. 来台投资开放之业别项目

开放陆资来台投资业别项目，是采取正面表列方式分阶段开放。2009 年 6 月 30 日第一阶段开放 192 项业别项目；2010 年 5 月 20 日及 2011 年 1 月 1 日则配合“行政院金融监督管理委员会”金融三法之修正及 ECFA 服务业早收清单，开放陆资来台投资银行业、保险业及证券业等 12 项，及其他运动服务业 1 项，2011 年 3 月 7 日第二阶段开放 42 项业别项目。第一阶段及第二阶段累计开放投资项目共 247 项。

“经济部”于 2012 年 3 月 30 日以经审字第 101034602380 号令修正发布“大陆地区人民来台投资业别项目”，此为开放陆资来台投资的第三阶段，对于正面表列的三大产业新增开放项目，包括：1. 制造业：新增开放 115 项，总计开放 204 项；2. 服务业：新增开放 23 项，总计开放 161 项；3. 公共建设（非承揽部分）：新增开放 23 项，总计开放 43 项。此外，并修正或新增对上开项目之限制条件，例如在制造业部分，对于关键技术产业，包括集成电路制造业、半导体封装及测试业、液晶面板及其组件制造业、发光二极管制造业、太阳能电池制造业、金属切削工具机制造业及电子及半导体生产用机械设备制造业等个案，陆资不得具有控制能力，并应提出产业合作策略经项目审查，且陆资投资人于项目审查时应承诺陆资股东不得担任或指派其所投资事业之经理人，担任董事之人数不得超过其他股东担任之总人数，以及不得于股东大会前征求委托书等限制。

3. 应申请许可之投资行为

依本办法第 4 条规定，应申请许可之投资行为包括：1. 持有台湾地区公司或事业之股份或出资额，但不包括单次且累计投资均未达百分之十之上市、上柜及兴柜公司股份。2. 在台湾地区设立分公司、独资或合伙事业。3. 对前二款所投资事业提供一年期以上贷款。

4. 出资之种类

依本办法第 7 条规定，出资之种类，以下列各款为限：1. 现金。2. 自用机器设备或原料。3. 专利权、商标权、著作财产权、专门技术或其他知识产权。4. 其他经主管机关认可投资之财产。

台湾公司法令之重要议题

台湾投资法令并未特别对合资关系予以规范，因此在法令遵循部分，仍应回归公司法、证券法令、相关投资法令及民法之适用。针对陆资作为台湾公司法令下之股东，本文以下拟提出台湾法的几个重要规定，作为陆资来台进行合资之参考。

1. 公司之设立形态

不论陆资拟来台合资或新设公司，投资形态的选择是第一个问题。依公司法规定，公司之种类，包括无限公司、有限公司、两合公司及股份有限公司四种，目前实务上以有限公司及股份有限公司为多数。一般而言，在台湾选择公司形态时，股份有限公司较受欢迎，因其资合性质高，人合性质低，又无最低资本总额限制之问题，设立程序成本并不高于有限公司，且能随着公司营运进展而直接进军资本市场。此与大陆之情况略有不同，由于大陆设立有限责任公司较简便，除非设立公司时即有高额资本之规划，一般而言，有限责任公司为数较多。关于股份有限公司及有限公司之简介及比较，请参照后述说明。

表一：台湾股份有限公司及有限公司之比较

	股份有限公司	有限公司
资本额	除特定行业外，未限制最低金额。登记资本额可分次发行，不需一次缴足。	资本额未限制最低金额，须一次缴足。
股东人数	法人股东 1 人以上或自然人股东 2 人以上。	1 人以上之自然人或法人股东。

股东会 / 董事会决议	适用。	不适用，并无股东会或董事会。于董事数人执行业务时，关于业务之执行，应依董事过半数之同意为之，至于通常事务，董事各得单独执行。
董事、监察人之人数限制	董事至少 3 人，由股东就有行为能力之人选任；监察人至少 1 人，但公开发行公司之监察人须有 2 人以上。	董事至少 1 人，最多 3 人，就有行为能力之股东中选任；无监察人，但不执行业务之股东，均得行使监察权。
股票发行	适用。	不适用。

2. 最低资本总额限制

大陆公司法对有限责任公司及股份有限公司均分别设有最低资本额限制，台湾公司法于 2009 年 4 月 29 日修正前，虽曾设有最低资本总额限制，并授权由主管机关以命令定之；然而，此项对公司之一般性规定业已于 2009 年 4 月 29 日公司法修正时删除。其理由在于为加速企业之开办，公司资本额应以会计师查核签证认定资本足敷设立成本即可。

不过，于特定行业，仍应注意目的事业主管机关是否设有最低资本总额之限制。例如：于银行业，依银行法第 23 条规定："各种银行资本之最低额，由中央主管机关将全国划分区域，审酌各区域人口、经济发展情形，及银行之种类，分别核定或调整之。银行资本未达前项调整后之最低额者，中央主管机关应指定期限，命其办理增资；逾期未完成增资者应撤销其许可。"主管机关"金融监督管理委员会"依据银行法之授权，就各种类之银行分别订定最低实收资本额之标准，其中，商业银行设立标准第 2 条规定，最低实收资本额为新台币 100 亿元；工业银行设立及管理办法第 3 条则规定，最低实收资本额为新台币 200 亿元。又如电信业，依电信法第 14 条第 6 项[①]授权订定之行动通信业务管理规则第 13 条规定，区分业务种类订定最低实收资本额，以移动电话业务为例，应符合：（1）北区、中区、南区：新台币 20 亿元；（2）全区：新台币 60 亿元。

3. 股份转让限制

两岸公司法对于有限公司及股份有限公司之股份转让限制，规定大同小异。于大陆公司法下，有限责任公司之股份转让以内部转让为优先，股份有限公司之股份转让原则上为自由转让，但仍依情形设有若干限制。

至于台湾公司法之规定，于有限公司，依公司法第 111 条规定，股东非得其他全体股东过半数之同意，不得以其出资之全部或一部，转让于他人。前项转让，不同意之股东有优先受让权；如不承受，视为同意转让，并同意修改章程有关股东及其出资额事项。公司董事非得其他全体股东同意，不得以其出资之全部或一部，转让于他人。

① 电信法第 14 条第 6 项规定："第一类电信事业之营业项目、营业区域、技术规范与审验项目、特许之方式、条件与程序、特许执照有效期间、事业之筹设、履行保证金之缴交方式与核退条件及营运之监督与管理及其他应遵行事项之管理规则，由'交通部'订定之。"所谓第一类电信事业，则依同法第 11 条第 2 项规定："第一类电信事业指设置电信机线设备，提供电信服务之事业。"

至于股份有限公司，则以股份自由转让为原则，对此，公司法第163条第1项明定："公司股份之转让，不得以章程禁止或限制之。"然而，公司法亦设有股份转让自由原则之例外规定，兹举其要者，说明如后。

（1）公司股份，非于公司设立登记后，不得转让（公司法第163条第1项但书规定）。

（2）发起人之股份非于公司设立登记一年后，不得转让。但公司因合并或分割后，新设公司发起人之股份得转让（公司法第163条第2项规定）。

（3）股份回笼禁止原则，亦即公司原则上不得自将股份收回、收买或收为质物（公司法第167条第1项规定），例外规定如下：

A. 公司得收回发行之特别股，但不得损害特别股股东按照章程应有之权利（公司法第158条规定）。

B. 公司除法律另有规定者外，得经董事会以董事三分之二以上之出席及出席董事过半数同意之决议，于不超过该公司已发行股份总数百分之五之范围内，收买其股份；收买股份之总金额，不得逾保留盈余加已实现之资本公积之金额。公司收买之股份，应于三年内转让于员工，届期未转让者，视为公司未发行股份，并为变更登记。另公司依此项规定收买之股份，不得享有股东权利（公司法第167条之1规定）。

C. 股东会决议为公司重大营业行为变更（公司法第185条规定）时，公司应反对股东之请求而收买其股份（公司法第186条规定）。

D. 公司分割或与他公司合并时，公司应反对股东之请求而收买其股份（公司法第317条规定）

（4）从属公司不得取得控制公司之股份，亦即被持有已发行有表决权之股份总数或资本总额超过半数之从属公司，不得将控制公司之股份收买或收为质物。控制公司及其从属公司直接或间接持有他公司已发行有表决权之股份总数或资本总额合计超过半数者，他公司亦不得将控制公司及其从属公司之股份收买或收为质物（公司法第167条第3项及第4项）。

此外，董事持股之转让如超过选任当时所持有之公司股份数额二分之一时，可能发生解任或当选失效之效果。依公司法第197条规定，董事经选任后，应向主管机关申报，其选任当时所持有之公司股份数额；公开发行股票之公司董事在任期中转让超过选任当时所持有之公司股份数额二分之一时，其董事当然解任。董事在任期中其股份有增减时，应向主管机关申报并公告之。董事任期未届满提前改选者，当选之董事，于就任前转让超过选任当时所持有之公司股份数额二分之一时，或于股东会召开前之停止股票过户期间内，转让持股超过二分之一时，其当选失其效力。陆资如有意保持或竞逐董事席位者，亦应一并注意此项规定。

4. 强制累积投票制

选任公司之董事、监察人，为决定公司经营方向与落实股东意志之重要事项。大陆公司法规定，股东大会选举董事、监事，可以依照公司章程的规定或者股东大会的决议，实行累积投票制，但非强制累积投票制。1966年台湾公司法即已采强制累积投票制，其后公司法迭经修正，一度不再采取强制累积投票制，嗣于2011年12月28日公司法修正时，将股份有限公司董事之选举方法恢复为强制累积投票制①。即股东会选任董事时，每一股份有与应选出董事人数相同之选举权，得集中选举一人，或分配选举数人，由所得选票代表选举权较多者，当选为董事。此次修正前，原规定为公司得以章程排除强制累积投票制，但立法者考虑实务上有大股东利用修改章程方式排除强制累积投票制，不仅违反股东平等原则，亦形成万年董事长、万年董事会，而有害于公司治理，故于公司法第198条删除“除公司章程另有规定外”，恢复强制累积投票制。

5. 实质董事规范之引进

与大陆公司法不同，台湾公司法于2012年1月4日增订第8条第3项规定：“公开发行股票之公司之非董事，而实质上执行董事业务或实质控制公司之人事、财务或业务经营而实质指挥董事执行业务者，与本法董事同负民事、刑事及行政罚之责任。但政府为发展经济、促进社会安定或其他增进公共利益等情形，对政府指派之董事所为之指挥，不适用之。”正式引进实质董事之规范，包括事实上董事（de facto director，系指非董事而事实上有执行董事业务之外观者）及影子董事（shadow director，系指非董事而经常指挥公司董事执行业务，但对外并未显现其身分者），均应与公司法董事同负民事、刑事及行政罚之责任。

立法理由明白揭示，董事的认定不宜再依据形式上名称，须使实际上行使董事职权，或对名义上董事下达指令者，均负公司负责人责任，使其权责相符借以保障公司及投资人权益。就实务上之运作而言，实质上控制公司人事、财务或业务经营而实质指挥董事执行业务者，多为具有影响力，或持有一定股份之大股东，故，陆资作为合资公司之股东时，宜特别注意此项规定。

结语

综上所述，陆资来台进行合资，首先应注意本文第一部分关于投资业别、项目等相关法令限制。于上开法令限制下进行合资时，则宜预先考虑本文第二部分所胪列之台湾公司法令重要规定，俾利法令遵循，并避免因法令规范之不熟悉，而未达来台投资之目的。

① 强制累积投票制系于1966年所增订，旨在保障少数股东，避免多数垄断。其后于2001年公司法修正时，以解除管制及认为董事之选任允属企业自治为由，改采得以章程排除强制累积投票制。

第一部分

法律面

第九章　浅谈两岸并购之法律与政策/
“并”出两岸钱景，“购”得和平愿景

王 传 芬 / 宏鉴法律事务所合伙人

专业领域 / 证券交易法令、公司法令、公平交易法、智慧财产权法、消费者保护法、电子商务等相关法令。

协助客户进行跨国性及本土性之并购、集团重组、本国公司于海外 IPO 及筹资、外国公司来台第一及第二上市柜、外国公司来台投资及设立研发与训练中心、申请政府补助、设立合资公司、公平交易法之遵循及相关申请、乃至于协助客户进行各式商业交易及契约之设计、撰拟及谈判及一般公司法务咨询。

李 映 怡 / 宏鉴法律事务所合伙人

专业领域 / 并购法规、公司法规、公平交易法规、证券法规、来台投资法规、劳动法规及智慧财产权法规等。

对于处理跨国并购案件、融资收购案件、跨国企业来台投资设点或合资、国内外有价证券之募集发行、国内外上市柜案件、员工激励机制设计以及一般公司法务咨询与交易条款设计与合约协商撰拟等，均有丰富之经验。

前言[①]

自2008年5月20日马英九上任后，为改善两岸关系，并推动两岸经贸关系正常化，一直将开放陆资来台投资列为重要政策之一。2009年4月26日第三次“陈江会谈”，双方一致认为，面对国际金融危机对两岸经济的影响和冲击，双方应秉持优势互补、互利双赢的原则，积极鼓励并推动大陆企业来台考察、投资，以利于加强和深化两岸产业合作，实现两岸经贸关系正常化和制度化。

继“陈江会谈”就陆资来台投资达成共识后，遵循此指导原则，台湾经济部门于2009年6月30日依据“台湾地区与大陆地区人民关系条例”（即一般习称的“两岸人民关系条例”），订定“大陆地区人民来台投资许可办法”（以下简称“陆资投资许可办法”）及“大陆地区人民来台投资业别项目”并发布施行，正式受理陆资来台投资申请案件。

开放陆资来台投资业别项目，系依据“先紧后宽、循序渐进、有成果再扩大”之原则进行检讨，并采“正面表列”方式分阶段开放。自台湾开放陆资来台投资后，目前总共已进行三阶段开放。2009年6月30日第一阶段开放192项；2010年5月20日及2011年1月1日分别配合“行政院”金管会金融三法之修正及ECFA服务业早收清单，开放陆资来台投资银行业、保险业及证券业等12项，以及其他运动服务业1项；2011年3月7日第2阶段开放42项业别项目核准陆资来台投资，其中包括策略性引进陆资投资人得参股投资或合资新设集成电路制造、半导体封装及测试业、液晶面板及其零组件制造等产业。2012年3月19日第三阶段开放，其中包括新增开放LED制造业、太阳能电池制造业等2项得引进策略合作之陆资投资人，修正已开放之集成电路制造、半导体封装及测试业、液晶面板及其零组件制造等产业之投资限制条件。三阶段累计开放陆资来台投资项目计408项，其中制造业共204项、服务业共161项、公共建设共43项。

继第三阶段陆资开放后，台湾经济部门表示，2012年将加强对陆招商，锁定绿色产业、批发零售、观光旅馆等重点产业招商。绿色产业为全球趋势，第三阶段被列入敏感关键技术产业之LED及太阳能电池，即在绿色产业之列；至于批发零售、观光旅馆及物流中心等服务业，主要是希望陆资来台设采购中心，为台湾创造就业机会。另一方面，商务部部长陈德铭于2012年3月公开宣示，在两岸投保协议生效后，除电子业、制造业外，正研拟加大对台投资领域，包含基础设施（公共建设）、农业、研发机构等领域。相信在一波波陆续开放后，两岸之合作不论透过一般投资或并购的方式为之，均将更为紧密。

何谓陆资？

规范大陆地区人民来台从事投资相关事宜的法规有数项，但其中与并购交易最为相关的，应该非陆资投资许可办法莫属，以下讨论亦以陆资投资许可办法之规定为依据。

---

① 本文仅代表作者个人意见。

1. 认定标准：重实质而不限于形式

现行陆资投资许可办法的规范架构，主要将大陆投资人分为两大类，一类是本身即为大陆地区人民、法人、团体或其他机构（以下简称“直接陆资”），另一类为本身是第三地区（亦即大陆以外的国家）的公司，但是直接陆资直接或间接持有该第三地区公司股份或出资总额逾30%，或者是对该第三地区公司具有控制能力。

换言之，台湾是采实质认定，从股权及控制力来判断是否为陆资。即使是一间依据美国、英属维尔京群岛或其他国家法律而设立的公司，但如果该公司有超过30%的股权直接或间接被直接陆资持有，也会被归类为陆资。该公司在台湾进行并购交易，即须遵守陆资投资许可办法的规定，而不适用规范外国投资人的“外国人投资条例”。

上述“30%”应该如何计算？依据“经济部”投资审议委员会（以下简称投审会）公布的计算标准，是以第三地区公司现有出资总额或已发行流通在外之普通股及特别股来计算，不包含其所持有之认股权、股份买权或可转换为普通股之债券或权益等商品。如果第三地区公司或者是该公司的上层公司股东，是国外证券交易所上市、柜公司，则以其最近一次停止过户期限后所指定之特定基准日，该日股东名册列名者所持股权，计算股份或出资总额之比率。

至于“具控制能力”又如何认定？依据投审会2010年8月18日经审字第09904605070号令，这是指直接陆资对第三地区公司具有下列情形之一者（1）与其他投资人约定下，具超过半数之有表决权股份之能力、（2）依法令或契约约定，可操控公司之财务、营运及人事方针、（3）有权任免董事会（或约当组织）超过半数之主要成员，且公司之控制操控于该董事会（或约当组织）、（4）有权主导董事会（或约当组织）超过半数之投票权，且公司之控制操控于该董事会（或约当组织）、（5）依据财团法人会计研究发展基金会公布之财务会计准则公报第五号（注：即关于采权益法之长期股权投资会计处理准则）、第七号（注：即关于合并财务报表）所规定之其他具有控制能力。

2. 认定时点：持续状态而不限于特定时点

即使第三地区公司在一开始进行投资时并不是大陆投资人，但如果嗣后第三地区公司的股权结构或控制力发生变动（例如第三地区公司被收购），使得第三地区公司具备上述特征，该第三地区公司的身份也会由外国投资人成为大陆投资人，后续即须受到陆资投资许可办法之限制。

3. 规范对象：直接被投资公司与转投资

被大陆投资人投资的台湾公司，如果股份总数或资本总额中合计有三分之一以上是由大陆投资人所持有，该台湾公司即成为陆资投资事业。该陆资投资事业进行转投资（包括以并购方式进行转投资）时，亦会受到与陆资相同的限制。

如何选定并购标的

如何选定并购标的？因目前开放政策是采“正面表列”的架构，陆资可投资之标的以明白列入台湾公告开放的产业为限，甚至投资标的营业项目必须“全数”都已被列入正面表列，如果投资标的经营的业务有任何一项尚未开放，即不属于可被陆资投资的标的。从而选定并购标的时，第一步必须先确定标的公司所从事业务已在开放之列。

确定产业已开放后，尚须注意其他的限制条件，例如陆资持股比例、控制力有无、限投资台湾地区现有事业、产业合作策略并经项目审查通过等。例如第三阶段新增开放的LED制造业、太阳能电池制造业，以及修正限制条件的集成电路制造、半导体封装及测试业、液晶面板及其零组件制造等产业，投资之陆资除必须提出产业合作策略并经项目审查通过外，对投资事业亦不得有控制力（注：此处的控制能力，投审会亦采取与判断是否为大陆投资人相同的标准）。

受到股权比例与控制能力的限制，对于这些尚未完全开放的产业项目而言，现在谈大陆企业与台湾企业间一步到位的并购，或许言之过早。但是，“持续开放”是目前的既定政策，限制条件逐步松绑以及业别持续开放，应该是可预期的趋势。此时亦不妨思考二阶段并购的可能性，先行卡位，与合适的台湾企业先在股权、业务上进行合作，待时机成熟后再进行并购，或可降低一步到位并购常见的并购后文化适应不良所产生的风险。

补充说明，台湾企业是否为上市柜公司，并非开放投资的限制条件。但是如果是打算经由收购上市、上柜或兴柜公司股份的方式进行并购，因陆资投资许可办法只开放单次或累积达10%以上股份投资，而证券市场目前仅开放给“大陆地区合格机构投资者”（QDII）（包含开放型基金、封闭型基金及集合计划）在交易市场买入股权，其他大陆地区投资人无从经由证券市场逐步买入的方式取得上市柜公司的多数股权，故如非QDII之大陆企业拟并购台湾上市柜公司，即须比照一般投资案向投审会申请，且收购股权比例必须达10%以上。

并购交易形态

经过2002年的法规松绑与增订并购三法，台湾法令目前已允许相当多形态的并购交易，除了最常见的股权收购、营业与财产收购外，另有合并（合并对价的选择也不限于购方公司新发行的股份，而可以现金、其他财产替代）、股份转换、股份交换、分割，均系台湾法令可行的并购交易，选择上已可说相当多元。台湾并购相关法令并未特别陆资与台湾企业进行并购交易而制订特殊的规定，因此在规划陆资与台湾企业的并购交易时，除一般性并购法规外，必须特别予以考虑的，即为陆资投资许可办法中对于陆资来台投资所设的相关限制。

1. 陆资可选择的并购主体

在规划并购交易时，并购主体的选定也是相当重要的一环。尤其不同法领域之间的并购交易，涉及日后营利所得、股利与资本所得汇出，税赋成本即可能因并购主体设立地不同而有差异。

如陆资拟来台湾从事并购活动，可以用台湾以外设立的主体直接进行并购（以下简称“境外/第三地主体”），亦可先在台湾成立子公司后，再借由该子公司进行相关并购活动。惟不论者采取前者或后者，如同前述，原则上均会受到投审会的监管。如采境外主体进行并购，目前台湾与若干国家间均签有租税协议，就股利所得等扣缴税率有一定的优惠，如拟利用第三地主体来台进行并购，可妥善利用此规定节省税赋成本。

应该特别注意的是，依据投审会规则，不论是陆资抑或外资，如以境外主体来台从事并购，如果台湾的被并购公司或者该被并购公司的股东因此会取得境外主体的股权，该境外主体必须符合以下其中一个资格：（一）为有实际营业活动之公司；或者（二）为一跨国企业公司。前者有实质营业活动的公司系指有积极从事商品制造、销售或提供劳务服务之公司；积极指公司营运须持续满一年以上，并拥有实质固定资产（如办公室、厂房、机械设备等）、营业处所及当地正职员工。后者跨国企业公司，则需在两个以上国家或地区（不含台湾地区、大陆地区及港、澳地区）设有从事实际营业活动的子公司或分公司。

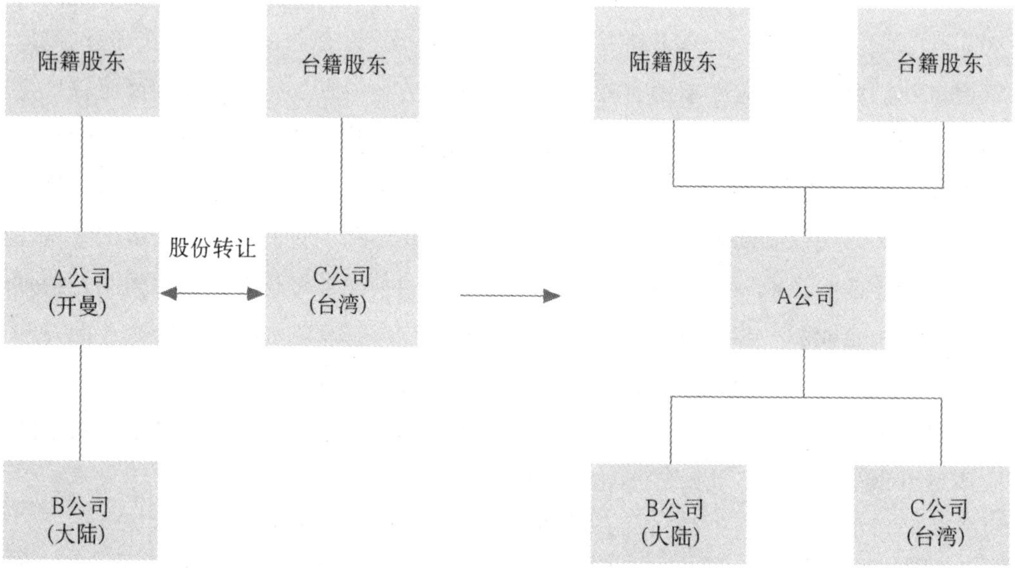

举例而言，陆资设有一家开曼控股公司（A 公司），该开曼控股公司目前持有一家大陆 B 公司，该陆资公司想透过 A 公司以“股份转换（share swap）”之方式取得一家台湾 C 公司之股权，交易完成后 A 公司则为一家同时持有大陆 B 公司及台湾 C 公司之控股公司，陆资及原台湾 C 公司之股东则同时持有 A 公司之股权（请参下图）。这种交易架构外国实属常见，但目前投审会是不允许的，原因在于 A 公司并非有实质营业活动的公司，亦非跨国企业公司，故如以该 A 公司之股权作为交易之对价，依据上开投审会规则，是不可以的。除非未来投审会修改该规则，或者以项目方式准许，此种并购方式目前尚不可行。

惟上面的交易换个模式，亦即陆资公司透过 A 公司以“现金”之方式取得台湾 C 公司之股权，亦即交易完成后，原台湾 C 公司之股东不会取得 A 公司之股权（请参下图），则这样的交易方式目前投审会并未禁止，故此种交易方式应属可行。

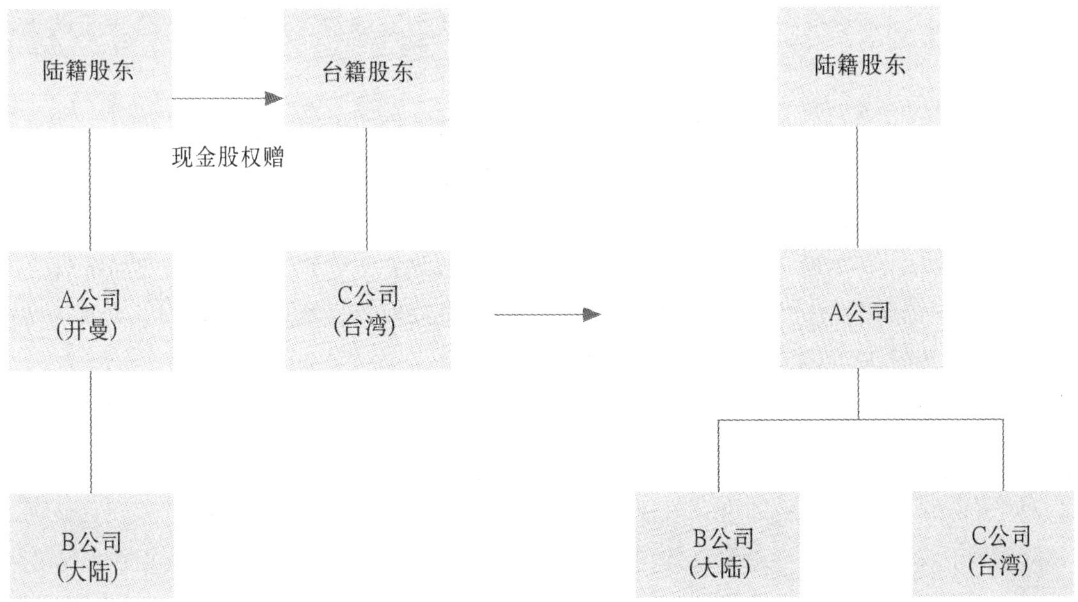

上开投审会之规则，固有其历史背景，但放在上开二个交易模式来看，似乎并不合理，未来似应有研议修改之空间。

2. 陆资可选择的并购态样

（1）应经投审会事前核准之并购形态

依据目前投审会之规则，目前允许陆资来台并购之交易态样如下，且应事先取得投审会的核准：

A. 陆资并购台湾非上市柜或非兴柜公司：不论系取得多少股权，只要涉及陆资取得台湾公司股权，不论是单纯买受老股、单纯认购增资新股、合并台湾公司（merger）、与台湾公司进行全部股份转换（share swap）、部分股份交换（share exchange）、分割（spin-off）或概括承受或让与台湾公司资产，均事前向投审会申请并取得核准后始得进行。

B. 陆资并购台湾非上市柜或非兴柜公司：同前所述，陆资无从以由证券市场逐步买入的方式取得上市柜或兴柜公司的多数股权，而仍须比照上开 A 的模式，向投审会申请。此外，收购股权比例亦有下限，必须达 10% 股份才可，否则即不予受理。

（2）无须经投审会事前核准之并购形态

陆资投资许可办法系以陆资（包括直接陆资以及间接陆资）持有的台湾公司或事业之股份或出资额作为规范对象，同时及于陆资持股或持有出资额达 1/3 以上的台湾公司或事业的转投资。如果是采用实务上习称的三角并购（Triangular merger）模式（亦即先在台湾设立子公司，继而以该台湾子公司作为并购交易的主体），如并购交易中并不涉及陆资对该台湾子公司直接持股或出资额的变动，亦不涉及转投资持股或出资额的变动，原则上即非陆资投资许可办法所规范之并购类型。举例言之，一陆资投资之台湾子公司，如收购或分割受让其他台湾公司之营业或财产，不论系以现金或股份为对价，因不影响陆资对于该台湾子公司的持股数，此等并购交易即不属于陆资投资许可办法规范范围，而无需经投审会事前核准。

惟须注意的是，如因进行并购交易而使该台湾子公司的营业范围发生变化，因会影响陆资在台投资业别，仍须向投审会申请业别变更，且以正面表列之业别为限。

另应注意的是，无论是否需经投审会事前核准，并购交易基本上均属于公平交易法规范的范围，如参与并购的事业之市占率或销售金额达到公平交易法规定之门坎，应事先向“公平交易委员会”提出申报。市占率之计算系以主管机关之认定为准，故评估上以保守为宜，如果是打算与指标性公司进行并购时，更是如此。以上关于事先取得主管机关核准或事先申报之规定，多少反映出在目前台湾之法治环境下，基本上是倾向于合意并购，并不利于敌意并购之进行。

3. 并购态样简介

就陆资来台并购台湾公司，除最原则性的陆资投资许可办法以及上开投审会之规则外，应适用台湾之公司法、企业并购法及证券交易法等规定，以下谨做一个简要的说明。

（1）合并（merger）：即二家或多家公司合而为一，并由存续公司概括继受消灭公司的所有权利义务。合并对价可为公司新发行的股份，现金或其他财产。合并之优点为参与合并之公司们合而为一，达到不论在人才、技术或资产之最大综效。缺点则为存续公司依法必须承受消灭公司之所有负债，故有其潜在的风险。

（2）股份转换（share swap）：即以股换股的方式，取得他公司100%之股权，亦即在股份转换完成后，一家公司会成为另一家公司100%持股的子公司。通常采取股份转换的主要原因包含购方不欲投入现金购买他公司股份，或不欲采取合并导致需概括承受他公司义务而承受风险等等因素。

（3）股份交换（share exchange）：和股份转换相似，最大的不同即为股份交换是以股换股之方式，取得他公司未达100%之股权。采取股份交换之原因原则上和股份转换相同。

（4）分割（spin-off）：简言之即是将公司一分为二，并将分割出来的部分纳入一个新设的公司，或者一个既存的公司，该新设或既存的公司并发行新股作为对价。分割在台湾法令下之风险为，被分割出来的公司原则上需在分割后二年内，对分割前公司所负的债务，于其受让营业之出资范围，与分割前之公司负连带清偿责任。

（5）概括承受或让与公司资产：即承受或让与他公司全部或主要部分的营业或财产，可能包含动产、不动产、业务、合约、订单、客户等等。此种并购的优点为原则上只承接财产，不会承接之前已经发生的债务，但当事人可能会有不同的约定。此种营业或财产之收购通常需特别评估可能发生之税赋，例如营业税、契税、土地增值税等。

（6）买受老股/认购新股（share purchase）：此即并购类型中最常见也最单纯的股权收购交易，被收购公司只是股东结构发生变更，在法律上的权利义务并未发生变化。

两岸并购现况及展望

目前投审会公布的陆资来台投资案，几

乎清一色为大陆投资人来台投资设立公司，少数为增资台湾企业。购买台湾企业股东所持有的股权此等单纯股权收购交易均寥寥无几，较为复杂的合并、并购方式进行投资者几乎未见到。目前较著名的案件有台湾液晶显示器制造厂美齐将其旗下液晶显示器与液晶电视生产制造和销售业务出售给大陆京东方集团一案。另一个著名案件则是中国移动拟入股远传取得12%之股权，惟在第三阶段电信产业仍没有进一步的开放，第一类电信仍未松绑，故中国移动入股远传案，目前还不在许可范围内。

从2009年开放陆资来台后，迄今仍未见两岸大型的并购案件产生，或许最主要系基于下列种种理由:（一）台湾开放投资的项目过少，台湾投资的开放采正面表列，亦即陆资拟并购之台湾公司的营业项目必须全数为许可陆资来台投资之正面表列项目;（二）对于政治环境的疑虑及不确定性;（三）政策上并未全力支持;（四）两岸投资保护协议尚未签署，陆资对于台湾投资环境保障是否健全存有疑虑;（五）依据目前的开放，对于若干敏感重要产业，陆资有持股限制，对于陆资相对较不具吸引力；甚者，在第三阶段开放中，虽明为放宽若干固定持股比例之限制，改以“不具实质控制力”之弹性认定方法并搭配项目审查，若干论者认为“不具实质控制能力”将是更严格的控制手段，主管机关将有相当大行政裁量空间。凡此以上种种，论者有评论时至第三阶段开放，就若干非关键产业虽逐步放大投资项目，但对若干关键产业，比照前二阶段陆资开放的控管亦发紧实，一时间反而难以看到振兴台湾经济的具体效应。

不论如何，在2012年陆资第三阶段开放后，许多著名的台湾公司，均公开表示不排除借由私募案或其他方式让大陆企业入股，以寻求合适的策略伙伴并为公司的产能及产量找出海口。在台湾产业释出善意之同时，我们也期盼大陆方面与企业予以善意之响应。不论开放陆资是着眼于协助台湾企业打入大陆市场，或是放陆资进入台湾，相信两岸均乐见大陆企业与台湾企业建立策略伙伴关系，真正打入世界市场并互蒙其利。

第一部分

法律面

第十章　陆资投资台湾重要法律议题

王 怀 宇 / 众达国际法律事务所律师

专业领域 / 跨国商务法律及企业并购交易

前言

台湾于1992年公布“台湾地区与大陆地区人民关系条例”（以下称“两岸条例”），就台湾地区与大陆地区人民往来相关事项订立基本规范。惟此后十来年的期间，两岸条例就两岸间投资相关事项的运作，仍以台湾地区对大陆地区的单向投资为主。时至2009年，台湾主管当局于两岸高层会谈就陆资来台议题达成共识后，随即于2009年7月于两岸条例下公布大陆地区人民来台投资许可办法（以下称“来台投资办法”），至此台湾的主管当局正式接受陆资来台投资的申请。

有鉴于台湾主管当局受理陆资来台投资申请已有将近三年的时间，以下谨就陆资来台投资相关重要法律议题，提供浅见如下，希望陆资投资人得经由本文的说明，进一步了解投资台湾及在台湾从事相关并购交易须注意的事项，并预作准备，以增进两岸进一步的投资交流，并达两岸共利双赢的历史新页。

陆资来台投资相关规范

1. 何谓陆资

来台投资办法下大陆人民对台的投资，原则上皆需经投审会个案核准。因此为避免回避陆资审查，来台投资办法对大陆投资主体有所定义。来台投资办法所称的投资人，包括大陆地区人民、法人、团体、其他机构或其于第三地区投资的公司。而所谓第三地区投资的公司，系指大陆地区人民、法人、团体或其他机构投资第三地区的公司，且符合下列情形之一的：

（1）大陆地区人民、法人、团体或其他机构，直接或间接持有该第三地区公司股份或出资总额超过百分之三十；

（2）大陆地区人民、法人、团体或其他机构，对该第三地区公司具有控制能力。

投审会进一步解释，所谓“具有控制能力”，系指有下列情形之一的：

A. 与其他投资人约定下，具有超过半数有表决权股份的能力；

B. 依法令或契约约定，可操控公司的财务、营运及人事方针；

C. 公司的控制操控在董事会（或相似组织），且有权任免董事会（或相似组织）超过半数的主要成员；

D. 公司的控制操控在董事会（或相似组织），且有权主导董事会（或相似组织）超过半数投票权；

E. 依据台湾会计研究发展基金会公布的财务会计准则公报第五号、第七号所规定的其他具有控制能力的情形。

因此，只要符合上述标准的投资人，即属陆资投资人，其对台湾的投资，皆须经投审会事前审查许可。若非符合上述标准的外国投资人，纵然其有陆资的持股，仅需依一般外资申请程序向投审会申请许可。

2. 陆资来台投资方式

（1）大陆地区投资人投资台湾上市（柜）有价证券

关于开放陆资投资台湾证券市场的相关规范，可参见大陆地区投资人来台从事证券投资及期货交易管理办法（以下称“证券投资办法”）的规定。依证券投资办法的规定，大陆地区投资人于台湾证券或期货市场上进行投资交易，限于经大陆地区证券主管机关核准的合格机构投资人（以下称“机构投资人”）及其他符合规定之投资人（例如：符合相关规定的大陆籍员工或大陆籍股东等）。另外，大陆地区投资人单次且累计投资取得台湾上市（柜）公司股份均未达10%的投资行为，应根据证券投资办法的规定，指定台湾地区代理人办理相关有价证券的买卖，而且依本方式所进行的投资，不须经投审会事前许可。但若是单次或累计投资取得上市（柜）公司10%以上股份的，则属于应事前申请许可的投资行为，必须依照来台投资办法的规定向投审会提出申请。此外，大陆地区投资人依照证券投资办法持有台湾上市（柜）公司股份的，其表决权的行使，除法令另有规定外，不得有实质控制或影响公司经营管理的情事。例如不得当选为该上市（柜）公司的董事或监察人、不得干预企业经营及人事安排等。

（2）大陆地区人民来台应事前申请许可的投资行为

除上述大陆地区机构投资人或其他合格投资人对台湾上市（柜）有价证券的投资外，任何大陆地区投资人还可以来台进行直接投资，而且投资标的也不限于上市（柜）公司的有价证券。为此，来台投资办法明订三种应事前申请许可的投资行为：

A. 持有台湾地区公司或事业的股份或出资额，但不包括单次且累计投资均未达百分之十的上市（柜）公司股份；

B. 在台湾地区设立分公司、独资或合伙事业；

C. 对前二款所投资事业提供一年期以上贷款。

与机构投资人透过台湾证券市场投资上市（柜）公司未达10%股份的情形相比较，经投审会许可在台湾地区投资的投资人如果是自然人时，可以来台担任该投资事业的董事或监察人；投资人如果是法人时，可以由大陆地区人民担任该法人的代表人，来台担任该投资事业的董事或监察人。也就是说，大陆地区投资人可以经由这种投资方式，参与该事业的经营及决策。

上述大陆地区投资人持有所投资事业的股份或出资额，合计超过该事业股份总数或资本总额1/3以上的，称为“陆资投资事业”。该陆资投资事业的转投资，仍应适用来台投资办法的规定，申请事前许可。除上述以外，针对在台设立分公司或办事处，台湾当局订有“大陆地区之营利事业在台设立分公司或办事处许可办法”；如果投资标的属于台湾地区的金融、保险、证券或期货等金融机构，台湾当局订有各别的业务往来及投资许可管理办法；如果是进行不动产的投资，台湾当局订有“大陆地区人民在台湾地区取得设定或移转不动产物权许可办法”。

3. 陆资来台投资的限制

至于来台投资办法下陆资来台投资项目，并非漫无限制。经济主管部门订定大陆地区人民来台投资业别项目（以下称“许可投资业别项目”），以正面表列方式规范允许陆资来台投资项目，表外项目还不在允许陆资投资的范围内。而针对一般外国投资人对台湾的投资，经济主管部门是以负面表列方式规范，也就是列明禁止外资投资的业别项目，除负面表列的业别项目外，一般外资投资人皆得进行投资。请注意，依照目前投审会的见解，如果属于须经投审会审查许可的陆资投资案件，该陆资投资的台湾标的公司必须全部营业项目皆属于许可投资业别项目内，该台湾公司才可以作为陆资投资人的投资标的。因此，陆资投资人如果要投资上述台湾公司，该台湾公司必须先修改营业项目，使全部营业项目符合许可投资业别项目后，陆资投资人才能对该台湾公司进行投资。

许可投资业别项目中订明大陆投资人得投资的业别项目、限额及投资比率，而投资的业别项目大分为“制造业”、“服务业”及“公共建设项目”。开放陆资来台投资业别项目，台湾当局系依据“先紧后宽、循序渐进、有成果再扩大”的原则进行检讨，分阶段开放。自2009年6月30日起至2011年3月2日累计开放陆资来台投资项目计247项，其中制造业89项、服务业138项及公共建设20项。截至2012年3月30日，台湾当局公告第三阶段开放陆资来台投资业别项目，新增制造业115项、服务业23项及公共建设23项。

针对陆资投资人较关注的台湾关键技术制造业（发光二极管制造业、太阳能电池制造业、集成电路制造业、半导体封装及测试业、液晶面板及其组件制造业、金属切削工具制造业、电子及半导体生产用机械设备制造业），第三阶段有进一步的开放，但也设有相关限制。例如，

陆资投资该等产业不得具有控制能力，且必须由相关项目小组审查产业合作策略，陆资投资人于项目审查时应承诺陆资股东不得担任或指派其所投资事业的经理人、担任董事的人数不得超过其他股东担任的总人数，以及不得于股东大会前征求委托书等限制条件。

至于服务业及公共建设部分，针对特定产业（如大众捷运运输系统业、大型物流中心、文化教育机构等），仍设有须经项目审查或不得具控制能力的限制。

陆资来台投资交易的评估

1. 陆资来台投资策略

大陆在金融风暴后，不断思索及找寻国际投资机会，台湾因为在特定产业具有先进技术，加上与台湾同文同种，投资台湾自然成为拓展市场的重要步骤。大体而言，陆资来台原因不外乎想学习台湾高科技产业技术、台湾近几年来对外扩充及并购的经验以及台湾企业的管理经验及事业人才的培养。

如前所述，陆资可以直接方式或间接透过第三地方式投资台湾，举凡一般外资能来台湾投资的方式，陆资都可以采用，例如参股、认购私募股、设立子公司、分公司或进行全面性并购，所不同者在于允许陆资投资的项目业别较一般外资限缩。无论采取何种投资方式，陆资公司仍应视本身的产业特性、投资后对自己企业带来哪些帮助、可减省哪些成本等事项，选定适当的投资交易架构及投资标的。

2. 对投资标的进行尽职调查

在选定投资标的后，即应展开对标的公司的尽职调查工作（Due Diligence），透过尽

职调查，陆资投资人得以更了解投资标的及相关的投资风险，并据以决定是否进行投资以及适当的投资金额。一般而言，尽职调查包括法务、财务（包括税务）及营运的调查。就法务面而言，一般包括检查标的公司是否合法设立及存续、是否取得营业所需的执照及许可、重要合同、法令遵循及争讼纠纷等。就财务面而言，一般包括检查标的公司财务报表、决算书表、资产质量、营业利益、或有负债及税务申报等。就营运面而言，一般包括标的公司的决策程序、研发体系、营销体系、采购体系及 IT 体系等。

3. 委任专业顾问

不论于世界任何国家／地区进行投资，因每一国家／地区有不同的法令规定及要求，因此借助外部专业顾问（律师、会计师、财务顾问）的协助，都属必要。而且为寻找适当的投资标的、建立投资双方沟通平台、避免疏漏应考虑的事项以及避免事后无法弥补的风险，专业顾问的委任应愈早愈好。

陆资来台投资交易的协商及进行

1. 交易合同／文件的协商与签订

陆资来台投资，如果涉及并购交易，最重要的法律档就是并购合同。一份好的并购合同，应该体例清楚，明白规范并购双方的权利义务，以及双方为完成并购交易所须满足的条件及遵行程序。该合同是双方落实谈判结果形成具体协议而有拘束力的档。

草拟并购合同，并非只是把双方已同意的事项写明即可，而是应该把有关该并购交易的公司、证券、税务以及其他相关法律问题加以考虑并叙明，便利双方讨论处理。这些事项，有可能于双方谈判初期皆未论及，因此须在并购合约内约定清楚。此外，有关万一交易不顺利或未按预期进行时，如何因应及调整的规定，亦应在并购合同中约定清楚。

并购合同因涉及双方权利义务甚巨，因此建议由律师草拟并参与并购合同的协商，以厘清并规范相关法律议题，为客户寻求最大可能的保障。

2. 完成交易所需的内部许可

陆资投资人来台投资有诸多方式，例如设立公司、合资、策略联盟、合并、股权／资产收购，或透过私募的方式参股，亦可经由公开收购、或者由机构投资人（QDII）于台湾证券市场进行投资，为进行上述投资，不论陆资投资人、陆资投资人透过第三地区公司对台进行投资的第三地区公司或台湾标的公司，皆应遵循其各别公司章程／内规及所属地相关法令规定（例如：大陆、台湾、第三地区的公司法、证券交易法、并购法等相关规定），以符合相关决议程序及门坎的方式，取得其内部许可（例如董事会决议、股东会决议等）。针对上述决议方式（应以董事会或股东会的决议通过该投资或并购交易），或可决门坎（普通决议或特别决议）等细部规定，则应进一步咨询专业顾问的意见。

3. 完成交易所需的外部许可

一般而言，陆资来台投资，除陆资投资人应注意大陆或第三地区的法令规定，取得相关主管机关的许可外，由于台湾是投资地，台湾当局对相关投资／并购交易的许可，也应留意。

如前所述，陆资投资台湾必须经过投审会个案核准，而投审会的核准是指必须经过投审会每月召开一次的审议委员会通过。依“来台投资办法”第6条的规定：“投资人为大陆地区军方投资或具有军事目的之企业者，主管机关应限制其来台投资”，以及同办法第8条规定：“投资人所为投资之申请，有下列情事之一者，得禁止其投资：一、经济上具有独占、寡占或垄断性地位。二、政治、社会、文化上具有敏感性或影响国家安全。三、对国内经济发展或金融稳定有不利影响”。因此，在陆资投资案件送审议委员会决议通过前，投审会承办人员会先函询各相关主管机关（例如：“经济部”工业局、“大陆事务委员会”、“金融监督管理委员会”、“公平交易委员会”、“劳工委员会”等）的审查意见。大体而言，各主管机关就其本身职掌对陆资投资案件进行审查，依过去经验，审查重点主要在于陆资想要投资的台湾公司，其营业项目是否全部属于许可投资业别项目、陆资投资对台湾特定产业或经济发展的影响、对台湾员工的保障及对其他台湾投资人的影响（例如是否陆资投资交易会造成台湾标的公司的下市/柜）等。

除投审会的许可，由于陆资来台投资尚可能牵涉不同层面，故仍可能须得其他台湾主管机关的许可，例如陆资参股台湾公司若已达结合申报门坎，则须取得“公平交易委员会”的事前许可；若涉及大陆地区金融机构或陆资金融机构来台参股台湾金融机构，则须取得“金融监督管理委员会”的许可。

陆资来台投资交易后事项

交易完成后之法令遵循

陆资来台投资交易完成后，来台投资办法针对实收资本额达新台币八千万元以上的陆资投资事业，规定其应于每届会计年度终了六个月内，检具经会计师签证的财务报表，并同股东名簿，报请投审会备查。除来台投资办法及台湾其他管理陆资投资相关法令的特别规定外，陆资来台投资完成后，陆资投资事业与一般台湾公司无异，所得享有的权利与应负担的义务与一般台湾公司相同。

（本文仅为作者个人意见，不代表事务所立场）

第一部分

法律面

第十一章　陆资来台投资常见问题分析（上）/
掌握来台契机共创两岸双赢

蓝 聪 金 / 勤业众信联合会计师事务所税务部副总经理

专业领域 / 投资及工商法规之咨询

股东会、董事会召开之相关事项咨询

公司设立、变更登记实务及应注意事项

侨外投资、陆资来台投资、外国公司认许及登记实务

前言

为促进大陆地区人民来台投资，增进两岸经贸交流正常化，经济主管部门依据台湾地区与大陆地区人民关系条例授权订定大陆地区人民来台投资许可办法及大陆地区之营利事业在台设立分公司或办事处许可办法等相关法规，并发布自2009年6月30日起开放陆资来台投资，至今已近三年时间。按经济主管部门最近发布新闻资料统计，累计至2012年3月，业经主管机关核准陆资来台投资件数为237件，核准投（增）资金额为2亿7929万6千美元。从以上数据数据显示，截至目前陆资来台投资不论件数或投资金额，尚远不及同期间台湾企业对外投资及对大陆投资之件数与金额，显然，陆资来台投资的成果，并不符期待。

历史背景与影响因素之探讨

当然，依不同的历史环境背景与现有两岸关系等各种因素观察，不外乎有几个原因可以探讨：

1. 2009年第3次“陈江会谈”达成共同推动陆商来台投资的共识，台湾于2009年6月30日以“先紧后松、循序渐进、先有成果、再行扩大”为原则，公布第一阶段以正面表列开放陆商来台投资项目，其中（一）制造业部分依台湾行业标准分类细项共212项，先开放64项，占总项数30%，包括配合两岸产业合作，列为搭桥项目重点产业的汽车及其零件制造业、上中下游产业链完整，加工制造及管理能力强之纺织业、在国际市场上具有竞争力，并具有制造及管理能力之电子零组件制造业等，但属于“侨外投资负面表列——禁止及限制侨外人投资业别项目”、“在大陆地区从事投资或技术合作禁止类制造业项目（如晶圆、TFT-LCD等）”，暂不开放。（二）服务业部分依WTO服务业承诺表行业分类，我方承诺开放之次行业计113项中对陆资先开放25项，占22%，转换成台湾行业标准分类，共计开放服务业细项117项，占36%，重点包括营销通路之批发业、零售业、与旅游相关的观光旅馆业、运输服务业等。（三）公共建设部分第一阶段对陆资开放民用航空站及其设施、港埠及其设施等11项，占14%，但陆资在台投资限于非承揽部分，且公共工程承揽部分暂不开放。

如果从上述窗体项目来看，第一阶段已有近200项的行业列为开放陆资投资项目，但深究其产业及项目别，似乎尚欠缺吸引陆资来台投资的诱因，这也就是为什么开放后至2009年12月底仅有核准23件3749万美元的陆资投资案，即使是2011年3月及2012年3月陆续公布第二阶段及第三阶段的开放项目，也因为仍有诸多的附带限制条件（如附表），而让陆资来台投资脚步，始终不如预期的热络。

2. 台湾是一个容许有不同声音发表的多元社会，民主政治的结果，政党轮替执政应是常态。台湾在开放陆资来台投资的准备期，来自于反对党的反对意见及对开放投资项目的要求限缩，甚至强烈表达陆资开放政策应经“立法院”同意程序等等作为，都不免影响陆企跨海来台投资的意愿，担心一旦正式来台投资后，如遇政党轮替，则原有的投资是否得到新政党的认同与保护，陆资政策是否因此改变，均不无疑虑，则来台投资的脚步，恐怕也因过于审慎思量或暂时观望而裹足不前。尤其是2012年1月选举前，政治不确定因素且为免碰触敏感议题，不仅陆资来台投资案骤减，甚至来台参访单位团体或旅游陆客都相对减少许多，这些因政治因素所造成对台湾投资环境的影响，不容轻忽。

3. 依例，企业决定投资前，就当地投资环境及产业发展现况的考察，通常是必要的过程，开放陆资来台投资前后，已有不少的陆资企业或公协会透过台湾地区的团体邀请来台参访考察，也或许是走马看花的探访，一趟台湾走下来，恐怕也没有真正了解台湾产业的优势，甚至对陆企本身究竟应该投资哪些项目，也因为部分受到投资法令的限制，而让陆资企业不知如何选择投资的标的。

4. 台湾对于陆资来台投资政策，除开放投资项目外，亦针对相关的配套措施，依“台湾地区与大陆地区人民关系条例”订定相关子法规，包括大陆专业人士来台及其随行眷属相关权益如停居留、教育、父母探亲等与陆资企业员工保险、购买不动产之规范，但这些配套对陆企来说，却觉得有所限制或不便之处。也曾屡屡借着各种管道向台湾当局反映，希望能给予更多的便利，以提高陆资企业来台投资之意愿。

因应投资环境、政策法规之探讨

从以上各项问题分析，本文就台湾当局开放陆资企业来台投资的投资环境、产业政策、法令规范等重要议题提出几点看法：

1. 台湾具有吸引陆资企业来台投资的优势，依最新2012年美国商业环境风险评估公司（BERI）的投资环境评比台湾为全球第4，2011年洛桑国际管理学院（IMD）世界竞争力全球第6，世界经济论坛（WEF）全球竞争力全球第13，显示台湾投资环境备受国际机构的肯定。

2. 台湾产业聚落集中，以曾经因为台湾工资、厂办成本的不断提高，造成产业迅速移往人工、土地成本低的东南亚国家或大陆地区设厂的纺织业为例，一度被称之为夕阳产业，但留在台湾纺织业者靠着不断创新研发，利用科技、环保、时尚的概念，重新建立世界级的机能布料王国，根据商业周刊的调查，美国职棒大联盟球队的球衣、世界品牌耐吉和爱迪达运动服及岛内外知名登山、滑雪穿着的户外机能服装等大都来自台湾布料制作，台湾这些特殊机能布料从研发设计、纤维纺纱、针织、染整、特殊处理加工流程，都在短距离的台北、桃园地区提供服务，一应俱全。再者，台中大肚山下产值惊人的精密机械产业和潭子工业区完整的全球高阶相机产业聚落，都可以看到台湾产业竞争力的优势。

3. 以第一波来台投资的陆资企业为例，浙江爱丽芬集团表示，台湾纺织业不论在设计与技术上都相当成熟而且领导国际，台湾在纺织上游产品，尤其是面料、多功能面补料方面有很多优势，研发设计人才充裕，爱丽芬来台投资后，以MIT的台湾品牌反而接获更多的欧美订单，而且报价还高两成。另浙江永力达集团也认为台湾工具机的产业优势是该集团来台与台湾同业共同投资的动机，最终目标是希望借助“台湾模式”来发展自己，未来进一步到国际市场与其他世界品牌竞争。至于隶属北京控股集团的京泰实业是两岸产业合作与来台投资的陆资企业中另一个成功的案例，京泰看好台湾耐斯集团在健康饮品与冷藏方面技术及在台销售网，双方在北京成立爱之味京泰国际公司销售爱之味食品，在台湾成立燕京爱之味公司销售北控燕京啤酒，互用通路营销双方产品，达到互利共荣的目标。这些都是工业总会蔡练生秘书长最常与两岸企业分享的案例。

4. 至于陆资企业关心来台投资会不会因为台湾政局的变动，而安全性受到影响的问题，按台湾是一个民主法治社会，政策可以讨论，也可以容许不同的意见，但当局政策既经法定程序，其执行是有连续性的，制度尚不致会被任意取消。且根据最新政经报导，两岸拟订于2012年6月台北第八次“陈江会谈”达成签署两岸投资保障协议，不仅是对在大陆的台商，或来台投资的陆企都可以获得相关人身保障及投资保护，促进两岸之间经贸正常化。

5. 台湾自2009年6月30日公布开放陆资来台投资以来，基于两岸特殊关系，开放陆资投资的项目，系采正面表列方式，虽经三阶段的松绑放宽，开放程度仍不若侨外投资，且部分陆资企业有投资意愿的产业，受到持股比例或不得具有控制能力等之规范限制，但以台湾产业核心技术及具国际竞争力的优势，还是引起陆企的关注，根据最新报载，已有陆资企业有意入股现有台湾面板业，且台湾业者大都对引进陆资抱持开放的态度，认为透过陆资入股，不但能获得资金挹注，还能因此取得大陆市场品牌销售通路。此外，两岸为推动产业合作，扩大两岸产业交流，进一步促成两岸产业优势互补契机，提升两岸产业的竞争力，共同启动“搭桥项目”计划，在考虑两岸产业价值链分工等因素，优先选定太阳光电、车载资通讯、流通服务等产业进行两岸产业交流，经过两年多的互动，已有相当具体包括产业链整合，拓展大陆市场等合作共识及成果，相信这也是促进陆资企业愿意加码来台投资的动力。未来，当两岸产业合作更为稳定的时候，台湾应该思考将现行陆资投资开放项目能从正面表列改为负面表列，让陆资企业比照一般侨外资来台投资成为趋势与常态，以创造更多两岸产业合作的契机及发挥两岸优势互补的效应。

6. 有关陆资来台企业关心的大陆专业人士来台入出境及人数限制、随行亲属停居留、教育与陆企员工保险等问题之相关法令规范，皆系比照现行其他侨外资企业适用条件，至于未来是否进一步放宽，有待台湾全面性的检讨调整。

7. 又陆资企业积极规划来台投资相关事宜，除了评估产业获利因素外，同时针对来台投资相关法令、开放投资项目、投资方式比率、出资种类来源、公司设立登记、税务处理准则、并购交易规定、会计财务报告及购置不动产等关键议题，应具备基础的了解，并由经验丰富的专业人士予以协助，始能达到控制风险及投资获利的目标。

结语

总之，台湾位于亚太地区中心位置，除具有区位优势，更有高科技产业生产与创新的能力，都是吸引外资投资的焦点。台湾持续建立及营造优质的投资环境，台湾的产业群聚密集、完善的公共基础建设、人力资源充足、租税优惠政策多元，都是陆资投资的有利因素。因此，在两岸合作关系处于逐渐加温的氛围之下，掌握来台契机，共创两岸双赢，投资台湾，就是现在。

附表　陆资来台投资开放项目

1-1 制造业 - 未附带限制条件项目

中类	细类
08 食品制造业	0893 制糖业
09 饮料制造业	0911 啤酒制造业、0919 其他酒精饮料制造业
11 纺织业	1111 绵、毛纺纱业、1112 人造纤维纺纱业、1113 人造纤维加工丝业、1119 其他纺纱业、1121 绵、毛梭织布业、1122 人造纤维梭织布业、1123 玻璃纤维梭织布业、1124 针织布业、1129 其他织布业、1130 不织布业、1140 印染整理业、1151 纺织制成品制造业、1152 绳、缆、网制造业、1159 其他纺织品制造业
12 成衣及服饰品制造业	1211 梭织外衣制造业、1212 梭织内衣及睡衣织造业、1221 针织外衣制造业、1222 针织内衣及睡衣制造业、1231 袜类制造业、1232 纺织手套制造业、1233 纺织帽制造业、1239 其他服饰品制造业
13 皮革、毛皮及其制品制造业	1301 皮革、毛皮整制业、1302 鞋类制造业、1303 行李箱及手提袋制造业、1309 其他皮革、毛皮制品制造业
14 木竹制品制造业	1401 制材业、1402 合板及组合木材制造业、1403 建筑用木制品制造业、1404 木质容器制造业、1409 其他木竹制品制造业
15 纸浆、纸及纸板制造业	1511 纸浆制造业
17 石油及煤制品制造业	1700 石油及煤制品制造业
18 化学材料制造业	1810 基本化学材料制造业（非属硝化甘油、水银法碱氯、CFC、海龙、三氯乙烷、四氯化碳及联合国禁止化学武器公约列管化学物质甲类化学品者）、1820 石油化工原料制造业、1841 合成树脂及塑料制造业、1842 合成橡胶制造业、1850 人造纤维制造业
19 化学制品制造业	1920 涂料、染料及颜料制造业（限染料及颜料之制造者）1930 清洁用品制造业、1940 化妆品制造业、1990 其他化学制品制造业（非属“毒性化学物质管理法”禁止制造之毒性化学物；非属军用之火药引信、导火剂、雷汞；非属经营事业用之炸药成品、火工制品及前揭 2 项爆炸物之火药类与炸药类原料之制造者）

20 药品及医用化学制品制造业	2005 体外检验试剂制造业
21 橡胶制品制造业	2101 轮胎制造业、2102 工业用橡胶制品制造业、2109 其他橡胶制品制造业
22 塑料制品制造业	2201 塑料皮、板、管材制造业、2202 塑料膜袋制造业、2203 工业用塑料制品制造业、2204 工业用塑料制品制造业、2209 其他塑料制品制造业
23 非金属矿物制品制造业	2311 平板玻璃及其制品制造业、2312 玻璃容器制造业、2313 玻璃纤维制造业、2319 其他玻璃及其制品制造业、2321 耐火材料制造业、2322 黏土建筑材料制造业 、2323 陶瓷卫浴设备制造业、2329 其他陶瓷制品制造业、2331 水泥制造业、2332 预拌混凝土制造业、2333 水泥制品制造业、2340 石材制品制造业、2391 研磨材料制造业、2392 石灰制造业、2393 石膏制品制造业、2399 未分类其他非金属矿物制品制造业
24 基本金属制造业	2412 钢铁铸造业、2413 钢铁轧延及挤型业、2414 钢铁伸线业、2421 炼铝业、2422 铝铸造业、2423 铝材轧延、挤型、伸线业、2431 炼铜业、2432 铜铸造业、2433 铜材轧延、挤型、伸线业、2491 其他基本金属铸造业、2499 未分类其他基本金属制造业（非属金属镉冶炼工业者）
25 金属制品制造业	2512 金属模具制造业、2521 金属结构制造业、2522 金属建筑组件制造业、2531 锅炉、金属贮槽及压力容器制造业、2539 其他金属容器制造业、2541 金属锻造业、2542 粉末冶金业、2543 金属热处理业、2544 金属表面处理业、2549 其他金属加工处理业、2592 金属弹簧制造业、2593 金属线制品制造业、2599 未分类其他金属制品制造业
26 电子零组件制造业	2612 分离式组件制造业、2620 被动电子组件制造业、2630 印刷电路板制造业、2649 其他光电材料及组件制造业、2691 印刷电路板组件制造业、2699 未分类其他电子零组件制造业
27 计算机、电子产品及光学制品制造业	2711 计算机制造业、2712 显示器及终端机制造业、2719 其他计算机外设设备制造业、2721 电话及手机制造业、2729 其他通讯传播设备制造业、2730 视听电子产品制造业、2740 数据储存媒体制造业、2751 量测、导航及控制设备制造业、2752 钟表制造业、2760 辐射及电子医学设备制造业、2771 照相机制造业、2779 其他光学仪器及设备制造业
28 电力设备制造业	2810 发电、输电、配电机械制造业、2820 电池制造业、2831 电线及电缆制造业、2832 配线器材制造业、2841 电灯泡及灯管制造业、2842 照明器具制造业、2851 家用空调器具制造业、2852 家用电冰箱制造业、2853 家用洗衣设备制造业、2854 家用电扇制造业、2859 其他家用电器制造业、2890 其他电力设备制造业（限风力发电设备之制造者）
29 机械设备制造业	2921 农用及林用机械设备制造业、2922 采矿及营造用机械设备制造业、2923 食品、饮料及烟草制作用机械设备制造业、2924 纺织、成衣及皮革生产用机械设备制造业、2925 木工机械设备制造业、2932 流体传动设备制造业、2933 泵、压缩机、活栓及活阀制造业、2934 机械传动设备制造业、2935 输送机械设备制造业、2936 事务机械设备制造业、2938 动力手工具制造业
30 汽车及其零件制造业	3010 汽车制造业、3020 车体制造业、3030 汽车零件制造业

31 其他运输工具及其零件制造业	3110 船舶及其零件制造业、3131 自行车制造业、3132 自行车零件制造业、3190 未分类其他运输工具及其零件制造业（非属航空器、军用船舶、军用车辆及其零组件之制造者）
32 家具制造业	3211 木制家具制造业、3219 其他非金属家具制造业、3220 金属家具制造业
33 其他制造业	3311 体育用品制造业、3312 玩具制造业、3313 乐器制造业、3314 文具制造业、3321 眼镜制造业、3329 其他医疗器材及用品制造业、3391 珠宝及金工制品制造业、3392 拉链及纽扣制造业、3399 其他未分类制造业（非属象牙加工者）
34 产业用机械设备维修及安装业	3400 产业用机械设备维修及安装业
共计 154 项	

1-2 制造业 - 附带限制条件项目

中类	细类	限制条件
08 食品制造业	0812 冷冻冷藏肉类制造业、0813 肉品制造业、0821 冷冻冷藏水产制造业、0822 水产品制造业、0831 冷冻冷藏蔬果制造业、0832 蔬果制品制造业、0840 食用油脂制造业、0850 乳品制造业、0862 磨粉制品制造业、0863 淀粉及其制品制造业、0870 动物饲料配制业、0891 烘焙炊蒸食品制造业、0892 面条、粉条类食品制造业、0894 糖果制造业、0896 调味品制造业、0897 调理食品制造业、0899 未分类其他食品制造业	限投资台湾地区现有事业，且陆资持股比率须低于 50%
09 饮料制造业	0920 非酒精饮料制造业	
15 纸浆、纸及纸品制造业	1512 纸张制造业、1513 纸板制造业、1520 纸容器制造业、1591 家庭及卫生用纸制造业、1599 未分类其他纸制品制造业	
19 化学制品制造业	1910 农药及环境用药制造业	
20 药品及医用化学制品制造业	2001 原料药制造业（非属中药原料药制造者）、2003 生物制品制造业	
24 基本金属制造业	2411 钢铁冶炼业	
25 金属手工具及模具制造业	2511 金属手工具制造业、2591 螺丝、螺帽及铆钉制造业	
31 其他运输工具制造业	3121 机车制造业、3122 机车零件制造业	

<table>
<tr><td>18 化学材料制造业</td><td>1830 肥料制造业</td><td rowspan="2">1. 投资台湾地区现有事业，陆资持股比率不得超过 20%；合资新股事业，陆资持股比率须低于 50%。
2. 对投资事业不得具有控制能力。</td></tr>
<tr><td>29 机械设备制造业</td><td>2911 冶金机械制造业、2919 其他金属加工用机械设备制造业、2926 化工机械设备制造业（非属“同位素分离机与设备及其零件”）、2927 橡胶及塑料加工用机械设备制造业、2929 未分类其他专用机械设备制造业、2931 原动机制造业（非属“水力涡轮机及水轮，功率超过 10000 千瓦者”、“反作用式引擎（涡轮喷射引擎除外）”者）、2937 污染防治设备制造业、2939 其他通用机械设备制造业（非属火器、武器制造、枪械修理、弹药、射控者）</td></tr>
<tr><td>26 电子零组件制造业</td><td>2611 集成电路制造业、2613 半导体封装及测试业、2641 液晶面板及其组件制造业、2642 发光二极管制造业、2643 太阳能电池制造业</td><td rowspan="2">1. 应提出产业合作策略并经项目审查通过
2. 对投资事业不得具有控制能力</td></tr>
<tr><td>29 机械设备制造业</td><td>2912 金属切削工具机制造业、2928 电子及半导体生产用机械设备制造业</td></tr>
<tr><td colspan="3">共计 47 项</td></tr>
</table>

2-1 服务业 - 未附带限制条件项目

中类	细类
37 废（污）水处理业	3700 废（污）水处理业
38 废弃物清除、处理及资源回收处理业	3811 无害废弃物清除业、3812 有害废弃物清除业、3821 无害废弃物处理业、3822 有害废弃物处理业、3830 资源回收业
45-46 批发业	4546 烟酒批发业、4547 非酒类饮料批发业、4548 咖啡、茶叶及香料批发业、4549 其他食品批发业、4551 布疋批发业、4552 服装及其配件批发业、4553 鞋类批发业、4559 其他服饰品批发业、4561 家庭电器批发业、4562 家具批发业、4563 家饰品批发业、4564 家用摄影器材及光学产品批发业、4565 钟表及眼镜批发业、4566 珠宝及贵金属制品批发业、4567 清洁用品批发业、4569 其他家庭器具及用品批发业、4571 药品及医疗用品批发业、4572 化妆品批发业、4581 书籍、文具批发业、4582 运动用品、器材批发业、4583 玩具、娱乐用品批发业、4611 木制建材批发业、4612 砖瓦、砂石、水泥及其制品批发业、4613 磁砖、贴面石材、卫浴设备批发业、4614 漆料、涂料批发业、4615 金属建材批发业、4619 其他建材批发业、4621 化学原料批发业、4622 化学制品批发业、4631 石油制品燃料批发业、4639 其他燃料批发业、4641 计算机及其外围设备、软件批发业、4642 电子设备及其零组件批发业、4643 农用及工业用机械设备批发业、4644 办公用机械器具批发业、4649 其他机械器具批发业、4651 汽车批发业、4652 机车批发业、4653 汽机车零配件、用品批发业、4691 回收物批发业、4699 未分类其他专卖批发业

47-48 零售业	4721 蔬果零售业、4722 肉品零售业、4723 水产品零售业、4731 布疋零售业、4732 服装及其配件零售业、4733 鞋类零售业、4739 其他服饰品零售业、4741 家庭电器零售业、4742 家具零售业、4743 家饰品零售业、4744 钟表及眼镜零售业、4745 珠宝及贵金属制品零售业、4749 其他家庭器具及用品零售业、4761 书籍、文具零售业、4762 运动用品、器材零售业、4763 玩具、娱乐用品零售业、4764 音乐带及影片零售业、4810 建材零售业、4821 加油站业、4829 其他燃料零售业、4831 计算机及其外围设备、软件零售业、4832 通讯设备零售业、4833 视听设备零售业、4841 汽车零售业、4842 机车零售业、4843 汽机车零配件、用品零售业、4851 花卉零售业
49 陆上运输业	4940 汽车货运业
52 运输补助业	5241 停车场业
56 餐饮业	5610 餐馆业、5621 非酒精饮料店业、5622 酒精饮料店业
共 79 项	

2-2 服务业 - 附带限制条件

中类	细类	限制条件
01 农，牧业	0133 畜牧服务业	属附带于畜牧业之顾问服务业，且非涉及家禽孵育配种者
05 石油及天然气矿业	0500 石油及天然气矿业	非属采矿者
06 砂、石及黏土采取业	0600 砂、石及黏土采取业	
07 其他矿业及土石采取业	0700 其他矿业及土石采取业	
45-46 批发业	4510 商品经纪业、4520 综合商品批发业、4531 谷类及豆类批发业、4532 花卉批发业、4539 其他农产原料批发业、4541 蔬果批发业、4542 肉品批发业、4543 水产品批发业、4544 冷冻调理食品批发业、4545 乳制品、蛋及食用油脂批发业	1. 非属活动物之商品经纪商者 2. 非属农产品市场交易法所称之农产品批发市场
47-48 零售业	4711 食品饮料为主之综合商品零售业、4719 其他综合商品零售业、4729 其他食品及饮料、烟草制品零售业、4852 其他全新商品零售业、4853 中古商品零售业、4871 电子购物及邮购业、4872 直销业（非属多层次传销者）、4879 未分类其他无店面零售业	非属药局、药房、药妆店或活动物之零售者

49 陆上运输业	4920 大众捷运系统运输业	1. 限依促进民间参与公共建设法投资公共建设案之营运区域及业务范围，并经目的事业主管机关项目审查。 2. 限大众捷运系统、轻轨运输系统 3. 对投资事业不得具有控制能力。
	4939 其他汽车客运业	属附驾驶之小客车租赁业者
	4990 其他陆上运输业	限空中缆车运输服务者
50 水上运输业	5010 海洋水运业	属于船舶运送业、限于大陆籍业者依《海峡两岸海运协议》来台设立分公司及办事处者
51 航空运输业	5100 航空运输业	限依条约、协议或海峡两岸相关空运协议规定或经目的事业主管机关基于平等互惠原则核准来台经营民用航空运输业务者，其在台设立之分公司或办事处。
52 运输补助业	5249 其他陆上运输补助业	1. 限依促进民间参与公共建设法投资公共建设案之营运区域及业务范围，并经目的事业主管机关项目审查 2. 限公路桥梁及隧道管理、公路客运之转运站、车站、调度站 3. 公路桥梁及隧道管理之外资（含陆资）持股比率出须低于 50%，且不得超过台湾地区最大股东之持股比率
	5251 港埠业、5259 其他水上运输补助业、5290 其他运输补助业	1. 限依促进民间参与公共建设法投资公共建设案之营运区域及业务范围，并经目的事业主管机关项目审查。 2. 陆资持股比率须低于 50%，且不得超过其他非陆资最大股东之持股比率。 3. 对投资事业不得具有控制能力。
53 仓储业	5301 普通仓储业、5302 冷冻冷藏仓储业	1. 非属保税仓库或物流中心者。 2. 限依促进民间参与公共建设法投资公共建设案之营运区域及业务范围，并经目的事业主管机关项目审查。 3. 民用航空站之仓储业须位于陆侧且非涉及管制区者；且外资（含陆资）持股比率须低于 50%，并不得超过台湾地区最大股东之持股比率。 4. 港埠之仓储业陆资持股比率须低于 50%，且不得超过其他非陆资最大股东之持股比率。 5. 对投资事业不得具有控制能力。
55 住宿服务业	5510 短期住宿服务业	属观光旅馆业者

61 电信业	610 电信业	属第二类电信事业之一般业务者，投资人须为在海外或大陆地区上市之电信业者，且总持股比率以不超过 50% 为限。
64 金融中介业	6412 银行业、6420 金融控股业	依台湾地区与大陆地区金融业务往来及投资许可管理办法办理
	6499 未分类其他金融中介者	1. 限创业投资公司 2. 陆资对投资事业及其转投资事业不得具有控制能力
65 保险业	6510 人身保险业、6520 财产保险业、6530 再保险业	依台湾地区与大陆地区保险业务往来及投资许可管理办法办理
66 证券业	6611 证券商、6619 其他证券业、6621 期货商、6629 其他期货业、6631 投资顾问业、6639 其他金融补助业（限信托服务）、6640 基金管理业	依台湾地区与大陆证券期货业务往来及投资许可管理办法办理
71 建筑、工程服务及技术检测、分析服务业	7129 其他技术检测及分析服务业	属车辆、机械、电机、电子产品之技术检测及分析服务者
73 广告业及市场研究业	7310 广告业	非属从事广告代理或报纸、期刊、广播、电视、网络等媒体广告之设计、绘制、模塑、选择场所及装置等
74 专门设计服务业	7402 工业设计业、7409 其他专门设计服务业	属特制品之设计服务者
76 其他专业、科学及技术服务业	7609 未分类其他专业、科学及技术服务业	限能源技术服务
共计 53 项		

3-1（非承揽）公共建设 - 未附带限制条件项目

项目
观光游憩重大设施 指在国家公园、风景区、风景特定区及其他经目的事业主管机关认定之游憩（乐）区内之游憩（乐）设施、住宿、餐饮、解说等相关设施、区内及联外运输设施、游艇码头及其相关设施。
交通建设 停车场、缆车系统
环境污染防治设施 空气污染防制设施、噪音与振动防治设施、水污染防治设施、土壤污染整治设施、废弃物之贮存、清除、处理或最终处置设施
污水下水道
重大商业设施 国际会议中心、国际展览中心、传统零售市场、离岛地区大型购物中心
重大商业设施 工业区、深层海水产业园区。

公园绿地设施
新市镇开发
共计 17 项

3-2（非承揽）公共建设 - 附带限制条件项目

项目	限制条件
民用航空站与其设施	
航空附加价值作业设施，含厂房、仓储、加工、运输等必要设施 航空事业营运设施，指投资兴建及营运航空事业办公或具交通系统转运等功能之设施，且申请开发土地面积达一公顷以上 航空训练中心、过境旅馆、展览馆、国际会议中心、停车场	须位于航空站陆侧且非涉及管制区者。 外资（含陆资）持股比率须低于 50%，且不得超过台湾地区最大股东之持股比率。
维修棚厂	军民合用机场之设施不开放 外资（含陆资）持股比率须低于 50%，且不得超过台湾地区最大股东之持股比率。
港埠与其设施	陆资持股比率须低于 50%，且不得超过其他非陆资最大股东之持股比率。
船舶停泊、货物拆卸、仓储、驳运作业之水面、陆上、海底设施、游艇码头及其他相关设施	不含土地之投资总额须达新台币 10 亿元以上
新商港区开发，含填地、码头及相关设施	不含土地之投资总额须达新台币 25 亿元以上
各专业区附加价值作业设施，含厂房、仓储、加工、运输等必要设施	不含土地之投资总额须达新台币 10 亿元以上
交通建设	
公路	限“国道”服务区
市区快速道路、大众捷运系统、轻轨运输系统	外资（含陆资）持股比率须低于 50%，且不得超过台湾地区最大股东之持股比率。
转运站、车站、调度站	限公路客运
桥梁及隧道	限公路桥梁及隧道管理 外资（含陆资）持股比率须低于 50%，且不得超过台湾地区最大股东之持股比率。

重大商业设施	
大型物流中心	限采合资方式投资。 对投资事业并不得具有控制能力。
社会福利设施	
依法核准设置之殡葬设施	限殡仪馆及火化场
其他经中央目的事业主管机关认定之社会福利设施	采个案认定
文教设施	
公立文化机构及其设施、依法指定之古迹、登录之历史建筑及其设施。其他经中央目的事业主管机关认定之文化、教育机构及其设施。	外资（含陆资）投资比率须低于50%，且不得超过台湾地区最大股东之持股比率。
共计25项	

数据源：经济主管部门

第一部分

法律面

第十二章　陆资来台投资常见问题分析（下）

程 守 真 / 常在国际法律事务所合伙人
台湾并购与私募股权协会监事
台湾律师公会律师研训所副执行长

专业领域 / 并购与跨国投资交易、保险、资本市场、BOT、公共工程及政府采购、不动产等相关领域之法律咨询与合约撰拟、审查等。对于大型并购交易、银行联贷、观光饭店或 BOT 计划（如高速铁路、高速公路电子收费等）有丰富之法律专业及经验。

有关陆资来台投资常会碰到的问题，兹列举三大类如下。

陆资除指本身即为大陆注册之公司外，有关港资是否应被视为陆资，亦是需要厘清的问题。对港资公司或事业来台投资的法律规范系依据香港澳门关系条例、外国人投资条例及华侨回国投资条例，原则上港资非视为陆资。但如陆资直接或间接合计持有港资公司或事业超过30%之股权，或陆资对该港资公司或事业具有控制力，则会被认定为陆资，应依照两岸人民关系条例、投资许可办法、设立许可办法、“大陆地区人民来台投资业别项目”等有关规定办理来台投资之申请。

在汇入资本币别及资金进出限制方面，目前两岸币别尚无直接汇兑之汇率及直接清算结算机制，依台湾地区与大陆地区金融业务往来许可办法第7条之规定，外汇指定银行受理大陆地区之汇入款，其使用之币别，以台湾地区及大陆地区货币以外之币别为限，因此汇入汇款之币别不可为人民币。但陆资经准许投资者，在台资金之汇入及汇出原则上可自由进出，但应遵守管理外汇条例相关申报或限额等之规定。另依台湾地区与大陆地区人民关系条例第36条之1之规定，若大陆地区资金进出对于台湾地区之金融市场或外汇市场有重大影响情事时，得由“中央银行”会同有关机关予以其他必要之限制或禁止，亦即在极端特殊情况下，主管机关仍有权介入。

另依大陆地区发行之币券进入台湾地区限额规定，以人民币“现金携带入境”结售者，其限额为人民币2万元；但经“中央银行”许可办理人民币现钞买卖业务之金融机构，自行或委托台湾地区金融机构向境外抛补人民币现钞之金额，不受前点所定限额之限制。

最后是有关货物流通。依据两岸人民关系条例第35条第3项之规定，台湾地区人民、法人、团体或其他机构，经主管机关许可，得从事台湾地区与大陆地区间贸易。而所谓“台湾地区与大陆地区贸易”，则系指两地区间物品之输出入行为及有关事项。

又依台湾地区与大陆地区贸易许可办法第7条第1项规定：“大陆地区物品，除下列各款规定外，不得输入台湾地区：

（1）主管机关公告准许输入项目及其条件之物品（依经济主管部门之“公告开放准许输入大陆物品项目表”）。

（2）古物、宗教文物、民族艺术品、民俗文物、艺术品、文化资产维修材料及文教活动所需之少量物品。

（3）自用之研究或开发用样品。

（4）依大陆地区产业技术引进许可办法规定准许输入之物品。

（5）供学校、研究机构及动物园用之动物。

（6）保税工厂输入供加工外销之原物料与零组件，及供重整后全数外销之物品。

（7）加工出口区及科学工业园区厂商输入供加工外销之原物料与零组件，及供重整后全数外销之物品。

（8）医疗用中药材。

（9）“行政院新闻局”许可之出版品、电影片、录像节目及广播电视节目。

（10）“财政部”核定并经海关公告准许入境旅客携带入境之物品。

（11）船员及航空器服务人员依规定携带入境之物品。

（12）两岸海上渔事纠纷和解赔偿之渔获物。

（13）其他经主管机关项目核准之物品。”

若因情事变更或基于政策需要，第一款之物品项目，经相关货品主管机关认定有危害地区安全或对相关产业无重大不良影响者，得由主管机关报请“行政院”核定后停止输入。另相关货品主管机关应定期检讨开放输入大陆地区物品项目，出进口厂商、工商团体或其他相关机关（构）亦得建议开放。

（本文仅为作者个人意见，不代表事务所立场）

第二部分

财务会计面

第一章　陆资企业“走出去”应关注税务议题

周 黎 芳 / 安永联合会计师事务所（安永台湾）执业会计师

专业领域 / 并购咨询、税务审查、行政救济、国际租税规划

钟 艾 芳 / 安永联合会计师事务所（安永台湾）资深协理

专业领域 / 租税协定（OECD Model）、企业跨国投资税务咨询及营运架构规划

前言

近年来，随着中国整体国际经济地位提升，中国企业经营实力不断增强，中国企业大规模的海外投资被视为“中国崛起”的标志。根据中国商务部公布的数据显示，2010年中国对外投资总金额高达565亿美元，过去五年总计对外投资金额共2,159亿美元。联合国贸易发展会议（UNCTAD）《2010年世界投资报告》显示，2009年中国海外投资占全球当年资本流量（1.1万亿美元）的5.1%、年末存量（18.98万亿美元）的1.3%，海外投资仅次于美国（2,480.1亿美元）、法国（1,471.6亿美元）、日本（747亿美元）和德国（627.1亿美元），在新兴经济体中居首位，在全球经济体为第五。2008年国际金融危机以来，尽管全球经济遭受重创，但中国海外投资增长趋势仍然非常强劲。

然而，海外投资规模的急速扩大，也意味着海外投资风险的日益加大。在全球经济景气不明朗的情形下，全球已开发国家面临相当严重的财政收支失衡问题，各国政府无不想方设法开源节流，而扩大财政收入（开源）主要的来源即为税收。在此情形下，企业在全球化的过程中若未能对当地税务法令有足够的了解或无法有效管控其全球各地税务遵行的状况，轻微的不仅承担巨额税金和罚款，导致企业盈利受损，严重的当地机构可能就要被勒令停业整顿或关门，甚至要追究民事和刑事责任，影响企业经营形象及商誉。

中国企业在“走出去”的同时，有效管理跨国投资所伴随而来的相关税务风险甚为重要。以下就企业涉外税务风险管理常见的二个议题论述：第一是了解及妥善运用国际税收协议中的相关原则；第二是注意各国的反避税措施及建立企业全球税务合规性的管控机制。

国际税收协议的运用

企业想妥善执行跨国国际税务风险管理，必须了解国际税收协议及其应用。[①]国际税收协议是各国解决国与国之间征税权益分配矛盾和冲突的常见工具，一般是指国与国之间签订的避免对所得和资本双重征税和反避税的书面税收协议，该协议就涉外国际税务议题于多数国家具有优于国内法之法律效力，也有一些国家将国际法和国内法放在同等地位，按时间的先后顺序确定是优先还是服从。

国际税收协议的意义及主要目的包括：

1. 避免或消除国际双重征税，即避免或消除两个或两个以上的国家，在同一纳税期内对同一纳税主体和同一纳税客体征收同样或类似的税捐。消除双重征税可分为两种情况，法律性和经济性的双重征税。双重征税通常源自于全球所得和来源国征税发生重迭，或者是纳税义务人在两国均为居住者的情形。比如说：中国大陆的居民在美国进行投资，取自美国子公司的股利所得为美国来源所得，须缴纳美国股利预提所得税30%。而中国根据中国大陆为居住国的税收管辖

---

① MBA智库，http://wiki.mbalib.com/，“国际税收协议”相关内容。

权，可就该美国来源股利所得征收企业所得税25%。这里面有一个经济性的双重课税，即针对同一纳税客体（股利）不同国家（中国及美国）均向同一纳税主体（中国公司）课征税捐。

2. 防止国际性的偷、漏税和避税，以消除潜在的税务不公平现象，并维护各国的财政收入。国际税收协议内容多数包括一般反避税条款，如：经济实质重于形式（Substance over form）、受益所有权人概念（Beneficial ownership）、限制利益条款（Limitation on Benefits）等。

“受益所有人”一词于1977年第一次出现在OECD税收协议范本（OECD model tax convention）的第10、11和第12条中。一直以来，国际社会对“受益所有权”一词的解释，并未制定明确一致的原则，惟根据OECD税收协议模板释义及其他相关研究报告的说明，导管公司（Conduit Company）不得享有租税优惠系国际社会一致接受的观点。各国税务机关近来于国际税务议题上，越来越重视受益所有权的问题，而中国是率先正式定义受益所有权并将其纳入当地法律的国家之一。基于中国反避税行动的考虑，国税函601号采纳之“受益所有权”观念比国际原则更为明确，且更注重“经济实质重于形式”之观念。现在国税总局要求税局官员在审查租税优惠之申请案件时，调查以下事项，并依据调查结果决定是否批准申请：

- 实质经济活动内容
- 是否有实质商业活动
- 是否为代理人或导管公司
- 商业实质活动之数量是否符合公司规模

3. 划分国家间课税权，国际税收条约可以通过一定的法律规范，在缔约国之间划分出能普遍接受的税源，从而达到避免双重征税的目的。主要系透过居民管辖权和来源地管辖权的并行，以解决纳税人居住国和所得来源国之间征税权的矛盾。国际税收协议建立在立约国双方国际税法的基础上，其效力系限制国内税法的税收管辖权，限制的方式分为两种，第一种为彻底限制课税权，比如说：国内税法当中规定得征税的所得，但是税收协议限制来源国不予征税，等同对于该来源国国内税法的例外，例如：OECD税收协议模板第8条国际运输所得，即为相关限制的条款。另外，关于部分限制，例如：关于股息、利息、权利金来源国可进行征税，但是税收协议规定一些条件，达到这些条件才可以进行征税，或者是降低征税税率，这种叫做部分限制。如果发生冲突的时候，国际税法多数具有优先的地位，在中国国家企业所得税法第58条也有这样的概念。

4. 避免税收歧视，保证外国国民与本国国民享受同等税收待遇，不至于因纳税人的国籍或居民地位的不同而在税收上受到差别待遇。

5. 进行国与国间情报交换，加强相互在税收事务方面的行政和法律协助。根据中国目前所签订的税收协议，多数协议均包含情报交换的条款。除了情报交换机制外，国际税收协议亦提供相互协议程序，在企业遇到纠纷的时候可以透过两国政府协商的机制，解决双重课税的问题。企业碰到国际重复课税或其他涉外相关问题的时候，如何把相关事宜向国税局或者当地的税务局汇报，以获得相关的法律援助。目前实务上，中国税务总局及地方税务局在这方面的实践案例较少；另一方面，企业与税务局在讨论和磋商过程中的尺度把握也是门复杂的学问。

反避税措施与妥善管理企业税务合规性

在后金融危机时代，有效管理全球税务风险已呈现出更高程度的重要性。因此，现在的跨国企业、投资人及审计人员将需要比以往更重视辨识企业潜在的税务风险及管理或减轻相关风险的程序。而且，随着前所未有的财政压力而来的是全球政府及立法者均面临巨大的压力去填补“财政赤字”。所以，我们观察到各国政府：

- 扩大课税范围及增加租税负担；
- 执行更多且更积极的税务稽核；
- 更重视一般性的反避税规定与结合更严格的执法；
- 对税款征收看得更重，各国的税务信息的交换也更频繁；
- 更重视递延收入认列、移转定价、滥用租税协议及运用免税或低税赋之国家；
- 更重视商业目的及实质（经济实体）。

近年来，为了因应世界潮流，各国税制均朝向轻税简政的方向进行改革，惟此同时，一方面为了维护各国的租税主权，另一方面因金融风暴所引起的税收短缺，各国亦纷纷开始采取或加强反避税之动作，反避税法之实施蔚已成为各国政府加强税收征管的利器。“反避税法”主要包括一般反避税条款、受控外国公司（CFC）法则、资本弱化、移转定价、防止租税协议滥用等措施。中国于2008年实施新企业所得税法后，随即颁布《中华人民共和国企业年度关联业务往来报告表》的通知（ 以下简称《114号文》）与《特别纳税调整实施办法（试行）》，其中《2号文》之内容更是领先台湾将反避税多项概念明订于法律中，透过更多种反避税之模式来加强查核企业的避税行为 。

《114号文》之重点在于企业每年五月报税时，都要将去年有与关系人进行之各种关联交易翔实填报，使主管机关能更进一步判断是否有必要深入查核；而《2号文》之重点则在于提供多项反避税指导方针，除了整合以往反避税相关规定并增加了成本分摊协议、受控外国企业与资本弱化等国际规范，使反避税之概念更加完善。

《114号文》主要以9张详尽的关系人交易表取代了以往外商投资企业年度纳税申报表，要求所有中国大陆居民纳税人必须在2009年5月31日前递交该资料，9张表须针对关系人间之原物料与成品买卖、固定资产买卖、服务之提供、资金之借贷等情况分别进行揭露。其主要注意的地方在于企业填写9张表时应注意关联交易数据与公司内部管理报表、外部审计报告及台湾母公司之财务报表等关系人交易金额是否可相互勾稽，如金额有差异须找出差异原因，不可轻忽此差异原因，否则日后主管机关要求解释此差异时，将可能衍生更多的问题出来。

《2号文》——成本分摊协议CCA（Cost Contribution Arrangements）

CCA系企业与其关系人一同开发或享受某项技术或无形资产，其所产生之成本，由于系所有使用者一起共同分摊此成本，故此部分应采用合理方法在各参与方之间达成成本分摊协议，例如一跨国集团有提供ERP计算机软件服务及品牌商标给各关系人，美国母公司每年在此两项之花费高达10亿美金，由于集团总营收为500亿美金，各国子公司最后协议结果是按各关联公司营业额之比例分摊此10亿美金之费用，其费用分摊只要合理，一般都能为各国主管机关所接受并允许认列此费用，而不视为是变相的盈余分配进而缴税。近年来，越来越多的跨国企业采用成本分摊的方法从事无形资产的研发、分摊集团劳务成本等活动。由于成本费用的分摊直接影响参与企业的所得税税基，各国税务主管机关对关联企业间成本分摊安排的商业实质及公平交易原则的合规性甚为关注，因此各国纷纷针对CCA进行规范。

CCA是否合理系为税务机关核准认列与否之关键，有两个关键点必须注意：一是要有预期收益，二是预期收益和成本必须相匹配，否则难以获得税务机关的认可。若企业不符合独立交易原则，在计算应纳税所得额时应进行纳税调整，简单来说，就是把相关不合理之分摊费用加以排除，按照税法规定进行补税。

《2号文》——受控外国企业（Controlled Foreign Company，CFC）

美国是世界上第一个颁布CFC立法的国家，以往美国允许本国居民可拥有外国公司之股权，只有当外国公司进行利润分配并且将所获得的股息汇回美国时才要就此项股息履行纳税义务，如此一来，产生了一个情形就是高税率国之居民纳税人不将其在低税率国子公司之利润进行分配并汇回本国，而是在避税地公司积累，不履行其所得税纳税义务。为了对付这种情况，美国规定凡是受控外国公司（以下简称CFC），其利润归属于美国股东的部分，即使当年不分配，不汇回美国，也要视同当年获配的股息分别计入各股东名下，与其他所得一并缴纳当年度美国所得税。CFC法案极大地限制了纳税人通过在避税地建立子公司累积利润的延迟纳税行为。美国采用以后，目前已有多个国家亦采用了CFC法案，旨在避免纳税人的延迟纳税行为。同样的，中国为了防止企业在低税率国家或地区建立受控外国企业，将利润保留在外国企业不分配或少量分配，逃避国内纳税义务，中国政府亦参照国际相关法令实施CFC法案。

目前已经有多个国家采用了CFC法，各国CFC立法的政策意图主要包括：1.避免纳税人进行国际避税，保证财政收入，抑制税基侵蚀；2.保证税制公平，为各纳税主体提供一个平等的商业环境；3.在确保以上政策得以实现的基础上，保证纳税人的合法商业活动不受干涉。在经济全球化下，跨国投资方式的发展是世界经济发展的必然结果，并非全是为了逃避居住国税负。因此，CFC法律的目标不能简单地定位为限制延迟纳税，而应界定可接受的和不可接受的延迟纳税。

《2号文》——反资本弱化（Anti Thin Capitalization）

资本弱化系指企业为了达到避税或节税目的，在企业取得资金的选择上，降低其权益性投资比重，提高债权性投资比重，以债权性资本替代权益性资本进而取得资金，而造成权益性资本相对弱化的现象。例如一化学品贸易公司初创时之实收资本为美金100万元，后来随着营运规模的扩大，购买原料之资金缺口高达美金1亿元，由于当地银行诸多考虑不愿进行如此高额度之放贷，故该公司转向母公司借贷此资金，母公司不是透过增资之方式而是采借贷之方式进行，虽然贷款利率有参酌一般市场行情，并无降低或拉高贷款利率，惟该公司每年所汇出国外之利息费用达美金300万元，该化学品贸易公司一年之税前利润只有美金10万元，以主管机关之角度而言，会认为该企业的投资者系利用减少股权投资，通过高负债、低投资，使资本弱化，增加利息支出，减少应税所得，让企业尽量利用债务性资本来进行税收筹划，增加利息的税前扣除，减少股息的所得税，以达到避税或节税目的。

根据经济合作与发展组织（OECD）解释，企业权益性资本与债务性资本的比例应为1:1，当权益性资本小于债务性资本时，即为资本弱化。中国亦在新法中增加了采用固定债务和权益比率法来防范资本弱化避税的内容，并于财税[2008]121号文中明确说明：对关联方接受的债权性投资和权益性投资比例限定。目前中国法令之规定是一般企业其债权性资本不能超过权益性资本的2倍，如有超过其上限，相关利息支出不得扣除，除非能提供资料证明其关联债权投资在金额、利率、期限、融资等条件上均符合独立交易原则。

《2号文》——一般反避税条款（General Anti Avoidance Part）

对于层出不穷之各种避税方法，中国借鉴了国外立法经验，将一般反避税条款作为最后的补充性条款，主要目的在于打击和遏制以规避税收为主要目的，但其他反避税措施又无法涉及的避税行为。一般反避税条款旨在查核当特别反避税措施（如移转定价、受控外国企业、资本弱化等）无法规范到的其他避税行为。由于一般反避税条款之规定较为抽象，企业只要有进行不具有合理商业目的之安排的交易都可列为潜在查核对象，故一般反避税条款系各国所得税法中所最受争议之部分，因为没有一定的查核标准，但也因此特点而成为打击避税的最后防线。

中国企业在“走出去”的同时，需要以全球为基础地减少其现金税赋及有效税率，并管理全球税务风险，与以前完全不同的是，今日企业的税务策略、规划及遵循变得日益复杂且涉及极度错综复杂并需要以全球化的角度解决及管理的事项。这对企业的合规性提出了更高的要求，为此中国企业应警惕不必要的税务风险，以尽量避免损失。

近年来，税收监管与合规一直被列为全球企业十大业务风险之首。因此，建立完善的全球合规与报告的完善制度是中国企业成功“走出去”的重要条件。正因为企业正努力应对各国政府日益严格的监管和复杂的全球财务和税务报告要求，为避免不当管理这一潜在税务风险项目所衍生带来的负面影响，致力于“全球化”的中国企业应该透过更为有效的公司治理、财务和税务报告架构以及税务合规作业以对于开展全球经营做好万全准备。因此，建立必要的全球治理机制和考虑新的财务报告与税务合规模式系这些中国企业的当务之急。

安永最近针对《财富》全球500强企业以及《Forbes》全球2000强企业所作的调查结果显示，在后金融危机时代，大多数的企业财务模型都在因应全球诡谲的经济环境转变，但在转变的过程中，有的企业注意到企业合规申报的风险在上升，有的企业采取行动了，有的还没有采取。对于没有采取行动的，也认为应该采取行动。采取行动后，合规申报的这些跨国公司希望达到三个目的，即效益、控制和价值。此外，调查报告亦显示，在过去12个月中，《财富》全球500强企业有64%遭到计划外的税务审查，有近半数的公司遭到意料之外的税务核定与处罚，有17%的企业因不合规事项造成业务障碍，因此在当地营运遭受重大打击。

为管理监管和合规风险，企业应该配合自身的业务建立全面性的全球合规与报告作业模式。全球合规与报告作业模式应该针对企业财务和税务内部作业流程中的各项环节设计相关控制程序，以满足全球各地政府不同的信息揭露与税务申报的要求。相关合规工作内容主要包括：法定财务审计报告、税务会计与所得税估列、直接税与间接税合规和报告，以及对于财务税务流程的治理与控制。企业的全球申报体系转型是当前的国际趋势，跨国企业的内部合规架构正转向结构化、标准化、可信赖、可调整、可持续的全球合规申报模式。如果是连成熟经济体的跨国企业经历多年来的经验累积都意识到转变的重要性，走出去的中国企业更应朝此方向努力。

结语

企业到海外投资，主要目标是要求得经营效益与利润最大化。要达成此目标就一定要有一个有效的税务体系，从了解国际税务相关议题，进一步运用中国现有的国际税收协议网络降低税务成本，并且透过充分评估税务风险，建立起企业内部税务合规模式，在开展全球经营时，将可以大大地减少不必要的税务问题与损失，进而达成中国积极“走出去”的目标。

第二部分

财务会计面

第二章　陆资企业来台投资需知

林 淑 怡 / 勤业众信联合会计师事务所税务部执业会计师

专业领域 / 服务于会计及税务专业已超过 18 年的经验，主要提供大陆及港台之投资架构重组规划及咨询服务、陆资来台投资之规划与咨询、海外上市投资架构重组；例如多家香港上市案、两岸跨国企业之移转定价、派驻大陆地区台籍干部之薪资规划与咨询等。另因应两岸之移转定价法规日趋严谨，林淑怡会计师针对关系企业间之移转定价亦多所研究。

徐 祥 如 / 勤业众信联合会计师事务所税务部协理

前言

为实现两岸经贸关系正常化及制度化，经2009年4月第三次“陈江会谈”达成共同推动陆资来台投资之共识后，“经济部”即自2009年6月30日公布开放陆资来台投资业别项目，有条件开放陆资来台投资至2012年3月，根据“经济部投资审议委员会”（以下称投审会）统计，已核准262件投资案，投资金额计2亿7,930万美元，折合新台币已达86亿4,470万元。投资项目主要以批发零售业为主，其次是信息软件服务业、电子零组件制造业、运输仓储业、计算机、电子产品及光学制品制造业、会议服务业及餐馆等行业。

现行法令依据

目前陆资来台投资主要法令依据如下：

- 台湾地区与大陆地区人民关系条例
- 大陆地区人民来台投资许可办法
- 大陆地区之营利事业在台设立分公司或办事处许可办法
- “大陆地区人民来台投资业别项目”暨行业标准分类与公司行号营业项目代码对照一览表

因此，依据经济主管部门颁布之“大陆地区人民来台投资许可办法”规定，陆资来台进行投资前，应先向投审会申请许可，目前得经许可之投资行为或交易类型包括直接投资、间接投资、长期贷款等方式：

1. 直接投资：系指大陆地区人民、法人、团体或其他机构，依上开许可办法规定在台湾地区从事投资行为者。

一般来说，大陆地区之人民、法人、团体或其他机构均可对台湾进行投资，其中最直接的一种方式就是直接持有公司或事业的股份。陆资投资人持有台湾公司或事业之股份时原则上皆需申请投审会与其他相关主管机关的许可。以下就投资台湾上市/柜、兴柜及非上市/柜、兴柜公司，分别说明如下：

（1）投资上市/柜及兴柜公司之规定

投资累计或当次投资均未达10%之上市、上柜及兴柜公司股份之情形，则系依金管会大陆投资人来台从事证券投资及期货交易管理办法规定办理。举例来说，一次或分次购买台湾上市、上柜或兴柜公司股份达

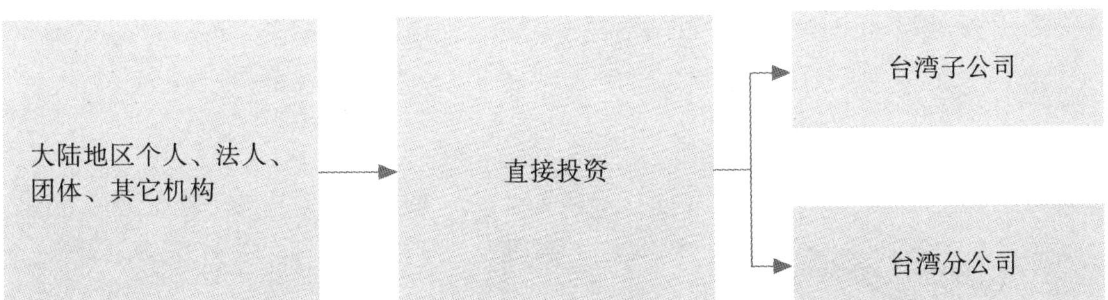

9.99%（未达 10%）则无需向投审会申请核准；然第一次购买台湾上市、上柜或兴柜公司股份 2%，第二次购买 7%，第三次购买 4% 时，因合计为 13%，已逾法定数量 10%，则第三次购买股份时视为直接投资，即需依经济主管部门的陆资来台投资许可办法规定办理，并经过投审会审核通过。

（2）投资未上市 / 柜及兴柜公司之规定

投资其他非上市、上柜及兴柜公司之股份，不论其投资金额与持有股份比例，均须事先申请核准。

2. 间接投资：系指大陆地区人民、法人、团体或其他机构经第三地区投资之公司，依上开许可办法规定在台湾地区从事投资行为者。

所谓间接投资就是大陆地区人民、法人、团体或其他机构透过第三地公司来台投资的方式。有时因为进行交易或集团投资架构规划之需要，陆资投资人可考虑透过先在第三地成立公司再进行投资或透过已在海外成立之子公司来台进行投资的情形。再者投审会认定，有下列情形之一者，即视为陆资投资人经过第三地区之公司对台湾进行投资，该第三区地区公司视为陆资法人，应适用有关于陆资来台投资之相关规定：

（1）大陆地区人民、法人、团体或其他机构投资第三地区公司，且直接或间接持有该第三地区公司股份或出资总额逾 30%; 或

（2）大陆地区人民、法人、团体或其他机构投资第三地区公司，且对该第三地区公司具有控制能力[①]。

排除以上二种情形外，其他则被认定为

① “具有控制能力”，系指有下列情形之一者：（“经济部”2010 年 8 月 18 日经审字第 09904605070 号解释令）

1. 与其他投资人约定下，具超过半数之有表决权股份之能力。

2. 依法令或契约约定，可操控公司之财务、营运及人事方针。

3. 有权任免董事会（或约当组织）超过半数之主要成员，且公司之控制操控于该董事会（或约当组织）。

4. 有权主导董事会（或约当组织）超过半数之投票权，且公司之控制操控于该董事会（或约当组织）。

5. 依据财团法人会计研究发展基金会公布之财务会计准则公报第五号、第七号所规定之其他具有控制能力。

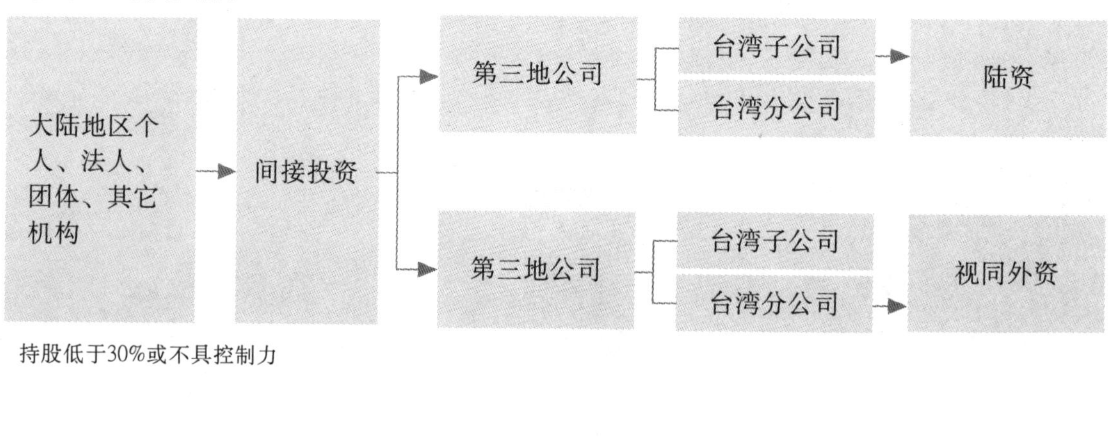

一般外资投资之处理方式。

3. 对前二项所投资之事业提供一年期以上贷款：陆资投资人于核准来台投资新设或现有事业后，因业务或财务上之考虑，以提供给台湾所投资事业一年期以上之贷款，将会被视为投资行为，也就是所称股东贷款投资，因此亦需经过审查程序。

因此，陆资针对拟来台投资所从事之活动，若是符合台湾“大陆地区人民来台投资业别项目”开放项目正面表列者，其投资架构之选择，可分为下列数种：

（1）设立子公司、独资或合伙事业

（2）设立分公司或办事处

（3）参股，即投资台湾地区现有既存公司或事业，持有该公司或事业之股份或出资额，但不包含证券投资

（4）自公开市场购买流通之股权（即所谓证券投资）

虽然陆资投资人可在台湾设立独资或合伙事业，惟其税赋效益不大，截至目前申请案量甚少；另，证券投资主要系依据“大陆投资人来台从事证券投资及期货交易管理办法”（以下称"管理办法"），界定大陆地区投资人范围包括经大陆地区证券主管机关核准之合格机构投资者（QDII）、上市或上柜公司依法令规定核给有价证券与在大陆地区设有户籍之员工、海外企业来台上市/柜之大陆籍股东及其他经主管机关许可者。但因考虑税征缴纳等问题，陆资在台湾必须有税务代理人，并向台湾证券交易所，台湾期货交易所等办理登记，取得相关账号才能投资。此外，管理办法并明定陆资可买台股，但不得实质控制或影响公司的经营管理，即不得当选为董事或监察人，且不得控制或影响公司业务经营或人事任免，故均不在本投资架构讨论中。

组织形态及架构

是以，兹针对上开各种不同组织形态之投资，分别说明如下：

1. 设立子公司：虽然台湾公司法规定有四种类型之公司，分别为无限公司、二合公司、股份有限公司及有限公司。但陆资投资最常设立之公司类型为股份有限公司及有限公司二种，而其中又以有限公司最多。陆资投资人可透过设立新公司之方式，开始在台湾营业，陆资投资人除大陆地区人民来台投资业别项目另有规定者外，可为台湾地区惟一之法人股东。

2. 设立分公司：陆资企业于奉经济主管部门投资许可及分公司设立登记后，得以大陆企业直接在台设立分支机构，以分公司之方式在台湾营业。

3. 设立办事处：陆资企业无意在台湾从事营业活动者，可在台湾依法设立办事处，办事处原则上其业务活动范围以在台湾境内从事签约、报价、议价、投标、采购、市场调查、研究业务活动为限，不得直接从事任何营利行为。但目的事业主管机关另有规定者，从其规定。

4. 参股：陆资投资人亦可透过投资台湾地区现有既存之公司或事业，开始在台湾营运。如参与现有既存公司之增资，或向现有既存公司之股东进行股份收买，以达到投资该公司之目的。

有关子公司、分公司及办事处三种不同　　组织形态之比较如下：

组织形态 项目	子公司	分公司	办事处
定义	台湾公司法上之公司种类分为四种：无限公司、有限公司、两合公司及股份有限公司 因无限公司及两合公司之股东须对公司债务负连带无限清偿责任，所以实务上，较多设立股份有限公司及有限公司	依照外国法律组织登记，并经台湾当局认许，在台湾境内营业之公司	外国公司因无意在台湾境内设立分公司营业，未经申请认许而指派其代表人在台湾境内为业务上之法律行为
法源依据	大陆地区人民来台投资许可办法	大陆地区之营利事业在台设立分公司或办事处许可办法	大陆地区之营利事业在台设立分公司或办事处许可办法
许可主管机关	台湾“经济部投资审议委员会”	台湾“经济部投资审议委员会”	台湾“经济部”商业司
许可之活动	符合大陆地区人民来台投资业别项目	同左	限于法律行为及联络工作，例如签约、报价、议价、投标、采购、市场调查、研究业务活动为限
是否可公开发行	可（仅限股份有限公司）	否	不适用
股东／总公司之责任	股东就其出资额（于有限公司）或股份（于股份有限公司）为限，对公司负其责任	外国总公司就分公司未清偿之债务负连带责任	不适用
国内股东最低人数要求	有限公司：1人 股份有限公司：个人股东至少2人或政府或法人股东1人	无	无
股东之条件	得为居住于台湾境外之投资人	不适用	不适用
董事之条件	股份有限公司须至少有董事3人（于有限公司之情形，1~3人），且均得为居住于台湾境外之投资人	仅须提供总公司之董事名单，登载于认许事项表上	无须提供总公司之董事名单
监察人之条件	股份有限公司须至少有监察人1人（于有限公司之情形则无此设置），且得为居住于台湾境外之投资人	仅须提供总公司之监察人名单，登载于认许事项表上（若总公司有此设置时）	无须提供总公司之监察人名单

最低资本要求	除目的事业主管机关对所营事业有最低资金规定之限制外，无最低资本总额要求；惟设立时子公司之实收资本额应足够支付其设立之直接成本 陆资企业聘雇之大陆专业人士来台或大陆专业人士任职于在台陆资企业及来台从事相关活动者，则应另符合资本额最低要求	同左	无须有注册营运资金
出资来源	现金 自用机器设备或原料 专利权、商标权、著作财产权、专门技术权或其他知识产权 初次投资许可后，之后得以保留盈余或资本公积转增资	原始出资须由总公司汇入款项为之；但其后之出资得以总公司汇入款项或分公司保留盈余为之	不适用
银行开户（活存）	可	可	可（但仅能以办事处登记之负责人名义）
银行开户（支存）	可	可（但代表人为外国人时须具有居留证或工作许可）	无
劳健保	可	可	可
进出口资格	可	可	无

由上述陆资来台投资申请投资架构观之，同时参考投审会之统计资料（截止至 2012 年 3 月）可知，陆资申请直间接来台设立公司者计 150 家、陆资直间接投资台湾现有事业者计 34 家、大陆商直接来台设立分公司者计 32 家、而大陆商透过第三地公司来台设立分公司者计 21 家、另大陆商来台设立办事处者约有 55 家，以上信息尚不包含陆资对已投资设立之公司再办理增资事宜者。

结语

综上所述，入境随俗，最终陆资企业在台湾究竟要以何种架构投资或以何种形式设立，如：办事处、子公司与分公司等诸多考虑。陆资投资人准备来台投资之前，应审慎评估效益，除了应先审视所欲投资经营的业别项目确认是否符合台湾最新核准投资的正面表列中之内容外，还需要考虑其投资之目的、资金之来源、未来扩展之计划及相关税务议题等。建议于执行投资前，先与当地的专业的会计师或律师讨论整体规划以安排最适合的投资架构选项。

第二部分

财务会计面

第三章　陆资来台投资架构剖析

何 嘉 容 / KPMG 台湾所税务投资部执业会计师

专业领域 / 投资登记

公司及财团法人设立、许可申请及相关变更登记

企业并购重组、金融机构并购之相关服务

外商来台投资之咨询及登记

对外投资及对大陆间接投资咨询及许可

公司法有关之咨询服务

前言

自从台湾于 2009 年 6 月 30 日开放陆资投资以来，两岸在投资上之交流已由单向转为双向互动。为鼓励陆资投资人来台投资，并两度在 2011 年 3 月及 2012 年增加开放投资之产业范围。未来在两岸的金融往来更加深化及两岸货币机制建立后，相信台湾将会吸引更多的陆资投资人来台投资。

惟，如同一般的跨国投资案例一般，投资架构之规划是投资初期必须考虑的重点。该投资架构的规划，应涵盖法律风险、税务风险及营运风险之管理等不同面向，若能在投资初期即建立有效之投资架构，将有助于投资案的顺利进行及成功。因此，对于有计划到台湾投资的陆资企业而言，应对于投资架构事先规划，必要时更应寻求有关地区之专家意见。

以下系针对一般投资案件，就陆资投资人来台投资应考虑的海外及台湾之投资架构加以介绍，如有特殊性个别案件时，仍应个案寻求最适的投资架构。

海外投资架构

依照大陆地区人民来台投资许可办法第 3 条之规定："本办法所称投资人，指大陆地区人民、法人、团体、其他机构或其于第三地区投资之公司，依本办法规定在台湾地区从事投资行为者。""前项所称第三地区投资之公司，指大陆地区人民、法人、团体或其他机构投资第三地区之公司，且有下列情形之一者：一、直接或间接持有该第三地区公司股份或出资总额逾百分之三十。二、对该第三地区公司具有控制能力。""前项第三地区投资之公司在台湾地区之投资，不适用外国人投资条例之规定。"因此，大陆地区之自然人或法人可以在台湾地区从事投资行为（直接投资）或透过其于第三地区投资之公司在台湾地区从事投资行为（间接投资），即投资的方式，可以分为直接投资与间接投资两种，以下再分别说明直接及间接投资之差异。

1. 直接投资

直接投资系指由大陆地区之人民、法人、团体、其他机构作为股东，在台湾地区成立新公司、参股其他现有台湾公司，或由大陆地区之营利事业来台成立分公司之情形。在直接投资之情形下，在台湾地区营运主体之获利分配或汇出时，其获利将直接归属于大陆地区之股东或总公司，所得即属于实现。该获利资金如果是汇回大陆地区后拟再于海外运用，较不方便；惟直接投资时，在台湾地区缴纳之税捐，通常可以在大陆地区扣抵当地之所得税[①]，较为有利。

2. 间接投资

间接投资是指大陆地区之人民、法人、团体、其他机构，透过在第三地区设立公司后，以该第三地区公司名义在台湾地区成立新公司、参股其他现有台湾公司，或由该第三地公司来台成立分公司。虽然台湾地区成立 / 参股之公司或分公司，股东或总公司看似一个第三地的外国公司，但最终实质所有人仍是陆资之人民、法人、团体、其他机构。

① 大陆地区有关税负之说明仅供参考，实际投资时仍应咨询当地会计师或律师。

由于目前陆资来台投资之营业项目仍是采用正面表列方式规范（即列举的营业项目方可投资），而外资来台之营业项目是采用负面表列方式规范（即除列举禁止或限制投资之项目外均可投资）。因此，实务操作上，如果有第三地公司申请来台投资时，台湾主管机关（包括“经济部”之“投资审议委员会”或“商业司”）将先审查该第三地公司究竟属于陆资投资之公司或为外国人投资之公司；若是属于陆资投资之公司，该投资案应适用大陆地区人民来台投资许可办法之相关规定；若否，才适用外国人投资条例之相关规定。

至于第三地公司如何界定属于大陆地区人民、法人、团体、或由其他机构透过第三地区投资之公司，而可适用大陆地区人民来台投资许可办法之情形？除审查该第三地公司之股东名册，以了解是否属于持有该第三地区公司股份或出资总额逾30%之情形外，“经济部”于2010年8月18日发布经审字第09904605070号令，规范大陆地区人民来台投资许可办法第3条第2项第2款，所称之“具有控制能力”，系指大陆地区人民、法人、团体或其他机构对第三地区公司具有下列情形之一者：

（1）与其他投资人约定下，具超过半数之有表决权股份之能力。

（2）依法令或契约约定，可操控公司之财务、营运及人事方针。

（3）有权任免董事会（或约当组织）超过半数之主要成员，且公司之控制操控于该董事会（或约当组织）。

（4）有权主导董事会（或约当组织）超过半数之投票权，且公司之控制操控于该董事会（或约当组织）。

（5）依据财团法人会计研究发展基金会公布之财务会计准则公报第五号、第七号所规定之其他具有控制能力。

因此，在一个投资案中，如果是属于合资之投资方式，而陆资拟投资之比例低于30%且不具控制能力时，采取直接投资或间接投资可能有所差异（详图示）：

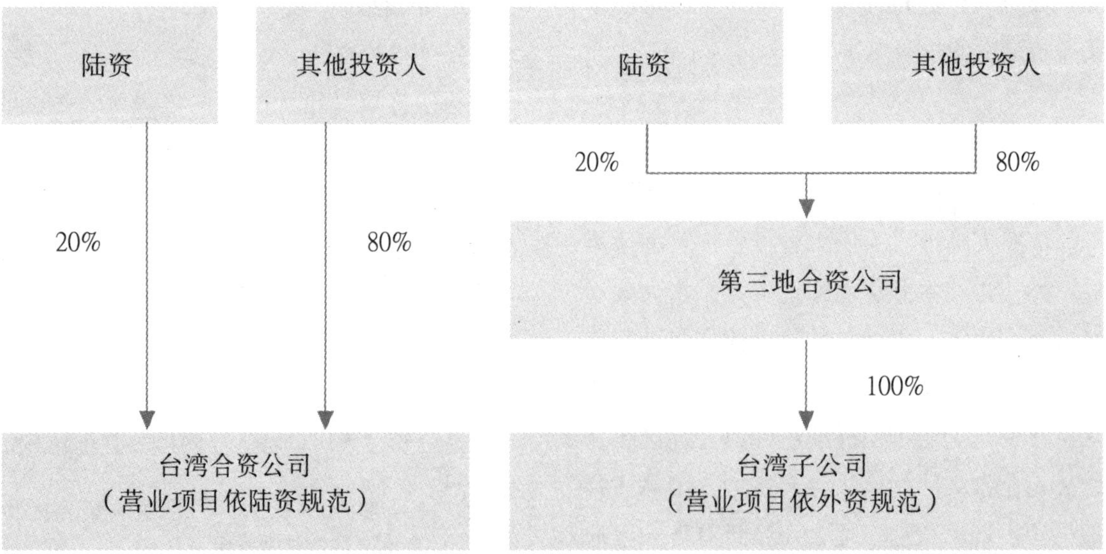

A. 陆资投资人直接与其他投资人在台湾地区设立合资公司，不论陆资投资比例，该案属于陆资直接投资之公司，则合资公司之营业项目应符合“大陆地区人民来台投资业别项目”之规定（即限于正面表列项目）；

B. 在此种情形下，可以考虑选择采取间接投资之方式，则该第三地区公司将可归类于外资，其在台湾成立之子公司，属于外资投资，而在法令之适用上，尤其是营业项目之规定，相对较为宽松。

惟间接投资情形下，台湾公司之获利汇出时，可暂时置于境外第三地公司，或可再利用作为其他投资等运用。惟在台湾地区所缴纳之税捐，则可能无法扣抵在大陆地区之所得税[①]。

直接投资与间接投资之比较（假设陆资小于 30% 且不具控制力）

在考虑第三地区设立之地点时，则主要以税负较低、法规较为弹性、维持成本低等为主要考虑。通常可能考虑的第三地公司地点包括：

（1）免税或低税率国家

常见的免税天堂国家，如英属维尔京群岛、英属开曼群岛、萨摩亚群岛等地方，由于设立容易、维持成本低，具有隔离风险之功能，且作为控股公司并无当地税负负担。因此，经常被选作为投资控股公司之国家。

（2）与台湾及大陆均签有租税协议之国家

此外，在规划投资架构时，考虑整体税负最小化，可以选择与投资（大陆）与被投资（台湾）均有租税协议之国家，这些国家在股利分配时，通常可以适用较低之扣缴税率，而有机会使整体之税负极小化。但除了设立该投资公司外，应注意在租税协议下，适用租税协议之要件，如必须符合税务居民之身分等。

（3）税制采属地主义之国家或地区

另外，某些国家或地区，虽然非低税率，也没与投资或被投资地区签租税协议，但若该国家或地区系采用属地主义之课税范围，因投资公司仅系以控股为目的，并无当地所得。因此，也不会因为设立该公司而增加税负，则若无其他额外之负担，亦可选择作为第三地公司。

在台投资架构

目前大陆地区之公司在台湾从事商业活动，依照大陆地区人民来台投资许可办法及大陆地区之营利事业在台设立分公司或办事处许可办法之规定，其设立之主体，有以下三种形态：

1. 办事处

依照大陆地区之营利事业在台设立分公司或办事处许可办法第 13 条第 2 项规定：“大陆地区之营利事业在台湾地区设立办事处者，其业务活动范围，以在台湾地区从事签约、报价、议价、投标、采购、市场调查、研究业务活动为限。但目的事业主管机关另有规定者，从其规定。”，因此，大陆地区之营利事业[②]，如不经营销售有关之业务行为，

① 大陆地区有关税负之说明仅供参考，实际投资时仍应咨询当地会计师或律师。

② 大陆地区之营利事业，指以营利为目的，依大陆地区法律组织登记之公司。

而仅从事签约、报价、议价、投标、采购、市场调查、研究业务活动，则可以选择设立办事处即可。惟若有经营销售有关之业务行为，则仅能选择以下之分公司或子公司。

2. 分公司

分公司性质上属于海外总公司之一部分，因此没有独立之法人格，其与子公司最大之差别，在于（1）法律责任不同，国外总公司需承受台湾分公司所有法律上之责任；（2）盈余汇出是否扣缴所得税不同，如：分公司之获利，在完纳 17% 之营利事业所得税后，汇回给总公司是无需扣缴任何税款。

3. 子公司

相对于分公司而言，子公司经于台湾"经济部"商业司登记完成后，即为独立之法人，可以依法律享受权利及负担义务。（1）在法律责任上，台湾地区设立之法人，不论是有限公司或股份有限公司，股东之责任均以出资额为限，该台湾公司其他之法律责任，原则上股东无需承受。（2）惟从租税之考虑，由于股东与台湾公司本身具有不同之法人格，故台湾公司之获利，在完纳 17% 之营利事业所得税后，分配股利给股东，除有适用租税协议之外，需要扣缴 20% 之所得税。

在台湾之子公司，因属于独立之法人主体，亦可能在台湾继续转投资其他公司，惟应注意依照大陆地区人民来台投资许可办法第 5 条之规定："投资人持有所投资事业之股份或出资额，合计超过该事业之股份总数或资本总额三分之一以上者，称为陆资投资事业。该陆资投资事业之转投资，应适用本办法之规定。"也就是说，当陆资在台湾子公司之持股超过三分之一时，该公司之转投资公司，仍属于陆资投资之范畴，则需要受大陆地区人民来台投资许可办法之规范。

有关办事处、分公司、子公司（含股份有限公司及有限公司）之主要差异，整理如表一。

表一

组织形态 / 项目	公司组织		分公司	办事处
	股份有限公司	有限公司		
许可之活动	所有营业活动行为	所有营业活动行为	所有营业活动行为	签约、报价、议价、投标、采购、市场调查、研究业务活动
营利事业所得税	课税所得额在 120,000 元以下者，免征营利事业所得税 。 课税所得额介于 120,000 元以上 181,818 元以下者，营利事业所得税之计算为（课税所得额 -120,000）*1/2。 课税所得额超过 181,818 元者，就其全部课税所得课征 17%。	同左	同左	不适用

利润汇出之税负	扣缴税率为 20%，但公司就其未分配盈余所缴纳之 10% 未分配盈余税得扣抵该扣缴税额。	同左	无	不适用
产业创新条例之租税奖励	适用	适用	不适用	不适用
股东 / 总公司之责任	股东就其出资额为限，对公司负其责任。	同左	外国总公司就分公司未清偿之债务负连带责任。	不适用
股东之条件	须至少有法人股东 1 人或自然人股东 2 人。	1 人以上之自然人或法人股东。	不适用	不适用
董事之条件	须至少有董事 3 人 。	应设董事 1~3 人。	不适用	不适用
监察人之条件	须至少有监察人 1 人。	不适用	不适用	不适用
公司 / 分公司最低资本额 / 最低营运资金要求	无最低资本额要求（注一）	无最低资本额要求（注一）	无最低资本额要求（注一）	无须有注册营运资金
出资来源	出资得以现金或保留盈余或资本公积为之。	出资得以现金或保留盈余为之。	原始出资须由国外母公司汇入款项为之；但其后之出资得以国外母公司汇入款项或分公司保留盈余为之。	不适用
年度之所得税结算申报	必须	必须	必须	无须
薪资、租金、执行业务报酬等之扣缴	必须	必须	必须	必须
母公司 / 总公司行政费用之分配	该等费用之所得税扣缴率为 20%，是否可扣除所得额则视子公司是否提供符合税法规定之凭证文据而定。	该等费用之所得税扣缴率为 20%，是否可扣除所得额则视子公司是否提供符合税法规定之凭证文据而定。	于符合相关规定之情形下，得将费用分配于分公司并于所得额计算时进行扣除。	不适用
账簿之保存	必须	必须	必须	法令未要求，但外国总公司因账务处理需要，通常要求设置账簿。
解散时应进行清算	必须	必须	必须	无须
以子公司 / 分公司 / 代表人之名义购买不动产及车辆	可	可	可	不可

注：惟若事业单位所从事之活动需取得特许或核准者，依主管机关规定，得要求较高之资本额。

来台投资架构汇总说明

综上而言，陆资来台投资，首先在海外部分，应考虑采取直接投资或间接投资之方式，在台湾境内，则应考虑设立子公司或分公司，兹就不同之投资架构图示如下。以目前核准的陆资投资情形观察，大陆自然人的投资，由于金额不大，增设第三地公司会衍生额外之成本，且台湾地区缴纳之税捐恐无法在大陆地区申报所得税时扣除，故多半选择直接投资设立公司。而陆资公司来台湾投资，则视情形而有不同之选择，大型企业如银行、航空公司，因有特别法之规范，均采直接投资设立分公司；一般产业若已有第三地据点（常见者为香港），则可选择由香港子公司来台成立子公司或分公司方式。由于香港公司来台对外投资不若大陆公司需要事先申请政府机关之许可，而文件准备（如公认证手续）、汇款手续等也比较方便；因此，不少陆资企业来台投资是以香港子公司名义为之。

1. 设立台湾子公司之投资架构：直接投资 v.s. 间接投资

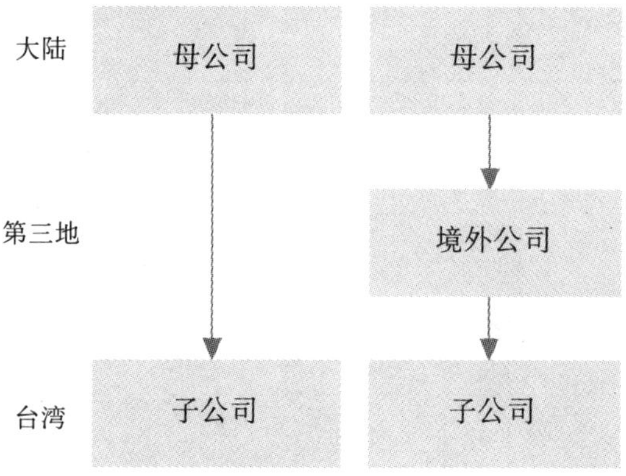

2. 设立分公司之投资架构：直接投资 v.s. 间接投资

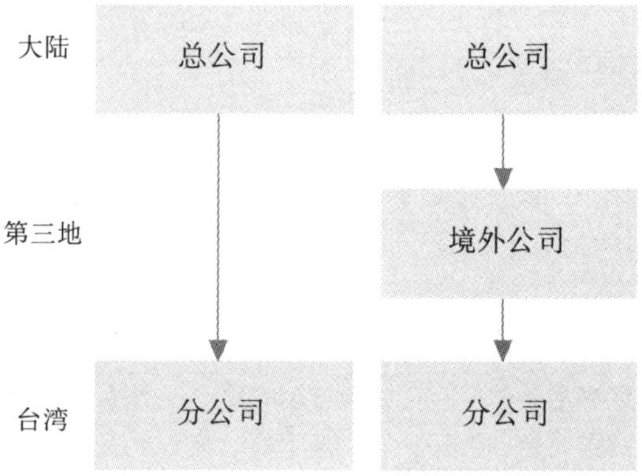

结语

当一个企业决定要对外投资时，建构一个有利之投资架构是成功的投资案必要的条件。而且在投资之初即建立一个理想的架构，也是最节省成本的做法。实务上很多企业在投资初期，或认为投资金额不大，或认为规划成本太高，而采以最简单直接之方式进行投资。但通常当公司获利后，才发现税负成本过高，其中很重要的因素即来自于投资架构的错误，导致整体税负未予以极小化，增加公司营运不必要之成本。虽然很多公司在获利后发现问题而想要调整投资架构，却因在组织重组的过程中，必须要思考法律程序、安排资金流程、准备很多法令上所需的文件，反而造成更多困扰。因此，对于有规划来台投资的陆资，应事前切实做好投资架构之规划，以俾税后利润可以极大化。

第二部分

财务会计面

第四章　陆资来台之财报相关探讨

张 耿 禧 / 勤业众信联合会计师事务所执业会计师

专业领域 / 于会计师界服务逾 15 年。除了负责多家上市公司的财务报表签证外，亦拥有辅导本地企业挂牌上市及海外台商企业办理来台挂牌上市作业的经验，并协助多家已在海外挂牌公司来台发行 TDR。

前言

自台湾开放陆资来台投资至今，因开放内容的逐步增加，未来陆资来台投资的案件预期亦会大幅提升，惟开放投资初期，因大陆地区人民对于来台湾投资的相关台湾法令不熟悉，以致陆陆续续发生一些当时未设想到的问题，就财务报表方面而言，因相关的申报及会计处理的差异，可能是投资方在投资前未能全面考虑。特此列举几项陆资来台投资后实际所遭遇到的问题，提供参考。

财务报表之申报

根据大陆地区人民来台投资许可办法第11条之规定，实收资本额达新台币8000万元以上之陆资投资事业，应于每届会计年度终了6个月内，检具经会计师签证之财务报表，并同股东名簿，报主管机关备查。主管机关于必要时，得命陆资投资事业申报前项财务报表或其他资料。主管机关为查验前二项资料，或掌握陆资投资事业之经营情况或活动，必要时，得派员前往调查，陆资投资事业不得规避、妨碍或拒绝。因是，陆资企业在台较大之投资案（实收资本额新台币8000万元以上之公司）应准时于会计年度终了后6个月内，向主管机关申报财务报表，此为陆资投资事业来台投资之特殊规定，其他外资并无此规定，应特别加以注意。

会计原则

就台湾而言，一般非公开发行公司编制财务报表所依据之会计处理准则顺序如下：

1. 商业会计法
2. 商业会计处理准则
3. 一般公认会计原则
4. 会计研究发展基金会所发布之相关解释函令

如系台湾公开发行公司及上市（柜）公司（含兴柜公司），则主要系依证券交易法授权证券主管机关订定之“证券发行人财务报告编制准则”编制财务报表，该准则有未规定者，方依上列一般非公开发行公司之规定办理。

目前来台投资之陆资企业并非在台公开发行公司，因此，其会计原则应依台湾一般公认会计原则编制财务报表，亦即遵循上述非公开发行公司所应依据之会计处理准则顺序依序适用。

另外要提醒的是，就两岸之财务会计准则而言，可分为大陆地区一般中小型企业所遵循的企业会计制度及大陆地区上市公司所遵循的企业会计准则等，部分与台湾的一般公认会计原则规范有所不同，尤其是在销售商品和提供劳务会计处理、减值准备认列、存货成本计价方法、存货盘盈亏之处理及表达、固定资产已达耐用年限是否计提折旧、折旧方法之使用等，应特别注意相关差异。此相关差异处将下述之“两岸一般公认会计原则差异举例说明”处详加说明。

决算书表

依台湾公司法第二十条规定，公司每届会计年度终了，应将营业报告书、财务报表及盈余分派或亏损拨补之议案，提请股东同意或股东常会承认。

公司资本额达主管机关所定一定数额以上者（新台币3000万元），其财务报表，应先经会计师查核签证。

所谓之决算书表，即指公司每会计年度终了所编制且经股东同意或股东常会承认后之下列报表：

1. 营业报告书。
2. 财务报表。
3. 盈余分配或亏损拨补表。

然依公司决算书表申报暨查核办法规定，公司应将决算书表备置于本公司，主管机关得随时派员查核或令其限期申报。故一般而言系于主管机关要求时再行申报即可。

陆资企业在台湾自应遵守相关公司法决算书表之规定，按时编制上述决算书表，以免受罚。

两岸一般公认会计原则差异举例说明

就两岸之财务会计准则而言，可分为大陆地区一般中小型企业所遵循的企业会计制度；大陆地区上市公司所遵循的企业会计准则；及台湾的一般公认会计原则，以下列举一些常见的两岸会计处理差异如下：

主要差异概述	旧版大陆GAAP—企业会计制度	新版大陆GAAP—企业会计准则	台湾GAAP—企业会计准则
	企业会计准则 - 收入	CAS 14 - 收入	TW GAAP 32- 收入认列之会计处理准则
销售商品和提供劳务会计处理	未明文规范销售商品和提供劳务不能区分下应如何进行会计处理。	相关合同及协议包括销售商品及提供劳务时，但销售商品和提供劳务不能区分，或虽能区分但不能够单独计量时，应当将全部合同作为销售商品处理。	收入认列之原则通常适用于个别交易，但若个别交易包含数个可辨认项目或数个交易有关联时，宜反映交易之实质。例如，当产品销售之交易包括后续服务时，若此后续服务之金额可以辨认，该金额宜予以递延并于服务履行期间认列收入。
销货退回与折让	销售折让在实际发生时冲减当期收入。	企业已经确认销售商品收入的售出商品发生销售折让时，应当在发生时冲减当期销售商品收入。	借：销售退回及折让 贷：应收账款
	企业已经确认收入的售出商品发生销售退回时，应当冲减退回当期的收入。	企业已经确认销售商品收入的售出商品发生销售退回时，应当在发生时冲减当期销售的商品收入。	借：销售退回及折让 贷：应收账款

	企业会计制度 - 存货	CAS 1- 存货	TW GAAP 10- 存货之会计处理准则
减值准备认列	存货减记至可变现净值而形成的减记金额，应当在减记的当期确认为费用，计入管理费用。	存货成本高于其可变现净值的，应当计提存货跌价准备，计入当期损益，列为资产减值损失科目。	存货自成本中减至净变现价值之金额，应认列为销货成本。
存货成本计价方法	存货成本之计算方法： －先进先出 －后进先出法 －加权平均法 －移动平均法 对于不能替代使用的存货，以及为特定项目专门购入或制造的存货，一般应当采用个别计价法确定存货成本。	禁止采用后进先出法计算存货发出成本。对于不能替代使用的存货、为特定项目专门购入或制造的存货以及提供劳务的成本，通常采用个别计价法确定存货成本。 存货成本之计算方法： －先进先出法 －加权平均法（包含移动平均法）	有下列禁止： －禁止后进先出法之使用。 －个别认定法（仅不可替换之存货项目可采用）禁止可替换项目采用个别认定法，以避免企业可能视价格变化随时替换存货以减少应认列之存货损失。 存货成本之计算方法 －先进先出法 －加权平均法（包含移动平均法）
存货盘盈亏之处理及表达	存货盘盈—冲减当期的管理费用； 存货盘亏，减去过失人或者保险公司等赔款和残料价值之后，计入当期管理费用，属于非常损失的，计入营业外支出。	存货盘盈—冲减当期管理费用； 存货盘亏则视其原因性质而作不同处理： 属于计量收发错误和管理不善等原因，计入管理费用。 属于自然灾害等非常原因，计入营业外支出。	存货盘盈亏列入销货成本项目。
分类计提存货跌价准备标准	存货跌价准备应当按单个存货项目计提；在某些情况下，比如，与具有类似目的或最终用途并在同一地区生产和销售的产品系列相关，且难以将其与该产品系列的其他项目区别开来进行估价的存货，可以合并计提；对于数量繁多、单价较低的存货，也可以按存货类别计提。	企业通常应当按照单个存货项目计提存货跌价准备。对于数量繁多、单价较低的存货，可以按照存货类别计提存货跌价准备。	存货之成本应逐项与净变现价值比较，但同一类别之存货亦得分类比较。其方法一经选定即需各期一致使用。 同一类别之存货得分类比较，但须同时符合 （1）属于相同产品线，且其目的或最终用途类似； （2）于同一地点生产及销售 （3）实务上无法与该产品线之其他项目分离评价 等三项条件。
	企业会计准则－固定资产	CAS 4- 固定资产	

已达耐用年限是否计提折旧	固定资产提足折旧后，不论能否继续使用，均不再计提折旧。	固定资产提足折旧后，不论能否继续使用，均不再计提折旧。	资产于耐用年限届满仍继续使用者，得就其残值继续计提折旧。
折旧方法	年限平均法、工作量法、年数总和法、双倍余额递减法等。	年限平均法、工作量法、双倍余额递减法和年数总和法等。	直线法、年数合计法、定率递减法、余额递减法、工作时间法、生产数量法、集体折旧法、复合折旧法。
	企业会计准则 – 无形资产	CAS 6 – 无形资产	TW GAAP 37 – 无形资产之会计处理准则
初始计量	仅允许采用成本模型计价。 未明文规范政府捐助所取得之无形资产入账价值。 接受捐赠的无形资产，应按以下法规确定其入账成本： 捐赠方提供了有关凭据者，按凭据上标明的金额加上应支付的相关税费。	仅允许采用成本模型计价。 非货币性之政府捐助以公平价值入账。公允价值不能可靠取得者，按照名义金额（人民币 1 元）计量。 在交易具有商业实质的前提下，非货币性资产交换按公允价值计量，否则按照账面价值计量。 1. 有商业实质：按公允价值，确认损益。 2. 无商业实质：按唤出资产账面价值，不确认损益。	以成本模式为入账基础。 政府捐助所取得之无形资产：按公平价格认列。 资产交换所取得之无形资产：除缺乏市价基础外，以换出资产账面价值入账外，应以公平市价入账。
摊销	规定无形资产应当在预计使用年限内分期平均摊销，计入损益。	使用寿命有限的无形资产应在使用寿命内系统合理摊销，除非无法可能预计实现方式，则采用直线法。	有限耐用年限之无形资产，按合理而有系统之方法摊销，摊销方法包括直线法、余额递减法与生产数量法等
	如预计使用年限超过了相关合同规定的受益年限或法律规定的有效年限，则采用孰短的原则。 如果合同和法律都没有规定年限的，摊销年限不应超过 10 年。	如果无形资产有不确定的使用寿命，则该等无形资产不再摊销。应在每个会计期间对使用寿命进行复核。	非确定耐用年限之无形资产不宜摊销。
	企业会计准则 - 或有事项	CAS 13- 或有事项	TW GAAP 9- 或有事项及期后事项之处理准则
预计负债 - 初始计量标准	最佳估计数或按该范围上下限金额之平均数。	最佳估计数或按照该范围内的中间值。	最佳估计数或下限金额认列，其他可能性则于财务报表中附注揭露。

亏损合同	未明文规范。	亏损合同是指履行合同义务不可避免地会发生成本超过预期经济利益的合同。如果待执行合同变成亏损合同的，亏损合同的义务满足预计负债的确认条件的，应确认预计负债。	依据（98）基秘字第110号函解释，关于承租货轮之租金支出部分，为履行合约义务所发生之不可避免成本将超过预期从该合约所能获得之经济利益，则属财务会计准则公报第九号「或有事项及期后事项之处理准则」很有可能发生之或有损失，应认列损失。
	企业会计制度财会[2000]25号	CAS 18-所得税	TW GAAP 22-所得税之会计处理准则
递延所得税资产备抵评价科目	应付税款法下不确认。	企业对于能够结转以后年度的可抵扣亏损和税款抵减，应当以很可能获得用来抵扣可抵扣亏损和税款抵减的未来应纳税所得额为限，确认相应的递延所得税资产。 资产负债表日，企业应当对递延所得税资产的账面价值进行复核。如果未来期间很可能无法获得足够的应纳税所得额用以抵扣递延所得税资产的利益，应当减记递延所得税资产的账面价值。企业可确认可扣抵亏损的所得税影响无备抵评价科目。	企业于评估递延所得税资产可否实现时，宜考虑正面证据及负面证据，经综合考虑后，若递延所得税资产有百分之五十以上之几率无法实现时，宜设立备抵评价科目。递延所得税资产包含亏损扣抵之递延所得税影响数。

递延所得税资产备抵评价科目	应付税款法下不确认	递延所得税资产和递延所得税负债应当分别作为非流动资产和非流动负债在资产负债表中列示。	递延所得税负债或资产，应依其相关负债或资产之分类，而划分为流动或非流动项目。惟若递延所得税负债或资产未能归属至财务报表所列之负债或资产（包括亏损扣抵所得税抵减有关之递延所得税资产），则应按预期该递延所得税负债或资产清偿或实现之期间长短划分为流动或非流动项目。 企业编制财务报表时，同一纳税主体之流动递延所得税负债及资产应互相抵销，仅列示其净额；非流动之递延所得税负债及资产亦同。但不同纳税主体之递延所得税负债及资产不得互相抵销。
		CAS 19- 外币折算	TW GAAP 14- 外币换算之会计处理准则
外币投入资本折算方法	外币投入资本有合同约定汇率的，在收到外币资本投入时，按合同约定汇率折算；没有合同约定汇率的，按收到外币资本投入当日的即期汇率折算。	外币交易均应当按照交易日的即期汇率折算，货币性项目及非货币性项目均如此，外币投入资本也不例外。	以外币为基准之交易通常系以交易发生日之即期汇率作为入账之基础。
	企业会计准则 – 投资	CAS 2- 长期股权投资	TW GAAP5- 采权益法之长期股权投资会计处理准则
于母公司 standalone 报表中达控制标准之子公司会计处理	权益法核算。	成本法核算。 编制合并财务报表时按权益法进行调整。	权益法核算。

初始计量-取得成本	以现金购入的长期股权投资，按实际支付的全部价款（包括支付的税金、手续费等相关费用），作为初始投资成本；实际支付的价款中包含已宣告但尚未领取的现金股利，按实际支付的价款减去已宣告但尚未领取的现金股利后的差额，作为初始投资成本。	同一控制下的企业合并，合并方已支付现金、转让非现金资产、承担债务方式或发行权益性证券作为合并对价时，应当在合并日按照取得被合并方所有者权益账面价值的份额作为长期股权投资的初始投资成本。长期股权投资初始投资成本与支付的现金、转让的非现金资产以及所承担债务及与所发行股份面值总额之间账面价值之间的差额，应当调整资本公积；资本公积不足冲减者，调整留存收益。	同一控制下之组织调整，长期股权投资及累积换算调整数科目依原投资方账面价值移转。 依（95）基秘字第081号规定，交易实质若属组织调整，投资成本及支付之现金与原投资方之账面价值之间差额应调整资本公积（或保留盈余）。
	企业接受的债务人以非现金资产抵偿债务方式取得的长期股权投资，或以应收债权换入长期股权投资者，按应收债权的账面价值加上应支付的相关税费，另加计应支付之补偿或减除收到之补偿作为初始投资成本。	非同一控制下取得之长期股权投资，购买方应当按照确定的企业合并成本作为长期股权投资的初始投资成本，企业合并的成本包括购买方付出的资产、发生或承担的负债、发行的权益券的公允价值以及为进行企业合并发生的各项直接相关费用之和。未明文规范融资买入之利息是否应排除于初始投资成本。	非同一控制组织调整下，长期股权投资之取得成本包括成交价格及交易成本，但不包含融资买入之利息。未明文规范未取得控制力之长期股权投资或有价金之会计处理，惟若取得控制力之长期股权投资之或有价金，区别为与盈余有关、与证券价格有关之或有价金处理及与其他条件有关之或有价金处理。

第二部分

财务会计面

第五章　国际会计准则在台湾

游万渊 / 执业会计师、安侯建业联合会计师事务所审计部营运长

专业领域 / 高科技产业上市（柜）辅导规划、跨国筹资规划、
海外上市及 US GAAP 与 IFRS 转换接轨咨询
国内公司申请美国上市案之辅导
申请公开发行及上市柜案件之辅导
财务报表签证及营利事业所得税签证申报

叶秋秋 / 安侯建业联合会计师事务所知识管理组协理

前言

近年来建立全球资本市场单一会计准则，增进不同地域间企业财务报表之可比较性及透明度，以降低企业跨国筹资之成本，提升国际投资之效率，是全球各地企业、投资人及监理机构衷心期盼之目标！截至目前为止，全球已有超过120个国家强制或允许企业采用国际财务报导准则（IFRSs）来编制财务报告，而直接采用国际财务报导准则更俨然成为国际资本市场之主流趋势。自1999年开始，财团法人会计研究发展基金会（以下简称为会计研究发展基金会）即已参考国际财务报导准则，逐步修订台湾的财务会计准则公报。

国际会计准则之适用范围及时程

为顺应国际间会计准则之潮流，加强台湾企业及国际企业间财务报告之比较性，提升台湾资本市场之国际竞争力并吸引外资投资台湾资本市场，同时降低台湾企业赴海外筹资之成本，台湾的“行政院金融监督管理委员会”（以下简称为“金管会”）于2009年5月14日宣布直接采用国际财务报导准则（包含国际财务报导准则、国际会计准则、解释及解释公告，以下简称国际财务报导准则），并委由会计研究发展基金会逐号翻译国际财务报导准则（Taiwan-IFRSs），经一定之复核程序后发布，作为企业编制财务报告之依据。

依据金管会规划，台湾企业原则上分两阶段采用国际财务报导准则。

1. 第一阶段：

（1）适用范围：

属第一阶段应采用国际财务报导准则编制财务报告之公司包含：

A. 有价证券已在台湾证券交易所股份有限公司（证交所）有价证券集中交易市场买卖之公开发行公司（以下简称上市公司）；

B. 有价证券已依财团法人证券柜台买卖中心（柜买中心）证券商营业处所买卖有价证券审查准则第三条规定核准在证券商营业处所买卖之公开发行公司（以下简称上柜公司）；

C. 有价证券已依柜买中心证券商营业处所买卖有价证券审查准则第三条之一（以下简称兴柜公司）；

D. 其他金管会主管之金融业，但不包含信用合作社、信用卡公司、保险经纪人及代理人。

（2）适用时程：

应自2013年开始依国际财务报导准则编制财务报告。

（3）自愿提前适用：

符合下列条件之一者，于报经“金管会”核准后，得提前自2012年开始依国际财务报导准则增加编制合并财务报表；若依规定无须编制合并财务报表者，得依国际财务报导准则增加编制本身之个体财务报告（individual financial statements）：

A. 行或已向金管会申报发行海外有价证券之公司；

B. 新台币100亿元之公司。

2. 第二阶段：

（1）适用范围：

属第二阶段应采用国际财务报导准则编

制财务报告之公司包含：

A. 非上市、上柜及兴柜之公开发行公司；

B. 信用合作社；

C. 信用卡公司。

（2）适用时程：

应自2015年开始依国际财务报导准则编制财务报告。

（3）自愿提前适用：

属第二阶段应采用国际财务报导准则编制财务报告之公司，得自愿自2013年开始提前适用，无须先报经金管会核准。

	第一阶段	第二阶段
适用对象	上市及上柜公司 兴柜公司 “金管会”主管的金融业（不含信用合作社、信用卡公司、保险经纪人及代理人）	非上市、上柜及兴柜的公开发行公司 信用合作社及信用卡公司
开始依IFRSs编制财务报告的时程	2013年	2015年

数据源：台湾证券交易所股份有限公司及财团法人证券柜台买卖中心出版之《认识国际会计准则倡导手册》

国际财务报导准则适用版本

台湾于2013年拟采用之国际财务报导准则版本，系以会计研究发展基金会翻译，并由“金管会”完成认可及同意采用程序后发布之2010年国际财务报导准则正体中文版为准。

对于国际会计准则委员会（IASB）自2011年起陆续发布或修订之各项准则、解释及解释公告，IASB于草案公告后会先进行意见征询，定案发布后通常会有二年以上之缓冲时间，不会立刻实施。金管会将于IASB发布各项定案之新准则、解释及解释公告后，先行进行翻译及认可，逐号检视及审慎评估，以决定其适当之实施时间。而金管会为协助企业及早因应国际财务报导准则之修正，亦将于会计研究发展基金会完成新发布或修订各项准则、解释及解释公告之翻译工作后，先行将正体中文版内容公布于网站供企业参考。

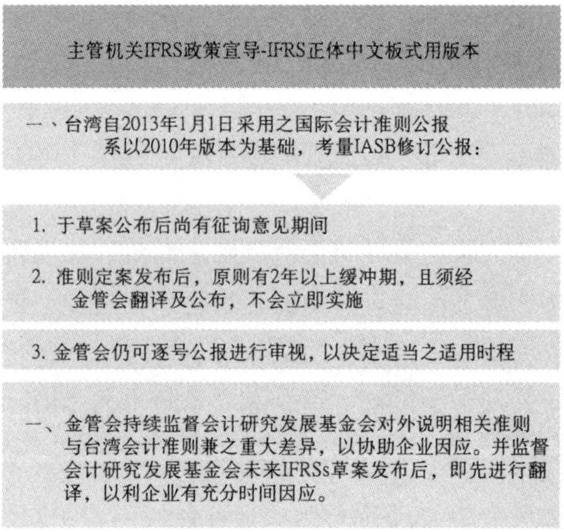

（图一）

IFRSs事先揭露信息

虽然台湾必须等待2013年起始开始分阶段采用国际财务报导准则编制财务报告，惟为协助企业顺利由台湾原有之财务会计准则转换为国际财务报导准则，及为协助陆资投资人及早了解企业采用国际财务报导准则之状况及可能造成之影响，金管会要求依规定强制采用或自愿提早采用国际财务报导准则编制财务报告之企业，须成立采用国际财务报导准则项目小组、订定国际财务报导准则转换计划，并于开始采用前二年度于合并财务报表中揭露国际财务报导准则转换相关事项，包括：

1. 开始采用国际财务报导准则前二年之年度合并财务报表附注应揭露下列事项：

（1）国际财务报导准则转换计划之重要内容及执行情形；

（2）目前会计政策与未来依国际财务报导准则编制财务报表所使用之会计政策二者间可能产生之重大差异说明。

2. 开始采用国际财务报导准则前一年之期中及年度合并财务报表附注应揭露下列事项：

（1）国际财务报导准则转换计划之重要内容及执行情形，该计划如有变更，尚应揭露变动之事实；

（2）目前会计政策与未来依国际财务报导准则编制财务报表所使用之会计政策二者间可能产生之重大差异，包括采用国际财务报导准则后对财务报表重要项目可能产生之影响金额。公司于编制期中财务报告时，如未能估计此影响金额时，应说明其理由；

（3）公司依国际财务报导准则第一号“首次采用国际财务报导准则”规定所选择之会计政策及豁免。

举例来说，若企业拟自2013年开始采用国际财务报导准则编制财务报告，则其2011年之年度合并财务报表附注须揭露1.所述之各项信息；其2012年各期期中合并财务报表及年度合并财务报表附注均须揭露2.所述之各项信息。

台湾监理机构之特殊规定

金管会为使台湾发行人整体性财务报告编制事务有一致之规范，并考虑台湾之环境及市场发展情形，对企业财务报告之编制维持适度监理，以增进财务透明度，暨对财务报表之表达与揭露及应列示项目进行规范，于2011年起陆续修订及发布采用国际财务报导准则时适用之各业别财务报告编制准则。台湾财务报告编制准则系金管会依据台湾之证券交易法所制定，所有公开发行公司财务报告之编制，应依该准则及有关法令办理之，其未规定者，依国际财务报导准则办理。该准则涵盖首次转换之会计处理及转换后财务报告编制之规定，财务报告编制准则相关重要规定与IFRSs之比较，介绍如后：

1. 依国际财务报导准则第一号“首次采用国际财务报导准则”（以下称IFRS 1）之规定，“不动产、厂房及设备”、“无形资产”、“探勘及评估资产”与“投资性不动产”开账金额得以转换日资产公允价值或重估价作为认定成本，或追溯适用各准则之规定予以计算。惟台湾财务报告编制准则规定，开账金额“认定成本”之豁免选择为：

（1）投资性不动产若有充分证据显示存在持续性出租状态，且能产生中长期稳定之现金流量者，得以公允价值作为认定成本，并以该投资性不动产标的之契约租金采现金流量折现估算之金额为上限，且折现率应以发行人之加权平均资金成本为准。

（2）非属上述以公允价值作为认定成本之投资性不动产、非供投资或待出售之不动产、厂房、设备、无形资产、探勘及评估资产，仅得选择先前一般公认会计原则之重估价值作为重估价日之认定成本。

（3）台湾企业之子公司亦应依上述规定办理。此外，属海外子公司者，如其当地国已采用 IFRSs，且其投资性不动产于后续衡量采成本模式者，于发行人依 IFRS 1 规定办理时，即使符合上述第 1 点所述之条件，仍不得以公允价值作为认定成本。

2. 依 IFRS 1 规定，企业之初始国际财务报导准则财务状况表中，应适用国际会计准则第三十二号“金融工具：表达”（以下称 IAS 32）条件，将所发行之金融工具（或所发行复合金融工具之各组成部分），根据该工具首次符合 IAS 32 认列条件时合约协议之实质，分类为金融负债或权益工具，无须考虑该日后所发生之事件（该工具条款之变动除外）。惟依金管会发布行政命令规定，公开发行公司前已依台湾财务会计准则公报第三十六号“金融商品之表达与揭露”第 125 段规定，就公司于 2006 年 1 月 1 日前发行具负债性质之特别股仍列为股东权益者，得免依 IAS 32，将法律形式为权益，经济实质为负债之金融工具分类为负债。另应揭露相关金融工具之金额、性质、所采用之会计政策及方法、因持有上开金融工具而暴露于潜在重大财务风险之相关合约条款及合约条件。

3. 台湾部分银行及金融控股公司提供在职员工及退休员工优惠存款之超额利息，依国际会计准则第十九号“员工福利”（以下称 IAS 19）规定，该等福利应加以精算及认列相关员工福利负债。依台湾财务报告编制准则规定，银行及金融控股公司提供在职员工优惠存款之超额利息，得于员工确定退休后，始适用 IAS 19 规定。此外，银行及金融控股公司提供已退休员工优惠存款之超额利息，于适用 IAS 19 估算该等退职后福利负债义务之精算假设时，除经济金融情况有重大变动外，系依“金管会银行局”目前所公布之参数估算。

4. 如前所述，台湾于 2013 年拟采用之国际财务报导准则版本，系以金管会完成认可及同意采用程序后发布之 2010 年国际财务报导准则正体中文版为准。因此，台湾财务报告编制准则亦明定附注中应明确且无保留声明财务报告之编制，系遵循金管会认可之国际财务报导准则、国际会计准则、解释及解释公告，并揭露已采用或尚未采用金管会认可之新发布、修订后国际财务报导准则、国际会计准则、解释及解释公告之影响情形。该等准则并非以 IASB 发布或修正之版本为准。

5. 依 IFRSs 之规定，“不动产、厂房及设备”、“无形资产”、“探勘及评估资产”与“投资性不动产”后续衡量应选择成本模式或公允价值（重估价）模式作为其会计政策。惟台湾财务报告编制准则规定公开发行公司对于该等资产之后续衡量应采成本模式，不得选择公允价值（重估价）模式。

6. 依台湾财务报告编制准则规定，公开发行公司若有自愿性之会计政策变动或会计估计事项中有关折旧性、折耗性资产耐用年限、折旧（耗）方法与无形资产摊销期间、摊销方法之变动及残值之变动，须将相关事项洽会计师出具复核意见，提报董事会决议通过及监察人（或审计委员会）承认后公告申报，始得为之。另亦应提报变更年度股东会。

7. 国际会计准则第二十四号“关系人揭露”对于实质关系人之认定并无明确判断标准。惟台湾财务报告编制准则规定，具有下列情形之一者，除能证明不具控制或重大影响者外，应视为实质关系人：（1）台湾公司法第六章之一所称之关系企业及其董事、监察人与经理人；（2）与发行人受同一总管理处管辖之公司或机构及其董事、监察人与经理人；（3）总管理处经理以上之人员；及（4）发行人对外发布或刊印之资料中，列为关系企业之公司或机构。

8. 依国际会计准则第一号“财务报表之表达”（以下称 IAS 1）规定，在极罕见之情况下，管理阶层断定遵循某一国际财务报导准则之规定将产生误导以至于与“架构”所订之财务报表目的冲突时，如相关法令要求或不禁止，企业应依 IAS 1 第 20 段所订之方式处理。惟金管会以行政命令规范企业不得以遵循某一 IFRSs 规定将产生误导为由，而不遵循该准则或金管会发布之 IFRSs 规定。

9. 国际会计准则第三十四号“期中财务报导”（以下称 IAS 34）规定，期中财务报表资产负债表表达之期间包括当期期中期间结束日及前一财务年度结束日之比较资产负债表，惟台湾出具之期中财务报告尚须包括可比较期中期间结束日之资产负债表（请详图二）。此外，IAS 34 规定企业得发布整份财务报表或简明财务报表及选定之解释性附注，惟台湾财务报告编制准则规定不得发布简明财务报表及选定之解释性附注。

采用IFRS后：
期中财务报告之表达（以第三季为例）

四大表	应采IAS 1 整份财务报表				
	当年度		上年度		
资产负债表	105.9.30	-	104.12.31	*104.9.30	*104.9.30
	累计	当季	累计	当季	
综合损益表	2016年1至9月	2016年7至9月	2015年1至9月	2015年7至9月	
现金流量表	2016年1至9月	-	2015年1至9月	-	
权益变动表	2016年1至9月	-	2015年1至9月	-	
	编制准则规定列报 前一年度可比较期中期间结束日				
	有追溯适用、追溯重编或重分类知情形时，使应列报最早比较期间之期初				
附注	依IAS 34.9规定办理				
	+ 重大交易事项等相关资讯				

图二

10. 台湾财务报告编制准则要求企业之财务报告除应依 IFRSs 规定予以表达及揭露外，尚应编制额外监理信息。主要包括重大交易事项、转投资事业相关信息及大陆投资信息共计十一个附表（以下列示资金贷与他人及为他人背书保证之格式供参考），且于合并财务报告中应分别揭露母公司及各子公司之相关信息，不宜将母子公司间交易事项予以冲销。

资金贷与他人

编号（注1）	贷出资金之公司	贷与对象	往来项目（注2）	本期最高金额（注3）	期末余额（注8）	实际动支金额	利率区间	资金贷与性质（注4）	业务往来金额（注5）	有短期融通资金必要之原因（注6）	提列备抵呆账金额	担保品		对个别对象资金贷与限额（注7）	资金贷与总限额（注7）
												名称	价值		
合计															
备注															

11. IFRSs 订有豁免企业编制合并财务报表之规定，其中一项为母公司之最终母公司或任何中间母公司已编制合并报表供大众使用时，该母公司无须提出合并财务报表。惟台湾之公开发行公司即使其最终母公司或任何中间母公司已编制合并报表，该企业仍应公告申报合并财务报告。

12. 依台湾税法规定，企业之盈余于次一年度未分配给股东时，则针对未分配之部分应额外加征 10% 之所得税，此系为避免大股东规避个人综合所得税，而将盈余保留在企业不予分配所产生之税制。依国际会计准则第十二号“所得税”（以下称 IAS 12）规定，企业若将部分或全部净利或保留盈余以股利之形式分配予股东，则其所得税可能按较高或较低之税率课征，在此等情况下，当期及递延所得税资产及负债应按适用于未分配利润之税率衡量，且股利之所得税后果于应付股利认列为负债时认列。惟目前依金管会之规定，按现行台湾公司法规定，当年度盈余分配须俟次年股东会通过盈余分配案后始得决定，因此适用 IAS 12 之规定时，企业于盈余产生年度（第 1 年）仅须认列 17% 之所得税，尚无须就未分配盈余部分估列 10% 所得税费用；当年盈余俟次年度（第 2 年）股东会通过盈余分配案后，企业始就实际盈余之分配情形，认列 10% 之未分配盈余所得税费用。

13. IFRSs 规定除符合豁免规定者外，企业应编制合并财务报告，另得选择编制单独财务报表。台湾未采用单独财务报表，且基于现行台湾公司法系以个体财务报告为主体，故新增年度个体财务报表之编制规范，包括明订对子公司、关联企业及联合控制之投资应采用权益法处理、个体财务报告之当期损益、其他综合损益及业主权益应与合并财务报告中各该项目归属于母公司业主之分摊数相同。此外，年度个体财务报告应依IFRSs规定予以表达及揭露外，尚应额外编制重要会计项目明细表共计54个附表（以下谨列示权益法之投资变动明细表、采用权益法之投资累计减损变动明细表及营业成本表供参考），但得免编制营运部门信息。

采用权益法之投资变动明细表

名称	期初余额		本期增加		本期减少		期末余额			市价或股权净值		提供担保或质押情形	备注
	股数	金额	股数	金额	股数	金额	股数	持股比例	金额	单价	总价		

采用权益法之投资减损变动明细表

项目	期初余额	本期增加额	本期减少额	期末余额	备注

营业成本明细表

项目	金额	
	小计	合计
自制产品铺货成本		
直接原料		
期初盘存		
本期进料		
期末盘存		
直接人工		
制造费用		
制造成本		
加：期初在制品盘存		
减：期末在制品盘存		
制成品成本		
加：期初制成品盘存		
减：期末制成品盘存		
外购商品铺货成本		
期初盘存		
本期进货		
期末盘存		
铺货成本合计		
劳务成本		
……		
营业成本总计		

外国企业来台上市／上柜规定

有关外国企业来台第一上市／柜（IPO）或第二上市／柜（TDR）相关规定：

外国企业来台挂牌可区分为第一上市／柜（IPO）及第二上市／柜（TDR），其应检附之财务报表为合并财务报表，至于编制依据等规定因申请挂牌方式而有所不同。

1. 第一上市／柜（IPO）：申请公司之最近二年度合并财务报告：

（1）应经台湾主管机关核准签证公开发行公司财务报表之联合会计师事务所之二名具有台湾会计师执照之会计师出具查核（或核阅）报告或与前述会计师有合作关系之国际会计师事务所查核（或核阅），并由台湾会计师出具不提及其他会计师查核（或核阅）工作之查核（或核阅）报告。

（2）应依台湾之一般公认会计原则、美国一般公认会计原则或国际财务报导准则编制；惟若非依据台湾之会计准则编制者，会计师应于查核（核阅）报告意见段，叙明所采用之会计原则、所采用之会计原则与台湾一般公认会计原则之差异情形及附注索引。

2. 第二上市／柜（TDR）：申请公司之最近三年度合并财务报告得依外国发行人所

属国法令规定编制，并应由台湾会计师就台湾与外国发行人所属国适用会计原则之差异及其对财务报告之影响表示意见。

结语

由于金管会认可之2010年IFRSs正体中文版与导入时（2013年）将生效之IFRSs版本有时间差异，此将导致发行海外存托凭证之国内上市柜公司、回台上市之外国发行人或大型跨国企业（例如发行人之母公司或子公司全面采用IASB发布之IFRSs者），在采用台湾IFRS后，可能仍须维持两套账务系统或编制差异调节信息，相对增加或无法减少会计作业成本，因此，目前金管会已着手研议是否允许全部或部分公开发行公司得自愿完全遵循IASB发布之IFRSs编制财务报表。若金管会开放由企业自行选择，对于回台挂牌之外国发行人不啻为一项利多消息，因为企业可节省编制调节差异之成本，相信亦可因此吸引更多外国企业加入我国资本市场，进而使我国资本市场之国际竞争力更加提升。

第二部分

财务会计面

第六章　陆资来台投资税制考量

袁 金 兰 / 勤业众信联合会计师事务所税务部合伙人（会计师）

专业领域 / 现任勤业众信联合会计师事务所国内税务部合伙会计师，从事会计师业务超过 20 年，具财务及税务签证经验，专精于国内税务规划及咨询、企业并购规划及咨询、海外上市规划及咨询、税务签证、公司法令与证券交易法令之咨询、精通各类税务法令、精研税捐优惠各项规定，以及行政救济服务。目前为勤业众信联合会计师事务所陆资来台业务税务部主要负责人。

前言

台湾从2009年6月30日初次开放陆资来台投资至今已经即将届满三年，期间台湾陆续公布三波陆资来台投资列表，累积开放项目制造业达97%、服务业及公共建设也达50%，两岸投保协议如能顺利于今年6月签订，预期将会提高陆资来台投资比率。为使陆资企业对台湾的税务环境有所了解，本章介绍陆资来台之税务议题，已期陆资于投资前能妥善规划，创造最佳投资模式。

直接投资或间接投资？谈租税协议之应用

为避免双重课税、防杜逃漏税及增进实质关系，截至2012年5月台湾已与23个国家签订全面性之租税协议，并与14个国家签立海空运互免所得税协议。目前，大陆与台湾并未签订租税协议，但如透过有和台湾签订租税协议的国家设立控股公司持有台湾公司股权，以享受日后股利盈余汇回可适用较低的优惠税率。例如：台湾公司如有盈余要发放股利，给付给大陆股东时扣缴税率为20%，如果是给付给有租税协议国家的股东，例如印度尼西亚，则可适用10%扣缴率。

另外，平时业务经营上也可以考虑透过设立在租税协议国家之母公司进行商业交易，例如进出口、借贷、授权和提供服务等等，进而适用租税协议中的营业利润免税、利息和权利金的优惠税率等。但要注意的是，这些适用租税协议的国家必须要有实质营运，并承担与其利润相当之功能及风险。一般而言，台湾税务机关在审查这些适用租税协议优惠税率甚至免税申请案时，通常会采取相对严格的标准，如果母公司本身并未实质营运且无法提供合理和充分的佐证数据，“国税局”将会质疑母公司是否刻意规避税负，要适用租税协议的优惠难度将会很高。与台湾签署租税协议之国家及适用扣缴率一览表，请详附件一。

投入资本或借款？谈台湾之反资本稀释条款

以最适资本配置的观点而言，要如何使每一元的投资金额有最大的投资效益，投资者常会考虑要以借款或股本的形式投资，如果以借款形式供投资公司使用，则借款之利息费用，投资公司可作为所得之减项，降低课税所得，减少投资公司当地之税负。例如：A公司投入1000元股本与B公司借1000元给转投资公司并收取2%的利息费用，以税赋效果而言，借款可以降低转投资公司税负。透过下列表格，可更了解以股权投资与借款投资的税赋差异：

资金来源方式	股权	借款
营业收入	100	100
利息费用	-	（20）
课税所得额	100	80
营利事业（企业）所得税（17%）	（17）	（13.6）
税后净利	83	66.4
利息扣缴（预扣）税款 （利息扣缴税率20%）	0	4
股利扣缴（预扣）税款 （股利扣缴税率20%）	16.6	13.28
所得税	17	13.6
总税负	33.6	30.88
税盾效果	2.72	

透过上表可知，公司以借款方式融通资金与投入股本之总税负分别为30.88元及33.6元，产生了2.72元的税盾效果。为防止台湾境内之营利事业（即跨国集团之子公司）透过借款方式融通资金，减少在台湾境内之纳税义务，台湾于2011年1月26日增订所得税法第43条之2“自2011年度起，营利事业对关系人之负债占业主权益超过一定比率者，超过部分之利息支出不得列为费用或损失。”即通称之反资本稀释法规（thin capital rules）。在此规范下，台湾之营利事业如营业收入加计非营业收入合计在新台币3000万以上的公司或对关系人利息支出超过新台币400万元以上者，来自关系人往来之借贷，负债资本比为3比1，即超过资本3倍以上的负债利息则不得认列为台湾转投资公司之利息费用，银行、信用合作社、金融控股公司、票券金融公司、保险公司及证券商等金融机构因行业特性所以可以不受上述法令规范。

在反资本稀释法规规范下，要注意的还有负债资本比中的“资本”要如何计算？如果是在台有独立法人资格的公司，公司股东权益总额大于股本加资本公积股本溢价，则“资本”为股东权益；如果保留盈余为负数，“资本”的计算相当于股本加资本公积股本溢价。如果在台的组织形态为分公司的形式，“资本”指的是无需支付利息之实际投入营运资金。

另外陆资企业要注意的是，依照“大陆地区人民来台投资许可办法”，大陆地区人民、法人、团体、其他机构或其于第三地区投资之公司对台湾地区投资事业提供一年期以上贷款视为投资台湾之形态之一，需经过台湾“经济部投资审议会”核准，而一般外资如有借款与台湾公司是不用经过台湾“经济部投资审议会”核准，故一般外资的资金运用较陆资会较灵活。

子公司、分公司或办事处？税负大不同

就台湾投资事业组织形态来说，可分成三个类型，分别为子公司、分公司及办事处。若陆资来台主要是从事营利活动者，例如销售货物、提供劳务、生产制造等，则应该成立子公司或分公司。办事处只限于在台湾地区从事签约、报价、议价、投标、采购、市场调查、研究业务，是不可以从事营利活动的。

除依现行法令，部分行业因行业特性并须以公司或股份有限公司[①]形态经营外，一般而言，就税务的角度而言，以分公司形态在台湾经营从事营利活动，其税赋较低。

台湾的营利事业所得税（相当于大陆企业所得税）的角度而言，台湾目前的营利事业所得税税率为17%，自1998年度起，台湾公司当年度之盈余未作分配给股东的部分，应就该未分配盈余于次年度加征10%营利事业所得税（即通称之未分配盈余税），未分配盈余税在未来分配盈余给股东时候，可以有条件地给台湾及非台湾股东扣抵。然而分公司只要缴纳营利事业所得税，未来盈余汇回大陆总公司时也不需扣缴；如果是子

① 台湾公司形态依公司法可分为股份有限公司、有限公司、两合公司及独资公司。台湾股份有限公司指股东之出资额以其投资的股份为限，且必须依台湾公司法设有至少3名董事及1位监察人。一般在台湾投资者多设立股份有限公司，与大陆有限公司拟上市公司才为股份有限公司不同。

公司除需缴纳营利事业所得税外，还需缴未分配盈余税，未来盈余汇回大陆母公司时，依现行的规定还需扣缴20%股利所得，但设立子公司的好处是可以适用研发及人才培训等租税奖励。将各组织形态之税赋比较如下表：

项目	子公司	分公司	办事处
所得税税率	17%	17%	因不得从事营业活动，故不适用
未分配盈余税税率	10%	不适用	因不得从事营业活动，故不适用
股利所得扣缴率	按给付额扣缴20%，但已实际缴纳之未分配盈余税可以抵减	不适用，汇往台湾以外总公司之盈余分配非属股利	因不得从事营业活动，故不适用
申请适用租税优惠	是	否	不适用

关系人交易利润如何分配？

谈台湾移转定价规定

在跨国企业集团日渐兴起，跨国交易日渐频繁的时代，跨国企业为使集团利润最大化、全球税负极小化，常透过商品、劳务交易及价格之移转定价（Transfer Pricing），将所得从高税率国家移转到免税或低税率国家，以达到降低集团全球总税负之目的。有鉴于此，世界各国纷纷建立移转定价相关制度与查核机制，以防杜关系企业透过不合理之交易，降低税负。台湾涉及关系企业不合营业常规规避税负之规定为所得税法第43条之1，另于2004年底公布，2005年施行“营利事业所得税不合营业常规移转定价查核准则”，将关系企业及关系人非常规交易的移转价格与课税所得之调整等做一详细规定。

何谓关系人交易？ 移转定价系指透过“关系人”间之交易，所收取或计算之价格或利润。所谓“关系人”系根据所得税法第43条之1所称营利事业与国内外其他营利事业具有从属关系，或直接间接为另一事业所有或控制。台湾移转定价查核准则又针对“关系人”给予更明确的定义即：（一）营利事业直接或间接持有另一营利事业之股份或资本总额20%以上；（二）营利事业与另一营利事业直接或间接由相同之人持有或控制之股份或资本总额各达20%以上；（三）营利事业持有另一营利事业之股份或资本总额百分比最高且达10%以上；（四）营利事业与另一营利事业之执行业务股东或董事有半数以上相同；（五）营利事业与直接或间接持有之股份或资本总额达20%以上之营利事业，派任另一营利事业之董事，合计超过另一营利事业董事总席次半数以上；（六）营利事业与另一营利事业之董事长、总经理或与其相当或更高层级职位之人为同一人、配偶或二亲等以内亲属；（七）境外总机构与境内分支机构及境内总机构与境外分支机构；（八）营利事业直接或间接控制另一营利事业之人事、财务或业务经营，包括：指派总经理或与其相当或更高层级职位；借贷资金超过自有资金50%或借贷资金总额20%由另一营利事业担保；提供专利、商标、著作权、专门技术；控制其原物料、商品交易价格及商品之销售；（九）营利事业与其他营利事业签订合资或联合经营契约；（十）其他于人事、财务、业务经营或管理政策有控制能力或重大影响力。

在台湾移转定价准则的规范下，与上述“关系人”进行交易，应符合“常规交易”原则，主要的“常规交易原则”包括：（一）可比较原则：以非关系人于可比较情况下所从事之可比较未受控交易（即非关系人相互间之交易）为常规交易结果，判断关系人交易是否符合常规；（二）采用最适常规交易方法：即按交易类型及台湾移转定价查核准则第三章规定采用最适合的常规交易方法；（三）按个别交易评价：应以个别交易为基础，各自选择适用之常规交易方法；（四）使用交易当年度数据：决定常规交易结果时，应以营利事业从事受控交易当年度之数据及同一年度非关系人从事可比较未受控交易之数据为基础；（五）采用常规交易范围：所谓常规交易范围系指二个或二个以上之可比较未受控交易，适用相同常规交易方法所产生常规交易结果之范围；（六）分析亏损发生原因：营利事业申报亏损，但其集团全球总利润为正数时，应分析亏损发生之原因及关系企业间之交易是否符合常规；（七）收支分别评价：交易任一方应分别列计收入与支出。

在台湾设立之营利事业（包括子公司及分公司）若未依台湾移转定价准则规定办理以致减少台湾税负，经台湾税局调整并核定所得额者，台湾税局可处以所漏税额两倍以下之罚锾。另外台湾公司应于次年5月办理办理上一年度的营利事业所得税申报时，应依规定揭露关系人基本数据，及与关系人事务数据。台湾营利事业应否备妥移转定价报告检视方法，请详附表二。

营业税简介

台湾之加值型及非加值型营业税（以下简称营业税）类似于大陆地区的流转税，营业税法下分为加值型营业税（类似大陆地区的增值税概念，进项税额可以抵扣销项税额），及总额型营业税（类似大陆地区的营业税概念，就销售额依一定比率计算销项税额，进项税额不得抵扣）。台湾之营业税纳税义务人有以下三类：销售货物或劳务之营业人、进口货物之收货人或持有人。以及外国之事业、机关、团体、组织，在台湾地区境内无固定营业场所者，其所销售劳务之买受人。但外国国际运输事业，在台湾地区境内无固定营业场所而有代理人者，为其代理人。

而营业税之课税范围是什么呢？目前在台湾的规定是在台湾地区境内销售货物或劳务及进口货物或劳务，均应课征加值型或非加值型之营业税。

现行台湾之营业税税率为5%，另外还有一些适用零税率之项目，包括（一）外销货物；（二）与外销有关之劳务，或在台湾提供而在境外使用之劳务；（三）依法设立之免税商店销售与过境或出境旅客之货物；（四）销售与保税区营业人供营运之货物或劳务；（五）国际间之运输。但外国运输事业在台湾经营国际运输业务者，应以各该国对台湾运输事业予以相等待遇或免征类似税捐者为限;(六)国际运输用之船舶、航空器及远洋渔船;(七)销售与国际运输用之船舶、航空器及远洋渔船所使用之货物或修缮劳务;(八)保税区营业人销售与课税区营业人未输往课税区而直接出口之货物;及(九)保税区营业人销售与课税区营业人存入自由港区事业或海关管理之保税仓库、物流中心以供外销之货物。

另外课征总额型营业税之范围包含:金融及保险业、特种饮食业、小规模营业人及财政部门规定免予申报销售额之营业人等,按其销售总额课税;其进项税额不能借由扣抵(销项税额)方式退还或向主管机关申请退税。

陆籍人员来台如何报税?

所谓台湾地区来源所得,就劳务报酬而言是指劳务提供地在台湾部分所获取之所得,至于给付地位在何处在所不问;因此大陆地区人民如果在大陆和台湾同时有双边支薪情形,甚至也有从第三地领取劳务报酬时,基本上应该要把台湾地区、大陆地区和第三地所领取之报酬合并计算台湾地区来源所得课税,除非于一个课税年度间在台湾停留未超过 90 天者,取自台湾境外雇主给付之劳务报酬才可免视为台湾地区来源所得,另外税务部门在审查实务上,如果一个课税年度间在台湾停留未超过 300 天时,通常可接受按在台湾停留天数比例计算台湾地区来源所得。

个人申报台湾地区综合所得税,还有一个观念是,居住者及非居住者,在一个课税年度间(1 月 1 日至同年 12 月 31 日),在台湾停留合计满 183 天之大陆地区人民将会被视为在台湾地区的居住者,必须办理综合所得税结算申报,如符合一定要件者亦要申报计算个人所得基本税额。

综合以上来源所得及居住者 2 个观念,如果大陆人士在一个课税年度间来台停留时间未满 90 天,只要针对台湾地区给付的劳务报酬,由给付人就源扣缴即可;停留时间满 90 天但未满 183 天,除了对台湾地区给付的劳务报酬,由给付人就源扣缴外,如果大陆及第三第地区也因为大陆人士来台提供劳务,在境外给付报酬,则大陆人士应就台湾境内提供劳务境外给付的报酬部分于离开台湾时申报扣缴,但此部分的报酬可依大陆人士在台湾停留天数比例计算;停留时间满 183 天但未满 300 天,大陆人士必须就台湾地区给付的所得及台湾境内提供劳务境外给付报酬于次年 5 月 1 日到 5 月 31 日办理结算申报,同样的台湾境内提供劳务境外给付的报酬部分可依大陆人士在台湾停留天数比例计算;停留时间满 300 天以上,台湾地区给付的所得及台湾境内提供劳务境外给付报酬于次年 5 月 1 日到 5 月 31 日办理结算申报,这时台湾境内提供劳务境外给付的报酬部分不可依大陆人士在台湾停留天数比例计算。

陆籍人员来台申报海外所得

申报及计算个人所得基本税额(AMT)时,要加计海外所得部分,到底大陆地区来源所得算不算海外所得,首先要从台湾地区人民的观点探究这个议题。

依据两岸人民关系条例第 24 条第 1 项

规定："台湾地区人民、法人、团体或其他机构有大陆地区来源所得者，应并同台湾地区来源所得课征所得税。"因此在申报和计算个人之基本所得额时，因为台湾地区人民所申报之综合所得净额中已经内含了大陆地区来源所得，因此在申报和计算个人之基本所得额时，针对海外所得部分，仅需要再加计非台湾地区来源所得、非大陆地区来源所得，因此境外第三地来源所得和港澳地区来源所得才必须计入海外所得。

至于就大陆地区人民而言，因为于一个课税年度在台湾停留满 183 天成为居住者，且必须申报基本所得额时，就目前所得基本税额条例及相关规定，其计算海外所得的方式和台湾地区人民一致，只要加计非台湾地区来源所得、非大陆地区来源所得。

但是和台湾地区人民规定不同之处，在于两岸人民关系条例并未特别规定大陆地区人民之大陆地区来源所得应纳入台湾之综合所得课税，两岸人民关系条例第 25 条第 1 项规定"大陆地区人民、法人、团体或其他机构有台湾地区来源所得者，应就其台湾地区来源所得，课征所得税。"，因此对于大陆地区人民而言，大陆地区来源所得既非所得税课税范围，也不用计入个人基本所得额课征 AMT。

附表一：与台湾签定租税协议之国家及扣缴税率一览表

国家 Countries\ 所得类别 Income Items	股利 Dividends	利息 Interest	权利金 Royalties
无租税协定国家 Non-treaty Countries	20	15,20	20
澳大利亚丨 Australia	10,15	10	12.5
比利时丨 Belgium	10	10	10
丹麦丨 Denmark	10	10	10
法国 | France Other language download（French）	10	10	10
甘比亚丨 Gambia	10	10	10
匈牙利丨 Hungary	10	10	10
印度丨 India	12.5	10	10
印尼丨 Indonesia	10	10	10
以色列丨 Israel	10	7,10	10
马其顿丨 Macedonia	10	10	10
马来西亚丨 Malaysia	12.5	10	10
纽西兰丨 New Zealand	15	10	10
荷兰丨 Netherlands	10	10	10
巴拉圭丨 Paraguay	5	10	10
塞内加尔丨 Senegal	10	15	12.5
新加坡丨 Singapore	40*	未订	15
斯洛伐克丨 Slovakia	10	10	5,10
南非丨 South Africa	5,15	10	10

史瓦济兰｜ Swaziland	10	10	10
瑞典｜ Sweden	10	10	10
瑞士｜ Switzerland	10,15	10	10
英国｜ UK	10	10	10
越南｜ Vietnam	15	10	15

数据源：http://www.dot.gov.tw/dot/home.jsp ？ mserno=200912140006&serno=200912140020&menudata=DotMenu&contlink=content/dividend.jsp&level2=Y&qclass=

附表二：营利事业应否备妥移转定价报告检视方法

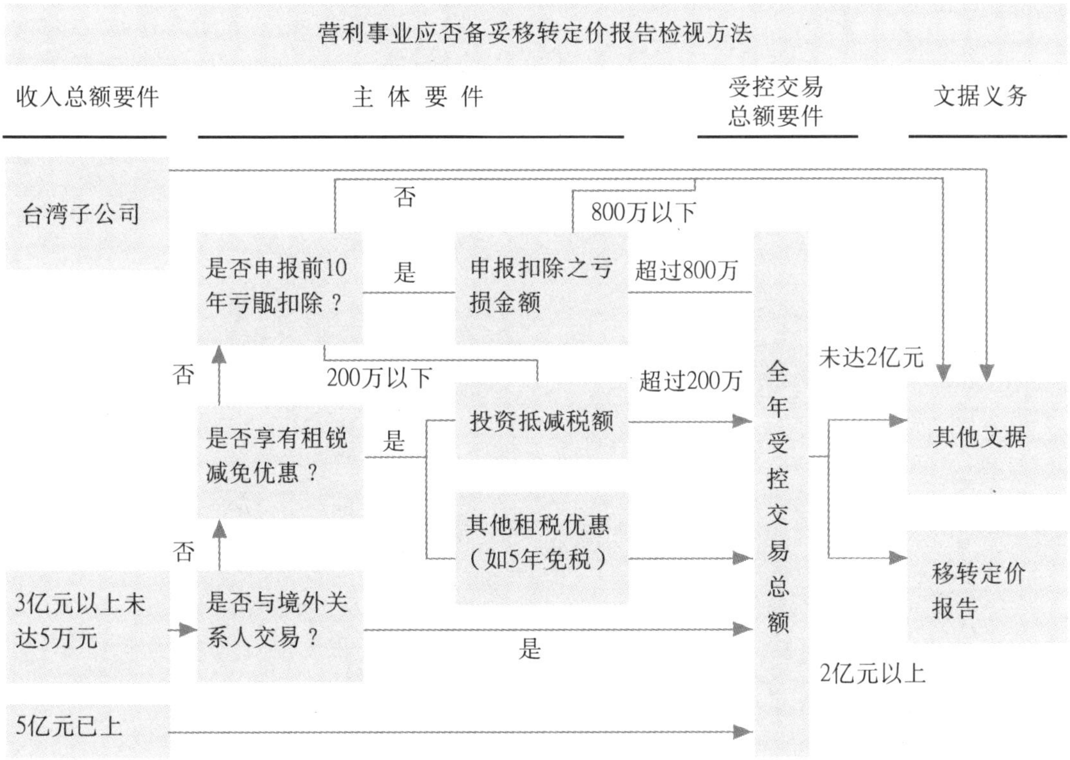

数据源：http://www.ntat.gov.tw/county/ntat_ch/mo201_view.jsp ？ tax_no=D0120120405002#

第二部分

财务会计面

第七章　台湾税务概论

杨 明 珠 / 资诚联合会计师事务所税务法律服务副营运长（会计师）
专业领域 / 公司法及证管法令应用实务
集团企业移转定价分析研究
集团企业营运模式税务规划咨询
公司税务咨询及租税规划
企业并购实务及税务服务
各类税务案件行政救济

前言

税务成本是企业经营过程中不可避免的营运成本，因此，在进入台湾投资或透过台湾进行并购将业务布局全球之前，投资人有必要认识台湾的税务环境，作为评估投资获利能力或报酬的考虑因素之一。

大陆企业来台投资，自然不能忽视可能碰到的税务问题。简要来说可分为：

- 台湾企业本身有哪些税负（包括直接税及间接税）？
- 陆籍股东（个人及法人）投资台湾有哪些税负？
- 如有派遣大陆管理人员来台工作，大陆管理人员在台湾要不要缴纳个人所得税？

公司阶段之税负考虑

1. 直接税（所得税）

（1）纳税义务人及课税范围

凡在台湾经营之营利事业，即应以该营利事业为纳税义务人，依法课征所得税。不论是子公司或分公司样态，其适用之税率均相同，惟课税范围及租税优惠适用性有所不同。

原则上，台湾的营利事业所得税采用属人主义方式课征，故陆资在台湾设立之子公司应就全球所得在台湾缴税。但，倘若陆资在台湾设立的是分公司，则仅需就台湾来源所得在台湾缴税。

（2）税率

营利事业所得税之税率为 17%。

另，与大陆所得税制不同的是，台湾于 2006 年施行所得基本税额条例（即一般通称“最低税负”），针对适用租税减免规定产生实质税率显著偏低的营利事业，仍应按 10% 税率缴纳基本税额。亦即，营利事业在台湾至少应按 10% 税率缴纳营利事业所得税。惟台湾现正研拟修正所得基本税额条例，预计提高营利事业之所得基本税率，但目前该草案尚未经“立法院”三读通过，后续进度仍待观察。

（3）未分配盈余加征 10%

为避免营利事业一直将盈余保留账上不分配给股东，对于营利事业当年度盈余未于来年度分配者，须加征 10% 之营利事业所得税（目前正研议调高未分配盈余课征税率至 15%）。

大陆并未对未分配盈余课征额外之税款，所以陆资股东可能会误以为这是一种在台湾地区营业所产生的额外税负负担。但实际上，公司所缴纳的未分配盈余税得于未来实际盈余分配给股东时（包含陆资股东），按比例抵减股东应扣缴税额，所以，这只是一种现金流量的时间性差异。

另，分公司不适用未分配盈余加征所得税之机制。故，陆资于台湾投资设立分公司时，更可随集团之资金需求，自由调度盈余汇回总公司之时点，而不必担心未分配盈余税之课征。

（4）盈亏互抵

与大陆税制相同，台湾企业营运所产生的亏损可以抵减以后年度营业所产生之盈余，但抵减年限较大陆规定年限有利，可长达 10 年。

（5）租税优惠

为促进产业创新，台湾于2010年5月公布施行产业创新条例以接续已经落日的促进产业升级条例。有鉴于产业升级阶段性任务达成，新颁布实施之产业创新条例仅保留研究发展投资抵减的租税优惠（但分公司无法适用）。原促进产业升级条例所提供的设备或技术投资抵减、五年免税、营运总部等租税优惠则自2010年起已全部取消；但营利事业于2009年底前已取得之租税优惠仍得继续适用至其使用年限届满为止。

请注意某些适用租税减免规定之所得额应纳入基本所得额计算最低税负，营利事业并不会因为适用租税减免而完全不用缴税。

（6）免税所得

依台湾现行所得税的规定，营利事业出售土地利益（惟需课征土地增值税）、证券、期货交易所得（惟需并入基本所得额计算最低税负）、及取自于台湾转投资事业之股利或盈余净额均免征所得税。惟台湾现正研拟课征证券交易所得税之方案，预计最快将于2013年开征，目前草案将外国法人股东在台无固定营业场所或营业代理人排除在课征证券交易所得税之适用范围内，但目前该草案尚未经“立法院”三读通过，后续进度仍待观察。

（7）移转定价

移转定价即是大陆所称之“转让定价”。如同大陆企业在申报年度营利事业所得税时，应同时揭露关系人交易九大表—《中华人民共和国企业年度关联业务往来报告表》，台湾企业与其关联方间交易达一定数额者，应于年度申报营利事业所得税时，揭露关系人交易四大表，此外，亦需备妥移转定价报告。

（8）征收管理

台湾营利事业所得税征收方式包括年度结算申报（来年度5月）、年度中暂缴（年度中9月），及扣缴等。兹按不同营利事业类型所适用之稽征方式，图示如下。

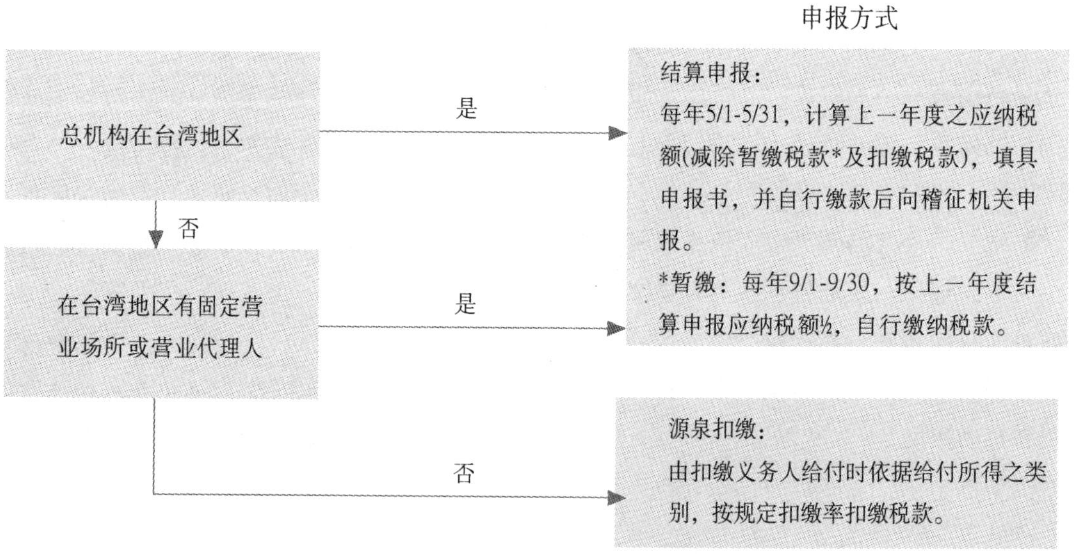

2. 间接税

（1）营业税（包含货物及劳务）

营业税的课税范围包括在境内销售货物或劳务及进口货物。与大陆税制稍微不同的是，在台湾不论销售货物或劳务，课征的销售税都叫做营业税，而针对一般产业或金融、保险、证券或信托投资业等，才又进一步区分为加值型或非加值型营业人：

- 加值型营业人：非证券金融保险业之一般行业适用；税率为5%，外销得适用0%。加值型营业税之计算概念约相当于大陆地区的增值税，亦即采用进项税额可扣抵销项税额之方式计算应纳税额。

- 非加值型营业人：金融业、保险业、证券业、信托投资业、期货业、票券业及典当业适用。前述行业别之专属本业业务税率为2%，而非专属本业业务税率为5%。税额之计算概念约当于大陆地区的营业税，亦即按销售总额之2%或5%计算应纳税额。

（2）关税

关税系对进口货物课征之进口税捐，货物出口非属课征范围。为奖励出口，外销品进口原料关税得于成品出口后退还。

（3）货物税

货物税系对特定货物（如电器及车辆等）于出厂时或进口时课征之消费税，计征方式分别采从量与从价两种，税率及税额则依货品种类分别订定。

（4）印花税

印花税是一种契约税。在台湾境内开立银钱收据或签订承揽契约，须按契据金额之0.1%~0.4%缴纳印花税。

（5）契税

不动产之买卖应由买受人按契价6%申报缴纳契税。惟因出售土地原则上需缴纳土地增值税，因而免征契税，故实务上契税多课征于出售房屋之情形。

（6）土地增值税

土地所有权移转时，卖方应按其土地增值总额之20%~40%课征土地增值税。

（7）租税优惠

台湾有着优越的地理位置及高效率深层加工能力，为让企业能以台湾作为其全球供应链重要环节，特别规划设置保税区域（如保税仓库、保税工厂、科学园区、加工出口区）及“4海1空”5大自由贸易港区（基隆港、台北港、桃园航空、台中港以及高雄港），以“境内关外”特区理念，针对营业税、关税、货物税等间接税，给予不同之租税减免措施，以促进货物自由流通。

股东阶段之税负考虑

陆资在台湾地区投资获利之来源，主要为股利及出售股票之证券交易所得，其相关之税负请详下表之分析：

项目	陆籍个人	陆籍法人
股利所得	直接投资 扣缴 20%，惟若于一个课税年度内居留、停留合计满 183 天者，需结算申报。	直接投资 扣缴 20%
	透过第三地投资 扣缴 20%，若第三地与台湾签署租税协议，则可能得适用较低之扣缴税率（10%~15%）。适用租税协议应以实质经济关系为依据，不得滥用租税协议。	
证券交易所得	停征。惟若于一个课税年度内居留、停留合计满 183 天者，若有非上市柜股票之交易所得，需并入基本所得额计算最低税负。目前拟修法研拟课税方案，详前述免税所得说明。	停征。惟若在境内有固定营业场所或营业代理人者，需并入基本所得额计算最低税负。目前拟修法研拟课税方案，详前述免税所得说明。
证券交易税	出售有价证券时，按出售价格 0.3% 计征，由卖方缴纳。	

大陆管理人员来台工作的个人所得税

1. 大陆人士来台工作，按其身份是否属税务居住者，其台湾地区的个人所得税申报方式与课税范围如下表列：

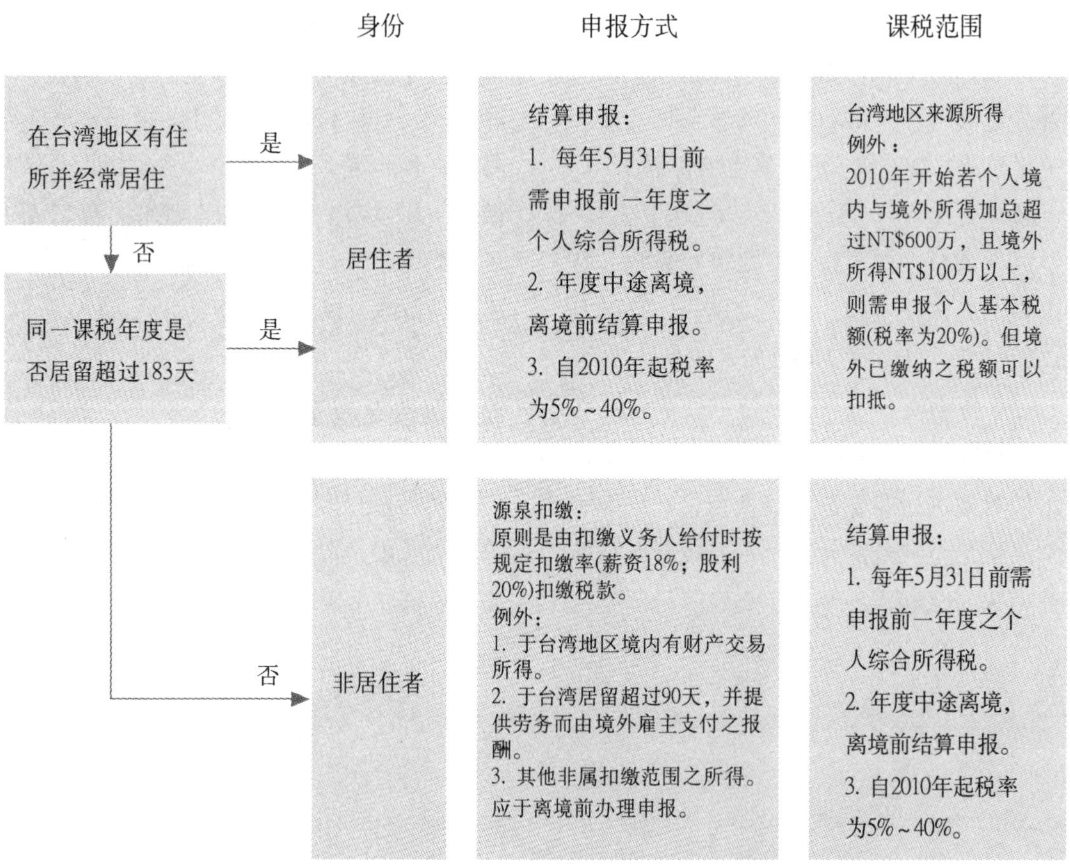

2. 大陆人士来台工作，按其在台天数不同则在台应申报课税范围如下所示：

台湾来源所得 A	其他海外所得 D
港澳来源所得 B	大陆来源所得 C

注：大陆来台从事商业活动及专业活动于个人所得税上皆视为在台提供劳务。因在台提供劳务取得之报酬，属于台湾境内所得，即使该笔所得已于大陆缴纳个人税，该税额在台湾仍不能扣抵。

- 大陆人士居留台湾天数≦ 90 天
  - 若无台湾来源所得 A 则免申报
- 大陆人士居留台湾天数 <183 天
  - 就台湾来源所得 A 报缴所得税
- 大陆人士居留台湾天数≧ 183 天
  - 就 A+B+C+D 申报所得税
  - BCD 均为台湾境外所得

3. 大陆人士之薪资可能在两岸重复缴税

大陆人士来台工作期间，若薪资所得由台湾公司支付与负担成本，则该笔薪资所得属于台湾境内所得，需在台湾缴税；相对地，从中国大陆个人税规定而言，该笔由台湾支付之薪资，属于个人在大陆以外工作取得之所得，所以属于大陆以外所得。而大陆人士于申报中国个人所得税时，当申报该笔境外所得时，则于台湾缴过的个人税可以于中国个人所得税申报时扣抵。

反之，若大陆人士来台工作期间，薪资由大陆公司支付与负担成本，则该笔薪资仍属台湾个人境内所得，需在台缴税，惟从中国个人所得税法规定而言，该笔薪资是否可直接认定属于中国境外所得可能有争议，建议此类之薪资安排需于来台前先规划，以避免台湾缴的税不能于中国个人税扣抵，造成同一笔所得缴两次个人税之结果。

4. 来台大陆人士是否应加入台湾之社会保险

依据目前法令规定，除了观光目的，大陆人士可依下列三种办法来台从事商业活动及专业交流。

- 大陆地区专业人士来台从事商务活动许可办法
  - 可从事商业活动包含商务访问、考察、会议、研习（含受训）、演讲、为邀请单位提供验货、售后服务、技术指导等履约活动、参加 / 参观商展。（一次停留不得逾 1 个月，但研习及履约为 3 个月）
- 大陆地区专业人士来台从事专业活动许可办法
  - 20 类专业领域专业交流活动
  - 陆资企业委派之投资代表人或在台陆资企业负责人（每次停留不得逾 1 年）
  - 陆资企业聘雇大陆地区人民担任经理人或主管或专业技术人员（每次停留不得逾 1 年）
- 跨国企业内部调动之大陆地区人民申请来台服务许可办法
  - 包含跨国企业内部调动服务，专家履约、受训等活动
  - 跨国企业内部调动服务者初次停留不得逾 3 年，专家履约者每次停留不得逾 90 天，受训者停留不得逾 2 个月。

依据前述三种办法来台者之劳、健保及退休金加保议题：

	是否可加保
健保	可 需持有主管机关认定得在台长期居留之证明文件（如因专业活动或跨国企业内部调动取得之人出境许可证）且在台停留满四个月之日起始得加入。
劳保	否 目前大陆地区人民依法来台从事专业活动、商业活动、跨国企业内部调动系属来台服务，非属台湾公司之聘雇关系，故不得依规定办理参加劳保。
退休金	否 不适用于非台湾人。

企业并购的租税措施

企业在拓展业务版图过程中，或有进行海内外之并购交易或组织架构重组或调整之必要，因此，台湾主管机关配合企业并购或重组交易之需求，提供多元化并购方式及租税优惠等，实有利于陆资企业以台湾为并购交易之平台，作为全球业务布局与国际接轨之跳板。

企业并购法下之并购之样态包括合并、分割、营业或财产收购、股份转换等。依企业并购法规定进行的并购，如符合一定条件者，得适用下列租税措施：

- 印花税、契税、证券交易税、营业税免征
- 土地增值税记存（记存只是递延缴税，而非免税）
- 所得税免征
- 并购前既存之租税优惠得继续承受

结语

台湾正逢大力推行税务改革之际，除目前已完成短期计划（如降低营利事业及个人所得税之税率），中、长期计划另将进行两岸间租税协商及研议反避税机制（如CFC法规等）。综观近来主管机关发布之税改消息可知，未来台湾赋税法令将有重大变革，且各地税务主管机关对法令见解及实务上执行审核方向或有差异，提醒您有投资台湾之计划，不论是公司税负或个人税负，欢迎洽询本所，早一步管理租税风险。

第二部分

财务会计面

第八章　台湾各类税种简介

何 嘉 容 / KPMG 台湾所税务投资部执业会计师

专业领域 / 投资登记

公司及财团法人设立、许可申请及相关变更登记

企业并购重组、金融机构并购之相关服务

外商来台投资之咨询及登记

对外投资及对大陆间接投资咨询及许可

公司法有关之咨询服务

杨 雪 卿 / KPMG 台湾所税务投资部执行副总经理

专业领域 / 投资登记

协助经济部投资业务处开发及建置台湾入口网计划

证券商（综合、经纪）筹设、规划及相关变更登记（增加业务种类、增资、变更营业项目）服务

证券商营业让与、购并、海外设立分支机构专案服务

公开发行、增资发行新股之规划及申请

期货商设立、变更申请

金融机构筹设变更规划服务

公营事业改制为公司组织专案服务

公司并购规划及程序申请

陆资、外商回国投资之评估及程序申请

财团、社团法人设立、变更许可申请及相关问题之咨询

对外投资及对大陆间接投资规划及申请

公司设立、变更程序申请

前言

台湾基于法治原则及租税法定原则，对于税捐之征收皆需以法律订之，其中稽征作业之统一性程序系以税捐稽征法为依据，并须遵循行政程序法，使稽征作业透明化，确保依法行政之原则，以保障人民权益，提高行政效能。各该税目分就“国税”及“地方税”，由“国税局”或县市税捐稽征机关征收，并以“财政部”为最高行政单位统筹稽征事务之管理、赋税法令之释示及财政划分。

近年来台湾国际化程度渐高，为使租税制度与国际发展趋势接轨，营造公平合理租税环境，并因应经济发展变化与跨国投资需求，台湾税制已进行多次修正与改革。例如：

1. 为提升租税竞争力：

（1）于 1998 年实施营利事业所得税与综合所得税两税合一制度。

（2）于 2009 年将亏损扣抵年限由 5 年延长至 10 年。

（3）于 2011 年实施海运业吨位税制。

2. 为营造公平合理租税环境并兼顾产业发展需要：

（1）于 2005 年实施反避税措施 - 移转定价制度。

（2）于 2006 年实施所得税之最低税负制。

（3）于 2010 年实施产业创新条例，接续促进产业升级条例。

（4）于 2011 年实施反避税措施 - 反自有资本稀释制度。

3. 为促进国际经贸交流及避免跨境交易之重复课税：

（1）已生效全面性所得税协定已达 23 个。

（2）与大陆签订海峡两岸海运协议及空运补充协议，约定两岸海运及空运相互减免营业税及所得税。

台湾租税改革成果

此外，台湾于 2002 年加入世界贸易组织后，凭借该组织颁布之规则修正相关法令作为课征关税之基准，并实施烟酒税制，以促进国际贸易。台湾租税环境良善，申报程序简易，稽征程序公开透明，与税捐稽征机关之沟通管道顺畅，且政府因应经济情势续行租税改革，例如调降综合所得税、营利事业所得税及遗产赠与税之税率等等，使台湾之投资环境于亚太地区更具吸引力。租税简介如下：

1. 营利事业所得税

（1）课征对象及课税范围：

A. 总机构在境内之营利事业（居住者）：境内、外来源所得。

B. 总机构在境外之营利事业（非居住者）：境内来源所得。

（2）居住者之完税方式及税率

A. 完税方式：办理年度营利事业所得税结算申报（申报完税）。

B. 税率：17%。

（3）非居住者之完税方式及税率

A. 在境内有固定营业场所或营业代理人：同居住者。

B. 在境内无固定营业场所及营业代理人：

a. 完税方式：由扣缴义务人于给付时办理扣缴为原则（扣缴完税）。

b. 税率：20% 或 15%。

（4）子公司与分公司之租税比较

比较项目	子公司	分公司
营所税税率	17%	17%
未分配盈余税	10%	无
股利扣缴税	20%	无
整体税负	33.6%	17%
租税优惠的适用	有	无

2. 个人综合所得税

（1）课征对象

A. 境内居住之个人（居住者），指符合下列二种情形之一：

a. 在境内有住所，并经常居住在境内。

b. 在境内无住所，而于一课税年度内在境内居留合计满 183 天。

B. 非境内居住之个人（非居住者）

（2）课税范围：台湾地区来源所得

（3）居住者之完税方式及税率

A. 完税方式：办理年度综合所得税结算申报（申报完税）。

B. 税率：适用 5%、12%、20%、30%、40% 之累进税率结构。

（4）非居住者之完税方式及税率

A. 完税方式：由扣缴义务人于给付时办理扣缴为原则（扣缴完税）。

B. 税率：各类所得给付之扣缴率如下：

所得类别	扣缴率
股利	20%
薪资	18%；6%（注 1）
佣金、租金、权利金	20%
利息	20%; 15%（注 2）
机会所得	20%
执行业务者之报酬	20%
退职所得	18%
告发或检举奖金	20%
结构型商品交易之所得	15%
其他所得	20%

注 1：全月薪资给付总额在“行政院”核定每月基本工资 1.5 倍以下为 6% 外，为 18%。

注 2：短期票券利息、证券化商品利息、公债、公司债及金融债券利息，以及以短期票券或有价证券从事附条件交易，到期卖回金额超过原买入金额部分之利息，适用之扣缴率为 15%。

3. 所得基本税额（最低税负）之适用（2006 年度起）

（1）境内居住之个人

A. 海外所得（2010 年度起适用）。

B. 要保人及受益人不同之人寿保险及年金保险给付（死亡给付每申报户可享有 3,000 万元之免税额）。

C. 非上市柜及非兴柜股票交易所得、私募受益凭证交易所得。

D. 非现金捐赠

（2）在境内有固定营业场所或营业代理人之营利事业

A. 证券交易所得及期货交易所得。

B. 奖励减免所得。

C. 国际金融业务分行之免税所得。

（3）最低税负之计算

A. 境内居住之个人

a. 综合所得净额 = 综合所得总额 – 免税额 – 标准扣除额或列举扣除额 – 特别扣除额

b. 一般所得税额 = 综合所得净额 × 级距税率 – 累进差额

c. 基本所得额 = 综合所得净额 + 计算基本所得额加计项目

d. 基本税额 =（基本所得额 –600 万元）× 20%

B. 在境内有固定营业场所或营业代理人之营利事业

a. 一般所得税额 = 课税所得额 × 适用税率

b. 基本所得额 = 课税所得额 + 计算基本所得额加计项目

c. 基本税额 =（基本所得额 –200 万元）× 10%

营利事业或个人之一般所得税额高于或等于基本税额者，该营利事业或个人当年度应缴纳之所得税，应按所得税法及其他相关法律规定计算认定之。一般所得税额低于基本税额者，其应缴纳之所得税，除按所得税法及其他相关法律计算认定外，应另就基本税额与一般所得税额之差额认定之。

4. 营业税

（1）课税范围

凡在台湾地区销售货物或劳务及进口货物，应依“加值型及非加值型营业税法”（以下简称“营业税法”）规定，课征营业税。

（2）纳税义务人

A. 销售货物或劳务之营业人。

B. 进口货物之收货人或持有人。

C. 外国之事业、机关、团体、组织，在台湾地区无固定营业场所者，其所销售劳务之买受人。但外国国际运输事业，在台湾地区无固定营业场所而有代理人者，为其代理人。买受人为专营营业税法第 4 章第 1 节规定计算税额之营业人，其购进之劳务，专供经营应税货物或劳务之用者，免予缴纳。

D. 农业用油、渔业用油有转让或移作他用而不符免税规定者，为转让或移作他用之人。但转让或移作他用之人不明者，为货物持有人。

（3）加值型营业人

非证券金融保险的一般行业适用，一般税率是 5%，而外销货物是 0%。加值型营业税的概念类似大陆地区的增值税，进项税额通常可以用来扣抵销项税额。

（4）非加值型营业人：

适用于金融业、保险业、证券业、信托投资业、期货业、票券业及典当业，这些行业经营属于与本业相关的业务，税率是 2%。而经营本业以外的业务，税率是 5%。非加值型营业税的概念类似大陆地区的营业税，是用销售总额来计算应纳税额。

5. 遗产及赠与税

（1）课税范围

A. 居民（死亡或赠与前二年内在境内有住所或居住满 365 天）：境内、境外财产

B. 非居民：境内财产

（2）税率

A. 遗产税：10%

B. 赠与税：10%

（3）免税额

A. 遗产税：1,200 万元

B. 赠与税：220 万元

6. 货物税

（1）课税范围

货物税条例规定之货物，不论在台湾地区产制或进口，除法律另有规定外，均依本条例征收货物税。其征收之货物税是依其货物种类不同，所适用之税率或税额也不同。

（2）纳税义务人

货物税于应税货物出厂或进口时征收之。其纳税义务人及课税范围列示如下：

课税范围	纳税义务人	例外情形
台湾地区产制之货物	产制厂商	
委托代制之货物	受托之产制厂商	委托厂商为产制应税货物之厂商者，得向主管稽征机关申请以委托厂商为纳税义务人。
台湾地区进口之货物	收货人、提货单或货物持有人	

（3）应税货物、税率及税额

根据货物税条例规定，台湾地区货物税之应税货物有 7 大种类，将其种类、税率及税额列示如下：

货物类别及其税率			
种类	次分类	税率 / 税额	附注
车辆类	小客车（汽缸排气量 2,000 c.c 以下者）	25%	供研究发展用之进口车辆，附有特殊装置专供公共安全及公共卫生目的使用之特种车辆、邮政供邮件运送之车辆、装有农业工具之牵引车、符合政府规定规格之农地搬运车及不行驶公共道路之各种工程车免税。
	小客车（汽缸排气量 2,001 c.c 以上者）	30%	自 2009 年 6 月 5 日起 5 年内购买低底盘公共汽车、天然气公共汽车、油电混合动力公共汽车、电动公共汽车、身心障碍者复康巴士并完成登记者，免征货物税。
车辆类	货车、大客车及其他车辆	15%	电动车辆按左列税率减半征收。但自 2011 年 1 月 28 日起 3 年内购买完全以电能为动力之电动车辆并完成登记者，免征该等车辆应征之货物税。自 2011 年 12 月 30 日起 5 年内购买油汽双燃料车并完成登记者，该汽车应征之货物税每辆定额减征新台币 25,000 元。
	机车	17%	
橡胶轮胎		10%~15%	内胎、实心橡胶轮胎、人力与兽力车辆及农耕机用之橡胶轮胎免税。
饮料品	稀释天然果蔬汁	8%	饮料品合于国家标准之纯天然果汁、果浆、浓糖果浆、浓缩果汁及纯天然蔬菜汁免税。
	其他饮料品	15%	
平板玻璃		10%	导电玻璃及供生产模具用之强化玻璃免税。

电器类	电冰箱	13%	
	彩色电视机	13%	
	冷暖气机	20%	
	中央系统型冷暖气机	15%	工厂使用之湿度调节器免税。 手提32公分以下电唱机免税。 如有与非应税货物组合制成之货物者，或其组合之货物适用之税率不同者，应就该货物全部之完税价格按最高税率征收。
	除湿机	15%	
	录像机	13%	
	电唱机	10%	
	录音机	10%	
	音响组合	10%	
	电烤箱	15%	
水泥		各类水泥最高每公吨征收新台币196元至600元	
油气类		液化石油气每公吨征收新台币690元；其他油品每公吨征收新台币110元至6,830元。	各款油类掺合变造供不同用途之油品，一律按其所含主要油类之应征税额课征

7. 关税

（1）课税范围

依关税法及海关进口税则规定，对进口货物课征的税负，税率和税额视货品的种类而定。

8. 期货交易税

（1）课税范围

凡在台湾地区期货交易所从事期货交易，应征收期货交易税。

（2）纳税义务人

期货交易税系向买卖双方交易人课征，由期货商代征之。

（3）税率

期货契约类别	核定征收税率
股价类期货契约	每次交易之契约金额之十万分之4
利率类期货契约	30天期商业本票利率期货：每次交易之契约金额之百万分之0.125
	10年期政府债券期货：每次交易之契约金额之百万分之1.25
选择权契约或期货选择权契约	每次交易之权利金金额之千分之1
其他期货交易契约	黄金期货：每次交易之契约金额之百万分之2.5

9. 证券交易税

（1）课税范围

凡买卖有价证券，除各级政府发行之债券及其他依法免征者外，应征收证券交易税。所称有价证券，系指各级政府发行之债券，公司发行之股票、公司债及经政府核准得公开募销之其他有价证券。

（2）纳税义务人

证券交易税系向出卖有价证券人课征。除证券自营商自行出卖其所持有之有价证券者，证券交易税由该证券自营商向国库缴纳外，证券交易税由代征人自应付、经纪或承销之价款中代征之。代征人依交易类别如下：

交易类别	代征人
证券承销商出卖其所承销之有价证券业务者	证券承销商
有价证券系经由证券经纪商受客户委托出卖者	证券经纪商
由持有人直接出让与受让人者	受让证券人

（3）税率

有价证券类别	税率
公司发行之股票及表明股票权利之证书或凭证	按成交金额之千分之 3
公司债及金融债券	按成交金额之千分之 1，但目前依证券交易税条例第 2 条之 1 之规定自 2010 年 1 月 1 日起 7 年内暂停课征
其他经政府核准之有价证券	按成交金额之千分之 1（如：台湾存托凭证、受益凭证及认购（售）权证等）

10. 地价税

（1）课税范围

地价税之课税范围为台湾地区之土地，易言之，境外之土地非地价税课税范围。凡已规定地价之土地，除依法课征田赋外，均应课征地价税。地价系由直辖市或县市主管机关分区调查计算后公告。

（2）纳税义务人

地价税之纳税义务人如下：

A. 土地所有权人。若属于公同共有，为管理人；若为分别共有，以共有人各按其应有部分为纳税义务人。

B. 设有典权土地，为典权人。

C. 承领土地，为承领人。

D. 承垦土地，为耕作权人。

E. 土地为信托财产者，于信托关系存续中，以受托人为地价税之纳税义务人。

（3）课税基础

地价税之课税基础原则上是按照土地所有权人自行申报之地价为准，但申报地价不得超过公告地价之 120%，不得低于公告地价 80%，土地所有权人未于公告期间申报地价者，以公告地价 80% 为其申报地价。

地价税系按每一土地所有权人在每一直辖市或县（市）辖区内土地之地价总额计征。

（4）累进起点地价

以各该直辖市或县（市）土地 7 公亩（700 平方公尺）之平均地价为准。但不包括工业用地、矿业用地、农业用地及免税土地在内。

（5）税率

地价税采用基本税率、一般土地累进税率及特别税率。基本税率千分之十适用于公有土地、工业用地、矿业用地、私立公园、动物园、体育场所用地、加油站及停车场用地等。一般土地地价总额未超过累进起点地价者，按基本税率征收；超过累进起点地价者，依下列规定适用累进税率：

	用地别	税率
一般用地税率	一般土地超过累进起点地价者按下列规定累进课征：	
	1. 超过累进起点地价未达 5 倍者，就其超过部分	1.5%
	2. 超过累进起点地价 5 倍至 10 倍者，就其超过部分	2.5%
	3. 超过累进起点地价 10 倍至 15 倍者，就其超过部分	3.5%
	4. 超过累进起点地价 15 倍至 20 倍者，就其超过部分	4.5%
	5. 超过累进起点地价 20 倍以上者，就其超过部分	5.5%

下列情况可适用特别税率：

适用土地	特别税率	备注
自用住宅用地	0.2%	仅适用于都市土地面积未超过 3 公亩及非都市土地面积未超过 7 公亩部分。
劳工宿舍用地、国民住宅用地	0.2%	
公共设施保留地	0.6%	其符合自用住宅用地规定者，按 0.2% 课征；其未作任何使用并与使用中之土地隔离者，免征。

11. 土地增值税

（1）课税范围

土地增值税以台湾地区土地为课税范围，境外土地不在课征之列。已规定地价之土地，于土地所有权移转时，应按其土地涨价总数额征收土地增值税。

（2）纳税义务人

土地增值税之纳税义务人如下：

A. 土地为有偿移转者，为原所有权人。

B. 土地为无偿移转者，为取得所有权之人。

C. 土地设定典权者，为出典人。

土地所有权移转，其应纳之土地增值税，纳税义务人未于规定期限内缴纳者，得由取得所有权之人代为缴纳。依平均地权条例第 47 条规定由权利人单独申报土地移转现值者，其应纳之土地增值税应由权利人代为缴纳。

（3）课税基础

土地增值税之税基为土地涨价总数额，其计算公式如下：

土地涨价总数额 = 申报土地移转现值 – 原规定地价或前次移转时所申报之土地移转现值 × 台湾地区消费者物价总指数 /100–（改良土地费用 + 工程受益费 + 土地重划负担总费用 + 因土地使用变更而无偿捐赠作为公共设施用地其捐赠土地之公告现值总额）

（4）税率

土地增值税之税率系按土地涨价倍数依累进税率课征之。目前其累进税率 20%、30% 及 40%，其持有土地期间在 20 年以上者，并可适用减征之规定。另土地所有权人出售符合规定之自用住宅用地，可按 10% 优惠税率课征。

（5）应纳土地增值税

土地增值税应纳税额 = 土地涨价总数额 X 级距税率 – 累进差额应纳土地增值税 – 减征税额 – 重新规定地价而增缴之地价税

（6）土地增值税之减免

符合下列情况者，可免征或减征其土地增值税：

A. 因继承而移转之土地免征。

B. 政府出售或政府依法赠与之公有土地及政府接受捐赠之私有土地免征。

C. 被征收之土地，免征土地增值税。

D. 经重划之土地，于重划后第一次移转减征 40%。

12. 房屋税

（1）课税范围

房屋税，以附着于台湾地区土地之各种房屋，及有关增加该房屋使用价值之建筑物，为课征对象。

（2）纳税义务人

房屋税之纳税义务人如下：

A. 房屋未设有典权者，为房屋所有人。

B. 房屋设有典权者，为典权人。

C. 共有之房屋，为共有人，并由共有人推定一人缴纳，如不为推定，则由现住人或使用人代缴。

D. 未办建物所有权第一次登记且所有人不明之房屋，为使用执照所载起造人；如无使用执照者，为建造执照所载起造人；如无建造执造者，为现住人或管理人。

所有权人或典权人住址不明，或非居住房屋所在地者，应由管理人或现住人缴纳之，如属出租，应由承租人负责代缴，抵扣房租。

（3）课税方式

房屋税系以房屋现值，按房屋使用情形所应适用的税率予以课征。房屋现值由地方税稽征机关依不动产评价委员会评定之房屋标准价格、折旧率及街路等级调整率核定。

（4）税率

房屋税之税率结构如下：

项目	法定税率		征收率
	最高	最低	
营业用	5%	3%	3%
私人医院、诊所、自由职业事务所及人民团体等非营业用	2.5%	1.5%	2% 或 1.5%
住家用	2%	1.2%	1.2%

备注：“直辖市”及县（市）政府得视地方实际情形，于上开法定税率范围内分别规定房屋税征收率，是各县市如有调整，依其调整征收率课征。

房屋同时作住家及非住家用者，应以实际使用面积，分别按住家用或非住家用税率课征房屋税。但非住家用者，课税面积最低不得少于全部面积 1/6。

13. 契税

（1）课税范围

不动产之买卖、承典、交换、赠与、分割或因占有而取得所有权者，均应申报缴纳契税。但在开征土地增值税区域之土地，免征契税。

（2）纳税义务人

契税之纳税义务人如下：

A. 买卖契税，为买受人。

B. 典权契税，为典权人。

C. 交换契税，由交换人估价立契，各就承受部分申报纳税。交换有给付差额价款者，其差额价款应依买卖契税税率课征。

D. 赠与契税，由受赠人估价立契，申报

纳税。

E. 以不动产为信托财产，受托人依信托本旨移转信托财产与委托人以外之归属权利人时，应由归属权利人估价立契，申报缴纳赠与契税。

F. 分割契税，应由分割人估价立契，申报纳税。

G. 占有契税，应由占有不动产依法取得所有权之人估价立契，申报纳税。

（3）课税方式

契税由纳税义务人申报纳税，契价以当地不动产评价委员会评定之标准价格为准，但因依法领买或标购公产及向法院标购拍卖之不动产者，其取得不动产之移转价格低于评定标准价格者，从其移转价格。

（4）税率

其税率结构如下：

契税种类	税率
买卖契税	6%
典权契税	4%
交换契税	2%
赠与契税	6%
分割契税	2%
占有契税	6%

14. 印花税

（1）课税范围

印花税法规定之各种凭证，在台湾地区书立者，均应依该法纳印花税。若该文件经多国多方签立，只其中有一签约国是在台湾地区签立，即依法课征印花税。

印花税以下列凭证为课征范围：

A. 承揽契据：指一方为他方完成一定工作之契据；如承包各种工程契约、承印印刷品契约及代理加工契据等属之。

B. 银钱收据：指收到银钱所立之单据、簿、折。凡收受或代收银钱收据、收款回执、解款条、取租簿、取租折及付款簿等属之。但兼具营业发票性质之银钱收据及兼具银钱收据性质之营业发票不包括在内。

C. 买卖动产契据：指买卖动产所立之契据。

D. 典卖、让受及分割不动产契据：指设定典权及买卖、交换、赠与、分割不动产所立凭以向主管机关申请物权登记之契据。

（2）纳税义务人

印花税之纳税义务人为立约人或立据人。

（3）税率及税额

印花税税率或税额如下：

凭证种类	税率或税额
承揽契据	每件按金额 0.1%
银钱收据	每件按金额 0.4% 招标人收受押标金收据：每件按金额 0.1%，由立据人贴印花税票
买卖动产契据	每件税额新台币 12 元
典卖、让受及分割不动产契据	每件按金额 0.1%

第二部分

财务会计面

第九章　陆资来台投资税务议题停、看、听

周 黎 芳 / 安永联合会计师事务所（安永台湾）执业会计师
专业领域 / 并购咨询、税务审查、行政救济、国际租税规划

苏 仁 伟 / 安永联合会计师事务所（安永台湾）经理
专业领域 / 公司税务咨询及规划

前言

随着两岸经济交流日趋热络，及台湾接受陆资投资之项目逐步放宽，陆资来台投资之案件预期将稳定成长。投资与否除考虑市场营销、经营成本等因素外，税负通常是必要关键因素之一。有鉴于此，谨将陆资来台投资主要面临的税务议题列举如下，希望对有意来台的大陆投资人于税务议题的基本认知上，能有所益助：

- 应以办事处、分公司或子公司之何种组织形态来台投资？其租税效果有何不同？
- 来台投资可享受之租税优惠？
- 投资汇出之盈余或股利是否课税？
- 销售货物或劳务之交易税如何课征？
- 来台陆籍员工之相关税负？

营利事业所得税

1. 设立子公司、分公司及办事处之比较

台湾的营利事业所得税（下称“营所税”）自 2010 年起，税率由 25% 大幅降至 17%，较大陆企业所得税率 25% 为低，亦与新加坡（17%）及香港（16.5%）相当，有效营造低税负并具国际竞争力之租税环境。课征范围方面，以总机构是否在境内为区分标准，若总机构在境内，其境内、外之所得皆应课税，亦即采全球所得课税原则，惟于境外所得来源国缴纳之所得税，得在一定限额内扣抵，以避免双重课税；若总机构在境外，仅就台湾来源所得课税。因此，陆资若选择以子公司形态来台投资，其境内、外所得将合并课征台湾之营所税，且盈余汇回母公司时，应扣缴 20% 之税额。若单纯从税负考虑，一般实务上，常见外资来台投资采取设立分公司模式，较具节税效益。

有关陆资设立子公司、分公司及办事处主要之税负差异如下：

	子公司	分公司	办事处
申报营业税	是	是	因不得对外从事营业行为，故原则上无须办理营业登记及申报营业税。惟须注意，办事处如因有雇用员工而需支付薪资，则应向“国税局”办理“扣缴单位设立登记申请”，以凭办理后续薪资扣缴事宜。
申报营所税	是，另未分配盈余应加征 10% [详下列第（四）点“两税合一”之介绍]	是，惟无须缴纳未分配盈余税	应申报运用营运资金之所得，如：利息收入
设立股东可扣抵税额账户	是	不适用	不适用
课征范围	境内及境外	境内	境内

盈余汇出	扣缴 20%	无须扣缴	无须扣缴
申请研发投抵	可	不可	不可
适用盈亏互抵	可	可	不可
申报最低税负制	是	是	是

由上表得知，办事处不得对外营业，因其功能仅能从事签约、报价、议价、投标、采购等法律行为，若有参与大陆总公司对台之销售活动，易被认定有营业行为，应向经济部门申请认许设立分公司，以免违反台湾公司法。另办事处是否应向“国税局”办理营业登记，依台湾“财政部”台财税第7558643号及台财税第7586964号函释：

（1）外国营利事业在台湾设立之联络处，为其总机构办理采购业务，如无对外营业，得免予办理营业登记。如仅为其总机构办理采购业务，尚非属销售劳务性质，其国外总机构按实际需要汇入之采购费用，并非该联络处或分公司在我国境内销售劳务之销售额。

（2）外国营利事业在台湾设立之联络处，如仅为其境外总机构从事采购、验货及连络通讯等工作，无对外营业者，可免办理营业登记，免征营业税及营利事业所得税。至有营业外收入者，仍应依法办理结算申报缴纳营利事业所得税。

是以，仅限为境外总机构从事采购、验货及联络通讯等工作之办事处始得免办营业登记及申报营业税，惟办事处若有营业外收入，如：境外总公司提供之营运资金及其孳息，扣除相关成本费用后之所得，仍应申报营所税且有暂缴申报之适用。若从事上开范围以外之业务行为，如：提供协助境外总机构于台湾销售货物或劳务，易被认定属营业行为并应办理营业登记，当然亦应将归属境内之所得申报营所税。

分公司与办事处因不具独立法人资格，系属总机构所属之分支机构，其盈余汇回予境外总公司并非盈余之分配，故可免予扣缴。

2. 租税优惠

（1）研发投抵

因台湾于2010年起大幅减少租税减免项目，一般性之租税减免仅剩“产业创新条例”中所规范研发支出投资抵减，而其适用之对象排除外国在台分公司，故分公司与办事处无法享受该租税优惠。若系设立子公司且符合产业创新条例相关法规之规定，例如该子公司具备研发能力，其从事之研究发展活动，应具有高度之创新，公司得申请在投资于研究发展支出金额15%限度内，抵减当年度应纳营利事业所得税额，并以不超过该公司当年度应纳税额30%为限。

（2）盈亏互抵

台湾所得税法提供符合条件之亏损得递延扣除以后年度所得之盈亏互抵优惠措施，此类似大陆企所税前5年亏损弥补之规定，不同的是，台湾盈亏互抵之期限于2009年由5年延长为10年，较大陆更为优惠。于台湾享受盈亏互抵应同时符合下列4项条件：

- 公司组织之营利事业；
- 会计账册簿据完备；
- 亏损及申报扣除年度均使用蓝色申报书或经会计师查核签证；

- 如期于5月底前办理结算申报。

陆资来台设立之子公司及分公司符合第1项条件，而办事处非公司组织，无法享受该优惠。

3. 最低税负制

台湾为避免租税减免之过度利用，而产生高获利业者之税负较一般营利事业为轻之不合理现象，实行最低税负制以适度达成所得税的公平性。易言之，最低税负制系为使适用租税减免规定而缴纳较低之税负甚至不用缴税的公司或高所得个人，都能缴纳最基本税额的一种税制。目的在于使有能力纳税者，对财政均有基本的贡献，以维护租税公平，确保税收。对营利事业而言，只要在台湾境内有固定营业场所，如：分公司或办事处等，即符合适用之对象。而计入最低税负制之项目主要为证券、期货交易所得及符合租税减免规定之免税所得。因此，陆资在台之固定营业场所若有买卖台湾的股票而获利，虽可不课征所得税，惟可能会因适用最低税负制而课征10%之税额。

4. 两税合一

为消除投资人投资台湾境内营利事业获配之股利于公司阶段及股东阶段重复课税，除公司组织之股东依所得税法第42条规定，其取得境内营利事业之盈余或股利不计入所得课税外，台湾另实施两税合一制度。配合该制度之实施，公司应设置股东可扣抵税额账户，该账户记录公司所负担之所得税余额，于分配股利予股东时，该税额得带出予台湾个人股东，供其扣抵应纳之综合所得税额；若系公司股东，则计入其股东可扣抵税额账户。惟台湾采设算扣抵制，可扣抵税额之计算有其限额，且股东若为非境内居住之个人或总机构在境外之营利事业并不适用两税合一，因此，大陆股东取得台湾子公司之投资收益所含之税额不得扣抵其扣缴税额，但属未分配盈余加征10%部分实际缴纳之税额得例外扣抵。

两税合一另一项重要措施为未分配盈余加征10%所得税，当营利事业当年度可供分配盈余未全数分配完毕时，应就其余额课征10%所得税，惟两税合一不适用于外国在台分公司及办事处，仅子公司之未分配盈余应加征10%。

5. 反避税制度

对于跨国集团企业，台湾也有类似大陆特别纳税调整之规定，主要为移转定价（大陆称为“转让定价”）及反资本稀释（大陆称为“反资本弱化”）：

（1）转定价：企业与关系人交易之价格应符合常规交易原则，适用之交易类型包含有形资产之移转及使用、无形资产之移转及使用、服务之提供及资金之使用等。原则上，全年受控交易金额达新台币2亿元以上即可能须编制移转定价报告（大陆称为“同期资料”），且若查获有不合常规交易之安排，除补税外，尚有处罚之规定。

（2）反资本稀释：为避免营利事业大量利用关系人借款替代股权投资列报利息费用获取不当租税利益，台湾于2011年开始实施反资本稀释查核制度。营利事业对关系人之负债占业主权益超过一定比率者，超过部分之利息支出不得列为费用或损失，目前该比率订为3比1。

6.“国税局”查核外国在台分公司或子公司之重点

（1）管理费用之分摊

集团企业为提升经营效率并节省营运成本，多由集团总部统一向全球各集团成员提供管理服务（如财务管理、风险管理、或信息系统之支持建置等），以整合运用资源，对此经营管理之趋势，台湾允许境内之外国分公司（或子公司）若符合特定条件，得分摊其国外总公司（或区域总部）之管理费用。

形式要件部分，应提供载明其管理费用金额、分摊标准内容、分摊计算方式及相关金额等数据之财务报告，或境外总公司所在地会计师查核签证，载有该等资料之查核报告。另分摊标准应按营业收入之相对比例计算，若系采其他分摊标准，应先经该管稽征机关核准始可采用。实质面则应留意分摊之费用性质限一般、共同、例行性之管理费用，如：人事、财会、信息等费用，因此，与产品有关之销售费用或研发费用等将会被剔除。

（2）驻外人员之薪资

台湾子公司若有派员至境外提供劳务且在境外居留天数超过 183 天，目前查核实务税局会以该员工实际系为关系企业提供服务，故以相关之劳务成本应非由台湾公司负担为由而剔除补税。另于实施移转定价税制后，实务上亦有税局根据移转定价规定，对于此部分之劳务成本要求设算技术服务报酬课税，补税金额将增加，因此应留意此部分之查核风险。

营业税

陆资来台设立公司后，若于台湾境内销售货物或劳务及进口货物，应缴纳营业税。此类似大陆之增值税，惟台湾营业税率最高仅 5%，不若大陆 17%，相对而言属于轻税。台湾销售货物缴纳营业税之起征点为每月新台币 8 万元，若每月销售额达新台币 20 万元则应开立统一发票，办事处若有营业行为，应先设立营业登记，再视每月销售额是否达上开标准，决定是否可免征或免开统一发票。

1. 台湾之营业税区分为加值型与非加值型营业税，兹列表比较如下：

类型	对象	税率	备注
加值型	一般营业人	5%	1. 税额以销项税额减除进项税额计算。 2. 自动申报缴纳。

非加值型	银行、保险、信托投资、证券、期货、票券及典当业	专属本业：2% 非专属本业：5%	1. 原则上，非加值型营业税系以销项税额计算，其进项税额不得扣抵。 2. 惟最后 2 类非加值型营业人，其进项税额之 10% 可扣抵。
	保险业之再保费收入	1%	
	夜总会、有娱乐节目之餐饮店	15%	
	酒家及有女性陪侍之茶室、咖啡厅、酒吧	25%	
	小规模营业人及其他经财政部门规定免予申报销售额之营业人	1%	
	农产品批发市场之承销人及销售农产品之小规模营业人	0.1%	

2. 零税率

台湾为鼓励外销，对于一般营业人外销货物或销售与外销有关之劳务，可适用零税率退税之优惠，惟税局对零税率退税之查核较为严格，以避免“假出口真退税”之异常情形。此外，购置固定资产之进项税额亦得申请退税。另应注意零税率与免税不同，销售免税货物，其相关之进项税额不得扣抵，因此并无申请退税之适用。

个人综合所得税

台湾的个人所得税若采结算申报（大陆人士若于台湾境内停留超过 183 天应采此方式），系合并不同类别所得如：营利所得、薪资所得、利息所得等，按 5%至 40%之累进税率课征。此与大陆个人系采分类所得税制不同。且在不考虑最低税负制之情况下，台湾仅就台湾来源所得课税，而大陆对居民之课税范围则扩及境外所得。

1. 大陆人士于台湾提供劳务所得之课税方式

（1）居留天数不超过 90 天

原则上，外国人在台湾只要有源自境内之所得皆应课税，即使仅居留 1 天，如：外国艺人来台表演之报酬。惟台湾例外对于一课税年度内，合计居留不超过 90 天且自境外雇主所取得之劳务报酬予以免税，因此外国公司派员来台短期出差尚无薪资所得税之问题。反之，若陆籍员工来台工作不超过 90 天，惟其薪资系由台湾分公司或办事处给付，则应采就源扣缴课税（目前税率为 18%），无须办理结算申报。

（2）居留天数超过 90 天且未达 183 天

若外国公司派员来台出差全年累计超过 90 天，即使薪资系由外国公司给付，其薪资仍应课税。若居留天数未超过 183 天，仍采就源扣缴方式课税，无须办理结算申报。

另依台湾地区与大陆地区人民关系条例（以下简称“两岸人民关系条例”）第 25 条之 1 规定，经申请核准在台湾地区投资经许可之法人、团体或其他机构，其董事、经理人及所派之技术人员，因办理投资、建厂或从事市场调查等临时性工作，于一课税年度内在台湾地区居留期间合计不超过 183 天者，其由该法人、团体或其他机构非在台湾地区给予之薪资所得，不视为台湾地区来源所得。

（3）居留天数满 183 天

依两岸人民关系条例第 25 条第 2 项规定，大陆地区人民于一课税年度内在台湾地区居留合计满 183 天者，应就其台湾地区来源所得，准用台湾地区人民适用之课税规定，课征综合所得税。即应于每年 5 月办理综所税结算申报，适用 5%至 40%之累进税率。

2. 最低税负制

陆籍在台员工是否应适用台湾的最低税负制？依所得基本税额条例规定，排除“非境内居住之个人”适用，据此，若陆籍员工在台居留满 183 天则不符合“非境内居住之个人”，而有最低税负制之适用。因陆籍员工仅就台湾地区来源所得课征台湾之综所税，而海外所得自 2010 年开始计入最低税负制，故对陆籍员工而言，将关切大陆地区之来源所得是否应属“海外所得”，依财政部门颁订之非台湾地区来源所得及香港澳门来源所得计入个人基本所得额申报及查核要点第 2 点规定，所称非台湾来源所得，指所得税法第 8 条规定台湾来源所得及两岸人民关系条例规定大陆地区来源所得以外之所得，是以，陆籍员工之海外所得不含大陆地区来源所得，但其他地区之所得仍应核算是否超过新台币 100 万元，若已超过则应全数适用最低税负制。

结语

近年来台湾因配合国际接轨，营所税制不断更新，如：陆续实施移转定价、反资本稀释等查核制度，以加强反避税措施；另因应 2013 年将全面导入国际会计准则，台湾的税务部门也已着手相关法规或申报书之增修。陆资来台投资将面临此税制频繁异动之趋势及上列之税务议题，建议应随时留意台湾税制动态并咨询税务专家，以落实税务管理并创造竞争优势。

第三部分

资本市场面

第一章　台湾资本市场之竞争优势

蔡 松 棋 / KPMG 台湾所审计部执业会计师

专业领域 / 审计及税务服务

海外企业来台上市柜服务

协助海外台商回台上市柜辅导

海外暨大陆投资咨询服务

申请公开发行及上市柜案件之辅导

申请海外上市案件之辅导

协助公司内部控制制度健全化之辅导

财务报表签证及营利事业所得税签证申报

执行特殊目的之查核及核阅工作，包含国内外公司内控及会计制度检阅

前言

许多企业营运多年渐具规模后，面对集团不断扩张版图及海外布局等营运因素，通常会面临资金及人才的需求。在取得资金方面，可分为直接筹资与间接筹资，直接筹资来源主要是股市，企业可以透过股票初次公开发行（IPO），或办理现金增资、发行台湾存托凭证（TDR）等方式来筹资；间接筹资则是向金融机构借款。由于直接筹资可以不用负担利息成本，且是众多筹资方式中最具多元效益。因此，在资本市场募集资金成为企业规划筹资重要的方式之一。

企业在选择筹资的市场时，主要的考虑可以由四个面向来看：一、市盈率（P/E ratio）及成交值周转率；二、上市成本；三、市场特性；四、上市基本条件（市值与获利能力）。市盈率的倍数愈高，企业的股价就愈高；上市成本以及上市的条件诸如市值及获利性的规定，向来都是企业选择资本市场时考虑的重要因素；市场特性可以了解各地市场的产业属性以及了解哪种行业适合在哪个市场挂牌。本文就台湾、香港、新加坡及大陆等四地资本市场的市盈率及成交值周转率、上市成本、市场特性及上市基本条件（市值与获利能力）等相关数据，进行比较说明并供参考。

表 1 2002~2011 年四地市盈率

	台湾	上海	深圳	香港	新加坡
2002 年底	41.77	34.43	36.96	14.89	21.17
2003 年底	24.76	36.54	36.19	18.96	24.87
2004 年底	12.58	24.23	24.63	18.73	16.60
2005 年底	17.55	16.33	16.36	15.57	15.37
2006 年底	18.98	33.30	32.72	17.37	13.92
2007 年底	15.31	59.24	69.74	22.47	14.74
2008 年底	9.80	14.85	16.72	7.26	6.00
2009 年底	110.54	28.73	46.01	18.13	26.12
2010 年底	16.04	21.62	44.69	16.67	12.70
2011 年底	15.76	13.40	23.11	9.68	7.67
平均值	28.31	28.27	34.71	15.97	15.92

（数据源：台湾证券交易所）

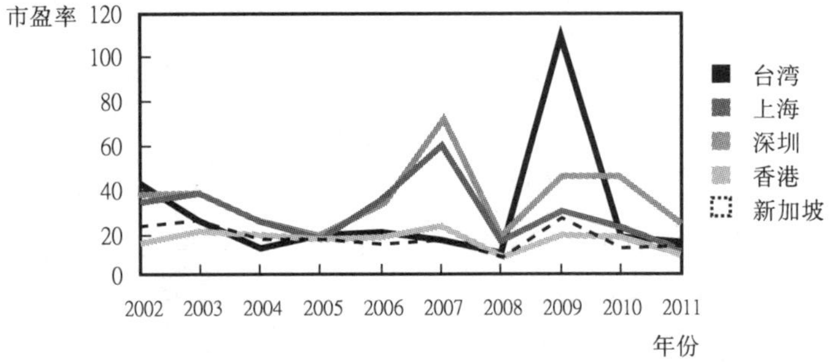

图 1 2002~2011 年四地市盈率

市盈率（本益比）及成交值周转率

市场的热络度通常可以由市盈率及成交值周转率这两项指标来判读，若市场中有许多资金投入股市，有利提升整体市场市盈率、增加成交金额，而市盈率及成交值周转率提升有利于吸引企业上市。

1. 市盈率

市盈率指每股市价除以每股盈利，简单的说，就是市场给予企业获利价值肯定的倍数。市盈率的倍数愈高，企业的股价就愈高，意味着市场对该企业的价值愈肯定，公司的效益愈好。

由（表 1、图 1）可看出，2002~2011 年间台湾平均市盈率约在 28 倍，2009 年底市盈率最高为 110 倍，2008 年底最低约 10 倍；上海及深圳近十年平均的市盈率约在 28~35 倍间，深圳市盈率位居四地之冠。香港及新加坡近十年来的平均比益比则皆在 16 倍。

所以，就市盈率来看，除了大陆，台湾应该是首选。

表 2 2002~2011 年四地之成交值周转率

单位：百分比

	台湾	上海	深圳	香港	新加坡
2002 年	217	60	72	40	54
2003 年	191	118	126	52	74
2004 年	177	88	121	58	61
2005 年	131	82	129	50	48
2006 年	142	154	252	62	58
2007 年	153	211	389	94	78
2008 年	145	118	236	83	64
2009 年	178	229	445	79	67
2010 年	137	178	344	62	53
2011 年	120	134	224	56	45
平均值	159	137	234	64	60

（数据源：台湾证券交易所）

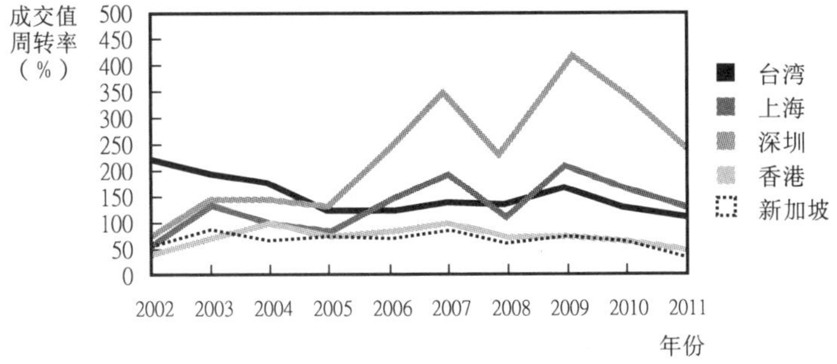

图 2 2002~2011 年四地之成交值周转率

2. 成交值周转率

成交值周转率为当月各种股票成交金额之合计数除以月底之总上市市值。成交值周转率与当地投资者的结构、上市公司家数多寡有关，台湾股市投资者散户占七成，因此成交值周转率比香港及新加坡高出许多。

由（表 2、图 2）可看出，十年间台湾股市平均的成交值周转率约 159%，领先上海、香港及新加坡，新加坡成交值周转率最低，约 60%。

就成交值周转率来看，除了深圳交易所，台湾股市是四地中最值得选择的。

一般企业选择上市的地点，常以市场的市盈率以及成交值周转率为首要考虑因素。按照 2002~2011 年的统计资料可看出，2006 年底后在市盈率及成交值周转率的评比中，大陆已经领先其他三地，成长速度最快，集资能力相对强势。虽然，2008 年因为受到全球金融海啸的影响，四地之成交金额、成交值周转率及市盈率与 2007 年相比均大幅衰退。但整体来看，在市场的热络程度上（市盈率及成交值周转率），大陆依旧表现最佳，其次为台湾，然后是香港。新加坡因为市场规模小，相较之下市场交投较不热络（表 3）。综上所述，以市场热络度来看，除了大陆以外，台湾资本市场的热络度表现最佳。

表 3 四地市场热络程度比较

	大陆	台湾	香港	新加坡
市场热络程度	最热络	热络	较热络	较不热络

上市成本评比

除了市盈率是企业选择资本市场重要的考虑因素外，成本也是企业关心的另一个重要议题。企业上市的成本须视自身的规模、内部营运体制、财务制度设置的健全及公司关系企业或组织架构之复杂度而有所不同等等条件而定，由于每家公司上市时的复杂程度不一，各地上市成本需视实际情况而定。

（表 4）各项因申请上市所衍生之相关费用，实务上，若以一般规模来看，大陆上市所需费用最高，香港居次，然后是新加坡，台湾的上市成本最低。

表 4：四地上市成本评比

	大陆	台湾（外国企业）	香港	新加坡
保荐人费用	✓	✓	✓	
会计师费用	✓	✓	✓	
法律顾问、律师费用		✓	✓	✓
上市费、上市审查费		✓	✓	✓
券商承销费用	✓	✓		✓
印刷费及其他相关费用	✓		✓	✓

从市值看市场特性

市值等于获利乘以市盈率，也就是说市值的高低，反映市场的买卖热络程度，及对该公司价值的肯定。

从（表 5、图 3）可知，2006 年底以前香港的市值一直是四地之冠，但随中国大陆经济崛起，国民所得提升，2007 年底中国大陆上海市值首度超越香港，四地的市值以上海成长最为惊人。

再以四地资本市场产业特性来分析，2011 年底香港交易所市值前十大公司依序为中国移动、中国建设银行、汇丰控股、中国海洋石油、渣打银行、中国工商银行、中国联合网络通讯（香港）、Glencore International Plc（在香港上市的外国公司）、友邦保险控股有限公司、腾讯控股有限公司，若不含 Glencore International Plc 公司，这九大公司占市场市值比重为 35.85%，这九大公司中 H 股有二家，公司均是巨型国有企业，金融及保险的产业就占了一半。

上海交易所市值前十大公司依序为中国石油、工商银行、农业银行、中国银行、中国石化、中国神华、中国人寿、招商银行、贵州茅台、中国平安，这十大公司占市场市值比重为 39.71% 且均是巨型国有企业，以银行保险产业占六成；深圳交易所市值前十大公司依序为五粮液、江苏洋河酒厂、万科、深发展、广发证券、苏宁电器、泸州老窖、盐湖集团、烟台张裕葡萄酿酒、珠海格力电器，这十大公司占市场市值比重为 10.9% 且均属于中小型内资企业，产业以制酒公司居多。

而新加坡交易所市值前十大公司依序为 SINGTEL、JARDINE MATHESON HLDGS LTD、JARDINE STRATEGIC HLDGS LTD、WILMAR INTERNATIONAL LIMITED、DBS GROUP HOLDINGS LTD 、OVERSEA-CHINESE BANKING CORP 、GENTING SINGAPORE PLC、JARDINE CYCLE & CARRIAGE LTD、KEPPEL CORPORATION

LIMITED、SINGAPORE AIRLINES LTD，这十大公司占市场市值比重为35.28%，产业别中以金融及投资控股类就占了六成。

台湾证券交易所市值前十大公司依序为台积电、台塑化、鸿海、中华电、台塑、南亚、台化、中钢、宏达电、国泰金，这十大公司占市场市值比重为37%，以传统产业及电子业为主。

以十年来平均市值来看，香港市场市值高，是因为挂牌企业市场规模多属于大型金融地产类所致；而大陆市场2006年后上海因工商银行、中国石油等大型国有企业陆续挂牌，所以市值突飞猛进，以能源、银行保险业为主。新加坡因为没有大型企业挂牌，因此市值相对较低，产业别以金融及投资控股类为主。至于台湾则以高科技电子、制造业为主。

综上所述，香港资本市场偏好大型企业，以金融及地产业为主；大陆上海交易所，以银行、保险和大型国有企业为主。新加坡挂牌的企业多属于小型企业；台湾则以高科技电子、制造业为主。所以，不同的产业在选择资本市场挂牌时，尚需考虑当地市场的属性。如此，企业才能在门当户对的市场中获得最大效益。

表5：2002~2011年四地市值总额评比

单位：十亿美元

	台湾	上海	深圳	香港	新加坡
2002年底	261	306	157	463	102
2003年底	379	360	153	715	149
2004年底	441	314	133	861	218
2005年底	476	286	116	1,055	257
2006年底	595	918	228	1,715	384
2007年底	664	3,694	785	2,654	539
2008年底	356	1,425	353	1,329	265
2009年底	657	2,705	868	2,305	481
2010年底	784	2,716	1,311	2,711	647
2011年底	634	2,357	1,055	2,258	598
平均值	525	1,508	516	1,607	364

数据源：台湾证券交易所

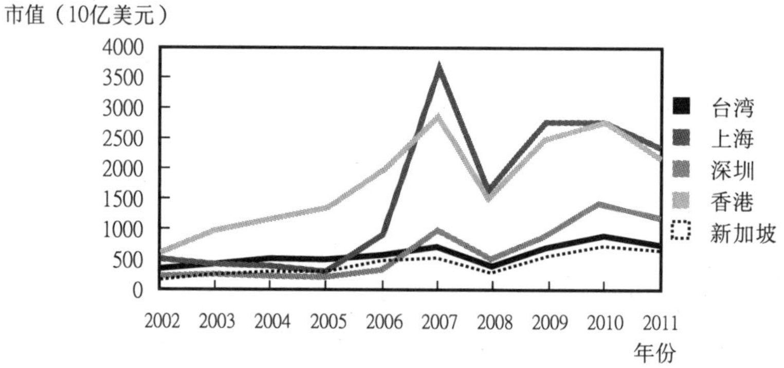

图 3：2002~2011 年四地市值总额评比

上市基本条件评比

1. 实收资本 / 股东权益及最低市值

由四地资本市场的基本条件中，实收资本 / 股东权益或最低市值设有最低要求。（表 6）汇整了四地资本市场对实收资本 / 股东权益或最低市值的基本要求。

以上市资本额基本门坎来看，台湾外国企业可以从资本额或股东权益达到新台币 6 亿元以上，或市值达新台币 16 亿元以上的三个条件中择一。

香港无实收资本的要求，但依市值大小订有三种不同的上市标准，拟在主板挂牌的企业市值为 2 亿港元至 40 亿港元间，若以企业最常使用的标准一盈利测试法的申请条件来看，市值需达 2 亿港元。

新加坡也无实收资本的要求，但也是订有三种不同的上市标准，但只有标准三有市值的规定。

大陆首次公开发行股票发行前的实收资本额至少为人民币 3,000 万元，但无市值的要求。公开发行后申请在上海交易所的实收股本至少为人民币 5,000 万元。

综上所述，就实收资本额来看，台湾需要达新台币 6 亿元，香港和新加坡则无实收资本额的规定，中国大陆约达新台币 2.5 亿元，所以台湾对于实收资本额的要求最高。若以市值来看，台湾第一上市的市值最高。

表 6：四地之实收资本 / 股东权益及最低市值要求

			实收资本 / 股东权益	市值
台湾	上市	外国企业	实收资本或股东权益达新台币 6 亿元	或达新台币 16 亿元
	上柜	外国企业	股东权益新台币 1 亿元	无具体要求
香港	主板		无具体要求	标准 1：上市时至少达 2 亿港元 标准 2：上市时至少达 40 亿港元 标准 3：上市时至少达 20 亿港元
	创业板		无具体要求	1 亿港元

新加坡	主板	无具体要求	标准 1：无 标准 2：无 标准 3：上市时 8,000 万新元
	凯利板	无具体要求	无具体要求
大陆地区	A 股	实收资本 RMB 5 千万元	无具体要求
	B 股	实收资本 RMB 5 千万元	无具体要求
	创业板	实收资本 RMB 3 千万元	无具体要求

2. 获利能力

为了方便比较，由（表 7）可看出，台湾外国企业第一上市最近三年获利门坎为新台币 2.5 亿元且最近一年需达新台币 1.2 亿元；至于其他三个地区上市的获利门坎，香港最近三年获利约新台币 1.9 亿元（5,000 万港元 ×3.8）、新加坡最近三年获利约新台币 1.65 亿元（750 万新元 ×22），大陆地区 A 股及 B 股最近三年获利约为新台币 2.5 亿元（5,000 万人民币 ×5）。

就主要的市场（包括上市、主板、A 股、B 股）来看，四地的获利门坎以外国企业来台申请第一上市最高，第二是香港、第三是新加坡，最后才是大陆地区。至于台湾的上柜市场、大陆地区的创业板、新加坡的凯利板条件更低。

表 7：四地之获利能力要求

	第一上市、主板、A 股、B 股	第一上柜、创业板、凯利板、创业板
台湾（外国企业）	最近 3 个年度之税前纯益≥新台币 2.5 亿元以上，且最近一年度≥新台币 1.2 亿元及无累积亏损者。	税前纯益占股东权益比率符合下列标准之一，且最近一年度税前纯益达新台币 400 万元以上： 1. 最近一年度：达 4% 以上且无累积亏损。 2. 最近二年度：均达 3% 或平均达 3%，且最近一年度较前一年度佳。
香港	标准：（3 种条件） 符合三项财务准则的其中一项： 1. 过往三年合计 5,000 万港元盈利。 （最近一年须达 2,000 万港元，再之前两年合计须达 3,000 万港元）。 2. 无 3. 无	无具体要求
新加坡	标准：（3 种条件） 1. 过去三年税前利润累计超过 750 万新元，同时每年均不低于 100 万新元 2. 企业税前利润近一年或两年的累计超过 1000 万新元。 3. 无	无具体要求

大陆地区	1. 最近三年盈利且累积利润不低于 RMB3,000 万元。 2. 无累积亏损。	1. 最近两年连续盈利，最近两年净利润累计不少于 1,000 万元，且持续增长；或者 2. 最近一年盈利，且净利润不少于 500 万元，最近一年营业收入不少于 5,000 万元，最近两年营业收入增长率均不低于 30%。 净利润以扣除非经常性损益前后孰低者为计算依据。

3. 基本条件的难易度评比

依上述各比较表可以得出以下结论：

四地的上市基本条件中，可以了解衡量企业是否可以挂牌最主要的条件是公司获利能力这一大项。就四地主要的市场（包括上市、主板、A 股、B 股）的获利门坎来看，四地的获利门坎以外国企业来台申请第一上市最高，第二是香港、第三是新加坡，最后才是大陆地区。至于上柜、创业板、凯利板的条件更低。

结语

就台湾资本市场来看，台湾证券交易所统计，自 2008 年 5 月开放外国企业来台上市（柜）以来，至 2012 年 3 月底已经有 18 家外国企业第一上市，14 家外国企业第一上柜，31 家外国企业第二上市，1 家外国企业第二上柜。外国企业来台上市之数量与筹资金额均逐年成长，挂牌企业之注册地亦呈现多元化，显现台湾资本市场筹资能力。

自 2009 至 2011 年止，新上市之外国企业（含第一、二上市）占所有新增挂牌企业比重达 46%；所有外国企业占全体上市公司比重亦由 0.55% 增加至 6.31%，在亚洲市场中成长最迅速。外国企业在台筹资金额连续 3 年大幅超越台湾本地企业，2011 年时占全体筹资比重已达 66%。同时，企业所属地呈现多元化，目前范围扩及大陆、新加坡、香港、日本及南非等地。

就香港资本市场来看，自 2006 年以来，香港股市屡屡缔造初次股票上市筹资新纪录，产业类别由早期金融服务业、地产业转为内需型企业，挂牌产业别相当多元化。据观察，除了大型企业外，具备国际能见度，有中国概念股的企业比较适合在香港挂牌，依此，每年获利达 1,500 万美元以上的大型公司且符合香港市场特性的金融、地产业或大型内需股，可以考虑到香港挂牌，如此才符合经济效益，具市场价值。

就新加坡资本市场来看，跟香港一样享有法令健全、政策稳定的优势，加上税负上有许多优惠，是个国际化的市场，惟新加坡市场市盈率、流动性偏低，挂牌后，企业通常股价表现不如原先预期。2007 年推出凯利板，其最大的特色就是没有营业年限及获利的要求，上市审批时间可短至 5 周，对于有融资需求的中小型企业来说，除了台湾以外，新加坡应该是可以考虑的市场。

就大陆资本市场来看，大陆资本市场发展虽仅 20 年，但上海证券交易所 2011 年 12 月底市值规模已达 2.35 兆美元，位居全球第六位，甚至超越了香港（2.25 兆美元），反映出大陆市场的竞争优势在于市场规模，通路价值高。

上述四个市场中，香港和新加坡的资本市场比较成熟、自由化、国际化的程度最高，且法令规范完整，所以企业申请上市的时间也相对较短。大陆资本市场改革起步较晚，监管制度及市场结构尚未健全，企业申请上市的时间相对较长，但2011年大陆加速推动建设多层次资本市场体系，2020年也将建设上海为国际金融中心，还要推出国际板，资本市场亦将迈向制度化及国际化。就台湾资本市场而言，台湾资本市场具有良好的募资能力，成交值周转率高、市盈率高等优势，加上实务上上市成本又是四地市场中最低廉的，加上台湾资本市场产业属性以高科技电子、制造业为主，挂牌后可以得到投资者较高的认同度以及吸引投资法人的目光。台湾已经开放外国企业可以来台第一上市（陆资持股超过30%可采项目审查），针对已经在香港挂牌的红筹股也可以来台发行TDR（第二上市），对于公司规模日益壮大，急需资金的中小企业来说，台湾资本市场上市时间短、挂牌成本低廉，非常适合前来筹资。

第三部分

资本市场面

第二章　外国企业来台第一上市制度介绍

台湾证券交易所提供

前言

为发展台湾资本市场规模，台湾证券交易所依据“行政院”通过之“推动海外企业来台挂牌一二三计划”，积极规划海外企业及台商再回台上市，随着两岸签订ECFA，经贸交流日趋活络，台湾资本市场不但可作为海外台商企业之上市及筹资中心，另一方面更可借此吸引更多国际资金投入台湾资本市场，此外，台湾资本市场自2012年起开放第一上市公司股票得为无面额或面额不限十元政策，此举将更加节省上市之股权重组成本，提升其筹资效率，在海外企业回台上市之过程中，除须对上市相关规章有所了解外，更应做好上市前之相关准备工作，本文即以外国发行人申请来台第一上市之角度出发，由上市资格规定、上市审查流程及上市后法令遵循等项目进行介绍。

台湾资本市场之优势

相较于世界其他资本市场，台湾资本市场具有相关优势，足以作为企业筹资及全球布局之平台，且台湾资本市场之上市挂牌科技产业众多，可发挥产业群聚效应，在交易面方面，台湾资本市场在流动性、市盈率（P/E ratio）及殖利率等多项指标都居相对优势地位，且随着外国投资人投资台股比重逐年上升，台湾资本市场国际化程度日益提高，这些都构成台湾资本市场吸引外国企业来台上市之主要特点。

自2008年政策开放迄2012年4月底，已有多家外国企业申报辅导上市，并已有20家第一上市公司于台湾证券市场挂牌交易，包含知名之IML（美商安恩科技股份有限公司）、85° C（开曼美食达人股份有限公司）及TPK（宸鸿科技公司）等，均为海外企业来台上市之成功案例，亦为台湾资本市场创造双赢优势。

上市资格规定

1. 第一上市公司定义

依据主管机关“行政院金融监督管理委员会”（以下称主管机关）“外国发行人募集与发行有价证券处理准则”第3条规定，第一上市公司系指外国发行人所发行之股票首次经台湾证券交易所股份有限公司同意上市买卖时，其股票尚未在其他海外证券市场挂牌交易者，称为第一上市公司。

2. 第一上市资格限制

依据“台湾地区与大陆地区人民关系条例”相关规范，对于外来发行人申请来台上市规定如下：

（1）大陆地区设立登记者，不得来台第一上市。惟得以海外控股公司为上市主体申请来台上市。

（2）大陆地区人民、法人、团体或其他机构投资第三地区之公司，且直接或间接持有该第三地区公司股份或出资总额逾30%，或对该第三地区公司具有控制能力者，不得来台第一上市。惟目前已就陆资持股逾30%者，来台第一上市之相关条件进行研议修正。

3. 募资限制

依据主管机关“外国发行人募集与发行

有价证券处理准则”第 7 条规定，海外企业来台募资所得资金得用于直接、间接赴大陆地区投资，且无投资金额无上限。

4. 设立年限

	一般事业	科技事业
设立年限	申请公司或其任一从属公司应有 3 年以上业务纪录。	申请公司或系属科技事业之从属公司应有 1 个完整会计年度以上业务纪录。

由于外国企业来台上市的过程中，大多在上市前会进行股权重组的工作，而申请公司的主体多为境外控股公司，其成立之年限多未达三年，因此，就设立年限的资格，目前系允许以该申请公司之从属公司进行认定，所谓从属公司系指下列情事之一者：

外国发行人直接持有逾 50% 已发行有表决权股份或出资逾 50% 之各从属公司。

外国发行人经由子公司间接持有逾 50% 已发行有表决权股份或出资逾 50% 之各从属公司。

外国发行人直接及经由子公司间接持有逾 50% 已发行有表决权股份或出资逾 50% 之各从属公司。

5. 公司规模

目前外国第一上市公司，有关公司规模之规定应符合下列条件之一：

	一般事业	科技事业
实收资本额或股东权益	达新台币 6 亿元以上	达新台币 3 亿元以上
市值	达新台币 16 亿元以上	达新台币 8 亿元以上

6. 获利能力

目前外国第一上市公司，有关公司获利能力之规定应符合下列条件之一：

	一般事业	科技事业
获利能力	最近 3 个会计年度之税前纯益累计达新台币 2.5 亿元以上且最近 1 个会计年度之税前纯益达新台币 1.2 亿元及无累积亏损。	申请上市时，经会计师查核签证之最近期财务报告之净值不低于股本 2/3，且需证明有足供上市挂牌后 12 个月的营运之营运资金。无面额或每股面额非属新台币十元之外国发行人，其净值应不低于股本加计资本公积 - 发行溢价之合计数 2/3。

7. 股权分散

申请公司应将其拟上市股份总额至少 10%，全数以现金增资发行新股之方式，并准用证券交易法第七十一条第一项包销有价证券规定，委托证券承销商办理上市前公开销售。但应提出承销之股数达二千万股以上者，得以不低于二千万股之股数办理公开销售。外国发行人于送件申请第一上市时尚毋需符合股权分散之规定，而于上市挂牌前达成即可。

	一般事业	科技事业
股权分散	记名股东人数在 1,000 人以上，公司内部人及该等内部人持股逾 50% 之法人以外之记名股东人数不少于 500 人，且其所持股份合计占发行股份总额 20% 以上或逾 1,000 万股。	记名股东人数在 500 人以上，且扣除外国发行人内部人及该等内部人持股逾 50% 之法人以外之记名股东，其所持股份合计占发行股份总额 20% 以上或满 500 万股。

8. 上市相关费用

（1）申请上市相关成本费用

承销商辅导、承销费用及会计师、律师等专家费用不计，申请公司需于上市时向台湾证券交易所一次缴纳上市审查费新台币 50 万元整。

（2）上市后相关成本费用

上市公司每年应向台湾证券交易所缴纳上市费，依台湾证券交易所“有价证券上市费费率表”所订标准，按上市有价证券单位数分级距计收，每年度总计上市费最高额为新台币 45 万元，最低额为新台币 10 万元。

9. 其他规定

依据台湾证券交易所“有价证券上市审查准则”之相关规定，外国发行人尚需符合公司治理等其他相关规范，例举如后：

（1）公司治理

A. 董事会成员不得少于 5 人，且应设置独立董事人数不得少于 2 人，其中独立董事至少 1 人应在台湾设有户籍。

B. 外国发行人应择一设置审计委员会或监察人。其审计委员会应由全体独立董事组成，其人数不得少于 3 人，其中 1 人为召集人；监察人人数不得少于 3 人。

C. 应设置薪资报酬委员会。人数不得少于三人，其成员之专业资格、职权之行使及相关事项，准用台湾证券法令之规定。

D. 应就公司治理出具自评报告，且需由承销商评估并出具意见。

（2）无其他不宜上市情事

申请公司不得有下列情事之一：

A. 有严重影响公司财务、业务状况，或足致公司解散或变动其组织、资本之情事，或其行为有虚伪不实或违法情事，足以影响其上市后之证券价格，而及于市场秩序或损害公益之虞者。

B. 财务业务未能与他人独立划分者。

C. 有重大非常规交易，尚未改善者。

D. 申请公司或从属公司或各该公司之现任董、监、总经理或实质负责人于最近 3 年有违反诚信原则之行为。

E. 其他不宜上市情形。

（3）集团企业

外国发行人如属集团企业成员者，尚应符合下列规定：

A. 集团企业主要业务或商品无相互竞争，但申请公司具独立经营决策能力者，不在此限。

B. 申请公司销售于集团之产品应具有独立营销之开发能力。

C. 有业务往来者，应就相互间财务业务相关作业规章订定具体书面制度，并经董事会通过外，应分别以书面声明或承诺无非常规交易情事；无业务往来者，应由申请公司以书面承诺日后有往来时必无非常规交易之情事。

D. 上述制度及财务业务状况与同业比较应无重大异常。

E. 申请上市会计年度及最近 2 个会计年度之进货或营收来自集团企业未超过 50%。但如系基于行业特性、市场供需状况或其他合理原因所造成者，得不适用之。

（4）母子公司

外国发行人如属母子公司关系之子公司申请上市，尚应符合下列规定：

A. 检具母公司及其所有子公司依台湾、

美国或国际会计准则编制之合并财报，未依台湾财务会计准则编制者，应揭露重大差异项目及金额，并由会计师表示意见。

B. 合并财报最近1个会计年度股东权益达新台币10亿元以上；最近2个会计年度营业利益及税前纯益占股东权益均达3%。

C. 母公司及联属公司以及申请公司之董事、监察人、代表人及超过10%大股东与其关系人总计持有申请公司之股份不得超过70%。超过者，应于办理上市前股票公开销售时，使其降至70%以下。但申请公司符合下列各款情事者，不在此限：

a. 设有审计委员会或独立董事逾全体董事人数1/2者。

b. 本款所订持有股份总额限制对象以外之人持有股数达3亿股以上者；无面额或每股面额非属新台币10元之外国发行人，本款所订持有股份总额限制对象以外之人所换算之股东权益达60亿元以上者。

D. 其独立董事人数应至少3人。

E. 申请上市会计年度及最近1个会计年度来自母公司之营业收入不超过50%，主要原料、商品或总进货金额不超过70%。但基于行业特性、市场供需状况或其他合理原因者，不在此限。

F. 母公司股票已在台湾证券集中交易市场上市（柜）买卖者，申请上市时最近四季未包括申请公司财务数据且经会计师核阅之拟制性合并财务报表所示之拟制性营业收入或营业利益，未较其同期合并财务报表衰退达50%以上，且母公司最近二个会计年度未有重大客户业务移转之情事。

上市审查流程

依据台湾证券交易所有价证券上市审查准则第3章外国有价证券之上市之相关规定，目前外国发行人向台湾证券交易所申请第一上市之流程，主要可分为送件申请、书面审查、上市审议委员会、台湾证券交易所董事会决议以及向主管机关申请补办公开发行等程序。

有关外国发行人申请第一上市流程之详细内容说明如下：

1. 填具申请书表

填具“外国发行人股票第一上市申请书”，并同应检附书件送交台湾证券交易所。另得同时填具申请书表向“中央银行”提出申请。

2. 进行书面审查

台湾证券交易所承办人员于受理申请后，就申请书件及附件进行书面审查。此外，台湾证券交易所视审查需要，得进行下列审查程序：

（1）洽请外国发行人、证券承销商、签证会计师及律师检具相关资料并提供说明。

（2）如有必要洽请外国发行人委托经台湾证券交易所指定之会计师、律师或其他机构，依台湾证券交易所指定之查核范围对外国发行人执行查核，并将查核结果提交台湾证券交易所。

3. 上市审议委员会审议

于送件后8周内提报台湾证券交易所上市审议委员会审议，遇有特殊情形，台湾证券交易所得基于审查之需要或申请公司之请

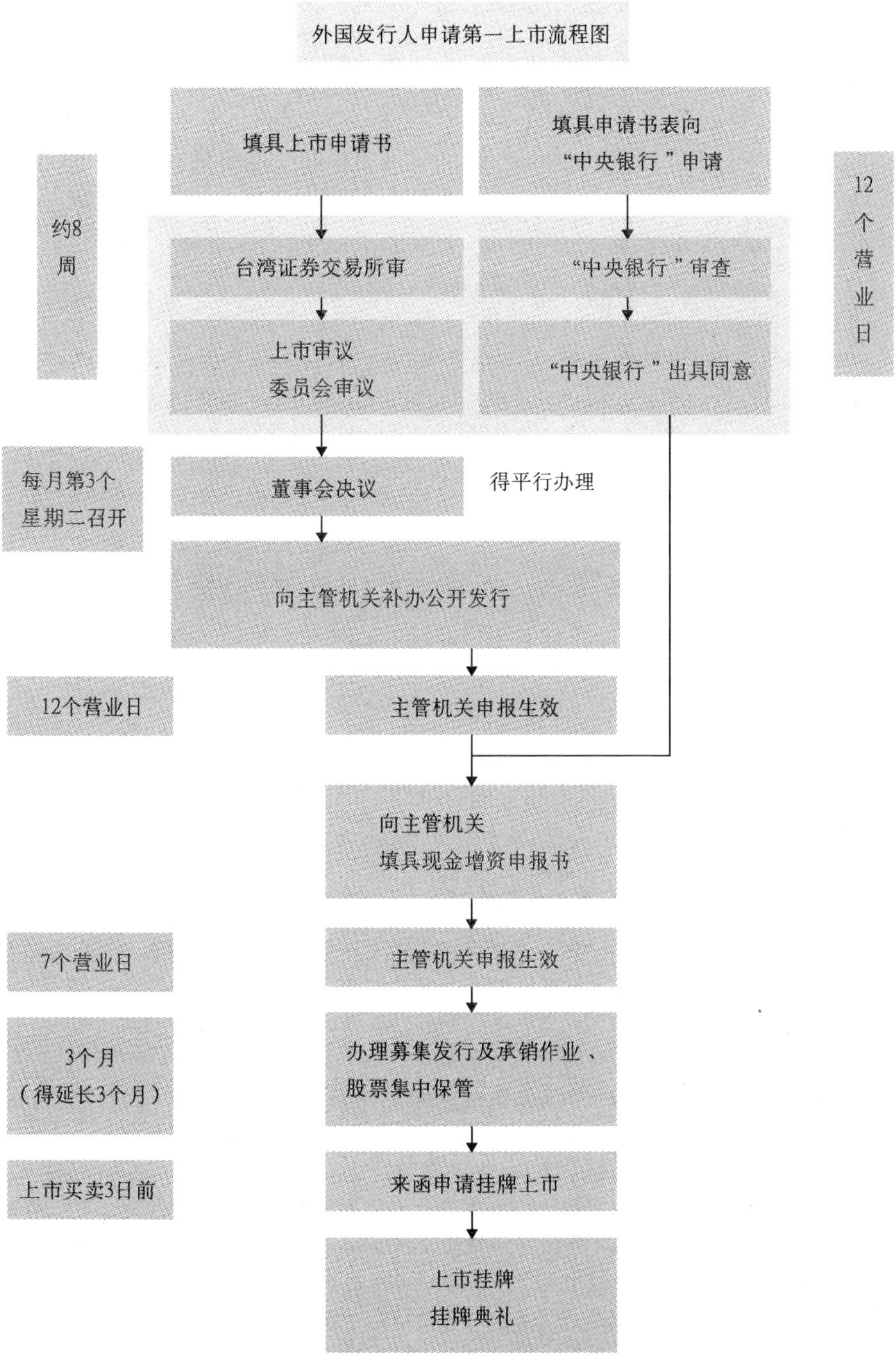

求，延长提报时间，若因申请公司请求延长，则时间以1个月为限。

4. 董事会核议

经上市审议委员会作成同意上市之决议后，提报台湾证券交易所董事会核议。

5. 补办公开发行

经台湾证券交易所董事会核议同意上市者，台湾证券交易所将先函知外国发行人补正相关事项，并检视外国发行人于上市审议委员会答询内容之合理性，再洽请主办承销商补充评估或洽签证会计师表示意见。申请公司检附相关文件向主管机关补办公开发行。

6. 初次上市前之现金增资申请

外国发行人申请初次上市前之现金增资，应填妥申报书并检附相关文件，包含“中央银行”同意函后，向主管机关申报生效。

7. 申请挂牌上市

办理募集发行承销作业完成及股票集中保管后，检具股权分散表及相关书件来函向台湾证券交易所洽订上市日期，公告上市，并于上市日期在台湾证券交易所举办上市挂牌典礼。

上市后相关法令遵循

有关外国企业于台湾资本市场上市挂牌后应遵循之相关法令，包含发言人制度、记者说明会、重大讯息公开、信息申报、诉讼及非诉讼代理人及平时管理制度等，基于“国民待遇”原则，其标准原则上均比照国内上市公司，值得注意的是，2012 年 1 月证券交易法修正施行，增订“外国公司”专章，明订外国发行人于台湾募集及发行有价证券之法源依据，此外，就诉讼及非讼代理人的部分，依据该法第 165 条之 3 的规定，外国公司应在台湾境内指定其依该法之诉讼及非诉讼之代理人，并以之为该法在台湾境内之负责人。对于外国企业的诉讼及非诉讼之代理人相关责任，予以明确规定，以下就外国企业来台上市后之相关监理制度汇总如下：

外国企业来台上市后之相关监理制度

信息揭露	发言人	应在台委任一位具台湾户籍之经理人担任紧急联络人，作为与台湾证券交易所之主要联系管道及函件应受送达人。外国发行人应提供其电话、传真号码数据，遇离境、职务异动或离职时，应事前检附代理人、继任人之数据通知台湾证券交易所。
	记者说明会	发言人于事实发生或传播媒体报导之次一营业日前得以视讯方式或亲来台湾证券交易所召开记者会提出说明。
	重大讯息	内容：以中文为主，可另加英文。 应于指定网站公告定期及不定期重大信息（台湾证券交易所对上市公司重大讯息之查证暨公开处理程序）。
	信息申报	内容：以中文为主，可另加英文。 依台湾证券交易所对有价证券上市公司及境外指数股票型基金上市之境外基金机构信息申报作业办法办理。

例行业务	股务代理机构	在台湾委任专业股务代理机构办理股务事宜。
	诉讼及非诉讼代理人	依证券交易法规定外国发行人应在台湾境内指定诉讼及非诉讼之代理人，并以之为证券交易法在台湾境内之负责人。该代理人应在台湾境内有住所或居所。 外国公司应将第一项代理人之姓名、住所或居所及授权文件向主管机关申报；变更时，亦同。
	平时及重大事件分析管理	财务报告审阅 台湾证券交易所将就所有第一上市公司之财务报告进行形式及实质审阅，以利掌握其财务业务状况。 重大事件分析管理 台湾证券交易所就第一上市公司如发生重大事件时，将执行重大事件分析管理，除办理重大讯息之查证事项外，并将就该重大事件分析搜集相关资料，填制分析报告，并得视情形要求公司、签证会计师、主办证券承销商、在台湾之诉讼及非讼代理人或独立董事就相关事项说明，或要求其公告重大讯息或召开记者会说明，必要时并得委托专家执行项目查核。

结语

在资本市场全球化的趋势下，企业可选择于对其资金募集最有利之地点进行筹资，台湾资本市场具有高本益比、高流动性及低筹资成本等优势，且于政策开放后对于外国企业投资大陆之资金限制已开放，随着亚太新兴市场日益扩大，台湾资本市场对于海外企业而言，是一个绝佳之上市地选项，展望未来，随着日益增加之外国企业来台上市及募资，对于台湾资本市场的国际化及发展区域筹资中心之目标，将具有一定之帮助，台湾证券交易所也将朝向持续开放之角度，积极协助企业上市，繁荣台湾资本市场。

第三部分

资本市场面

第三章　外商企业来台上市应有之准备

关 春 修 / KPMG 台湾所海外企业来台挂牌小组协同主持会计师

专业领域 / 审计服务

财务报表签证及营利事业所得税签证申报

申请公开发行及上市柜案件辅导

协助客户准备反倾销案件之文件

协助海外企业回台上市柜

前言

台湾自2008年7月放宽公司投资大陆上限及资金汇出限制后，陆续通过开放海外企业来台上市（柜）的规定，致许多早期于大陆或其他国家经营有成的海外台商，为了增加筹资管道以提升公司与股东财务规划弹性、提升公司知名度及竞争优势等因素考虑下，积极评估回台挂牌。尔后台湾证券交易所及柜台买卖中心亦积极结合证券商及会计师赴海外举办外国企业来台上市（柜）说明会，致使一些符合条件资格的台商企业，皆趁这波资本市场开放的良机成功回台第一上市（柜）。截至2011年底止，已申请第一上市（柜）的外国企业，第一上市者有18家、第一上柜者有11家及外国企业登录兴柜者有12家，其中营运主体在大陆的台商企业仍占大部分。

台湾资本市场为何如此具有魅力可以吸引许多海外企业来台申请上市（柜）及筹资呢？就我们的了解，对具备台资背景之企业而言，在台湾挂牌具有投资人容易沟通，公司真正价值易于适当彰显之优势，此外在台上市（柜）之费用相较于亚洲邻近国家与地区较为合理。若以本益比及成交值周转率来看，台股亦具备较高之优势。最后，相较于中国大陆及香港资本市场，台湾资本市场较能容纳许多不同规模及不同产业类型之公司，因此，可以说是最具弹性的资本市场。

海外企业办理来台上市（柜）

台湾资本市场既然有这么多优点，海外企业应如何申请来台上市（柜）及申请过程中应注意哪些事项呢？谨就海外企业来台申请上市（柜）之流程及准备第一上市（柜）过程中应注意之相关问题说明如下：

1. 海外企业办理来台上市（柜）之流程

海外企业办理来台上市（柜）可区分为两类，分别为第一上市（柜）与第二上市（柜）。而第一上市（柜）顾名思义指的是外国发行人所发行的股票未在国外证券市场挂牌交易，或已在其他证券交易所下市，皆可来台申请第一上市（柜）；惟大陆地区设立登记者不得来台上市（柜），而于大陆以外地区设立登记之企业，陆资持股超过30%或为主要影响力之股东，则可项目申请核准。若外国发行人已在其他证券市场上市，欲再来台上市（柜），则称为第二上市（柜），只是来台上市（柜），须以“台湾存托凭证（Taiwan Depositary Receipts, TDR）”的方式，而TDR交易方式与股票相当。有关第一上市（柜）与第二上市（柜）之区别说明如下：

（1）第一上市（柜）者

满足上市（柜）前准备之相关规定后，外国企业尚须评估是否符合上市（柜）申请的形式要件，包括：设立年限、公司规模、获利能力与股权分散等，此类规定皆区分为一般事业与科技事业，大体而言科技事业的限制门坎较一般事业来得低，相关条件请参阅后附附表一之说明。若要了解更多第一上市（柜）之信息，请参考台湾证券交易所或柜台买卖中心外国企业来台上市（柜）之宣传手册。

（2）第二上市（柜）者

当外国发行人已在获核定的国外证券市场上市，且非在大陆地区设立登记的公司，得参与存托机构申请发行 TDR。相关之规定与流程均较第一上市（柜）来得宽松，这是因为第二上市（柜）之业者已通过其他国家资本市场主管机关首次挂牌上市的审核，企业的营运与体质均已受到相当程度的检验。而相关的上市（柜）规定，如公司规模与获利能力同样区分为一般事业与科技事业，科技事业之限制门坎同样较为宽松。第二上市（柜）之相关标准请参阅后附附表二之说明。若要了解更多第二上市（柜）之信息，亦可参考台湾证券交易所或柜台买卖中心外国企业来台上市（柜）之宣传手册。

2. 准备第一上市（柜）过程中常见之问题

（1）组织重组

在开始启动来台上市（柜）之项目时，第一个遇见之议题通常是组织架构重组，尤其是当集团有数个营运个体时，必需思考，各营运个体纳入上市（柜）主体之必要性，此时，需考虑包括各营运个体与主营事业之关联性，如关联性愈高，愈应将营运个体纳入上市（柜）架构中。当集团组织中有各种不同形式出现之营运个体，也许并无投资关系但对该营运个体之财务、业务、人事有重大之控制力时，要特别审慎考虑是否将其纳入上市（柜）主体内，避免做出误判结论。

（2）财务报表编制要求

财务报表应依台湾财务会计准则、美国一般公认会计原则或国际会计准则编制；未依台湾财务会计准则编制者，必须揭露重大差异项目及影响金额。若企业过去财务报表之编制以税务考虑为优先，账务的处理非依一般公认会计原则编制，此时需先评估若依台湾的一般公认会计原则的要求下重新编制财务报表，是否企业整体获利结果仍符合台湾上市（柜）之获利门坎。

另，对于不具投资关系，但因对其财务、业务、人事有重大控制力之营运个体，若依规定须纳入合并报表之编制主体内，对于上市（柜）主体是加分或减分，企业亦应及早规划与因应。

（3）内部控制制度

在台上市（柜）时，申请书件需检附会计师项目审查公司内部控制制度之项目审查报告，即公司应有健全的内部控制制度。当集团之转投资公司越多，对海外转投资之管理及控制亦应加强，内部稽核的查核亦应更加落实。

（4）公司治理及股东权利保护

由于外国企业所在地与台湾的法律不尽相同，所以在上市（柜）前应于公司章程纳入“股东权益保护重要事项”。此外，如股东会之召集程序与决议方式、董事之权限与责任等之相关规定等亦需订定。海外企业除了需订立相关公司章程及各项议事规则制度外，并要能实际且有效运作，以符合公司治理精神及保障适当之股东权利。

结语

了解了海外企业来台申请上市（柜）之

流程及准备第一上市（柜）过程中常见之问题后，海外企业可洽相关之承销商、会计师及律师等外部专家来协助辅导。只要公司经营的产业具有未来发展性，获利亦具有未来性，按部就班依外部专业机构的建议将相关之营运流程予以改善，建立良善之会计制度及内部控制制度并有效落实执行，则上市（柜）之目标将指日可待。

附表一：第一上市（柜）条件

上市／柜条件	第一上市	第一上柜	科技事业（注一）	
			第一上市	第一上柜
设立年限／业务状况	至少三年业务记录 （申请公司或其任一从属公司）	二年 （依照外国法律设立登记满二个完整会计年度，亦得以投资控股公司之任一被控公司实际营运年限认定）	一年 （申请公司或系属科技事业之从属公司应有一个完整会计年度以上）	无特别规定
公司规模	符合下列条件之一： 实收资本额或股东权益达新台币 6 亿元以上 市值达新台币 16 亿元以上	最近一个会计年度经会计师查核签证之股东权益折合新台币 1 亿元以上	符合下列条件之一： 实收资本额或股东权益达新台币 3 亿元以上 市值达新台币 8 亿元以上	最近一个会计年度经会计师查核签证之股东权益折合新台币 1 亿元以上
获利条件	同时符合： 最近三个会计年度税前纯益累计达新台币 2 亿 5 千万元以上 最近一个会计年度税前纯益达新台币 1 亿 2 千万元以上，且无累积亏损者 前述合并报表之税前纯益应扣除少数股权纯益（损）对其之影响	同时符合： 最近一个年度合并报表之税前纯益不得低于新台币 4 百万元以上 合并报表之税前纯益不予考虑少数股权纯益（损）对其之影响，占股东权益总额比率，符合下列条件之一： 最近年度达 4% 以上，且其最近一个会计年度决算无累积损者 最近二年度均达 3% 以上 最近 2 年度平均达 3%，且后一年度之获利能力较前一会计年度为佳者	经会计师查核签证之最近期财务报告之净值不低于股本的 2/3，且需证明有足供上市挂牌后 12 个月内的营运之营运资金 无面额或每股面额非属新台币 10 元之外国发行人，其净值应不低于股本加计资本公积－发行溢价合计数 2/3	无特别规定

股权分散	记名股东人数	1,000 人以上	不限	500 人以上	不限
	公众持股（注2）人数及标准	不少于 500 人，且其持有股份合计占发行股份总额 20% 以上或逾 1,000 万股	不少于 300 人，且其所持有股份总额合计占发行股份总额 20% 以上或逾 1,000 万股	其所持有股份合计占发行股份总额 20% 以上或满 500 万股	不少于 300 人，且其所持有股份总额合计占发行股份总额 20% 以上或逾 1,000 万股
挂牌后券商辅导年限		2 年	2 年	3 年	3 年

注一：科技事业系指外国发行人或占其整体营业收入 50% 之从属公司，取得“经济部”工业局或证交所或柜买中心委托之专业机构，出具其系属科技事业暨其产品或技术开发成功，且有市场性之明确意见书者。

注二：公司内部人及该等内部人持股逾 50% 之法人以外之记名股东。

注三：财务报表编制依据，可依台湾、美国及国际会计准则来编制公司财务报表。未依台湾会计准则编制者，应揭露重大差异项目及影响金额。

附表二：第二上市（柜）条件

上市／柜条件	TDR 上市（一般事业）	TDR 上柜（一般事业）	科技事业	
			TDR 上市（注 1）	TDR 上柜（注 1）
设立年限／业务状况	依据注册地国法律发行之股票或表彰其股票之有价证券已在经主管机关核定之海外证券市场之一主板上市者	外国发行人依据注册地国法律发行之记名股票或表彰其股票之有价证券，已在经主管机关核定之海外证券市场主板之一交易者	依据注册地国法律发行之股票或表彰其股票之有价证券已在经主管机关核定之海外证券市场之一主板上市者	外国发行人依据注册地国法律发行之记名股票或表彰其股票之有价证券，已在经主管机关核定之海外证券市场主板之一交易者
公司规模	股东权益：折合新台币 6 亿元以上	股东权益：折合新台币 2 亿元以上	股东权益：折合新台币 3 亿元以上，且不低于股本加计资本公积总额之 2/3	股东权益：折合新台币 2 亿元以上

获利条件		最近一会计年度无累积亏损，并符合下列标准之一者： 税前纯益占年度决算之股东权益比率，最近年度达6%以上 最近二年度均达3%以上 最近二年度平均达3%以上且最近年度之获利能力较前一年度为佳者 税前纯益最近二会计年度均达新台币2亿5千万元以上者	最近1个会计年度税前纯益至少新台币400万元，且 税前纯益占股东权益比率（下列三者之一） 最近年度4%以上且最近1个会计年度无累积亏损 最近2个会计年度均达3%以上 最近2个会计年度平均达3%以上，且最近1个会计年度之获利能力较前1年度为佳	需证明有足供上市挂牌后12个月之营运资金，且其中半数以上来自主要营业活动	无获利能力规定之限制
股权分散	记名股东人数	在台湾境内之台湾存托凭证持有人不少于1,000人	在台湾境内之台湾存托凭证持有人不少于300人	在台湾境内之台湾存托凭证持有人不少于1,000人	在台湾境内之台湾存托凭证持有人不少于300人
	公众持股（注2）人数及标准	所持单位合计占发行单位总数须达20%以上或逾1,000万单位（注2）	所持单位合计占发行单位总数须达20%以上或逾1,000万单位（注2）	所持单位合计占发行单位总数须达20%以上或逾1,000万单位（注2）	所持单位合计占发行单位总数须达20%以上或逾1,000万单位（注2）
挂牌后券商辅导年限		2年	2年	3年	3年

注1：外国发行人需取得“经济部”工业局或台湾证券交易所委托之专业机构出具其科技专业相关之评估意见。

注2：指公司内部人及该等内部人持股逾50%之法人以外之记名股东。

第三部分

资本市场面

第四章　外国企业来台第二上市制度介绍

前言

由于过去两岸政策及大陆投资限制等因素，对于企业在台募集资金造成相当之不便，以致有数百家的台商企业远赴香港、新加坡及东南亚等地的交易所上市。而随着法规限制的陆续松绑以及两岸签订的ECFA生效，台湾资本市场在东亚地区独特的地位及优势逐渐显现，因此许多过去已在其他地区资本市场上市的公司，可以考虑借由第二上市的方式，在台湾资本市场上市挂牌及募集资金，以提升企业的知名度及经营效率，目前台湾已核准海外14个交易所集团的17个主板市场（如纽约证券交易所、新加坡交易所、泰国证券交易所及香港交易所等）等地可作为来台第二上市之主板市场，而现行在台湾的所有第二上市公司均系以发行台湾存托凭证（Taiwan Depositary Receipt，简称TDR）之方式上市，故本文即以外国发行人来台发行台湾存托凭证（TDR）之上市资格规定、上市审查流程及上市后法令遵循等项目进行介绍。

TDR现况介绍

自开放政策迄2012年4月底，已有33家公司挂牌发行台湾存托凭证（TDR）；若以主板挂牌地区分析，目前台湾存托凭证（TDR）挂牌公司包含16家来自香港，11家来自新加坡及3家来自泰国等，可见来源地区分散且多元，而如进一步大股东资金种类作区分，可发现其中以台资企业者14家居多，惟新加坡、香港及陆资企业亦分别有6、5、7家，代表台湾资本市场对于不同国家与地区之公司均有吸引力，另以交易面分析，截至2012年3月底止，全体台湾存托凭证（TDR）挂牌公司之周转率为64.36%，较其原股平均周转率17.25%为佳，股价表现亦多较原股为优，故近年来外国企业已逐渐了解利用台湾资本市场作为其筹资管道，以协助发行人提升财务弹性、反映真实价值及增加知名度，对于提高其经营绩效具一定之帮助，亦加速台湾资本市场国际化的脚步。

外国企业来台发行TDR现况（2012.4.30止）

	TDR送件数	TDR以挂牌数
2008及以前	2	3（注1）
2009	15	10
2010	22	12
2011	15	8（注2）
累 计	54	33

注1：2008政策开放前共5家TDR挂牌，其中福雷电、东亚科分别于2008年、2011年间下市。

注2：尔必达于2012.03.28终止上市，故本表未予计入。

上市资格规定

1. 台湾存托凭证（TDR）定义

依据主管机关“行政院金融监督管理委员会”（以下称主管机关）订定之“外国人募集与发行有价证券处理准则”第3条规定，所谓台湾存托凭证（TDR）系指存托机构在国内所发行表彰存放于保管机构之外国发行人有价证券之凭证。亦即外国上市公司（外国发行人）或股东，将公司有价证券（股票）交付保管机构保管，由存托机构在发行表彰存放于保管机构之外国有价证券（股票）之凭证，售予台湾资本市场上有意购买之投资人。目前台湾存托凭证（TDR）之买卖及交割方式与台湾上市股票相同。

2. 上市前准备工作

台湾存托凭证（TDR）发行人须预先了解原上市所在地证券交易市场对该地上市公司至其他交易所进行第二上市的相关规定及限制，例如是否须事先洽当地主管机关申请核准，抑或须符合当地特殊规定始可赴海外发行存托凭证。另发行人尚须向主板上市地之证券交易市场申请有价证券上市之证明书。再者，发行人亦须洽承销商、会计师等专业机构，评估上市条件及可能面临问题，并就上市时程预为规划。待相关准备工作就绪后，则须委托存托机构、保管机构办理原上市股票存托及保管事宜，有关上市前应备妥之申请文件如下：

（1）委请会计师就台湾与所属国所适用会计原则之差异及其对财务报表之影响表示意见，并出具复核报告。

（2）准备存托凭证发行计划及公开说明书。

（3）与存托机构签订存托契约，请其提供所办理台湾存托凭证业务之证明文件。

（4）委请台湾律师就存托契约、保管契约及公开说明书记载事项签注意见。

（5）委请承销商撰写评估报告。

3. 上市标准

（1）资格限制

外国发行人依据注册地国法律发行之股票或表彰其股票之有价证券，于申请上市之台湾存托凭证挂牌前已在经主管机关核定之17个海外证券市场之一的主板上市挂牌者。

此外，依据两岸人民关系条例第73条及2008年7月31日主管机关“海外企业来台上市松绑及适度开放陆资投资国内股市方案”，对于台湾存托凭证申请资格仅限制大陆地区设立登记者不得来台第二上市。

（2）募资限制

依据主管机关外国人募集与发行有价证券处理准则第7条规定，所募资金得用于直接、间接赴大陆地区投资，且外国发行人直接或间接赴大陆地区投资金额无上限。

（3）公司规模

台湾存托凭证（TDR）之申请人，其申请上市之规模，应同时符合上市股数（或市值）及股东权益等二项条件，分述如下：

	一般事业	科技事业
上市股数或市值	2000万个单位以上或市值达新台币3亿元以上者。	2000万个单位以上或市值达新台币3亿元以上者。
股东权益	申请上市时，其经会计师查核签证之最近期财务报告所显示之股东权益折合新台币6亿元以上者。	申请上市时，经会计师查核签证之最近期财务报告所显示之股东权益折合新台币3亿元以上者，且不低于股本加计资本公积总额之2/3。

（4）获利能力

A. 一般事业

最近一个会计年度无累积亏损，并符合下列标准之一者：

a. 税前纯益占年度决算之股东权益比率，最近一年度达 6% 以上者。

b. 税前纯益占年度决算之股东权益比率，最近二年度均达 3% 以上，或平均达 3% 以上，且最近一年度之获利能力较前一年度为佳者。

c. 税前纯益最近二年度均达新台币 2.5 亿元以上者。

B. 科技事业

以科技事业申请上市者，原则上无前开获利能力之限制，惟上市公司需证明有足供上市挂牌后 12 个月之营运资金，且其中半数以上来自主要营业活动。

（5）股权分散

股权分散规定于发行人送件时无须符合，于上市挂牌前达成即可。亦即在上市时，在台湾境内之台湾存托凭证持有人不少于 1000 人，且扣除外国发行人内部人及该等内部人持股逾 50% 之法人以外之持有人，其所持单位合计占发行单位总数 20% 以上或满 1000 万个单位。

（6）股价无异常变化

台湾存托凭证所表彰之有价证券，于上市契约核准前 3 个月在原股市场未有股价异常变化之情事。若股价变化与同业走势、大盘走势及公司基本面比较有所偏离，则需由承销商对变化合理性评估，并于公开说明书揭露。

上市审查流程

依据台湾证券交易所有价证券上市审查准则第 3 章 - 外国有价证券上市之相关规定，目前外国发行人向台湾证券交易所申请发行台湾存托凭证（TDR）之流程，主要可分为送件申请、书面审查以及台湾证券交易所向主管机关函报上市契约等程序。

有关外国发行人申请发行台湾存托凭证（TDR）流程之详细内容说明如下：

1. 填具申请书表

外国发行人暨其在台湾境内之存托机构或代理机构申请其发行之台湾存托凭证上市，应填具“台湾存托凭证上市申请书”，并同应检附书件送交台湾证券交易所。

2. 台湾证券交易所进行书面审查

台湾证券交易所自受理台湾存托凭证上市申请日起，即依据上市申请书及所附附件，审查是否合于台湾证券交易所有价证券上市审查准则第 26 条所订各款上市条件，并经台湾证券交易所经理部门审核。

3. 送请“中央银行”审查

“中央银行”原则上采平行审查，外国发行人于申请募集发行有价证券案件时，可同时送请“中央银行”及台湾证券交易所进行审查，于相关文件齐全之情形下，“中央银行”将可于 12 个营业日内完成审查作业并出具同意函。

4. 上市契约经台湾证券交易所报请主管机关备查

除决议不同意上市予以退件外，由台湾证券交易所将上市契约报请主管机关备查。

5. 向主管机关申报生效

自台湾证券交易所函知之日起，检具“中央银行”同意函，向主管机关申报生效，主管机关申报生效期间为 7 个营业日。

6. 办理募集发行

台湾存托凭证（TDR）发行人应自申报生效通知到达之日起 3 个月内募足并收足现金款项。逾 3 个月尚未募足或收足现金款项者，具正当理由得向主管机关申请延期 3 个月，并以一次为限。台湾存托凭证募集对外公开销售部分，得以全数办理询价圈购或部分询价圈购部分公开申购配售方式办理。初次发行案件以部分询价圈购部分公开申购方式办理者，应同时办理询圈及申购作业，且应先行就对外公开销售数量之 10% 额度办理公开申购配售。

外国发行人申请TDR流程图

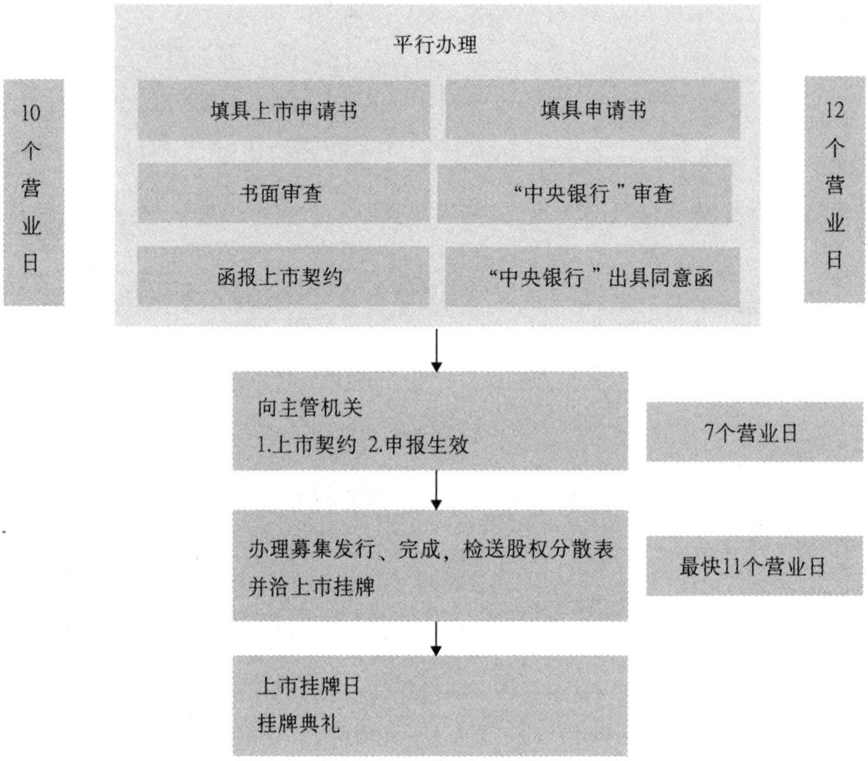

上市后相关法令遵循

鉴于台湾存托凭证（TDR）于原股上市地之交易所系采正面表列，经核定之交易所或证券市场均为主管机关认定属监理机制较健全者，且目前已规范外国发行人发行台湾存托凭证（TDR）之股份占其已发行股份总数比重不得逾 50%，考虑上市审查时系秉持“尊重当地国”之原则订定相关上市审查程序，故基于上市审查及监理一致性，对于台湾存托凭证（TDR）发行人之监理仍倚重及信赖原股上市地之资本市场机制原则，并加强与原股上市地信息交换及 MOU 之签订，对于台湾存托凭证（TDR）发行人之监理制度，首重两地信息之同步公开及实时揭露，以确保投资人权益，以下就台湾存托凭证（TDR）发行人上市后监理之相关制度进行介绍。

1. 重大讯息

第二上市公司应依循“台湾证券交易所股份有限公司对有价证券上市公司重大讯息之查证暨公开处理程序”规定。发生该处理程序第 2-2 条所规定之相关情事时，应依下列规定办理，并得委托其在台湾境内之代理人以因特网联机方式办理申报：

（1）属外国发行人注册地国及上市地国法令规定者：

外国发行人如遇原注册地国及上市地国法令规定而应公开之重大讯息时，应于其法令规定之期限内，同时将讯息之发生原因、对公司财务业务影响、估计影响金额及因应措施等，以中文输入台湾证券交易所指定之因特网信息申报系统。

（2）非属外国发行人注册地国及上市地国法令规定者：

其余事项则须依台湾证券交易所对上市公司重大讯息之查证暨公开处理程序第三条规定之期限办理申报。于事实发生日或传播媒体报导之日起次一营业日交易时间开始前，将该讯息内容或说明输入台湾证券交易所指定之因特网信息申报系统，但于其前发布新闻稿者，则应同步输入。惟国外法令对上市公司依该处理程序所应代为申报之重大讯息有时间限制之规定时，其得配合国外企业之时限同时对外发布。遇有所属国或上市地国证券监理机构或证券交易所询事项，若公司有向其原上市交易所或监理机关提交之文件及资料，应同时提交台湾证券交易所。

2. 财务报告及年报信息公开

依据主管机关外国发行人募集与发行有价证券处理准则第 64 条第 2 项，外国发行人之财务报告及年报应依下表规范办理。

项目	内容摘要	公告或申报期限
年度财务报告	合并财务报告。 财务报告应以中文为主，并检附英文或原股上市地官方文字版本，于公开信息观测站公开及书面申报。 财务报告所采用之会计原则及编制内容得依注册地国或上市地国之规定办理。 但其采用之会计原则若非采台湾、美国或国际会计准则编制者，应由公司另行出具差异说明，并经主管机关核准签证公开发行公司财务报告之我方二位会计师复核后，并同财务报告公告申报。 依规定公告申报之财务报告，应经董事长、经理人及会计主管出具财务报告内容无虚伪或隐匿之声明。	依外国发行人注册地国或上市地国法令规定办理。但年度财务报告应有会计师查核且至迟不得晚于每营业年度终了后 6 个月内公告申报。

项目	内容摘要	公告或申报期限
半年度财务报告 第 1 季财务报告 第 3 季财务报告	合并财务报告。 财务报告应以中文为主，并检附英文或原股上市地官方文字版本，于公开信息观测站公开及书面申报。 财务报告所采用之会计原则及编制内容得依注册地国或上市地国之规定办理。 但其采用之会计原则若非采台湾、美国或国际会计准则编制者，应由公司另行出具差异说明，并经主管机关核准签证公开发行公司财务报告之我方二位会计师复核后，并同财务报告公告申报。 依规定公告申报之财务报告，应经董事长、经理人及会计主管出具财务报告内容无虚伪或隐匿之声明。	依外国发行人注册地国或上市地国法令规定办理。
年报	外国发行人依注册地国或上市地国法令规定编制之年报。 记载事项应以中文或中英文并列记载之。	依外国发行人注册地国或上市地国法令规定应公告及向主管机关、证券交易所或证券市场申报之期限。至迟于外国发行人之股东常会前，将其年报之电子档案传送至本会指定之因特网信息申报系统。

3. 其他信息揭露

其他信息揭露规定于台湾证券交易所对有价证券上市公司及境外指数股票型基金上市之境外基金机构信息申报作业办法，申报项目包含定期公开申报信息（如：财务报告及法人董事、监察人暨持股 10% 以上大股东信息等）及不定期公开申报之相关信息（如：股利分派及召开股东会等）。

4. 诉讼及非诉讼代理人

目前证券交易法于 2012 年 1 月修正施行，本次主要增订“外国公司”专章，其中并明订外国发行人应设置诉讼及非讼代理人，依据该法第 165 条之 3 的规定，外国公司应在台湾境内指定其依该法之诉讼及非诉讼之代理人，并以之为该法在台湾境内之负责人。该代理人应在台湾境内有住所或居所。外国公司应将该诉讼及非诉讼代理人之姓名、住所或居所及授权文件向主管机关申报。准此，对于外国企业的诉讼及非诉讼之代理人相关责任，目前已予以明确规定，故来台发行台湾存托凭证（TDR）之发行人宜注意有关在台诉讼及非诉讼代理人之选择及设置，以落实对于台湾之相关法令遵循义务。

结语

企业来台发行台湾存托凭证（TDR），不但可与台湾当地产业结合，强化产业竞争力，亦可增加发行人之知名度及提升财务规划弹性，具有多重优点，此外，台湾资本市场具有流动性佳、周转率及本益比都相对较高之优势，目前来台发行台湾存托凭证（TDR）之公司股价表现亦多较邻近交易所为佳，对海外企业来台发行台湾存托凭证（TDR）具有吸引力，展望未来，借由台湾资本市场之持续开放及商品多元化，将有助提升企业筹资能力及经营绩效，并发展台湾成为区域之筹资中心，提升资本市场之国际竞争力。

第三部分

资本市场面

第五章　台湾存托凭证市场简介

邱 昭 贤 / 资诚联合会计师事务所会计师

专业领域 / 公开发行、上市柜之规划辅导

内部控制制度之咨询服务

审计及会计理论与实务之应用

外国企业来台第一上市（柜）及第二上市（柜）之咨询服务

｜专著｜外国企业成功来台上市（柜）实战手册

前言

2008年3月5日“行政院”通过“推动海外企业来台挂牌一二三计划”，积极推动外国企业来台挂牌，冀促进企业与台湾市场紧密连结、满足投资人多元化需求，并提升资本市场国际化与竞争力。从2008年5月台湾开放外国企业来台上市（柜）后，两岸三地暨新加坡资本市场争夺战即开始进入白热化的阶段。本节将就外国企业来台发行台湾存托凭证（Taiwan Depositary Receipt，TDR），又俗称“第二上市”，其发行条件及申请程序等予以说明，以供读者了解如何成功在台湾第二上市。

台湾存托凭证(Taiwan Depositary Receipts)

海外存托凭证（Depository Receipt, DR）为企业于海外发行以当地币值计价，并代表该企业普通股之凭证，存托凭证持有人所享之权利义务与普通股股东相同。存托凭证发行之主要目的，在于便利企业至海外募集资金，同时，也方便投资者以间接方式来持有他国企业的股票。

存托凭证的发行方式有两种，一为由发行企业或是其股东，拨出一定比例的股权，一为办理现金增资，存放在海外托管银行，经由托管银行发行代表公司股权的存托凭证。

故所谓台湾存托凭证（Taiwan Depositary Receipt，TDR），又俗称“第二上市”，是指这些企业已经在国外上市，而到台湾申请以存托凭证上市挂牌的一种形式。TDR之持有人为外国发行公司之实质股东，得经由存托银行对其所表彰原股之外国公司，主张利息、红利、剩余财产分配等股东应享权利。

今兹就发行台湾存托凭证（Taiwan Depositary Receipt，TDR）之介绍、优点及相关发行条件等，于以下做详细说明。

台湾存托凭证介绍

1. 台湾存托凭证（Taiwan Depositary Receipt，简称TDR）定义是指存托机构在台湾境内所发行，表彰存放于保管机构之外国发行人有价证券之凭证。

2. 发行台湾存托凭证（TDR）之优点

TDR的发行，可以让上市公司同时在原股资本市场及台湾资本市场挂牌交易，较于单一市场上市，TDR将能为发行公司创造更高的上市效益。

（1）TDR溢价比例高，借由两地市场比价效应，反映公司真实价值

当原股所在资本市场之市况不佳，或当地投资人无法体会企业真实价值，致使股价受到原股市场低估时，TDR市场将提供您真实反映企业价值的另一种择。

（2）增加筹资管道

可两地同时挂牌，原股不必下市，借由TDR之发行，可增加企业筹资管道，亦可拓展企业营运触角提升知名度。

（3）发行程序相对快捷简便

无需进行组织重组，亦较不涉及投资架构及税务规划等议题，且相对于初次上市（Initial Public Offering，IPO），TDR之审查

所需时程较第一上市（柜）审查时程亦较短。一般自申请日期至取得 TDR 核准上市契约日，平均约需 2 个月，实际期间仍需视个案状况。

3. TDR 申请条件－上市一般事业与科技事业

	一般事业	科技事业
上市单位数或市值	2 千万个单位以上，或市值达新台币 3 亿元以上者。但不得逾其已发行股份总数之 50%。	
股东权益	最近期财务报告之股东权益折合新台币 6 亿元以上者。	最近期财务报告之股东权益折合新台币 3 亿元以上者。
获利能力	最近一个会计年度无累积亏损，并符合下列标准之一者： • 税前纯益占股东权益比率，最近一年度达 6% 以上者； • 税前纯益占股东权益比率，最近二年度均达 3% 以上，或平均达 3% 以上，且最近一年度获利能力较前一年度为佳者； • 税前纯益最近二年度均达新台币 2.5 亿元以上者。	最近一个会计年度暨申请上市时经会计师查核签证之最近期财务报告，均无累积亏损者。
股权分散 （挂牌前达成即可）	上市时，在台湾境内之 TDR 持有人不少于 1 千人，且扣除外国发行人内部人及该等内部人持股逾 50% 之法人以外之持有人，其所持单位合计占发行单位总数 20% 以上或满 1 千万个单位。	
其他规定	• TDR 所表彰股票之转让不受限制； • TDR 所表彰股票之权利义务应与其他同次发行之同种类股票相同。 • 外国发行人应以书面承诺于上市后与台湾证券交易所建立重大讯息自动同步申报系统。	
经核定之证券市场	• 纽约泛欧交易所集团（美国） • 美国证券交易所（美国） • 那斯达克证券市场（美国） • 伦敦证券交易所（英国） • 德国交易所集团（德国） • 意大利证券交易所（意大利） • 多伦多交易所集团（加拿大） • 澳洲证券交易所（澳大利亚） • 东京证券交易所（日本） • 大阪证券交易所（日本） • 新加坡交易所（新加坡） • 马来西亚交易所（马来西亚） • 泰国证券交易所（泰国） • 南非约翰内斯堡证券交易所（南非） • 香港交易所（香港） • 韩国交易所（韩国） • 经主管机关核定之其他证券交易所	

申请流程与发行前后之管理及注意事项

1. TDR 申请流程

TDR 之审查所需时程较第一上市（柜）审查时程亦较短。一般自申请日期至取得 TDR 核准上市契约日，平均约需 2 个月，实际期间仍需视个案状况。相关申请流程汇总如下表：

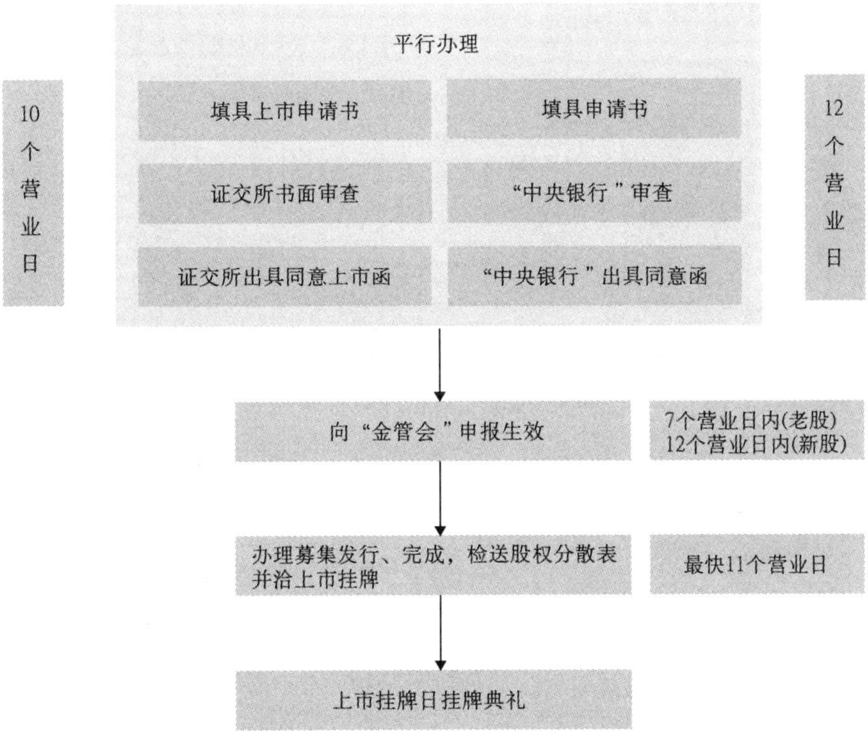

2. TDR 发行前准备阶段应有之考虑由于 TDR 申请发行的时间相当短，又由于外国企业对台湾的资本市场及相关法令较不熟悉，故外国企业于 TDR 发行前应准备及考虑下列事项：

（1）选任承销商、会计师及律师等中介机构如同第一上市（柜）一样，TDR 要于短期间成功上市（柜），需要公司及相关之中介机构团队之相互合作，慎选优质之团队是相当重要的，兹将各中介机构之主要服务内容说明如下：

中介机构	主要服务内容
承销商	评估及规划上市时程 撰写评估报告 协助编制发行计划及公开说明书 安排 Road Show 组成承销团，完成承销作业
律师	就存托契约、保管契约及公开说明书签注意见 对存托凭证发行计划表示意见 其他相关法律咨询
会计师	就不同会计原则之差异表示意见 就发行人财务报告出具复核报告 协助厘清主管机关之疑虑及沟通 协助复核相关公告及申报内容

保管机构	负责存托凭证所表彰股票之保管
存托机构	发行及经销存托凭证 存托凭证之股务代理 存托凭证持有人之代理人，处理和发行公司间相关事宜

（2）申请资料面（财务报表相关）

A. 最近3年度经原上市国会计师查核签证之合并财务报告（英文版本）

B. 合并财务报告需同时准备中文版本

C. 审查期间跨越会计年度8个月以后者，加送经原上市国会计师查核签证或核阅之上半年度合并财务报告（前期对照报表得为自结数）

D. 公开说明书

E. 由台湾二位会计师就原上市地适用会计准则与台湾财务会计准则之差异进行会计原则转换及其对财务报告之影响表示意见

（a）最近3年度会计准则差异之厘清与确认

（b）会计准则差异之调整，对于净值与获利之影响

（c）与主管机关间之沟通

（3）TDR投资人税负成本面

兹就TDR投资人之相关税负成本，汇总说明如下表：

	台湾营利事业股东	台湾个人股东	海外股东
证券交易税	千分之1	千分之1	千分之1
证券交易所得税	证券交易所得 （目前停征）	证券交易所得 （目前停征）	证券交易所得 （目前停征）
最低税负	证券交易所得并入10%最低税负	除2010起股利所得外非最低税负课征范围	非最低税负课征对象
获配股利所得（非属台湾来源所得）	17%营所税	属境外所得（自2010起，此境外所得超过100万，需纳入最低税负税基）	非属课税范围

3. 主管机关审查TDR重点

近期主管机关审查TDR案件，将视个案调整审查以下重点方向：

（1）产业状况及营运风险

A. 送件年度营运绩效评估，是否符合景气荣枯与该产业趋势

（2）营运概况

A. 重大购并或投资之交易合理性及其产生效益

B. 公司市场地位及竞争利基

（3）财务状况

A. 销货与应收账款管理

B. 转投资与关系人交易

C. 重大资产交易与重大承诺

D. 重要科目分析及合理性说明

（4）重大期后事项

（5）集团企业及母子公司之重大交易

（5）不宜上市条款

（6）公司治理

A. 董事会之独立董事是否具独立性

B. 董事会之独立董事辞任原因

（7）股东权益保障

（8）所属国营运风险

A. 主要营运地产业发展政策影响

（9）承销风险营运概况

（10）行业特性

4. TDR 发行后之管理面——把握需同步公告之原则

（1）定期

A. 财务报表相关

（a）中文及英文合并财务报告

i. 年度（必要，不得晚于每营业年度终了日后 6 个月内）

ii. 半年度、第一季、第三季（依原股上市地之法令规定）

iii. 会计准则及编制内容得依原股上市地之规定

iv. 董事长、经理人及会计主管对于财务报告内容无虚伪或隐匿之声明

v. 于公开信息观测站公开及书面申报

（b）简明资产负债表、简明损益表

（c）公司年报

（d）年度财务比率重大变动说明

（e）年度财务分析资料

B. 董事、监事、大股东相关

（a）法人董事、监察人及持股 10% 以上大股东信息

（b）前年度董事及监察人报酬信息

C. 原股票交易信息相关

（a）原股票之收盘价格

（b）原股票之交易数量

（c）前一营业日收盘汇率

D. 其他信息相关

（a）台湾存托凭证发行后之兑回单位数

（2）不定期

A. 重大公告事项相关

（a）重大讯息

依“对有价证券上市公司重大讯息之查证暨公开处理程序”规定之期限内输入

i. 依原股上市地规定应实时申报之重大讯息

ii. 股东常会承认之年度财务报告与公告并向主管机关申报者不一致

iii. 发生对股东权益或证券价格有重大影响之事项

iv. 章程变更、资本增减

v. 营业用主要资产之质押、出租、出售或报废

vi. 遭受重大灾害致部分或全部产品减产或停产

vii. 董事会决议合并、分割、收购、股份交换、转让或受让、解散等

viii.董事长、总经理、法人董监事、独立董事、财务会计主管、内部稽核主管或签证会计师之变动

（b）取得或处分资产（依原股上市地之规定）

B. 股东权益相关

（a）股东会召开相关信息（包含股东会年报及会议相关数据）

（b）本年度股利分派情形

（c）决定分派股息及红利或其他利益基准日

（d）股本形成经过情形

（e）股权或 TDR 分散表

C. 其他信息揭露

（a）TDR 内部人名单

（b）TDR 基本数据、联络人数据

（c）经兑回后在原发行额度内再发行之台湾存托凭证单位数

第三部分

资本市场面

第六章　陆资来台已上市、上柜公司之分析

邱 昭 贤 / 资诚联合会计师事务所会计师
专业领域 / 公开发行、上市柜之规划辅导
内部控制制度之咨询服务
审计及会计理论与实务之应用
外国企业来台第一上市（柜）及第二上市（柜）之咨询服务
｜专著｜ 外国企业成功来台上市（柜）实战手册

前言

所谓陆资企业，主要是指该企业之股份绝大部分为陆籍人士所持有而言，目前外国企业来台第一上市柜之规定中，依规定陆籍股东所占持股比例不得超过30%。故严格来讲，截至2012年4月30日在台第一上市柜之34家外国企业中应该是没有陆资企业，若勉强与陆资企业沾的上边者为亚洲塑料再生资源控股有限公司，而其大股东虽为中国人但早已取得菲律宾国籍，故就该企业而言应该也算是非陆资企业。

外国企业在台发行台湾存托凭证之统计

外国企业在台发行台湾存托凭证（TDR），或俗称第二上市柜之公司，截至2012年4月30日计有34家，其中以在香港交易所挂牌交易者最多，按各公司原挂牌之海外证券市场之统计如下：

海外证券市场	家数
香港交易所	16
新加坡交易所	13
泰国交易所	3
马来西亚交易所	1
南非交易所	1

虽然自2010年3月15日起，台湾主管机关已开放香港红筹股企业得以来台发行TDR，但经分析比对香港交易所“中资红筹股公司”之名单，发现并无任何一家公司在台发行TDR，而从发行公司的背景搜寻下，具有较明显之陆资背景的公司有如下三家：

1. 扬子江船业（控股）有限公司（新加坡挂牌，股票代号911609），以下简称扬子江公司。扬子江公司是以扬子江船厂有限公司和新扬子造船有限公司为核心组建的中国大型造船企业。公司的造船历史可回溯到1956年，是中国首家在新加坡上市的股份制造船企业，是新加坡股票交易所海峡指数股之一，公司占地面积220万平方米，码头岸线3000米，职工人数1万余名。

2. 杜康控股有限公司（新加坡挂牌，股票代号911616），以下简称杜康公司，杜康公司是以白酒为主导产业的综合性控股公司，其集研发、生产、经营、销售、管理于一体，旗下拥有汝阳杜康酿酒有限公司和河南杜康酒业股份有限公司（原伊川杜康）两大生产基地，先后登陆新加坡、台湾两地资本市场，成为河南白酒行业第一家也是当前惟一一家上市公司。

沪安电力控股有限公司（新加坡挂牌，股票代码：911612）以下简称沪安电力公司，沪安电力公司在1985年当时由江苏省无锡市人民政府出资成立，1997年成为股份制。主要业务是生产及销售各类电缆产品。总部位于江苏省宜兴市官林镇。主要销售各24省份地区。股份在2010年2月8日于新加坡交易所主板上市。

上述陆资企业于2012年4月30日在台湾证券市场的表现，重点汇集如下：

台湾存托凭证收盘价汇总表						
数据日期：2012 年 04 月 30 日						
公司	简称	每单位存托凭证表彰原股股数	收盘价			成交量
代号			原上市地收盘价（台币）	TDR 收盘价	折溢价 %	TDR 成交数量（单位）
911609	扬子江	0.5	27.87	13.95	0.07%	84,010
911612	沪安电力	1.25	3.76	5.13	9.15%	781,396
911616	杜康控股	1	6.61	10.4	57.34%	337,000
	34 家平均数				12.41%	796,225

依据台湾公开信息观测站之网站数据显示，2012 年 4 月 30 日 TDR 中溢价最高者是阳光能源，溢价达 93.9%，而折价幅度最大者是新晔，折价幅度达负 23.69%；成交数量最大者是圣马丁，成交 13,993,194 单位，成交数量最少者是华丰泰国，仅成交 1,010 单位。从上述数据显示三家陆资企业均获得溢价，其中杜康控股则是获得最高的溢价达 57.34%，而成交数量最多者为沪安电力。

结语

虽然目前属陆资企业在台第一或第二上市柜之家数，仍不算太多，但随着两岸政治经济环境日趋稳定，及为数不少的陆资企业也正在积极寻找大陆以外之资本市场作为一个可长可久之融资平台，随着越来越多对台湾资本市场之报导与交流后，相信有更多之陆资企业将认识到台湾资本市场之优点，且未来台湾主管机关对外来企业来台第一及第二上市柜之条件可望进一步的放宽下，在不久之将来一定会有越来越多之陆资企业登上台湾之资本市场，形成另一个证券族群。

第三部分

资本市场面

第七章　陆资企业来台上市（柜）的重要法律议题

刘 中 平 / 众达国际法律事务所资深顾问

专业领域 / 金融财经

资本市场

跨国商务法律及企业并购交易

孙　　欣 / 众达国际法律事务所资深顾问

专业领域 / 跨国商务法律及企业并购交易

前言

为争取陆商与外国企业来台第一上市（柜），台湾主管机关于2009年起逐渐放宽来台上市（柜）企业的陆资持股条件，已吸引了不少拥有陆资背景企业来台湾资本市场筹资的兴趣。本文拟针对陆资来台上市（柜）申请过程中可能会面临的重要法律议题提出讨论及观察。首先介绍陆资企业来台第一上市（柜）及陆籍股东的规范及限制，次就上市（柜）法律尽职调查过程中常见，且台湾主管机关较关注的大陆法律议题加以探讨，最后再讨论台湾主管机关所重视的股东权益保护事项。

1. 陆资企业来台上市（柜）及陆籍股东的规范

陆资限制

根据台湾地区与大陆地区人民关系条例第73条及相关规范的规定，目前下列几种企业不得来台上市（柜）：

（1）大陆地区设立登记的公司。

（2）陆资投资于第三地区设立的公司，且直接或间接持有该第三地区公司股份或出资总额逾30%的（但经项目审查核准的除外）。

（3）第三地区设立的公司，如陆资具控制力的。此处所称“具有控制能力”，系指符合下列情形之一：

- 与其他投资人约定下，具超过半数的有表决权股份的能力
- 依法令或合同约定，可操控公司的财务、营运及人事方针
- 有权任免董事会（局）超过半数的主要成员
- 有权主导董事会（局）超过半数的投票权

换句话说，陆资企业若以第三地海外控股公司作为上市主体，且陆资持股不超过30%，且不具控制力的，就可申请来台第一上市（柜）。此处“陆资”系指大陆地区人民、法人、团体、其他机构或其于第三地区投资的公司，而大陆地区人民则系指在香港、澳门以外的大陆地区设有户籍的人民，而不是以具备中华人民共合国国籍为认定标准。实践上曾发生大陆地区人民虽取得香港护照，但因其于大陆地区仍设有户籍，故依台湾地区与大陆地区人民关系条例仍被视为陆资，而受到上述30%及控制力的限制。

关于上述第（二）种陆资持股“超限”30%的情形，虽然有得经项目审查核准的例外规定，但因为主管机关尚未订定相关项目审查的办法，所以实践上还不可行。关于这点，台湾主管机关于2012年4月中召开具两岸特色金融业务推动小组会议，决定将订定项目审查的具体标准，以协助开放陆资持股逾30%、但以台资为主且台资持股比率较高的企业来台第一上市（柜）。据了解，目前台湾证券交易所（下称“台湾证交所”）已将陆资项目审查相关修正规定提交台湾证券主管机关金管会，目前正由金管会审查中。

另一方面，大陆地区军方投资或具有军事目的的企业即使符合上得来台第一上市（柜）的形式条件，台湾主管机关对于准许

其来台第一上市（柜）仍采取保留态度。而到目前为止，实践上尚无具有大陆军方色彩之外商企业来台上市（柜）的案例。

上市（柜）后大陆股东股票的买卖

外国企业来台上市（柜）后，其原始大陆籍股东原则上得依“大陆地区投资人来台从事证券投资及期货交易管理办法”及交易所相关规定，于台湾市场上出售外国企业的股票。程序上则需由台湾地区代理人或代表人办理“大陆籍员工集合投资专户”的开户，但该账户系为全体陆籍股东持有的集体账户，而非该陆籍股东的个人账户，且仅准该大陆籍股东透过该账户卖出该外国企业发行之股票，不得从事其他证券买卖交易；即该大陆籍股东只可以透过该账户卖出其于公司上市前已持有的股份，而无法再买进其他股票。另外，该大陆籍股东于初次申请股票上市时如对外国企业持股超过已发行股份总额 10% 者，应于初次申请股票上市（柜）时将持股全部提交集保，集保股票自上市（柜）买卖开始日起届满 6 个月后始得领回 1/2，其余股票部分，自上市（柜）买卖开始日起届满一年后始得全数领回。

陆籍员工分红配股认股权

外国企业来台第一上市（柜），虽有陆资持股的限制，但大陆籍员工依“大陆地区投资人来台从事证券投资及期货交易管理办法”规定，于公司第一上市（柜）后，仍可取得来台上市（柜）外国企业发行的员工配股或认股权凭证。上市（柜）外国企业依相关规定办理“大陆籍员工集合投资专户”，投资专户内员工取得股东身份后，行使表决权应比照境外外国机构投资人投资国内证券的方式，由该上市（柜）外国企业员工授权指定的台湾地区代理人出席，并依保管契约的约定行使表决权。

2. 法律尽职调查重点事项

外国企业来台上市（柜）时，须由发行人律师团队进行法律尽职调查并就调查结果填制法律事项检查表，作为上市（柜）申请文件之一，并提交于台湾上市（柜）主管机关审批。法律尽职调查主要的目的除了是为符合上市（柜）申请文件要求外，更主要一层的目的在于及早发现影响外国企业营运的重要法律风险，由律师团队协助外国企业研拟出适当合理的解决方式。以下为法律尽职调查过程中常见与大陆营运有关的法律议题，及台湾主管机关上市（柜）审查重点及实务上处理方式。

返程投资问题

陆资企业在来台上市（柜）前于境外进行重组的过程中，应检视是否遵守大陆关于返程投资的规定。因此如果律师如能在境外企业重组阶段即参与，可避免因为重组过程或结果不符台湾或大陆相关的法令，产生交易和法律风险以及花费无谓的成本。“返程投资”（Round tripping Capita1）是指大陆境内居民透过其在境外进行股权融资为目的而直接设立或间接控制的境外企业（即通常所说的特殊目的公司），在大陆境内开展的直接投资活动。关于返程投资，一般而言大陆法令规定大陆境内居民针对特殊目的公司的设立及在境内开展直接投资等行为，应向外汇管理部门申请办理境外投资外汇登记手续，该程序主要为登记揭露性质，所以原则上问题不大。但实务上比较棘手的是当上市（柜）前重组涉及大陆内资企业的情形，要如何避免所谓《10号文审批》规定的适用实为一重要课题，需要律师、税务会计师等专业人员尽早加入以协助企业为妥适的重组规划。

根据大陆《关于外国投资者并购境内企业的规定》（又称10号文）规定，“境内公司、企业或自然人以其在境外合法设立或控制的公司名义并购与其有关联关系的境内的公司，应报商务部审批”，该规定所称的境内公司为内资企业（排除大陆外商投资企业）。《10号文》规定的审批程序繁琐严格，该法令正式发布至今，仅有极少数境内企业经商务部批准完成《10号文》规范下由境内人民以其境外公司并购与其有关联关系的境内企业。“10号文”虽然是大陆法令问题，但台湾有关主管机关在进行上市（柜）申请案件的审批时，对于重组过程中的合法性也是审查的重点，通常会要求律师出具法律意见。

实务上曾有透过股权转换将标的内资企业转换为外商投资企业，以排除《10号文》审批规定适用的案例，但转换股权的过程最好能留意并评估该股权转换对交易当事人（主要为企业主要股东）所可能产生税赋影响，并由税务专业人员协助为适当的税务规划。

另外，针对外国企业进行股权转换重组，台湾主管机关上市（柜）通常审查重点还包括取得股权的原因、合理性、价款与交易条件有无非常规交易以及对股东权益的影响。如外国企业于上市（柜）申请前对私募基金等投资机构进行现金增资或其他股权融资（pre-IPO round of financing），台湾主管机关于上市（柜）审查时，将检视价格合理性、合同是否有特殊条件（如：指派董事权、黄金表决权、附买回或保证上市成功等）、释股过程有无损害小股东的权益以及有无其他异常情事。

新浪模式（又称VIE模式，Variable Interest Entity）

新浪模式指大陆境外公司通过外商独资企业，与大陆内资公司签订一系列合同或协议来成为内资公司业务的实际收益人和资产控制人，此架构主要为规避大陆“外商投资产业指导目录”关于限制类和禁止类行业限制外资进入的规定。VIE结构在新浪网于2000年赴美国上市时被首次采用，随后，搜狐、百度等一批中国互联网公司都透过此一方式成功地实现上市。VIE结构的实用性，使其在传媒、教育、广电领域企业中被越来越广泛地使用。

新浪模式运作10年多，它的合法性一直处于灰色地带，严格来说新浪模式实质上规避了“外商投资产业指导目录”外资限制及《10号文》对外资并购的规定。如上述所说，台湾主管机关进行上市（柜）审批时，极为重视合法性问题，新浪模式可以成功在美国上市，不代表其也可以在台湾上市。企业来台第一上市（柜），如涉及新浪模式之营运方式，则应尽早于上市（柜）规划初期，与大陆律师及台湾律师厘清架构，并就合法性风险加以评估探讨，并提早与台湾主管机关沟通并提出台湾主管机关能接受之解决方案。

派遣员工存有不符劳动合同法的情事

劳务派遣，以其成本低、用人弹性、好管理的优势，在许多大陆企业中被越来越广泛地使用。有鉴于此，为保障派遣人员的基本权益，大陆“劳动合同法”中特别设立专章来规范派遣人员与派遣公司及实际用人企业间的权利义务，其中主要要求实际用人企业本着同工同酬的原则，向派遣员工支付加班费、绩效奖金，并提供与工作职务相关的福利待遇及工资调整机制。

台湾主管机关于上市（柜）审查应注意重点的倡导资料中，于法律遵循审查项下，特别提醒如外国企业使用大陆地区劳务派遣的，律师进行法律尽职调查时应确认该企业是否有不符大陆“劳动合同法”的情事。

生产基地未取得部分土地使用权及房产证

大陆施行土地国有化政策，所以农民集体共有土地须先由国家征收成为国有土地后，才能由国家统一批地予民间企业。而农地在被国家征收时，农民将会取得一定补偿金，另外大陆对农地转为国有化，每年各省市均有上限规定，如额度已满，则不受理农地转为国有化再行批售与民间企业的申请。实践上，大陆地区常见先盖厂后补产权证的情形，也就是先由民间企业支付予农民一笔补偿金，其后径于农民集体共有土地上盖厂营运，事后提出购地申请并慢慢等到地方政府取得农地转为国有化的配额后，才发给土地使用权证及房产证予民间企业。

土地使用权及房产证向来为台湾主管机关的上市（柜）审查重点。台湾主管机关针对土地使用权及房产证之议题采严格审查的态度，所以外国发行人应即早确认自身土地使用权及房产证的完整及合法性。如有缺失，应尽早与律师及相关专业人员着手补正以免拖延上市（柜）的时程，并提早与台湾主管机关沟通并提出台湾主管机关能接受之解决方案。另外，台湾主管机关亦可能要求外国企业董事长（董事局主席）及重要经营层对此缺失出具承诺书，承诺无条件负担外国企业未来所可能遭受罚款或产生的任何损失，以确保台湾投资人股东权益不受影响。

社会保险金以及住房公积金之提拨（即五险一金）

对于大陆地区有重要营运的外国发行人，是否有社会保险金（养老、医疗、失业、工伤、生育）或公积金未缴纳或未依法定基数足额缴纳的情事，也是为台湾主管机关审查重点。具体个案中常见因实践上困难（尤其是住房公积金），故大多数外国发行人未能完全依相关规定足额缴纳五险一金。有鉴于此，台湾主管机关基本上视欠缴程度，可接受发行人完整揭露五险一金缴纳情形且承诺立即补正并采取其他适当补强措施。

台湾主管机关于上市（柜）审查中，会要求外国发行人透过会计师协助估算出过去三到五年间五险一金短少的数额，要求发行人应提列相当准备金，并要求发行人董事长（董事局主席）及重要经营层向台湾主管机关出具承诺书，承诺日后如经大陆当地主管机关认定应为员工补缴社会保险及住房公积金，或因此招致处罚，则将由该公司董事长（董事局主席）及重要经营层无条件全额补缴相关款项。

3. 股东权益保护事项

台湾主管机关针对申请第一上市（柜）案件，于相关上市（柜）审查规范中，均要求股东权益保护的重要事项，在不抵触外国发行人注册地法令下，应增订于外国发行人的公司章程或组织文件。故为确保外国发行人确实完成该项要求，主管机关即透过要求上市（柜）的申请书件，需检附“外国发行人注册地股东权益保护事项检查表”（下称“股东权益检查表”）。

股东权益检查表中所要求外国发行人应订入公司章程或组织文件的事项，类别上大致可归纳为：公司的资本形成及变动、股东会的召集程序与决议方式、董事的权限与责任等，其主要参考台湾公司法、证券交易法内有关股东权益保护的重要规定而订定。但如果该股东权益保护事项订入章程将违反外国发行人之注册地国法令，此时因无法强制订入章程，则股东权益检查表需确认是否已另将股东权益保护事项与外国发行人注册地法令规定之差异于公开说明书（即招股书）中叙明。而实践上，如果重要的股东权益保护事项，无法订入章程，又没有其他替代方式达到同样的保护效果（例如公司出具承诺书等）时，台湾主管机关将可能不准许该外国企业上市（柜）。

一般而言，英属开曼群岛（下称“开曼群岛”）公司法令上针对公司章程的制定赋予较大之弹性，故依开曼群岛法令注册设立的公司大致上均得依照股东权益检查表的规定修改公司章程。所以现行来台成功上市（柜）之外国发行人，均为开曼群岛注册的公司。

股东权益保护事项中对外国发行人较为陌生且具台湾特色的规定之一，即为外国发行人应于其公司章程中明订具体股利政策的要求。此股利政策的规定主要源自于台湾以散户为主的证券市场背景及股利文化，台湾主管机关为保护小股东，要求外国企业来台上市（柜），除应于公司章程中揭露原则性的股利政策外，另应叙明未来公司将在何种条件下发放多少股利及股利的种类等，且应于公开说明书（即招股书）中揭露之。大体而言，外国发行人需于公司章程中订有明确的股利种类（现金或股票）、在何种条件下发放，及股利发放数额比率亦需订定明确的数字，至于该数额比例高低则原则上主管机关将予尊重。股利政策的制定对企业的资金运用及财务规划影响实为重大，来台上市（柜）的陆资企业宜审慎研拟符合企业未来资金规划的股利政策。

股东权益保护事项中另一个较为特别的要求，为外国发行人应于其章程中明订诉讼及非诉讼代理人的规定，并应实际指派在台湾境内有住所或居所的自然人担任其诉讼及非诉讼代理人。诉讼及非诉讼代理人在概念上原本与欧美法上的诉状代收人相似。过去实务上外国发行人除于台湾有实际营运者指派当地员工之外，大多指派台湾境内的第三人（例如会计师或代书）担任诉讼及非诉讼代理人。但是依据台湾今年 1 月新增的证券交易法第 165 条之 3 规定，外国发行人的诉讼及非诉讼代理人，应视为证券交易法上在台湾境内之负责人。负有证券交易法下负责人的责任义务。因此往后外国发行人诉讼及非诉讼代理人的指派，以公司一定层级以上之员工担任较为妥当。

（本文仅为作者个人意见，不代表事务所立场）

第三部分

资本市场面

第八章　陆资如何运用台湾当地金融机构融资

刘 博 文 / 普华（PwC）国际财务顾问公司执行董事

专业领域 / 金融业并购之策略规划与实务

企业评价

金融商品评价

企业财务规划及重组

财务工程

专案融资

前言

2009年以前，由于两岸皆未开放陆资来台投资，从而导致台湾资金、技术、人员等资源单向输往大陆，据“经济部投审会”统计，截至2009年5月止，经核准赴大陆投资之金额已达771亿美元。

为改善此失衡现象，同时提高外商投资台湾信心，2008年5月后，台湾当局将陆资来台投资列为重要政策之一。经长达一年之规划及政策协调，以及两岸数次协商所得之共识，各相关主管机关已完成陆资来台从事投资相关法规及配套措施，台湾经济部门并于2009年6月30日起开始受理陆资企业来台投资案件。

截至2012年3月底，“经济部投审会”共通过237件陆资来台投资案，核准投资金额为2.79亿美元，约为新台币81.87亿元。就总投资金额而言似乎不多，然而若以2012年1月至3月观之，核准投资案件即有33件，较前一年度同期增加17.86%；核准投资金额达1.03亿美元，较前一年度同期增加650.03%，显示陆资来台似乎已有逐渐增温之趋势。

台湾地区企业融资环境

由于台湾金融市场的资金提供者众、融资利率低廉，故企业向银行办理各项融资之情形可说相当普遍。与大陆不同的是，除了大型企业可以自银行体系取得资金，银行对于中小企业的放款业务亦很热络，概因台湾当局为了扶植中小企业的发展，而针对无法提供足额担保之中小企业，成立中小企业信用保证基金（以下简称“信保基金”），使符合一定条件之中小企业，得透过由信保基金提供担保之方式向银行办理融资。

此外，台湾成立有“财团法人金融联合征信中心（简称“联征中心”）”，其拥有企业法人及自然人完整的信用记录，可提供银行在办理企业融资时信用查询的参考，亦有利于信用记录良好之企业向银行取得必要的融资。

总体而言，台湾系商业导向社会，为使商业活动保持活络，当局乃不断透过各种方式鼓励银行对企业进行放款，使企业可透过向银行融资取得营运必要之资金，进而加大投资，促进台湾的经济发展。

陆资在台办理融资注意事项

1. 目前有关部门对于陆资企业融资的相关规定

（1）银行法与台湾监管部门的相关法规

台湾银行法对于融资对象之国别并无特别限制，因此，凡是来台湾地区投资的陆资企业，在取得台湾工商部门的相关登记文件后，即可向台湾当地的银行业者办理融资。

不过，金管会对于台湾地区银行在提供陆资企业融资需求时，对于总体授信额度则有特别的规定。依据台湾地区银行对大陆地区之授信、投资及资金拆存总额度计算方法说明第三点规定，台湾地区银行对大陆地区之授信总额度，不得超过其上年度决算后净值之一倍。

须注意者，由于依该说明第四点之定义，所谓“台湾地区银行”系指依银行法组织登记之银行（不含外国银行在台分行）设立于台湾境内外之所有营业据点（含 DBU、OBU 、国外分支行及子银行、大陆地区分支行及子银行），故陆资企业之大陆母公司如有向台湾地区银行之大陆分行办理融资，其金额于计算上述限额时亦须一并纳入。

（2）台湾本地银行公会建议的授信准则

台湾本地银行办理融资，除应遵守银行法及相关法规外，另会按照台湾银行公会（以下简称“银行公会”）所发布之各项办法或准则办理。依银行公会于 2011 年 12 月 30 日发布之银行公会会员授信准则，台湾本地银行对陆资企业办理融资时，应注意下列原则：

A. 得免征董（理）监事连保，惟须提供董（理）事会同意借款之决议、授权书或已订有授权条款之章程（第 22 条第 1 项及第 3 项）。

B. 担保放款之核贷成数原则上不得优于适用相同利率期间、融资用途、担保品条件之国内客户（第 27-2 条第 1 项）。

C. 以征提担保品为原则（第 27-2 条第 2 项第 1 款）。

D. 以营运周转、购置在台资产或参与公共工程融资为主要借款用途（第 27-2 条第 2 项第 2 款）。

E. 必要时得征提大陆母公司（总公司）及在台子公司、分公司或办事处营运、财务资料，以审视公司营运状况有无重大变化（第 27-2 条第 2 项第 3 款）。

2. 目前一般实务现况

依台湾本地银行融资现况，各银行办理企业融资时，往往采取下列做法之强化授信条件：

（1）提供不动产及动产担保品。

（2）提供保证人，与借款人共同负担还款责任。

（3）依据企业征信的结果，决定是否核贷与贷款成数

由于台湾本地银行过去透过 OBU（国际金融业务）与海外分行的国际联贷案，对于一些大陆知名上市企业较了解，为降低融资风险，目前台湾本地银行初期对陆资企业之融资，主要将锁定已上市的陆资企业或是具有跨国知名度之陆资企业为主。

对于在台营运未久或知名度较低之陆资企业而言，为加强其信用等级，若可以取得由大陆银行开具的信用状或保证函的方式，来作为向台湾银行业者融资的担保，将会很有帮助。

3. 可考虑之融资管道

（1）台湾本地银行及外商银行在台分行

台湾的银行体系主要包含商业银行、工业银行及信用合作社，商业银行为以收受各种存款，供给短、中期信用放款为主要业务的银行，是扮演台湾资金中介的最主要机构；工业银行仅允许进行中长期放款，且存款来源仅限于法人机构，惟其除了放款业务外尚有投资业务，且可参与被投资公司的经营管理；信用合作社则由共同利益的社员所组成，为具有互助性质的合作金融组织，其经营目标为以简便手续及较低利率，向社员提供信贷服务。

截至2012年2月止，台湾总计有38家在地银行，包括中华开发工业银行与台湾工业银行等2家工业银行，以及花旗（台湾）银行、渣打国际商业银行、汇丰（台湾）银行与星展（台湾）银行等4家外银在台子行及29家外商银行的台湾分行。

由于台湾本地银行业者家数众多，且其融资产品及方式较为多元，可提供企业具弹性之融资方案，故陆资企业拟于台湾融资者，首先可考虑向台湾本地银行办理申贷；此外，许多外商银行在台湾经营业务也有数十年之久，同样可为陆资企业提供融资服务。

（2）大陆银行在台分行

自2009年4月26日起海峡两岸关系协会会长陈云林先生与海峡交流基金会董事长江丙坤先生共同签署《海峡两岸金融合作协议》，明确表达了加强两岸金融领域广泛合作后，两岸相关的银行业、证券业和保险业等主管机关相关人员即透过密切的协商，于同年11月完成金融监管备忘录（“MOU”）的签署工作。而2010年6月29日，《海峡两岸经济合作架构协议》于2010年6月29日签署后，更进一步降低了进入台湾市场后升格为分行的等待期，同时也为大陆金融业来台发展奠定了法律上的条件。

截至2012年4月，来台设立据点（包括分行及办事处）之大陆银行包括中国银行、交通银行、中国建设银行及招商银行等，其中中国银行与交通银行已获台湾金管会之核准设立分行，乐观预计应可于2012年下半年开始营业。故除了台湾本地银行外，陆资企业未来如在台湾地区有融资需求时，亦可考虑选择较为熟悉之大陆银行在台分行办理融资作业。

（3）向台湾本地银行之大陆分行办理授信目前已在大陆设立分行之台湾本地银行包括华南银行、第一银行、彰化银行、土地银行、国泰世华、合库银行及中国信托等；此外，台湾银行、台湾中小企银、兆丰银行和玉山银行之代表处，亦将于2012年陆续升格为分行，故短期内可在大陆提供金融服务之台湾本地银行可达十家以上。由于陆资企业之征信资料主要以在大陆地区的经营状况为主，而台湾本地银行之大陆分行因位在大陆，比较容易取得与了解大陆企业的背景与相关信用状况，由陆资企业的大陆母公司或总公司向台湾本地银行之大陆分行办理融资，核贷率可望较直接在台湾办理融资为高。陆资企业之母公司或总公司得以此方式取得融资，再透过增资或增加在台营运资金之方式，将资金汇入台湾之据点使用，也不失为一个可以考虑的融资管道。

第三部分

资本市场面

第九章　台湾借壳上市探讨

前言

台湾资本市场近几年走向更加开放的国际路线，允许外国企业以境外控股公司形式来台上市，至今已有20余家，约有一半在台湾证券交易所上市，另一半在柜台买卖中心（类似深圳中小板）上柜，类似在香港上市的“红筹股”模式。

目前在台上市柜的外来企业基本上分成三大类型：第一是大陆台商，如85℃咖啡（美食达人）等，总共约占七成以上，大部分是中国概念股，其中又以民生消费内需概念最受欢迎；第二是新加坡企业，如必胜和红木等，新加坡由于市盈率低，流动性差，大陆中小企业近年已放弃在新加坡以“龙筹股”形式上市，连新加坡当地中小企业也不愿意在本地上市，逐渐改来台湾上市；第三是“纯”大陆企业，根据台湾现有法令规定，大陆企业在台上市，陆资比例尚不得高过30%，惟公司负责人若有外国公民身份，则等同外国公司，至今已有3至4家陆资背景企业（如亚塑、安瑞、谱瑞等）皆以此方式在台成功上市。

除了以上所列上市的形态之外，其实还有另一种间接上市的方式，那就是“借壳上市”（reverse takeover）。以买壳的方式上市早已行之有年，在香港有许多上市公司均是透过买壳方式，其中不乏知名的企业，最近大陆房地产龙头万科就在香港成功借壳上市，著名的浙江吉利汽车和青岛海尔当初也是透过类似形式在港上市。

借壳上市

“借壳上市”其实在法令和实务上是属于灰色地带，本文仅就本地及外资企业在台借壳上市的现象及趋势作一分析，并非建议其操作架构完全符合台湾主管机关现有法令及相关规定，也绝非传授的标准操作模式，尚请读者们留意。过去借壳上市仅限于台湾本地企业，惟据侧面了解，这两年已有少数陆资背景企业透过第三地方式，成功买入台湾上市柜公司股权，而且有兴趣询问、跃跃欲试者亦不在少数。

陆资企业对于在台借壳上市兴趣浓厚有几个原因：（一）台湾IPO上市法令规定相对比较严格。一般而言，在台IPO最快也需要9个月时间，如果重组不够完善，时间可能会长达2~3年，陆资企业在台上市有更多的限制，但若采用借壳上市，时程将大为缩短。（二）成本不是特别昂贵。在台湾买壳成本远低于香港，2011年以前，在新台币一亿元之内可以买到壳，今年以来，成本提高到新台币二亿元左右，但仍低于香港行情，香港目前壳价已达二亿港元以上，对于财力雄厚的大陆民营企业家来说，台湾买壳可以说是非常便宜，往往不需考虑即会出手。也可能是因为这个原因，台湾近来上市柜公司壳价格有逐渐提高的趋势，而且买家出手要很快，往往消息一曝光就被人买走。（三）买家不希望身份披露。目前投资台湾还在试水温阶段，大陆民企也在学习和适应，若一切走正规路线，企业家心理压力会太大，所以先买一个壳以备未来之需，不但比较隐密，而且进可攻，退可守。（四）无其他合适上市地点。美国以前是大陆企业偏好的上市地之一，惟去年多家中资企业出现财务造假问题，造成美国投资人全面封杀中国企业，连带影响到其他在美上市中资企业股价，著名的互联网游戏龙头盛大最近就从美国下市。新加坡以往是大陆中小型企业上市的大本营，总共有将近200家，形成所谓的“龙筹股”（Dragon Chip）板块，但是近期数家中资企业发生签证会计师对财报报表无法表示意见之事，重创新加坡投资人对中资股票的信心。至于香港，一般上市规模约在1亿美元以上，早已非中小企业所能企及。基于以上理由，想要在外上市的大陆民营企业家开始转移焦点，对于台湾资本市场有高度兴趣。

过去台湾每年约有六七家公司借壳上市，一般上市后皆不太成功，股价在借壳后没有什么变化，公司也没有特别去加强投资人公关，所以大部分均不为人所熟知。当然这也和重组的进度有关，假如重组尚未完成，或者是遭遇法律上的困难，公司必定不会四处张扬。通常业绩的表现，要等到买壳完成，且新资产注入后的第二个会计年度才会逐渐反映出来，届时公司也才会正式开始对外公关或改名。

以往大部分借壳的企业以房地产和建设公司最多，因为这类型公司基于主管机关态度，不容易以传统方式上市，不过这两年借壳上市的行业种类越来越多元化，从高科技业到零售连锁业均有。台湾以贩卖灵骨塔而闻名的龙岩集团即是这几年因借壳上市成功而且股价表现良好的代表之一；另外如：应华精密科技也是电子公司（能率集团）借壳成功的范例，该公司脱胎换骨后，股价大涨10倍，一度成为台股“百元俱乐部”成员。

除了本地企业外，最近二年也有大陆台商和新加坡台商以借壳方式入主台湾上市公司，其中最具代表性的是在香港上市的台商-金鹰百货借壳于有50年历史的老牌上市染料公司中美实。2011年金鹰以私募现增方式入股中美实49.08%股权，但并未大幅改组董事会，只先取得一席董事席位。金鹰发迹于南京，在中国二三线城市有21个营业网点，未来三年计划预计将扩充至50个据点。透过入股中美实，金鹰可以整合台湾的人才和资源，搭建两岸未来合作的桥梁。其实早在十多年前，康师傅就曾经透过恶意并购方式，入主台湾食品大厂味全，开启了大陆台商回台借壳上市的先河。

过去借壳股多半形象很差，乃是很多股票市场大户炒作股票、坑杀散户的方式，引起媒体的挞伐和主管机关的关切。然而从龙岩和应华之后，逐渐开启了企业重组转型、改造换血的长线经营新模式，得到机构投资者的认同，愿意长期投资持有，从非主流走向主流，大众不再持怀疑态度，特别是在有形象、能力均佳的重整团队或专家（如：能率集团）的介入时，借壳公司的股价甚至会大涨。

一般买壳的做法，是先向原有的大股东买进一部分股权，约20%~30%左右，然后再进行私募“现金增资”（即大陆所称的“定向增发”），由借壳人认购，取得公司的控制权，和平移转经营权，再重新改选董监事，取得公司经营权。正式入主后，公司通常会再办理减资，然后引进新业务陆续注入上市公司，变更公司营运项目，正式转型成为新公司。

不过要注意的是，会成为“壳”的大部分都是原本经营上就有问题的公司，所以绝大多数都是“全额交割股”（类似大陆的ST股票），壳的净值已经低于面额1/2（台湾股票每股面额为新台币10元），因此必须要变更交易方式和分盘交易标准。这类型的公司业绩不好，持续亏损，岌岌可危，如果亏损持续扩大到一个程度，就会丧失上市柜资格；所以投资人必须赶紧注入新资产和业务，产生利润，让净值提升，亏损下降。“全额交割股”只要财务问题解决，即可恢复正常交易，但是有些“全额交割股”如果资不抵债，或者是会计师无法出具财务报表，就会被主管机关终止交易，成为所谓的“管理股票”。管理股票若想再次恢复挂牌，应“重新送件”向主管机关申请IPO。全额交割股还有借壳价值，管理股票则没有借壳价值；之所以列为管理股票，只是基于流动性，让股票持有者可以有个平台买卖股票，但管理股票挂牌满2年后，若无重新申请上市柜，则会被主管机关踢出管理股票平台。大陆企业家可能会犯的错误是在台买壳买得太急，没有想清楚未来要注入什么资产，以及注入资产的过程，是否会碰到法令限制问题。而往往在研究探讨的漫长过程中，壳公司已经面临要下市柜的命运了，因此一定要有谨慎全盘的考虑，才不致功亏一篑。

在借壳上市的过程中，“私募”是很重要的一个环节，私募的股票根据法令规定要锁三年，但价格可以低于市价，有利于特定人之引进。过去几年，由于许多台湾上市柜大股东滥用私募法规的恶习，以特定人身份低价认购私募现增股票，摊薄小股东利益，引起了主管机关注意，大幅收紧私募法规，以致操作上又增加了不少限制，包括价格只能照市价打八折，以及获利公司特定人资格规定等。

依照证券交易法规定，公司私募除应经股东会特别决议外（即须代表已发行股份总数股东过半数之出席，出席股东表决权2/3以上同意），并须在股东会召集事由中载明私募价格订定依据，解释如何选择特定人及其合理性，若已选定特定人，则应说明其与公司之关系及办理私募之理由。以下兹将台湾金管会就私募现增应注意事项2010年9月修正重点说明如下：

1. 私募参考价格决定方面：私募参考价格应以定价日前1、3或5个营业日择一计算的平均价格与定价日前30个营业日的平均价格，选择基准较高者定之；且私募价格原则不得低于参考价格的8成。

2. 私募资格方面：主要系区分亏损及获利公司两类，“亏损公司”原则上只要符合规定即可办理私募，但“获利公司”若要办理私募，则须符合下列3项规定其中之一：（1）该公司为政府或法人股东一人所组织之公开发行公司；（2）私募资金用途系全部引进策略性投资人；（3）有正当理由无法办理公募，且亟有资金需求，并经证交所或柜买中心同意者（私募投资人不得为公司内部人或关系人）。

3. 内部关系人规范方面：若私募投资人为内部人或关系人时，其价格不得低于私募参考价格或理论价格的8成，且应先经董事会充分讨论，并于股东会召集事由中载明，未符前述规定者，照规定即不得认购。

4. 信息揭露方面：将办理私募信息公开时点提前至董事会决议日起二日内；投资人为策略性投资人、独立董事有反对或保留意见等事项应于股东会召集事由载明，加强公司私募信息揭露。

除此之外，最近台湾企业还有一种新的操作思路，虽然尚未有成功案例，就是引进大陆的同行业“战略投资者”以私募形式取得一定比例的股权，这和纯借壳上市稍有不同。借壳上市是单纯的出售壳资产，大股东会把公司清干净，或在卖壳时承诺未来再将原有资产予以买回，然而战略引资模式的公司大股东对于原来的业务，还是希望予以保留一段时间，借由引进陆资战略伙伴打造“中国概念股”新形象，以期带动股价上涨。企业大股东并非真的期待两岸业务能擦出什么火花，而是不甘心将原有的上市公司轻易放弃，希望再搏一把，等股价涨上来以后，寻合适时机再行退出。这种操作方式由于陆资企业是以合法管道进行而正式浮上来台面讨论，但仍必须符合台湾经济部门目前所规定的300项允许陆资投资产业项目。

结语

展望未来，台湾还是会有许多壳的来源，主要原因是台湾产业现在面临严重的转型危机和瓶颈。台湾1000多家上市柜公司，大部分都是中小企业，从过去一年上市柜公司汇总表（表1与表2）即可看得出来，不少企业集资金额甚至在500万美元以下。台湾产业过去偏重于电子业，而且又以代工为主，面临全球产业的整合以及韩国三星对台湾科技产业造成的冲击，许多中小型电子业股价已经在面额之下，不再受到投资人青睐，成为所谓的鸡蛋水饺股，不再具有经营价值，企业老板也已心灰意冷，束手无策，而这些即是理想的借壳对象。在另一方面，部分企业老板也偏好将公司出售给大陆背景的企业，因为预期大陆资产质量较好，将来资产成长较快，可能东山再起，有更佳的炒作题材。

总而言之，不论从供给面和需求面，借壳上市均有一定的市场条件做支撑，而且会越来越流行，虽然过去妾身未明，形象欠佳，但借壳上市已不能以旁门左道视之，而是一种逐渐成长的另类新潮流。预期未来在有兴趣投资台湾的大陆企业中，会有更多人关注这种方式，惟基于法令的不确定性、信息的不透明性以及交易的复杂性，建议聘请专业的机构咨询，才不至于走弯路或者触犯政策法规，徒劳无功。

（表一） 在台证券交易所上市的外来企业

公司名称		股票代码	上市日期	IPO规模 (USD mm)	发行股份	承销价	2012/05/22 股价	承销时 本益比	目前 本益比
宸鸿	TPK	TSEC:3673	2010/10/29	205.3	28,000,000	220	404.5	19.5	8.8
美仓(85度C)	Gourmet Master	TSEC:2723	2010/11/22	79.8	14,250,000	168	215.0	25.5	24.3
慧洋	Wisdom	TSEC:2637	2010/12/1	38.0	30,000,000	38	42.6	5.5	7.2
亚德客	AirTAC	TSEC:1590	2010/12/13	49.9	17,000,000	88	154.0	25.5	17.1
辰星	MStar	TSEC:3697	2010/12/24	280.0	28,000,000	300	175.5	30.1	15.2
贸联	Bizlink	TSEC:3665	2011/4/21	14.3	7,684,000	56	28.8	7.7	11.9
百和	Paiho Shih	TSEC:8404	2011/5/18	23.5	22,060,000	32	14.7	21.1	10.5
茂林	Global Lighting	TSEC:4935	2011/7/28	25.6	15,350,000	50	42.9	20.9	10.8
亚塑	Asia Plastic	TSEC:1337	2011/8/17	45.9	14,480,000	95	85.5	11.7	9.2
科纳	CoAdna	TSEC:4984	2011/8/31	17.3	4,719,000	110	55.0	20.8	7.2
康联	Coland	TSEC:4144	2011/10/5	22.6	7,778,000	87	68.0	14.5	14.0
福贞	Kingcan	TSEC:8411	2011/11/1	17.5	7,500,000	70	45.1	7.5	8.0
基胜	Keysheen	TSEC:8427	2011/12/6	25.3	10,000,000	76	83.0	7.0	9.3
中租	Chailease	TSEC:5871	2011/12/13	25.0	30,000,000	25	46.0	9.4	13.7
臻鼎	Zhen Ding	TSEC:4958	2011/12/26	40.8	23,529,000	52	90.0	47.3	24.8
科嘉	Ko Ja	TSEC:5215	2011/12/26	7.0	5,250,000	39.8	61.2	5.6	12.2
龙灯环球	Rotam Global	TSEC:4141	2012/4/25	40.1	14,141,000	85	74.2	16.1	14.1
永冠	Yeong Guan	TSEC:1589	2012/4/27	15.7	8,889,000	53	58.8	14.2	15.8

（表二） 在台证券交易所上市的外来企业

公司名称		股票代码	上市日期	IPO规模 (USD mm)	发行股份	承销价	2012/05/22 股价	承销时 本益比	目前 本益比
F-安瑞	Array	GTSM: 3664	2010/6/24	15.2	9,500,000	48	16.9	24.2	12.2
F-马光	Ma Kuang	GTSM: 4139	2011/4/29	3.5	1,800,000	58	71.8	28.4	34.4
F-联德	Lemtech	GTSM: 4912	2011/4/29	3.4	2,800,000	36	74.9	10.9	18.9
F-谱瑞	Parade	GTSM: 4966	2011/9/13	33.2	7,662,000	130	379.5	20.1	40.3
F-欣厚	HTM International	GTSM: 4924	2011/10/18	3.7	4,000,000	28	29.6	8.6	14.0
F-泰鼎	Apex	GTSM: 4927	2011/10/18	8.1	8,700,000	28	42.8	7.0	8.4
F-昂宝	On-Bright	GTSM: 4947	2011/10/18	13.9	4,258,000	98	121.0	11.8	14.6
F-东凌	Tung Ling	GTSM: 2924	2011/12/2	5.7	2,737,000	62	59.5	21.2	15.7
F-必胜	JP Nelson	GTSM: 8418	2011/12/6	8.4	5,450,000	46	45.5	26.6	10.3
F-其祥	Kee Song	GTSM: 1258	2011/12/12	4.7	4,000,000	35	28.9	7.4	4.5
F-红木	Redwood	GTSM: 8426	2011/12/13	6.7	4,000,000	50	46.8	19.8	11.3
F-康乐	Kino	GTSM: 4154	2011/12/28	3.8	3,000,000	38	34.5	11.2	10.2
F-保绿	Polygreen	GTSM: 8423	2012/3/14	2.5	1,863,000	40	31.4	26.8	21.1
F-骏吉	Inmax	GTSM: 1591	2012/3/23	1.6	1,710,000	28	31.5	13.5	15.1
F-金可	Ginko	GTSM: 8406	2012/4/27	66.0	10,000,000	198	296.5	20.6	30.8

第四部分

产业面

第一章　台湾 2011~2012 年经济情势与展望

叶 明 峰 / 财团法人宝华综合经济研究院副董事长

中华大学财务管理系讲座教授

台湾工商协进会顾问

元大宝来期货公司董事

前言

2011年全球经济持续复苏，带动台湾上半年经济稳健成长。惟3月发生东日本大震灾后续效应发酵，以及下半年爆发欧债危机、美国经济转弱、新兴国家通膨压力浮现等因素，欧美地区经济情势转弱，全球经济扩张速度明显减缓，影响台湾出口需求，生产面、消费面等各项指标表现仍相应转缓，台湾经济成长动能减弱，景气对策信号更自去年11月起连续5个月呈蓝灯。2012年以来，全球经济缓步好转，国际预测机构对全球景气之看法转趋审慎乐观，纷纷向上微调今年经济展望，惟成长力道仍然脆弱；加以国际油价续处高档，台湾面临油电双涨压力，今年台湾经济成长表现将较去年转缓。

台湾经济情势

1. 经济成长

2010年以来，全球经济强劲复苏，台湾经济成长率亦高达10.88%。2011年上半年，受国际经济明显复苏激励，台湾对外贸易表现亮丽，民间消费与投资持续加温，有效带动就业扩增与薪资成长，根据"主计总处"统计资料，第1季经济成长率6.62%，第2季因信息通信、机械与基本金属等产品需求畅旺，加上失业情况改善，虽然国际经济成长已开始减缓，经济成长仍达4.52%之水平。下半年起，受国际经济不确定性升高影响，输出下滑，第3季降为3.45%，第4季则因民间投资衰退，民间消费成长减缓，经济成长率续降为1.89%。

在民间消费方面，2011年第1季由于景气回温，企业获利提升，使得就业改善、薪资回升，增加民众消费意愿，成长率为4.61%，第2季虽因塑化剂风暴造成饮料等食品消费减少，惟就业情况改善，金融资产价值提高，带动民间消费成长3.04%。下半年起，虽零售及餐饮业营业额增加，旅游与出国人数增加，信息通信设备需求稳定，惟股市交易减弱与金融财富价值缩水，第3季民间消费温和成长3.14%，第4季更缩减至0.98%，全年民间消费成长2.95%。

在民间投资方面，2011年第1季因国际科技大厂持续扩大委外代工策略，为因应出口需求，民间投资续增，成长率达10.55%，第2季则略降至4.76%。下半年由于国际经济不确定性因素影响，半导体与光电等占国内投资比重较高的产业，产能利用率下滑，减缓扩产步调，第3季民间投资大幅转降至-11.90%，第4季续衰退至-12.68%，全年民间投资成长率为-2.35%。

图 1：2011 年各季 GDP、民间消费及民间投资成长率

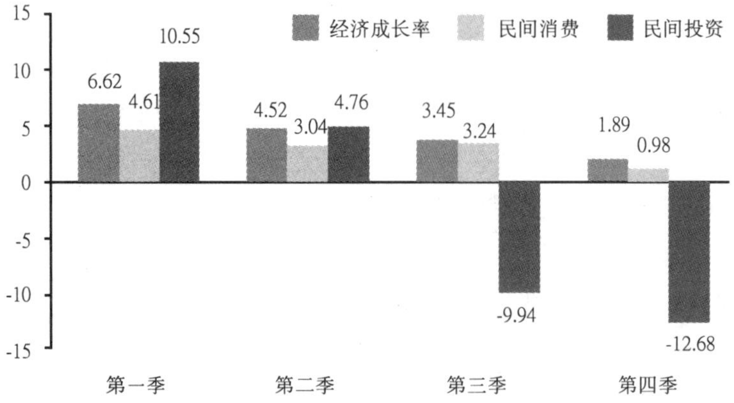

数据源：“行政院”主计总处。

2. 对外贸易

（1）进出口

2011 年以来随全球经济复苏及欧美科技产品需求热络带动，台湾对外贸易稳健成长，2011 年前 3 季出口均呈 2 位数成长（分别为 19.4%、14.6%、11.6%），惟下半年爆发欧债危机，全球经济成长减缓，主要贸易伙伴需求减弱，第 4 季出口大幅减缓至 4.5%。进口方面，2011 年前 3 季进口分别成长 21.8%、19.0% 及 10.3%，惟第 4 季因未来全球经济前景不明朗，影响岛内投资意愿，进口成长率转降为 -0.9%。

2012 年第 1 季台湾出口成长转降为 -4.0%，为自 2009 年第 4 季以来首次出现负成长；进口方面，在全球景气走缓影响下，厂商进口资本设备大幅减少，致第 1 季进口成长续降为 -5.9％，为连续第 2 季负成长。显示在全球经济复苏疲软及欧债问题不确定性影响下，台湾出口动能仍未恢复（图 2）。

图 2：2011 年以来台湾进、出口成长率

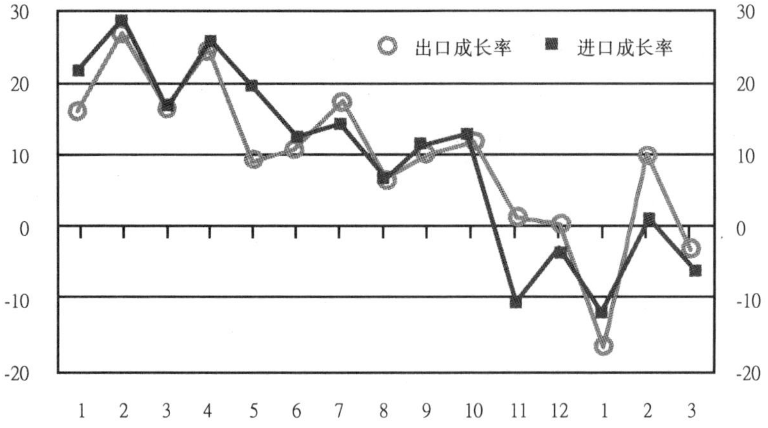

据源：“财政部海关”统计

（2）外销订单

2011 年上半年全球景气热络，外销接单畅旺，第 1、2 季外销订单成长率分别为 11.0% 及 10.3%。8 月起受美国债信降等及欧债危机扩大影响，接单成长力道逐渐缩小，第 3 季外销订单成长率略降至 6.3%，第 4 季更降至 2.1%，2011 年全年外销订单成长 7.2%。2012 年第 1 季外销订单金额为 1,038.1 亿美元，成长率再续降至 1.5%（图 3）。

图 3：外销订单金额及成长率

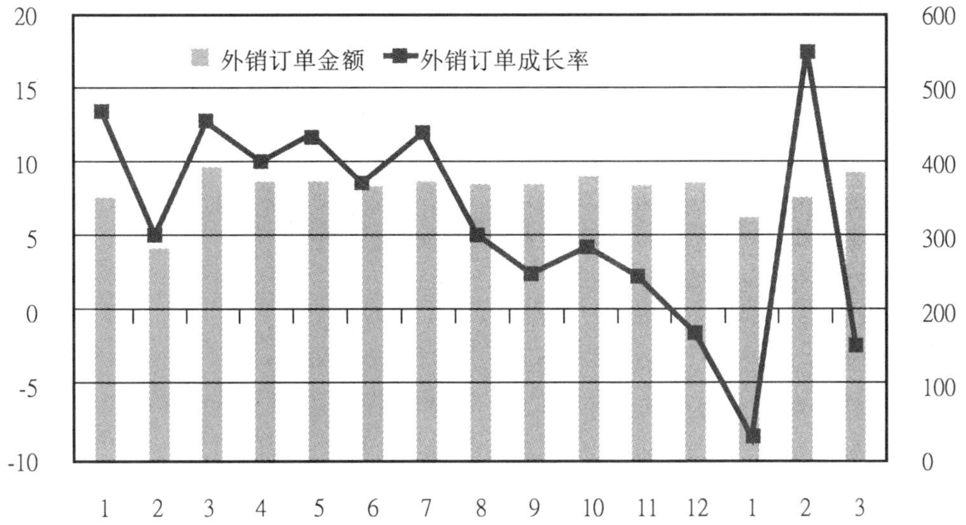

数据源：“经济部”统计处

3. 工业生产

2011 年以来，延续上年经济稳定成长、全球景气持续回温，台湾内外市场需求增加，第 1 季工业生产成长 14.8%，惟第 2 季起受到受国内石化厂公安事件、欧债危机影响，成长率降为 6.2%，第 3 季续降至 3.2%，第 4 季则在国际因素影响下，成长率转降为 -4.1%。整体来看，2011 年全年工业生产成长率为 4.6%，远低于 2010 年之 26.9%。

2012 年第 1 季工业生产再续降为 -4.68%，主因受到欧美经济尚未回稳、新兴市场销售力道不如预期，电子零组件业表现不佳，且机械设备业亦受经济衰退冲击所致（图 4）。

图 4：工业生产指数及成长率

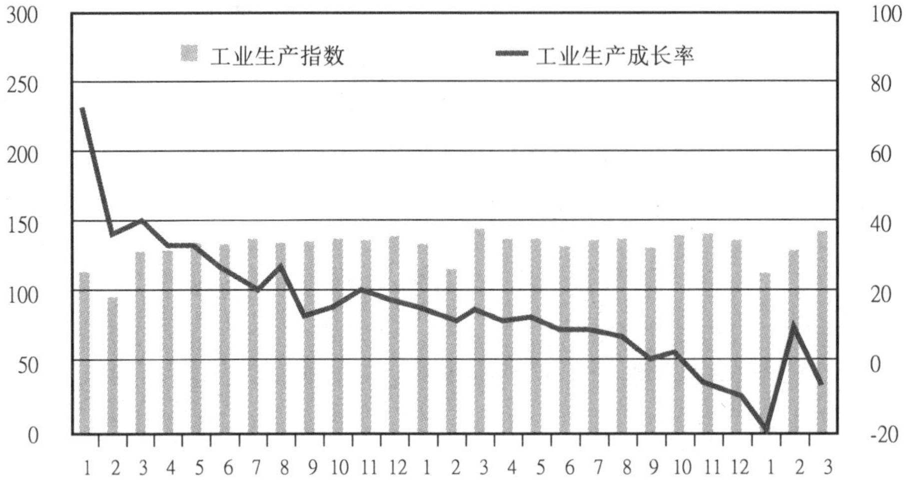

数据源：“经济部”统计处

4. 物价

2011 年消费者物价指数（CPI）较上年上涨 1.42%；扣除蔬果、水产及能源之核心物价，亦涨 1.12%，全年整体物价走势平稳。其中食物类物价涨 2.26%，为 CPI 上涨主因。趸售物价指数（WPI）方面，2011 年较上年上涨 4.32%，主要系因油品、化学材料价格上涨所致。

2012 年第 1 季 CPI 较上年同期涨 1.26%：其中商品类涨 2.33%，服务类涨 0.40%，核心物价亦上涨 0.83%。WPI 则较上年同期涨 1.99%：其中国产内销品跌 0.41%，进口品涨 4.61%，出口品涨 1.56%（图 5）。

图 5：CPI、WPI 及核心 CPI 上涨率

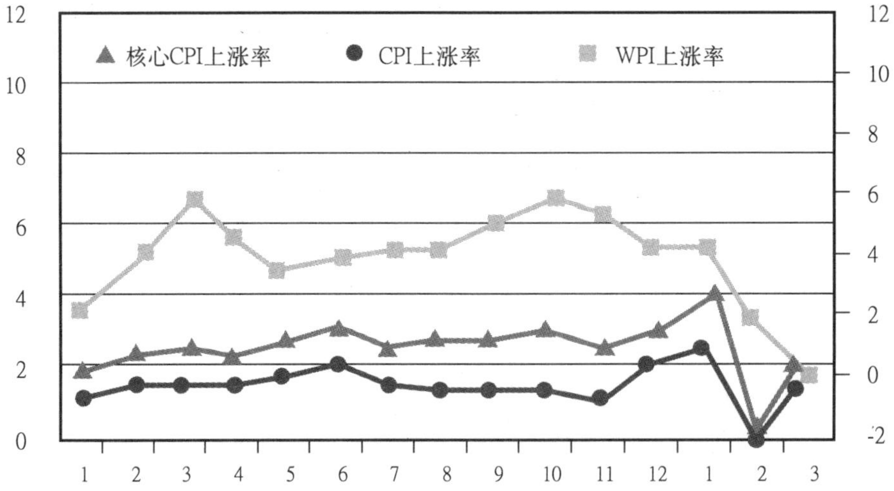

数据源：“行政院”主计总处

5. 劳动市场

（1）就业情势

2011 年上半年国内外经济持续复苏，加上台湾积极推动各项经济及促进就业措施，就业人数显著增加，2011 年平均就业人数为 1,070 万 9 千人，较上年增加 2.06%。2012 年第 1 季平均就业人数为 1,080 万 1 千人，较上年同期增加 1.73%。

（2）失业情势

2011 年平均失业人数为 49 万 1 千人，较上年减少 14.86%；平均失业率为 4.39%，较上年下降 0.82 个百分点。2012 年第 1 季平均失业率为 4.20%，较上年同期下降 0.40 个百分点，其中 3 月失业率为 4.17%，为金融海啸（2008 年 9 月）以来最低水平（图 6）。

图 6：就业及失业年增率

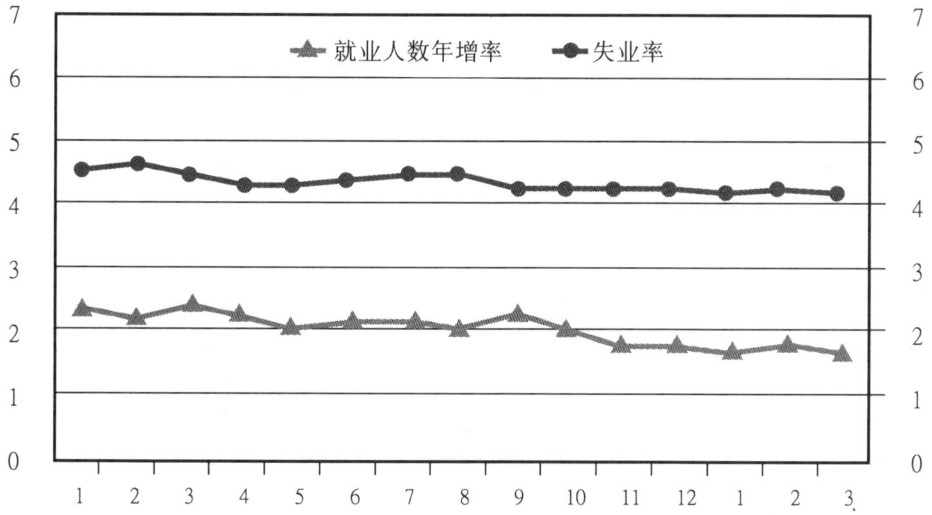

今年经济展望

1. 国际情势

2012 年初以来，随着希腊债务危机暂获舒缓、美国经济持续转佳，全球经济成长出现曙光。惟欧元区国家财政紧缩与经济衰退的恶性循环加深，并引发多国政局动荡，使得欧债危机波澜再起。另中东局势紧张推升国际油价、大陆经济成长走缓等，亦持续干扰全球经济展望。主要国际经济指标动向简述如次：

（1）全球经济缓步好转，惟仍属脆弱

与去年年底相较，主要国际经济机构对于全球经济前景的看法已转趋正面。其中，环球透视机构（GI）、国际货币基金（IMF）4 月份相继上修今年全球经济成长率至分别为 2.8%、3.5%。其中，先进国家受制于财政整顿及银行去杠杆化，经济成长动能疲弱，GI、IMF 均预估该等国家今年经济成长率将低于 1.5%；新兴国家由于内需相对活络，且仍具有实行刺激经济措施的政策空间，GI、IMF 预估经济成长率可达 5.5% 以上。

全球经济前景缓步好转，惟下滑风险依

然严峻。主要包括：欧债危机仍未根本解决、国际油价波动加剧、新兴国家成长速度可能减缓、先进国家金融体系脆弱及失业率居高不下等，致国际经济前景仍潜存高度风险（表 1）。

表 1：全球及主要地区经济成长率

单位：%

地区别	Global Insight							IMF		
	2011	2012	Q1	Q2	Q3	Q4	2013	2011	2012	2013
全球	3.0	2.8（2.7）	2.5	2.7	2.8	3.2	3.6（3.6）	3.9	3.5（3.3）	4.1（3.9）
先进国家	1.5	1.3（1.2）	1.1	1.3	1.1	1.5	2.0（2.0）	1.6	1.4（1.2）	2.0（1.9）
新兴及开发中国家	-	-	-	-	-	-	-	6.2	5.7（5.4）	6.0（5.9）
新兴国家	6.2	5.5（5.4）	4.9	5.3	5.6	6.0	6.2（6.2）	-	-	-
开发中国家	1.9	4.4（4.2）	3.5	4.1	4.7	5.1	5.0（4.8）	-	-	-
亚太地区（不含日本）	6.7	6.5（6.5）	5.8	6.4	6.7	7.0	7.0（7.0）	7.8*	7.3（7.3）*	7.9（7.8）*

注：GI（ ）内数值系 2012 年 3 月预测；IMF（ ）内数值系 2012 年 1 月预测；* 为亚洲开发中国家。

数据源：*World Overview*, Global Insight Ltd., Apr. 13, 2012.*World Economic Outlook*, IMF, Apr. 17, 2012

（2）全球物价涨势和缓

2012 年 1~3 月，全球物价延续 2011 年下半年走势，持续走低。展望未来，因伊朗紧张情势持续，国际油价潜存上涨压力，恐影响全球物价，惟由于新兴国家经济成长减缓，GI 表示，除非油价飙升，全球物价涨势可望持续和缓，预估 2012 年 3 月全球消费者物价（CPI）上涨率 3.4%，较 2 月之 3.5%，降低 0.1 个百分点；全年 CPI 上涨率预估为 3.3%，低于 2011 年 4.1%。

（3）欧元区国家失业率再创历史新高

欧元区 2012 年 2 月失业率达 10.8%，较上月提高 0.1 个百分点，创 1999 年实施欧元单一货币以来最高水平；GI 预估 2012 年欧元区在财政紧缩及经济不振影响下，失业率将突破 11%。美国 2012 年 3 月失业率为 8.2%，较上月降低 0.1 个百分点，为 2009 年 1 月以来最低。日本 2012 年 2 月失业率为 4.5%，较上月降低 0.1 个百分点。韩国 3 月失业率为 3.4%，较上月降低 0.3 个百分点。

（4）东亚国家出口受冲击

欧美国家受景气低迷影响，进口需求趋于迟滞，致全球贸易扩张速度随之减缓。IMF 2012 年 4 月估计，2012 年世界贸易量扩张率将由 2011 年的 5.8%，续降至 4.0%。东亚主要国家出口成长明显受冲击，大陆 2012 年 1~3 月平均商品出口成长 7.6%，低于 2011 年的 20.3%；东亚主要国家及地区 3 月出口皆呈现衰退，韩国、新加坡、香港 1~3 月平均商品出口分别成长 3.0%、6.2% 及 -1.1%，均低于 2011 年的 19.1%、16.4% 及 10%。

（5）国际油价及商品价格呈震荡走势

2012 年 4 月，国际油价（WTI）于 101~105 美元 / 桶区间波动，1~26 日平均油价较 3 月下跌 2.91%，主因美国原油库存增加量高于预期，及沙特阿拉伯官员表示若伊朗实施禁运，该国未来愿意增加产量因应市场需求，使得油价走低。全球商品期货（CRB）指数 3 月份平均为 316，较 2 月份的 318 小幅下跌 0.6%。主要是黄金、国际原油与基本金属皆呈现下滑态势。

（6）全球主要股市全面上涨，主要国家货币对美元多呈升值

在 3 月英国零售销售额及 4 月德国企业景气指数呈现强劲，美国企业财报优于预期，大陆可能降息等有利因素带动下，今年初至 4 月 26 日止，全球股市呈现全面上涨格局，其中，德国法兰克福 DAX 股价指数上升 14.3%，升幅最大。汇市方面，今年初至 4 月 26 日止，日元对美元贬值 4.8%，主要系日本贸易赤字扩大、预期将进一步放宽货币政策等因素所致。欧元因欧债危机疑虑再起、德国经济数据优于预期、G20 承诺扩大向 IMF 注资等因素影响，呈小幅震荡走势，今年初至 4 月 26 日止，欧元对美元升值 2.0%。

2. 国内经济展望

（1）经济成长率逐季上升

根据台湾主计总处 2 月 22 日预测，今年台湾经济将呈逐季上升趋势，惟受油电涨价带动物价上涨，抵消部分成长动能，台湾主计总处 4 月 30 日预测今年全年经济成长率为 3.38%，较前次预测（2 月 22 日）之 3.85% 下降 0.47 个百分点，第 1 季经济成长率概估为 0.36%，亦较前次预测降低 0.83 个百分点，使全年经济成长降低 0.20 个百分点；2~4 季在综合考虑全球景气回升及油电价双涨负面冲击下，影响全年成长率下降 0.27 个百分点。

在外需方面，虽全球经贸环境渐趋改善，惟成长力道仍属脆弱。IMF 4 月预测今年世界贸易量成长 4.0%，较 1 月预测上升 0.2 个百分点，但扩增力道仍较去年之 5.8% 减弱，加上台湾高科技厂商面临国际大厂竞争压力，势必挤压台湾部分出口空间，所幸行动终端装置应用，平板、超薄计算机与云端运算等高科技与消费性电子产品不断推陈出新、ECFA 早期收获项目效益持续发酵，以及大陆产业升级、美国激励国内投资等因素，对台湾电子、资通及机械相关产品需求应有激励效果，预测全年输出成长 3.81%，输入成长 0.70%；输出与输入相抵，预测岛外净需求对经济成长贡献 2.45 个百分点，显示外需仍为推动台湾今年经济成长主要引擎。

内需方面，台湾劳动情势持续改善，虽

有助提高消费意愿，惟受油电价格调涨冲击，影响消费信心，今年台湾民间消费成长2.28%，较2月预测下降0.44个百分点。资本形成方面，台湾据技术优势之半导体业者，应订单需求大幅扩增高阶制程投资，可望带动下游厂商资本支出；另电信业者持续加码投资、来台旅客成长带动休闲产业投资、企业海外生产比较优势因两岸生产要素价格差距大幅拉近缩小，以及日本为分散营运风险，陆续规划在台湾设厂等因素，均有利国内投资。预测今年资本形成成长为 -1.66%，衰退幅度较2月预测之 -1.94% 缩小（表2）。

表2：台湾2012年经济成长率预测

单位：%

	2012年	Q1	Q2	Q3	Q4
国内机构 主计总处（2012.4.30）	3.38	0.36	-	-	-
台湾综合研究院（2011.12.15）	4.02	2.38	3.43	4.85	5.23
宝华综合研究院（2012.3.28）	3.88	0.85	3.16	4.62	6.62
中央研究院(2011.12.29)	3.81	2.73	3.73	4.11	4.57
台湾经济研究院（2012.4.24）	3.48	0.98	2.04	4.57	6.07
中华经济研究院（2012.4.17）	3.55	1.35	2.61	4.25	5.79
国际机构					
环球透视机构（2012.4.3）	3.8	1.3	3.2	4.8	5.9
经济学人智库（2012.4.10）	2.8	-	-	-	-
国际货币基金（2012.4.17）	3.6	-	-	-	-

数据源：各预测机构。附注:( ) 内为预测时间。

（2）景气领先指标持续上升

根据台湾“经建会”发布之景气指标，今年3月景气领先指标指数较上月上升1.2%，6个月平滑化年变动率8.4%，较上月增加1.8个百分点；同时指标综合指数为较上月上升0.1%，不含趋势之同时指标为94.7，较上月下跌0.6%；景气对策信号综合判断分数14分，总灯号连续为自去年11月起第5个月出现蓝灯，显示自去年年底以来，台湾景气确处低缓。惟由于代表领先未来景气走势的景气领先指标6个月平滑化年变动率，已连续7个月上扬，未来台湾景气应可逐渐脱离低缓态势（图7、8）。

图 7：台湾景气领先及同时指标走势

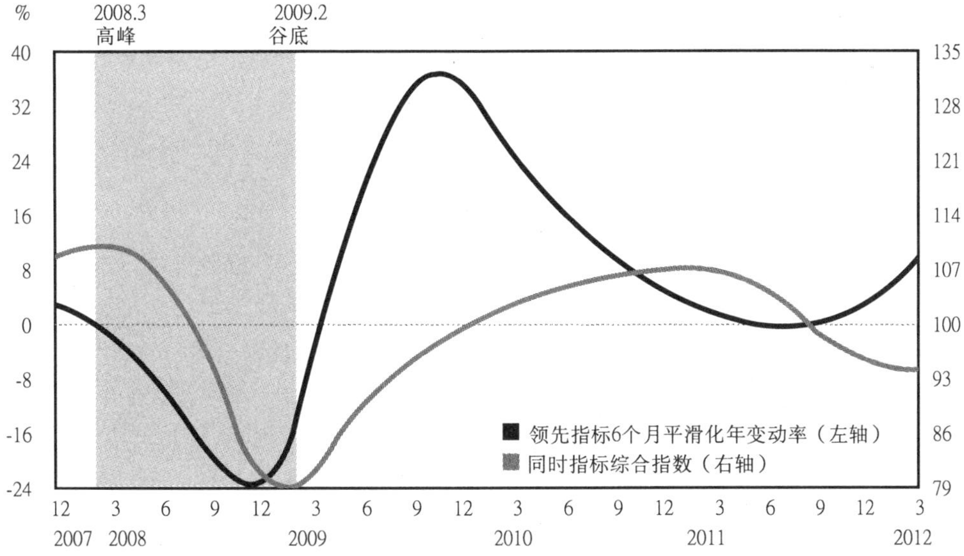

数据源："行政院" 经建会

说明：本图所绘制之景气领先指标为领先指标 6 个月平滑化年变动率，同时指标为不含趋势值。

图 8：一年来对测信号

	2011年											2012年				
	2月	3月	4月	5月	6月	7月	8月	9月	10月	11月	12月	1月	2月		3月	
													灯号	%	灯号	%
综合判断 灯号	●	●	●	●	●	●	●	●	●	●	●	●	●		●	
综合判断 分数	34	31	29	27	25	23	20	21	19	16	14	13	15		14	
货币总计数MIB	●	●	●	●	●	●	●	●	●	●	●	●	●	4.1	●	3.5
直接及间接金融	●	●	●	●	●	●	●	●	●	●	●	●	●	4.56	●	4.61
股价指数	●	●	●	●	●	●	●	●	●	●	●	●	●	-10.1	●	-6.5
工业生产指数	●	●	●	●	●	●	●	●	●	●	●	●	●	-9.7	●	-4.2
非农业部门就业人数	●	●	●	●	●	●	●	●	●	●	●	●	●	1.72	●	1.68
海关出口值	●	●	●	●	●	●	●	●	●	●	●	●	●	-4.5	●	-4.1
机械及电机设备进口值	●	●	●	●	●	●	●	●	●	●	●	●	●	-19.9	●	-11.7
制造业销售值	●	●	●	●	●	●	●	●	●	●	●	●	●	-10.7	●	-10.1
批发、零售及餐饮业营业额数值	●	●	●	●	●	●	●	●	●	●	●	●	●	1.6	●	-2.4

综合判断说明：● 红灯(45-38) ● 黄红灯(37-32) ● 绿灯(31-32) ● 黄蓝灯(22-17) ● 蓝灯(16-9)

注：各构成项目均为年变动率，除股价指数外均经季节调整

数据源："行政院" 经济建设委员会

重要政策

2012年，面对全球经济情势变化，以及产业转型等内在课题，短期因应策略为落实推动“经济景气因应方案”相关措施，长期则规划推动“中长期经济策进方案”。另为进行台湾经济体质再造，当局正加速推动经济自由化，落实开放布局，加速台湾产业结构转型、提升产业竞争力，促使台湾产业结构朝向高附加价值的产业发展，以为建构台湾“黄金十年”奠定坚实基础。台湾重要政策简述如下：

1. 落实推动“经济景气因应方案”

去年下半年以来，欧债危机持续蔓延，造成全球股汇市波动，影响投资人信心，欧美经济也相应走缓，我国出口难免受到影响。为避免“外冷”之下“内需”降温，2011年12月1日台湾“行政院”第3275次会议通过“经济景气因应方案”，内容涵盖“稳金融”、“平物价”、“增就业”、“促投资”、“助产业”、“旺消费”、“拼出口”七大策略。以期在短期内确保金融、物价与就业稳定，进而带动经济成长与就业持续增加，促使“内需”与“出口”双引擎加温转动。七大策略重点概述如下：

- 稳金融：安定金融市场，执行妥适货币政策。

- 平物价：因应经济特殊情况，机动降税，以平抑物价；打击联合垄断，保障消费者权益，取缔非法囤积哄抬物价。

- 增就业：推动“新兴产业在地人才培训与就业计划”、“充电再出发训练计划”、失业者职业训练计划，以及多元就业开发方案；扩大推动临工津贴项目；延长莫拉克台风灾后重建临时工作津贴办理时程；推动农场见习计划。

- 促投资：加速扩大民间参与公共建设及都市更新；加速推动公共建设指标计划，如“嘉义东石沿海地层下陷地区综合治理示范计划”等；积极检讨放宽陆资来台投资公共建设项目或限制条件；扩大奖励绿建筑；办理“台资固台”与“日资注台”有关规划；南科园区建置TJ Park（台日园区）；活化公有土地；加速推动兴建“国家会展中心”（扩建南港展览馆）、高雄世贸展会中心；机场捷运A7站合宜住宅招商投资兴建案；持续推动“全球招商”与“产业有家，家有产业”计划。

- 助产业：成立联合诊断辅导小组，展延信保基金强化措施；协助企业取得营运所需资金，确保资金供应不断链；提供中小企业协处，减少企业并购之障碍；全台设置LED路灯；反倾销救济；鼓励民间参与公共投资；出租车维新方案——补助老旧出租车更新。

- 旺消费：补助民众购（换）置节能家电，减征油气（LPG）双燃料车货物税，免征电动车使用牌照税；实施外籍旅客购物现场小额退税；扩大会展商机；整合地方产业游程，推动百年好康全民购（GO），推展农业旅游及农业精品。

- 拼出口：办理岁末抢单行动，布建通路，推广台湾品牌及产业国际形象；强化新郑和计划，扩大增邀重量级买主来台，强化展团功能争取订单，锁定高成长、与台湾过去来往少的国家，积极促进双方投资及贸易往来；增进整体通关效率，扩大服务输出，提升来台观光消费人数；提供优惠税率。

2. 扩大推动全球布局

（1）加强投资台湾

整合行政资源网络，持续推动国际招商计划；配合产业政策，促进区域均衡发展；运用 ECFA 契机，鼓励台商回台投资。

（2）改善投资环境

台湾行政主管部门成立“排除投资障碍促进就业小组”协助排除跨部会投资障碍；提升国际经商环境竞争力；激励民间参与公共建设；松绑财经法规。

（3）研究规划自由经济示范区

为迈向创新加值的“自由化”与“国际化”，以逐步达成经济自由化的目标。将透过示范区的先行试点，短期先从具备推动条件且有共识之区域作为试点，未来再逐步推动到全台，分阶段推动，逐步达成经济自由化的目标，以创造更具吸引力的条件及优势。

（4）争取加入“跨太平洋伙伴协议”（TPP）

由于 TPP 成员中大部分为台湾重要贸易伙伴，随着未来 TPP 成员国的增加，台湾若能加入 TPP，将可有效加速及深化台湾区域经济发展，并借此促成台湾经贸、财政、金融、农业及劳工等各领域体制的调整，与国际接轨。台湾正创造积极条件，以争取加入“跨太平洋伙伴协议”（TPP）。

3. 推动产业结构优化

鉴于台湾产业在当前的国内外经济发展现况下，结构及发展思维上都有必要进行调整，我们将以“传统产业全面升级”（传产业特色化）、“新兴产业加速推动”、“制造业服务化、服务业国际化、科技化”等三大主轴来推动产业结构优化，以达成 2020 年“台湾整体制造业附加价值率”提升至 28%；“台湾整体产业无形资产占固定资本形成比重”提升至 15%；“台湾绿能等新兴产业占整体制造业实质产值”提升至 30% 的目标。

（1）传统产业特色化

透过科技、美学加值，提升传统产业价值，如 ICT 应用、技术创新、特色产品开发及营运模式改善，并改善生产环境等软实力，协助传统产业在质与量上全面升级。另外，也鼓励业者提升研发、智慧创新，促进业者与下游进行密切结合，如品牌与通路的掌握，使台湾产业往微笑曲线两端进行优质化的调整。

（2）新兴产业加速推动

在符合产业发展纲领精神原则之下，选出与目前行政主管部门推动之六大新兴产业、四大智能型产业与十大重点服务业相关核心产业，包括：绿能产业、生技产业、智慧电动车等产业，作为未来新兴产业推动重点。

（3）制造业服务化

将以产品为中心导向的思考模式，转型为以服务为中心导向，制造业者不再只是单一产品供应者，而是提供一系列满足客户需求的服务，透过服务来凸显产品差异化，进而增加客户的黏密度，创造更高的附加价值。

（4）服务业科技化、国际化

将服务业导入 ICT 能量，以降低交易成本，并提供更多的服务数量、更好的消费环境与服务质量；服务业国际化，则系运用资源系统化、服务创新化等策略，提升台湾服务业的国际能见度，并促进服务贸易出口倍增。

4. 落实黄金十年

“黄金十年”愿景是台湾重要施政承诺，台湾将以策略性思考（strategic thinking）角度，由“创新活力经济”、“公义安定社会”、“廉洁效能政府”、“优质文化教育”、“永续低碳环境”、“推动全面建设”、“和平两岸关系”、“友善国际社会”等八大政策主轴着手，开展全方位建设，同步提升软实力与硬实力，为建构台湾“黄金十年”奠定坚实基础。

结语

经过 2010 年经济强劲复苏后，2011 上半年台湾经济持续稳健成长，惟自下半年起，欧元区主权债信危机持续延烧，美国债务问题与就业市场疲软引发二次衰退之疑虑，日本因强势日元而拖累经济复苏，全球景气转趋疲弱，削弱台湾出口需求，致经济成长动能减弱。

2012 年初以来，环球透视机构（GI）、国际货币基金（IMF）4 月相继上修今年全球经济成长率至 2.8%、3.5%，然全球经济前景仅缓步好转，仍潜存下滑风险，主要系因欧元区国家财政紧缩与经济衰退的恶性循环加深、中东局势紧张推升国际油价、大陆经济成长走缓等因素，持续干扰全球经济展望，加以今年岛内油电价格调涨，将带动国内物价上涨，抑制民间消费，抵消部分成长动能，主计部门预测今年经济成长率为 3.38%，其他岛内外主要机构预测则在 2.8%~4.02% 之间。

展望未来，由于国际油价仍处高档，欧债危机尚未完全解除，相关因素对全球景气的可能干扰，必须严密观察。鉴于“油气价格合理化方案”及“电价合理化方案”的实施，将影响台湾民生物价变动，台湾行政主管部门已召开“稳定物价小组”严密注意民生物价状况，适时采取相关因应措施，降低物价波动的影响。此外，台湾也将持续落实执行“经济景气因应方案”，俾使台湾经济景气随全球景气好转。

第四部分

产业面

第二章　台湾的总体产业趋势介绍

福邦证券股份有限公司 / 综合证券商

专业领域 / 承销、经纪、产业及个股研究、服务代理、投资咨询

前言

台湾在1950年代时为一个贫穷落后的地区，所幸台湾的海岛地理环境，使台湾很早就进入全球贸易市场，以及台湾人民冒险、奋斗进取的性格，形成台湾开放、外向型的产业经贸特色。二次大战后60余年来，因抓住国际分工合作的机遇，以及赶上全球经济成长，台湾产业结构亦顺利从农业、轻工业转成为现阶段附加值高的科技产业为主，产业升级过程中，使得台湾的经济发展获得惊人的成果，创造了举世所称的台湾经济奇迹。

台湾产业变迁

1. 进口替代时期（1952~1960年）

50年代到60年代初期，台湾产业结构以农业为主体，1952~1960年，农业生产值占岛内生产毛额的年平均比例为32.2%，工业生产只有23.3%。当时台湾确立了以农业培养工业，以工业带动农业的策略。1953年1月，开始实施“耕者有其田”的重大农地改革方案，同时在这期间内，台湾连续实施了两期“台湾经济建设四年计划”，其中，农业发展的主要目标是开发农业资源，增加农业生产，拓展农产品外销，向工业提供廉价的劳动力与原料。此次土地改革以及台湾经济建设四年计划促进了农业劳动生产率的提高，农产品及其加工品在总出口中的比重非常高，1957年高达71.5%，成为创造外汇的主力。

2. 出口扩张时期（1960—1973年）

由于台湾市场不大，当时进口替代工业的产品市场已渐饱和，若持续发展将导致经济成长无力。为此台湾1958年4月公布了“改进外汇贸易方案”和“外汇贸易管理办法”等法规，对外贸政策进行了一系列重大改革与调整。接续在1960年公布“奖励投资条例”，对外商投资提供优惠，凡产品50%以上出口的企业，可享受免五年营业税或加速折旧等优惠；将利润用于增资扩充设备的企业可享受免四年营业税或加速折旧。此外，创设了加工出口区，成为台湾外向型经济的窗口。1964年1月，“立法院”三读通过“加工出口区设置管理条例”，1965年7月，高雄加工出口区开始动工兴建，吸引大批国内外之企业投资，不到三年已超过原定的目标。于是，1968年在高雄楠梓设立了第二个加工出口区，1971年在台中县潭子乡设立了第三个加工出口区。三个加工出口区的相继设立，推动了台湾加工出口工业与外贸的迅速发展，成为台湾外向型经济发展的里程碑。

1962年，工业产品出口比例达到50.5%，首次超过农产品出口金额；1964年，台湾经济首次出现两位数成长。1965年，对外出口贸易额首次超过10亿美元，其中纺织品超过糖成为台湾最大出口产品，1966年，重工业产值比例首次超过轻工业，达到52%；1968年，制造业单项产值第一次超过农业，显现台湾由农业经济时代跨入工业经济时代。1960年到1973年，台湾出口额从4.6亿美元增加到40.5亿美元，台湾经济年成长率平均达10.1%，工业生产年成长平均达 19.4%。至此，台湾工业建立起了一个以出口加工区为依托，以轻纺、家电等加工工业为核心的产业支柱。

3. 经济转型时期（1973 年至今）

1973 年发生石油危机，导致 1974 年台湾物价通货膨胀率高达 47.5%，创下 1952 年以来的最高纪录，经济成长则由 1973 年 12.88%，迅速下降至 1.38%，创下 50 年代以来最低经济成长率。经过这次石油危机的冲击，台湾开始调整经济政策，将原制订的第六期“经济建设四年计划”改为“经济建设六年计划”。主要内容包括：1. 提高能源使用效率，2. 改善产业结构，3. 加强人力培育，4. 促进经济与社会均衡发展计划重点，5. 完成十大建设。而台湾经济发展进入所谓的“第二次进口替代”与“出口扩张时期”。

1974 年台湾推动“十大建设”，分别是中山高速公路，铁路电气化、北回铁路、台中港、苏澳港、大造船厂、大炼钢厂、石油化学工业、核能发电厂、中正国际机场。十大建设成果良好，不但建立了发达的交通与港口运输系统，创造了许多就业机会，也提升了工业建设的技术水准，为后来 1980 年代经济飞跃奠立了重要的基础。例如，1974 年台湾的经济成长率仅有 1.38% 以及物价通膨率 47.5%，而 1978 年，各项数字便已大幅好转，经济成长率创下空前的 13.67%，通货膨胀率也重新降回 10% 以内。1979 年，工业产品出口比例突破 90%，与 30 年前刚好相反；对外贸易突破 300 亿美元，跃居世界第 21 位。

1978 年底，伊朗爆发革命后伊朗和伊拉克开战，引发第二次石油危机。为此，台湾 1979 年制定“十年经济建设计划”，将机械、电子、电机订为“策略性工业”，除代替进口供应岛内需要外，并以外销为主。1980 年修订“奖励投资条例”，属策略性工业之保留盈余从实收资本额的一倍提高为二倍，以及技术密集工业及主要出口工业投资给予 10% 至 15% 的投资抵减。同年，为了发展高科技工业，设立新竹科学园区，以优惠鼓励投资高科技产业。经过数十年的发展，新竹科学园区取得了巨大成功，也是世界上最成功的硅谷之一。如果说，加工出口区是以轻纺电子工业为主，是台湾外向型经济发展的标志与橱窗；那么新竹科学园区就是以信息半导体产业为主，是台湾高科技产业发展的摇篮。

1980 年代中期，在美国的贸易保护主义压力下，新台币开始被迫大幅升值，接着工资迅速上涨，土地价格狂飙，夕阳产业或传统产业生存困难，被迫外移。台湾经济发展环境发生重要变化。于是 80 年代后期起，台湾传统产业迅速向大陆、东南亚移动。因此，后来对外投资成为台湾经济发展的一大趋势与特征。

几次石油危机后，台湾果断地实施不同政策及配套方案，使得工业快速地成长，至 1986 年达到巅峰，工业在岛内生产毛额比重达 45.83%，而农业已下降至 5.43%。虽然服务业在全体产业生产毛额之比重在 1993 年超过 6 成，但台湾的工业在经济成长动力来源仍占相当大的比重；2011 年工业实质成长 4.39%，对经济成长贡献 37.87%，其中，制造业成长 4.91%，贡献 36.88%。而目前电子、信息产业等高技术密集性产品成为新的出口主力及成长动力，显现当前台湾制造业已朝向高科技产业前进（表 1）。

表 1：台湾产业结构变动

——国内生产毛额比重依行业分

年份	农业	工业	服务业
1951	32.28	21.33	46.39
1961	27.45	26.57	45.98
1971	13.07	38.94	47.99
1981	7.33	43.86	48.81
1986	5.43	45.83	48.75
1991	3.68	38.48	57.84
1993	3.50	35.91	60.59
2001	1.90	28.74	69.36
2011	1.72	29.57	68.71

数据源："行政院"主计处

随着传统产业的外移，则为台湾高科技产业的发展提供了空间，产业升级速度加快，台湾产业结构得以迅速转型。为此台湾在 1990 年制订的"六年建设计划"中，进一步提出发展十大新兴工业为支柱产业，即通讯工业、信息工业、消费性电子工业、半导体工业、精密器械与自动化工业、航天工业、高级材料工业、特用化学工业与制药工业、医疗保健工业与污染防治工业。整体来说，台湾高科技产业顺利搭上全球计算机科技与网络突飞猛进的列车，使得台湾对外贸易进出口额呈现向上趋势，以及在 2011 年出口总值突破 3000 亿美元关卡（表 2）。

表 2：历年进出口总值及年增率

年份	出口总值（亿美元）	年增率（%）	进口总值（亿美元）	年增率（%）
2002 年	1,353.2	7.1	1,132.5	4.9
2003 年	1,506.0	11.3	1,280.1	13.0
2004 年	1,823.7	21.1	1,687.6	31.8
2005 年	1,984.3	8.8	1,826.1	8.2
2006 年	2,240.2	12.9	2,027.0	11.0
2007 年	2,466.8	10.1	2,192.5	8.2
2008 年	2,556.3	3.6	2,404.5	9.7
2009 年	2,036.7	–20.3	1,743.7	–27.5
2010 年	2,746.0	34.8	2,512.4	44.1
2011 年	3,083.0	12.3	2,816.1	12.1

数据源：财政部门进出口贸易统计。

台湾制造业持续升级

虽然台湾制造业比重于 76 年后有逐年下降趋势，但以重工业或重化及技术密集产业占制造业总产值的比例来看（参见下表），都明显逐步上升，前者由 1992 年的 58.04%，上升至 2011 年的 85.91%，而后者则由 61.07% 上升至 88.32%，制造业劳动生产力则由 24080 美元增至 58545 美元，显见制造业比重虽然下滑，但是其产业结构则不断升级。制造业的升级也同时表现在其出口产品结构上，高劳力密集产品比例下降，而高资本密集度或高技术密集产品之比重则持续提升，变化的最基本原因有三个：第一个重要原因是新台币升值，新台币大幅升值的结果，使得许多原先以出口为主的中小企业生存出现问题，而他们的出口产品又却是以劳力密集型为主，在新台币升值的情况下，低附加价值的劳力密集型产品出口逐渐萎缩，使得台湾的出口结构被迫往高附加价值的产品方向调整（表3）。

表3：台湾制造业升级之衡量指针

年　度	重　工　业		重化及技术密集产业		制造业
	生产价值	占制造业	出口值	占制造业	劳动生产力（按2006年价格）
	（亿美元）	总产值比	（亿美元）	总出口比	（美元）
	（1）	（%）	（2）	（%）	（3）
1992年	1 134.20	58.04	497.50	61.07	24 080.09
1993年	1 185.46	60.59	484.90	56.99	23 438.03
1994年	1 363.55	62.67	521.20	58.37	24 347.00
1995年	1 599.35	66.64	750.60	69.87	25 926.42
1996年	1 633.99	67.30	798.60	71.37	26 681.40
1997年	1 517.15	69.78	878.10	73.44	26 512.10
1998年	1 611.54	71.13	804.70	74.08	23 547.81
1999年	1 734.12	72.66	909.00	76.08	26 002.04
2000年	1 939.97	76.17	1 153.90	79.01	28 257.86
2001年	1 587.18	75.66	949.53	76.49	25 495.74
2002年	1 787.62	77.66	1 079.35	81.17	28 269.73
2003年	2 071.74	79.46	1 222.75	82.57	30 562.94
2004年	2 690.49	81.80	1 514.81	84.38	33 548.94
2005年	2 773.17	83.18	1 664.61	85.40	37 081.16
2006年	3 099.88	84.80	1 905.19	86.38	39 619.03
2007年	3 491.86	85.82	2 118.91	87.17	42 643.02
2008年	3 417.00	85.66	2 207.87	88.02	44 509.01
2009年	2 770.13	83.84	1 778.56	89.58	43 376.73
2010年	3 911.42	85.89	2 377.73	88.44	54 190.05
2011年	4 098.18	85.91	2 653.62	88.32	58 545.07
2012年	289.96	85.63	180.27	87.64	…
	（1月）	（1月）	（1月）	（1月）	
数据源：“经济部”统计处工业生产统计；“财政部”统计处进出口贸易统计；					
“行政院”主计总处薪资与生产力统计。					

台湾发展科技产业不遗余力

近30年以来台湾致力于科技产业的发展不遗余力，并透过法律、技术研发、产业政策、与环境配套等方面的措施持续推动科技产业发展，台湾为了推动科技产业的发展，对相关业者积极提供服务，包括了资金——以促进产业升级条例优惠措施推动产业投资；结合产学研机构培育人才，并扩大引进海外高科技人才；还针对制造所需的水力、电力与土地等协助，排除投资障碍以促进民间投资，此外，还有整合台湾智财权资源协助解决专利权问题，整合各界资源发展新产品及技术，建立上下游完整产业体系，以提升整体竞争力等相关政策。

1980年台湾成立新竹科学园区，在园区厂商及主管部门的共同努力耕耘下，已是闻名国际的科技重镇，以此成功经验，又持续推动成立南部科学工业园区、中部科学工业园区，使得科技产业群聚效应明显，让全球的采购人员可以在一天之内就拜访许多台湾供货商。

在台湾当局群策群力推动下，包括光电、半导体、个人计算机、网络通讯等相关产业皆有蓬勃的发展。在关键零组件部分，玻璃基板、彩色滤光片、偏光片、背光模块、光罩、主板、芯片、LED、太阳能等皆有完整的供应链，在北中南三个产业群聚的带动下，台湾成为全球重要的供应链。往来台湾信息电子厂商包含全球著名厂商如苹果计算机、惠普、联想、三星、新力、Nokia等，采购项目涵盖笔记本计算机、服务器、主板、显示器、LCD TV、IC、DVD、DSC、手机、LED、石英组件、各应用芯片、镜头模块、面板、触控面板、机壳、印刷电路板、软板或铜箔基板等，涵盖信息硬件、半导体、平面显示器、网络、无线通信等相关产业，充分显示台湾信息工业成长与信息外商之间的产销合作关系密不可分。

台湾现在有多项IT产品市场占有率列世界第一，主要原因来自台湾IT产业在制程技术上效率优、良率高、弹性大、交期快、成本最低廉，至今世界尚无竞争对手。从产量看台湾排名世界第一的产业有晶圆代工、IC封装、IC测试、大尺寸面板、光盘片、主板、笔记本电脑、显示器、数字相机等（表4）。

表4：市占率名列世界前3名的台湾产品

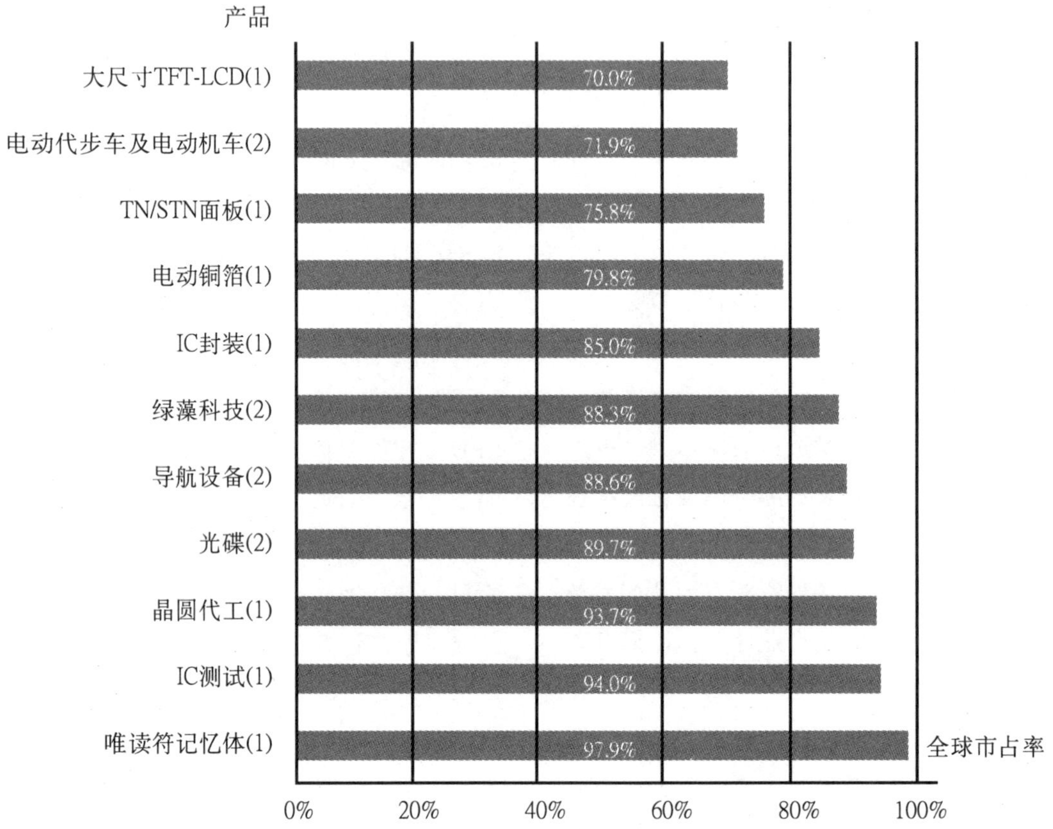

(1)产品市值　　　　资料来源："行政院国家科学委员会"

(2)产品数量　　　　Tauwan Statistical Data Book2011

为因应全球信息电子产业的发展趋势，迎合未来新兴消费性产品轻薄短小、省电之需求，台湾电子产业界无不戮力于朝向前瞻性产品设计，如微缩制程技术、高阶封测技术、玻璃减薄、SOC等方向开发发展；尤其是对于着重管理效能与成本导向的制造而言，不断提升制程技术及扩展经济规模，以增加生产良率并降低成本，更是面对未来市场需求的关键成功因素。台湾已从纯代工制造晋升到设计，制定规格，甚至开发新产品，技术研发的成分愈来愈高。

根据台湾经济部门统计以下两项数据显示，2011年产值成长幅度最高的产业为计算机电子产品及光学制品业，较2010年成长20.31%，其次为机械设备业成长8.24%，而电子零组件业则成长6.62%，显示我国制造业生产扩张情势延续。整体观察，推升台湾制造业成长的主因来自于信息电子业与金属机械业的需求成长。由于智能型手机与平板计算机等移动式装置产品销售畅旺，其上下游供应链需求持续攀升，因而信息与通信产品出口年增率达到40.5%；此外，机械设备业受惠于ECFA效益发酵、新兴市场需求挹注下产业持续成长（表5、6）。

表 5：2011 年主要制造业行业年增率

业别	2011 年较 2010 年增减（%）
电子零组件业	6.62
计算机电子产品及光学制品业	20.31
基本金属工业	5.33
机械设备业	8.24
石油及煤制品业	–8.22
化学材料业	–6.61
食品业	1.12
纺织业	–6.12

数据源：“经济部”统计处

表 6：2011 年主要出口产品构成与年增率

按主要货品分	金 额	构成比	与上年比较	
		%	增减金额	增减%
电子产品	83,921.40	27.2	6,615.40	8.6
信息与通信产品	19,808.00	6.4	5,712.60	40.5
基本金属及其制品	30,184.40	9.8	4,300.10	16.6
塑橡胶及其制品	25,200.70	8.2	2,946.10	13.2
机 械	20,472.50	6.6	3,747.20	22.4
化 学 品	22,468.00	7.3	3,240.80	16.9
光学器材	22,348.30	7.2	163.3	0.7
矿 产 品	17,923.20	5.8	3,076.70	20.7
纺 织 品	12,717.40	4.1	1,416.10	12.5
交通运输设备	10,306.70	3.3	973.5	10.4

数据源：“财政部”统计处

台湾提出“黄金十年国家愿景”计划

服务业占名目 GDP 比重达 68.71%，为台湾经济活动的主体，但实质成长率贡献 3.02% 是低于制造业 4.91% 及经济成长率 4.04%，显现服务业成长仍有空间。于此，台湾的“黄金十年国家愿景”计划中，提出“十大重点服务业”，分别为美食国际化、国际医疗、音乐及数字内容、会展产业、国际物流、金融、都市更新、WiMAX、华文电子商务、教育服务业，积极地为台湾服务业加速创新，使得服务业成长率得以推升，进而增加台湾经济成长贡献（表 7、图 1）。

表 7：2011 年生产面经济成长来源

项目	实质成长率（%）	在名目 GDP 比重（%）	对经济成长贡献率（%）
生产毛额	4.04	100.00	-
农业	1.89	1.72	0.74
工业	4.39	29.57	37.87
制造业	4.91	24.83	36.88
服务业	3.02	68.71	47.77

数据源：“行政院”主计处

图 1：十大重点服务业内容

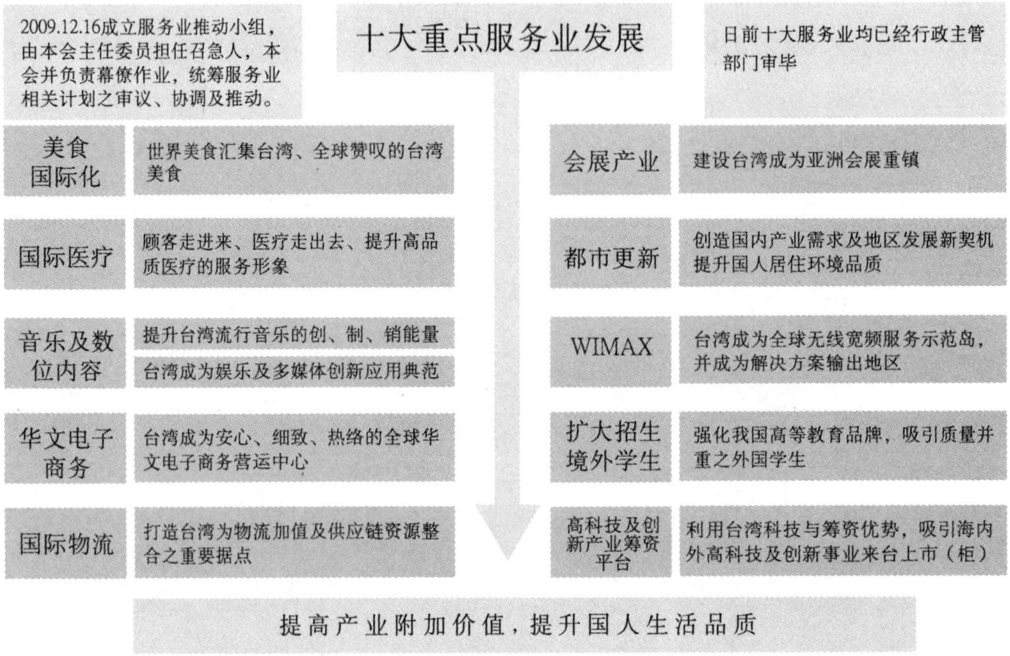

数据源：经济建设委员会

此外，为了促进产业结构多元发展，“制造”与“服务”双轨并进，“黄金十年”计划中，亦提出“六大新兴产业”，分别为生物科技、观光旅游、绿色能源、医疗照护、精致农业、文化创意，与“四大智能型产业”，分别为云端运算、智慧电动车、智慧绿建筑、发明专利。借此，推动传统产业高值化，以及促进制造业服务化与绿色化（表 8、图 2）。

表8：六大新兴产业发展方案

产业别	策略	预期效益
医疗照顾	1. 健全医疗照顾体系 2. 推动长期照护体系 3. 发展健康促进产业 4. 发展台湾智慧医疗服务 5. 推动国际及两岸医疗 6. 强化卫生安全	1. 投入所带动增加之产值由2008年之64.05亿元增加至2012年之535.62亿元，全期产值共增加952.94亿元（即2012年预期产值可达4759亿元），增加就业机会达28万人。 2. 使台湾于洛桑管理学院之国家与地区竞争力评比中，有关健康基础建设部份之排名，由2008年第12名，向前推进至第10名之内。
精致农业	1. 开发基因选种、高效能高生物安全生物工厂等新技术。 2. 推动小地主大佃农、结合观光文创深化休闲农业等新经营模式。 3. 拓展银发族饮食休闲养生、节庆与旅游伴手等新市场，以发展健康、卓越、乐活精致农业。	1. 整体产值达1,349亿元，其中“健康农业“结合农民生产与栽培管理之产值达740亿元，卓越农业。生技、兰花、石斑鱼、观赏鱼、种苗及种畜禽产值达287亿元“乐活农业“产值达322亿元。 2. 四年创造约5.3万个就业机会。 3. 促进农渔村经济繁荣，农民所得提高，也提供安全的农产品，更多的造林绿化，更少的污染，开创自然的生活空间，提供更好的生活品质，让国人健康生活、生活健康。
文化创意	1. 加强环境整备，包含产业研发及辅导、多元资金援助、人才培育及谋和、市场流通及拓展、产业集聚效应等五大策略。 2. 推动数位内容、设计、电视、电影、流行音乐及工艺等六大旗舰产业。	1. 使台湾成为亚太文创产业汇流中心。 2. 家庭娱乐教育及文化服务支出比率由13%提升至15%。 3. 六项旗舰产业总产值突破兆元，创造4.4万就业人口，培育人才达1.2万人次。 4. 协志至少800件以上文创产品获国际奖项，促成国际合作至少12亿元以上。 5. 媒体总产值成长20%以上，海外获利提升3倍以上，国片票房华语市场总票房5年内增为144.6亿元。
生物科技	1. 强化产业化研发能量，承接上游累积的成果。 2. 成立生计创投基金，吸引民间资金投人。 3. 推动整合型育成机制，提供整体服务平台。 4. 成立食品药物管理局以建构与国际衔接的医药法规环境。	1. 提升药品转译研究及医材雏形品开发能量，完善药物研发链基磐建构，促进上游研发成果商业化发展。 2. 强化审查效率，推动法规协合化，以类共同市场概念，扩大医药品市场。 3. 提供生技整合育成服务平台，引进专业人才，协助研发成果产业化。 4. 依过去十年“国发基金”带动支民间投资估算，预计2013年将带动生技产业民间投资金额每年至少540亿（倍增）。 5. 生技产业整体产值5年内（至2013年）倍增至2,600亿元，并尽快成为兆元产业。 6. 启动十年后，生技园区与聚落逐渐成型，带动周边产业与就业，效益可期。
观光旅游	1. 以拔尖（发挥优势）打造国际观光魅力据点，推动无缝隙旅游资讯与接驳服务。 2. 以筑底（陪养竞争力）改善观光产业经营体质，培养契合产业需求之国际观光人才。 3. 以提升（附加价值）深耕客源市场及开拓新兴市场，推动旅行业交易安全及品质查核等评鉴。	1. 创造整体观光收人自2008年4,022亿台币提高至2014年达6,585亿台币（包含观光外汇收人3,985亿元）。 2. 2014年观光及相关产业带动就业人口预期可达4.37万人次。 3. 2014年吸引民间投资达2,500亿元。 4. 引进14个国际知名连锁饭店品牌进驻。
绿色能源	以技术突围，关键投资，环境塑造，内需扩大及出口拓销等策略，协助太阳光电、ＬＥＤ照明、风力发电、氢能及燃料电池、生质燃料、能源资通讯及电动车辆等产业发展。	1. 引领台湾产业朝向低炭及高值化发展，预估产值可由2008年1,603亿元（占制造业1.2%）提高至2015年1兆1,580亿元（估计约占该年制造业总产值6.6%）。 2. 以达兆元产值规模估计，可望带动民间投资2,000亿元以上，使台湾成为全球最大LED光源模组供应地，全球前3大太阳能电池生产地。 3. 塑造节能减碳新风貌，引领台湾逐渐走向低炭社会与低炭城市。

数据源：经济建设委员会

图 2：新兴智能型产业内容

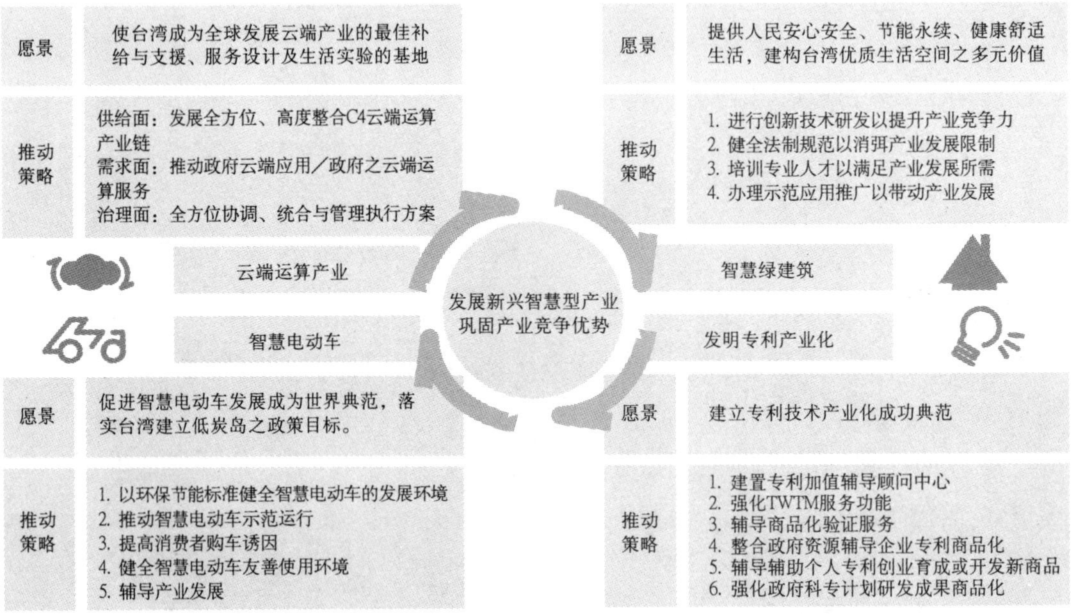

数据源：经济建设委员会

由以上台湾所推动的计划中，我们相对看好绿色能源及生物科技相关所引发的供应链需求。

1. 绿色能源

在全球节能环保的趋势带动以及随着能源危机的日益加剧，节能省电已成为全球共识，台湾 LED 业者已将希望放在 LED 照明，但 LED 照明这块市场有别于 LED 背光市场，参与的台湾业者众多，包括台塑、奇美、台积电、鸿海、台达电、亿光、隆达、光宝等集团皆有切入，各个台湾 LED 业者目前切入照明市场利基点也各有不同，想争取的市场也相当多元，因此可以看见晶电、亿光、光宝科、隆达、艾迪森……，甚至是二次照明厂商等现在展开的布局各有巧妙，而我们相对看好台湾磊晶厂商的竞争实力。其中台湾晶电以磊晶、晶粒技术为核心，LED 磊晶是半导体制程，台湾在这一块人才众多，因此在提升发光效率、良率、成本的掌控优于全球其他国家与地区业者，加上台湾固态半导体有经验人才众多，是各国挖角对象，因此台湾在 LED 磊晶端具有相当竞争力。以一颗发光效能达 100 流明 / 瓦的 LED 晶粒来看，愈先进的技术就会愈做愈小，LED 照明业者为了兼顾先进技术及 COST DOWN，还是会需要台湾磊晶厂商，这是台湾竞争优势所在。

2 生物科技

2000 ~ 2008 年“台湾科技发展计划”投入生技领域之经费，合计达 1157 亿元，约占台湾科技计划总预算之 20%。2009 年台湾将生物科技列为六大新兴产业之推动重点，且由台湾行政主管部门推动之“生技起飞钻石行动方案”，则是着重强化产业价值链相关环节，可望加速台湾生技研发成果的商业化应用，提升整体产业竞争力。并规划在2015年时台湾的生技业产值突破兆元台币。生技业在台湾被赋予在继纺织、塑化、电子业之后，带动台湾经济再度起飞的重点产业。

受限于台湾需求市场的规模太小、研发产业化能量待累积，与产业先进国家相比，台湾生技产业仍处于成长初期，目前仍缺乏国际竞争力。不过，近年来，在台湾的大力推动，及企业的辛勤耕耘下，研发能量逐渐累积、扩散，已有部分成果的展现，其中不乏深受国际大厂肯定的产品出线，也为台湾生技产业进军国际，有着无限的想象与期待。

根据台湾工业技术研究院的预估，2012年台湾医材产业产值将由2010年的640亿台币成长到776亿美元，年复合成长率约13%，远高于全球约5%~6%的成长率。整体而言，目前台湾医材产业仍在萌芽阶段准备入成长期，预期在结合台湾本身既有的农业、化工与信息产业的发展经验与基础，台湾的医疗器材产业将是台湾在生技医疗领域中相对容易发展，且最快见到成效的领域，未来医疗器材在台湾的成长与茁壮非常值得期待。

台湾的生技产业虽然规模仍小，在当局的鼓励与民间的积极投入下，目前呈现一片欣欣向荣的景象，尤其民间投资热烈，犹如10几年前电子业在台湾发迹时一般，未来台湾生技产业的发展确实值得期待。

第四部分

产业面

第三章　台湾总体产业趋势介绍

黄 贤 桢 / 东亚证券（股）公司投资顾问部资深业务副总

专业领域 / 全球总体经济趋势研判、资产配置与投资组合建议

制造业回光返照

尽管欧美发达国家的产业发展经验告诉我们，随着经济发展逐渐成熟，制造业占一国产出的比重将持续下降，服务业的角色将越来越吃重，不过台湾在近年来却有不一样的发展过程：制造业占台湾实质生产毛额的百分比在30年前（1981年）为29%、20年前（1991年）跌至25.4%、10年前（2001年）跌至21.8%、2011年却回升至31.6%。而且在过去10年，台湾制造业产值的成长速度惊人，平均（几何平均）每年成长8.35%，令其他行业瞠乎其后（表1）。

表1：台湾各产业实质生产毛额比较

行业名称	2011年实质生产毛额（百万元）	2001~2011年平均年增率	各产业所占比重变化		
			2009	2010	2011
制造业	4,522,579	8.35%	27.48%	31.16%	31.58%
批发及零售业	2,562,785	3.84%	18.75%	17.77%	17.89%
不动产业	1,180,704	3.15%	9.03%	8.43%	8.24%
公共行政及“国防”	946,596	0.86%	7.30%	6.81%	6.61%
金融及保险业	942,765	2.29%	6.83%	6.56%	6.58%
教育服务业	619,312	2.85%	4.85%	4.43%	4.32%
信息及通讯传播业	535,254	4.96%	3.77%	3.69%	3.74%
运输及仓储业	441,736	2.53%	3.20%	3.11%	3.08%
其他服务业	410,978	3.92%	3.04%	2.88%	2.87%
医疗保健及社会工作服务业	410,354	2.38%	3.14%	2.89%	2.87%
营造业	329,582	0.89%	2.37%	2.39%	2.30%
专业、科学及技术服务业	311,498	5.08%	2.25%	2.18%	2.18%
住宿及餐饮业	277,217	3.10%	1.89%	1.87%	1.94%
支持服务业	207,886	7.59%	1.46%	1.43%	1.45%
农、林、渔、牧业	193,026	0.84%	1.50%	1.37%	1.35%
电力及燃气供应业	164,190	3.43%	1.20%	1.15%	1.15%
艺术、娱乐及休闲服务业	121,813	4.12%	0.89%	0.84%	0.85%
用水供应及污染整治业	93,265	6.93%	0.71%	0.67%	0.65%
矿业及土石采取业	49,861	–2.62%	0.35%	0.35%	0.35%

数据源：“行政院”主计处

在制造业中，产值比重最高的是电子零组件，2011年占整体制造业生产毛额达45.2%、占所有产业生产毛额的14.1%。这个产业在过去10年平均每年成长高达18.4%，遥遥领先第二名石油及煤制品制造业的8.41%、第三名计算机/电子产品及光学制品制造业的8.25%（表2）。

表 2：台湾各类制造业实质生产毛额比较

行业名称	2011 年实质生产毛额（百万元）	2001~2011 年平均年增率	各产业占总生产毛额比重变化		
			2009	2010	2011
食品制造业	84,739	1.63%	0.62%	0.65%	0.61%
饮料及烟草制造业	78,520	–2.90%	0.56%	0.60%	0.57%
纺织业	76,539	–2.93%	0.58%	0.52%	0.55%
成衣及服饰品制造业	20,477	–7.73%	0.17%	0.15%	0.15%
皮革、毛皮及其制品制造业	11,465	–2.43%	0.08%	0.08%	0.08%
木竹制品制造业	8,533	–1.54%	0.07%	0.06%	0.06%
纸浆、纸及纸制品制造业	40,023	1.85%	0.32%	0.30%	0.29%
印刷及数据储存媒体复制业	36,775	5.44%	0.32%	0.24%	0.27%
石油及煤制品制造业	143,549	8.41%	1.17%	1.24%	1.04%
化学材料制造业	236,718	5.81%	1.55%	1.70%	1.71%
化学制品制造业	52,924	4.88%	0.34%	0.32%	0.38%
药品制造业	31,695	5.19%	0.22%	0.23%	0.23%
橡胶制品制造业	31,787	4.11%	0.23%	0.20%	0.23%
塑料制品制造业	59,029	–2.77%	0.47%	0.40%	0.43%
非金属矿物制品制造业	79,051	1.49%	0.55%	0.48%	0.57%
基本金属制造业	241,495	4.56%	1.62%	1.51%	1.75%
金属制品制造业	187,015	–1.00%	1.47%	1.17%	1.35%
电子零组件制造业	1,947,135	18.44%	11.42%	11.76%	14.08%
计算机、电子产品及光学制品制造业	413,851	8.25%	2.61%	2.61%	2.99%
电力设备制造业	94,917	–1.73%	0.72%	0.64%	0.69%
机械设备制造业	185,368	5.03%	1.31%	0.93%	1.34%
汽车及其零件制造业	103,072	2.72%	0.62%	0.66%	0.75%
其他运输工具制造业	50,634	1.98%	0.49%	0.37%	0.37%
家具制造业	16,101	–6.11%	0.13%	0.11%	0.12%
其他制造业	79,370	1.13%	0.62%	0.55%	0.57%

数据源：“行政院”主计处

随着产值规模的再度扩大，制造业的就业人口占台湾总就人数的比重也出现止跌回升的情况：1981 年该比重为 32.4%，1991 年下降至 30.8%，2001 年再下降至 27.7%，2009 年时最低来到 27.15%，但 2011 年已回升至 27.4%（表 3）。当然，服务业仍是台湾产值最大的产业，即使规模比重略有缩水，仍占有将近七成。不过，在 2010 与 2011 年两年间，台湾一共净增了 43 万个工作机会，其中服务业新增 22.5 万个工作仅占 52.3%，又以医疗保健及社会工作服务业新增 4.1 万个最多，其次为住宿及餐饮业新增 3.5 万个，批发及零售业新增 2.8 万个。同一时间，工业新增 20.7 万个新工作，占 48.2%，其中制造业新增 15.9 万个，营造业新增 4.3 万个。在制造业各细行业中，以电子信息产品相关行业新增 7.2 万个工作机会最多，这应与智能型手机、平板计算机与云端运算等高科技产品与技术持续推陈出新有关；其次是金属与相关设备业新增 2.7 万个，塑化业新增 1.4 万个、玻璃水泥钢铁建材 1.2 万个。

表 3：台湾各行业就业人数比较

行业名称		每年底就业人数（千人）			占总就业人数百分比		
		2009	2010	2011	2009	2010	2011
总计		10384	10613	10802	100%	100%	100%
农、林、渔、牧业		552	551	546	5.3%	5.2%	5.1%
工业		3683	3837	3920	35.5%	36.2%	36.3%
	矿业及土石采取业	4	4	4	0.0%	0.0%	0.0%
	制造业	2797	2901	2964	26.9%	27.3%	27.4%
	电力及燃气供应业	29	29	29	0.3%	0.3%	0.3%
	用水供应及污染整治业	75	82	81	0.7%	0.8%	0.7%
	营造业	778	821	842	7.5%	7.7%	7.8%
服务业		6147	6225	6335	59.2%	58.7%	58.6%
	批发及零售业	1745	1743	1781	16.8%	16.4%	16.5%
	运输及仓储业	406	412	411	3.9%	3.9%	3.8%
	住宿及餐饮业	723	723	740	7.0%	6.8%	6.9%
	信息及通讯传播业	209	214	221	2.0%	2.0%	2.0%
	金融及保险业	424	430	429	4.1%	4.1%	4.0%
	不动产业	72	80	90	0.7%	0.8%	0.8%
	专业、科学及技术服务业	321	333	346	3.1%	3.1%	3.2%
	支持服务业	226	242	253	2.2%	2.3%	2.3%
	公共行政及“国防”	386	394	383	3.7%	3.7%	3.5%
	教育服务业	615	627	631	5.9%	5.9%	5.8%
	医疗保健及社会工作服务业	382	394	418	3.7%	3.7%	3.9%
	艺术、娱乐及休闲服务业	103	99	94	1.0%	0.9%	0.9%
	其他服务业	535	534	538	5.2%	5.0%	5.0%

数据源：“行政院”主计处

由以上观察可知，台湾的制造业在近年来出现回光返照的情况，究其原因，除与全球景气持续复苏有关之外，恐怕与海峡两岸加速交流、经贸关系变得更为密切脱不了干系。根据台湾“经济部国贸局”的数据显示。台湾对中国大陆之贸易出口占台湾总出口比重在 1991 年时为 9.1%，2001 年已上升至 20.3%，至 2010 年达到 30.9% 的高峰，若包含香港更高达 41.8%；但去年下降至 29.6%　　（含香港降至 40.2%）（图 1）。

图 1：台湾对大陆贸易输出占总输出比重变化

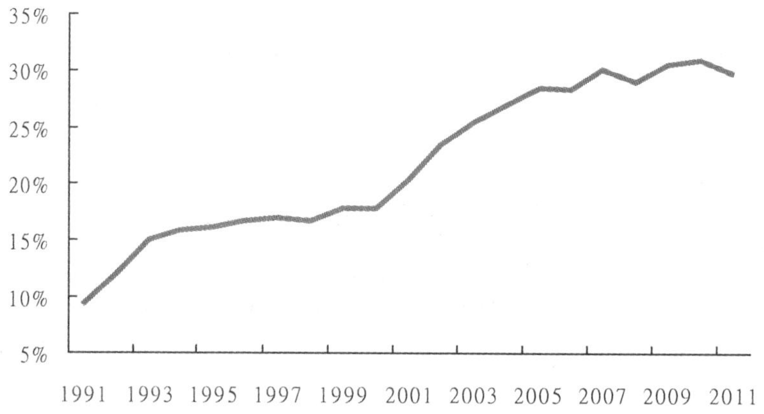

数据源："财政部"

两岸经济合作架构协议（ECFA）可望重画台湾产业形貌

2010 年 6 月 29 日台湾与大陆签署《两岸经济合作架构协议》（ECFA）是两岸经贸关系发展的一个重要里程碑，不仅建立了两岸经贸合作制度化的架构，更使亚太区域的经济整合迈出了一大步，意义重大，这一发展将对台湾产业的转型与布局产生深远的影响。整体而言，ECFA 对台湾产业所带来的效益如下：

1. 取得领先竞争对手进入中国大陆市场之优势

由于自台湾销往大陆大部分工业产品之关税降为零，台湾将较日韩等竞争对手更早取得进入大陆市场之优势，进而取代日韩之地位。尤其在于我与韩国、东协及日本竞争激烈之主要石化原料、机械等产业。

2. 成为外商进入大陆市场之优先合作伙伴及门户

由于相同产品自台湾销往大陆之关税较自欧美日等国直接出口更优惠，同时因为台湾对知识产权保护较为周全，加上两岸开放三通，以及政府补助企业在台设立研发中心之优惠措施，将有助于欧、美、日企业选择将台湾作为进入大陆市场之门户，优先与台商合作研发及生产，将区域研发、生产或营运总部设在台湾，让台湾成为跨国企业"全球创新中心"及"亚太经贸枢纽"的第一选择。

3. 有助于产业供应链根留台湾

过去由于多数零组件出口至大陆必须征税，致使终端产品制造商要求零组件供货商也必须至大陆投资。一旦大陆大部分工业产品税收降为零后，将有助于整体供应链根留台湾，并借由三通采国际贸易方式供应客户，除可维持在台经济生产规模及高质量外，更能创造就业机会。

4. 有助于大陆台商增加对台采购及产业竞争力

在大陆台商以往为降低生产成本，部分机器设备及原物料改在当地采购。在大陆进口关税降为零后，自台湾进口相对成本降低，台商自可增加自台湾采购之数量，同时因质量较佳及成本降低，将有助于台商在大陆竞争力之提升。

5. 有助于台湾企业建立自有品牌

在ECFA早期收获清单中，大陆同意对台湾降免税之货品项目达539项，加上11项服务业（金融服务业3项、非金融服务业8项）的准许进入大陆，将有助于台湾企业进一步开拓大陆市场，带动更多新商机。大陆市场的开放将使台湾具差异性与利基性的下游产品重获发展机会，并有助于台湾企业建立自有品牌。

6. 加速台湾发展成为产业运筹中心

由于三通货物及人员流通之便利性，配合双边货品关税降低及非关税障碍消除等贸易自由化效果，将可重新塑造台湾成为兼具转口、物流配销、终端产品加工等全功能运筹中心之机会。同时搭配当局放宽台商赴大陆投资之限制、鼓励台商回台上市等激励措施，将可促成台湾成为台商运筹帷幄之“营运总部”。

7. 有助于台湾经济结构的转型

ECFA签署之后，台湾有机会与更多国家进行经贸合作，进而参与区域经济整合与全球化。透过ECFA连结亚太经贸网络，可进一步推动台湾与其他国家和地区洽签“自由贸易协议”（FTA），将可吸引跨国企业来台投资，经由台湾转进中国大陆，跨国企业在台投资亦可引进新技术与管理经验，有利台湾经济结构的转型。

一般认为根据ECFA的早收列表，此项协议对台湾的塑化、纺织、汽车以及汽车零组件等产业，将带来明显的正面效益。事实上，ECFA签订了近两年之后，从台湾的贸易出口结构可以见到一些微妙转变：2009年电子产品占出口比重为27.8%，2010年上升至28.2%，2011年降至27.2%，今（2012）年1~4月进一步降至26.75%（图2）。当然，这些变化还不够明显，不过假以时日，应可见到传统制造业在出口比重获得更大的提升。

图 2：台湾贸易出口主要产品结构百分比

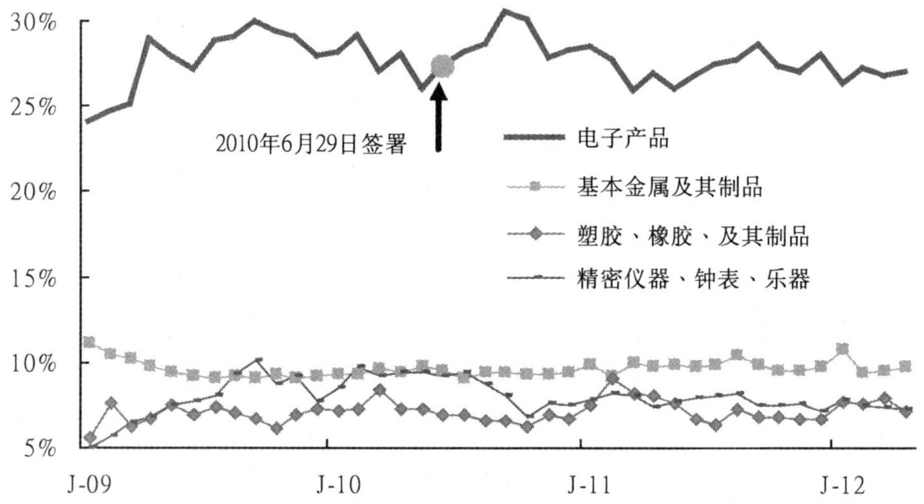

数据源：台湾财政部门

然而，过去台湾传统制造业是采压低生产成本、薄利多销的经营模式来创造利润，且产品结构集中于量大但价低的产品上。这种压低成本的经营模式，在新的生产基地崛起后，永远都可以找到更便宜的劳工而被逐渐取代淘汰。因此未来台湾传统制造业应朝向以“量稳质（值）增”的目标来努力，一方面在产量上以产品差异化来避免在价格战中被取代，力求先稳住现有的产能水平；另一方面，在产品质量上，以 ICT 应用、创新设计、客制化、服务化来提升附加价值，让台湾的传统制造业在稳定中求进步，摆脱过去价格竞争的老路，以朝高质化方向发展。

发展新兴产业

此外，为了加速进行结构转型，台湾在努力签订 ECFA 之同时，也积极推动全球招商，并推动绿色能源、生物科技、精致农业、医疗照护、观光旅游及文化创意六项新兴产业（图 3）。台湾推动六项新兴产业的原因为：

1. 在半导体、面板以及资通讯产业后，台湾就无具规模的新兴产业。

2. 产业为外销导向，加上产业过度集中，缺乏多元发展，易受国际景气影响。

3. 全球金融风暴造成科技产业出口萎缩，电资光通产业人力有闲置情形。

4. 推动六大新兴产业发展，可以创造下一波产业契机。

图 3：台湾六大新兴产业发展计划

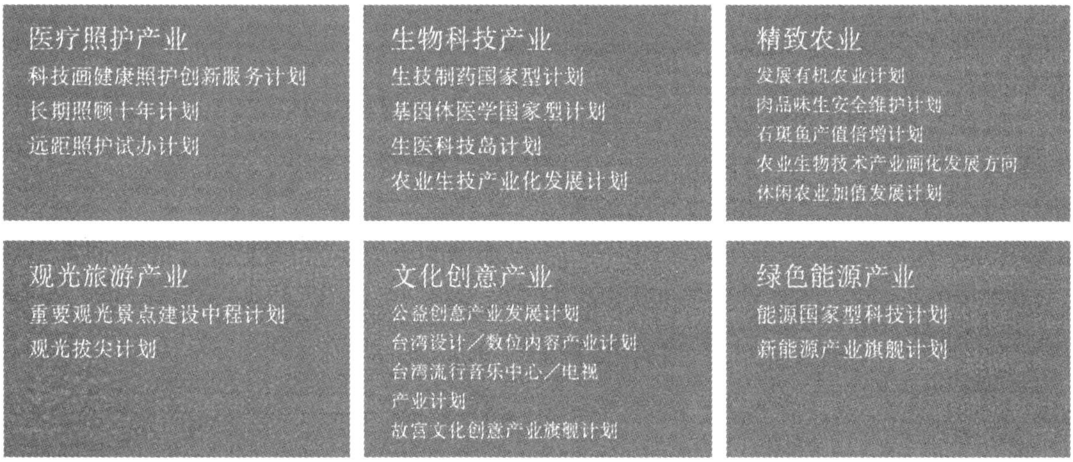

数据源：台湾行政主管部门

台湾行政主管部门于 2009 年 4 月起陆续推动的六大新兴产业行动方案，将台湾原有的优势产业，就是广义的 ICT 产业（通讯、信息、光电及半导体），再加入相关的绿色能源产业、医疗设备产业及制药等生技产业计划，其中生技计划还可支持精致农业与医疗照顾计划，这两项计划还可支持观光计划，并与文创产业最后进行密切结合。台湾行政主管部门将就产品之多元化、品牌化、关键技术取得等面向提出具体策略，有计划地投入政府资源，辅导及吸引民间投资，而未来将依照发展策略规划的成熟度，分阶段推动六大方案，以扩大市场规模、提升产值，带动新兴产业商机的开拓，最终效益会逐步改变台湾产业型态，也将改变民众生活质量。

1. 生物科技

六大新兴产业将由生技产业带头起跑。依照台湾行政主管部门所提“生技起飞行动方案”之规划，将由台湾发展基金出资 40%、民间投入 60%，分阶段募集生技大型创投基金至 600 亿元。自 2009 年起预计四年内，生技产业值将由现行 1300 亿元倍增至 2600 亿元，并逐步推动建置创造生技园区与聚落，以促使生技产业跃升成为另一项兆元产业。台湾的生技产业具备优质的临床研究及医疗体系，研发、生产环境健全，且台湾积极提升智财权保护，未来将借由“生技起飞行动方案”，发展台湾为国际生医社群在 亚洲的研发合作伙伴，另将推动国际结盟与相互市场认证，以“类共同市场”的概念，强化医药法规与国际调和，以拓展我国生技医药产业发展的空间。

2. 绿色能源

台湾拥有发展绿能产业的优势，包括：

（1）具 IT 产业厚实基础支撑，制程及管理经验丰富；

（2）拥有机电、金属、复合材料、电子控制等传统产业具制造能量与人力

（3）国内半导体、薄膜平面显示器人才基础佳，人才优势易移转发展绿能产业。

依据台湾行政主管部门在2009年所提“绿色能源产业旭升方案”，台湾计划在未来五年内将投入250亿元推动再生能源与节约能源之设置及补助，并投入技术研发经费200亿元，以产值规模估计，将可望带动民间投资2,000亿元以上。重点产业为太阳光电、LED光电照明、风力发电、生质燃料、氢能与燃料电池、能源资通讯及电动车辆等。

3. 精致农业

台湾预定以四年时间投入新台币242亿元，预期到2012年，精致农业年产值可达1,589亿元，可创造3.1万个就业机会。其中，健康农业（有机农业、产销履历、吉园圃和CAS优良农产品）结合农民生产与栽培管理之产值达到760亿；乐活农业（包括发展农业深度旅游与农业精品、推动游艇港领航计划等）产值达386亿元；卓越农业（包括发展生技、兰花、石斑鱼、观赏鱼、种苗及种畜禽等产业，建构兰花全球运筹中心，拓展石斑鱼外销市场）产值达443亿元。发展精致农业不但可促进农渔村经济繁荣，农民所得提高，也提供安全的农产品，更多的造林绿化，更少的污染，给国人更好的生活质量。守护国人健康、安适国人身心、促进社会安定等方面，也将创造难以估算的外部效益。

4. 医疗照护

由于台湾老年人口持续增加，医疗照护之需求转为治疗与照护并重；社会经济渐趋成熟，医疗健康服务购买力增加；加以跨国界的医疗服务需求蔚为趋势，医疗服务提供的范围扩大，由医院照护模式发展至其他照护模式，形成具相当市场规模及产值的新兴产业。但发展健康照护产业的主要目标，不在增加多少国内生产毛额（GDP）的实际产值来计算，而是运用我们在医疗产业上的优势与利基，推动这项健康照护升值计划，使整个台湾社会受益，让每个台湾人民都能过更好的生活。预计四年内投资新台币864亿元，预期至2012年时，可让整体医疗照护产业的产值达3,464亿元，同时提供就业机会31万人次。

5. 观光旅游

台湾将运用三通两岸航线的增班及未来延远权拓展的契机，结合规划中的国际航空城及高铁国道等设施及便利性，积极发展台湾成为东亚转运中心及国际观光旅游重要目的地。台湾行政主管部门提出“观光拔尖领航方案”，重新定位各区域发展主轴，例如北部地区为“生活及文化的台湾”，以艺文时尚设计、流行音乐、两蒋文化为主轴；中部地区为“产业及时尚的台湾”，以茶园、花卉、休闲农业、文化创意为主轴；南部地区为“历史及海洋的台湾”，以历史、古迹、海洋、生态为主轴；东部地区为“慢活及自然的台湾”，以自行车、少数民族、有机休闲、太平洋为主轴；离岛为“特色岛屿的台湾”，澎湖定位为国际度假岛屿，金马则以战地风情、民俗文化、聚落景观为主轴；台湾全岛（不分区）则在呈现“多元的台湾”，以美食、温泉、医疗观光为主轴。

观光发展基金以四年编列300亿元支应，期待在2012年创造5,500亿元的观光收入（观光外汇收入为90亿美元，约3,000亿台币、国民旅游增加 为2,500亿台币），带动40万直接、间接观光就业人口。吸引2,000亿民间投资，同时引进至少10个国际知名

连锁饭店品牌进驻台湾

6. 文化创意

台湾文化创意产业大部分都是中小型企业，常在融资及产业化上出现困难，因此，行政主管部门所提“文化创意产业发展方案”中特别规划资金挹注策略，协助微型业者产业化发展；引进商业运作模式机制，建构无形资产评价机制，提供产业研发辅导窗口等策略，协助文创产业化，并减少创意产业跨入的门坎；同时，透过文化艺术展演、国际会展及观光产业方案，拓展文创产业市场。这项方案期程为2009年至2013年，经费约在新台币280亿元，预期在五年内创造上兆元产值。

由于大陆也列出新能源、节能环保、电动汽车、生物育种、新医药、新材料及信息产业七大战略性新兴产业。双方如果能够充分发挥互补优势，如在4G通讯、电动车等新兴产业领域订定产业标准，并充分利用大陆内需市场及台湾技术，则将有机会取得国际市场主导地位，或创造竞争优势。

结语

台湾经济正面临国内油价与电价调升为投资与消费增长带来压力、欧债危机引发的全球金融市场不安、中国大陆景气降温与企业经营成本上升、美国经济复苏力道并不强劲等海内外情况变化带来的挑战。但是，当景气回春时，我们的产业是否已经脱胎换骨？台湾主管机关、企业主与教育体系是否已经能为台湾产业找寻到下一波可长可久的荣景？签订ECFA为台湾经济结构转型争取了更多的时间与机会，现在的甜头与苦果都只不过是小小涟漪。如果我们无法把握这个时机择优汰劣，保持优势，那么下一次的制造业回光返照，也许正意味着台湾的产业已经跳脱不出讲究低成本的代工模式。能否为台湾产业发展掌握正确或适当的趋势潮流，才真正值得我们审慎思量。

第四部分

产业面

第四章　2010~2012 陆资来台投资情形分析

何 嘉 容 / KPMG台湾所税务投资部执业会计师

专业领域 / 投资登记

公司及财团法人设立、许可申请及相关变更登记

企业并购重组、金融机构并购之相关服务

外商来台投资之咨询及登记

对外投资及对大陆间接投资咨询及许可

公司法有关之咨询服务

陈 淑 渊 / 安侯建业联合会计师事务所税务投资部执业会计师

专业领域 / 安侯建业联合会计师事务所投资登记组协理

前言

台湾地区开放陆资来台投资之理念系秉持“以台湾为主、对人民有利”之原则，各主管机关在海基与海协两会的架构下，陆续与大陆方面就开放陆资来台投资积极展开沟通与对话。终于在两岸获得共识下，以“优惠互补，互利双赢”为前提，希望借由更热络之商业活动作为两岸维护和平的基石并有助于台湾经济的发展。

两岸投资现况

然考虑两岸现况，除避开政治敏感议题外，两岸的社会结构、生活习惯、文化思想存有极大差异，再加上无论是地理环境、天然资源以及经济市场等规模相差悬殊，使得在开放的同时必要建置一些管理机制以保障台湾现有的经济环境及商业活动。而对陆资投资人而言，在台湾地区之投资，除以实质的获利为前提外，台湾产业在企业管理、策略联盟、全球布局、产业趋势灵敏度以及顺应经济局势的调整弹性等软实力，或许也可以作为陆资企业借鉴之参考。

缘此，台湾地区行政院主管部门于2009年5月25日核定了大陆地区人民来台投资许可办法及大陆地区之营利事业在台设立分公司或办事处许可办法等法规，作为规范陆资来台投资之依据，并自2009年6月30日生效实施，于同日起正式受理陆资来台投资申请案件，审理机关为“经济部投资审议委员会”。

开放陆资来台投资至今二年多，“台湾经济部投资审议委员会”总共通过258件申请案，核准陆资投资金额为美金2.8亿元，折算为新台币约88.2亿元。前述资料系参考台湾“经济部投资审议委员会”出版之截至2012年3月底“陆资来台投资名录”，加以整理分析（表1），可略为了解陆资来台投资之现况。

表1：2009年6月30日至2012年3月底陆资来台投资业别统计表

单位：新台币千元

年度	2009年（6~12月）		2010年		2011年		2012年（1~3月）		累计			
项目	件数	金额	件数	金额	件数	金额	件数	金额	件数	金额	件数比重	金额比重
服务业别（A）	22	233,251	72	2,189,984	90	884,674	27	3,006,016	211	6,313,925	100	100
批发及零售业	6	74,200	39	495,692	69	794,821	23	246,966	137	1,611,679	65	25.52
技术检测及分析服务业	0	0	2	13,590	0	0	0	0	2	13,590	0.95	0.21
专业设计服务业	0	0	1	6,500	3	7,100	0	0	4	13,600	1.90	0.21
运输及仓储业	8	13,500	3	17,000	4	14,800	0	0	15	45,300	7.11	0.72

住宿服务业	0	0	1	50,764	0	0	0	0	1	50,764	0.43	0.80
餐馆业	0	0	7	204,374	2	6,010	0	0	9	210,384	4.27	3.33
会议服务业	0	0	7	321,075	3	19,000	1	6,050	11	346,125	5.21	5.48
信息软件服务业	8	145,551	10	1,079,540	8	37,073	1	3,000	27	1,265,164	12.80	20.03
废弃物清除、处理及资源回收业	0	0	0	0	1	5,870	0	0	1	5,870	0.43	0.09
污水处理业	0	0	2	1,450	0	0	0	0	2	1,450	0.95	0.02
银行业	0	0	0	0	0	0	2	2,750,000	2	2,750,000	0.95	43.55
制造业（B）	1	980,000	13	833,226	24	408,904	9	289,650	47	2,511,780	100	100
成衣及服饰品制造业	0	0	1	196	0	0	0	0	1	196	2.13	0.01
家具制造业	0	0	0	0	1	1,200	0	0	1	1,200	2.13	0.05
橡胶制品制造业	0	0	0	0	1	8,000	0	0	1	8,000	2.13	0.32
塑料制品制造业	0	0	2	14,600	0	0	0	0	2	14,600	4.25	0.58
汽车及其零件制造业	0	0	0	0	1	5,000	0	0	1	5,000	2.13	0.20
电力设备制造业	0	0	0	0	2	111,464	0	0	2	111,464	4.25	4.44
电子零组件制造业	0	0	3	10,500	10	94,590	3	16,000	16	121,090	34.04	4.82
机械设备制造业	0	0	0	0	5	161,450	5	76,650	10	235,100	21.28	9.36
计算机、电子产品及光学制品制造业	1	980,000	7	807,930	4	27,200	0	0	12	1,815,130	25.53	72.26
医疗器材制造零售业	0	0	0	0	0	0	1	200,000	1	200,000	2.13	7.96
合计（A+B）	23	1,213,251	85	3,023,210	114	1,293,578	36	3,295,666	258	8,825,705		

数据源：根据投资审议委员会之《陆资来台投资事业名录》进行整理分析

陆资来台投资对象

就2009年至2012年3月间，陆资来台投资之投资申请件数、投资产业别、投资形态等分析说明如下：

1. 投资申请件数分析：

由于开放陆资台来投资，系采正面表列方式逐步检讨放宽营业项目，故随着两岸良性互动，以及台湾对陆资来台投资之相关配套措施之开放，申请件数有明显增加之趋势，以2010年及2011年二个完整年度来看，投审会核准之件数由 85 件增加为 114 件，增加幅度达 34%，即便在 2012 年度第一季，亦有多达 36 件之投资案被核准，明显高于前二年度之各季平均数（表 2）。此外，不论是制造业或服务业，核准件数亦均呈现增加之趋势，由此可知，在相关法令逐渐修正调整后，对于陆资申请投资确有正面之影响。

表 2：陆资来台投资核准申请件数统计表

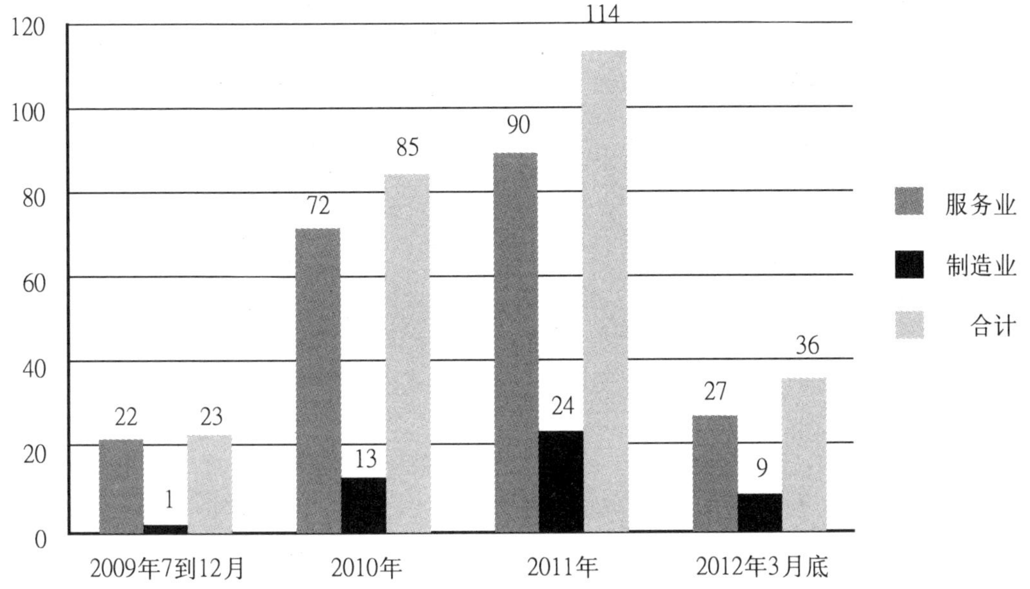

2. 投资产业别分析

此外，就投资产业分析，累计至 2012 年 3 月底之核准投资案共有 258 件，其中服务业高达 211 件，占 81%，制造业有 47 件，占 19%。以下分别就服务业及制造业作简单的整理。

（1）服务业别：以投资件数为分析基础

在 2011 年底前，服务业中无论是申请件数或投资金额，排名前三名分别为批发及零售业 137 件、信息软件服务业 27 件及运输及仓储业 15 件（表 3）。兹就不同产业分述如下：

A. 批发零售业

主要是因为第一阶针对服务业之开放原则，系以有助于商业活动及营销通路之发展，且对台湾现有之产业结构不会造成负面影响，同时投资方有能力因应者为主。而批发零售业的申设门坎相对较低，如以开放初期之试水温而言，批发零售业无疑是最适合的投资产业，而且直接贴近市场，无论是营销通路的布局、供应链的建置、产品需求的趋势以及客户对产品的接受度等都可以有最直接的接触，有利于企业营运调整及产品营销推展。

B. 信息软件服务产业

台湾地区最傲人的产业之一，系有优秀的软件科技人才及完善的硬设备，而信息通产业也是台湾积极发展的重点产业，除了政府单位的大力扶持，业界也累积了多年的产业经验。故陆资来台投资信息软件服务产业，可充分运用台湾优势，有助于该产业之研发与创新。另外值得关注的是，电子及信息相关产业在台湾的证券市场上具有举足轻重的指针意义，可以说电子族群是台湾上市柜市场成交市值比重最大类股，也是外资投资人、法人投资人及散户相当熟悉与关注的产业，可见台湾的信息科技是受到肯定的，也因此吸引陆资投资人来台投资。

表 3：服务业之产业分布（以投资件数为分析基础）

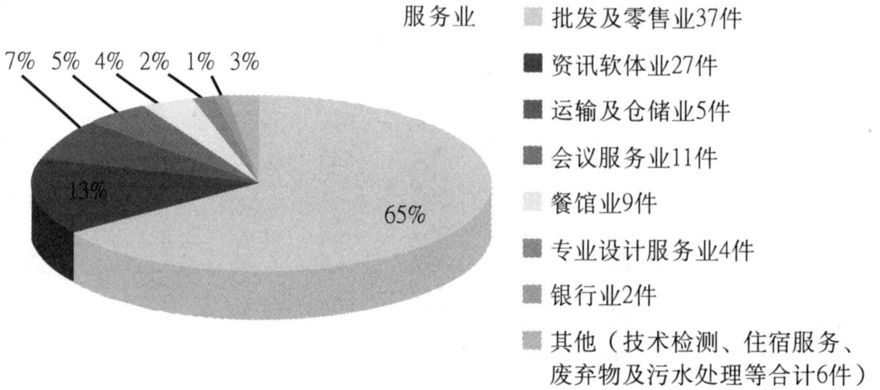

C. 运输及仓储业

长期以来，台湾人民赴大陆地区无论是探亲、旅游或经商，人数总是与日俱增，尤以逢年过节，往往有机位一票难求的窘境，而近年来因应开放陆客来台观光、两岸直航、包机以及进出口贸易需求增加，运输及仓储业成为吸引陆资来台投资之热门项目，其中又以大陆航空公司来台设立分公司居多，显现两岸在人流及物流互动日趋频繁下，确实有助于彼此经济活动热络，也提高陆资来台从事投资及商业活动之意愿。

（2）服务业别：以投资金额为分析基础

在 2010 年 5 月 20 日两岸签署金融监理备忘录（MOU）后，随即开放银行、证券、期货等 12 项服务产业，以因应两岸资金流通需求。而在 2012 年 1 月底投资审议委员会核准两家大陆银行来台投资设立分行，投资金额高达新台币 27.5 亿元，占服务业累计投资金额之 31%，一举跃升为服务业之冠（表 4）。

A. 银行业

随着两岸在金融、证券、保险服务平台建构日趋完善，两岸金融机构之往来更加密切，陆资来台投资金融服务产业亦逐渐热络。由于陆资银行初期仅有一个据点，预期陆资银行来台设立分行仍是以企业金融服务为主。此外，陆资银行在台亦可同时汲取台湾金融服务产业的专业及相关金融商品的营销经验，一旦两岸货币清算机制建立起来，将使两岸的金融产业迈入更紧密的合作关系，也有助于促进两岸商业活动及经济实质。

B. 批发零售业

累计投资金额紧追在银行业之后，排名第二为批发零售业，主要是申设程序简单，例如无最低资本额限制、无须申请特许执照、维护运作成本相对低廉以及营运活动容易开展等优点，无论是放眼国际贸易业务或者地方的小型批发零售，是一个可以轻易进入的市场。

表 4：服务业之产业分布（以投资金额为分析基础）

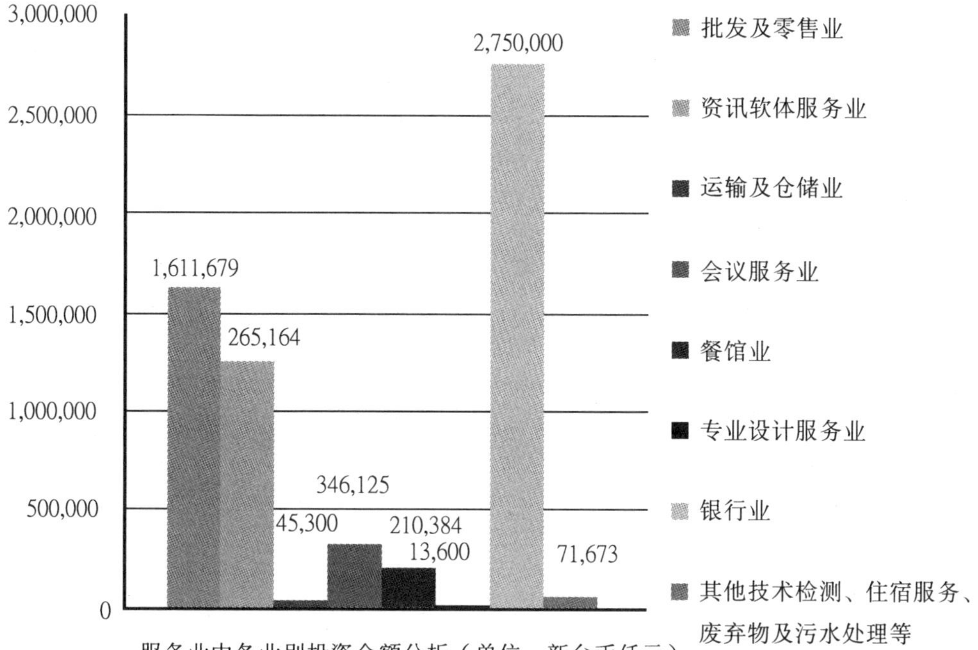

服务业中各业别投资金额分析（单位：新台币仟元）

C. 信息软件服务业

投资金额排名第三，主要是该产业仍是台湾的优势产业，且在全球的供应链中具有竞争力，故能吸引陆资投资，借由台湾优秀人才及成熟的产业整合，协助研发创新及进军全球市场。

（3）制造业别：以投资件数为分析基础

陆资投资申请件数多集中在计算机、电子产品及光学制品制造业及电子零组件制造业，合计达 28 件，占制造业申请件数 60%，投资金额合计为新台币 1.9 亿元，占制造业投资金额之 77%。

A. 计算机、电子零组件产品制造业

主要是台湾的计算机、电子零组件产业发展相当成熟，除了在上中下游的产业供应链完整外，还有非常优秀的技术人员及工程师，借重台湾充沛及高素质的专业人才，科技产业应可在两岸分工又合作的经营模式上共同发展共创双赢。

在 2009 年第一件陆资来台投资制造业的案例，是陆资经由香港公司百分之百转投资新设台湾公司，投资金额为新台币 9.8 亿元，是目前为止，单笔投资金额最大的制造业，主要是与大陆环龙电器公司进行电子有线、无线通信机械器材制造等产品之设计及研发，故在台湾会着重在技术及研发产品升级，是两岸优势互补分工又合作的成功案例。

B. 机械设备制造业

根据陆资来台投资事业名录统计数据中，制造业申请件数字居第二高的是机械设备制造业，再以该投资事业在“经济部”网站公布之所营事业数据来看，制造的产品仍以计算机外设设备、光学仪器、电子零组件占多数（表 5）。

表 5：制造业之产业分布（以投资件数为分析基础）

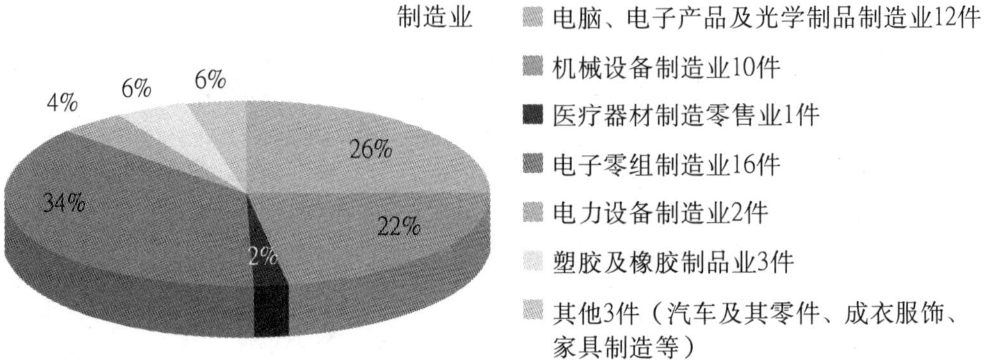

（4）制造业别：以投资金额为分析基础

另以制造业之投资金额作分析，计算机、电子产品及光学制品制造业之投资金额新台币 1,815,130 千元，占陆资来台投资制造业累计投资金额新台币 2,511,780 千元之 64%，名列第一。如再进一步探究，不难发现，很多陆资投资企业经营计算机、电子产品及光学制造业者，其营业项目尚且包含信息软件服务业，可见在与计算机、电子产业相关及信息软件开发的科技产业中，借重台湾的研发与创新精神、完整的产业供应链及成熟的营销管理能力，是最吸引陆资来台投资的业别项目。

另以单案之平均投资金额来分析，则投资金额居冠的是医疗器材制造零售业。在 2012 年 3 月份投审会核准首件陆资来台投资医疗器材制造零售业，该公司原为美商奥瑞科技公司百分之百转投资，投资金额为新台币 200,000,000 元，主要从事医学影像与医疗仪器制造买卖业务，其后因美国母公司上层股权异动，因而向投审会申请由侨外投资公司变更为陆资投资企业（表 6）。

表 6：制造业之产业分布（以投资金额为分析基础）

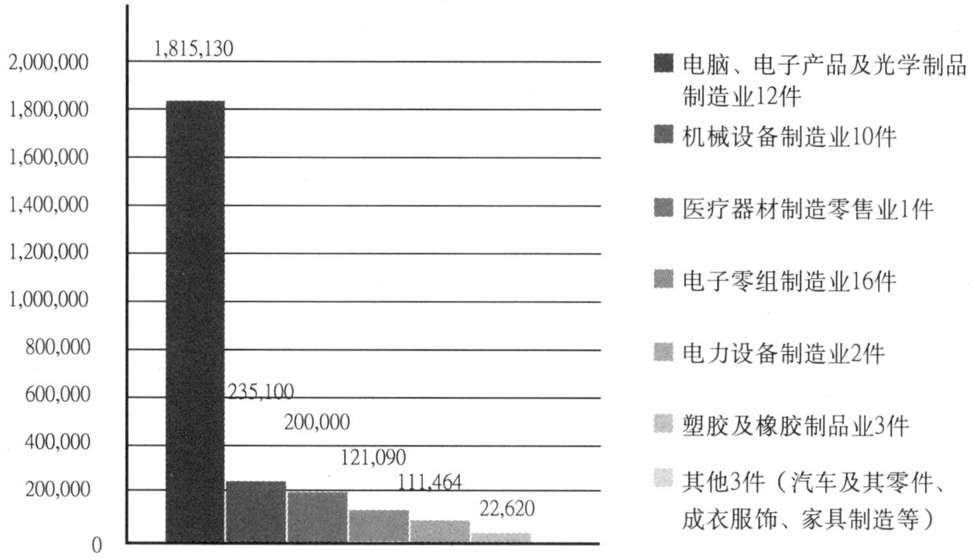

制造业中各业别投资金额分析（单位：新台币仟元）

3. 投资型态分析

再以投资型态分析，截至 2012 年 3 月底，陆资申请来台投资之组织形态，统计如表 7：

表 7：投资形态统计表

投资形态	2009 年 6~12 月	2010 年	2011 年	2012 年 3 月	合计
外商在台分公司	11	16	21	4	52
新设子公司	10	50	68	21	149
增资现有事业	2	12	14	3	31
上层股东股权变动	0	1	0	1	2
合计	23	85	115	35	258

以新设子公司之方式投资台湾，占所有核准申请案件之 58%，主要为子公司具有法人资格，得独立营运、盈亏自负及承担风险，母公司仅以出资额或持股金额对子公司之营运承担有限责任，可避免因子公司债务过大或营业亏损而牵连母公司之声誉。故以营运风险为考虑，多数投资人会选择以新设子公司作为投资经商营之形态。此外，陆资投资设立之子公司系依台湾法令组织设立，故其权利义务与岛内公司并无不同，在取得土地、厂房方面得适用与台湾公司相同的规定。

其次，陆资来台投资设立分公司者共计 52 家，又以大陆航空公司来台成立分公司为数最多，主要系配合两岸已签署之协议，尤其在 2009 年开放初期，多为大陆籍业者来台设立船舶运送业、民用航空运输业之分公司或办事处。

而以增资现有事业取得公司股权，虽同为子公司形态，但一方面原公司须配合审视所营事业是否符合开放陆资来台之正面表列项目，如有超出该正面表列范围者尚须践行修章及删减营业项目之变更登记以符合法令规范；另一方面，有意参股或合资之双方基于诚信原则及降低营运风险，往往须进行股东背景、公司营运活动及财务状况之核实审查，所费不赀且旷日费时，而退场机制相较于全资子公司而言，也更加复杂，而在经营理念及营运方针，也可能因股东意见不合，而公司陷于困境，故选择参股或合资方式参与国内公司之营运，在合资意向书上是须要把各方的权益明确记载。

至于国内公司因上层股东股权变动，导致国内公司由原外资投资变更为陆资投资，主管机关审核重点包含该公司之营业项目必须符合正面表列，陆资投资人是否有大陆军方背景或军事目的，该事业在台湾之营运规模及市占率，以及对经济及社会是否有负面影响等。著名的鼎新计算机由外资改为陆资，除该公司系企业资源规划之领导厂商，也有多次标得政府标案，在信息安全及可能危及国家机密或政府政策等疑虑下，引发社会各界的热烈讨论。此类上层股东股权变动者对规模比较大的陆资投资人来说，有可能是最具有吸引力，随着台湾开放幅度加大，陆资经由国内事业上层股东变更取得国内现有事业，间接分享了该事业之营运成果、社会资源、品牌信誉、研发成果，又不影响经营团队及管理阶层执行相关营运活动，对陆资投人而言是相当便利及有弹性的投资方式。

结语

陆资来台开放至今尚未满三年，投资之营运期间不长，尚乏充足的资料作为开放陆资来台投资政策之绩效分析，姑且不论经济数据上的展现，但两岸人流、物流及金流密切往返确实有助于经济活动的热络。故从经济实质面来看，只要在符合国家安全及社会秩序的前提下应该给予陆 / 外资公平的机会。如能营造一个开放及友善的投资环境，建立明确清晰的游戏规则，则市场机制可充分自由运行。

总之，在两岸关系和缓改善情况下，两岸经贸活动日趋紧密为必然的发展趋势，政府及产业界都应正视陆资来台投资之影响，并以正面的态度看待开放陆资的效益，当然，凡事一体两面，开放的过程中难免有冲突或负面的影响，故逐步的修正与适度的调整开放脚步才能够符合“机会最大化、风险最小化”的政策目标。期望透持续进行陆资来台投资相关规范与配套措施之检讨与修正，借由两岸良性互动，结合彼此优势，迈向国际市场。

第四部分

产业面

第五章　台湾创业投资及私募股权投资产业概况

杨 正 秋 / 台湾并购与私募股权协会秘书长

中小企业信保基金直接信保审议会审议委员

“经济部”中小企业处投资服务办公室指导委员

专业领域 / 公协会各项业务运作、协调及推展

政府与民间业者、海峡两岸暨海外同业之沟通

收集及整理资讯并对产业做深入调查

前言

台湾创业投资事业（Venture Capital，VC）发轫于1980年代初期，当时台湾提倡由从国外引进创投制度，复制美国硅谷高科技产业成功发展的经验，提供税赋抵减优惠政策，鼓励及积极推动台湾民间投资高科技事业的兴致，以加速促使产业的转型升级。截至2011年底，台湾共有192家创投公司，实收资本额为新台币1,523亿元。历年来总计投资新台币2,640亿元于海内外13,752个案例。自引进创投制度以来，台湾创业投资事业一直肩负了扶植高科技产业发展的重要使命，高科技公司因有创投公司而取得了宝贵的资金，而创投公司又因为科技公司的成长而壮大。然而随着台湾产业政策的修订以及台湾科技产业环境的改变，也让台湾创投事业的经营出现许多瓶颈与挑战。

创业投资事业

在1984至1990年代可谓是台湾创投的初创期，各个创投公司均在实务中摸索产业的运作，经历第一个十年的积极运作，台湾创投事业发展进入第一次成长高峰，每年新设创投家数不断地增加。1990年代创投家数仅20家，1995年台湾创投业迈进入第二个十年的发展阶段，此时全球创投业在信息产业及半导体产业发展的趋势推展下蓬勃发展，投资大众对创投的兴趣日益增多，台湾每年的新设家数首次达到2位数的成长。银行、证券及保险资金亦获得财政部门的同意可以投资创投事业，促使在1996~1998年是台湾创投业最蓬勃发展时期，创投家数倍增，投资绩效创下历史高峰，其中汉茂、国际、普讯、汉通等4家创投进入1996年商业周刊500大服务业之“股东投资报酬率最高前二十名”及“获利最高”排名中更居前十名之列。

然而于2000年台湾财政部门为求租税公平而取消了创投股东原享有之投资抵减优惠后，造成创投业资金来源骤减；台湾本土投资案源则在科技产业趋于成熟发展，再加上产业外移至大陆的现况，造成创投业者经营愈显困难。为提振创投事业，台湾“行政院国家发展基金”（原名：“开发基金”，后改为“国发基金”）乃于2001年启动“1000亿元投资创业投资事业计划”，顺利促成超过30多家创投公司顺利取得“国发基金”参与投资，有效纾解创投业者募资压力。2005年台湾创业投资事业主管机关由“财政部”改隶属“经济部”，创投业者企盼在新主管机关领导下，带来更多的激励方案，一扫创投不景气的阴霾。然而台湾创投事业由于国内经济不景气以及资本市场的低迷，经营情况依然艰辛，纷纷面临资金募集困难、缺乏适当投资标的、投资绩效不佳的发展瓶颈。

2007年台湾“经济部”中小企业处为了协助中小企业对外募资，乃要求“国发基金”匡列100亿元的预算，通过“加强投资中小企业实施方案”，委由中小企业处遴选出18家专业的创业投资公司，借重创投的专业投资评估能力来协助管理及投资台湾本土的新创事业，透过创投分析经营团队、研发能力、市场规模、及产品竞争力等，协助政府寻找具潜力投资标的，将有限资源投资在优质且具发展潜力的中小企业，以发挥最大投资效益。至2011年止“加强投资中小企业实施方案”已投资80余家潜力企业，金额达25.2亿元，诱发民间投资达167亿元。同时为了平衡产业投资比重，该方案还适度提高“国发基金”与创投公司之搭配投资比例，如：重点服务业为2：1、早期发展阶段企业为3：1、文化创业产业为3：1及投资评估时点的前1年增雇30人之企业为2：1，借此提高创投公司投资诱因，引导民间资金分散投资于各项产业。

2010年台湾为了导引创投基金投资文化创意产业，通过文创法指定“国发基金”提拨100亿资金委由“文化建设委员会”（“文建会”）成立信托专户，遴选出12家专业的创业投资公司，分别依文创产业之自行研发智财数量、创造就业人数、创造文创产业产质及市场占有率或拓展成长速度等绩效指针，以一定金额比例投资文创产业，以协助其于各经营阶段所需资金。

台湾创投事业历年来累计投资于新创事业之金额超过新台币2,640亿元，创投所投资之标的企业往往成场投资人竞相投资对象，尤其以高科技产业投资更为注目焦点，台湾创投事业历年来支持的企业总计500家在台湾证券交易所及证柜台买卖中心挂牌，约占台湾整体上市（柜）的41%；若以高科技领域而言，则创投所支持的上市（柜）公司比例高达49%，几乎每2家上市/柜科技公司中就有1家拥有创投资金的挹注。因此政府期待透过上述的各项投资方案，能借重创投事业过去所扮演导引民间资金投资于高科技产业的火车头角色，再次协助其他新兴领域产业的发展（图1、2）。

综上所述，台湾产业基础主要以中小企业发展为主轴，目前中小企业家数约有124.8万家，占全体企业家数的97.68%；中小企业在经营上普遍均面临资金不足困境，为了解决其募资问题以及协助加速并促使产业的转型升级目标，台湾采取多元化资金挹注的方案，以推动六大新兴产业发展、四大智能型产业与十大重点服务业相关之技术领域与核心产业，使能创造下一波产业契机。“六大新兴产业”都是台湾原有的优势产业，是广义的ICT产业（通讯、信息、光电及半导体），这些都是台湾多年来建立的国家竞争优势，绿色能源产业、医疗设备产业及制药等生技计划，正可依此优势作为基础而发展，其中生技计划还可支持台湾精致农业与医疗照顾计划，进而支持观光计划，并与文创产业进行密切结合。而其他新兴产业中又以生技产业与数字内容暨云端产业最受创投的青睐，未来再结合“2020年台湾产业发展策略”，朝“传统产业全面升级”、“新兴产业加速推动”及“制造业服务化、服务业国际化、科技化”等三大主轴推动产业发展政策，不但可以替创业事业提供更多样投资标的选择，并能促进台湾产业结构调整与优化的长远目标。目前初步规划“国发基金”匡列2,000亿元资金，搭配民间创投资金、金融机构及信用保证机构，投融资于不同领域之不同产业的中小企业体，以辅导及协助其稳定成长，开拓新机，期能厚植整体竞争力、改善产业发展环境并加强投资人的信心，恢复台湾的经济实力。

图 1：1984~2010 各年度创投新设家数与实际营运总家数比较图

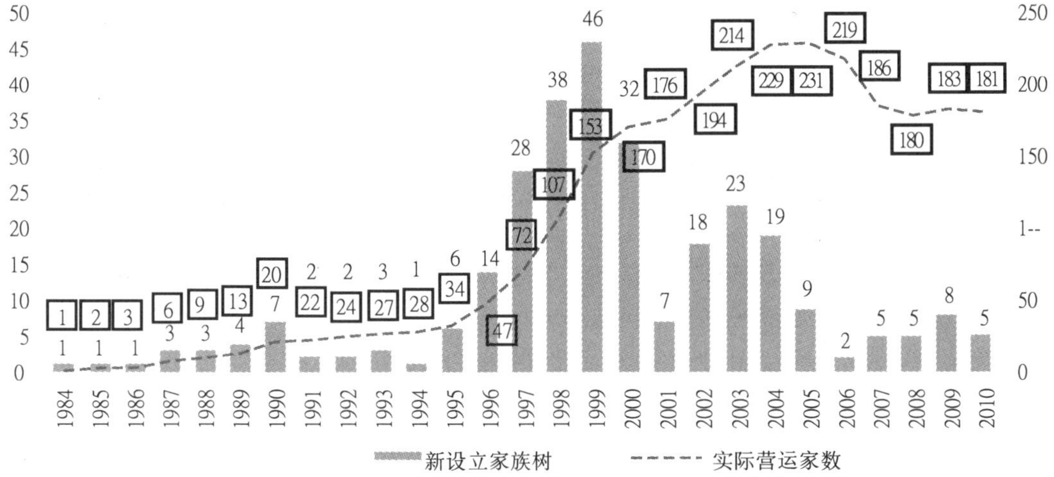

数据源：2011 台湾创投年鉴

图 2：历年总投资案件数统计图

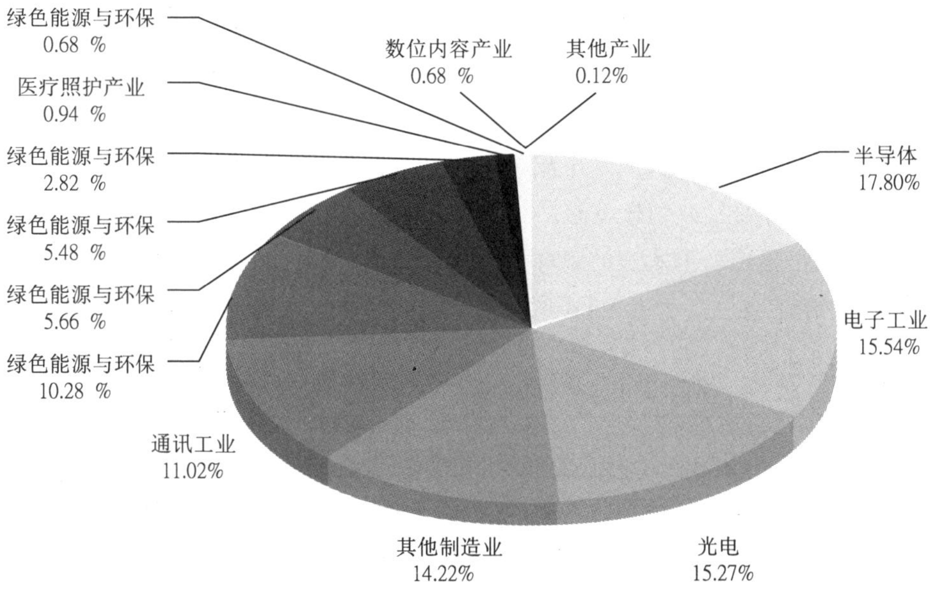

数据源：2011 台湾创投年鉴

而台湾创投事业发展由于台湾人民教育程度高、勤勉及吸收新知能力强，与美国虽然拥有创新、发明及创业的良好环境，但由于工资高涨、环保及劳工法令严苛因而不适合生产的经济特性，有着互补作用，长久以来与美双方的配合模式一直是美国研发、创新，台湾制造及配销，因此也培养出台湾优秀的生产制造管理、全球运筹帷幄、财务运作管理方面的人才。近年中国大陆虽挟其低廉的人工及土地成本，已衍然成为世界的工厂及市场，但是整体环境尚欠缺商品化、生产管理、全球运筹帷幄的运作能力，台湾创业投资在投资管理等方面人才的独特条件刚好可以整合两地专长，发挥综效。台湾一方面既可挟充沛的资金，投资美国新创公司，以进一步掌握新科技的发展及动向；另一方面又可将美国即将商品化、量产化的产品安排到亚洲生产，发挥两地长处，整合投资竞争的优势。

私募股权投资

台湾创投事业从1984年至今，有200多家创投公司前后成立，对于台湾经济发展，尤其在高科技电子产业的发展贡献卓越。但若提及台湾私募股权基金（Private Equity; PE）的发展，截至目前台湾当局既没有像当初大力推动创投的政策支持，投资大众也没有出现于90年代前仆后继参与创投基金的热潮相挺，因此并未营造出台湾本土的私募股权投资事业的发展环境。虽然于2000年曾一度探讨是否推动创业投资朝私募股权投资运作转型的议题方案，但也不了了之。主要原因乃在于台湾创投过于专注于高科技领域新创事业的投资，对于财务杠杆操作较多着墨的私募股权基金的运作模式及其所投资的标的产业操作均较为陌生，故不敢躁进。因此，论及台湾的私募股权基金的整体发展，恐不尽如人意。但是由于台湾位居跨国企业在亚太地区营运总部的首选地位，成为欧、美、日及亚太新兴市场的连结枢纽，具亚洲经济战略地位。台湾企业积极延伸制造价值至整合服务，不仅与欧美品牌大厂有良好合作关系，高科技产业更为国际供应链不可或缺之一环，已成为高科技OEM/ODM中心与全球华人市场产品研发及测试中心。随着两岸经贸开放与正常化，台湾可扮演跨国企业前进大陆市场与布局全球的关键链结与门户枢纽，因此反而成国际私募股权基金关注的目标市场，创造无限投资的商机。

私募股权基金主要是透过特定人的方式完成，传统的PE有四种类型，包括创业投资基金（VC）、成长型基金（Growth Capital）、并购型基金（Buyout Fund）和另类型基金。台湾所熟悉的创投只是PE的一种，但是过去十年全球PE的发展已经远远超过传统VC的投资范畴。主要的差异在于投资的阶段别、投资标的领域及投资的金额不同，一般而言并购型私募基金的投资金额更是从几亿美金以上起跳，其投资额也都比一般创投基金总资本额还要高。

PE投资企业所考虑的标准，较着重产业长期发展趋势、产业竞争态势以及经营管理团队的能力，价格是否合理也是重要的考虑因素。尤其对并购型基金而言，产业的重组极重要，将会影响企业的竞争力，决定企业的成长率、获利率和市场占有率。企业引进PE主要由于PE是长期的资本，希望能协助企业转型，最重要的是可以加强公司治理，建立完整的财务和管理制度，为将来的上市奠定良好的基础。台湾企业所需协助之转型方向在于：

1. 技术升级

企业必须往企业价值链更高端部位发展，这往往牵涉到其对海外公司的并购，譬如：台湾知名的半导体硅晶原厂——中美晶于2011年并购日本半导体上游原料大厂Covalent，一跃成为世界第五大业者。鸿海科技集团于2012年入股日本液晶面板大厂夏普Sharp，成为全球第二大制造商，这些都是成功的案例。

2. 产业整合

台湾许多产业普遍都有参与者太多、过于分散、缺乏经济规模的情形，极需进一步的整合。诸如金融业、电子业等，未来更要从国内同业的整合，进而走向全球整合或异业结盟。

3. 全球布局

尤其首重对海外技术、品牌、通路的收购活动；例如：亚洲最大的合成橡胶生产营销厂——台橡公司于2011年收购美国两大石化巨头所合资的公司Dexco；康师傅近期成功接受百事可乐在中国大陆碳酸饮料的业务等，都说明台湾企业“走出去”的步伐已开始加快。总而言之，PE和M&A有高度关联性，是企业进行并购的最佳的融资方式。台湾企业要成功转型朝更长远的发展，便要积极寻求PE的资金挹注，以协助其于海外并购、技术整合及全球布局之目标。

台湾市场虽没有本土PE投资足迹，却有许多海内外相互合作的案例进行。最早期的大型PE投资案例为90年代初期由美国AIG集团和中华开发工业银行共同对远东航空的并购案，金额高达三亿美元，当时AIG的投资考虑是期待两岸直航的优势，不料后来台湾宣布“戒急用忍”政策，所以本案的投资效益一直没有显现出来。接着是在1998年台湾制锁大厂东隆五金爆发大股东巨额掏空案件，于是在2000年由汇丰直接投资基金结合其他投资者入股东隆五金，重整经营，于2006年顺利出售给百货业者特力集团，其后又于2012年以总交易金额台币36.95亿元，转卖给全球百大国际集团——美国史丹利百得公司子公司。这些都是台湾比较著名且成功的PE重整案例。外资PE投资台湾的高峰年是2007年，前后有3家有线电视业者被外资PE买走，4家银行被外资PE控股，还有数家上市公司在外资PE收购后被私有化（下市），例如：橡树资本（Oaktree）收购复盛，CVC收购亿丰窗帘，H&Q和美林收购致伸等。2007年外资PE对台湾的看好也创下了近年“经济部”投资审议会外人投资的高峰（图3）。

图 3：台湾 FDI 走势图

单位：百万美元，%

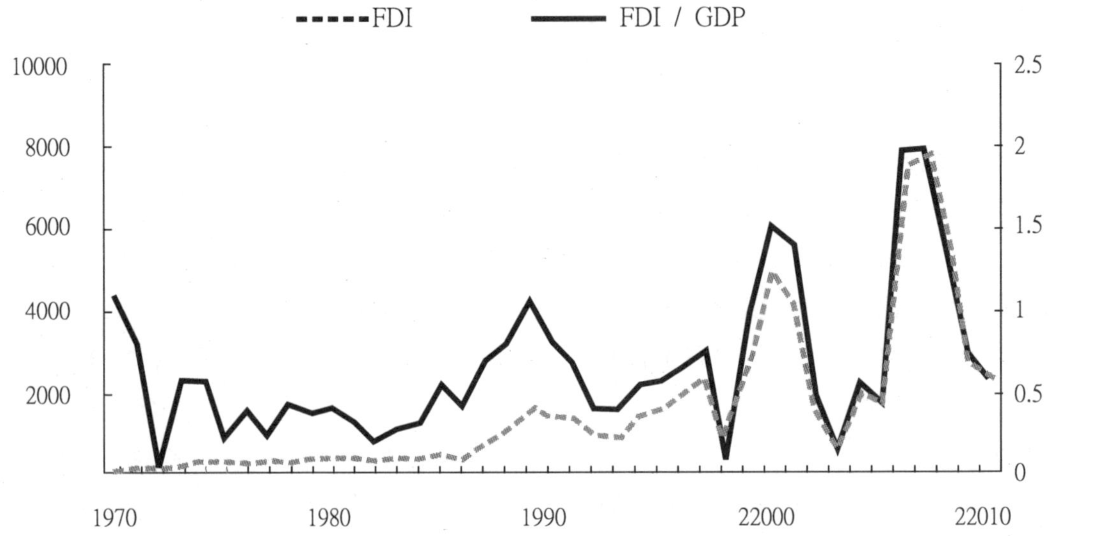

数据源：UNCTAD

外资 PE 对台湾投资活动最旺的则是有线电视事业，第一个案例是台湾有线宽带（Taiwan Broadband Corporation），这是由凯雷集团从 2003 年投资收购包含该公司于桃、竹、苗地区的有线电视业务。因为台湾电信业金流稳定的特性，对国际私募股权基金有一定的吸引力。凯雷于财务投资整顿后又以相当高的价格，将台湾宽带卖给策略投资者麦格里集团；然后再从东森集团买下东森媒体，更名为“凯擘”继续经营。2010 年凯雷再将凯擘出售给台湾富邦集团的蔡氏兄弟，为 2010 年度台湾并购金额大之并购案，同时也创造数字汇流的典范。第三个案例为：中嘉有线电视，当年多家外资竞标，最后由新成立的安博凯（MBK Partner）高价得标，但是 2011 年想转卖给旺中集团时，由于考虑市场垄断的争议以及“国家通讯传播委员会”（NCC）的迟迟不决，至今尚无法完成交易。

接着是台湾金融业，外资 PE 也曾掀起一波投资台湾银行的热潮。美国 GE Capital 投资当时以“现金卡”闻名的万泰银行；日本隆力资本（Longreach）收购安泰银行；凯雷集团则控股大众银行；另外一家则为新生银行所投资的日盛金控。除了实际控股之外，外资 PE 也曾经以参股形态投资台湾的金控和银行，包括 2006 年新桥资本投资 10 亿美元参股台新金控，及新加坡淡马锡投资玉山金控。

2011 年台湾和日本双方正式签署《台日投资协议》，将同时给予对方投资人“国民待遇”，及“最惠国待遇”。台日双方从早期的食品、家电、汽车，到后期的 DRAM、面板、LED、太阳能，台商与日商的技术合作，逐渐打下全球市场。2008 年金融风暴，台湾

DRAM业发生危机，当时台湾经济部门纾困方案，也是由“联日抗韩”角度出发。日本于2011年遭遇311强震需要转移阵地，由于二者在产业技术上能互补，且台湾拥有ECFA优势，正是合作开拓大陆与华人市场的最好时机，希望能成立一个产经总平台，加速产业整合，除了营造“双赢”局面，还可能变成“三赢”，也就是形成大陆、台湾与日本黄金三角产业整合关系。台湾是日本和大陆最佳的桥梁，可以减少双方沟通的潜在摩擦，并增加成功的机率。

再者，中国大陆这几年PE发展迅速，可以说到了全民PE的阶段，大陆A股市场IPO的快速发展带动PE产业蓬勃的成长，特别是以人民币为主的PE。2011年人民币PE募集和投资的金额已经超过了以美元为计价基础的PR，人民币PE上市的方式为大陆A股（包括上海主板、深圳中小板和创业板），其本益比较高，所以大陆企业均希望引进人民币PE，如果引进美元PE，则上市地点通常会在香港或美国，较不符合大陆企业的偏好。这样的情况反而对台湾企业和大陆台商企业未来相互合作产生利基点，因为美元PE越来越不容易在大陆找到好的投资标的，自然会转向台湾，创造好的投资契机。

在2008年后两岸关系开始趋于和缓，双边希望以优势互补的方式创建出更大的发展机会，首先在合作模式上，陆资来台投资可以朝三层面思考。台湾的内需市场虽然不及大陆广大，但是两岸语言相通且文化相同，故陆资若能顺利来台，将可直接经营国内内需市场；其次台湾对于外国文化的接受程度较高，而且整体产业环境相对开放，故可将台湾当成陆资企业进军全球的重要跳板；最后则为台湾服务业发展较久，产业的成熟度相对较高，故陆资可以透过台湾取得技术与经验，然后再透过台湾经验的学习重回大陆市场。其二在合作交集部分，目前台湾对于陆资开放的产业主要集中在产业成熟度较高，且技术相对成熟的部分，此将会造成彼此的合作只局限在发展受限的“昨日产业”。其实两岸的产业发展方向相似的程度颇高，国内强调的是六大新兴产业，而大陆则是着重在七大战略性新兴产业，而且彼此对于生物科技、医疗与绿能产业的领域高度重叠，未来台湾可以强化在此领域的合作，由于新兴产业具有发展潜力，将能让两岸产业合作的产值更形扩大（表1）。

表1：两岸产业合作重点

台湾产业重点		大陆产业重点	
生技	生技起飞钻石行动方案	生物	生物医药、生物农业及医材
医疗	医疗照顾	新能源	清洁能源、可再生能源
能源	绿色能源	节能环保	高效节能、智慧电网、环保及循环利用
文化	文化创意	新能源汽车	电池、汽车电子、电动汽车
观光	观光拔尖领航	新材料	高兴能复合材料、绿色制造体系
农业	精致农业	高端设备制造	航空航天、海洋工程、高端智能设备
		新一代信息技术	物联网、三网融合、4G

最后在合作规格上，大陆经济的崛起，带动了消费的自主权，此将会使得大陆拥有制定产业标准的实力，目前大陆已朝自主产业标准的方向前进，未来将替两岸开创更大的合作空间；尤其过去台湾在高科技领域的成功，说明了台湾不仅有成熟的制造技术，也有强大的产品应用能力，而陆资企业希望朝制定规格的品牌厂商转型，以台湾现有的科技技术水准，将是和陆资企业合作的重要基础。

结论

台湾与大陆未来应朝合作的方向持续进行，而未来合作的重点不仅会从制造业转向服务业前进，也极有机会从原先的昨日产业合作，朝着新兴产业迈进。同时大陆PE亦可随着ECFA产业开放进程，加紧与台湾的投资脚步，创造投资成效。总而言之，PE在台湾的发展已进入最关键时刻，台湾应积极招商，使台湾能够融入区域经济，并对外资大幅开放。而两岸金融交流投资亦应逐渐松绑，金融产业更应加速进行下一波的整合；而许多台湾企业更尝试着大胆“走出去”并购，为转型升级更上一层楼，这些都为PE创造了良好的投资环境，尤其在两岸签订ECFA及投资保障协议之后，台湾将以更开放的态度，获得两岸更多资金的驻足，台湾将会再度成为全球PE关注的焦点。

第四部分

产业面

第六章　开放陆资来台投资产业清单剖析

沈 碧 琴 / 安永联合会计师事务所（安永台湾）执业会计师

专业领域 / 工商咨询及支援服务、公司税务依规委外服务

倪 佩 玲 / 安永联合会计师事务所（安永台湾）资深协理

专业领域 / 工商咨询及支援服务

前言

为改善台商单向对中国投资之失衡现象，促进两岸经贸正常化，台湾于2008年7月起即着手进行开放陆资来台湾投资之规划，以考虑对台湾产业之发展、总体经济、社会的影响及安全保障等因素进行评估，采取“先紧后宽”、“循序渐进”、“有成果再扩大”之原则，开放大陆地区人民、法人、团体、其他机构或其于第三地区投资之公司，以直接或间接方式来台设立子公司、分公司或办事处，或以参股方式进行投资，即持有台湾地区公司或事业之股份或出资额，但不包括证券投资（单次且累计投资均未达10%之上市、上柜及兴柜公司股份）。并于2009年6月30日、2010年3月7日及2012年3月20日分三阶段开放陆资来台投资正面表列业别项目。本文系就台湾三阶段开放陆资来台投资之产业项目作一整理及分析。

目前已开放产业项目之分析

1. 第一阶段至第三阶段开放项目之产业项目分析

台湾于2009年6月30日，第一阶段开放陆资来台投资正面表列业别项目共计192项，其中属制造业有64项占台湾行业标准分类-制造业细类212项之30%，服务业有25项占台湾行业标准分类-服务业细类326项之36%，公共建设（非承揽）部分11项占促参法公共建设次类别分类81项之14%。2010年5月20日两岸金融监理合作备忘录（MOU）签署后，又开放了银行、证券、期货等12个服务业项目。另配合2011年1月1日两岸经济架构协议（ECFA）服务业早收清单，再开放其他运动服务业1项，累计开放205项。

第一阶段开放陆资来台湾投资后，台湾发现陆资投资总金额并不高，为求更进一步的发展，当局于2011年3月7日公布第二阶段开放陆资来台投资正面表列业别项目共42项，包括制造业25项，累计开放89项，占台湾行业标准分类-制造业细类212项之42%；服务业8项，累计开放138项，占台湾行业标准分类-服务业细类326项之42%；公共建设（非承揽）部分9项，累计开放20项，占促参法公共建设次类别分类83项之24%；第一、二阶段累计开放陆资来台投资正面表列业别项目共计247项。

自2009年至2011年两岸关系逐渐改善，两岸经贸关系日趋活络乃必然的发展趋势，为继续扩大陆资来台投资，台湾针对第三阶段陆资来台投资正面表列业别项目做出大幅放宽举动，除秉持前两阶段开放原则，再参酌同一产业链之业别项目，以及与公共建设项目具关联性之服务业，并同检讨。于2012年3月20日公告第三阶段开放业别项目共161项，包括制造业115项，若加计以往开放的89项，制造业已开放204项，开放幅度达97%，服务业23项，若加计以往开放的138项，服务业已开放161项，开放幅度达51%，公共建设23项，若加计以往开放的20项，公共建设（非承揽）共计开放43项，开放幅度达51%。总计到目前为止累计开放陆资来台投资有408项，其中制造业有204

项、服务业161项及公共建设43项（表1）。

表1：第1、2、3阶段开放陆资来台投资业别项数统计

项目	第1阶段开放项数	第2阶段开放项数	第3阶段开放项数	合计（分类总项数）	开放比例（%）
制造业	64	25	115	204（211）	96.68%
服务业	130	8	23	161（316）	50.95%
公共建设	11	9	23	43（84）	51.19%
合计	205	42	161	408（611）	66.78%

分析台湾三阶段开放陆资投资正面表列业别项目之进展，在制造业部分，第一阶段重点在配合两岸产业合作，纳入搭桥项目之重点产业项目，如汽车业及上下游产业链完整，在国际市场上具有竞争力，并具有制造及管理能力者，如纺织业、橡胶制品制造业、塑料制品制造业等，再配合华侨、外国人投资之负面表列及禁止台湾对大陆从事投资或技术合作之制造业产品项目，如晶圆、TFT-LCD等，暂不开放。但因第一阶段制造业开放项目并不多，故第二阶段针对台湾制造业具有因应能力且有共识，大陆企业有投资意愿且对台湾经济就业有利及两岸具有互补性且有助产业分工之产业继续开放，但针对部分制造业已订有限制条件。至第三阶段开放，制造业总计已开放204项，开放幅度达97%。但其中对部分制造业投资设有较严格的投资限制，例如七大关键产业（LED、太阳能电池制造业、面板、集成电路、半导体封装测试、电子与半导体生产用机械设备以及工具机），规定大陆投资人需于项目审查时承诺陆资股东不得担任或指派其所投资事业之经理人、担任董事之人数不得超过其他股东担任之总人数，以及不得于股东大会前征求委托书等限制条件，以确保台湾关键技术产业的发展优势与掌握主动权。

在服务业部分，第一阶段重点在配合两岸已签署之协议，开放大陆籍的业者来台湾设立船舶运送业、民用航空运输业之分公司或办事处，及有助于商业活动及营销通路的服务业，且业者具因应能力者，如批发业、零售业等优先开放。两岸金融监理合作备忘录（MOU）签署后，开放了银行、证券、期货等，另配合两岸经济架构协议（ECFA），再开放其他运动服务业。但因发现开放之服务业项目未能与公共建设项目配合，导致效果不彰，故第二阶段又开放8项，主要系配合公共建设开放项目之服务业项目。第三阶段除秉持前两阶段开放原则，再参酌同一产业链之业别项目，以及与公共建设项目具关联性之服务业，并同检讨，其中有8项依业别特性订有不同限制条件。但也因第二阶段及第三阶段许多项目系配合公共建设开放，故对许多服务业项目，如港埠经营有关之服

务业包括港埠业、其他水上运输辅助业、其他运输辅助业、普通仓储业、冷冻冷藏仓储业等 5 项，仅限依“促进民间参与公共建设法”投资公共建设案之营运区域及业务范围，且其持股比率须低于 50%；对该投资事业不得具有控制能力。

在公共建设部分，第一阶段重点在开放以民间参与公共建设的方式进行投资，但对于公共工程，其承揽部分暂不开放，第二阶段再开放 9 项，第三阶段再开放 23 项，所有开放的公共建设（非承揽）项目，均应先依“促进民间参与公共建设法”及其相关规定办理。

2. 开放产业项目与公司登记项目之差异及与产业链之连结

目前所公布之陆资来台投资业别项目正面表列系依台湾行业标准分类（第九次修正）来订定，但与公司行号营业项目细类代码之分类并不全然相同，一项公司行号营业项目细类代码可能包含二种以上之台湾行业标准分类之小类，以致“经济部”投审会虽有将在正面表列中开放陆资可来台投资之项目与公司行号营业项目细类代码作一对照，但仍造成陆资来台投资时营业项目登记时之困扰，如公司行号营业项目代码 CC01080 电子零组件制造业，包含台湾行业标准分类中之 2611 集成电路制造业、2612 分离式组件制造业、2613 半导体封装及测试业、2620 被动电子组件制造业、2630 印刷电路板制造业、2692 电子管制造业、2641 液晶面板及其组件制造业、2649 其他光电材料及组件制造业及 2699 未分类其他电子零组件制造业，但因目前 2692 电子管制造业尚未开放陆资可来台投资，故在登记时，陆资企业虽可登记公司行号营业项目代码 CC01080 电子零组件制造业，但与其他台湾公司或外资在台湾设立之公司，可经营之电子零组件制造业业务是有差异的。

另针对台湾七大关键技术产业（LED、太阳能电池制造业、面板、集成电路、半导体封装测试、电子与半导体生产用机械设备以及工具机）所设定的重重投资限制，表面上台湾是开放，但这种有限制之开放是否反封锁了陆资来台投资之路，还待时间来观察。

面对现在竞争激烈的经济环境，企业之投资行为也必须随着产业上下游之关系及周围相关产业之整合而日趋复杂，许多投资案必须涉及多种业别，才能符合投资者及消费形态的需求。但若中资希望投资的相关业别并未同步开放，便容易降低其来台投资的可能性。台湾在第二阶段与第三阶段开放时，虽都已针对同一产业链之业别项目，以及与公共建设项目具关联性之服务业做检讨及考虑，但仍有许多在产业链中确并未同时开放的情形。举例而言，公共建设中已开放陆资可依促进民间参与公共建设法投资社会福利措施，但目前三阶段所开放之服务业项目中并未有任何属于社会福利措施之项目，如殡仪馆、火化场或老人住宅等。另虽然目前已开放陆资可以来台投资住宿服务业开设观光旅馆，然而观光旅馆内的许多服务设施，如电子游戏场、三温暖等，目前并未开放陆资可以经营，若陆资拟将未开放之项目租赁给台湾业者经营时，由于未开放陆资可以经营不动产租售业务，使得陆资来台从事观光旅馆投资相当不便，而降低来台湾投资的意愿。

陆资实际投资产业情形分析

台湾开放陆资来台湾投资已将近三年，根据“经济部”投资审议委员会公告截至2012年3月之统计数字显示，自2009年6月30日开放陆资来台投资以来，累计核准陆资来台投资件数为237件，核准投（增）资金额计2亿7,929万6千美元。就业别观之，投资金额前3名分别为银行业9,148万1千美元（占32.75%）、计算机、电子产品及光学制品制造业5,638万3千美元（占20.19%）及批发及零售业5,335万7千美元（占19.10%）。银行业投资总金额9,148万1千美元全系今年1月台湾核准中国银行投资新台币1,200,000,000元及交通银行投资新台币1,550,000,000元将台湾之办事处升格为分行所致（表2）。

表2：2009年6月30日至2012年1~3月陆资来台投资业别统计表

单位：千美元

项目	件数	金额	比重%
银行业	2	91,481	32.75
计算机、电子产品及光学制品制造业	12	56,383	20.19
批发及零售业	126	53,357	19.10
信息软件服务业	23	39,371	14.10
会议服务业	10	10,862	3.89
机械设备制造业	10	8,086	2.90
餐馆业	8	6,690	2.40
电子零组件制造业	14	4,060	1.45
电力设备制造业	2	3,657	1.31
住宿服务业	1	1,611	0.58
运输及仓储业	14	1,465	0.52
专业设计服务业	4	658	0.24
塑料制品制造业	2	457	0.16
技术检测及分析服务业	2	424	0.15
橡胶制品制造业	1	271	0.10
废弃物清除、处理及资源回收业	1	199	0.07
汽车及其零件制造业	1	172	0.06
废污水处理业	2	45	0.02
家具制造业	1	40	0.01
成衣及服饰品制造业	1	6	0.00
合计	237	279,296	100

注：2009年6月30日起开放陆资来台投资。

整体来说，制造业投资总件数为44件，投资总金额为7,313万2千美元，服务业投资总件数为193件，投资总金额为20,616万3千美元，扣除银行业投资总金额9,148万1千美元后，其他服务业投资总金额为11,468万2千美元，其中批发零售业126件，投资总金额为5,335万7千美元，信息软件业23件，投资总金额为3,937万1千美元，平均来说，制造业每件之平均投资金额高于服务业每件之平均投资金额，到目前为止，尚无任何陆资来台投资公共建设部分。

依据台湾“经济部”投资审议委员会委托调查有关陆资投资事业经营状况研究报告，两岸因市场、资源、技术有相当的差异，以及两岸经贸合作可以发挥互补的分工效益，陆资来台投资已增加就业机会，活络金融市场，结合彼此的优势，合作开拓大陆及国际市场，带动台湾产品出口，如：中钢集团在台投资台湾金贸有限公司，从事钢铁需求原物料批发业务，供应台湾“中钢”、烨联集团、长荣钢铁、华新丽华四大钢铁厂使用，并协助采购台湾钢铁厂商产品销往大陆以外的全球地区；另协助台湾企业拓销大陆内销市场，如：北京控股集团有限公司在台投资京泰发展有限公司，与台湾耐斯集团（爱之味公司）策略联盟，协助爱之味公司饮料产品进军大陆市场。

但台湾希望开放公共建设让陆资资金可以进入台湾，结合台湾民间之资金，依促进民间参与公共建设法来投资台湾大型公共建设案部分，但或因两岸之间之政治问题，抑或未经全面性之考虑，导致目前为止尚无任何一家陆资企业来台投资公共建设。

结语

目前陆资来台直接从事投资仍实行正面表列的方式，与侨外资的负面表列有很大的不同。侨外资负面表列之下，仅11项中类业别、15项细类业别禁止侨外人投资，另25项中类业别、59项细类业别限制侨外人投资，几乎已经是国民待遇，若干业别甚至华侨不禁止或限制，与陆资来台投资有相当大的差异，自然造成陆资来台投资仍处观望状态。在两岸经贸逐步深化合作之后，台湾应参考以往台湾相关产业因应开放侨外资投资之作法，考虑从正面表列改为负面表列的最佳时机，并及早做好因应措施。

另外，大陆采取计划型对外投资方式，均以投资产业指导原则明确规范大陆所鼓励、允许及禁止的投资产业项目，即使台湾将陆资投资改为负面表列，大陆来台湾投资仍受大陆相关法令限制，如何透过两岸协商，提高投资相关规定的透明度、逐步减少双方相互投资之限制及促进投资便利化，才能确保陆资来台投资对双方之效益。

总体而言，开放陆资来台投资，为台湾经济及政治都带来正面的效果：活络金融市场、创造就业机会降低失业率、增进两岸紧密合作关系。台湾地区税负低（营所税已降至17%）、技术佳、人才多等条件，再加上第三阶段大幅开放及松绑陆资来台湾投资项目，应可提高陆资来台投资意愿，借此开放有利于两岸产业整合彼此在制成、技术、品牌、市场等优势，共同合作开拓国际市场，创造两岸双赢。

第四部分

产业面

第七章　ICT 产业分析——软件产业

翁 伟 修 / MIC产业情报研究所

软件产业主要分为五大市场区隔，包括系统整合、信息委外、商用软件、信息安全以及嵌入式软件（表 1）。

2011 台湾软件产业概况

根据台湾信息工业策进会 MIC 研究，2011 年台湾软件产业产值可达新台币 1,279.3 亿元，较 2009 年成长 13.2%。预估 2011 年产值可达新台币 1,433.5 亿元，较 2010 年成长 12.1%。

表 1：2008 ～ 2013 年台湾软件产业产值

单位：百万台币

项目	2008	2009	2010	2011（e）	2012（f）	2013（f）
系统整合	80,829	76,788	86,002	94,017	103,043	113,038
信息委外	14,988	17,281	20,774	25,198	30,868	37,813
商用软件	3,455	3,085	3,439	3,714	4,019	4,308
信息安全	5,350	6,656	8,511	11,049	14,891	20,545
嵌入式软件	8,353	9,188	9,202	9,375	9,476	9,560
信息软件总产值	112,975	112,998	127,928	143,354	162,297	185,265
产值年成长率（%）		0.0%	13.2%	12.1%	13.2%	14.2%
附加价值	24,237	24,079	27,525	31,108	34,825	39,832
附加价值率（%）	21.5%	21.3%	21.5%	21.7%	21.5%	21.50%

数据源：信息工业策进会 MIC（2011/12）

在金融海啸危机逐渐解除，企业对信息科技投资逐渐恢复，云端运算、虚拟化等持续发展，以及大陆市场机会的带动之下，预估至 2013 年台湾软件产业可望维持每年 10% 以上的平稳成长。

若分析附加价值之结构组成，台湾软件产业之中间投入主要是在服务的过程中所代理的外商软硬件产品与服务，例如主机与储存设备，或原厂的数据库系统与商用软件，以及需要原厂授权使用的顾问咨询与教育训练。

软件产业重要课题

1. 国际财务报表准则 IFRS 实施对产业的影响

台湾有关主管机关在审酌国际发展趋势后，分别从加强岛内及国际企业之财务报告可比较性，提升台湾在资本市场之国际竞争力，吸引外国资金投资岛内资本市场，以及降低岛内企业赴海外筹资成本等四点考虑下，确立台湾企业采用 IFRS 编制财务报告以便与国际接轨。2013 年上市柜公司需出具满足 IFRS 的财报，牵动着企业信息科技投资的方向。

其中满足IFRS规范的部分，首当其冲会带动ERP系统转换与升级的需求。在企业原有ERP系统无法满足新财报编制的需求下，升级至更高阶版本将是选项之一；此外部分企业同时间面临营运规模持续增长的状况，正逢IFRS的影响，也将直接促使其考虑提早替换ERP系统因应。包括岛内外信息软件大厂也都提供可满足企业需求之解决方案，企图抢食此一商机，唯值得观察此次将可能成为大规模厂商与中小型软件业者的分水岭，中大型业者将有机会借此囊括更大的市场规模，中小型业者处境将更形严峻。

2. 个人资料保护法修正案实施对产业的影响

为了保护消费者，避免个人资料被窃取以及不当使用，“立法院”于2010年4月27日三读通过了个人资料保护法修正案，并于2011年10月公布了新版个人资料保护法施行细则。个人资料保护法对于数据保护的范围更加地完善，并且适用于各类产业，任何自然人、法人与团体皆需受到该法规范，一旦企业违法使用个资或未善尽妥善管理责任，客户还能提出团体诉讼求偿，最高求偿金额可高达2亿元。

个人资料保护已是台湾最受关注的议题之一，企业是否妥善落实个人资料保护工作，不仅关系企业的商誉，也牵动产业的发展。信息软件相关业者将持续配合法规发展趋势与台湾企业实务上的需求，提出相关解决方案，包括资料外泄防护、迹证保存与鉴识等解决方案，以协助企业因应个人资料保护法制可能产生的风险。

3. ECFA与大陆市场布局对产业的影响

台湾近年与大陆签订了两岸金融备忘录（MOU，Memorandum of Understanding）以及两岸经济合作架构协议（ECFA，Economic Cooperation Framework Agreement），预期台湾信息软件业者可借此开拓大陆市场。在ECFA签订下以及银行可赴大陆设立分行，使得金融产业相关系统整合商纷纷布局大陆市场。而在大陆医疗改革的契机下，有不少系统整合业者也纷纷布局大陆医疗市场。尽管许多业者并不是第一次着墨大陆市场，但目标更为清楚与明确：云端运算、金融、医疗市场以及信息外包市场。

而大陆将逐步推动智慧化城市相关应用，包括无线城市、智能交通运输、城市安全监控等，直接带动的就是数据量的增加，包括数据储存、数据搜寻、数据分析以及数据整合软件需求也将大增，其中系统整合与商用软件业者将受益最大。

台湾软件产业重要潜力产品／技术分析

1. 行动应用软件与交易市集

智能型行动装置在智能型手机与平板计算机产品的推波助澜下，掀起一波行动应用的风潮，岛内许多软件厂商也积极投入行动APP市集的战场，诸如语音识别、文字翻译以及地图导航信息等应用持续推陈出新。在可预期将会有更多智能行动装置的推出、多家大厂也争相推出自己支持的APP市集抢市以及3G无线网络使用族群的扩大下，行动应用服务将是岛内嵌入式软件厂商跨出台湾、走向全球的重要途径。

2. 巨量数据管理与商业分析

随着企业对于数据仓储、商业智能软件建置达一定比例，近年岛内外软件厂商力主推出商业分析（Business Analytics, BA）软件作为趋动市场增长的新应用。除了企业数据量的快速倍增，公部门推动无线城市建设、智能交通运输、城市安全监控等，直接带动的就是数据量的增加，包括数据储存、数据搜寻、数据分析以及数据整合软件需求将大增，其中数据库厂商与数据分析工具厂商受益最大。

2012 软件产业发展趋势

1. 基础架构虚拟化加温系统整合市场

云端运算服务虽不若前几年那样难以令人捉摸，但是在 2010 年来看，企业首要还是从内部软硬件资源共享的虚拟化着手，仍是以成本驱动的概念推动相关云端之发展，其中对于虚拟化软件的需求明显，几家主要供货商也呈现相对热络的景况，其合作伙伴也连带受惠，唯主要核心软件仍以国际大厂为主，岛内软件业者基本上仍是观战居多，受惠者多是服务厂商。

就长期来看，系统整合业者仍应思考发展新的创新服务及模式，以作为长期的核心发展方向。例如：云端服务的创新，就系统整合业者来说，应思考如何从既有硬件、各种软件整合的能力下，延伸与在线服务、在线数据整合，来创造新的服务模式与营收模式。系统整合业者亦可盘点既有领域知识、产品与客户群，尝试思考结合商业智慧、在线分析、社交网络等新服务而发展新的服务模式与产品。

2. 业务流程细致化推升信息委外需求

云端运算趋势下，专业委外服务，如：数据中心、客服中心委外则持续成长。企业软件共享于云端数据中心后，将使数据中心的营运持续成长，预计有每年有 20% 以上的成长潜力。数据中心业者也持续地转变身份，从被动处理企业的设备代管需求，到积极地开发或引进新的创新云端服务，以导引企业的采用。

此外，在客服委外市场方面，尽管台湾客服委外市场主要业务仍以传统进线服务（Inbound）最多，如：客诉抱怨、客诉维修等。Outbound 服务，包括市场调查、市场销售则持续地增长。而客服委外业者持续推广，以较高附加价值提供客户市场营销活动。在企业持续提升服务质量以及对于营销活动的需求，将持续将服务活动外包给客服委外业者。

结语

在全球政经局势持续动荡下，2011 年台湾软件产业面对云端运算商机趋于明朗、两岸合作关系趋于稳定，以及法规遵循趋于升温的契机，凭借深厚的领域知识与在地经验，掌握发展机会，将是未来产业持续发展的关键。

从产值的成长性来看，2011 年台湾软件产业产值可达新台币 1,433.5 亿元，较 2010 年成长 12.1%。而预估 2012 年产值可达新台币 1,623.0 亿元。展望未来，软件产业仍需谨慎因应国际金融风暴的冲击，布局云端运算、行动应用与商业分析的市场，并善用大陆的发展契机。

第四部分

产业面

第八章　ICT 产业分析——信息硬件产业

魏 传 虔 / MIC 产业情报研究所

前言

信息硬件产业以计算机系统产业为主，如笔记本电脑产业、桌面计算机产业、主板产业、服务器产业等。然使用计算机多会搭配其他周边产品，如液晶显示器、数字相机等。广义而言，信息硬件产业除计算机系统产业外，亦包含上述周边产业。以下将分析信息硬件全球市场发展状况、台湾产业发展状况、潜力技术与产品及台湾产业展望等，并从个别次产业探讨之。

2011 年全球主要信息硬件市场发展状况

2011 年受到欧、美债信问题影响，再加上东日本地震与泰国水患等天灾冲击，全球信息硬件市场成长动力未如预期，但平板计算机市场快速成长，与因云端运算风潮而出现对信息硬设备与终端产品的采购需求，使得 2011 年全球主要信息硬件产品市场规模仍持续成长。

在笔记本电脑方面，2011 年全球笔记本电脑市场（含迷你笔记本电脑）表现不如预期，主要因为整体经济环境变动之影响，加上中国大陆市场成长渐趋缓，导致全球笔记本电脑市场表现难再如以往。其中，迷你笔记本电脑受平板计算机冲击，衰退幅度达 23.9%。2011 年全球笔记本电脑出货量估计为 1.95 亿台，年成长率 6.9%。

在桌面计算机方面，观察 2011 年全球桌面计算机市场，虽成熟市场消费性需求持续平缓，但适逢商务换机周期到来，支撑成熟市场出货。十月泰国洪灾导致硬盘厂产线受创，其中淹水厂区又以 3.5 英寸厂房为主，引发桌面计算机断链危机，导致第四季出货大幅衰退 5.7%。2011 年全球桌面计算机出货 1.32 亿台，在硬盘缺货的冲击下，与 2010 年相较仅有 2.5% 的成长。

在主板方面，观察 2011 年全球主板市场，成熟国家的消费性市场受到经济疲弱与景气不明影响，消费态度保守，商务市场则受惠于定期汰换需求，市场规模持平。新兴国家则由于经济持续成长，政府政策、企业 IT 预算等因素，市场规模持续成长。整体而言，2011 年全球主板市场需求较 2010 年成长 3.1%，约达 1.5 亿片，市场规模较 2010 年成长 2.9%，约达 66.9 亿美元。

在服务器方面，2011 年由于欧债风暴，全球经济景气未明，企业 IT 预算缩减，然而云端运算带动服务器相关产业成长。2011 年全球服务器出货量与 2010 年相较，成长率为 3.3%，达 800.4 万台。在产值方面，与 2010 年相较成长 4.8%，达 655.1 亿美元。

在液晶监视器方面，观察 2011 年全球液晶监视器市场出货表现，受经济环境不佳影响，欧美地区需求疲弱；日本地区受日震影响，短期需求降低；唯新兴市场需求持续提升，带动液晶监视器出货小幅成长。2011 年全球液晶监视器市场规模约 1.67 亿台，与 2010 年相较成长 2.9%。

在数字相机方面，2011 年欧美景气不佳，成熟市场的部分，尽管品牌厂陆续推出各种附加功能的新款数字相机，但驱动消费者换机的比重仍低，需求持续疲弱；然而，在新兴市场的挹注下，预估 2011 年全球数字相机出货量可维持3%的成长，出货量约1.35亿台。

在平板计算机方面，2011年Apple在第一季推出iPad2产品，具备体积、效能、内建相机模块与价格等优势。Non Apple阵营虽产品多元，但应用程序不若Apple，加上无法与Apple创造足够价差，销售不如预期。直至第四季，Amazon推出低价平板计算机Kindle Fire，在内容优势下，带动Non Apple阵营出货快速上升。2011年全球平板计算机市场规模达5,880万台，较2010年大幅成长260%。

2011年台湾主要信息硬件产业发展状况

2011年受到欧、美债信问题影响，再加上东日本地震与泰国水患等天灾冲击，全球信息硬件市场成长动力未如预期，但在平板计算机市场快速成长带动下，加上服务器产业亦因云端运算风潮而出现较大幅度成长，2011年台湾信息硬件产业产值仍有两位数的成长动力，整体产值达1,393.6亿美元，成长15.7%。

在笔记本电脑方面，2011年台湾笔记本电脑出货1.74亿台，年成长率为3.5%。产值表现部分，生产成本持续上扬，反映于新机种上，使ASP明显提升。迷你笔记本电脑受到平板计算机影响甚剧，出货比重快速下降，对ASP表现影响有限。总计2011年台湾笔记本电脑产值为78,690百万美元，年成长率6.7%。

在桌面计算机方面，由于商用换机需求与新兴市场消费力道，使2011年台湾桌面计算机出货稳定，第四季虽因泰国洪灾所引发的硬盘缺货问题，但台湾ODM业者较具囤货优势，受到影响较小。整体来看，2011年台湾桌面计算机产业出货规模达5,667万台，成长率3.8%，产值为15,466百万美元，成长率3.8%。

在主板方面，Full System与Barebones出货形态的部分，商用换机需求稳定；Pure Motherboard部分，新兴市场需求持续发酵，前三季出货畅旺，但受到第四季硬盘供应缺口影响，成长力道大幅衰减。综合上述，2011年台湾主板产量较2010年成长7.7%，达120.2百万片；产值部分，受代工价格持续调降影响，较2010年成长6.6%。

在服务器方面，2011年台湾服务器产业，全系统及准系统之出货数量与2010年同期相较成长幅度为16.2%，达368.6万台；产值达34.4亿美元，成长幅度为31.2%。

在液晶监视器方面，2011年台湾液晶监视器产业出货达1.16亿台，相较2010年衰退1.0%。产值表现的部分，由于品牌厂商以降价刺激买气，加上新兴市场需求旺盛，但其需求以低价产品为主，均造成ASP的下滑，2011年台湾液晶监视器产值总计达136.2亿美元，下滑为4.2%。

在数字相机方面，日震后重创数字相机供应链，造成零组件短缺及生产设备受损，日本品牌厂开始对台厂释单以分散风险，使台厂扩大客户群。然全球出货成长趋缓，加上关键零组件缺货，2011年台湾数字相机出货量仅微幅成长0.7%，达6,181万台。ASP在降价压力下持续下滑，2011年产值约3,325百万美元，较2010年衰退10.6%。

在平板计算机方面，2011 年 PC 与手机品牌大厂陆续发表平板计算机产品，在 Apple iPad2 持续热卖、各大品牌厂陆续铺货与 Amazon Kindle Fire 大量出货因素下，2011 年台湾平板计算机全年出货量达 5,904 台。产值部分，由于主要材料成本居高不下，产品单价仍高，2011 年产值为 19,133 美元。

台湾产业重要潜力产品／技术分析

1. 云端数据中心为台湾服务器产业带来新的出海口

2011 年台湾服务器产业，受惠于云端数据中心风潮，除了 Google、Facebook、Amazon 等纷纷跳过国际服务器大厂，直接下单给台湾服务器代工业者，台湾业者亦跳脱出原有客户结构，主动出击至北美寻找新客户。云端数据中心订单的陆续涌现，将为 2012 年台湾服务器产业带来新的出海口。

而台湾相关制造厂商，除将重兵集结于“货柜式数据中心”（Container Data Center）的先期开发外，软硬整合的应用装置（Appliance）亦为关注重点。

2. 各家大厂抢攻平板计算机市场，Win 8 效应待观察

各大厂皆投入平板计算机战局，加上 Amazon 以超低价策略进入市场，使整体市场加快走向 M 型化结构，呈现高价位元以 Apple 为主，低价位以 Amazon 为主，中间价位产品则高度竞争的状况。

此市场态势可望于 2012 年底后出现转变契机，主要因为 Microsoft 主攻平板计算机市场的操作系统 Windows 8，预计于 2012 年底问世，由于 Microsoft 在商务用应用软件上具有压倒性优势，若 Windows 8 能够有效发挥其既有优势，平板计算机市场与产品定位将可望重新定义。

3. PC 大厂借 Ultrabook 巩固笔记本电脑市场地位

平板计算机相对于笔记本电脑的最大优势，在于轻薄、开机速度快、待机时间长、可触控、可随时连网等。Intel 在 2011 年因应此一议题推出 Ultrabook 的产品概念，意欲借此巩固中阶笔记本电脑市场，避免受到平板计算机侵蚀。不过 Ultrabook 若欲成为笔记本电脑主流机种，价格将为成败关键。

4. 2012 年台湾信息硬件产业发展趋势与展望

在笔记本电脑方面，展望 2012 年，产品发展部分，Ultrabook 为市场亮点，但终端售价将会是该产品成败关键之一。产品 ASP 部分，关键零组件及人工成本提升，以及中高阶产品出货比重增加，均带动产品 ASP 的上扬。预计 2012 年全球笔记本电脑出货量可望达 2.1 亿台。台湾仍为笔记本电脑主要供货商，台湾产业预估出货将达 1.9 亿台，产值将达 89.1 亿美元。

在桌面计算机方面，受到第一季硬盘缺货影响，2012 年全球桌面计算机出货约 1.29 亿台，与 2011 年相较衰退 0.8%。在台湾产业的部分，由于 ODM 业者受到硬盘缺货影响相对较小，因此 2012 年出货规模达 5,746 万台；产值的部分，则由于生产成本上扬，带动 ASP 持续走高，预估 2012 年台湾桌面计算机产值达 15,743 百万美元。

在主板方面，受到全球经济发展不明朗、

先进国家先后删减年度政府支出预算、新兴国家市场需求力道将较往年疲弱、硬盘缺货效应持续在第一季发酵，2012 年全球主板市场需求量将较 2011 年衰退 0.7%；2012 年台湾主板产量将较 2011 年衰退 1.0%，约达 1.18 亿片。

在服务器方面，储存技术的深化将是 2012 年卡位云端运算的主要策略重点，服务器与储存设备产业疆域将因云端运算产生汇流。预计 2012 年台湾服务器系统出货量年成长率将为 20.4%，达 443.8 万台；服务器系统及主板产值的年成长率将为 39.0%，达 47.9 亿美元。

在液晶监视器方面，欧美经济持续恶化，液晶监视器主要成长动能仅来自于新兴市场需求；加上韩厂在 2011 年开始逐步降低液晶监视器委台厂比重，因此，预估 2012 年台湾液晶监视器产业出货量微幅衰退 0.1%，出货量约达 1.16 亿台。

在数字相机方面，在市场 M 型化之下，MILC 与数字单眼相机排挤消费型数字相机购买，然全球数字相机出货量在新兴市场于低阶相机的支撑下，预期 2012 年出货将较 2011 年衰退 3.6%，达 1.23 亿台。

由于 Sanyo Electric 陆续退出数字相机代工市场、日币升值，加上东日本地震转单效应，使台厂扩大客户群，预估 2012 年台厂总出货量可达 57.1 百万台，较 2011 年衰退 7.6%。

在平板计算机方面，Apple 将于 2012 年第一季推出新一代 iPad，采用 Android 新一代操作系统的平板计算机也将陆续问市，加上 Amazon 将持续以低价推出不同面板尺寸平板计算机，因此预期 2012 年全球平板计算机市场规模将达 1.12 亿台，较 2011 年成长 63.4%。

为降低平板计算机终端售价，多家品牌大厂将其平板计算机委托台湾代工，2012 年台湾平板计算机出货将较 2011 年成长 58.4%；产值部分，在低价产品陆续推出、成本下滑之下，整体产值为 27,908 百万美元，较 2011 年成长 45.9%。

结语

2011 年多数信息硬件产业表现不如预期，仅平板计算机与服务器产业有较佳表现，亦使台湾信息硬件产业得以维持两位数的成长动能。展望 2012 年，在云端运算、Ultrabook 等新概念的带动下，再加上平板风潮持续延烧，估计笔记本电脑、服务器与平板计算机仍为信息硬件市场较具成长动能者。而 Microsoft 即将在 2012 年下半年上市的 Windows 8，除了攸关笔记本电脑产业能否巩固既有市场，更将影响 Microsoft 阵营在平板计算机市场势力的消长。

整体而言，2012 年影响信息硬件产业影响最大的变量，仍为欧债问题等外在不确定性因素，多数供应链业者也已提前采取因应之道，严加控管库存，避免出现前波金融风暴的困境。唯未来若欧债问题有效得到解决，台湾信息硬件产业将可望出现较为明显之成长。

第四部分

产业面

第九章　台湾电子产业介绍

福邦证券股份有限公司 / 综合证券商

专业领域 / 承销、经纪、产业及个股研究、股务代理、投资咨询台湾的电子产业大约可以分为个人计算机（PC/NB）、半导体（晶圆代工、封测及IC设计）、通讯（网通、手机）、光电（面板、LED、太阳能）等四大主要区块，兹分述如下：

台湾PC产业

1. 笔记本电脑（NB）

统计2011年全球NB市场规模为2.05亿台，受欧美经济变动影响，加上大陆需求趋缓，虽然新兴市场仍持续成长，但量能比重相对偏低，导致全球NB市场之年复合成长率持续下滑；其中，Netbook受平板计算机冲击，需求衰退幅度最为明显。台湾两大NB品牌厂华硕2011年总销售量为1470万台，宏碁2011年总销售量为3000万台，市场占有率分别为7.2%及14.6%。

在产业发展上，台湾NB ODM发展已久，产值与产能具备相当大的规模经济，同时在产业地位上也树立了许多进入障碍，全球市场占有率约90%；2011年虽有EMS大厂伟创力与鸿海试图切入NB代工领域，但因价格与成本落差，短期造成巨幅亏损，导致2011年下半年EMS纷纷宣布退出NB代工领域，NB代工订单也开始回流至传统ODM厂商手上。此外，台湾NB相关零组件供应链，如机壳（可成、鸿准）、散热模块（奇鋐、超众、双鸿）、Hinge（新日兴、兆利）、光驱（建兴电、广明）、连接器（正崴、嘉泽、宏致等）、键盘（群光、精元、达方）、电源供应器（台达电、光宝、康舒等），在全球市占率几乎也都超过80%，且在专利与产能上，也傲视全球，大者恒大趋势不变。

2011年NB品牌厂纷纷推出新一代Ultrabook产品（台湾华硕与宏碁2011年底所推出Ultrabook，销售量大约为20~40万台/季），Ultrabook强调轻薄、快速开机与待机时间长，产品诉求相对传统NB而言，吸引力相当大，但因价格与效能表现欠佳，而未能成为市场上的主流机种；目前市场主流机种最低售价多为1000美元以上，未来随着推出机种增加、关键零组件价格下降与Intel价格补贴，可望将最终产品售价带至799美元以下，届时Ultrabook渗透率可望大幅提升。

2. 桌面计算机（DT）

统计2011年全球DT市场规模约1.19亿台，同样受到欧美总体经济环境影响，消费者态度保守，加上平板计算机的推出，产生预算的排挤效果，使得成熟的DT需求更为平缓。不过商务换机需求自2010年起陆续涌现，并延续至2011年，支撑整体DT的出货量。

DT这两年来的成长动能，主要以大陆为首，南美等新兴市场次之，因新兴国家消费者价格敏感度高，对于计算机的需求仍以DT为主，市场潜力相当大。此外，在商用市场的部分，由于新兴国家中、小企业蓬勃发展，对于DT的需求量亦迅速增加。

台湾DT产业最值得注意的除了品牌（华硕、宏碁）、代工（鸿海、纬创、广达）外，主板销售更是独霸全球，目前台湾最主要的主板厂有：华硕、技嘉、微星、华擎、精英、映泰，全球零售通路销售的全球市占率也超过 90%。

3. 平板计算机

2011 年平板计算机持续热卖，销售量相较于 2010 年大幅成长 260%，超过 70% 市场仍由 Apple iPad 掌握，4Q11 在 Amazon 推出低价平板计算机 Kindle Fire 后，让其他品牌厂商纷纷投入低阶产品开发。目前来看，整体平板计算机市场呈现高度竞争之状态，除前 3 大品牌厂商外，其他品牌大厂销售量皆低于 200 万台。台湾目前销售最佳的品牌为华硕与宏碁，全年销售量落在 400~500 万台，平板计算机代工业者仍以台湾厂商为主，其中以鸿海（Apple iPad 代工）、广达（Amazon 代工）、仁宝（Acer 产品代工）、和硕（ASUS 产品代工）为代表性制造厂商。

4. 服务器与储存设备

2011 年因智能型手机与行动装置销售量大增，云端运算需求随之而来，服务器与储存设备产业发展，成为关键议题。由于云端数据中心在运作中所产生的热能以及消耗的电能十分可观，加上影音档案需要大量储存空间，因此在 2011 年各家厂商产品的发展重点已朝着节能、精简化、模块化的趋势前进，除了过去强调节省空间和高密度插入设计的刀锋服务器（Blade Server）外，也开始推出货柜式数据中心（Container Data Center），由此我们认为未来服务器与储存设备产业，将成为市场上最值得关注的焦点之一。

台湾在云端产业发展上，主要以服务器与储存设备代工为主，英业达、鸿海、纬创、神达及广达为台湾出货量前五名的服务器系统代工厂，而服务器主板代工出货量前五大为鸿海、纬创、广达、神达及微星。

2012 年 PC 市场风险与机会

1. NB

2012 年 NB 市场发展较为不利的原因，仍是在于全球经济处于不确定状态，但是今年美国总统大选在即，预估政策利多会持续推出，加上英国伦敦奥运的带动，市场的消费力道仍值得期待。各品牌厂今年发展策略，除积极布局新兴地区通路外，欧美地区促销与据点整合，也将会是重点之一，预计 2012 年全球 NB 市场规模可望达 2.35 亿台。

此外，2012 年 EMS 厂退出笔记本电脑代工、日系品牌厂加深对台释单比重、韩系厂商首次少量释单台厂，使台湾 ODM 厂 NB 全球市占率比重提升，今年整体营运动能将优于去年。

在生产基地部分，将生产基地移往大西部已成既定趋势，虽说整体供应链尚未成熟，但因人工薪资成本相对偏低，当地有关部门优惠补贴持续，使各大厂在 2012 年对大西部产能仰赖程度相较于 2011 年提升，预期至 2013 年将使两地产能达到平衡。

2. DT

2012 年成熟市场对于 DT 的消费性需求持续疲弱，商务需求的部分，则受到总体经济环境不佳，行政管理部门与企业预算缩编影响，减少商务支出的预算，需求不确定大增，未来成长主轴仍以大陆和南美、印度、巴西、俄罗斯等新兴市场为主要成长动能。预估 2012 年全球桌面计算机市场规模约 1.21 亿台，相较 2011 年仅微幅成长。

从产品端来看，Intel 将于 2Q12 推出新平台 Ivy Bridge，微软亦于 2H12 推出新一代操作系统 Windows 8，操作接口适合触控操作，在桌面计算机类型中，以 AIO 适用性最高，届时新的平台、新的操作系统、新的应用方式，亦可能刺激一波需求。

3. 平板计算机

Apple 于 2Q12 推出 New iPad，加上 iPad 2 降低售价状况下，预期 Apple 在 2012 年市占率仍可维持 70% 以上。另外，Amazon 在 2012 年将会推出新产品，除 7 英寸平板计算机外，也将发表 10 英寸之平板计算机，借由其本身数字内容优势，以低价为诉求，抢攻 Apple 以外的低价市场。其他品牌大厂如 Samsung、ASUS、Sony 等在 2012 年仍将平板计算机视为其重点产品，因此预期 2012 年仍将会有多款不同屏幕尺寸，采用 Android 操作系统新产品问市。推估 2012 年全球平板计算机市场规模约为 0.91 亿台，较 2011 年成长 55%。

4. Ultrabook

Ultrabook 仍为 2012 年 NB 主要亮点，虽然价格居高不下，对于销售量大幅成长有所阻碍；但随新平台 Ivy Bridge 推出，相较 2011 年所推出旧产品，预计将可带动另一波出货成长。此外，Ultrabook 因 SSD 价格仍高，搭载 2.5 英寸硬盘产品与机身厚度 20mm 的类 Ultrabook 也将成为市场主流产品之一。预估 Ultrabook 渗透率 2012 年可望达到整体 NB 的 20%。

5. 服务器与储存设备

由于欧债问题尚未解决，势将影响 2012 年企业的 IT 支出意愿，但智能型手机销售持续成长与影音储存需求提升，预估全球 2012 年在服务器与储存设备硬件方面的支出，相较于 2011 年仍有超过 5% 的成长，预估总金额将会超过 4000 亿美元，服务器的出货量预计将达到 870 万台。

Intel 服务器新产品 Romley 在 1Q12 已开始销售，预期各大企业对于服务器相关设备的汰换更新需求，势必产生正面驱动力，但由于目前景气不明，加上汰换递延效应，预计 3Q12 才会显著增加。

此外，今年 Google、Facebook、Amazon 等纷纷跳过服务器品牌大厂，直接下单给台湾 ODM 业者，借重其硬件制造、设计的技术，并用更便宜的价格取得所需的硬设备；而品牌业者面对此一情况，未来势必降低价格且提供更完善的后端服务，来阻挡低价服务器抢占市场的可能性。

台湾通讯产业

1. 台湾网络通讯产业

台湾通讯产业可分为网络通讯及手机通讯等子产业，台湾网通产业之发展大致可分为三个时期，首度出现成长爆发期是在 2000 年全球宽带接取网络基础建设展开大规模布建之时，缔造台湾宽带网络调制解调器厂的营收规模在 2000~2002 年高度成长，龙头厂国碁的营收规模翻了 3 倍，随后于 2003 年末并入系统厂鸿海旗下。

2002 年之后，宽带普及带动无线局域网络（WLAN）的需求大增，成为台湾网通设备厂最活跃的时期，多家新兴上市柜公司搭上 WLAN 热潮，快速晋身为百亿营收俱乐部会员。此阶段产业成长主要来自技术升级及通讯标准更新，有效地掀起一波波的换机潮，加上销售通路拓宽至零售市场，加速扩大市场规模。

台湾网通产业的高度成长至2007年开始趋缓，随着全球宽带网络基础建设布建成熟，市场需求开始下降，厂商竞争激烈，2008年又遭逢金融风暴下零售市场急冻，岛内网通厂如何定位成为存亡的关键。过去与系统整合业者合作密切的正文、中磊、智易、明泰等网通厂有机会与系统整合业者一起开发电信整合性产品，将营运重心移向电信产品，成功走出营运低潮。另一批依赖网通品牌代工订单的厂商则难以度过零售通路冻缩及国际大厂市占率消长的煎熬，遭产业变化淘汰。

网通产业结构自网络普及后出现了变化，高附加价值的网络延伸应用/云端应用成为电信运营商营运的新活水，积极推出数字家庭娱乐的整合性产品，诸如网络电视机顶盒IP STB（整合语音、数据、影像）、ADSL+VOIP，及网络安全监控等。加上智能型手机自2009年进入成长爆发期，行动宽带的信息流量暴增，发展出整合行动固网的产品Femtocell，将行动宽带后段信息的回传分流到固网宽带。

展望未来，台湾电信运营商的主轴仍将放在提高每户平均贡献（ARPU）以及提高固网及行动宽带服务的质量，因此，电信商将持续布建/升级高速网络/光纤网络和云端数据中心，广布无线热点，并可期待看到更多室内（路由器）及户外（无线热点）固网整合3G/4G的产品，以提高带宽流量及覆盖率，进而销售更多高附加价值的产品及服务。

台湾无线网通大厂包括友讯、明泰、智易、建汉、正文、中磊等；卫星通讯厂包括兆赫、百一、启碁、台扬；微波通讯厂有台扬、升达科；光通讯厂包括华星光、光环、上诠、前鼎、科纳等。

根据资策会（MIC）的统计，2010年台厂在WLAN及Cable宽带产品的市占率超过9成；DSL宽带产品及VOIP的市占率超过6成；IP STB的市占率接近50%。MIC并预测，到2015年，WLAN产品市占率将维持9成以上，主要成长来自WLAN整合3G/4G的需求；DSL宽带产品则因大陆市场低价竞争，市占率将逐年下滑；Cable宽带的整合性产品起步较晚，未来三年有升级需求，可望带动台厂市占率提升；VOIP及IP STB等整合性产品稳定成长。

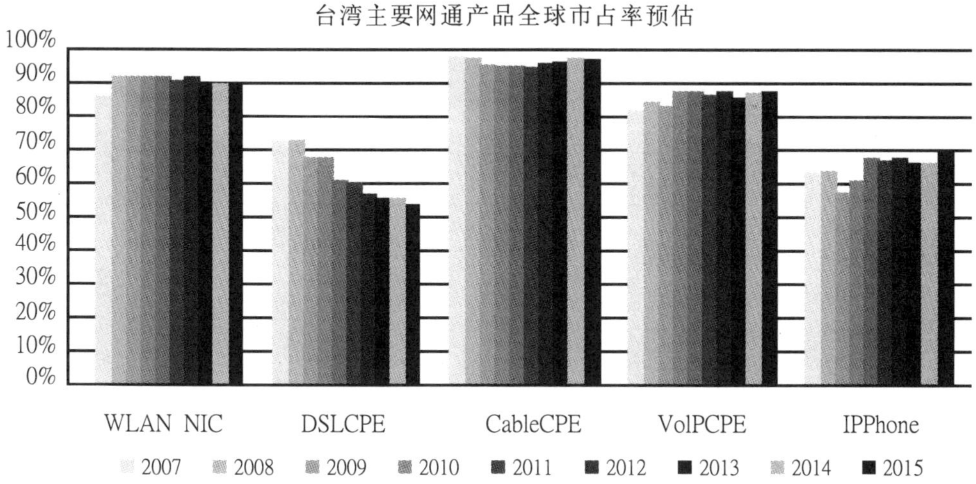

数据源：MIC 2011 年 4 月

2. 台湾手机产业

台湾手机产业链完整，从下游品牌厂宏达电（HTC）、代工厂华宝、华冠、ODM/EMS 厂纬创、鸿海，到上游面板、触控面板、PCB、照相镜头、机壳、通讯芯片 / 组件、内存等主要零组件，形成完整的供应链，具群聚效应，一向能吸引手机大厂来台下单。

根据资策会（MIC）的统计，2010 年台湾主要行动装置产值将近 1500 万美元，其中，智能型手机产值年增 87%，市占率 29%；功能型手机产值年减 28%，市占率 2%，主因台厂朝向智能型手机发展缘故，符合手机产业发展趋势。由于智能型手机规格升级速度加快，同时具研发、创新及量产能力的台厂得以继续生存在赛场上，无法赶上升级速度的厂商则遭淘汰。整体而言，目前台湾手机供应链大致维持供需平衡的健康状况，惟部分产业的技术领先优势渐退，以及部分零组件厂在技术升级的初期面临获利能力下降的问题。

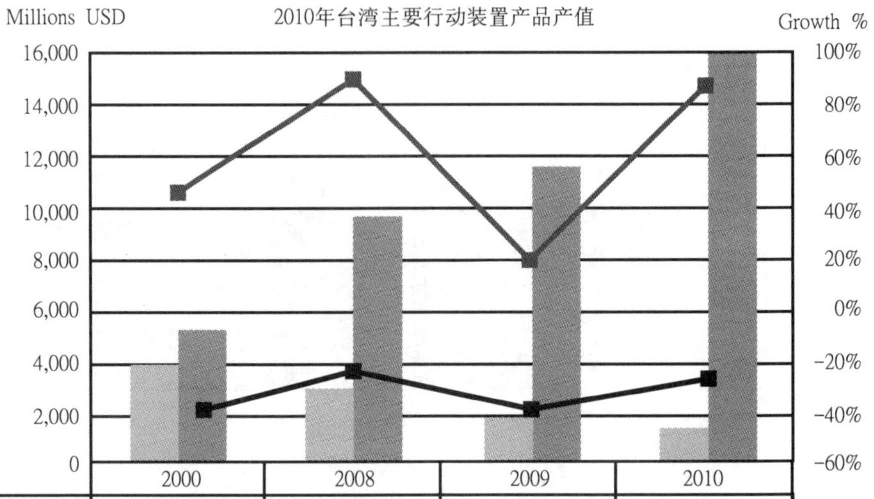

	2000	2008	2009	2010
BEP Production Value	3,694	2,805	1,723	1,238
SMP Production Value	5,082	9,656	11,610	21,747
BFP YoY GR	-41.8%	-24.1%	-38.6%	-28.1%
SMP YoY GR	45.8%	90.0%	20.2%	87.3%

备注1：Mobile Phone 包含 Basic Phone、Feature Phone、Smartphone 及 PDA Phone
备注2：PDA包含Pure PDA及GPS PDA，且不包含PDA Phone
资料来源：MIC、2011年4月

2012年不论是高阶或低阶的智能型手机接诉求高性价比，中阶手机在规格上比不过高阶机种、价格上不敌低阶机种，发展较困难，因此今年手机品牌厂将主轴放在高阶与低阶机种。智能型手机硬件规格则有以下趋势，机身厚度压在1公分以内、内建不可拆电池及一体成型机壳、高阶机种搭载4核心处理器/低阶机种处理器速度达1GHz、大尺寸（4英寸以上）屏幕、高画素镜头（高阶机种配备8百万画素；低阶机种配备5百万画素）。由于智能型手机要求更高的运算能力、处理效能、电池续航力、及轻薄短小之特性，因此作为电子讯号链接的PCB朝高线路密度（细线化）、高电性效能、可挠折性等相应之需求而发展。

台湾手机品牌代表厂商宏达电过去在高阶产品研发到量产的速度遥遥领先，包括推出首支Windows Mobile智能型手机（2006）、首支Android（2008）手机、首支WiMAX手机（2010）、首支LTE手机（2011）等，快速提升全球知名度及市占率，成为八大品牌之一，市占率从2007年的3%提升到2011年的9%。手机代工厂亦朝智能型手机代工发展，以华宝布局最早、平台开发最广，经过3年的转型阵痛，今年（2012）将全转做智能型手机并开始获利。华宝主要客户为Nokia、Motorola；华冠自去年第四季开始代工智能型手机，主要客户为LG、Sony、Motorola。整体而言，手机代工厂受惠于低价智能型手机需求成长，手机厂在成本压力的驱使下将释出更多海外代工订单。

手机零组件方面，台湾是手机镜头模块与触控面板模块的主要供应中心，带动相关/上游零组件如PCB、背光模块等成长，客户囊跨所有一线大厂。台湾镜头模块市占率约25%，领导厂商大立光、玉晶光在5百万画素（含）以上的高阶市场市占率持续提高，新上柜的光耀科也可望在今年底开始供应 8 百万画素镜头模块。触控面板模块以苹果扶植的玻璃电容式触控面板厂胜华及宸鸿之技术及量产能力领先，发展最好。不过，触控传感器改内嵌于面板内的技术（In Cell）在不久的将来便可达到量产的能力，将不利于触控面板模块厂，触控面板模块厂已朝单片式玻璃触控（One Glass Solution, OGS）因应，尽管两个技术各有利弊，可以确定的是触控商机未来竞争将更为激烈。

台湾在手机通讯组件功率放大器（PA）也颇具市场地位，PA 使用砷化镓基板，砷化镓磊晶厂英、美、日、台四家寡占，台厂全新市占率 24%，坐二望一。砷化镓晶圆代工厂全球只有美系与台湾各两家，台厂稳懋市占率将近 55%、宏捷科市占率 10%。全球 3G 与 4G 的频段分布不一，3G 的主流频段有 4 个，LTE 的主流频段有 6 个，可以涵盖全球主要国家。3G 与 4G 的每一个频段需要 1 颗 PA，2G 的 4 个频段的 2 颗 PA 可以整合成 1 颗，一支智能型手机若要支持 2G、3G、及 4G 的话，至少需要 7 颗以上的 PA，成为 PA 族群最大成长动能。

此外，全球三大硅晶圆代工厂的台积电与联电也串起台湾通讯芯片下游封测及 IC 基板的供应体系，以应用处理器（AP）为例，NVIDIA →台积电→欣兴（IC 载板）→日月光 / 硅品（封测）; Qualcomm →台积电→景硕 / 欣兴→日月光 / 硅品；TI →联电→景硕→日月光 / 欣铨。

PCB 产业较多竞争，全球前十大市占率约 27%，台厂欣兴、健鼎、南电、臻鼎、瀚宇博德排进前十大。由于台湾是手机组装代工重镇，有利台厂接单，加上智能型手机的主板多采用高单价的 HDI 设计，成为台厂营收成长主要动力之一。全球第一大 PCB 厂欣兴市占率虽仅 4%，不过手机主板出货量占智能型手机市场 24.6%，主板加副板占智能型手机市场 30%；华通手机主板出货量占智能型手机市场 22.1%。此外，软板富挠折性可满足智能型手机轻薄短小的特性，因此在照相模块、触控面板模块、面板模块及天线模块多采用软板设计，高阶机种在 I/O、按键、硬盘等其他功能也采用软板做电路链接，iPhone 即采用 11 片软板。台湾软板全球市占率约 10%，软板厂臻鼎、毅嘉、台郡、嘉联益其手机相关营收占比超过 5 成；臻鼎与欣兴为少数跨足硬板、HDI、软板及 IC 基板的 PCB 厂。

台湾半导体产业

台湾半导体研究始于 1964 年，交通大学成立岛内第一座晶体管实验室，同年成立半导体研究中心，从晶体管转入集成电路研究时期。1966 年研究团队在马里兰大学凌宏璋教授的指导下，成功开发出的台湾的第一颗 IC 。

台湾集成电路产业形成的历程，可分成四个阶段。

第一阶段 1958~1964 年，交大电子研究所在新竹成立，之后陆续成立计算器、通讯、电子、半导体、镭射及光电等实验室，1964 年成立硅平面技术研究中心，培育半导体人才。

第二阶段1976年起，在当局间接擘划下，“工业技术研究院电子所”负责引进和移转美商RCA公司的CMOS集成电路生产技术，逐步建立起台湾本土的集成电路制造业。

第三阶段是从1980年新竹科学工业园区成立以后，才算正式进入集成电路产业的新纪元。最早由“工研院电子所”将自7微米技术自行发展成功的3微米技转成立岛内第一家CMOS公司——联华电子。由“工研院电子所”从事技术的研究开发，而科学园区则提供一个完善的设厂孕育环境，两相搭配下，包括联电、台积电、台湾光罩、世界先进等公司陆续由“工研院”衍生成立，把台湾的集成电路产业带向世界竞争的舞台。

第四阶段是自1987年起，自“工研院电子所”技转之6英寸厂——台湾集成电路公司成为世界上第一家纯晶圆专业制造公司，从此台湾的集成电路产业走向康庄大道，不数年间，成为世界集成电路产业的重镇。

“工研院”的调查显示，2011年台湾半导体产业产值总计为新台币1兆5,558亿元，较2010年度的1兆7,537亿元年衰退11%。展望2012年，预估台湾半导体产业产值为新台币1兆6,569亿元，较2011年成长6.5%。

就细产业来看IC封装业和IC测试业连动晶圆代工产业的成长幅度，年成长都有7%以上，IC设计业则相对后，推究其原因，主要是晶圆代工产业，营运范畴和客户已经跨越本土迈向全球，因此带动封测产业向上提升，IC设计业由于产业技术和价格竞争，且以往的终端产品应用市场或客户市占率萎缩，因此成长性相对较低（表1）。

表1：2012年台湾半导体产值和年成长预估

单位：亿元；%

	2010	2011	2012	YoY
IC设计业	4,548	3,856	4,126	7%
IC制造	8,841	7,798	8,246	5.7%
晶圆代工	5,709	5,735	6,173	7.6%
制造业自有品牌	3,132	2,063	2,073	0.5%
IC封装产业	2,870	2,696	2,900	7.6%
IC测试产业	1,278	1,208	1,297	7.4%
半导体产业产值	17,537	15,558	16,569	6.5%

数据源：IEK；福邦投顾整理

根据IEK和Gartner的统计资料，台湾半导体产业产值约占全球产值的18%，在全球半导体市场具有举足轻重的地位。

就细产业来看

IC设计产业

台湾IC设计产业过去依附在NB/PC产品市场发展而成长，唯2007年Apple行动装置崛起和韩国3C品牌市占率提升，压抑了台湾IC设计产业以往的客户和市场发展，在缺乏新产品应用、品牌市场通路和技术相对成熟下，导致台湾IC设计产业的发展面临门坎。

由产品市场来看

（1）手机芯片市场

台湾 IC 设计产业的龙头联发科，2011 年根据 Strategy Analytics 所统计的数据显示，全球基频芯片市场占有率约 13%，仅次于高通的 45% 和 Intel 的 15%，但随着产品市场往 3G 和 4G 移动，联发科由于在专利技术布局落后高通、三星等，加上 2G 时代其擅长的硬件整合平台策略也易于复制，使得其同时面对产品技术落后和缺乏强大的系统品牌通路支持两大因素夹击，产品策略转向价格竞争策略市场，其长期发展堪忧。反观其竞争对手晨星，自 2G 时代便已经面临技术落后的竞争环境，加上手机芯片占其营收比重仅有 10%，且稳稳寡占全球电视控制 IC 芯片市场，成长性将相对被看好。

（2）PC/NB 产品应用市场

台湾 IC 设计产业发展，主要依靠台湾 NB/PC 代工产业成长，随着台湾代工产业的成熟和茁壮，相关 IC 设计厂商也在国际市场占有一席之地，部分利基型 IC 设计公司，包括义隆电子、谱瑞、凌耀等公司，都成为国际大厂微软和 Intel 在 Win 8 等新一代的产品应用技术开发或规格制定的伙伴。义隆电子为台湾目前唯一有技术专利保护的触控 IC 厂商，谱瑞为 eDP 高速传输接口的利基型厂商，具有先进市场优势。

（3）Flash/USB 控制 IC

产品市场成熟，主要厂商有群联、慧荣、擎泰、智原、创惟，就 Flash 控制 IC 产品技术进程来看，群联 = 慧荣 > 擎泰，USB 控制 IC 智原则主端控制和装置端控制 IC 产品较为完备，创惟则主攻装置端产品市场，相关厂商在 SSD 和 USB 3.0 的产品市场趋势发展下，将跟随产品市场成长，但成长幅度将取决于产品价格和产品客户市场。

（4）LCD 驱动 IC

硅创、旭曜、奕力和联咏，各有市场定位，硅创、奕力、旭曜皆主攻中小尺寸市场，产品应用以手机行动装置为主，就产品技术上，旭曜 > 硅创 = 奕力，旭曜主攻品牌和大陆白牌市场，硅创和奕力都以白牌市场为主，联咏产品线较齐全，大、中、小尺寸皆完备，主要市场都以品牌客户为主，就 LCD 驱动 IC 来看，成长动能除了新市场或客户开发外，消费者对视觉的要求为主要的市场成长趋动力。

（5）电源管理 IC 应用市场

TI 等欧美模拟 IC 设计 IDM 厂商仍为全球霸主，台湾立锜、致新等 3C 标准型电源 IC 设计厂商，在无自有晶圆厂和产品应用相对集中下，面临国际大厂庞大的价格压力，自 2010 年以来产品毛利率大幅下降近 10%，但在全球电子节能风潮趋势下，仍有部分厂商前景备受看好，包括 LED 驱动 IC 的聚积、昂宝，光感测 IC 的凌耀，都可望在这波节能风潮中受惠。

总结来说，台湾 IC 设计产业面临产品市场成熟和缺乏强大的全球品牌市场通路两大风险，在全球半导体产业大者恒大的趋势下，一线厂商落入价格竞争策略市场的红海下，二线厂商的营运将极具风险，惟有借着技术应用创新能力和利基型市场开发走出另一条路。

3. 晶圆代工和封测产业

台湾晶圆代工产业技术傲视全球，2011

年台积电和联电两大晶圆代工龙头占有全球61%的晶圆代工市场，其中台积电市占率由2010年的47%上升到49%，联电则从13.5%下降至12.1%，就技术能力来看，台积电2011年下半年率先提供28nm制程的量产技术，联电、全球晶圆（Global Foundries）和三星在2012年下半年才有机会量产，预估台积电的技术进程领先优势将可望延续至20nm以下制程，在台积电的技术优势下，全球主要IC领导厂商与台积电、联电的关系将更为紧密，全球晶圆代工市场地位稳固，也将带动下游封测产业的成长。

小结来说，台湾晶圆代工产业主要的成长动能来自于技术优势，台积电产业地位稳固，联电由于技术进程相对缓慢，所以根据Gartner 2012年的统计显示，联电的市占率跟第三名全球晶圆（Global Foundries）的落差仅剩0.1个百分点，若联电的技术进程无法超前全球晶圆（Global Foundries）2~3个月，2012年或2013年联电的市场排名将有可能滑落。

台湾封测产业在价格竞争策略下，也是呈现大者恒大的趋势，一线大厂追寻上游晶圆代工的脚步成长，配合晶圆制程的技术提升，持续扩张高阶产品封装产能，包括FC CSP、FC BGA，但成熟性低脚数的封装技术则面临小厂的价格竞争压力，二线厂除低价抢单外，也积极开发自有的利基型市场，如菱生的MEMS、全智科的RF封装。

小结来说，台湾封装产业，在IC发展走向颗粒缩小、省电的趋势，面临产业供应链结构可能改变风险，由于晶圆制程的微缩速度趋缓，2.5D IC、3D IC的发展趋势，将加重晶圆代工产业向下技术发展，将有可能侵蚀封装产业的市场。

台湾半导体产业，分成IC设计、晶圆代工和封装产业三部分来看，IC设计产业面临国际大厂竞争和技术应用成熟下，大者恒大趋势明显，由于产业缺乏强大的全球品牌通路支撑，一线大厂获利被压缩，市占率也萎缩，二线大厂由于资本额相对轻盈，在利基型市场发展将相对有成长性。晶圆代工产业为技术导向，台积电全球地位难以撼动，联电则相对有风险，在IC微缩、省电发展趋势下，晶圆代工将向下整合，威胁封测产业的既有市场利润，封装产业的发展将有所疑虑。

4. 电子自动化设计软件产业

电子自动化软件产业前三大厂商，由大到小，分别为新思（Synopsys）、益华（Cadence）和明导（Mentor），三大厂商的全球市占率约55%，其中新思和益华市占率在伯仲之间，明导约占有15%的市场。三大厂的产品各有擅场，产品线也较为齐全，另外45%的市场则存在许多利基型产品市场厂商，包括台湾唯一的EDA厂商思源（Spring Soft），一个默默在台耕耘，陪伴台湾半导体业和IC设计成长的厂商，2007年全球市占率仅0.7%，2011年市占率已经到1.2%，市占率虽然不高，但成长性惊人，年复合成长率10.4%，也远高于全球产业成长性。思源的Vedi产品线，寡占台湾市场，市占率高达90%，全球三大厂的同构型产品难与思源抗衡，思源历经2007~2010年的组织调整和全球并购，产品和品牌的国际知名度大幅提升，全球前25大半导体厂商皆为其客户。

总结来说，EDA产业长期被市场所遗忘，但由于IC设计的复杂度提升，IC设计厂商和晶圆代工厂的技术链结将更为紧密，EDA工具就如同一个云端引擎，连系着两端，让上、下游的技术应用落差、产品开发时程缩短。思源（SpringSoft）为台湾唯一的EDA工具厂商，也是台积电的开放创新联盟成员，同时产品也在台积电的EDA工具推荐名单之列，挟其优异的产品技术，站稳亚太，走向全球市场，国际三大厂也由与之竞争转向合作，目前新思已经与思源合作，将思源的产品纳入新思产品线的整合，思源未来除了随台积电的客户规模扩大而成长外，也将因其产品优势，持续扩张国际市场占有率，加上站在亚太科技产业的高速成长浪头上，后续发展值得观察。

台湾光电产业

1. 面板产业

台湾的光电产业主要是以面板、LED、太阳能产业为主要内容。台湾面板厂从发展十多年来，经过三次重要的整并事件，第一次是2001年隶属联电集团的联友光电，与宏碁集团的达碁科技合并，成立友达光电，并一直稳居台湾面板第一大厂地位。其后虽然友达与奇美电两大面板厂竞争激烈，但是随着2006年友达合并广辉电子之后，正式稳固其龙头地位，并达成与韩系三星电子（Samsung Electronics）、LG Display两大厂鼎足而立的态势。而随着2001年联友、达碁合并之后，原担任联友总经理的段行建于2003年，在鸿海集团总裁郭台铭的支持下，成立群创光电。2009年11月，群创合并奇美电，成为台湾面板史上的三大合并案之一。

台湾面板上下游产业链结构已趋健全，根据福邦估计，目前台湾面板厂商市场占有率约为40.5%，排名全球第二，仅次于韩国面板厂市占率47.2%，而大陆的面板全球市占率正持续由个位数往上扬升。面板供过于求而造成价格下跌，其实是反映面板业界疯狂投资次世代面板厂的后果，台湾面板厂亦因此低迷多年，台湾面板厂已然理解产能扩充已非获利关键因素，因此持续进行高端技术发展，如氧化物半导体TFT、AMOLED，以提升利润率。

台湾面板厂也以既有产业优势积极与日商结盟，寻求合资盖厂、策略联盟、面板或电视代工等形式，以加强与日本产业链互补，日前台湾鸿海集团已购买日本面板厂夏普股权正是最好范例，将可引用日本技术、设备、专利、材料，结合台湾量产制造及管理能力，可谓双赢。虽然，大陆大型TFT面板厂商如京东方、华星光电日趋崛起，但台湾目前无论技术、成本均较大陆业者更具优势。

2. LED产业

台湾LED产业建构相当完整，初期由LED下游封装起家，逐步发展至中游的晶粒及磊芯片的制造，下游封装部分代表厂商有光宝、亿光、宏齐、佰鸿，中游则有光磊、鼎元、久元等厂商，上游部分则有晶电、璨圆、广镓、泰谷等多家厂商介入，台湾LED产业仅次于日本、美国，排名世界第三。

如以产值来观察台湾LED产业分布状况，LED组件与模块占57%产值、背光占31%、照明占12%。以厂商数量来看，上游晶粒厂约50家、封装厂约60家、下游应用厂高达100多家，显示下游应用的竞争十分激烈，随着电子大厂加入LED产业，未来可望带动产业加速整合（表2）。

由于台湾LED产业是由下往上发展，下游的封装产业发展历史最久、厂商数量最多；近年来在许多厂商积极扩产磊晶生产，包括晶电、璨圆等均有许多技术上的突破，预估2012年台湾厂商就有800多台MOCVD设备可投入生产LED磊晶。若以下游LED封装段产值来看，福邦估计台湾LED产业占全球市占率约达21%，韩国厂商市占率达18%，日本厂商市占率仍有31%，欧洲、美国、中国大陆市占率则依序为11%、10%、6%。

表2：台湾厂商分布概况

产业	产品	主要厂商
上游	磊芯片	晶电、璨圆、泰谷、广镓、南亚光电
中游	晶粒	光磊、鼎元、久元
下游	灯泡型LED、数字显示LED、点矩阵显示器、SMD LED	东贝、光宝、亿光、华兴、佰鸿、立碁、宏齐
封装零组件	LED陶瓷基板	同欣电、光颉

数据源：福邦证券整理

随着技术开发，LED晶粒亮度持续提升，使得单颗发光二极管的功率瓦数，从之前的几十毫瓦提高到1~5瓦，甚至是以上的水平。不过也因如此，LED散热需求便随之显现，因为就电光转换效率而言，高功率LED输入功率仅约30%换成光能，其余70%则转换成热能，假若此时无法将LED热源有效导出，将使得LED接面温度急速升高，影响到光输出效率，且持续累积，则将造成组件温度过高，使得发光效率衰退，也就影响到使用寿命。因此，散热基板由旧有的PCB为基础提升成MCPCB基板，但在更高功率的LED使用情况下，MCPCB的介电层与基板热膨胀系数不匹配，导致板爆而断路，另有不抗高AC电压的问题，故近期逐渐采用陶瓷作为散热材料，台湾厂商同欣电市占率高达70%以上。

LED TV与CCFL价差已下滑至三成以下甜蜜点，加以第一季为TV新机、消费性电子产品的铺货阶段，及照明需求稳定成长，厂商产能利用率逐季回升，主要磊晶厂营运回升速度优于下游封装厂，厂商产能于第三季多可达满载。

3. 太阳能产业

2011年两岸太阳能电池产量占全球约76%（大陆61%、台湾15%），较2010年提升了14%（大陆48%、台湾14%），台湾稳居太阳能电池生产第二，而在排名部分，以茂迪出货量1.16GW排名全球第八、昱晶（3514）出货870MW排名全球第十，而全球排名前三分别为尚德、First Solar和JA Solar。

展望2012年，因产能持续过剩，产品售价反弹有限，除欧洲地区需求量衰退外，其余地区仍保持成长趋势，预估全年太阳能需求量约26GW，年持衰退1%，若以产值计算，预估衰退3成。

2006年台湾太阳能产值仅206亿元，到2010年，产值正式突破2,000亿大关，达到2,062亿元，在五年内的时间，台湾太阳能产值成长至十倍。面对2011年太阳能产业因全球主要市场政策变动及供过于求严重，太阳能价格跌幅快速，根据“工研院”（IEK）预估，2011年台湾太阳能产值规模为1,709亿元，年衰退达17.1%。

台湾太阳能产业的主要营收，仍来自于中游的结晶硅与薄膜型太阳能“电池”，产值约1,044亿元，2011年台湾太阳能电池厂商总产能合计约8,825 MW，名列全球第二。台湾唯一量产的多晶硅厂福聚因去年3月才正式出货，目前仍在进行去瓶颈工程，故对台湾太阳能产业产值贡献有限；硅晶圆厂2011年产能开始明显提升，虽然价格是太阳能产业跌幅最深者，但硅晶圆产值仍是提升，达到452亿元。

下游太阳能系统产值则因岛内补贴政策与行政流程步入轨道，带动市场缓步起飞，较2010年呈现69%逆势成长。

整体而言，台湾太阳光电产值以硅晶电池所占比例最大，占太阳光电产值62.8%；其次为硅晶圆，占太阳光电产值21.2%。硅晶电池与硅晶圆两者合计占产值84%，其他部分产值所占比例较小。

台湾厂商具备优良的半导体产业制造基础，是进军太阳能产业的最好基石。目前台湾半导体大厂及面板大厂已经发展出相关太阳能电池产业，其中以硅晶圆及电池最具竞争优势，凭借的是技术、质量良率及生产管理。唯目前台湾太阳能产业的供应链并不完整，整个产业链来讲，是属于上下紧缩的状况。

2011年为产业整并年，台湾厂商展开大规模合纵连横，昱晶改变策略跨足上下游领域，新日光、益通透过私募方式寻求合作对象。上游的中美晶同样有电池厂旭泓光电和意大利系统厂Silfab。专业代工厂如茂迪、晶澳太阳能、昱晶能源等，则是借由设备与制程技术提升转换效率，持续研发高质量硅晶圆，以集中量产效率分布，减少低转换效率电池库存。

在历经一年积极垂直整合后，目前来看，几乎所有太阳能公司都已拥有集团的资金援助，再加上和大陆太阳能业者相比，台湾太阳能业者在出货速度或产品质量上仍优于大陆厂商，随着市场将转移到大陆与美国等具备成长潜力的市场，订单移转给台湾业者机率大增。此外，目前台湾太阳能厂商正试图借由非晶硅薄膜太阳能的特性，大举抢攻日照量大的新兴国家市占率。

2012年，追求高转换效率成为显学，继采用双层网印制程后，选择性射极、金属贯穿电极、表面钝化、类单晶等各种技术，亦正在导入太阳能电池制程升级中，然而性价比最大化仍为最大考虑。台湾厂商如中美晶、绿能策略布局则着重于类单晶与高效率产品前瞻研发，市场预估2012年类单晶太阳能硅晶圆将达到2.4GW的水平，占所有太阳能晶圆片市场8%的水平。

在2012年太阳能产业低迷的局势下，掌握产品差异化将为制胜市场的关键，其中，高效率太阳能电池与高附加价值太阳能系统卖相极佳，已成为太阳能供应链厂商侧重的产品布局。

2011 年第四季，太阳能电池主流转换效率已上修至 17%，致使 16.6% 以下太阳能电池被列为低转换效率产品，并以低于市场主流行情价格交易；相对的，高转换效率太阳能电池需求强劲，且无库存堆积的现象，已为太阳能供应链厂商获利的指标。

转换效率与成本的差异，将导致 M 型差异化世代来临。国内外大厂，诸如江西赛维、尚德、晶澳太阳能、Eton、昱晶、Q-cells、夏普、京瓷（Kyocera）、三洋（Sanyo）、SunPower、首德（Schott）等太阳能电池厂商已将提高电池转换效率视为营运的首要之务。

第四部分

产业面

第十章　陆资投资台湾电子产业现况

中华开发工业银行股份有限公司 / 大华证券提供

前言

台湾电子产业自1970年代起，在当局的锐意培养下迅速发展，直至今日已成为台湾最主要的出口产品。自最初接受美商RCA技术移转，到为Intel代工CPU进而发展出华硕及宏碁等本土计算机品牌，直到现在提供苹果iPhone及iPad等产品的OEM制造，台湾的电子产业在世界电子产品的供应链中，不论是工业产品还是消费型电子产品，都占有举足轻重的稳定地位。台湾的电子产业以完整的产业聚落著称，以新竹科学园区为核心的半导体产业聚落涵盖了完整的上中下游，从设计、代工生产到封装测试，提供全程到位的解决方案；鸿海及仁宝等代工龙头从OEM到ODM，解决欧美电子厂商产销前的一切需求。以“工研院”及“资策会”为首的研究机构，不仅领先投入未来有成长潜力的技术，亦协助各界集中资源，成为世界产业政策发展成功的典范。三十年来，台湾凭借优秀的人力资源及刻苦耐劳的认真态度，胼手胝足，建立了今日台湾高科技硅岛的地位。

ECFA签订之后，台湾单向出口、投资大陆的现象即将走入历史，两岸商品、资金、人员及知识全面双向往来的新时代已经开启。台商赴大陆20年来已在大陆创造无数成功案例，现在即将轮到陆商登台追逐机会，未来陆资企业将如雨后春笋般不断出现在我们的生活中。当下大陆正如火如荼地执行“走出去”战略，鼓励其公民营企业投资海外；另有“十二五”规划积极推动大陆经济的全面转型及技术提升，陆企在薪资不断上涨的压力下，面临若不寻求技术升级将可能被淘汰的厄运。在大陆全面向外收购技术及资源的热潮带动下，台湾的电子产业自然成为陆企跃跃欲试的目标。以下谨就陆资在台参与电子产业的现况及未来发展趋势作一分析说明。

陆资来台投资电子产业现况

自从2009年6月当局正式通过《陆资来台投资许可办法》，开放陆资来台投资后，截至2012年3月底为止，“经济部投审会”共通过263件陆资来台投资案例，其中有69件系投资电子产业，占投资案件的26.9%强。

根据过往案件来看，陆资来台投资电子相关产业，与投资其他产业相较并未显得特别积极，主因系台湾当局开放陆资投资高科技产业的时间较晚，故开放陆资之初，首先来台投资的大陆公司多为运输业及批发零售业。但随着开放脚步的放大，陆资来台投资电子产业之案件数随之增加，依据“经济部投审会”公布的资料，从政策刚开放时2009年之9件，逐年增加到2011年之29件，而2012年第一季陆资投资电子产业的件数更达11件。台湾电子产业发达，在世界供应链地位稳固，一直都是陆资最为青睐的对象。两岸签署金融MOU后，国信证券2009年发表陆资证券第一份台股报告，报告中分析的台湾公司全为电子股，且均为台湾乃至全球供应链中具有龙头地位的本土业者，陆资对台湾电子业的兴趣可见一斑。

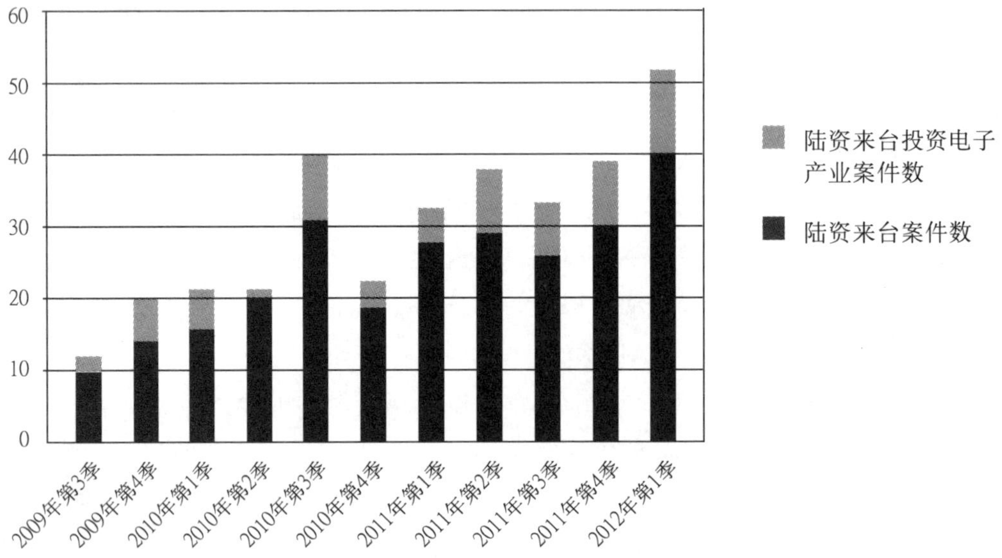

数据源："经济部"投审会，大华证券整理

国信证券关注台湾个股		
全球排名	公司名称	产业地位
15	台积电	晶圆代工龙头
21	鸿海	电子业务组装龙头
37	友达	面板双虎
38	宏达电	智能型手机领导厂商
41	联发科	IC 设计前五大
53	华硕	主板龙头
56	奇美	面板双虎
76	联电	晶圆代工第二
80	群创	TFT 垂直整合
102	广达	PC 零组件领导厂商
103	日月光	封装龙头
109	宏碁	台湾 PC 品牌厂商
117	硅品	封装第三
122	仁宝	NoteBook 代工领导厂商

数据源：Bloomberg、国信证券经济研究所，大华证券整理

陆资来台虽以新设公司或在台湾成立分公司居多，但由于两岸语言文化相同，陆资管理台湾员工及在台发展市场有其他外来投资者没有的优势，因此陆资投资台湾方法灵活且选择多，与台湾当地企业合资、投资台湾既有公司，甚至直接并购台湾企业都是陆资愿意使用的投资架构。京东方于 2010 年 3 月收购台湾上柜公司美齐电子的液晶电视代工事业，是当时最大的投资个案。

另一方面，当局为提升岛内面板业者竞争力及产业发展延续性，已开放陆资投资台厂的上限，在可预见的未来，极可能见到陆资参股台湾面板业。国家开发银行北京分行行长徐明将与京东方总裁陈炎顺等人访台，据称鸿海及奇美电都在造访名单之列。友达和奇美电今年都计划透过办理私募案，引进策略合作伙伴，其中奇美电今年将募资 200 亿元。友达董事会 3 月通过 8 亿股的筹资案，将采现增私募或现增发行美国存托凭证（ADR）择一发行，大陆彩电厂包括冠捷、TCL、长虹与海尔等，都有可能经由这次私募入股友达。另，大陆中小尺寸面板后段模块（LCM）厂信利半导体入主彩晶，收购华新丽华持有之彩晶股权，以上案件均有可能成为台湾首宗陆资投资面板之案例。国开行具备工业银行的投资功能，目前已与开发金子公司开发工银签署战略合作意向书，未来国开行有可能成为来台直接投资台厂的首例。

除面板部分外，台积电与联电在晶圆代工领域长期稳居全球两大龙头地位，建立了中芯无法在短期内超越的障碍；联发科、智原及联咏等IC设计公司技术亦具领先优势，封装测试业界中也有日月光及硅品等全球龙头业者，因此陆资一直很有兴趣来台投资半导体产业。另外，台湾的OEM产业不论质量及配合交货的效率都在全球享有盛名，对于亟思产业升级的大陆企业也非常有吸引力。大陆通讯设备领头羊华为及其子公司海思半导体均曾表示对台湾半导体产业的兴趣。在消费型电子产业方面，由于台湾厂商的国际化程度较深，在全球营销及设计等方面对欧美国家客户的需求掌握度较高，因此华硕、宏碁、宏达电等3C品牌也是大陆企业想要合作的对象。

台湾电子产业优势

过去数十年的经验累积，使台湾于全球电子产业一直占有一席之地。由于台湾已成为全球第二大信息硬件的生产地，拥有之高科技产业实力坚强，不仅封装测试业与晶圆代工产值是全球最佳，IC设计、LED、面板等产值亦在全球居于领先地位。这些长期累积的技术优势、产业环境以及人才的培养，都将是陆资来台投资的主要考虑因素。

台湾电子产业具有多项的优势可吸引陆资投资，首先有坚实的产业聚落与完整的产业链，于台湾从北到南设立众多的工业园区，同时各工业园区各有其专注之领域，目前设有南港软件工业园区，主要专注于IC设计产业群聚及数字内容产业群聚，及设有新竹科学工业园区（新竹、竹南、新竹生医园区），主要专注于IC制造产业群聚、光电产业群聚、生物科技产业群聚，设有中部科学工业园区，主要专注于半导体产业及光电产业群聚，设有台南科技、柳营、永康工业园区，主要专注于光电产业群聚及环保科技产业群聚，形成完整电子产业上中下游供应链。加上目前台湾企业设有110个以上的研发中心，使得电子产业拥有丰沛的创新研发能力及优越的设计能力，因此造就台湾为全球科技产业重镇，晶圆代工、IC封装、IC测试、光盘片、IC设计、TFT-LCD面板、主板（含系统出货）、DRAM、Notebook PC、OLED面板、发光二极管、WLAN、IC载板等产品，皆排名全球科技产品前三名；台湾早期电子业发展主要与欧美地区往来为主，因此企业管理阶层具备国际经验及国际竞争力。

陆资来台投资电子产业的趋势

过去两岸产业的分工都是以“垂直分工”为主，然因近年来大陆企业亦积极发展半导体、面板、LED、资通讯相关等电子产业，加上全球产业的变迁以及电子产品的生命周期缩短，同一产业走向结合以获取经济规模的趋势越益明显，使得两岸产业的合作模式已转变为“垂直分工”与“水平分工”相结合的模式，未来分工合作的模式将更加多样化。

陆资来台投资电子产业应先以产业供应链的架构来规划，考虑产业缺口或双方产业优势，再以策略联盟的方式互助互惠。

以面板业为例：

目前全球面板产业已趋于成熟，除日韩及台湾厂商产能已达一定规模外，大陆也开始加入扩建面板生产线的行列，在供给持续增加的情况下，终端出海口已经成为产业生存的关键，而近年来大陆的经济快速起飞，消费力大幅提升，参考MIC的数据显示，大陆数字电视的市场规模成长已达40%以上，显见对于面板产业而言，大陆市场已成为各家厂商的必争之地。

由于近年来大陆高世代液晶面板产业已走向整机化的趋势，对当地彩电企业而言，最重要的环节是在于掌握上游面板来源，而台湾面板厂商拥有完整供应链、专业技术及高产品质量，在相同语言及两岸经贸持续热络的情况下，若能结合台湾面板关键零组件制造厂商的优势和量产能力，陆资投资台厂不仅可获取台湾面板资源、面板技术，更可达到产业上下游整合的优势，借以稳固内地市场，进而乘势拓展东南亚市场。

两岸面板业的合作，可借由“台湾提供最完整的制程设备与技术，大陆提供资金与面板订单”，以达到优势互补，例如台湾厂商可提供低功耗、低散热的LED背光模块等加值型独创技术，可进一步提升两岸LED电视机的竞争力。

台湾面板厂拥有专业之技术研发实力及量产能力，且对于新产品导入量产速度快，可提供质量良好及符合终端需求的面板，大陆彩电厂若与台湾面板厂结合，可取得旺季时面板供货来源的保证，提高面板供应的稳定性；而大陆彩电厂则拥有品牌及完整的通路布局，在两岸厂商各别的优势下，将可为两岸面板业创造双赢的局面。

以IC设计业为例：

由于大陆地区电子产品的生命周期较短，且终端营运商对于市场需求信息的提供又相对较少，使得IC设计业者必须拥有掌握市场脉动的能力，对于产品的研发速度是进入大陆市场的一大关键因素。此外，大陆中下游电子产品系统商对于IC设计业者依赖度较高，故能否提供大陆系统厂商完整解决方案将是IC设计业者在大陆市场成功的另一关键因素。

就台湾IC设计业者而言，除拥有完整的技术人才外，更借由过去多年的经验累积，能够随时因应产业变化而快速掌握系统应用趋势，使得台湾IC设计业者不仅拥有快速跟随全球先进技术的能力，亦有掌握芯片质量的技术，且对于其他跨国同业更有贴近市场的优势，因此大陆IC设计业者若与台湾IC设计业者结合，将可取得完整研发人才及与国际大厂相当之技术，进一步提高竞争力，亦可达到大陆政府推广“十二五”产业升级政策之目的。

未来陆资来台投资，可采并购或参股的方式介入经营，或是以合资的方式共同经营，以顺利进军台湾市场，扩展事业版图。

结语

1980年代正值台湾经济蓬勃发展，唯受到台币持续升值、环保意识上升、土地成本及劳动成本上涨等因素影响，加上台湾与大陆之间没有语言的隔阂，台商纷纷至大陆投资。过去二十几年来，台商到大陆投资，除提供资本外，亦协助大陆建造一个相对完整的电子供应链，并培训当地许多人才。而今后陆资来台湾投资，除带来资本外，亦提供台湾企业如何利用自身条件去结合大陆市场的机会。台湾经济属典型的海岛型经济，经济发展高度仰赖对外贸易，特别是全球化运作。大陆现已成为全球主要经济市场，也是快速成长的市场，借由两岸经贸交流之合作，可建构电子产业之“双黄金三角”（以“硅谷—台北—上海”及“东京—台北—上海”的策略性连结），提升台湾在全球电子科技发展的关键角色。

第四部分

产业面

第十一章　台湾服务业整体发展概况

王 建 彬 / 商业发展研究院经营模式创新研究所所长

专业领域 / 工商咨询及支援服务、公司税务依规委外服务

前言

依台湾“行政院主计处”之服务业分类主要有14项，分别为：批发及零售、运输及仓储、信息及通讯传播、金融及保险、不动产、公共行政及安防、教育服务、住宿及餐饮、专业、科学及技术服务、支持服务、医疗保健及社会工作服务、艺术、娱乐及休闲服务、其他服务业与进口税及加值型营业税。

销售值与家数

1. 结构分析

“批发及零售业”是服务业中销售值与家数最高的产业，2011年销售值达新台币13.9兆元，家数约63.2万家，分别较2010年成长5%与1%，为台湾商业服务业的核心产业。

“住宿及餐饮业”为服务业家数第二高的产业，达11.2万家；但销售值只有4,257亿元。分别较2010年成长4.1%与13.6%。

从销售值来看，“金融及保险业”与“运输及仓储业”为服务业中销售值第二高与第三高的产业，分别达新台币2.45兆元与1.06兆元。而这两种产业的家数分别为2.37万家与3万家，企业平均销售值较高。

2. 趋势变化

从服务业家数成长率与销售值成长率来看，过去一年的变化中，服务业主要分为三个族群，包含家数成长率高的成长性产业、成熟期产业与衰退期产业。

（1）“教育服务业”家数成长率高、销售值成长率高

“教育服务业”在2011年家数与销售成长有两位数的成长，显示该业的繁荣现况。

（2）“住宿及餐饮业”与“支持服务业”家数成长率较低，但销售成长率较高

大部分的服务业家数成长率多集中在5%以下，显示市场进入成熟期，产业新血较少。而在这些业态中，销售值表现较好的有“住宿及餐饮业”、与“支持服务业”销售成长率均高于服务业平均值。

（3）“艺术、娱乐及休闲服务业”、“批发及零售业”与“专业、科学及技术服务业”家数成长率较低，且销售值成长率亦低

“艺术、娱乐及休闲服务业”家数成长率仅为0.2%，而销售值成长率为3.5%。“批发及零售业”家数成长率0.9%，销售值成长率为4.9%。“专业、科学及技术服务业”家数成长率4.6%，且销售值成长率为2.5%。

（4）不动产业家数成长12.9%，但销售值却衰退4.9%。“运输及仓储业”则家数持平，但销售值却衰退1.7%。

企业规模

从企业规模观之，“教育服务业”的企业规模缩小幅度最大，平均人数成长率为–11.6%，是各服务业中企业规模缩小幅度最大的产业。进一步依照产业与企业两种面向分析企业规模，发现以下三类族群：

1. 产业人数与企业规模同步成长

“批发及零售业”、“运输及仓储业”、“住宿及餐饮业”、“信息及通讯传播业”与“医

疗保健及社会服务业”不管在总行业人数与企业规模均同步成长，显示整体产业发展繁荣，带动产业与企业的人数增加。

2. 产业成长，但企业规模变小，被新设企业吸收

“金融及保险业”、“不动产业”、“专业、科学及技术服务业”、“支持服务业”、“教育服务业”与“其他服务业”产业人数都有成长，但企业规模却反向缩小。

大部分的产业都是因为企业家数增加，也就是新设产业进入，带动产业人数成长。至于企业规模缩小可能因为聘用临时人力，或以新的科技取代，导致企业规模减小。

3. 产业人数与企业规模同步减少

值得注意的是“艺术、娱乐及休闲服务业”不管在产业人数与企业规模都有缩小的状况。

服务业区域分布（2010 年数据）

从厂商家数来看服务业产业结构，主要发现如下：

1. 台北市现代商业服务业（信息及通讯传播业、金融及保险业、不动产业、专业、科学及技术服务业）占比较其他县市高

台北市“信息及通讯传播业”占比 3.7%、金融及保险业占比 5.3%、不动产业 3.2%、专业、科学及技术服务业 6.5%，占比较高，显见台北为岛内最发达地区，商业服务业集中度高。

2. 澎湖、基隆、连江县受惠于离岛与港埠，“运输及仓储业”家数占比较高

澎湖县、基隆市与连江县（马祖）因离岛环境与港埠发展，因此“运输及仓储业”家数占比较高，其中澎湖县占比 6.1%、基隆市占比 8.5%、连江县占比 11.7%。

3. 花莲县、台东县坐拥美景，“住宿及餐饮业”家数占比高

花莲县与台东县“住宿及餐饮业”家数占比高，分别占该县市 18.3% 与 18.5%。

4. 新竹县“不动产业”受惠于新竹科学园区，占比仅次于台北市

各县市“不动产业”家数占比最高的为台北市，占比达 3.2%，次为新竹县 3.0%。新竹地区拥有新竹工业区、新竹科学园区等厂办市场，加上新竹县相较新竹科学院区所在的新竹市，住宅市场腹地较为广大，因此吸引较多不动产业进驻。

就业与劳动条件

1. 就业人数

2011 年台湾总就业人口数为 1,070.9 万，服务业达 627.5 万，占比达 58.6%；次为“工业”人数有 389.2 万，占比为 36.3%；至于“农林渔牧矿”占比较少，仅有 54.2 万，占比为 5.06%。

（1）“批发及零售业”就业人数多，但成长缓慢

服务业中，又以“批发及零售业”占比最高，人数达 176.3 万。但相较 2010 年 174.7 万，2011 年“批发及零售业”成长趋缓，成长率为 0.92%。

（2）“不动产业”成长率高

“不动产业”在 2011 年的就业人数成长率达 16% 的成长率，从 2009 年 6.8 万，成

长到 2011 年 8.7 万，为 2010 年服务业中成长最快速的产业。

（3）“医疗保健及社会工作服务业”与“住宿及餐饮业”就业人数连续 4 年稳定成长

“住宿及餐饮业”与“医疗保健及社会工作服务业”在 2011 年成长率高于服务业平均值，且就业人数有逐年成长的趋势。

“住宿及餐饮业”从 2009 年的 69.3 万人，成长至 2011 年 72.8 万人，成长率为 4.9%；且自 2006 年起，“住宿及餐饮业”的就业人数都有逐年成长的趋势。

“医疗保健及社会工作服务业”也有 5.7% 的成长率，自 2009 年的 36.8 万人，成长到 2011 年的 40.8 万人；且自 2006 年起，“医疗保健及社会工作服务业”的就业人数都有逐年成长的趋势。

2. 就业人口结构

（1）性别

2011 年台湾各产业总就业人口达 1,070.9 万人，其中男性有 600.6 万人，占比为 56.08%；女性有 470.2 万人，占比为 43.91%。

服务业就业人数达 627.5 万，其中男性占比 47.20%；女性有 331.3 万，占比略高于男性，达 52.80%。服务业中批发及零售业、住宿及餐饮业、金融及保险业、专业服务业、教育服务业、医疗保健及社会工作服务业、艺术、娱乐及休闲服务业都是女性占比较高的产业。

（2）年龄（2010 年资料）

整体来说，台湾服务业就业人口中，年轻人、青年、壮年、老年占比为 8.3%∶56.9%∶33.4%∶1.4%。由此比例观之，发现在服务业中有三类值得注意的服务业业态：

A. 年轻人较多的产业：住宿及餐饮业

综观各产业 15~24 岁的就业人占比，以“住宿及餐饮业”占比较高，达 15.2%；次为“艺术、娱乐及休闲服务业”，占 12.2%；与“其他服务业”占 11.3%。“住宿及餐饮业”进入门槛较低，吸引大量年轻人投入该产业。

B. 青年人口较多的产业：信息及通信传播业、金融及保险业

25~44 岁的就业人口占比在七成左右的产业包含信息及通信传播业、金融及保险业。其中“信息及通信传播业”25~44 岁的就业人口占比高达 71.6%；次为“金融及保险业”占 68.9%。二者皆为朝气蓬勃、需大量年轻人的产业。

C. 中壮年人口比例较高的产业：支持服务业

另外，“支持服务业”的中壮年人口占比 45.8%，与“公共行政及安防；强制性社会安全”中壮年就业人口占比为 42.4%，两者中壮年就业人口占比都较高。

D. 老年人口比例较高的产业：批发及零售业

“批发及零售业”的 65 岁以上的老年就业人口占比为 2.5%，而服务业 65 岁以上的老年就业人口平均占比为 1.4%，“批发及零售业”是服务业中占比最高的产业。

由于“批发及零售业”可能仍有许多经营已久的自营商、或吸纳较多兼职退休人力、或中高龄创业加入连锁加盟，使得老年就业人口比例较高。由于中高龄就业是劳动政策重要一环，未来将可持续观察“批发及零售业”吸纳中高龄就业人口的趋势。

3. 教育程度（2010 年资料）

整体来说，台湾服务业就业人口中，初中及以下、高中职与大专及以上占比为 16.1%∶33.3%∶50.6%，显示目前台湾就业人口随着教育程度提高，已有过半的服务业就业人口教育程度达“大专及以上”。

（1）“初中及以下”占比较高的产业：住宿及餐饮业、运输及仓储

“住宿及餐饮业”初中及以下的就业人口占比为 31.1%，为服务业中占比最高的产业。针对教育程度较低就业人口较少的产业，未来职业训练方向应兼备专业技艺型技能与专业经理人训练，提升产业人力资源。

（2）“大专及以上”就业人口比例较高的产业：教育服务业、医疗保健及社会工作服务业、信息及通信传播业、金融及保险业

教育服务业、医疗保健及社会工作服务业、信息及通信传播业、金融及保险业中“大专及以上”就业人口比例较高，均有超过七成的就业人口教育程度为“大专及以上”。

研发经费

台湾服务业包含当局与民间的所投入的研发经费，历年来皆略低于制造业，显示服务业在利用研发创新，以提高附加价值方面，还有加强的空间。

针对服务业中的个别产业来看，由于目前资料更新至 2010 年。需要较多研发经费以求创新发展的产业，创新研发的脚步均未停止，经费不受金融海啸影响，仍然逐年攀升，如“批发及零售业”、“信息及通讯传播业”、“金融及保险业”、“专业科学及技术服务业”与“医疗保健及社会工作服务业”；“支持服务业”连两年下滑后有提高之趋势。而“运输及仓储业”、“不动产及租赁业”与“其他服务业”研发经费则有逐年下降的趋势。

重要厂商概况

1. 王品集团为台湾餐饮业龙头，计 11 个品牌，股价近 500 元台币，借品牌定位、菜色研发、用餐气氛、顾客服务等创造价值，为台湾杰出的服务业者。

2. 泰统瓦城集团为兴柜股后，旗下 36 家店面，2015 年希望拥有 8 个品牌，640 家分店，营收 250 亿元。是台湾结合科技管理与服务业营销管理的典范。

3. 台湾 85 度 C 在大陆已达 270 家店，预计 2012 年开出 110 家店；安心食品 2011 年在福建有 25 家店，预计 2012 年展店至 100 家。上述两者以新鲜、明亮、食材、健康为诉求，带动台湾餐饮新文化。

4. 其他餐饮业如餐馆类：新天地、南侨、鼎泰丰、金钱豹；火锅类：呷哺呷哺；快餐类：永和豆浆、三商巧福、代官山、八方云集、老董牛肉面、得克士炸鸡；休闲餐饮类：上海星巴克、鲜芋仙、两岸咖啡、迪欧咖啡、都可、一茶一座、仙踪林等都是台湾知名餐饮品牌，借特色产品、服务、干净与价值逐步成长。

5. 在批发零售方面，润泰集团转投资的高鑫零售占中国大陆市场占有率超过沃尔玛、华润、家乐福、新一佳、百联、正大、

特易购等，2011 年总店约 230 家，预计未来两年展店 55 家。大洋百货 2011 年在大陆 18 家，以杰出的促销活动带出业绩，预计带 2020 年展店至 50 家；远百与太百则在大陆有 12 个据点。在服饰通路部分，丽婴房、台南纺织、嘉裕、F– 东凌等在两岸布局渐增。

6. 超商在岛内布点日渐成熟，前往大陆抢占市占率为当务之急，全家 2011 年在大陆约 800 家连锁店，2012 年约可达 1000 家。上海 7–11 约 150 家，预计 2012 年展店至 150 家，统一超商在台餐饮业已投资统一星巴克、统一午茶、统一多拿滋、酷圣石冰淇淋，流通事业则投资康是美、无印良品、阪急百货、统一药品、柏克莱、乐天；至于大陆投资则包含：餐饮——上海星巴克、上海多拿滋、上海午茶、上海酷胜石；超市——山东统一银座、成都优马特；流通事业——上海 7–11 与广东康是美。

7. 其他如樱花、特力与宝岛眼镜等通路商已有明显扩大计划于大陆。

台湾优质服务业是近期受岛内民众高度注意与青睐的行业，服务业的发展已是台湾未来经济成长的关键因素。

表 1：2010~2011 年台湾服务业家数与销售值

单位：家、新台币百万元

	2010		2011		2011	2011
	家数	销售值	家数	销售值	家数成长率	销售值成长率
批发及零售业	626,753	13,232,810	632,145	13,884,807	0.86%	4.93%
运输及仓储业	30,418	1,081,059	30,435	1,062,622	0.06%	–1.71%
住宿及餐饮业	107,681	374,785	112,134	425,707	4.14%	13.59%
信息及通讯传播业	15,336	854,532	15,672	912,142	2.19%	6.74%
金融及保险业	23,040	2,266,259	23,735	2,450,642	3.02%	8.14%
不动产业	21,628	870,068	24,419	827,232	12.90%	–4.92%
专业、科学及技术服务业	34,507	643,265	36,078	659,460	4.55%	2.52%
支持服务业	26,176	295,222	27,150	337,107	3.72%	14.19%
公共行政及安防	21	1,283	19	保护个别资料 ***	–9.52%	***
教育服务业	999	6,879	1,161	7,910	16.22%	14.99%
医疗保健及社会工作服务业	395	4,492	390	4,783	–1.27%	6.48%
艺术、娱乐及休闲服务业	20,394	68,926	20,433	71,340	0.19%	3.50%
其他服务业	67,378	182,158	70,360	198,341	4.43%	8.88%

数据源：“财政部”财政月报

表 2：2010~2011 年台湾服务业员工人数、企业规模

单位：千人

行业	2010 家数	2011 家数	2010 人数	2011 人数	2010 均人数	2011 均人数	2011 均人数成长率	2011 行业总人数成长率
批发及零售业	626,753	632145	1,441,092	1475509	2.30	2.33	1.48%	2.39%
运输及仓储业	30,418	30435	255,135	262408	8.39	8.62	2.76%	2.85%
住宿及餐饮业	107,681	112134	272,786	285810	2.53	2.55	0.74%	4.77%
信息及通讯传播业	15,336	15672	174,331	181165	11.37	11.56	1.67%	3.92%
金融及保险业	23,040	23735	353,459	358525	15.34	15.11	–1.53%	1.43%
不动产业	21,628	24419	87,095	95700	4.03	3.92	–2.75%	9.88%
专业、科学及技术服务业	34,507	36078	201,641	210074	5.84	5.82	–0.29%	4.18%
支持服务业	26,176	27150	303,026	307721	11.58	11.33	–2.12%	1.55%
教育服务业	999	1161	74,564	76622	74.64	66.00	–11.58%	2.76%
医疗保健及社会工作服务业	395	390	338,273	346551	856.39	888.59	3.76%	2.45%
艺术、娱乐及休闲服务业	20,394	20433	50,983	48394	2.50	2.37	–5.26%	–5.08%
其他服务业	67,378	70360	82,883	83302	1.23	1.18	–3.74%	0.51%

数据源：服务业家数来源为“财政部”财政月报；受雇人数来源为“行政院”主计处“薪资及生产力调查”，其中该项调查并未包含“公共行政及安防；强制性社会安全”

表 3：台湾服务业历年研发经费

单位：新台币百万元

	批发及零售业	运输、仓储业	信息及通讯传播业	金融及保险业	不动产及租赁业	专业科学及技术服务业	医疗保健及社会工作服务业	其他服务业
2005 年	271	202	8,521	1,068	5	1,296	1,955	114
2006 年	337	223	9,591	1,304	11	1,612	2,196	121
2007 年	542	303	9,141	1,068	19	1,391	2,467	153
2008 年	656	109	10,574	1,252	15	1,722	2,501	240
2009 年	894	85	11,049	1,543	14	2,106	2,830	195
2010 年	862	183	12069	1718	12	2397	3035	166

数据源：“行政院”国科会

第四部分

产业面

第十二章　台湾金融产业分析

翁 丽 俐 / 普华（PwC）国际财务顾问公司执行董事

专业领域 / 金融业并购之策略规划咨询与财务尽职评鉴

金融商品会计处理与评价咨询

企业评价、财务报表评价及金融资产证券化评价等各类价值评估

银行业与保险业之财务风险管理评估咨询

前言

海峡双方于2010年中签订《海峡两岸经济合作架构协议》(以下简称"ECFA")之后，两岸金融业往来及互访极为热络且频繁。截至2011年底止，大陆金融业者已经来台设立办事处者共有中国银行、建设银行、交通银行及招商银行等，其中中国银行及交通银行已于2011年底取得金管会核准之分行筹设许可，2012年1月底取得投审会核准汇入分行营运资金，预计2012年内在台分行将获准正式开业。

依据ECFA及台湾金融三法（台湾及大陆地区金融、保险、证券期货业务往来及投资许可办法）之规定，大陆地区金融业可来台设立办事处、分公司、子公司或参股台湾金融机构，本文将着重于参股相关议题之探讨。

台湾金融环境与概况

1. 发展完整之金融体系

表1：金融产业分类与家数（2011年12月）

大产业	次产业	总行家数	附注
银行	子行（本土/外商）	37	主要为商业银行、工业银行
	外商银行分行	28	
	基层金融机构	327	信用合作社、农渔会信用部
	邮局	1	"中华邮政公司"
	票券金融公司	8	
保险	寿险（人寿保险）	24	
	产险（财产保险）	17	
	再保险	3	
证券期货	证券商	125	主要为综合券商、专业经纪商
	期货商	18	专业期货商
	投信（基金公司）	38	
混业经营	金融控股公司	16	辖下子公司至少同时包括银行、保险及证券期货三大产业之二

数据源："中央银行"/金融监督管理委员会

2. 完善的监管制度与系统

表2：金融监督管理委员会（金管会）之组织架构（2011年12月）

组织	说明
委员会会议	主任委员（1）、副主任委员（2）、专门委员（7）

银行局	管理金融控股公司、商业及工业银行、外商银行分行、 信用合作社、中华邮政公司、票券公司
保险局	管理寿险、产险、再保险公司
证期局	管理上市、上柜、兴柜及公开发行公司、与证券商、期货商、投信公司等
检查局	负责银行局、证期局及保险局所管理公司之金融检查
行政管理单位	4 处 4 室等 8 个行政单位，及纽约及伦敦代表办事处

数据源：金融监督管理委员会

台湾金融市场发展与潜在需求

1. 过去十年以混业经营为主流：

为因应台湾金融产业快速变化，透过银行、保险及证券期货等混业经营来分散风险，同时满足客户一次购足（one-stop-shopping）之需求，金融控股公司法遂于 2001 年 11 月正式施行。自 2001 年 12 月第一家金融控股公司——华南金控设立后，截至 2011 年底，陆续成立 16 家金融控股公司，其总资产约占全体金融机构总资产之 65%，金融控股公司其子公司在银行、保险及证券业之总资产占比亦均超过五成。

表 3：16 家金融控股公司及其子公司总资产之产业占比（2011 年 12 月）

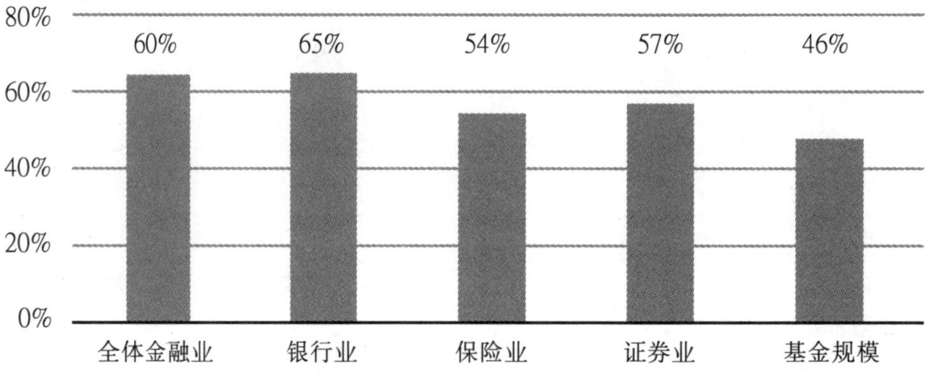

数据源："中央银行" / 金融监督管理委员会 / 保险发展中心 / 证券交易所 / 投资信托投资顾问公会（基金规模含公募及全权委托）

2. 过去十年来并购活动热络，逐渐走向大者恒大趋势：

2001 年至 2004 年间，共有 14 家金融控股公司陆续成立，带动第一波并购热潮，此段期间为符合跨业共同成立金融控股公司之法规要求，以本土金融机构间整并为主。2005 年至 2006 年推出"二次金改"政策，推动 14 家当局控制之金融机构相互整并或由民营业者合并，同时外商开始尝试少数股权投资。2007 年至 2009 年间，金融重建基金（RTC）陆续接管及标售 7 家问题金融机构，外商（包含国际金融集团与私募基金）为拓展服务台商与个人金融及财富管理范畴，亦大举进入台湾银行市场，多数为取得控制权投资，同时亦大幅提高外商在银行业之市占率与影响力。

2010 年至 2012 年初，金融机构并购活动则集中在保险及证券期货业，主系多家外商寿险公司以往所累绩之高预定利率保单，受台湾低利率环境与 IFRS（国际会计准则）等影响致提存准备金之压力大增，加上岛外母公司资金需求高，陆续退出台湾寿险市场，并由本地业者接手；而市场占有率争夺战与持续成长的资产管理市场，则引发多起中大型本土证券商间并购案与投信（基金）公司之合并或股权变动。

比较 2000 年与 2011 年底，前十大银行、保险、证券公司总资产与投信（基金）公司基金规模之市占率，可以发现大者恒大之明确趋势（表 4）。

表 4：产业前十大公司之总资产占比（2011 年与 2000 年比较）

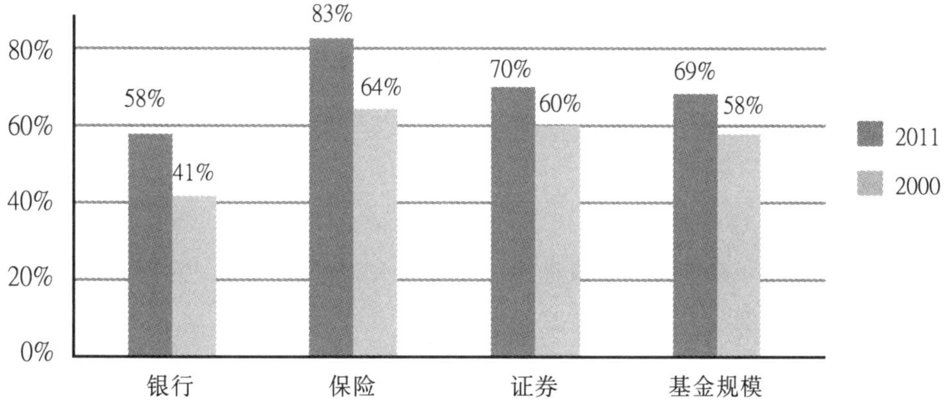

数据源："中央银行" / 金融监督管理委员会 / 保险发展中心 / 证券交易所 / 投资信托投资顾问公会（基金规模含公募及全权委托）

3. 当局控制以银行业为主，外商则热衷银行及资产管理业务

早年由当局控制之金融业以银行为主，保险及证券期货业因多数单一公司早期资产规模相对较小，民间业者参与程度较高。即便历经 1992 年开放多家民营业者加入市场，2005 年至 2006 年"二次金改"减半整并政策，当局控制或担任主要股东之银行（或泛称为公股行库）因根基已深，截至 2011 年底在银行业总资产市占率仍达五成。

外商在台湾金融市场投资，于 2000 年以前曾有一波并购投信（基金）公司热潮，主系 1998 年至 2000 年间适逢台湾资本市场与股票型基金快速成长，投信（基金）公司投资规模及风险相对较小，外商进入门坎较低所致。第二波外商投资台湾金融业的高峰，则落在 2007 年至 2011 年间，前期投资主要集中在银行业，后期并购则以投信（基金）公司为主（表 5）。

表 5：主要控制权股东属性分布（2011 年 12 月总资产）

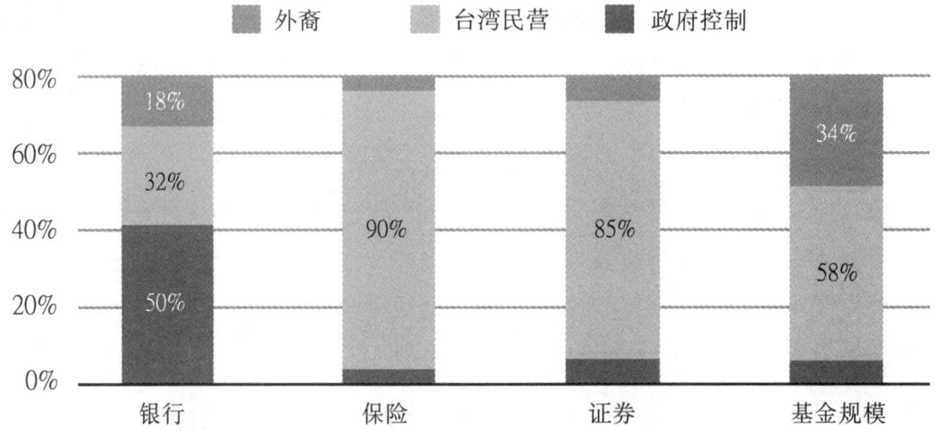

数据源："中央银行" / 金融监督管理委员会 / 保险发展中心 / 证券交易所 / 投资信托投资顾问公会（基金规模含公募及全权委托）

4. 因应国际化需求，未来数年增资需求大：

（1）金管会积极推动巴赛尔协议 III 及 IFRS 等与国际接轨，加上台湾许多金融业者以扩大海外据点为发展重点，预估增资需求将持续增加。

（2）少数体质弱之寿险急需积极增资，以提升公司体质及风险承受能力。

（3）以 2012 年为例，据报载，截至 5 月中已知今年多家金融业提出增资金额，银行业上看新台币 2,000 亿元（约人民币 400 亿元），保险业亦达新台币 150 亿元以上（约人民币 30 亿元）。

台湾法规限制及两岸监管机关之态度

1. 参股台湾金融机构之相关规定较为严格，有待持续协商及开放（表 6）

表 6：金融三法参股台湾金融机构相关规定

产业	银行 / 金控公司	保险	证券 / 期货 / 投信
参股比例上限：直接投资（单一金融机构）2. 间接投资	上市柜：5% 未上市：5% QFII：5% （直接与间接投资合计不超过资本总额 10%）	上市柜：5% 未上市：10% QFII：5% （直接与间接投资合计不超过资本总额 10~15%）	上市柜：5% 未上市：10% QFII：5% （直接与间接投资合计不超过资本总额 10~15%）

参股主要资格	于 OECD 当局设立分子行且经营 5 年以上 资产或资本全球银行排名前 200 名以内 从事国际性银行业务，财务健全并符合主管机关规定之财务比率。	信用评等达一定等级以上，如：标准普尔（S&P）A- 级、惠誉评等（Fitch）A 级、穆迪评等（Moody’s）A3 级等	资本额（新台币）不低于 1. 证券：50 亿元 2. 期货：4 亿元 3. 投信：15 亿元 投信管理基金规模不低于新台币 8 千亿元 具有国际证券 / 期货经验 最近三年度连续获利 最近二年连续取得大陆地区证券 / 期货分类监管规定评价为 A 类以上

数据源：金融监督管理委员会

（1）依据金融三法规定，陆资金融机构来台设立分子公司及参股二种模式中仅能二择一，选择性相对减少。

（2）对于参股台湾银行、保险及证券期货业资格之其他限制，包括银行业之 OECD（经济合作暨发展组织）规定，保险业之国际信用评等，与证券期货业之国际业务经验等高门坎，短期内亦减少符合参股条件之陆资金融机构。

（3）直接参股上限 5%~10%，相较大陆规定单一外资参股陆资金融机构之比例约 20%~33% 为低，虽然将因此失去争取较多董事席次之机会，然而较小的投资金额，其投资风险及对陆资金融机构本身资本适足率之影响亦相对降低，对于初次参股之陆资金融机构并非全然不利。

2. 参股模式中，直接投资部分或被要求仅可买入私募新股：

（1）一般参股可采用买入原股东持股（老股）或新发行之私募股票，二者之最大差异在于私募股票依规定有一定时间之闭锁期（如：三年），而购买老股则无闭锁期限制。

（2）据媒体报道，金管会基于推动巴赛尔协议 III 及 IFRS 等充实资本之需求，直接投资部分倾向仅同意购买参股金融机构新发行之私募股票，至于透过 QFII（合格境外投资机构）间接持股部分，则允许自公开市场买进。

（3）依据“公开发行公司办理私募有价证券应注意事项”之规定，发行私募新股之金融机构董事会在通过定价，取得金管会、“央行”及投审会三大“部会”核准后并收足私募款项，前述相关程序需于 15 日内完成。台湾业者反应申请时间太短，实务上不太可能达成，据媒体报导，金管会或可能推动“定价范围预审”机制，亦因可能违背公司治理而窒碍难行，此一议题尚在研议及沟通中。

3. 两岸监管机关对于陆资来台参股金融机构之态度，可能影响参股意愿：

（1）金管会于 2012 年初始开放陆资金融机构来台参股之新规定，据多家媒体报道，虽然台湾金融业者一再呼吁提高参股比例，惟因涉及“央行”及“陆委会”等跨部会协商，故金管会秉持“循序渐进”之大原则，倾向施行一段时间且有具体案例后，再针对参股比例等规定进行检讨。

（2）金管会承受来自立法机关关切之压力颇大，如“立法委员”要求开放陆银升格分行必须在台资银行大陆分行取得人民币业务许可之后，对于拟引进陆资参股之台湾金融机构于参股前应进行资产重估，同时金融三法之修法亦需寻求立法机关支持，均导致金管会对于短期内大幅开放抱持相对保守及谨慎的态度。

（3）依据目前台湾金融三法与金融控股公司法等规定，陆资金融机构似不被允许直接投资台湾金融控股公司之银行、保险及证券期货子公司。由于陆资金融机构较熟悉参股单一行业，混业经营对于大陆监管机关来说亦较陌生，银行公会已提案建议可直接参股金融控股公司持股超过 50% 之子公司。据了解，金管会对于此部分开放，在态度上则较为支持。

（4）大陆银监会、保监会及证监会对于陆资金融机构来台参股事宜，尚无明确表态或公开说明，而发改委或对台办公室等之态度亦将影响陆资金融机构来台参股意愿。

两岸业者对于陆资来台参股之考虑

1. 同文同种优势与完全竞争的市场环境，有助于两岸金融业者紧密互动与交流，并打造大中华区金融市场最后一张拼图：

（1）两岸市场存在同文同种及文化相近之优势，台湾金融业因较早对外开放，与国际市场合作经验较多，早期大陆金融业发展即包含两岸金融精英与团队的共同参与，也培养多批熟悉两岸金融市场运作之人才，相较与其他外商合作，两岸金融业者在沟通上明显顺畅许多。

（2）自 2010 年中签订 ECFA 后，两岸金融业者交流更加频繁，透过多项合资、签署合作备忘录（MOU）及各种参访与研讨会，大幅拉近彼此紧密关系及互信与了解。

（3）大陆金融业者在大中华区市场布局上，多数尚未跨足台湾市场，透过参股合作，将可迅速且顺利完成最后一块拼图。

2. 参股价格及比例或非最大障碍：

（1）台湾金融业指数及市净率（市价 / 净值，PB ratio，约介于 0.8~1.5 倍）相较外围资本市场，如香港、上海、东京、首尔及东南亚各国为低，陆资金融机构参股或有助于提升股价，故参股价格较不必然成为重大障碍。

（2）直接参股比例 5% 至 10%，虽然短期内提高可能性较低，惟台湾当局高层近期透露，据其了解，陆银对来台参股金融业有兴趣，并不嫌 5% 少，甚至比例只有 1% 也愿意来，显示参股比例亦非最大障碍。

3. 银行业亮点较多，有较高机会成功开展双方合作与参股投资：

（1）近几年台湾中大型银行业者持续扩大海外营运据点，除大陆市场外，亚太地区包括新加坡、越南、印度尼西亚、泰国及柬埔寨等东南亚国家与澳大利亚皆为近期热门扩点区域。由于包括台商在内的华人在东南亚占有一席之地，与台湾银行业关系密切，加上培养海外营运据点人才不易，参股台湾银行业可同时分享双方客户资源、海外经验与团队合作。

（2）台湾银行业者在信用卡等个人金融

产品及银行保险等业务，其销售渠道、手法及人员培训等成熟且完整、在历经双卡风暴及全球金融海啸之后，监管与业者风险控管机制亦日趋完备，透过参股可直接了解及吸收相关业务发展经验，也可作为大陆银行业者发展相关业务之参考或借镜。

（3）外商参与台湾银行业并购（含参股）交易频繁，例如日商三井住友银行参股中信金控/银行、淡马锡及摩根史坦利先后参股玉山金控/银行、新桥集团参股台新金控/银行、日本新生银行参股日盛金控/银行、奇异（GE）集团参股万泰银行等。

（4）在近期拜访多家台湾银行业者时，我们亦发现不少项目与标的有意愿接受陆资参股，同时台湾银行业者及监管机关对于各种参股及合作模式接受度较高，加上近两年来多家台湾及大陆银行业者签署合作备忘录（MOU），有利于参股之推动与成功。

4. 保险及证券期货市场较饱和且客户多以台湾个人为主，短期内投资项目或可考虑少数体质较弱之保险公司或中小规模之投信（基金）公司：

（1）不论是个人寿险或产险中的车险及健康险等，以及台湾资本市场投资者，个人占比在数量上远高于企业法人，市场成熟度高且进入门槛较低，在如此完全竞争市场中，参股选择将局限于少数大型保险及证券货公司或集团，投资金额相对较高且机会有限。

（2）参股台湾保险公司在限制门槛上相对较低，而少数体质较弱之寿险公司，台湾监管机关基于保障该等公司之保户权益，陆资若可提供明确长期投资承诺保证，或有机会率先突破参股上限，甚至取得公司主导权等也列入监管机关之思考方向，该等议题亦于立法机关及业界中经历多次热烈讨论，在有限的投资机会里，或许是另一种可考虑的方向。

（3）部分中小型投信（基金）公司，投资金额及风险相对较小，董事席位及高管团队的安排上弹性较高，或有机会在股权比例较低之限制下，仍可掌控较多实际经营与管理权。

结语

对于两岸金融监管机关、业者与客户而言，金融机构间初步的业务合作与交流互动只是个起点，大家对于共同扩大及健全大中华区金融市场、发展多元产品及便利的渠道服务与完善的风险管理，是彼此一致的发展愿景与目标。相信在双方监管机关与业者的共同努力之下，有效且循序渐进的推动及放宽陆资来台之多重机会与限制，达到监管互惠、人才互通、产业互补三赢之结果将是指日可待。

第四部分

产业面

第十三章　台湾银行产业剖析及未来契机

程 淑 芬 / 台湾大学国企系所专业实务教师

专业领域 / 银行、保险、证券业研究及实务

经济及证券市场分析

财经公共政策

前言

金融产业是整体产业最重要的一环，各个产业的发展基础皆需要大量资金注入，因此有健全的金融产业体系才能带动良好的产业发展，而拥有更开放的金融市场才能吸引更多资金参与，使产业更蓬勃发展。回顾台湾金融产业发展趋势的同时，展望未来期盼吸引的不只是陆资的进入，还有四面八方的外资来台投资。

台湾金融环境之发展简介

1983 年

资本管制开放，经济快速成长，产业投资强劲，资金透过银行业交流。同时期外汇存底累积增加，投资多集中于不动产与股市。

1990 年

1990 年以前银行业多数为公股银行，且因为银行业尚未开放，竞争对手少，银行业的获利佳。

1990 年台湾开放 16 家新银行执照，初期部分以企业金融为主要业务，部分专注消费金融。少数民营信托改制商业银行后，表现参差不齐，其中以“中国信托”表现最佳。然而银行业也因为大量开放、家数太多而造成利润率的恶化。

1998 年

亚洲金融风暴后，金融业超过一兆的潜在呆账风险为第一波银行业整并埋下伏笔。

2001 年

金融控股公司的成立：金融整合营销，跨业经营，交叉销售。

台湾银行业版图之演进

截至 2012 年 3 月台湾本地银行共有 39 家，市场份额非常分散，连台湾最大的银行——台湾银行份额大约也只有 11% 上下。前五大银行资产占整个市场的份额不到 40%，相较于世界水平显得偏低。市场份额集中度差，容易导致银行无法就客户风险作差别定价，在资金过剩时容易诱发价格竞争而压抑利差，损伤银行业获利。台湾金融业股东权益报酬率过去五年在亚洲几乎敬陪末座，即是受此影响。但未来只要业者与政府一起努力，改善市场定价纪律、提升利差及手续费收入，加上海外营运渐有斩获，长期将有转机。

表 1：台湾各金融机构家数

类型	家数	类型	家数
岛内银行	39	外国银行在台分行	29
信用合作社	25	农会信用部	277
渔会信用部	25	邮局	1,323
人寿保险公司	30	产物保险公司	20
票券金融公司	8	证券金融公司	2
国际金融业务分行	62		62

数据源："中央银行" / 资料截止日 2012/03

图 1：台湾银行业市场份额集中度差

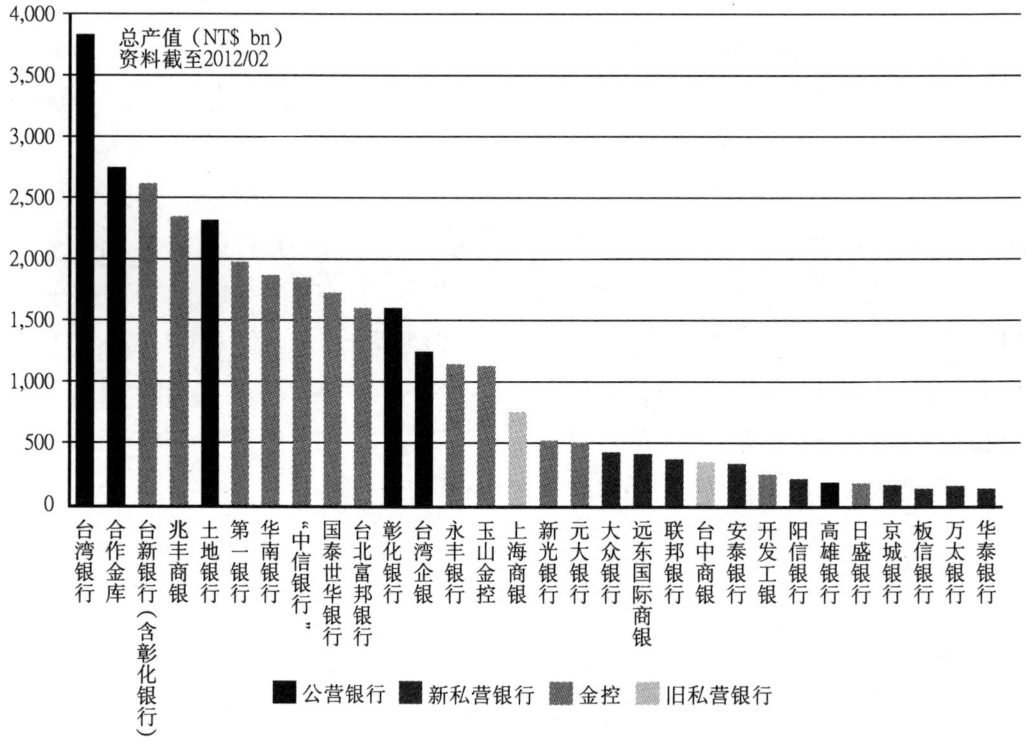

台湾的银行大致可分为以下几类：（1）日据时代留下来之金融机构；（2）设立于大陆地区，在台复业之金融机构；（3）光复后在台设立之金融机构，（4）外商银行。

1. 日据时代留下来之金融机构

表2：日据时代留下之金融机构

单位：新台币百万元

银行名称	总资产 (2012/02)	资产市场份额 (2012/02)	放款金额 (2012/02)
台湾银行	3,869,187	11.00%	2,197,895
合作金库	2,778,110	7.90%	1,910,530
土地银行	2,344,835	6.67%	1,817,529
第一银行	2,015,542	5.73%	1,380,959
华南银行	1,917,567	5.45%	1,343,655
彰化银行	1,621,119	4.61%	1,139,792
台湾中小企业银行	1,269,637	3.61%	944,762

台湾银行亦称小“央行”，为台湾当局100%持有，总资产达3.8兆台币，资产市场份额为业界最高，约11%。台湾银行于2008年转换股份成立台湾金控，将其证券与保险事业分割为金控子公司，成为涵盖银行、证券及保险的集团。合作金库系于1946年接收前日据时代“台湾产业金库”改组成立，于2006年合并“中国农民银行”而成为台湾第二大银行，为官股银行中较积极与外商合作之银行，与法商巴黎集团（BNP Paribas）在保险及资产管理等业务积极合资。而土地银行为政府指定办理不动产信用之专业银行，主要专注于按揭贷款、土地与建筑融资，总资产市场份额近7%，为台湾当局100%持有，过去曾数次讨论民营化方案。

第一、华南及彰化银行成立近百年，原为区域性商业银行，其中第一银行更超过百年历史，长期专注中小企业放款，受惠台湾过去50年经济成长而茁壮，资产市场份额约5~6%。台湾中小企银系于1976年将“台湾合会储蓄股份有限公司”改制为商业银行，为跨全台湾中小企业专业银行，而且是台湾首先创设以提供中小企业融资与辅导为主的银行。第一、华南、彰化及台湾中小企银均于1998年民营化，华南于1998年、第一于2003年转换股份成为金融控股公司。目前政府控制第一、华南持股在30%以上，持有彰化银行则约20%。

2. 设立于大陆地区，在台复业之金融机构

在台复业之银行如下表，目前只有上海商业储蓄银行仍维持独立商业银行营运，而“中国国际商业银行”与交通银行于2002年合并成立兆丰金控，农民银行于2006年并入合作金库，“中央信托局”则于2007年与台湾银行合并。

表 3：在台复业之金融机构

单位：新台币百万元

银行名称	总资产 (2012/02)	资产市场份额 (2012/02)	放款金额 (2012/02)
兆丰国际商业银行（“中国国际商业银行”、交通银行于2002/12031合并）	2,379,454	6.76%	1,489,292
上海商业储蓄银行	795,562	2.26%	424,792
“中央银行”	13,482,098 (2010/12)	N/A	N/A
邮政储金汇业局	4,888,769 (2011/12)	N/A	6,580 (2011/12)
“中国农民银行”（2006/5/1被合作金库合并）	2,778,110	7.90%	1,910,530
“中央信托局”（2007/7/1被台湾银行合并）	3,869,187	11.00%	2,197,895

3. 光复后在台设立之金融机构

表 4：光复后在台设立之金融机构

金融机构类别	金融机构名称
侨资银行	华侨商业银行 世华商业银行
市银行	台北银行 高雄银行
输出入银行	“中国输出银行”
中小企业银行	台北区、新竹区、台中区、台南区、高雄区、花莲区及台东区，共7家。
信托投资公司	中华开发、“中国”、台湾第一、华侨、国泰、中联、亚洲、台湾土地开发，共8家。
基层金融机构	信用合作社、农会信用部及渔会信用部
新成立的商业银行	万通、大安、联邦、中华、远东、亚太、华信、玉山、万泰、泛亚、中兴、台新、富邦、大众、宝岛及安泰，共16家。

台湾光复后，随着经济发展衍生国际贸易金融服务与扶植中小企业发展之需求，侨资银行、区域性中小企银、基层金融机构应运而生。区域性中小企银共七家，加上信用合作社与农渔会信用部，成为地方融资重要管道。在1990年政府开放新银行执照之前，台湾银行业较具定价主权，利差较高，但随着16家商业银行于1990~1992年间成立，银行业竞争转趋激烈，在市场资金过剩时造成杀价竞争，让银行业获利率逐渐下滑。基层金融业放款专业能力较弱，由于与地方政商势力关系错综复杂，不当放款也在1990年代中期开始造成挤兑、倒闭等风险事件。中小企银及部分新设银行则在1998年亚洲金融风暴中凸显资产质量低落，屡次呆账造成增资需求也促成过去十几年间银行业之整并。

表5：16家新设立之商业银行

单位：新台币百万元

银行名称	总资产(2012/02)	资产市场份额(2012/02)
万通	1,882,596（并入“中信”）	5.35%
大安	1,028,944（台新）	2.92%
联邦	413,004	1.17%
中华	510,339（汇丰）	1.45%
远东	443,402	1.26%
亚太	547,135（元大）	1.55%
华信	1,187,190（永丰）	3.37%
玉山	1,169,417	3.32%
万泰	143,375	0.41%
泛亚	214,241（星辰）	0.61%
中兴	413,004（联邦）	1.17%
台新	1,028,944	2.92%
富邦	1,646,756	4.68%
大众	466,731	1.33%
宝岛	213,793（日盛）	0.61%
安泰	368,079	1.05%

4. 外商银行

外商银行在2006年以前通路小，在台湾营运并非全面开战，而是选择性以在台分行形式在国际贸易融资、外汇、高端财富管理、信用卡等业务中挑选其专长业务攻城略地。1998年亚洲金融风暴中银行五次调降存款准备率，使银行同业借贷利率下降，外商银行灵活利用低利率环境，大多以同业借贷来支应放款成长，享受较本地银行较高的获利。这样的商业模式并不需要很多分行，所以最大的花旗银行当时仅有10个在台分行，汇丰也仅开8个分行。

这情势在2006年开始转变，随着经济成长累积财富，外商银行开始更重视深耕服务台商及企业主，渣打银行于2006年开了第一炮，透过并购新竹商银（原新竹企银）拿到83个分行执照，接着在2006~2008年间花旗银行、荷兰银行（2008年并入澳盛银行）、汇丰银行及星展银行在台湾透过并购或向台湾政府重建基金购买问题银行，扩大在台版图，近年来对中小企业放款及一般财富管理业务也积极进入。

表6：外商银行并购时间及对象

并购时间	收购方	被并购方	并购分行家数	目前分行家数
2006/09	渣打银行	新竹商银	83	88
2007/05	花旗银行	华侨商银	5+	6+
2007/06	荷兰银行	台东企银	32	18（澳盛银行）
2007/12	汇丰银行	中华商银	39	44
2008/05	星展银行	宝华银行	40	39
2008/10	渣打银行	亚洲信托	7	88

商业银行主流商品发展

台湾银行业早期靠大量的中小企业借款所支撑，1990年新银行开放以前，大部分银行以企业金融为主，消费金融多集中于房屋贷款，直到1996年之后有些银行开始以消费金融为业务重心，信用卡业务也在1998年开始才快速地成长。

台湾银行业在1990~2000年间由16家新银行成立带来新资金供给，加上经济成长之下企业扩厂产生放款需求，这段时间银行业企业金融放款年成长率最高曾达到近50%。1998年亚洲金融风暴之后银行在疗伤中对传统产业放款转趋谨慎，而网络泡沫后年全球经济直到2003年才逐渐复苏，再加上间接金融盛行，部分企业部分资金需求转向公司债或股票市场筹资，2008~2009年企金放款年增长为负值，到2010年银行业企业放款成长率回升至8.5%，而未来常态成长可能在4%~8%之间。

图 2：企业金融及消费金融放款年增率

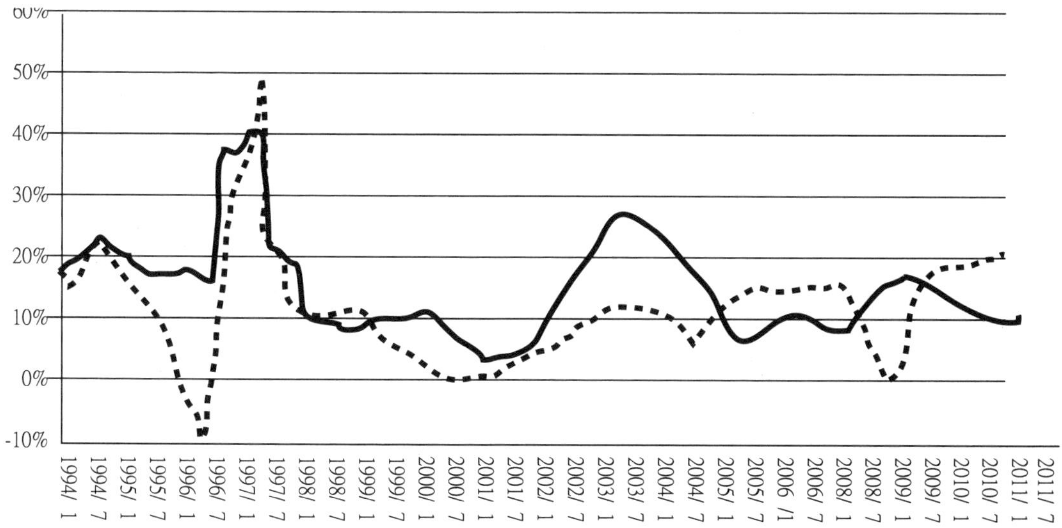

图 3：银行放款总额及年增率

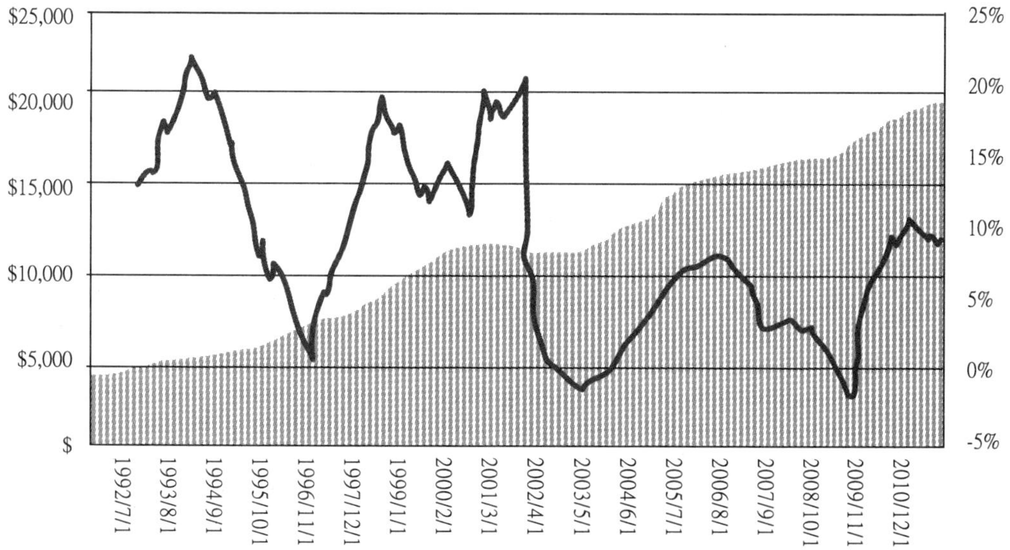

1998 年亚洲金融风暴造成企金放款损失之后，按揭贷款市场渐渐成为银行必争之地，主要是因为台湾藏富于民，按揭贷款实际还款期平均不到十年，呆账比率较低，相对安

全。2000年起“中央银行”导正以基本放款利率加减码的按揭贷款利率计价方式，变成以银行资金成本加码计价，2002年春“中国信托”等以消费金融为重心之民营商业银行首推指数型按揭贷款，兴起一波按揭贷款转贷潮，也是变相价格竞争，自此时起银行业整体利差便逐渐加速下滑。

图4：存放款利差逐渐下滑

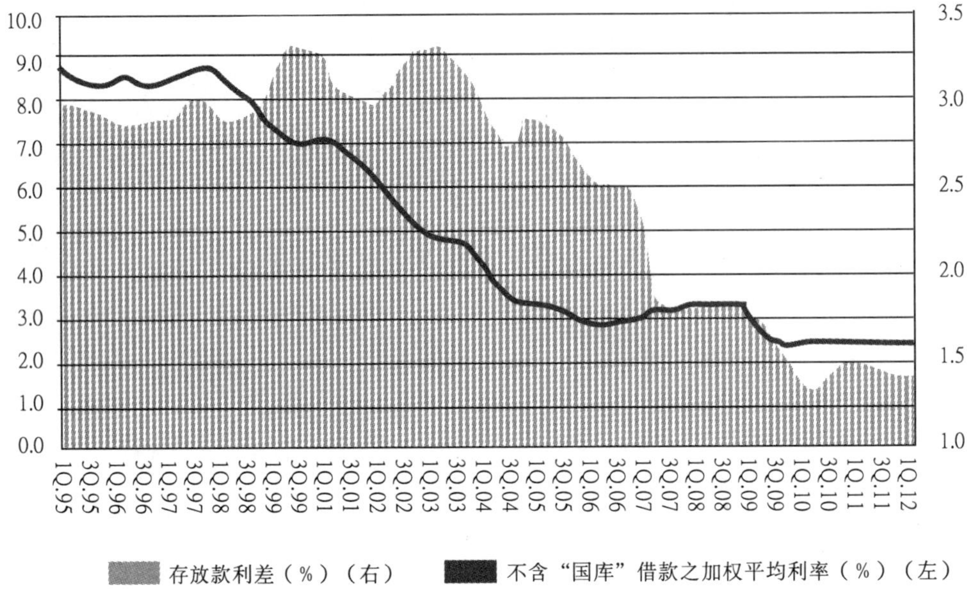

1999年开始，台湾除了按揭贷款之外，银行业也开始耕耘无担保信用贷款，这项贷款以三种形式存在：（1）信用卡预借现金；（2）现金卡；（3）无担保个人信贷。信用卡业务早期由花旗等外商银行及“中国信托”称霸，台新银行在1998年成功打入女性卡之后乘胜冲刺，在五年内已成为台湾第二大发卡行。这样的成功案例及高利差吸引岛内其他银行觊觎，纷纷推出信用卡，以优厚的红利点数回馈，让台湾信用卡消费在2000~2005年间复合成长率达14%，而信用卡消费占民间消费比重也从2000年的13%增长至2005年20%。

现金卡则是由万泰银行在1999年推出乔治·玛莉（George & Mary）现金卡，仿效日本小额信贷公司，以金融卡自提款机小额贷款，其实与信用卡的预借现金相似，但成功营销却将之塑造成另一金融商品，鼓励借钱消费。信用卡及现金卡业务都需要投入许多基础设备，未大量投资的其他银行便转而积极推动一般信贷。2000~2005年间银行业者大量放款这三类无担保信用贷款，于2005年高峰达1.6兆新台币，后两年由于信用质量恶化，最后导致超过千亿损失，也导致台新金控、万泰银行、安泰银行、大众银行、日盛金控等邀请私募股权基金注资投资，台新以外四家也都将营运主导权交给了私募基金。

图 5：无担保品贷款于 2005 年达到高峰

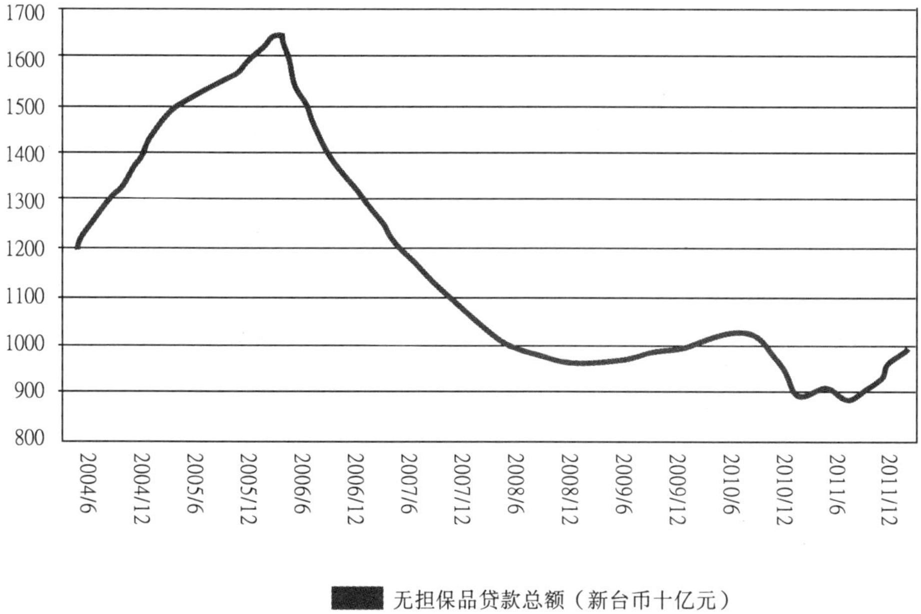

在信贷风暴之后，银行回头专注中小企业及按揭贷款，并持续成长资产管理业务，但由于经济成长温和，并无法大量去化市场过剩资金，企金与消金都面临价格竞争，台湾银行业利差便从开放新银行前 1990 年的 3.2% 下降至 2009 年最低仅 1.3%。

低利差环境使银行业更重视非利息收入，财富管理自 2001 年金控成立后快速成长，使银行业整体手续费收入对营收占比从 2001 年 10% 提高至 2007 年的 21%。2008 年全球金融风暴造成结构性商品大幅亏损，投资人风险爱好度下降，加上主管机关增加对财富管理商品销售规范，2008~2010 年财富管理成长率暂时萎缩，不过由于台湾财富管理业务发展仅十多年，市场整顿后仍然可期待高成长。值得一提的是，财富管理业务已渐渐由“卖商品”进化成整体理财规划，未来具国际金融商品服务实力者将胜出。

图 6：银行业净手续费占营收比提高至 25%

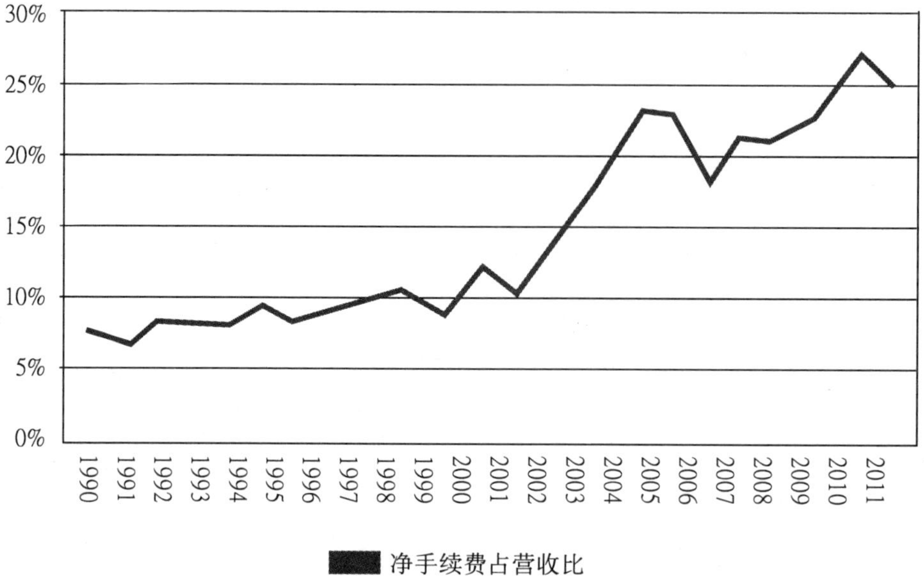

主要业者比较

2011 年底台湾银行业放款 19.8 兆台币当中，当局其官股企业占了 12%、民间企业占 42%，剩下 46% 则是贷放给个人及其他。消费性贷款及建筑融资共 8.2 兆台币，占银行业放款余额 42%，而其中消费性贷款（按揭贷款、车贷、信贷）就贡献了 6.8 兆台币。以下就成长性较佳的中小企业放款、按揭贷款、财富管理及信用卡业务主要银行略述特色。

1. 中小企业放款：官股银行囊括中小企业放款前八，其市场份额于 2000~2006 年间因民营银行竞争而从 2000 年 69% 下降至 2006 年的 62%，不过很快又在过去五年积极放贷下回升到 68% 水平。下表显示中小企业放款前 15 大业者，自 2000 年以来透过竞争、并购及弱者退出，其市场总份额从 2000 年的 76% 增加到 2011 年底的 86%。官股银行之间不断价格竞争，世代扶持中小企业，与其关系紧密，所以一直稳占龙头。2002 年国泰与富邦各自并购了一家官股银行，使企业放款规模有所斩获。玉山银行是民营银行中最专注中小企业放款成长的，员工为公司最大股东，相当重视信息系统开发及强调客户服务，中小企业放款市场份额在十多年耕耘之后已达 4%，为民营银行最大。

表 7：中小企业放款前 15 大业者

单位：新台币百万元

	放款金额				放款市场份额（%）		
	2000/12	2004/12	2006/12	2011/12	2000/12	2006/12	2011/12
第一银行	431,821	242,694	303,692	488,108	12.5	10.7	11.9
合作金库	516,691	591,646	304,274	478,301	15.0	10.8	11.7
台湾企银	421,621	333,714	237,496	350,821	12.2	8.4	8.6
华南银行	380,085	203,072	255,850	343,439	11.0	9.0	8.4
土地银行	95,287	117,201	151,284	298,628	2.8	5.3	7.3
彰华银行	365,998	163,918	198,678	292,392	10.6	7.0	7.1
兆丰商银	42,279	72,218	158,071	266,250	1.2	5.6	6.5
台湾银行	126,177	104,940	135,851	263,796	3.7	4.8	6.4
玉山银行	20,223	26,339	72,533	163,412	0.6	2.6	4.0
上海商银	80,533	59,611	62,704	122,318	2.3	2.2	3.0
国泰世华	26,658	31,689	63,504	108,212	0.8	2.2	2.6
台中商银	71,054	33,729	51,565	100,457	2.1	1.8	2.5
永丰银行	1,678	2,684	77,041	87,602	0.1	2.7	2.1
台北富邦银行	34,996	36,443	72,237	81,751	1.0	2.6	2.0
新光银行	5,890	9,944	22,490	79,930	0.2	0.8	2.0

2. 按揭贷款：早期按揭贷款主要银行为官股银行，占超过三分之二市场份额，其中土地银行与合作金库于 1996 年仍占有 36% 市场份额。随着民营银行累积获利、品牌形象及并购，2011 年前 15 大按揭贷款行已有七家为民营银行了，共拿下了 30% 市场份额。土地银行及合作金库仍为台湾最大按揭贷款银行，但总市场份额已减至 19%，而“中国信托”、永丰银行、台新银行与玉山银行在消费性贷款较积极，按揭贷款市场份额自 1996 年来持续增长。按揭贷款在台湾已面临价格竞争瓶颈，业者需要靠资产质量控管及交叉销售其他金融商品来获利。外商银行如上所述，并不积极吸取存款，对按揭贷款低利差兴趣不高，因此市场份额非常小。

表 8：前 15 大按揭贷款行市场份额

	1996/12	2002/12	2004/12	2006/12	2008/12	2010/12	2011/12
土地银行	19.1%	13.4%	11.4%	9.9%	11.0%	10.5%	10.7%
合作金库	16.6%	9.5%	7.0%	9.3%	9.1%	8.6%	8.8%
华南银行	3.9%	4.9%	4.1%	4.6%	6.5%	6.5%	7.0%
台湾银行	5.8%	5.4%	5.1%	4.8%	5.3%	6.3%	6.7%
“中国信托银行”	3.2%	6.2%	7.4%	6.0%	5.7%	5.3%	5.2%
国泰世华	4.4%	3.0%	5.6%	5.4%	5.2%	5.1%	5.1%
台北富邦银行	3.7%	4.7%	5.0%	4.7%	5.0%	5.1%	4.9%
第一银行	4.6%	3.9%	2.9%	4.5%	5.1%	4.9%	4.9%
永丰银行	1.7%	3.3%	3.6%	6.3%	6.1%	4.4%	4.1%
彰化银行	4.1%	4.1%	4.7%	4.5%	4.2%	3.9%	4.0%
玉山银行	0.7%	4.3%	3.6%	2.9%	3.0%	3.8%	3.8%
台新银行	1.3%	1.4%	2.5%	3.1%	3.1%	4.0%	3.8%
渣打银行	0.7%	1.5%	2.1%	2.1%	2.5%	3.2%	3.3%
兆丰银行	1.2%	1.0%	1.8%	3.7%	3.7%	2.8%	2.8%
台湾企银	4.8%	4.3%	3.7%	2.8%	3.3%	2.5%	2.5%

3. 财富管理：台湾在 2001~2003 年成立 15 家金融控股公司，同时银行业也开始透过集团交叉销售与销售境内外基金、结构型金融商品，享受财富管理手续费增长。投资人投资金融商品多是透过信托由银行代买，因此银行业信托资产大部分为投资信托，有些银行亦含不动产。台湾银行业信托资产在 2011 年底达 6.3 兆台币，其中前五大银行就占了近一半的市场份额，而前 15 大业者更掌握了 81% 市场份额，远高于 2002 年的 60%。“中国信托”是台湾银行销售金融商品实力最强的银行，其单一理专贡献度应为业界最高。富邦银行、台新银行也是民营银行中交叉销售实力较强的。2008 年全球金融风暴期间，“中国信托”、台新、第一银行等因客户遭受较多结构债损失，使其市场份额下降，目前仍未回到 2007 年水平。

表 9：前 15 大信托资产银行业者

	信托资产（新台币十亿元）				市场份额			
	2002	2007	2009	2011	2002	2007	2009	2011
1. 中国信托银行	93	1005	938	871	11%	21%	15%	14%
2. 第一银行	137	706	644	665	16%	15%	10%	11%
3. 台湾银行	13	344	428	506	2%	7%	7%	8%
4. 国泰世华	16	325	436	481	2%	7%	7%	8%
5. 兆丰商银	92	335	454	438	11%	7%	7%	7%
6. 华南银行	25	230	347	364	3%	5%	6%	6%
7. 台北富邦银行	17	253	356	307	2%	5%	6%	5%
8. 土地银行	2	213	285	290	0%	5%	5%	5%
9. 永丰银行	41	181	316	201	5%	4%	5%	3%
10. 台新银行	51	220	226	222	6%	5%	4%	4%
11. 花旗台湾	0	38	205	142	0%	1%	3%	2%
12. 新光银行	3	81	129	162	0%	2%	2%	3%
13. 玉山银行	12	92	106	208	1%	2%	2%	3%
14. 渣打银行	7	177	142	132	1%	4%	2%	2%
15. 元大银行	13	65	79	109	1%	1%	1%	2%
前15大	522	4,266	5,091	5,098	60%	91%	81%	81%
银行业总计	872	4,685	6,275	6,319				

4. 信用卡业务：台湾信用卡消费在1990年代末期开始快速成长，2000~2005年银行大量发卡、鼓励消费，使信用卡消费占民间消费比例迅速地从2000年的13%上扬至2005年的20%。虽然2005年后卡债风暴使银行打消千亿呆账，整顿质量后发卡量自2005年高峰减少28%至2011年底的3,200万张，有效卡比率与每卡消费大幅提升。政府引导银行将循环借款转至一般信贷，导致循环余额在2005~2010年间萎缩至不到三分之一。由于台湾信用卡消费习惯仍在发展中，与西方国家超过30%以上民间消费都是以信用卡支付比起来，未来还是有相当好的成长机会。有效卡超过百万的银行共有七家，依序为“中国信托”、国泰世华、台湾花旗、台新、玉山、台北富邦及永丰银行。前十大业者市场份额就超过80%，因此有些规模较小的银行很难获利，只好将信用卡当成服务现有银行客户不得不提供的附属产品，被动成长。

图 7：信用卡签帐金额占 GDP 民间消费约 20%

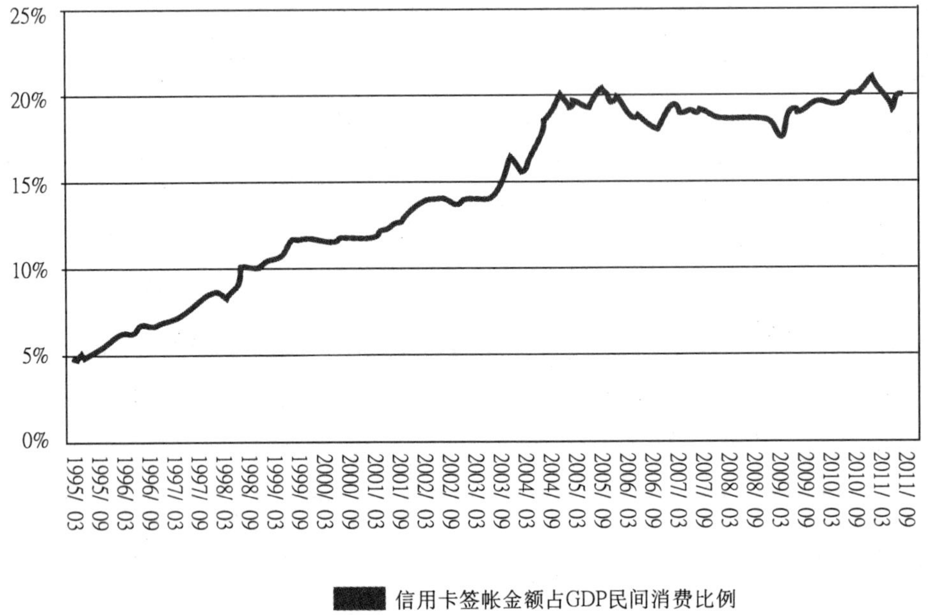

表 10：前 10 大信用卡业者

币别：新台币	发卡量		有效卡		每卡每月消费（元）		循环借款余额（百万）	
	2005	2011	2005	2011	2005	2011	2005	2011
1. “中信银”	7,031,665	5,382,359	4,235,270	3,679,229	5,495	6,640	67,733	17,796
2. 国泰世华	3,760,708	3,258,327	2,066,706	2,250,354	5,237	7,309	40,284	15,425
3. 花旗台湾	1,735,079	2,518,423	1,297,476	2,100,104	6,915	8,211	46,176	21,351
4. 台新银	4,876,804	2,960,949	2,752,915	1,904,510	3,765	6,458	34,484	12,643
5. 玉山银	2,837,753	2,837,753	1,688,769	1,772,391	2,901	6,349	26,513	13,132
6. 台北富邦银	2,345,052	2,062,066	1,401,112	1,431,196	5,269	7,469	26,902	8,354
7. 永丰银行	1,635,854	2,178,989	831,824	1,344,938	5,835	4,968	11,990	5,772
8. 联邦银	2,939,652	2,068,118	1,270,281	981,561	4,417	4,156	30,195	6,758
9. 远东银	832,906	1,285,576	443,108	788,445	3,938	5,568	19,180	7,688
10. 汇丰台湾	801,250	704,801	494,191	469,457	6,227	8,301	16,757	5,372
产业总计	45,493,773	32,854,677	24,577,543	20,759,561	4,818	6,700	494,711	141,561
前十大市场份额	63%	77%	67%	81%			65%	81%

6. 手续费收入：官股银行由于放款金额大，财富管理及新种业务发展略慢，利息收入仍为主要营收来源。手续费较高之银行多为民营银行，以“中国信托”居冠，其信用卡业务、财富管理及企业放款与贸易服务贡献可观及拥有多元化手续费收入。以净手续费占营收比例来看，“中国信托”、台新、台北富邦、国泰世华等银行手续费收入贡献较高，而官股银行中以台湾银行、华南银行、兆丰银行、第一银行、彰化银行、台湾企银及合作金库则在 15%~20%。手续费及外汇、银行自有部位操作等非利息收入都仍有成长空间。

7. 海外拓展：台湾银行海外布局有限，

全球 265 个海外分支机构当中亚太地区占 180 个据点，与美加地区 72 个据点相比，亚太地区占绝大部分。兆丰银行及“中国信托”早期较积极配合国际贸易与外交活动到海外设点，因此也拥有相对广大的网络，海外及 OBU 获利占提存前获利贡献亦为业界最高。以国别来说，香港（27 家）是大部分银行海外拓展首攻之地，美国也有 62 个分支机构，但主要是由于永丰银行及“中信信托”在美国拥有当地子行。菲律宾及印度尼西亚主要为“中国信托”子行据点，而越南则有较多台湾银行业者进驻，以国泰世华在当地合资世越银行最大。国泰世华在 2012 年 6 月进一步公布购买柬埔寨 SBC 银行 70% 股权，扩大东南亚布局。

表 11：本地银行设立海外分支机构国家别统计

1Q12	总计
总计	265
亚太地区	180
中国大陆	17
日本	6
印尼	11
印度	2
帛琉	1
柬埔寨	2
香港	27
泰国	7
马来西亚	4
菲律宾	29
越南	57
新加坡	8
澳大力亚	7
澳门	2
北美地区	72

表 12：净值前 10 大商业银行海外据点统计

	北美	欧洲	中国	香港	越南	菲律宾	新加坡
台湾银	2	1	1	1	1	0	1
兆丰银	8	3	1	1	1	1	1
“中信银”	20	0	2	3	2	26	1
合作金库	2	1	2	1	0	1	0
第一银	12	1	1	1	2	0	1
土银	2	0	1	1	1	0	1
国泰世华	1	0	1	1	38	1	1
彰化银	2	1	1	1	0	0	1
富邦银行	1	0	1	1	3	0	0
华南银	2	1	1	1	2	0	1
Total	52	8	12	12	50	29	8

表 13：银行业 OBU 及海外分行税前盈余

税前盈余（2011，新台币百万元）	“中信”	富邦	国泰世华	永丰	台新	玉山	华南	第一	兆丰
OBU	3,006	1,821	1,924	795	1,382	1,311	622	787	3,935
海外分行	1,311	706	1,066	493	347	640	1,157	2,055	4,240
OBU+海外分行	4,317	2,527	2,990	1,288	1,729	1,951	1,779	2,842	8,175
年增率									
OBU	-10%	5%	13%	82%	42%	21%	-4%	38%	47%
海外分行	64%	-15%	39%	-836%	15%	134%	43%	64%	85%
OBU+海外分行	4%	-2%	21%	249%	36%	44%	22%	56%	65%
占银行税前盈余之比率	22%	20%	28%	48%	19%	54%	18%	28%	47%
占银行提列损失前之营收	7%	6%	8%	4%	6%	6%	4%	6%	6%

银行业未来获利来源及改善

银行业放款成长率与经济成长同向，且波动幅度高于经济成长率。台湾虽然放款占 GDP 比重高达 140%，但存款占 GDP 比重亦达 160%，远高于世界平均值。这表示台湾藏富于民，银行资金来源仍以吸收存款为主，而西方国家则有不少以其他融资管道与证券化来支应放款跟投资的资金需求。放眼未来，台湾中小企业放款、国际贸易及财富管理仍将为业务主轴。

与过去不同的是，两岸关系改善，银行业相互开放允许台湾银行业直接到内地服务台商及企业主，帮助台商在大陆进一步拓展事业，也可以开始建立在内地的品牌形象，服务在地客户。国际贸易与财富管理业务也将在台湾当局努力推动银行海外扩展与建立资产管理产业聚落而加大强弱者之间的差距。台湾银行业也需要当局介入产业整并、改善市场风险定价纪律，让利差回升才能支撑获利成长。

1. 改善利差：台湾银行业放款利差已由 2009 年第 2 季的 1.1% 改善至 2012 年第一季的 1.4%，但仍然处于低水平，在升平之年有呆账回收利益可弥补获利，但呆账回收总有耗竭之时，一旦景气趋缓，如此低的利差可能很难获利。低利差主要来自价格竞争及资金过剩，尤其官股银行低价抢食联贷，业者确实自律才是长久之计。低利率也让长期债券投资风险提高，所以银行自有部位操作难度也提高。

2. 发展财富管理产业聚落：台湾证券市场发展已久，经过半世纪累积财富及人才培育，已具实力建置财富管理中心实力。亚太区国家中，台湾与韩国在制造业产业供应链研究具有利基，应该利用此专长让国际肯定台湾产业研究实力，愿意把亚太区资产管理研究中心建置于此。台湾家计部门金融资产达 2.1 兆美元，其中近 40% 为现金及存款，然而高资产客户过去因税负及产品限制考虑多将资产汇出海外，许多更由往返星港与台湾之间的台湾高端财富管理专员服务。2009 年遗产税大幅调降，台湾人资金较愿意停泊台湾，当局近来也相当重视发展财富管理业务。财富管理产业聚落若发展成功，将可为台湾带来就业、税收，也让台湾贴近国际金融市场脉动，更具国际视野。

3. 亚洲商机：两岸关系改善让台湾有机会减低在国际贸易边缘化之风险。两岸金融业相互开放，如上所述，有利银行业服务台商，跟上大陆市场发展。除此之外，亚洲其实还有不少经济实力增长国家，如：印度尼西亚、马来西亚、泰国、越南、印度等，但台湾银行在这些国家布局有限，应该加速发展，并跟上世界人口发展趋势，与台商同进新市场，共存共荣。根据联合国世界人口报告，2050年之前地球上估计将增加23亿人口，而人口增加最快速为印度、中东、非洲及伊斯兰教国家，台湾银行在大部分人口暴增国布局有限，未来应该可以看到银行各自尝试发展新市场。

来台投资银行注意事项

台湾银行业务单纯，因此对投资人而言，评估仅依一般市场评价惯例即可。银行间差异产生长期价值优劣，除了业务面外，以下几项可稍加留意：

1. 因应国际新规范：因应Basel III协议要求，台湾银行业必须于从2013年开始，银行资本适足率须达8%，第一类资本必须达4.5%、普通股比率要3.5%；而到2019年资本适足率更须达10.5%，第一类资本调整至8.5%，普通股比率则要达7%，台湾银行业可能因而面临增资压力出现，预估整体银行业有近千亿元的增资潮。

此外，为了健全风险程度，Basel III协定新增了“杠杆比率”，即第一类资本除以曝险总额，以3%为基准，若银行低于3%代表资本过少或风险性资产过大，银行局可要求其增资或调降高风险放款金额。必要时，主管机关更可要求银行增提抗景气循环的“缓冲资本”，最高以2.5%为限，这项缓冲资本通常是景气过热时，担心未来可能有下滑风险，会要求银行多提存自有资本。

另外，台湾已导入IFRS国际会计公报制度，目前仍有些项目在导入中，因此对外国策略投资人而言，了解合作银行在Basel III与IFRS准备现况与未来资金需求相当重要。

表14：Basel III资本要求比率及时程

时间	2013	2014	2015	2016	2017	2018	2019~
资本适足率(%)	8	8	8	8.625	9.25	9.875	10.5
第一类资本比率(%)	4.5	5.5	6	6.625	7.25	7.875	8.5
普通股比率(%)	3.5	4	4.5	5.125	5.75	6.375	7

数据源：金管会

2. 金控还是银行？ 银行呆账发生及回收通常落后景气循环，因此评估银行价值不容易从当时实地查核的资料得到全貌。银行业获利循环与证券业及保险业未必相同，因此投资对象若为金控，不同子公司获利随产业循环不同而此起彼落，尤其证券业与产险业大多资本充裕，在升平之年很容易被市场诟病为资本效率差而影响股价。投资人应视自己所需来决定投资对象。

3. 政策风险：台湾主管机关相当重视公司治理及客户权益保障，有时也因担心民众观感而在投资案的裁量与业者营运规范上过度谨慎，建议投资人预留些许弹性空间于投资计划时程与未来收益预测。

4. 选择往来银行：就集团整合服务能力而言，大多数金控都不相上下，但对外国往来机构而言，海外据点多寡、外币资金调度实力、贸易融资服务效率则相当重要。另外，在台湾拥有较强通路的银行，值得相互往来，有助经验分享。

结语

台湾银行业经过数十年进化，或许规模一般，商品开发也仍有待改进之处，但台湾银行业资产质量良好、公司治理佳，配合国际规范也不遗余力。现阶段当局与银行业均亟欲提升产业获利来源，尤其正值当局正视海外布局拓展、市场定价纪律、资产管理业务之时机，对产业长期发展帮助不少，值得投资人借此机会进一步了解、选择合作对象，参与未来产业升级与客户财富累积等过程，借以创造未来无限商机。

第四部分

产业面

第十四章　台湾文化创意产业分析

刘 承 庆 / 益思科技法律事务所合伙律师

专业领域 / 投资并购相关法律、文化创意产业

文化创意产业之定义与范围

台湾在2002年提出“台湾发展十项重点计划”时，将有关文化发展的计划定名为“文化创意产业发展计划”（Cultural and Creative Industries Development Plan），将文化产业与创意产业两者的内容合而为一，并设立“经济部”文化创意产业推动小组，结合新闻局、“教育部”、文化建设委员会（简称“文建会”，于2012年7月1日改制为“文化部”）等单位共同推动该项计划。依据该推动小组的定义，文化创意产业是指源自创意或文化累积，透过知识产权的形成与运用，具有创造财富与就业机会的潜力，并促进整体生活环境提升的行业。

参考前述官方定义以及国际间的共识，文化创意产业的特性包括：

1. 文化创意产业的源头来自于人类精神层面的活动，其成果系诉诸人类精神层面的诉求。

2. 文化创意产业的成果必需产生专利权、著作权、商标权等受法律保护的知识产权（或谓之无形资产）。

3. 文化创意产业的具体产业领域至少包括电影、广播电视、音乐、出版、设计、广告、数字内容与建筑等产业。

为落实对于文化创意产业的重视与扶植政策，2010年8月30日台湾正式施行文化创意产业发展法（以下称“文创法”）。依据文创法第3条第1项规定：本法所称文化创意产业，指源自创意或文化积累，透过智慧财产之形成及运用，具有创造财富与就业机会之潜力，并促进全民美学素养，使民众生活环境提升之下列产业：一、视觉艺术产业。二、音乐及表演艺术产业。三、文化资产应用及展演设施产业。四、工艺产业。五、电影产业。六、广播电视产业。七、出版产业。八、广告产业。九、产品设计产业。十、视觉传达设计产业。十一、设计品牌时尚产业。十二、建筑设计产业。十三、数位内容产业。十四、创意生活产业。十五、流行音乐及文化内容产业。十六、其他经主管机关指定之产业。在此一条文规范之下，主管机关发布“文化创意产业内容及范围”规定，具体详细列出各项文化创意产业的范围如下：

产业类别	内容及范围	备注
一、 视觉艺术产业	指从事绘画、雕塑、其他艺术品创作、艺术品拍卖零售、画廊、艺术品展览、艺术经纪代理、艺术品公证鉴价、艺术品修复等行业。	
二、 音乐及表演艺术产业	指从事音乐、戏剧、舞蹈之创作、训练、表演等相关业务、表演艺术软硬件（舞台、灯光、音响、道具、服装、造型等）设计服务、经纪、艺术节经营等行业。	

三、 文化资产应用及展演设施产业	指从事文化资产利用、展演设施（如剧院、音乐厅、露天广场、美术馆、博物馆、艺术馆（村）、演艺厅等）经营管理之行业。	所称文化资产利用，限于该资产之场地或空间之利用。
四、 工艺产业	指从事工艺创作、工艺设计、模具制作、材料制作、工艺品生产、工艺品展售流通、工艺品鉴定等行业。	
五、 电影产业	指从事电影片制作、电影片发行、电影片映演，及提供器材、设施、技术以完成电影片制作等行业。	
六、 广播电视产业	指利用无线、有线、卫星或其他广播电视平台，从事节目播送、制作、发行等之行业。	
七、 出版产业	指从事新闻、杂志（期刊）、图书等纸本或以数字方式创作、企划编辑、发行流通等之行业。	1、数字创作系指将图像、字符、影像、语音等内容，以数字处理或数字形式（含以电子化流通方式）公开传输或发行。 2、本产业内容包括数字出版产业价值链最前端数字出版内容之辅导。
八、 广告产业	指从事各种媒体宣传物之设计、绘制、摄影、模型、制作及装置、独立经营分送广告、招揽广告、广告设计等行业。	
九、 产品设计产业	指从事产品设计调查、设计企划、外观设计、机构设计、人机接口设计、原型与模型制作、包装设计、设计咨询顾问等行业。	
十、 视觉传达设计产业	指从事企业识别系统设计（CIS）、品牌形象设计、平面视觉设计、网页多媒体设计、商业包装设计等行业。	1、视觉传达设计产业包括“商业包装设计”，但不包括“绘本设计”。 2、商业包装设计包括食品、民生用品、伴手礼产品等包装。
十一、 设计品牌时尚产业	指从事以设计师为品牌或由其协助成立品牌之设计、顾问、制造、流通等行业。	
十二、 建筑设计产业	指从事建筑物设计、室内装修设计等行业。	
十三、 数位内容产业	指从事提供将图像、文字、影像或语音等数据，运用信息科技加以数字化，并整合运用之技术、产品或服务之行业。	
十四、 创意生活产业	指从事以创意整合生活产业之核心知识，提供具有深度体验及高质美感之行业，如饮食文化体验、生活教育体验、自然生态体验、流行时尚体验、特定文物体验、工艺文化体验等行业。	

十五、 流行音乐及 文化内容 产业	指从事具有大众普遍接受特色之音乐及文化之创作、出版、发行、展演、经纪及其周边产制技术服务等之行业。	
十六、 其他经主管机关指定之产业	指从事主管机关依下列指标指定之其他文化创意产业： 一、产业提供之产品或服务具表达性价值及功用性价值。 二、产业具成长潜力，如营业收入、就业人口数、出口值或产值等指标。	

文创法之具体内容

文创法作为台湾推动文化创意产业的基本规定，对于文化创意产业的基本政策、协助及奖补助机制以及租税优惠等，提供了具体的规范，兹简要整理如后。

1. 基本政策

为确立台湾推动文化创意产业相关政策的基本指导原则，文创法第 2 条规定："为推动文化创意产业，应加强艺术创作及文化保存、文化与科技结合，注重城乡及区域均衡发展，并重视地方特色，提升民众文化素养及促进文化艺术普及，以符合国际潮流。"该条文体现台湾文创法的立法目的，不仅仅在于由经济层面促进产业发展获取商业利益，更在于借由产业发展达成提升文化、艺术、科技与民众生活素质的目标，保障鼓励文化艺术创作，发扬固有文化资产，让每一个人皆能在文化创意产业升级的历程中受到熏陶，成为跟得上全球化脚步的世界公民与文化公民。

由于全球变迁速度日益加快，文化创意产业必需随时掌握全球脉动，实时作出调整与因应；文化创意产业的发展政策自然亦不能置身事外，应常保与时俱进，不能一成不变。因此在文创法第 6 条第 2 项规定："中央"主管机关应会同"中央"目的事业主管机关建立文化创意产业统计，并每年出版文化创意产业年报。要求各主管机关（主要包括主管电视电影流行音乐等产业的新闻局，以及主管数字内容设计等产业的"经济部"），每年出版产业年报。而遵循文创法第 6 条第 2 项规定的要求，"2010 年台湾文化创意产业发展年报"于 2011 年 7 月正式发行出版。2010 年产业年报主要由政策推动、产业分析、国际瞭望与议题探讨等四部分所组成。除包括文创法所要求的产业统计资料外，亦尝试由观念平台的角度塑形产业年报的具体内容，可提供有志于文化创意产业的业者参考。

另在有关对于文化创意产业的经费补助，文创法除了在第 8 条以"致力于发展文化创意产业，并保障其发展所需之经费"作为其原则性的规定外，并且进一步立法要求"国家发展基金"提拨经费补助，依据文创法第 9 条规定："国家发展基金"应提拨一定比例投资文化创意产业。（第 1 项）前项投资之审核、拨款机制与绩效指针等相关事项之办法，由"中央"主管机关会同相关目的事业主管机关定之。（第 2 项）主管机关文建会亦在 2010 年 12 月 3 日发布文化创意产业运用"国家发展基金"提拨投资管理办法。

依据该管理办法规定，申请投资金额在新台币一亿元以下的申请案，可由“文建会”自行办理。

除了“国家发展基金”的提拨的经费之外，文建会在2008年即已发布“行政院”文化建设委员会文化创意产业补助作业要点，针对实体与非实体商品区分为研发生产组、品牌营销组、市场拓展组受理补助申请。以2011年为例，依据该作业要点向文建会提出补助申请的计划共计有191件，经过技术审查委员共识会议、决审会议的审查后，通过审查的计划共有23件，补助总金额达到新台币42,100,000元。此外，文建会亦针对不同的文化创意产业领域如视觉艺术、表演艺术等提供金额不一的补助，以落实文创法所规定之保障文化创意产业经费的要求。

2. 协助及奖补助机制

文创法对于文化创意事业所提供的法定奖补助规范包括：

（1）促进文化创意产业发展事项之协助及奖补助

主管机关应对于以下事项，对文化创意事业给予适当之协助、奖励或补助：一、法人化及相关税籍登记。二、产品或服务之创作或研究发展。三、创业育成。四、健全经纪人制度。五、无形资产流通运用。六、提升经营管理能力。七、运用信息科技。八、培训专业人才及招揽国际人才。九、促进投资招商。十、事业互助合作。十一、市场拓展。十二、对外合作及交流。十三、参与岛内外竞赛。十四、产业群聚。十五、运用公有不动产。十六、搜集产业及市场信息。十七、推广倡导优良文化创意产品或服务。十八、知识产权保护及运用。十九、协助活化文化创意事业产品及服务。二十、其他促进文化创意产业发展之事项。（文创法第12条第1项）

（2）对文化创意产业之优惠便利措施

为发展台湾文化创意产业，当局应鼓励文化创意事业以优惠之价格提供原创产品或服务；其价差由“中央”主管机关补助之。（文创法第15条）主管机关亦得奖励或补助民间提供适当空间，设置各类型创作、育成、展演等设施，以提供文化创意事业使用。（文创法第16条）

（3）对文化创意产业之融资投资协助

主管机关应协调相关政府机关（构）、金融机构、信用保证机构，建立文化创意事业投资、融资与信用保证机制，并提供优惠措施引导民间资金投入，以协助各经营阶段之文化创意事业取得所需资金，并鼓励企业投资文化创意产业，促成跨领域经营策略与管理经验之交流。（文创法第19条）

（4）建立以著作财产权作为融资担保品之登记制度

著作权因为采创作主义保护，本来没有法定登记制度，因此若要将文化创意事业所拥有的著作权拿来作为借款的担保品时，就会发生无法登记以昭公信的问题。为补此一缺漏，文创法第23条规范了以著作权设定质权的登记程序。依据该条规定：“以文化创意产业产生之著作财产权为标的之质权，其设定、让与、变更、消灭或处分之限制，得向著作权专责机关登记；未经登记者，不得对抗善意第三人。但因混同、著作财产权或担保债权之消灭而质权消灭者，不在此限。（第 1 项）前项登记内容，任何人均得申请查阅。（第 2 项）第一项登记及前项查阅之办法，由著作权法主管机关定之。（第 3 项）著作权专责机关得将第一项及第二项业务委托民间机构或团体办理。（第 4 项）”在上述著作财产权设定质权登记的相关办法出炉之后，台湾第一件著作财产权质权登记案件于 2011 年 10 月 12 日由智慧财产局核准。该登记案是由台湾的八大电视公司将其拥有著作财产权的“少年档案”等 271 件视听著作（电视节目），为”中国信托商业银行“设定质权，在最高限额新台币三十一亿元范围内，担保八大电视公司向“中国信托商业银行”所为之借款。此一案例为以出版品、音像作品等著作物作为融资担保建立了良好的示范，对于文化创意产业来说增辟了一条融资的新途径。

3. 租税优惠

租税优惠奖励措施向来是政府鼓励重点发展产业的重要手段之一，现行的文创法提供了许多相关的租税优惠措施，包括：

（1）鼓励营利事业捐赠文化创意产业活动

为鼓励营利事业对于需要扶助的文化创意产业进行捐输，文创法规定营利事业之捐赠，其捐赠总额在新台币一千万元或所得额百分之十之额度内，得列为当年度费用或损失，适用的捐赠范围包括：一、购买由国内文化创意事业原创之产品或服务，并经由学校、机关、团体捐赠学生或弱势团体。二、偏远地区举办之文化创意活动。三、捐赠文化创意事业成立育成中心。四、其他经“中央”主管机关认定之事项。（文创法第 26 条第 1 项）

（2）文创研发租税抵减

为促进文化创意产业勇于创新，并将事业资源投注于相关研发活动，文创法规定公司投资于文化创意研究与发展及人才培训支出金额，得依有关税法或其他法律规定减免税捐。（文创法第 27 条）

（3）进口税捐减免

文化创意事业自岛外输入自用之机器、设备，经“中央”目的事业主管机关证明属实，并经“经济部”项目认定国内尚未制造者，免征进口税捐。（文创法第 28 条）

陆资来台投资文化创意产业之展望

台湾的人口在华文世界虽然没有很高的比重，但是在过去 60 余年来的累积之下，于各项文化领域的成就有目共睹。尤其在大陆和港台的流行文化中，其影响力早已超越香港并深植大陆地区人民的生活当中。再加上台湾当局近年来逐渐体认软实力的重要性，渐次推动文化创意产业的法制建设与相关措施，文化创意产业的崛起之势已毋庸置疑，因而目前已经成为深具投资吸引力的产业。

就目前台湾开放陆资来台投资产业清单观察，虽然电影、广播电视、出版等产业目前尚未列入开放清单，但其他文化创意产业如各项设计产业均已列入开放投资清单，甚至允许陆资参与公共建设类中的公立文化机构、古迹历史建筑设施等具有加值应用潜力的投资项目，因此文化创意产业的投资大门事实上已经为陆资开启。陆资来台投资文化创意产业不但有机会享受到台湾当局所提供的各项奖励措施，更可吸纳台湾地区的文化创意产业人才，整合大陆与台湾地区文创人力资源，建构多元化的文化创意研发团队，提升自身企业的软实力与竞争力。

在实践的层面上，建议陆资可考虑先就已经开放的投资项目与台湾的企业或机构接触与合作（例如数字设计、工业设计等），以评估进行具体投资项目的可行性。一旦确认投资可行性，陆资即可经由投资台湾文化创意产业，享受台湾所提供的优良产业环境，与台湾企业携手共同创造文化创意产业的无穷商机。

第四部分

产业面

第十五章　被风吹着走，不如迎风扬帆

刘 奕 成 / 悠游卡公司董事长

专业领域 / 悠游卡公司董事长。美国宾州大学华顿商学院 MBA、台湾大学工管系。历来的正职都跟金融有关，先后任职于 JPMorgan 投资银行副总裁、国泰金控副总经理、国泰世华银行风控长、消金与企金执行长。曾在台北纽约东京香港上海哈拉雷工作，造访过大联盟 31 个主场。电影《海角七号》、台北二一资金赞助人。数位时代等三本杂志专栏作家，写东西不为发表，想要风干现在的记忆和思维，老了以后下酒。

杨 舜 帆 / 悠游卡公司董事长助理

前言

东北角海岸有个冷僻的角落，需要想着事情时，我会不远百里到那儿寻找安静。这一隅固然安静，依然偶有钓客游人造访，尤其常见到一位钓客，久而久之，彼此相熟了，也会攀谈几句。有一次，他提了一手啤酒，边啜饮边话当年。他说：扬帆行船的时候，脚底下的洋流，跟海上的风向无关。有些人偷懒让顺风吹着走，往往容易失去方向，但是如果是迎着风扬帆，却能掌握前行的方向。

认识他很久之后的2007年，我才知道他是文化创意业界的闻人，也跟着他投资了一段，也赚了点钱，那时还没人在谈文化创意。但风向转了，2010年一开始，就有很多人在谈文化创意，我不免征询他的意见。他笑着说：小老弟，我不老早说过了吗？被顺风推着走，不如逆风扬帆能抓得到方向。

隔了很久之后，我才终于真正领悟到，原来把文化创意产业定义为“文化创意产业”实在是太一窝蜂，太顺势而为了。要迎着风，看穿事情的本质，才能找到消费者的需求，也才是真正的方向。大部分的人在讨论文化创意，都是从产品出发，旨在提供文化创意商品，因此出现很多关于电视是不是文化创意，时尚产品算不算文化创意的争辩。其实文化创意产业或许不是够好的名词，应该站在消费者的立场，叫做生活产业，提供一个人生活上心灵满足的，便是生活产业，所以电影是，绘画是，美食也是。实则这个产业叫什么名字不重要，是不是文化创意产业并不重要，只要能够提供大众心灵层次的满足感，就提供了价格，有发展产业的可能。而这个风潮，是随着现代人越来越注重心灵感受而来的，因此不管叫什么产业，主要还在于所提供的产品或服务，满足了消费者对文化、创意、艺术等心灵层次的欲望。

我们还是先从众随俗，还是沿用“文化创意产业”来称呼这目前最当红的产业。前面已经谈过所谓文化创意产业的本质，接下来会更进一步讨论产业的转变。

投资机会与产业背景

五六十年前台湾靠着制造业带领经济起飞，先后有纺织业、电器业及电子业，在不同的阶段，缔造亮眼的佳绩；但是五十年后的今天，随着大陆及印度、泰国、越南等新兴市场的崛起，曾让台湾引以为傲的优势，已然渐次消失。台湾当局意识到产业转型的必要，唯有发展全新型态的新兴产业，才有机会将台湾的经济发展推向另一个高峰，在产业政策上，逐渐从过去倚重制造代工，转变为扶持可提升国家软实力及产业竞争力的六大新兴产业，亦即文化创意产业、观光产业、精致农业、生技产业、医疗照顾产业、以及绿能产业。这六大新兴产业中最为人津津乐道且期许的，便是文化创意产业。在产业转型中的台湾，文化创意产业究竟有什么发展机会？ 台湾文化创意产业的优势在哪？面对内需市场远小于大陆、人才逐渐外流等窘境，台湾当局应该如何应对进退？

当台湾当局从2002年开始渐次推动六大新兴产业中最具发展潜力的文化创意产业，当然已经意识到年轻台湾创意人才辈出，而且任何冷冰冰的商品只要加入“故事”这项元素重新包装，就能瞬间为产品增添情感温度，创造更高的附加价值，因此期待所有产业，都能透过文化创意工作者所叙述出好的故事内容更贴近消费者，而其他重点推动的新兴产业，也能借由与文化创意产业整合，进一步提升产业竞争力与产品价值。

不同主体对文化创意产业的定义各有不同，根据台湾当局于2010年公布的“文化创意产业发展法”，文化创意产业，指源自创意或文化累积，透过智慧财产之形成及运用，具有创造财富与就业机会之潜力，并促进全民美学素养，使民众生活环境提升之下列产业：视觉艺术、音乐及表演艺术、文化资产应用及展演设施、工艺、电影、广播电视、出版、广告、产品设计、视觉传达设计、设计品牌时尚、建筑设计、数字内容、创意生活、流行音乐及文化内容加上其他经“中央”主管机关指定之产业。其中发展较为成熟、产值潜力与产业关联效益大的电视、电影、流行音乐、数字内容、设计及工艺产业更被选为重点推动的六大“旗舰产业”。

在文化创意产业的旗下，这六大旗舰产业中，吸金力最强的莫过于电视、电影与流行音乐三项，不免也形成岛内资金高度集中娱乐产业的现象。而促使娱乐产业蓬勃发展的首推近年来消费力最旺盛的Y世代，Y世代在台湾，可定义为于1978年后出生的年轻人，这群人不人云亦云，有自己的想法，追求创意与内容的价值，不以品牌知名度作为衡量商品价值的依据，也不吝于付出价格与时间体验生活、享受生活，所以越来越多的年轻人选择进电影院看电影，每逢周末与连续假期也能发现越来越多的人潮聚集艺文展演活动。

台湾的消费市场获得了这一群Y世代的支持才得以复苏，台湾文化创意产业营业额，更由2002年的4,353亿元一路成长至2010年的6,616亿元；产业家数由4万4713家成长至5万2673家。过去十年一直致力推动文化创意产业的当局相关部门，在2009年提出的“文化创意产业发展方案”当中，更以成为亚太文化创意产业汇流中心为目标，衷心企盼将地处亚太枢纽的台湾打造成全球创意人才都想来的人才汇流中心，全球最热门的、最多元的创意商品都找得到的交易汇流中心，以及设定创意潮流、带动生活风潮的潮流汇流中心。虽然台湾在产业规模、内需市场与资金流量都远不能与大陆相埒，但是在文化创意产业的竞争中比的是原创性、价值创造力与生活态度，而台湾在这些项目上，拥有能与大陆并驾齐驱，甚或超越的实力。

台湾当局计划在2009年至2013年间投入约新台币280亿元的经费，预估2013年文化创意产业的产值将突破新台币1兆元与累计创造67000个就业机会，期待能产生领头效益带动其他产业蓬勃发展。“文化创意产业发展方案”的另外一项主要推动策略为“环境整备”，针对文化创意产业在发展过程中所遭遇的难题拟定因应对策：包括资金挹注、产业研发辅导、市场流通及开拓、人才培育及媒合与产业集聚效应等，着重在建置对所有文化创意产业皆有利的发展环境，协助相关产业获得适当的辅导，孕育出未来的文化创意“旗舰产业”。

投资优势

优质的创意人才，才是台湾文化创意产业最大的优势，根据调查，台湾创业家精神全球排名第三，而创业家精神正是反映企业创新和创造价值的指针，同时也是决定地方经济活动力与竞争力的关键。此外台湾因为研发人力充足，在世界经济论坛WEF于2011年所公布的“全球竞争力排名”，排名第六。

台湾拥有优秀人才自由创作的环境，开放的社会风气与透明的信息传播更丰富了创意人自由开创的心灵；生活在这块土地上的人从小接受儒家思想的洗礼，保存着深厚的中华文化传统，同时具备移民社会的多元包容特质与开放的胸襟，对新观念和新事物充满好奇并勇于开创新局；这是台湾创意的根，也是支持文化创意产业延续的能量。

根据美国贸易代表署（USTR）在2012年5月1日公布的“特别301”检讨名单，台湾已经连续四年没有上榜，这意味着台湾在知识产权立法与执行效果显著，对知识产权的保护受到肯定，这也表示文化创意工作者的创作在台湾可以得到保障，免于被抄袭、剽窃等的风险。

另外，为了进一步刺激台湾本地电影与电视产业的发展，根据《关税法施行细则》，岛内外个人或团体，自岛外进口文化创意影视相关装备或用具、器材，在一定时间内原货复运出口者，可免征关税。

这些年来台湾仿佛已经成为华语流行乐坛发展的指标，不仅能带动流行音乐潮流，更以成熟的音乐制作环境与创作人才优势，吸引全球华语歌手选择台湾作为发展基地。眼见传统唱片逐渐被数字音乐取代，流行音乐业者发现从前以唱片销售与音乐版权作为主要收入来源的操作模式已经越来越困难的情况下，积极寻求改变，配合时下年轻人的消费习惯，巧妙地改以举办大型演唱会、争取品牌与活动代言、参与戏剧演出等增加收益，因此台湾本地培养出来的知名音乐人，红遍大陆和港台，当中不乏一些能唱、能跳还能演的全方位艺人。根据2008年统计，台湾歌手赴海外地区举办演唱会产值达十亿元以上，而其中有九成是来自大陆地区表演收益。

从2007年开始台湾陆续推出了几部脍炙人口又全亚洲卖座的电影，电影产业顿时吹起一股创新的旋风，像是2007年由台湾歌手周杰伦编导的《不能说的秘密》、2008年与2011年魏德圣导演的《海角七号》与《赛德克·巴莱》，还有2011年由台湾作家九把刀的小说改编而成的《那些年，我们一起追的女孩》等，均屡创票房佳绩。由此可见带有台湾文化色彩的电影是很吸引人的，加上台湾几位优秀电影导演叙述故事的功力，运用可以反映社会现实状况的故事为题材，成功拉近与观众之间的距离，不仅台湾本地和大陆影迷支持，还在其他亚洲国家引起共鸣，创造共同话题。这五年来靠着人才辈出以及语言与文化接近性的优势，台湾电影产业已经逐渐发展成一个能为华语地区提供最佳内容价值的品牌，只要是台湾出品而且可以走进海外市场的电影，普遍都能获得热烈的回响。

障碍剖析

台湾产业正在从量产制造逐渐转型为生活应用的产品与服务，一直以来台湾以代工生产赚取利润使本地业者对于成本与产品规格的控制十分在行，却不擅长创造产品的价值。面对新兴国家制造业的崛起与台湾当局产业政策的转变，大型制造业者虽然资本雄厚，但因为企业规模庞大，发展已臻健全，员工也多是与企业一同打拼数十年的资深前辈，传统重销量、重产值的思维根深蒂固，企业转型的难度颇高。

微型企业是台湾文化创意产业的主力，与大型企业比较，遇到产业需要改变创造更高经济价值的时候，微型企业主多是Y世代年轻人的优势就显现出来，灵活有弹性的思考逻辑能让企业找到新的出路，但是在面对与世界各国竞争的时候，品牌形象、资金及产业化上的条件也就相对不足。

台湾企业普遍缺乏透过整合提升竞争力的观念，部分传统企业主虽然知道企业转型困难，必须延揽年轻一辈为自家商品加值，但是大老板们却陷入不知道该如何挑选创意人才的窘境，台湾创投公司一直以来将资金投入科技业，不仅早已陷入十年低潮，因为对文化创意产业不熟悉，相关投资也非常保守，再加上台湾当局将文化创意产业拆开并交由不同部门管理，资源分散，缺乏整合平台，推行相关政策的力度与速度也落后其他国家，种种原因导致优秀的产业人才没有挥洒的舞台只能选择远走海外，找寻能够一展长才的机会，如果人才优势不再，势必直接重挫台湾本地文化创意产业的竞争实力，进而限制了产业发展。

此外文创商品并不是民生必需品，面临经济不景气的时候，即便有再好的创意，消费市场依然受到严峻的考验。台湾最近因为提出油价与电价双涨政策，民不聊生，在薪水不涨而消费物价飞涨的同时，所有人的话题都围绕在如何省钱而不是消费，如果连照顾基本生活都有问题，更别说额外消费非必要的文化创意产品了，仔细回想：台湾当局目标在推动新兴产业发展的同时，提出的油电双涨政策却间接抑制民生必需品之外的消费，政策前后矛盾，不仅浪费了投入文化创意产业的资源，对产业发展也没有实质帮助。

实例探讨

这些年来台湾积极参与国际展览并频频获奖，设计产业于2002年至2007年间，在国际设计4大奖项总获奖数为484项，在2011年日内瓦国际发明展更是一举拿下42金、34银、5铜及6项特别奖，以高达九成六的得奖率排名世界第一；同年在德国Red Dot设计奖获奖59件，其中还包括7件最佳奖。台湾设计人才连年在国际设计大展上缴出漂亮的成绩单，不仅让世界看见了台湾人对创新发明的努力与热情，也证明台湾的设计能力已经得到国际的肯定。

以产品设计为例：常常在台湾大卖场看到挂着国际知名品牌的触控式省水阀，其实是由台湾人自行研发并获得台湾本地及美国、瑞士等国金牌发明奖与多国专利的产品，起初并不是以省水为目的，而是因为当时 SARS 与肠病毒肆虐，人们为了降低感染风险勤洗手，但又担心水龙头把手不干净而诞生的。

在台湾越来越多的文化创意产品是以故事、意象、品味与生活态度等元素作为商品核心价值，透过台湾本地文化与各个不同元素的结合，产生了一种唯有台湾出产的文化创意产品才有的独特魅力，不仅成功地吸引了台湾本地的消费者，也获得海外消费者的青睐。

一些台湾文化创意工作者有办法提出让消费者产生共鸣的生活价值观，进而发展出可以获利的生活态度产品。例如：中子创新公司的简单生活节、永丰余生技的丰园有机农场等。

每年都会不定期举办多元化艺文活动并提供 24 小时阅读环境的诚品，已经不再只是销售书籍的通路，更是一个成功结合文化与创意的空间，诚品书店在台湾已然成为一个可以提供品味生活，并能够开发高单价消费市场的品味产品。

分别于 2005 年、2007 年、2008 年与 2010 年四届入围葛莱美唱片包装奖的萧青阳老师所设计的唱片封面、朱铭大师的雕刻作品等，都是创作人以色彩、图案、造型等非文字叙述的方式传达产品所代表的意象和背后隐藏的故事的意象产品。

综观这四类文化创意商品，在台湾发展最好也最为人所津津乐道的当属故事产品，故事产品顾名思义是由一个擅长说故事的人，不限任何形式，可以是以一本书、一首歌、一段广告或是一部电影的方式将富含台湾文化的故事呈现出来。

以目前在台湾最为火热的电影产业为例，2008 年在台湾热卖 5 亿 3000 万元的电影《海角七号》，不仅带动台湾电影票房大幅成长，同时也为屏东县带来庞大的观光效益，其他地方见状也开始对电影业者释出善意并积极争取支持电影拍摄的机会，希望透过电影画面勾勒出城市的特色风貌，帮助城市营销。《海角七号》随后在香港与中国大陆上映，也分别缔造了港币 762 万元（约合新台币 3000 万元）与美金 290 万元（约合新台币 8700 万元）的亮眼票房成绩。

如果一首歌诉说着一个故事，不少在台湾土生土长的歌手或乐团，可能都诠释过数十首脍炙人口的好歌，个个都是说故事的好手，借由天生的好歌喉、专业团队的包装等，获得广大的歌迷朋友热烈支持，例如：台湾乐团五月天曾在 2010 年许下宏愿，希望能在北京鸟巢开唱，2012 年 4 月 30 日梦想成真，不仅成功征服华人世界最大的演唱会场，更创下了十万张演唱会门票在短短的三分钟内销售一空的纪录。另外一位具代表性的台湾歌手张惠妹被誉为 90 年代华语流行乐坛最出色的女歌手之一，累计音乐专辑总销量在台湾超过一千万张，在全亚洲达成五千万张，最近的 AMeiZING 全球巡回演唱会自 2011 年 9 月从成都开始，将于 2012 年 12 月在台湾高雄画下句点，分别在大陆各大城市、美国、新加坡、英国、澳洲等地开唱，今年三月底连续八天在台北小巨蛋演唱，场场爆满，一票难求，许多台北歌迷更是一连参加了好几场，乐此不疲。由此可见，台湾歌手在华语流行音乐界的影响力无远弗届，体验过现场表演震撼力的听众，很难不被歌手的舞台魅力深深吸引。

结语

虽然台湾本地人口只有2300万，内需市场规模远比不上大陆，同时深具消费能力的年轻族群，约有100万人在海外营生，但是台湾文化创意产业人才济济，不仅有实力创造出可观的产业附加价值，近年来一些优质的文化创意产品，也成功在华语地区引发热烈的回响，台湾当局需要善用手中资源，除了整备文化创意产业发展环境外，更着手拟定实际有利于产业发展的政策与提供优渥的工作条件，将优秀的文化创意工作者留在台湾；这也将是未来海外资金对台湾最感兴趣之处，资金与人才的交会激荡，各类创意在大型市场一展身手，将有机会为台湾的经济，写下新页。

参考数据：

1. 维基百科，http://zh.wikipedia.org/wiki/Wikipedia:%E9%A6%96%E9%A1%B5。

2. 投资台湾入口网，http://investtaiwan.org/。

3. “文化部”，文化创意服务网，http://cci.culture.tw/cci/cci/index.php。

4. “台湾行政院经济建设委员会”，http://www.cepd.gov.tw。

5. 相信音乐官方网站，http://www.bin-music.cn/tw/index.html。

6.A-Mei Official Website，http://www.starmei.com/bbs_page.php？ pid=8766&On=1。

7. 文化创意产业发展法（2010）。

8. 邓丽萍（2011），最潮投资！科技大老抢当文创先锋。

9. 台湾“行政院”文化建设委员会（2010），创意台湾——文化创意产业发展方案行动计划。

10. “台湾行政院经济建设委员会”（2012），台湾明星产业竞争优势及市场利基研究——文创及数字内容。

第四部分

产业面

第十六章　浅谈两岸文创产业的链结点以及投资机会

黄　心　懋 / 华阳中小企业开发股份有限公司文创基金合伙人

影市堂股份有限公司执行董事 / 制片人

专业领域 / 影视传媒、互联网新媒体、文化创意等产业之策略规划、资本运作以及跨国资源整合

前言

近几年来，我们明显地感受到世界各国都非常注重其文化创意产业的发展。过去以生产及制造等产业为主的发展策略，在人民生活质量的逐步提升之后，开始渐渐地移转到文化创意产业。此外，文化创意产业也逐渐成为一个国家软性的外交手法，其所能创造的高附加价值，已经逐渐成为影响国家竞争力的关键因素之一。各国政府在意识到文化创意产业可快速地带动国家经济成长、产业能量升级，以及在城市营销上所创造出的高附加价值等现象之后，也纷纷将文化创意产业政策视为国家的重点计划。

由于文化创意产业的定义与范畴并不容易形成一个放诸四海皆准的共识，本文将试着从影视产业出发作一个初步的探讨，希望能够产生一些具有启发性的共鸣。

两岸华人文化及创意的体现

放眼大陆、香港、新加坡等所有华人区域，台湾因其特有的环境背景，相对完整而有系统地将整个中华文化保留了下来，并且形成了大量且多元的东西方文化的融合。也因此，台湾在文化创意产业的发展上，不但基础稳固，也较其他华人地区拥有更多元、精致、创意奔放的风格。举例来说：台湾的艺术团体汉唐乐府，乃源自泉州的南管，虽然起源地的发展已经没落，但远在台湾的剧团却坚定地传承了传统命脉，并且融入现代元素，在传承与创新间齐头并进。

而台湾的“创意”、“时尚”、“音乐”等元素，在华人地区具有其独特位置。举例来说，我们从近年来台湾所创造的偶像团体F4成功进军日、韩及东南亚；张惠妹、周杰伦、蔡依林等台湾歌手更维持多年屹立不摇的偶像地位，其所带动的电影、电视、唱片、演唱会等票房效益更是有目共睹，而大陆的许多演艺人员，如：那英、胡夏、喻可唯等，更因为经过台湾的整体制作以及营销包装，驰名度加速发光发热，吸睛与吸金能力一同连翻数倍！

综观而言，台湾可视为华文地区之文化交流的中介站，两岸的人民就文化传承上，因为同文同种，没有语言及文化上的差异，这些特点逐渐成为两岸在文化创意产业交流上，最基本、直接且首要的链结点。以上述优势为发展背景，两岸文化创意产业的交流便可产生加乘效应，在台湾的操作经验积累下，结合国际上各种资本和资源的注入，就可望将台湾的敏锐多元与大陆的丰厚沉稳等特点，融合出亮眼的文化创意产能。

韩流旋风的可畏

从另一方面来说，我们以韩国所创造的韩流旋风为例，进一步探讨。近年来，由韩国电视产业所制作的电视剧横扫亚洲市场，同时韩国电影在本土市场也成功抵抗了好莱坞的竞争，并且向世界各地输出其影视作品与文化。举例来说，在电视剧方面，由裴勇俊所主演的《冬季恋歌》在日本市场造成风靡；紧接着《大长今》席卷整个东亚、南亚等地区的电视市场。这些成功案例除了为韩国影视产业赚取巨大的利润之外，也吸引了大批游客赴韩观光，为韩国赚取了相当可观的外汇。

此外，韩国电影在有限的国内市场及好莱坞电影强势入侵的双重压力之下，不但没有消退，本土电影工业却逆势持续成长，如《骇人怪物》、《王的男人》、《实尾岛风云》、《太极旗生死兄弟》等刷新韩国影史票房纪录；《我的野蛮女友》、《杀人回忆》、《触不到的恋人》、《黑道千金逼我嫁》、《鬼魅》、《鬼玲》等韩片也被好莱坞高价买下重拍权等等，从这些现象皆可以观察出其电影产业兴盛发展的程度。总言之，韩国电影产业近五年来快速发展，不论在本土以及国际市场的开拓、国际影展的成绩、电影类型的多样性等等，都让世界影人刮目相看。

他山之石可以攻错，我们可以从韩国影视产业以及市场的发展，分析其影视产业振兴的经验，并作为未来两岸推动影视产业、数字内容产业等的参考。就某种程度上来说，台湾拥有与韩国一样的优点，甚至比其更甚。台湾善于制造偶像明星，融合东西方文化元素，而且营销手法灵活，如果能够整合大陆无数的古迹美景、资本资源、以及广大的市场，在这个网络E世代下必有可为。当网络让人与人的距离缩短、交流畅通、流行同步的同时，两岸人民将不再因一道海峡而有所隔阂。如：近期电视剧《步步惊心》的台湾偶像吴奇隆，便掀起两岸穿越剧旋风之高潮；电影《那些年，我们一起追的女孩》引发两岸八〇、九〇年轻男女的激情并且在两岸三地同步热卖等等，都可以作为两岸合作前景无量的佐证。

好莱坞影业的可敬

而提及电影产业的发展，就必须仔细研究好莱坞的整个产业架构。我们观察好莱坞的成功模式，似乎可以得到一个结论：想要让文化创意产业能取得跨区域的成功，所需要的就是一个能够跨区域沟通的链结点。严格来说，美国的生活方式与文化与我们截然不同，但为什么他们的作品可以在全世界取得一定的成功？这就是因为他们找出了一种能与不同区域的人相通的链结点，而这个链结点，源自于一种人性的普世价值。好莱坞的电影基本上经常在宣扬一种“梦想”的概念，而这个“梦想”，就是好莱坞成功引起全球观众共鸣的链结点，加上好莱坞有一个完整的电影工业作为配套，可充分而弹性地运用其软硬件设施，把一个个梦想的故事完整地呈现在观众面前。

因为好莱坞行之有年地操作影剧产业，所以已经非常熟稔地走出了一套成功的模式。而这样的结果也告诉我们，如果能精准地结合这些成功元素，就有机会顺利打破不同市场的文化区隔的藩篱，取得全球性的成功。

我们进一步观察西方社会之文创产业蓬勃发展的原因，可以从他们的教育体系中发现端倪。西方从幼儿教育开始，就已经大量的着重在创意、美学、艺术等文化涵养的累积，也就等同从小就培育了一群未来的广大文创产业之消费群众。他们就是从这样的教育过程中，一并孕育出庞大的消费市场，因此只要出现好的文创作品，便很容易打动消费族群。而这点是向来习惯于接受填鸭式跟教条式教育体系的华人社会所较为缺乏的。

虽然两岸的教育制度基本上不若欧美国家较为重视文化创意涵养的养成，但所幸两岸八〇、九〇后的年轻人们，基本上都在网络的环境下成长，网络上所得到的讯息，远远比他们在学校所接受的教育影响还要深远，也使得他们对于流行文化的接受力强大而迅速。网络的环境让两岸的年轻人在情感的链结上建立了一个无障碍的空间，让两岸华人透过网络的交流，孕育出了一群具备欣赏跨区域价值观的观众，这使得两岸八〇、九〇后的年轻人开始自发性地追求流行音乐、支持华语片、参加各大文创展演活动等等，这样的结果，对两岸文化创意产业的发展，是一个非常好的现象。

两岸文创合作，共创双赢

如果好莱坞找到的链结点是“梦想”，那么我们希望试着在两岸的文化创意产业中找到一个较具体的链结点，那就是“共同情感”。我们观察目前打入国际市场的为数不多的华文电影，大多属于一些特定的类型，如：古装片、动作片等，而对于中国文化的底蕴以及具备历史传承的足以深远影响世人的题材，应该还有很大的发挥空间。中华文化源远流长，是两岸中国人共同拥有的宝贵资产，更是维系两岸同胞民族情感的重要精神纽带。而台湾特殊的地理位置以及相对复杂的文化及历史背景，塑造了其多元开放的文化风格，这种整合交融的气质，更是丰富了中华文化的内涵。

台湾在这种多元的文化环境下，更是具备了整合全世界各种不同信息来源并加以完整汉化的优势。在这种多样的资源之下，以“共同情感”为基础的题材便无穷无尽。如何让两岸文化创意产业可以充分地沟通以及交流，让彼此的优势及特性充分体现？我们需要的应该是一个可常态性地沟通并整合两岸文化创意内容及资源的平台。

全球各区域的华人因为各自在不同的发展基础以及过程之上，产生了或多或少文化传承及生活经验上的差异性，但在基本的情感以及真善美的价值观上，其本质仍旧是相通的。如果能在前期开发题材之际，便于想法上充分交流与整合，那就能够更贴切地找到结合两岸百姓情感上的共鸣点。如果能够打造一个文创交流的平台，从一开始就链结两岸共通情感的各种元素，就应该有机会能够直接而迅速地掌握观众的感受，做出兼具思想性、艺术性、观赏性的高质量作品。

台湾的文化创意产业的发展前景，或是说值得投资的机会点，就存在于如何搭建一个两岸文化创意以及内容产业的沟通以及整合平台，并充分考虑到大陆庞大的市场潜力作为支持，逐步建立优质的文创产业经营品牌。这样的操作平台一旦建立，除了能够较为精准地处理好这些“共同情感”上的题材之外，还能够以较大的资金和资源规模，操作一些具有深刻影响力的大型事件。之前的成功案例如《唐山大地震》、《通天神探狄仁杰》、《赤壁》等等，这些华人耳熟能详的历史或是引人入胜的事件一方面可以引起两岸观众共同的求知欲，同时可以透过这些历史英雄们的事迹呈现，将中华文化的精髓以及思想内涵充分地表达出来，尝试取得国际性的认同。因为相较于欧美西方文化的急功近利，中华文化的发展环抱了儒家、道家、佛家等多样而深厚的内省精神，可以广泛地往全世界推广，趋势上完全符合现今世界对于物质文明的反思潮流。例如《功夫熊猫》这样的一个电影，其实讲的就是一个简单而完整的中华文化的哲学精髓。当好莱坞用很纯熟的操作模式表达出来的时候，它取得了市场上的重大成功，而这样的成功，希望能够深刻地刺激两岸华人对于自己的文化在全球市场中所具有的潜力的重视。

另外值得一提的是，华人地区的文创产业在“电视产业”以及“广告产业”这两块领域的掌握度较高，其中的成功人士对于如何与消费者沟通并进而取得商业上的成功十分熟悉。关于这点，我们可以从最近台湾成功的电影当中，相当部分是由电视产业或广告产业所跨界来的人才取得票房成功的这件事情上得到一些启发。

结语

总结来说，台湾的文化创意产业若希望能够吸引较具规模的投资者的注资并进而取得整体华文市场的同步认同，首先就必须创造一个好的两岸交流平台，并进而整合跨领域好的人才，有系统地找出方方面面的情感上的链结点，如此在取得消费者的共鸣上才能够有较高的掌控性。也唯有借由交流平台的搭建，各种吸引人的影视题材的选择以及制作才能更进一步融合两岸文化、历史、知识与趣味等不同元素，也才能从根本上体现出华文文化创意产业的真正价值。而两岸如何凭借彼此优势建立良好的合作机制，更是未来华文文创产业进军国际市场的关键。

第四部分

产业面

第十七章　台湾机械产业分析

福邦证券股份有限公司 / 综合证券商

专业领域 / 承销、经纪、产业及个股研究、股务代理、投资咨询

前言

全球最大的IT供应链厂商几乎皆汇集于台湾，台湾企业制造超过60%以上的半导体芯片、80%的计算机屏幕，以及超过90%的笔记本电脑。台湾IT产业在各环节的制程技术上效率高、良率佳、弹性大、交期准时、成本低廉，成为这些产业快速发展的推手，最重要因素莫过于台湾所累积的技术；此技术层面，包含了无形的知识经济、专利技术，有形的机械自动化设备技术与生产过程中累积的制程经验。

由于知识经济与制程经验较难以量化说明，而机械设备是制造信息产品中之关键要素，也是各种基础加工与精密加工不可或缺之工具，因此我们将针对不同领域机械设备加以介绍与分析，借以说明台湾在基础生产工业上之优势。

金属加工机械

依照台湾工业技术研究院之产业分类法，在台湾整体机械产业的大架构下，针对金属材料进行各式加工所使用的工具机，被归类为“金属加工机械”类别，即为一般所称之工具机产业，其中又细分为切削工具机、成型工具机及非传统加工设备等三类。

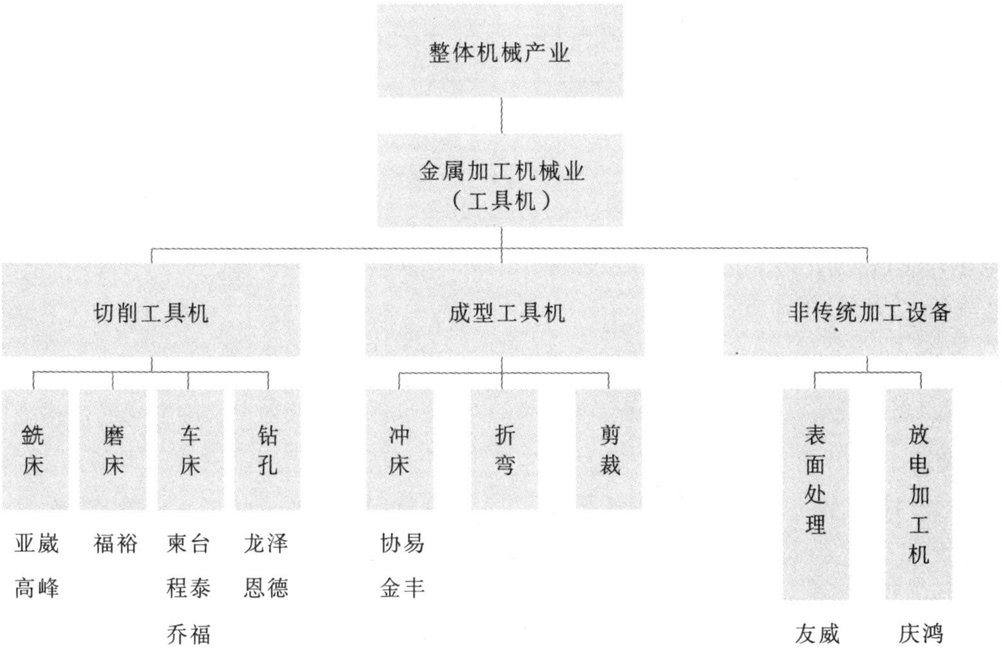

根据台湾机械工业同业公会统计资料，台湾2011年机械设备总出口金额为211.1亿美元，相较于2010年的172.12亿美元成长了22.6%；而其中2011年工具机出口金额为40亿美元，占机械设备出口比重的19%，相较2010年的29.61亿美元成长了35%，以整体机械设备工具机的品项来看，其年成长幅度排名第二。

金额单位(Unit)：US$1,000

排名 Rank	出口产品 Products	2011年1~12月 金额 Value	2011年1~12月 占出口比率%	2010年1~12月 金额(Value)	2011年1~12月 2010年1~12月 金额(Value)
1	工具机 Machine Tools	4,000,508	19.0%	2,961,616	35.1%
2	塑橡胶机械 Plastics & Rubber Machinery	3,339,237	6.3%	1,170,863	14.4%
3	转轴、齿轮、滚珠螺杆 Bearings, Gears, Ball Screws	3,333,257	6.3%	927,670	43.7%
4	特殊功能机械 Other Special Machinery	1,308,640	6.2%	1,121,685	16.7%
5	流体机械 Pumps, Compressors, Fans	1,166,507	5.5%	964,546	20.9%
6	阀类 Valves & Parts	1,131,183	5.4%	925,306	22.2%
7	工具机零组件 Parts & Components	1,004,241	4.8%	784,507	28.0%
8	造纸、印刷机械 Paper Making, Printing Machinery	921,924	4.4%	790,939	16.6%
9	纺织机械（缝纫机除外） Textile Machinery	615,185	2.9%	580,102	6.0%
10	木工机械 Wood Working Machinery	540,358	2.6%	562,570	-3.9%
11	缝纫机 Sewing Machines 皮革与制鞋机械 Leather & Shoes Making Machines	521,470	2.5%	494,573	5.4%
12	模具 Molds & Dies	520,332	2.5%	459,251	13.3%
13	食品包装机械 Food & Packaging Machinery	471,094	2.2%	419,569	12.3%
	其它 Others	6,236,677	29.5%	5,049,737	23.5%
	机械设备合计 Total	**21,110,613**	**100.0%**	**17,212,934**	**22.6%**

从出口地区来看，2010年前三大出口地中国大陆、美国与日本出口总金额92.73亿美元，占总出口额172.12亿的53.8%，为台湾机械设备业出口最重要的三个地；2011年此三大主要出口国的出口金额为113.58亿美元，占总出口额211.1亿的53.8%，比重维持不变，但绝对金额成长22.48%。

除前三大主要出口地外，值得注意的是德国、土耳其、荷兰、俄罗斯、法国、墨西哥的出口金额成长率大幅提升，平均成长幅度超过40%，尤其以新兴国家俄罗斯成长幅度最为惊人，由2010年的1.13亿美元，2011年提升至2.2亿美元，大幅成长94.3%。

从台湾机械设备出口的产值与成长性来看，不可否认地对于大陆、美国与日本的出口依赖度过高，但因这三大市场仍具有开发潜能与诱因，未来成长的空间还是相当可期；另外，新兴市场经济发展与市场开拓，将是台湾机械设备成长的另一重要关键，相对前三大出口地的出口金额，我们可以期待这些开发中的国家，贡献度将有机会逐年成长超过20%以上。

金額單位(Unit): US$1,000

排名 Rank	出口國家/地區 Country	2011年1~12月 金額 Value	2011年1~12月 佔出口比率%	2010年 1~12月 金額(Value)	2011年1~12月/2010年1~12月 Change(%)
1	大陸+香港	7,151,515	33.9%	5,904,285	21.1%
2	美國 USA	3,002,896	14.2%	2,468,654	21.6%
3	日本 Japan	1,203,892	5.7%	900,753	33.7%
4	泰國 Thailand	734,448	3.5%	600,361	22.3%
5	德國 Germany	668,114	3.2%	422,608	58.1%
6	越南 Vietnam	666,193	3.2%	583,455	14.2%
7	印尼 Indonesia	601,651	2.8%	521,843	15.3%
8	印度 India	583,485	2.8%	503,608	15.9%
9	韓國 Korea	501,230	2.4%	521,657	-3.9%
10	馬來西亞 Malaysia	482,304	2.3%	416,478	15.8%
11	土耳其 Turkey	383,332	1.8%	271,474	41.2%
12	新加坡 Singapore	363,659	1.7%	284,746	27.7%
13	荷蘭 Netherlands	329,499	1.6%	216,618	52.1%
14	巴西 Brazil	321,665	1.5%	277,506	15.9%
15	義大利 Italy	285,045	1.4%	206,480	38.0%
16	英國 UK	269,587	1.3%	210,757	27.9%
17	澳大利亞 Australia	242,489	1.1%	198,008	22.5%
18	加拿大 Canada	234,369	1.1%	190,948	22.7%
19	菲律賓 Philippines	231,026	1.1%	216,311	6.8%
20	俄羅斯 Russia	220,396	1.0%	113,444	94.3%
21	法國 France	175,149	0.8%	122,264	43.3%
22	墨西哥 Mexico	155,603	0.7%	105,853	47.0%
23	阿拉伯聯合大公國 United Arab Emirates	125,996	0.6%	107,344	17.4%
24	沙烏地阿拉伯 Saudi Arabia	101,028	0.5%	89,821	12.5%
25	西班牙 Spain	99,755	0.5%	74,105	34.6%
26	芬蘭 Finland	76,595	0.4%	67,360	13.7%
	其他 Others	1,899,692	9.0%	1,616,193	17.5%
	合計 Total	21,110,613	100.0%	17,212,934	22.6%

1. 切削工具机

结构概述

一般所称的传统切削加工，是指使用工具机产生机械能，经由刀具对工件材料进行切削作用使之成形的加工方法；传统切削加工常见的有车削、钻削、铣削、刨削和磨削等五种。

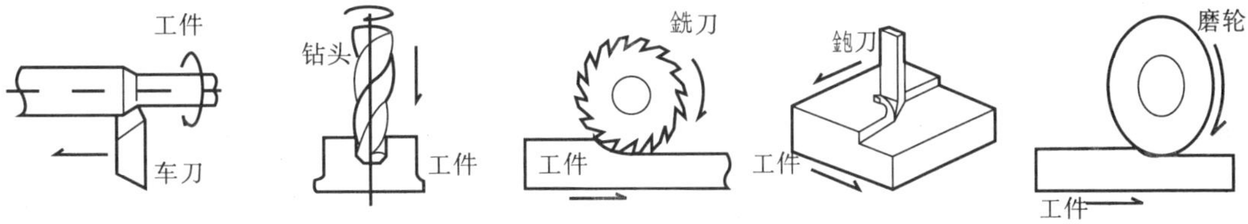

(a)车削 (b)钻削 (c)铣削 (d)刨削 (e)磨削

（1）车削

车削所使用的工具机称为“车床”，加工时将圆形截面工件的一端夹持于车床主轴的夹头上工件随同主轴做旋转运动，利用固定在刀架上的单锋刀具做直线移动来执行切削操作。车削的工作包含切削工件的外径、外形、端面、锥度、阶级、凹槽、切断、钻孔、搪孔、铰孔、外螺纹、内螺纹、压花、绕弹簧及成型面等。

（2）钻削

钻削加工是最常见的制孔方法，钻削加工过程是将工件固定夹持在工作台上，钻头装置在钻床主轴上并随之旋转，同时沿着主轴的轴向做进给移动，用以在工件上制作圆孔。

（3）铣削

铣削加工是将铣刀固定在工具机主轴上一起做旋转运动，利用夹持固定在工作台上的工件或主轴上的铣刀，做直线进给运动所进行的切削操作。铣削的基本操作可分为两大类型，周边铣削与面铣削。铣削中铣刀旋转方向与工件移动方向的关系，又可分为：逆铣与顺铣。

（4）刨削

刨削加工是刀具与工件之间的主运动为直线往复式的相对运动，工件或刀具在垂直于主运动的方向上做间歇性的进给运动以进行切削加工。采用刨削加工的工具机有：牛头刨床、龙门刨床。

（5）磨削

磨削加工和其他传统切削加工比较的最大不同处，是以磨料颗粒取代有一定形状刀具的刀刃对工件实施切削作用，产生近乎粉末状的切屑。磨削使用的主要刀具叫磨轮，通常又称为砂轮，由许多坚硬锋锐的磨料颗粒结合而形成，可切削硬度很高的工件材料。

2. 技术发展趋势

台湾工具机业者的技术发展持续朝向高速、高精度、高复合化发展，重点在改善零组件制程、提高生产效率及降低成本方面着手，因此精度化、高速化、开放式控制器、复合化及系统化便成为切削工具机业者共同追求的目标。

在高速化、精度化方面，发展高速进给系统及高速主轴，以提高加工速度，有利于生产效率提升；而在提高生产效率的同时，也要提高加工面的表面粗细度，因此也需兼顾高精度化能力；在开放式控制器方面，由于计算机及信息处理的快速发展，控制器将使工具机的功能更加智能化，以提高机器的性能，降低生产人力的需求及成本；在复合化方面，为节省使用空间、降低成本及应对工件少量多样且复杂的需求，将朝向多功能复合机，减少机器占地空间，并因减少工件搬移次数，提高加工精度；在系统化方面，将朝向加工弹性、制程自动化、监控智能化与接口标准化发展。

3. 产业概况

根据台湾工具机发展基金会统计资料，台湾2011年切削工具机总出口金额为31.04亿美元，相对2010年的21.86亿美元成长了42%，所有工具机出口金额皆呈现正成长。其中2011年综合加工机出口金额为13.97亿美元，相较2010年的9.39亿美元成长了48.8%；车床类工具机出口金额为8.42亿美元，相较2010年的5.51亿美元成长了52.7%；钻、搪、铣、攻牙机械类工具机出口金额为4.01亿美元，相较2010年的3.57亿美元成长了12.3%；磨床类工具机出口金额为2.54亿美元，相较2010年的1.77亿美元成长了43.2%；刨、锯、拉制、齿轮机械类工具机出口金额为2.07亿美元，相较2010年的1.59亿美元成长了30.6%。

单位：US $1,000

代号 Code	产品名称 Products	2011年 1~12月	2010年 1~12月	11年1~12月 10年1~12月 Change（%）
8457	综合加工机 Machining Centers	1,397,785	939,276	48.8%
8458	车床类 Lathes	842,064	551,516	52.7%
8459	鉆、锯、拉制、齿轮机械类 Drilling, Boring ,Milling M/C	401,687	357,596	12.3%
8460	磨床类 Grinding Machines	254,546	177,785	43.2%
8461	刨、锯、拉制、齿轮机械类 Shaping, Sawing, Gearing M/C	207,903	159,225	30.6%

出于人工成本考虑，台湾企业多数制造中心皆设于境外，在进口总额方面，远低于出口总额；2011年除钻、搪、铣、攻牙机械类工具机进口总额衰退外，其他工具机皆

为正成长；其中综合加工机成长幅度最大，2011 年进口总额为 0.92 亿美元，相对 2010 年 0.51 亿美元成长 79.9%；绝对金额方面，磨床类工具机为最大宗，2011 年进口总金额为 1.02 亿，相对 2010 年 0.76 亿成长 34%。

单位：US $1,000

代号 Code	产品名称 Products	2011 年 1~12 月	2010 年 1~12 月	11 年 1~12 月 10 年 1~12 月 Change（%）
8457	综合加工机 Machining Centers	92,970	51,667	79.9%
8458	车床类 Lathes	97,230	91,503	6.3%
8459	鉆、锯、拉制、齿轮机械类 Drilling, Boring ,Milling M/C	29,708	32,693	-9.1%
8460	磨床类 Grinding Machines	102,660	76,180	34.8%
8461	刨、锯、拉制、齿轮机械类 Shaping, Sawing, Gearing M/C	79,021	63,342	24.8%

4. 竞争优劣势

大吨数的龙型切削工具机，因客户要求规格不同，属少量多样之客制化产品，目前全球竞争对手有德国的 WALDRICH SIEGEN 及日本的 SNK、OKUMA、TOSHIBA、MITSUBISHI 等，因其产品单价高，与台湾公司产品市场区隔不同（台湾中低价产品居多）。

中小型吨数的 C 型切削工具机，市场需求量大，岛内外生产厂商众多，主要区别可分为专用机与泛用机，中阶价位产品主要竞争来自韩国、意大利等国，由于台湾人工生产成本相对韩国与意大利等国低，产品较具价格竞争力。

新型五轴式切削工具机，虽然结构与技术相对旧有机种来得高，但在终端产品成型过程的时间与外观都优于旧机种，加上近期市场 IT 产品外形多元的设计，广受消费者喜爱，所以市场对此机台需求日增，岛内外竞争者都大量投入此领域研究，目前中小型机种全球竞争对手有德国 HERMEL、DMG 及日本 MORI SEIKI，大型的有日本 SNK、OKUMA、TOSHIBA、MITSUBISHI 等。

未来工具机发展趋势，预估低价位产品成长空间较大；市场需求方面，以大陆工具机市场扩充最快速，韩国及东南亚新兴国家市场亦会出现明显攀升态势；另外，美国及日本除了巩固中高级品市场外，也将推出低价位之工具机产品抢攻市占率；推估全球工具机市场未来供给仍将呈稳定成长。

在大陆及新兴国家经济建设的需求加温

下，台湾工具机将有机会挑战全球第三大出口国家，仅次于日本及德国。此外，在历经2011年日本地震与泰国水灾的冲击后，灾后重建需求也将带动市场活络，我们预估2012年整体产业产值将有10~15%的成长。

成型工具机

1. 结构概述与发展趋势

冲压机又称冲床，在整体工具机产业中属于“成型工具机”类别，其主要是对金属材料（如铁、铬钼、铝镁等）施以高压力，使其塑性变形，进而得到所要求的金属形状之成型加工（metal forming）。针对冲床之全球产业报告虽然少见，但其与整体工具机关联性大，若以约略角度来建立概念时，成型工具机约占工具机1/4，而冲床又占成型工具机约1/2。

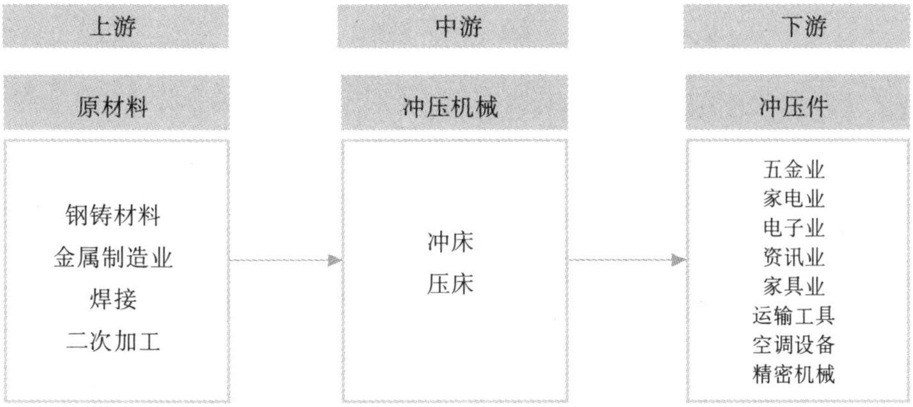

冲床之规格与型式甚多，主要系为适应各种不同机能及加工上之需要，因此构造要素的种类也很多，兹说明如下：

（1）工作能力

冲床依冲头下压时所提供的加压力大小而有工作能力之区别，金属材料进行成型加工时，材料越厚、加工形状越复杂、或想要一次冲出多个零件时，对冲床工作能力之需求则越大。

（2）驱动方式

冲床依其驱动冲头之方式可分为机械式冲床（Mechanical Press）与液压式冲床（Hydraulic Press）。透过机械结构（如飞轮、曲轴、齿轮、连杆）来驱动冲头称为机械式，此方式为一般金属冲压加工所普遍采用；而透过油压或水压来驱动冲头则属液压式冲床，通常用于超大型机台或特殊场合。

（3）驱动机械结构与发展趋势

机械式冲床又依马达到冲头之间机械结构设计的不同，而让冲床具有不同的加工特性，其中又以曲轴式、偏心齿轮式、连杆式冲床为市场主要需求。但是近年来发展的伺服式冲床，则将对市场造成巨大的改变。

冲床是生产效率最高之成型加工设备。切削工具机采用伺服控制，已有30年之历史，但冲床之伺服控制，却是近5年之发展，主要关键技术在于伺服马达及其控制系统，有别于一般切削工具机用之低马力，低扭矩，高转速马达，伺服冲床之伺服马达必须具备大马力、低转速、高扭矩、耐振动、瞬间速差大、出力大之特性。

传统之冲压生产，相同模具，若转到伺服冲压机生产，可提高30%之产能，同时模具寿命将提高10倍以上，电能消耗降低50%幅度，是节能减碳之最佳工具机。由于冲头之运动曲线可自由设定，可快、可慢、可停、可后退，使得塑性变形之理论更进一步发展，以往认为不可能成型之精密零件，都变成可生产，为未来工业带来深远之影响。

2. 产业概况

根据台湾工具机发展基金会统计资料，台湾2011年成型工具机总出口金额为7.12亿美元，相对2010年的6.3亿美元成长了13%。其中2011年锻压、冲剪工具机出口金额为5.49亿美元，相较2010年的4.84亿美元成长了13.5%；其他成型工具机出口金额为1.62亿美元，相较2010年的1.45亿美元成长了11.6%。

单位：US $1,000

代号 Code	产品名称 Products	2011年 1~12月	2010年 1~12月	11年1~12月 10年1~12月 Change（%）
8462	锻压、冲剪机械类 Presses & Shearing Machines	549,751	484,385	13.5%
8463	其他成型工具机类 Other Metal Forming MT	162,891	145,947	11.6%

在进口总额方面，2011年锻压、冲剪工具机进口金额为0.88亿美元，相较2010年的1.15亿美元衰退了23.9%；其他成型工具机进口金额为0.25亿美元，相较2010年的0.15亿美元成长了65.9%。

单位：US $1,000

代号 Code	产品名称 Products	2011年 1~12月	2010年 1~12月	11年1~12月 10年1~12月 Change（%）
8462	锻压、冲剪机械类 Presses & Shearing Machines	88,043	115,649	-23.9%
8463	其他成型工具机类 Other Metal Forming MT	25,888	15,602	65.9%

3. 竞争优劣势

全球较具规模的冲床制造商有德国的Schuler（生产机种限于300吨以上机种），日本的Amada（生产机种限于400吨以下机种）、AIDA、Komatsu、H&F（生产吨数限于300吨以上机种），韩国的Simpac、WIA（生产机种限于300吨以上机种），台湾的协易、金丰，大陆的济南二锻等。

就各国冲床厂商之技术层次来说，欧洲与日本技术相近并优于台湾，韩国冲床业则主要应用于生产汽车钣金，技术层次与台湾相近，但多以其国内销售市场为主。至于大陆，冲床生产商可分为国际大厂赴大陆设厂、国营企业机床厂、民营冲床厂等三类。国际大厂除德国Schuler，台湾的协易、金丰已在大陆市场设厂布局多年以外，其余厂家则处于小规模生产状态。大陆虽有不少国营及民营冲床制造厂，但几乎都是以切削工具机为主要营业项目，至于生产冲床的机床厂，只有济南二锻之市场能见度较佳；反倒是不具规模的民营冲床厂家数较多，但其产品技术层次低，质量稳定度较差，报价为欧日厂的3成，台系厂的5~6成。

因机械产业有纳入ECFA早期收获名单之中，在ECFA生效后，目前台湾工具机产品进口到大陆关税已经降至零（2011年进口关税从9.5%降至5%，2012年完全免税）；另外，过去台湾出口到欧美的机种，都比大陆市场机种先进高阶，单价也较高，随市场与产业结构改变，大陆对高阶机种需求日益增加，在税率上取得宽松待遇，对未来台湾高阶机种出口到大陆的销售将是一大利多。

非传统加工设备

1. 放电加工机

放电加工是利用电能转换成工件热能，使工件急速融熔的一种热性加工方法。放电加工时，加工液在电极与工件的间隙产生过渡电弧放电现象，进而对工件产生热作用，加工中液体受到放电压力及热作用产生汽化爆炸现象，此时工件的融熔部分，将伴随液体汽化现象熔入加工液中，工件因放电的作用产生放电痕，如此反复进行，终端产品便可加工完成。放电加工与工件的硬度无关，只要是可通电的材料均可加工，而像陶瓷、玻璃等非导体材料，在一般的印象中是无法利用放电来加工的，然而最近几年的研究发现，利用特殊的方式，利用放电亦可加工非导体材料。

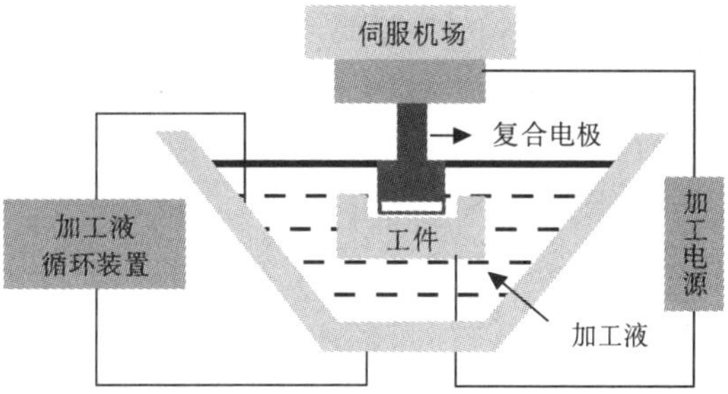

台湾模具开发与加工产业发展相当蓬勃，模具材料特性及精密度要求较高，一般金属切削工具机难以达成，需由放电加工机技术来克服。由于高性能材料通常难以借由传统切削方式加工，放电加工法不必借由机械力即可达成加工目的，不需承受机械切削力作用产生变形及精度不佳影响，且不因工件材料之高性能特性而有加工限制，并具有技术设备成本较低、尺寸精度容易控制优点，适合应用于微小精密零件与制作精微模具。

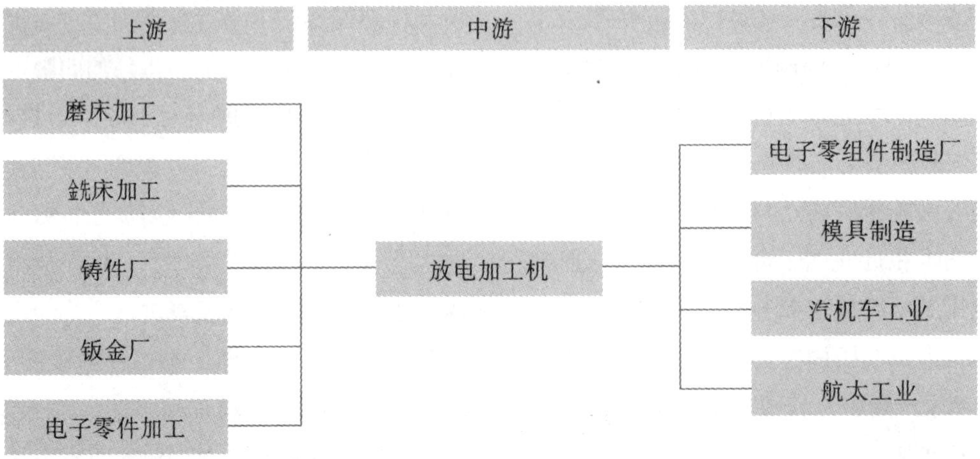

2. 产业概况

根据台湾工具机发展基金会统计资料，台湾 2011 年非传统型的放电、镭射加工机总出口金额为 1.83 亿美元，相对 2010 年的 1.45 亿美元成长了 26%。由于产品属性与需求，加上国外竞争对手技术层次相对较高，因此此工具机出口金额相对切削与成型工具机产值来得低。

代号 Code	产品名称 Products	2011 年 1~12 月	2010 年 1~12 月	11 年 1~12 月 10 年 1~12 月 Change（%）
8456	放电加工、镭射加工等非传统工具机 EDM, Laser Cutting M/C, etc	183,881	145,886	26.0%

在进口总金额方面，台湾 2011 年非传统型的放电、镭射加工机总进口金额为 3.13 亿美元，相对 2010 年的 2.56 亿美元成长了 22%。

代号 Code	产品名称 Products	2011 年 1~12 月	2010 年 1~12 月	11 年 1~12 月 10 年 1~12 月 Change（%）
8456	放电加工、镭射加工等非传统工具机 EDM, Laser Cutting M/C, etc	313,396	256,982	22.0%

3. 竞争优劣势

放电加工机未来潜在成长课题在于：产品高精度化、微细化、开拓新应用领域与提高附加价值，借此大幅提高产品获利。放电加工机对加工结果精度越高，附加价值就越高；台制线切割机的加工结果误差约大于 ±5μm，机台单价约 200 万元新台币上下；日系机种加工精密度约 ±3μm，机台单价可提升至 500 万元 ~700 万元新台币；最高等级的瑞士机种则可将加工误差缩小至

±2μm的范围内，其单价售价高达1300万元新台币以上。

台湾放电加工机产业若期望提升竞争优势，需将现有产品性能与质量向上提升，其中包括机台结构精度、放电电源系统性能、精细线加工、控制器加工控制性能、环境变量影响控制、加工制造技术、自动穿线系统与整机量产制造技术等。若可提升线切割机性能，将可扩大产品应用领域与提升产品在国际上的竞争力。

结语

1. 从市场竞争的角度来看

台湾工具机产业技术与资本密集、附加价值高、种类多、产量少、产业关联性大，且经营规模多属于中小企业规模。由于规模小、厂商数目多，从原先公司脱离出来自行创业的厂商，基于技术能力相似，自制率偏低，通常以模仿为主，发明与创新的速度较慢、因而产品的市场区隔不大，产品重复，大小工厂林立，质量优劣不一，经常陷于低价恶性竞争之中。

2. 从生产成本角度来看

机械业之加工程度较高，所需零组件数量繁多，台湾工具机业多数关键零组件向外采购，一般零件则由协力厂商供货，中心厂负责组装与检测；2011年面临钢铁等原物料行情走扬，加上日本大地震造成滚珠螺杆、线性滑轨、轴承及控制器等关键零件价格增加，生产成本大幅攀升；另外，新台币自去年下半年开始几乎呈现连续性升值走势，对外销市场产生相当大压力，由此可看出，汇率波动之影响，当新台币或竞争对手国之货币汇率有巨幅之变动时，竞争力也会跟着消长。

3. 从技术发展角度来看

目前全球计算机数值控制工具机市场有两大发展趋势，一是标准规格的机种，借大量生产、低成本之策略攻占低价位市场；另一是借技术层次生产高精密度及高质量之工具机种，以性能价格比占有高附加价值市场；高附加价值机种未来将朝向高速化、多功能化、环保安全性、质量稳定性及产品可靠性发展，工具机业者莫不积极改善生产流程，并发展高速主轴转速、高加工速度切削及高精密度之产品，以提升竞争力。

4. 从未来发展角度来看

未来台湾所有工具机与相关设备公司的扩张，势必得借由组织变革来提升国际竞争力，发展重点也必须从量的提升，变到质的转换，降低制造成本，开发有特色的机种，进军包括大陆和印度、巴西、俄罗斯等新兴市场，才得以完成。

此外，台湾机械设备产业以出口导向为主，所以在全球经济循环过程中，产业波动剧烈，导致企业主在产能扩充与市场开发策略上较为保守，长期欠缺重大投资，加上外国大厂投资与技术合作的机会不高，也是造成台湾机械技术升级缓慢的重要因素之一；未来除厂商自我价值提升外，有关部门应该持续创造有利的投资环境与制度，吸引与鼓励外商来台投资，协助岛内产业技术升级。

2012年美国市场逐渐步入景气复苏阶段，加上今年总统大选，消费与各项数据好转，相关需求也逐渐浮现；2011 下半年由于欧债的影响，可能使得欧洲市场再次笼罩于金融风暴的危机之中，市场动态需持续关注。大陆与新兴市场需求相对欧美来的强劲，虽然整体量能成长动力不若先前几年，但在基础建设、国防工业、交通运输与民生必需品等需求持续提升下，对于未来展望仍相对欧美乐观。

第四部分

产业面

第十八章　物流产业分析

林 丽 珍 / 安信商务律师事务所主持律师

专业领域 / 证券及资本市场、境内/外投资、两岸投资、企业并购

前言

什么是"物流"？物流英文称为"logistics"，其中文原意是指后勤补给的意思，即军队在前线作战，后方军用物资的补给。两兵相接，其物资补充，乃是战争决胜的关键，此所谓"运筹于帷幄之中，决胜于千里之外"。

"物流"最基本的概念，是将货物从一处，经由路线之安排，运送到他处的流通过程。在全球化关系，无论是资金、货品、技术、服务和人才在国际间，都能来去自如，使得产业的上、中、下游企业、消费者间，靠着物流业者来串起供应链关系。物流是一个复杂过程，包含的业务项目，几乎囊括从送货者到收货者之流程，包括：货柜运输业、货运车队、货运站/货柜场、航空公司、海运、报关行、发货中心、快递业与承揽业等。物流产业的兴盛与否，往往与整体经济活动之高度相关；对于促进流通现代化、增强区域综合竞争力，具有重要作用。又，物流过程中，能提供实时货况之追踪、供应链流程之透通度，及如何掌握信息，变得相当重要，但IT信息之建置往往需技术及巨额投资[①]。

物流成本攸关产业、国家和地区竞争力：

在面临全球贸易之国际化、自由化，产业微利时代的来临，企业要生存需要集中精神于自己的核心竞争力，使产业走向分工合作、委外制造及产品配销，带动全球庞大之运输物流需求。据报告显示，连续四年来，全球物流业务量一直保持以6.2%的年均增长率增长；2007年至2012年，全球物流规模以5. 3%的复合年均增长率增长，预计2012年将达到1050亿美元[②]，全球物流业呈飞跃式发展的态势。

物流服务涵盖范围广，对货物的成本而言，物流时间长，导致存货成本增加，也降低资金周转率；因此，对于一个企业而言，可以是大有商机；对使用者，则为降低成本的途径；对国家和地区而言，则是国家和地区经济发展的策略性重要产业。

经济总量和外贸量的持续成长，必然带来金流、物流、人流及信息流大规模、大范围的转移，也是物流需求大量形成的来源和基础；物流产业的兴盛与否，往往与整体经济活动的高度相关，例如：2001年台湾岛内生产毛额（GDP）下滑2.91％时，DHL在台湾30年来首次未见2位数字成长的一年；2005年间计算机业者，例如：广达、华硕与仁宝等，不约而同地增加大陆生产的比重、降低台湾计算机的生产数量，原有工厂转型作研发或改作其他产品、工厂及员工纷被转移至其他工厂等[③]，岛内物流市场自然呈现下滑局面。

另方面，"物流成本占GDP"的比重，则已成为衡量一个国家或地区物流业发展水平的重要指标。业界普遍认为，物流业越发达、效率越高，物流成本越低；物流总成本占GDP的比重越低。从全球物流产业发展的情况来看，在欧、美、日本等发达国家和

① 曾俊鹏（2010），"大陆物流业的发展契机"讲稿。

② 参考资料来源：Data monitor。

③ 参考资料来源：（2004）"台湾物流业的机会"，工商总会服务网

地区，因物流业开展得较早，相对地形成完善的交通运输和信息网络，物流成本占GDP的比重，随着经济发展而降低，故发达国家之比例通常为6%~10%之谱；以美国为例，2008年、2009年、2010年，其比重自9.7%、8.8%降至8.3%。相对而言，发展中国家之物流基础设施、制度环境、物流人才、信息技术方面相对落后，社会物流成本相对较高；以大陆为例，尽管物流业费用、物流总额保持着稳定增长幅度，物流成本占GDP比重虽有逐年下降之趋势，2008年、2009年、2010年间分别为18.1%、17.8%、17.7%（此说明物流业正处于发展阶段），但离发达国家的6%~8%左右的目标，尚有不小的距离。台湾部分，物流成本占GDP比重，近年来约在13%左右。

台湾物流产业之发展概况

1. 台湾“物流业”之分类及规模

台湾物流业依其主要功能分为：运输、仓储、货运承揽；关于物流业的分类与定义，参考“经建会”2004年关于物流产业分类及“行政院主计处”对运输及仓储业的行业分类，可依经济活动汇整出19种物流产业，包含：铁路运输业、汽车货运业、汽车货柜货运业、汽车路线货运业、邮政业、快递业、海洋水运服务业、民用航空运输业、报关业、船务代理业、陆上货运承揽业、海运承揽运送业、航空货运承揽业、航空货物集散站、货柜集散站经营业、仓储业、保税仓库、物流中心、进出口货栈等。

台湾物流业除了船公司或航空公司，以及货柜集散业者或物流中心业者，因其硬设备的投资较高，故资本额较高以外；其余的业者，大多属于小规模经营。就物流业家数而言，2008年企业家数约为11,074家，其中，汽车货运业所占比率最高，约为44.5%，整体物流业营收之规模约为新台币7,063.3亿[①]，呈现家数多、规模小、信息化（e化）程度不足、整合物流能力不足，且企业同构型高，造成价格恶性竞争、本小利微之现象。2011年，台湾物流业之年营收超过新台币1.4兆元，企业家数约1万2千家，从业员工数约为25万人。[②]

2. 因应物流需求，启动“全球运筹”发展

传统物流之需求，例如：仓储运输之功能，只是支持企业完成交易之一部分。基于现代产业全球化之发展，生产者必须更专精于其本身之核心工作，例如：产品之研发、比较利益生产地之选择，而将其物流体系委外配合；以专业分工，力求简化供应链之复杂度，以落实供应链管理效率之提升、降低供应链管理成本。因此，物流需求之变化，包括：物流委外（委由第三方物流处理，可降低企业的库存成本、管理成本、风险负担；避免投入建置成本及提高顾客服务等）、企业竞争转向供应链与供应链竞争（例如：如何发挥整合供应炼之优势）等。

有鉴于此，台湾启动系列之“运筹”发展，大致有三个阶段。最早，可溯及1993年7月，有关部门公布实施“振兴经济方

---

① 林正章/李淑秋(2008),“台湾物流发展现况”，台湾物流年鉴。

② 2011年11月29日，“经济部”新闻。

案"，将"发展台湾成为亚太营运中心"，列为经济发展的长期目标；同年8月并成立项目小组负责推动（期间并委托麦肯锡顾问公司进行规划评估）；至1995年1月，"行政院院会"通过"经建会"所提"亚太营运中心"计划，以发展台湾成为亚太营运中心为施政之重心，将台湾发展为区域性、甚至是全球性的物流中心，包括：六大营运中心中（制造、海运转运、航空转运、金融、电信、媒体等）的海运中心与空运中心，增加台湾的物流能力。但于2000年的政党轮替和国际情势之变化下，发展亚太营运中心的计划推动，并未如预期中顺利。

然而，在2000年至2009年间，台湾厂商将生产基地移往大陆之后，产销"运筹"随着两岸布局而趋于复杂。台湾厂商在大陆的布局，以制造分工为主，着眼于成本的降低、供应链的整合，在运筹上倾向由台湾统筹接单、大陆负责生产及出货之分工型态。台湾仍掌握主要价值活动，包括：研发设计、采购、高阶产品试产、运筹及管理等功能[①]，益发启动"运筹发展"之需求。

随着两岸关系改善、经贸往来便捷化，再度有利于台湾发展为亚太物流中心。推动相关政策措施，包括："交通部"2007年提出"国际物流服务业发展计划"，针对物流业发展面临区域经济形成、委外代工、供应链管理需求、物流市场成长、港口经济重要性提高等趋势，计划促进物流产业发展大型化及利基化，及完善国际物流基盘设施与服务效率化，以创造物流优势，吸引国际物流业者来台加值作业；"行政院"2007年11月发布实施"新兴重要策略性产业属于国际物流事业部分奖励办法"，借由提供租税奖励工具，建立国际物流事业发展的良好投资环境，达成2015年台湾成为"全球加值服务中心"；2008年推出"爱台12建设"（恰与大陆2008年12月底提出"十大产业调整振兴规划"对接），其中与物流有关重大建设，包括：[②]兴建（1）高雄自由贸易及生态港，利用高雄港海运枢纽之地理优势，连结东亚地区重要海港，吸引制造、运筹等产业，在高雄地区设立国际发货中心与营运总部；推展新兴产业，降低物流运输成本；（2）台中亚太海空运筹中心，建设台中港、台中机场、中科、彰滨间运输网路，以发挥亚太海空运筹中心功能；以及建设中部国际机场扩建及新建航空货运站；设立物流专业区及加工增值专区；新建公共设施工程计划，完善台中港物流专业区，吸引国内外仓储物流及加工厂商进驻，增加就业机会，发挥自由贸易港区相乘效应，以提升台中港营运量。（3）桃园航空城，包括：设置自由贸易港区、设置保税仓库、交易中心、物通中心，及引入活动货物运输（自动化）仓储业、货运承揽业、报关业、快递业、加工、制造、配销、发货、支持通路流通公证及时加值型产业与自由贸易等。

3. 物流业发展之趋势

因应全球贸易之国际化、自由化的竞争，及台湾制造产业外移而造成进出口物流量大幅下滑；以及国际企业在全球布局，持续将生产委外到低成本国家地区，同时更将产品

① 邹伯衡（2010），两岸物流合作及发展趋势。

② 同前注。

销售不断地扩展到新兴国家，其中大量运送、拆并、加工、配销、回收和维修等物流需求及大商机。物流业发展之趋势包括：

（1）第三方物流（3PL）、第四方物流（4PL）相继成立

台湾98%的企业属于中小企业，没有足够能力设置自己的物流中心；加上在企业因应全球化的趋势下，企业将产品配送委外，主要集中精神于自己的核心竞争力；以及电子商务时代，消费者对于速度的要求相当重视，企业须追求专业、有效率的物流配送服务，要求少量多样的宅配送达、货物追踪、快速退换货等服务，第三方物流相继产生，利用信息平台，整合上、中、下游物流产业，向上开辟服务项目（包括：承揽、报关），向下整合资源（包括：靠行车队）等；第四方物流，则系以整合第三方物流业者、信息顾问厂商与顾问业者的异业结盟，成为国际级物流服务整合者。

（2）供应链服务产生

在全球化、e-Marketing网络营销的趋势下，客户需求多样化，且改变迅速；使得产品生命周期变短，客户采购率增加、小量多样、物流更为复杂化，导致供应链成本提高。因应产业全球化供应链管理的挑战，逐渐将供应链管理需求委外的趋势，物流业也由3PL，发展到整合型的物流4PL，甚至成为供应链管理服务业者（Supply Chain Services Providers）。整个供应链（从供货商、制造商、分销商到消费者）之各个环节进行综合管理，例如从采购、物料管理、生产、配送、营销到消费者的整个供应链货物流、信息流和资金流，把物流与库存成本降到最小。

（3）规模大型化①

岛内物流产业规模小且零散，缺乏竞争力，借由企业合作、股权参与、股权转换、合资发展或企业并购等多种联盟方式，达成核心业务互补、流程整并与改善、信息整合、扩大全球服务据点与加值服务项目，成为提供全流程、整合性国际物流或供应链管理服务业；

（4）范畴国际化

物流业者应与岛外厂商进行合作或增加市场服务设点，以扩大业者服务范畴；

（5）发展利基化

除中大型物流业者可朝大型化、国际化方向发展之外，中小型或具有特殊专业的物流业者（实时货况追踪、全程温度监控、资产追踪管理、RFID应用系统及供应链状态追踪等e化创新模式），建立利基化之物流市场及专业独特的竞争力；

（6）持续投入IT之应用，创新服务及形成优势

强化信息平台业者e化服务能力。

大陆内需旺　台湾物流业契机

近年，大陆快速扩张与内需消费市场快速增长，2010年物流业产值1.2兆人民币，且未来五年，每年将以年复合成长率13%增长，然而大陆的物流产业仍处“粗放经营”，区域性物流盛行却没整合性，因此潜在商机庞大，吸引全球知名三大物流服务业者，包

---

① 参考资料来源：发展趋势第3~5，“经济部”2009年的“物流利基化与供应链服务推动计划”。

括：优比速国际快递公司（UPS，市值707亿美元）、联邦快递公司（FedEx，市值268亿美元）及洋基通运公司（DHL，2002年被德国邮局并购）陆续收购大陆物流企业或与当地业者合作。[①]

2009年，大陆将物流业并列为“十大产业振兴规划”，发布“物流业调整与振兴规划”、2010年纳入“十二五”规划，将物流业定位为重要战略性产业，提出六个关键词“发展、调整、变革”之发展目标，建置具有特色的现代流通产业。且鉴于总物流成本占GDP的比重居高不下，不仅是物流业问题，更拖累整体经济发展，大陆2012年将完成“四横四纵”高速铁路网，将东西、南北向运输时间大幅缩短，强化整体交通网绵密度，完善整体供应链物流网所需的交通布建，此对厂商纷往内陆移动所需的庞大物流绝对是助力；且企业迁往内陆后，提高物流输送系统的顺畅度包括仓储、配送等后勤规划，将是关键。

台湾物流业者早在20年前就进入大陆布局，以挂牌上市之“台骅国际股份有限公司”为例，近两年将大陆业务延伸至空运，且由传产延伸到电子客户、由华中延伸至华南，不断并购及与当地物流业策略联盟，拓展内陆贸易之物流业务，也突显台商在大陆物流业看见的大商机。2012年4月，台骅国际更决议通过将台湾地区之海空运事业部的相关营业，分割移转予百分之百持有的“台骅国际运通股份有限公司”，台骅集团将借一举转型为台湾第一家物流投资控股公司。台骅国际转型为物流控股公司后，除原有海、空运承揽业务两大品牌外，在道路运输、仓储配送、快递派送、电子商务等领域，都将加速透过并购壮大规模，未来控股公司旗下将包括台骅国际、台湾空运、“中国控股”子公司，以及未来继续并购的新品牌等，同时，不排除未来的三到五年内，推动“中国控股”子公司于大陆挂牌[②]。

再者，大陆早已将B2B及B2C物流产业，列为政府积极扶植的关键产业，其物流产业在政府积极介入辅导及政策激励下，凭借本土股权基金和国家发展基金的挹注，不论在操作能量、全球网络、信息平台、人才培训等关键技术上不断攻城略地，其组织规模更是每年呈倍数成长；相较于此，台湾企业在竞争优势上，具有大陆企业所缺乏的管理整合能力，更有欧美企业无法取代的文化优势，一方面可以搭大陆企业急着要“走出去”的顺风车，让大陆企业先与台湾企业结盟，减低外国企业对中资的敌意，也创造台湾企业的价值；加以ECFA及两岸投资保护协议的议定，将提供更有利的工具（价值）。

如何透过合资或并购，提升两岸物流业竞争力

在经济全球化的大趋势下，企业竞争早已跨越国界，而对市场有限且资源缺乏的台商而言，需要国际化才能与国际企业竞争；面对“世界是平的”，企业必须在思维上作些改变，过去台商想尽办法降低成本，例如：

① 吕宗耀（2011），“中国物流大商机，台商利多”，新闻采访。

② 2012年4月12日，财讯，中央社，巨亨网报导。

将制造业移往大陆，扩大经济规模，但事实证明，只有降低成本，并不足以维持永续经营；必须要有“新价值思维”，因为创造价值，为现今国际竞争的新动力，这当中包括：整合资源、创新设计与应用能力，以品牌与形象经营等。

在大陆方面，大陆物流政策密集公布，加速社会物流需求的释放，且交通运输建置亦将提供更完备的基础建设，物流业将成为工业化后企业之“第三利润泉源”[①]；随着大陆物流业不断加速对外开放，及与国际市场接轨，物流企业快速发展，在外资企业已在部分领域明显占据优势之领域（例如国际快递、远洋运输、物流地产等领域），物流业启动一番合纵连横，大陆物流市场由民营、国营二元局面，逐渐转变成民营、国有、外资三强鼎立之态势。例如：2007 年中国邮政集团公司挂牌成立，由境外数家股东组成之中铁联合国际集装箱有限公司投入营运；2008 年，中外运公司与长江航运进行重组；同时，外资企业也进行了大陆地区物流业收购行列，2007 年耶路全球收购上海佳宇物流公司、世能达物流收购宝运物流之主要经营资产、美国万络环球货运收购熙可公司等。加上，“十二五”规划将物流业整合列为发展之重要内容，强调鼓励整合物流设施资源，支持大型优势物流企业对分散的物流设施资源进行整合，鼓励中小企业加强联盟合作等。在大陆政策形成物流业利多、利好下，第三方物流企业不断发展壮大，市场竞争也不断加剧；为了提高企业核心竞争力、加强资源整合，物流企业间（特别是第三方物流企业）之整合并购，已成了当前热点及趋势；且随着大陆物流市场的进一步开放，更多外资准予进入大陆，物流业整合加剧。[②]

在台湾方面，近 20 年来资本市场逐渐开放，2011 年有 790 家上市公司，总市值新台币 19 兆 2161 亿 8300 万元；有上柜公司 609 家，总市值为 1 兆 4170 亿 8500 万元[③]（其中第三方物流业之挂牌公司部分，主要有中菲行、台骅国际），各行业竞争激化，各业毛利及利益皆呈下滑压力趋势；加上企业面临第一代接棒传承问题、客户外移或海外增资扩厂、企业调整（例如：合作伙伴退出或无力跟进）等环境冲击下，企业主开始思考，企业及产业之未来位置在哪里？因此，自 2000 年以来，台湾在投融资市场上，展开各种的并购需求，透过资本市场之投融资管道，将公司股份现金化（IPO）、经营权变更（出售公司），或收购其他上下游毛利较好的公司（并购）等。然而，台湾过去产业并购之动能，主要集中在金融和高科技大厂[④]，中小型物流业发展，仍受限制于营运规模太小、跨境服务据点太少、提供整合服务能力、IT 能力、资金以及人才不足；以及“非资产营运”形态（Non-Asset based）的业

① 德邦证券(2009)，物流行业年度投资策略报告。

② 闫嘉有(2009)，论我国第三方物流企业并购问题，商业时代，2009 年 11 期。

③ 参考资料来源：台湾证券交易所、柜台买卖中心。

④ 例如：王雪红个人收购香港 TVB、宏达电收购无线多媒体传输公司 Saffron Digital、富邦蔡家和旺旺蔡家收购有线电视、八大电视卖给 EQT Partners，联发科收购 Wi-Fi 晶片厂雷凌、以及茂迪、益通、中美晶等太阳能上下游大厂。

者，不易获得金融以及投资机构的贷款或资金掖助，非常不利于中小型物流业者的发展，因此，必须透过物流业者的整合，才能以更快之速度，加速强化物流业之能力和竞争力。整合方式有许多，除了并购（M&A）外，尚包括：策略联盟、合资（Joint Venture）、股权交换（SWAP）等方式；合作伙伴可以包括：外资企业、大陆企业、私募股权投资基金等。

此外，有关部门亦应提出更具体有效之措施，协助解决中小型物流业者发展所面临的财务方面的限制，提供适当资金的取得管道，以提升其服务及竞争能力；鼓励与促进物流业者进行跨境整合（Cross-Border Consolidation）；协助物流业者借由合资或并购，整合彼此资金财务、人才、IT 能力、营运规模、跨境服务据点，以提升其提供满足产业所需要的整合型物流，与供应链服务之能力与竞争力，具体达成加强“区域性物流”业者能力的目标；同时，落实供应链连结效率的提升①；且亦应思考推动物流业的“产业控股”政策，以各种奖励方案，包含：私募股权基金、“国家发展基金”的积极投入、比照策略性产业放宽物流业者上市柜的门槛，对于一定规模以上的并购案，提供成本低廉快速的筹资工具、奖励走出台湾的全球布局等，以达成鼓励物流业者合并的目的。

在产业因应两岸经济协议（ECFA）后，打造“中国平台”和“全球平台”之需求，以合资或并购等整合之手段，来达成实质的效益；以实质有效的政策手段达成鼓励物流业者合并的目的，利用全球筹资平台，进行跨区域的价值链与供应链的并购（M&A）。如此，才能加速使台湾物流业从传统水平整合，走向跨国垂直式产业链重组，及提升两岸物流业的竞争力。

结语

相关研究数据显示，透过提升跨境供应链的连结效率 10%，可以促进 APEC real GDP 增加美金 210 亿。在全球化、E-marketing 网络营销的趋势下，客户需求多样化，改变迅速；使得产品生命周期变短，客户采购率增加，小量多样，物流更为复杂化，导致供应链成本提高；因应产业全球化供应链管理的挑战，逐渐将供应链管理需求委外的趋势，物流业也由 3PL，发展到整合型的物流 4PL，甚至成为供应链管理服务业者（Supply Chain Services Providers）。

物流业已由实体配送（Physical Distribution）发展为物流服务（Logistics），一直到今日之供应链管理服务（Supply Chain Management Service），主要牵涉其中的大多数区域性物流业有海空运承揽、代理商、报关行、货运业及相关行业，其特色在于“非资产型”（Non-Asset Based），资金不足，营运规模小，跨国服务据点少，IT 能力不足，缺少人才，以及专业知识无法提供满足产业因应全球化的挑战，亟需整合型物流及供应链管理服务的需求。

① 本文作者林丽珍（2011），“APEC 加强区域性物流业者能力研讨会”发言内容。

加速跨境整合，提升竞争力

全球化之经济发展趋势，亚洲市场已渐成世界各国全力发展之新兴市场，东南亚地区之物流服务链之串连，对台湾物流业已成为重要拓展区域，而大陆与东协各国极密切之合作，处于亚洲新兴国家竞争之下，台湾物流业者将如何定位将备感压力。鉴于台湾有其地理位置上之优势，处于欧美与亚太地区连接之桥梁地位，兼备海、空转运便利之优势；以及台湾 IT 高科技产业之发达，如能结合，借此提升台湾成为全球运筹中心；加上，两岸签署 ECFA 效应，在后续谈判中，如能积极突破物流服务业在市场进入及内地经营的贸易障碍、加速服务贸易自由化的方式、消除国际市场的有形及无形贸易障碍配合；以及颁布对 SME 物流业制订奖励政策，鼓励物流业的整合及并购等等，将能增加台湾物流业者朝向国际开拓市场之竞争力；且在产业因应两岸 ECFA 后，打造“中国平台”和“全球平台”，进行跨区域的价值链与供应链的并购（M&A），提升两岸物流业的竞争力。

第四部分

产业面

第十九章　台湾生物科技产业分析（上）

刘 承 愚 / 益思科技法律事务所律师

专业领域 / 法人组织及管理法务、公司投资及并购、公司融资、合资企业设立、技术授权、生物科技投资

前言

“生物科技”一词系指在工程、技术、医药的领域中使用生物活体或生物制程（bioprocess）相关的技术，其应用的领域包括医药、农业、食品、环保、能源。在台湾，为配合产业发展的历程，除了前述领域外，并将属于生命科学产业的医疗器材产业亦列入广义的生技产业。

本文所介绍的生技产业，着重在以应用新兴生物科技如基因工程、蛋白质工程、细胞学、分子生物学、免疫学等应用于制药、新兴生技产品与医疗器材的产业。而生物科技在台湾亦被广泛运用在农业技术改良，这个部分占了台湾生技产业相当大的产值，但其中大部分的业者为家族型企业或小型加工厂，个别资料取得比较困难，相关介绍将较为简略，此先叙明。

产业发展历程

1. 1980 年以前——酝酿期

台湾农业发达，在上世纪 50 年代开始工业化的过程中，同时培育了许多生技厂商。这些厂商主要的产品包括药品及食品两类，主要应用的生物技术是发酵。他们不但供应了台湾的内需，也将原料及产品外销到日本、美国等地。

在台湾北部、中部和南部具有市场地位的三大药厂亦在此一时期创立，“中国化学制药公司”创立于 1952 年、永信药品工业股份有限公司创立于 1965 年、生达化学制药股份有限公司创立于 1967 年。近年来积极拓展生技新药领域的台湾东洋药品工业股份有限公司亦于 1960 年成立。这些有数十年历史的药厂，也是现在台湾生技产业发展的中坚。

2. 1980~2000 年——萌芽期

（1）新兴生技产业

台湾在 1980 年代快速地工业化。1984 年，政府和民间共同捐助成立了“财团法人生物技术开发中心”，其目标为开发关键生物技术、培植延揽专业人才，以加速台湾生物科技产业的发展。

本文的新兴生技产业系指应用基因工程从事产品研发及制造之产业，主要包括生物制剂（例如疫苗、血液制剂）、农业生技（例如植物、水产种苗）、特化生技（例如生技化妆品、生体高分子）、食品生技（例如健康食品）、环境生技（例如环境生物制剂）等。

此一期间发展比较好的为食品生技产业。随着美、日高单价的健康食品进入台湾，本地的食品业者在此一时期也开始投入高端健康食品的发展。这些健康食品业者多为家族型事业，为他人代工者，业务规模不会太大；自创品牌者，以直销为主要获利来源，而直销的业务形态在台湾难以上市，因此各公司的财务、业务数据并不公开。

由于健康食品产业日渐扩大，业务和营销手法产生了一些不良影响，台湾在 1999 年订定了健康食品管理法以进行规范。有了法规的管理，的确达到了汰弱留强的功效。也因为此法的订定，使得业者更重视研发和管理，建立了良好的制度，许多公司也引进了国际认证标准，而成为国外厂商重要的原料来源，这为台湾生技产业贡献了相当的产值。

（2）医疗器材产业

台湾的业者一向以“代工”作为切入国际市场的方法。1990年代，台湾的电子业蓬勃发展，一些具有跨产业整合能力的创业者，将电子与生技结合在一起，开发出医疗器材，以代工的方式快速切入国际市场，其中最成功的五鼎生技创立于1997年，以不到三年的时间完成上市，被许多创投业者视为生技产业的典范项目。其后也有如必翔、乔山、佳医、雅博等医疗器材公司以生技股的类别进行上市，但这些公司技术的本质较接近机械、化工等领域，而不是以生物科技作为制造的基础。

（3）制药产业

制药产业为资本及技术密集产业，且研发期间长，回收慢，成功率低，而台湾内需市场不足以达到经济规模，需要专业团队开启国际合作，在1980、1990年代的台湾，除了满足本地需求的学名药、原料药外，尚不具备发展新药的条件。有些研发项目在执行一段时间之后，往往因资金后继乏力，且缺乏国际技术授权、合作、建立销售网络的能力而告终。

3. 2001年～现在——成长期

2001年以后，台湾的生技产业进入了成长期。据台湾“经济部”统计，2000年台湾生技产业总产值为新台币1000亿元，到2010年，生技产业的总产值已经达到2,286亿。兹说明如下：

（1）新兴生技产业

2010年台湾新兴生技产业营业额为633亿，在这个新的10年中，生物制剂为此期间台湾推动生技产业的重点，也得到了很好的发展，其产值占新兴生技产业的34%，而食品生技产值则占28%。

生物制剂的产品范围很广，包括疫苗（例如国光生技、联亚生技、基亚生技、台湾浩鼎）、蛋白质新药（例如中裕新药、台湾东洋）、单株抗体（例如联亚生技）、干扰素（赛德医药）、生物相似性药品（例如永昕生医）等。本文的新兴生技产业系指应用基因工程从事产品研发及制造之产业，主要包括生物制剂（如疫苗、血液制剂）、农业生技（如植物、水产种苗）、特化生技（生技化妆品、生体高分子）、食品生技（健康食品）、环境生技（环境生物制剂）等。

在此期间，食品生技产业发展的目标为高附加价值产品，因为新药开发的期程较长，有些厂商将新药研究的成果应用在健康食品的开发上，缩短了产品上市的时间，也得到了不错的成效。在2010年，“卫生署”一共通过了25件健康食品的上市项目，厂商分布类别涵盖了食品、生技及制药业。其中以佳格公司的6个品项最多，其次为统一企业的2个品项。认证的产品功效涵盖了调节血脂、免疫功能、调整肠胃及护肝等类别，其中又以调节血脂的品项最多，共计有8个品项得认证。

（2）医疗器材产业

2010年台湾医疗器材产业营业额为新台币928亿元。为生技产业中营业额最大，成长最快的次产业。台湾本地的医疗器材市场规模不大，医疗器材业的成长与出口增加有关。

医疗器材可大致分为医院用及居家及消费型产品。台湾在发展医疗器材的产业的优势是具有先进的光、机、电整合制造技术及普及的临床医学研究机构，但受限于台湾医疗产业起步较晚，而医院用医疗器材需要长时间的认证及营销，台湾的医疗器材产业目前仍是以居家及消费型产品为主。主要包括血糖机、试片、体温计、电动代步车、洗肾耗材及隐形眼镜等。

（3）制药产业

2010 年台湾制药产业营业额为新台币 725 亿元，其中 90% 以上为西药制剂和中草药，68 亿元为中草药。由于台湾药品市场规模较小，加上全民健保制度下，药品价格偏低，影响厂商获利。在此一背景下，台湾制药厂商只得以开发或引进新药以争取较高的给付价格、推动外销，或是直接在岛外（尤其是大陆）设厂制造。

过去 10 年台湾制药业比较大的突破在于新药开发，目前与台湾相关药厂在全球进入临床试验的新药（包括植物新药）已有 80 余项，其中许多项目属于国际合作开发及授权药物，现今国际化的大门已开启，台湾的制药产业已进入国际竞争的新局面。

全球中草药市场规模远小于西药，台湾也不例外。台湾中草药的销售额虽然不大，但已是亚洲中草药最为发达的地区之一。在台湾，中药制造厂商大部分均已符合 GMP 规范，于中药的萃取、炮制及纯化技术均已纯熟，具有相当强的竞争优势。

台湾政策

台湾在推动生技产业的努力可以从政策与法规、产业园区、研发等三个方面来看，兹分述如下：

1. 政策与法规

台湾在 1980 年代初期开始推动生物科技产业，初期并没有明确的政策及法令的配套，而是先以成立及协助非营利组织形态的财团法人及研究机构着手（参见本节第三项、研发）。生技产业重大的政策与法规始自 1995 年，其重要历程如下（表 1）：

表 1：台湾推动生技产业政策及法规历程表

年份	项目
1995	“行政院”通过“加强生物技术产业推动方案”。
1996	“经济部”成立“生物技术与制药工业发展推动小组”。
1999	通过并实施“科学技术基本法”，“经济部”亦随之制定“促进企业开发产业技术办法”，并将生物技术产业列为十大新兴工业之一。
2002	“行政院”核定“挑战 2008：国家发展重点计划”。
2004	通过并实施“农业科技园区设置管理条例”。
2006	“行政院”核定“2015 年经济发展愿景三年冲刺计划”，将生技产业为“制造业重点产业发展”项目。
2007	通过并实施“生技新药产业发展条例”。

2008	“行政院”公告“生技新药公司研究与发展及人才培训支出适用投资抵减办法”及“营利事业适用生技新药公司股东投资抵减办法”。
2009	“行政院”推动“生技起飞钻石行动方案”。
2010	两岸签署《海峡两岸医药卫生合作协议》，共同针对传染病防治、医药品安全管理及研发、中医药研究与交流及中药材安全管理、紧急救治等 4 项目进行合作。

2. 产业园区

发展生技产业需要形成生技聚落，产生群聚效应，台湾的生技聚落开发始于 1996 年，历程参见下述（表 2）：

表 2：政府推动生技产业园区历程表

年份	项目
1996	南部科学工业园区设立“农业生物技术专区”
2002	“南港软件园区”第二期规划成立生技专区
2003	“行政院”通过设立中央主导型“农业生物科技园区”，以及“地方主导型的彰化县“国家花卉园区”、台南县“台湾兰花生物科技园区”、嘉义县“香草药草生物科技园区”和宜兰县“海洋生物科技园区”
2004	设立“南港生技育成中心”
2006	设立“屏东农业生物科技园区”
2008	“新竹生物医学园区”正式启用

3. 研发

台湾的生技产业可以说是由政府投入的研发工作打底，为产业储备人才及经验。可以说是由政府作为民间产业的投资先锋，以下为 1982 年以来政府推动生技研发的重大历程（表 3）：

表 3：政府推动生技产业研发历程表

年份	项目
1982	“经济部”协助财团法人食品工业发展研究所成立“菌种保存及研究中心”（后更名为“生物资源保存及研究中心”）
1984	成立财团法人台湾养猪科学研究所（后更名为“财团法人台湾动物科技研究所”）；成立“财团法人生物技术开发中心”
1993	“中央研究院”成立“分子生物研究所”及“生物医学科学技术研究所”；成立“财团法人制药工业技术发展中心”（后更名为“财团法人医药工业技术发展中心”）
1995	成立“财团法人国家卫生研究院”
1996	推动“基因医药卫生尖端研究计划”
1998	成立“财团法人医药品查验中心”
1999	推动执行“制药与生物技术国家型计划”
2001	开始执行“中草药产业技术发展 5 年计划”
2003	“中央研究院”成立“基因体研究中心”
2005	推动“生医科技岛计划”
2010	财团法人工业技术研究院将医疗器材科技中心与生技与医药研究所合并，并更名为生医与医材研究所

人力资源

任何产业的发展，人力资源是首要条件。兹就台湾生技产业人力资源状况说明如下。

1. 人力供给

台湾高等教育十分发达，生技人才培育充足。依教育部门统计，2010年大专校院生技相关领域毕业生总人数达到55,229人。其中学士41,020人，硕士12,749人，博士1,460人。

2. 就业状况

虽然每年由教育体系毕业的生技人才高达5万余人，但进入产业界服务的数量并不多，多数人进入了学研机构、医疗院所与政府机关服务。主要原因为生技产业规模有限，能提供的就业机会不多。

此外，台湾的教育内容是以学术研究为基础，而产业所需要的多半是能将研究成果转化为产业技术的人才，而学校毕业生在这方面的学识及经验均付之阙如，造成教育及产业无法对接的状况。业界找人不易，而毕业生就业也困难。因此，教育部门自2010年起推动“转译医学及农学人才培育先导型计划”，以干细胞及再生医学、基因体及蛋白质体之临床应用、新药及中草药产业、检验及医材产业、水产养殖产业、作物及花卉产业、畜禽产业等七个专业领域为规划重点。加强转译科技、智财、产业加值、生技创业、经营管理等课程，以提升学生及学员投入生技产业的兴趣及能力。

3. 薪资水平

生技产业从业人员的薪资水平参见相关统计资料如下（表4）。

表4：生技产业平均薪资

职务名称	平均月薪（新台币元）
食品研发人员	35,951
医药研发人员	46,640
生物科技研发人员	41,403
化学工程研发人员	40,952
病理药理研究人员	39,421
农艺 / 畜产研究人员	38,330
医疗器材研发工程师	46,148

数据源：104人力银行网站

此外，由于许多生技产业从业人员有担任国科会研究工作的经验，部分生技公司亦会以国科会叙薪方式为基础，视公司状况加计薪资予员工（表5，股票及红利另计）。

表5：国科会薪酬参考表

每月薪资（新台币元）					
年资	高中（高职）	五专（二专）	三专	学士	硕士
1	22,050	24,620	26,580	31,520	36,050
2	22,560	25,550	27,090	32,240	36,880
3	23,080	26,480	28,120	33,070	37,810
4	23,590	27,400	29,050	33,890	38,840
5	24,110	28,430	29,980	34,720	39,760
6	24,720	29,360	30,900	35,640	40,690
7	25,240	30,290	31,930	36,570	41,620
8	25,750	31,210	32,860	37,500	42,650
最高	26,270	32,240	33,790	38,420	43,570

数据源：国科会补助专题研究计划专任助理人员工作酬金参考表（2011/7/1起实施）

投资及资本市场活动

1. 台湾在生技产业的投资

近年来台湾生技产业的投资活动并不特别热络，不同年份之间起伏也比较大。整体来看，对制药产业的投资金额比较大，但是对医疗器材产业的投资成长比较明显。下表为经济部门统计 2003 年至 2010 年台湾在生技产业所做的投资（表 6）。

表 6：2003~2010 年生技产业投资金额

单位：新台币亿元

年份	2003	2004	2005	2006	2007	2008	2009	2010
制药	131.62	102.96	112.23	78.23	136.21	110.81	83.96	130.21
制药 / 生技制药	40.17	63.82	93.48	51.54	95.38	83.60	37.55	70.89
新药开发	91.45	39.14	18.75	26.69	40.83	27.21	46.41	59.32
新兴生技	33.47	83.96	87.90	95.01	74.14	102.13	109.21	53.73
农业生技	5.65	11.85	14.48	12.56	30.48	15.77	30.32	3.75
保健食品	6.21	46.80	60.36	64.46	4.20	31.02	7.05	9.45
生物技术服务	12.30	3.03	5.00	15.24	38.10	16.93	16.04	21.94
环保生技	0.00	7.64	1.00	1.95	0.00	38.41	55.80	18.59
生技特化	0.00	2.44	1.30	0.00	0.00	0.00	0.00	0.00
生医材料	9.31	12.20	5.76	0.80	1.36	0.00	0.00	0.00
医疗器材	47.66	47.45	52.88	36.88	59.55	37.54	69.63	117.23
医疗器材	42.43	37.81	44.18	33.69	56.23	35.35	68.39	111.26
检验试剂	5.23	9.64	8.70	3.20	3.32	2.19	1.24	5.97
总计	212.75	234.37	253.01	210.13	269.90	250.48	262.80	301.17
总计成长率	4.29%	10.16%	7.95%	–16.95%	28.44%	–7.20%	4.92%	14.60%
制药成长率		–21.77%	9.00%	–30.29%	74.11%	–18.65%	–24.23%	55.09%
新兴生技成长率		150.85%	4.69%	8.09%	–21.97%	37.75%	6.93%	–50.80%
医疗器材成长率		–0.44%	11.44%	–30.26%	61.47%	–36.96%	85.48%	68.36%

2. 生技股在资本市场的表现

（1）本益比及股价净值比

依 2011 年 12 月底台湾股票市场信息，台股大盘的平均本益比为 16.74，生技医疗类股平均本益比为 22.39；台股大盘股价净值比为 1.54，生技医疗类股价净值比为 2.32。

由前述股市表现来看，台股投资人给予生技医疗类股优于大盘的评价，也就是对于此生技医疗类股的未来发展较为看好。

（2）大部分生技股享有盈余

2011 年度在台湾上市生技医疗股，除了怀特生技以外，全部有盈余；上柜公司亦大部分有盈余。此一现象与美国的生技股明显不同。

（3）占大盘比重偏低

2011 年底，台湾上市生技类股的总市值为新台币 1,457 亿元，这个金额约相当于一家中、大型电子公司或金融控股公司的单一市值。显见生技类股在台股的比重仍相当低，还有很大的努力空间。

3. 生技股在台湾募资

从前述台湾的生技股从本益比、股价净值比及多数上市生技公司享有盈余的整体现象来看，在台湾上市的生技公司并未跳脱有收益才有股价的传统投资价值观。因此，回收时程长、不确定性高的生技产业，要在台湾进行募资，是较为艰难的挑战。

结语

生技产业已被经济发达国家和地区视为继续推动经济发展的主要项目，台湾在生技产业虽然尚未发光发热，但已有蓄势待发的态势。政府及学界在研发和人力培育的投入也很大，目前要克服的最大难题就是将研发成果产业化，这需要各方共同的努力。

目前当局以“生技起飞钻石行动方案”致力推动产、官、学界的资源整合，以吸引国际人才及跨国公司来台合作，其中一项重要的目标就是要促进研发成果与技术转化为产业所用，并透过跨国合作扩大台湾生技产品及服务的市场。

此外，在台湾与大陆签订的《海峡两岸医药卫生合作协议》及《海峡两岸知识产权保护合作协议》下，两岸也有很好的机会携手共同发展生技产业。相信未来在介绍台湾生技产业时，已经不是单看台湾的产业数据而可窥得全貌。台湾研发、授权大陆（制造）、营销全球的模式，应该是台湾生技产业未来发展的重要方向。

第四部分

产业面

第二十章　台湾生物科技产业分析（下）

沈 碧 琴 / 安永联合会计师事务所（安永台湾）执业会计师

专业领域 / 工商咨询及支援服务、公司税务依规委外服务

前言

近年来，台湾生物科技产业发展迅速，上、中、下游产业整合初具规模。而且，台湾当局与生技企业深具国际视野，勇于开拓大陆和美国、欧洲等市场，在全球生物科技产业的激烈竞争中赢得一席之地。因此，生技产业被广泛视为台湾经济的明日之星，吸引着越来越多投资者的目光。本文旨在介绍台湾生物科技业之现状，梳理重要的相关产业法规和政策，回顾台湾与其他市场，特别是大陆，在生技领域的互动与合作，希望为大陆投资者提供一份及时、专业与实用的参考。

如前所述，台湾生技产业的腾飞，并非孤立的现象，乃是积极因应全球生物科技发展潮流的成果。鉴此，本文第一部分首先简述全球生物科技产业的发展现状，勾勒台湾生技业崛起的宏观脉络。随后，第二部分将聚焦台湾生技产业三大区块——生物科技、制药和医疗器材——的发展状况，介绍台湾主要的生技聚落以及人才培养状况。此外，台湾生技产业的发达与当局的大力支持密不可分，亦得益于与其他国家和地区日趋紧密的合作。所以，第三、四部分将扼要回顾台湾发展生技产业的重要政策与策略，简要介绍台湾生技产业的核心法规。第五部回顾台湾同欧美、亚太国家在生技领域的合作，特别是 2008 年以来，台湾与大陆在该领域日益密切的对话与合作。最后，结语部分将主要从两岸互动的角度展望台湾生技产业的未来。

全球生物科技产业现况

全球生物科技产业起步于上世纪 80 年代，目前不仅被广泛应用于医药与农业，而且在食品、轻化工、环保、能源等产业也有广阔运用前景。据《安永 2011 年全球生物技术报告》，2010 年，美国公开上市的生物科技公司总营业额达 61.6 亿美元，较 2009 年成长 10%，净利润也由 2009 年的 3.7 亿美元上升到 2010 年的 4.9 亿美元。欧洲公开上市的生物科技公司的总营业额达 13 亿欧元，增长 12%，远高于 2009 年 2% 的增长率。此外，2010 年，澳洲、加拿大、欧洲及美国的生物技术中心创造净利润 4.7 亿美金，创下历史新高，较 2009 年增长 30%。

在制药方面，据市场研究机构 IMS Health 统计，2009 年，全球制药产业在经历金融风暴之后，增长 7.0%，产值达 808 亿美元。该机构估计,2010 年的增长率为 4%~5%，而 2011 年的增长率约为 5%~7%，而产值将达 880 亿美元。从产品类别来看，抗肿瘤类药物引领全球制药产值增长，降血压药和呼吸系统药物亦提供强大成长动力。

在医疗器材方面，据 Espicom Business Intelligence 的研究报告，2010 年，全球医疗器材的总产值约为 224 亿美元。该研究报告估计 2010 年的产值为 236 亿美元，而到 2014 年，全球医疗器材产业产值预计将升至 294 亿美元，年均复合增长率预计为 7.3%。放眼全球，美国仍然是全球最大的医疗器材市场，2009 年产值达 102 亿美元，西欧以 90 亿美元紧随其后。亚太和中东欧地区产值虽不及欧美，但成长潜力巨大，2009年复合增长率分别达8.6%和8.5%，高于全球平均增长水平。而据《安永2011年医疗产业报告》，2010年美国和欧洲非上市医疗器材公司净利润高达174亿美元，较2009年增长43%。此外，欧美医疗器材公司的融资活动也十分活跃，2010年的融资额达23.6亿美元，比2009年增长66%。

台湾生物科技产业现况

1. 生物科技[①]

近年来，台湾生物科技产业发展势头强劲。据台湾“经济部”工业局的统计，2010年的产值为新台币2286亿元，较2009年增长9%。民间生技产业投资活动欣欣向荣，2010年投资个案95件，金额达到新台币301.17亿元，其中外商投资更创下新台币50亿的历史新高。

此外，台湾生物科技企业在上市方面亦非常活跃。在台湾证券交易所上市柜的生技公司由2006年的33家增加至2010年的46家。2010年，上市柜生技公司总营业额达新台币628.08亿元，较2009年的新台币473.32亿元上涨32%。上市柜生计公司的净利润达新台币70.73亿元，亦比2009年增长45.8%。而每家上市柜生技公司的平均营业额亦从2006年的新台币9.6亿元，上升至2010年的新台币13.5亿元，增幅为40%。这些指针均显示，台湾上市柜生技公司成长迅速，营运渐入佳境。

① 关于生物科技产业的数据来自台湾“经济部”工业局发布的“2011生技产业白皮书”。

2. 制药[②]

西药制剂是台湾制药产业的龙头，占制药产值的六成。但近年来，原料药成长快速，占制药产值的比例已提高到28%。而中药易受药材价格与市场需求波动的影响，产值随之起伏，但其所占比例稳定在10%左右。据生物技术开发中心ITIS计划最新评估，台湾2011年制药产值为新台币650.4亿，较2010年微跌1%，主要原因在于西药制剂略有收缩，抵消了原料药与中药的增长。

在出口方面，台湾制药出口以原料药与西药制剂为主。2011年出口总额估计为新台币128.2亿元，较2010年成长9.3%。其中，原料药出口受到台币升值与部分厂商出货延迟的影响，与上年持平或略有下降，估计出口值为新台币59.7亿元。西药出口由于台湾厂商开拓国际市场得力而逐年上升，2011年前三季出口值较2010年同期成长16%，第四季更可望成长25%以上，估计2011年出口值为新台币63.7亿元。中药出口亦在药材价格上调以东南亚市场需求上涨的驱动下稳步增长，估计2011年出口值将达新台币4.9亿元。

3. 医疗器材[③]

据台湾工业技术研究院统计，2010年，台湾医疗器材产业产值约为新台币662亿元，较2009年成长17%。医疗器材仍以出口为主，六成以上产品销往海外，出口增长

② 关于制药产业的数据来自生物技术开发中心《2011年第四季度及全年制药产业回顾与展望》。

③ 关于医疗器材产业的数据见台湾“工业技术研究院”《台湾医疗器材产业稳定成长中》。见 http://www3.hbmsp sipa.gov.tw/itri/tw/images/NewsList1000913_04.htm。

力道强劲，从2006年的新台币264亿升至2010年的新台币402亿，年复合成长率为11.1% 2010年，台湾医疗器材前六大出口地分别是美国、日本、中国大陆、德国、英国与澳大利亚。其中，美国与日本占总出口值的42%。值得一提的，台湾对大陆的医疗器材出口近年来增长迅速，2010年已达新台币25亿元，较2009年增长45%。

就产品结构而言，台湾医疗器材产业近年来与时并进，推陈出新，优势医疗产品结构已发生相当变化。早期的主打产品包括手套、血压计、残疾人士使用的轮椅和电动代步车。伴随生产技术日趋成熟，隐形眼镜、血糖试纸、血糖仪，医学美容与洗肾服务等相关产品发展迅速，成为新的增长亮点。

4. 生技聚落与人才

台湾已在北、中、南部形成七大生技聚落，分别是南港生医园区、新竹生物医学园区、新竹科学工业园区、中部科学工业园区、台湾兰花生技园区、南部科学工业园区和屏东农业生物科技园区。就地域分布来看，北部地区有南港生医园区和新竹生物医院园区。中南部则有“行政院”农业委员会推动的屏东农业生物科技园区和“行政院”国家科学委员会设在南部科学工业园区的南部生技研产聚落。另外，“行政院”农业委员会还根据各县市地产业特色，推动地方生技聚落如位于台南的台湾兰花生物科技园区。在上述生技聚落区中，以南港生医园区、新竹生物医学园区和南部科学园区三处最为引人注目。

南港生物科技园包含南港生技大楼与规划中的“国家生技研究园区”。该园邻近“中央研究院”、生技中心等研究单位，加上台湾大学和荣民总医院等完善的教育与实践设施，群聚效应最为明显。南港生技大楼现已进驻额满，进驻厂商涵盖医药、中草药、医疗器材、保健食品和农业生技等类别。“国家生技研究园区”则专注于生技与新药研发的上游工作，计划将有“中央研究院”、“行政院卫生署食品药物管理局”、财团法人“国家实验研究院国家实验动物中心”、财团法人生物技术开发中心和生技整合育成中心等机构进驻。

新竹生物医学园区定位于知识创新与培育型科学园区，结合新竹科学园信息产业优势和附近科研机构，也具有强大的聚落效应。该园区的生技大楼已于2011年5月启用，共有36个单位出租，现已核准六家厂商进驻。其他设施如医院、生技产品研发中心及产业育成中心亦将于未来两年内完成。

截至2010年底，南部科学园区共有44家生技企业进驻，年营业额达新台币53.59亿元。① 2009年，南部科学工业园区管理局开始推动为期四年的“南部生技医疗器材产业聚落发展计划”，重点培植齿科、骨科、医学美容、医用合金、其他具潜力的医材，并透过奖励产、学、研、医合作开发之模式，鼓励企业投资进驻。截至2010年底，该计划已核定47个产学合作补助案件，核定补助金额达新台币6.31亿元。

在生技研究人才方面，台湾的研发能量几乎都蕴藏在研究与学术机构，例如“中央研究院”、“国家卫生研究院”、“工业技术研

① 见台湾“经济部”工业局，“2011生技产业白皮书”。

究院”生物医学工程中心、生物技术开发中心，以及台湾大学、交通大学、清华大学、中兴大学等高等院校。此外，台湾高等教育体系近年来扩充快速，大专院校已达150所。不少院校已开始设立生技医疗相关学系及研究所，这将进一步充实生技产业的人才储备。

台湾生物科技产业发展政策与策略

台湾当局十分重视生物技术产业发展，对此推动亦不遗余力。早在1982年，台湾行政主管部门便将“生物科技”列入“科学技术发展方案”之八大重点科技之一。1984年4月，行政主管部门旋即成立“财团法人生物技术开发中心”，协助推动生物技术研究。从1997年到2002年，行政主管部门共举办五次生物技术产业策略会议，以期改善法规与投资环境。2002年5月，行政主管部门还在“挑战2008：国家发展重点计划”中将生物列为两兆双星产业之一。

2009年是台湾生技产业具有里程碑意义的一年。这一年的9月，行政主管部门计划以新台币240亿元推行“台湾生技起飞钻石行动方案”。该方案为跨部门的大型计划，所涉及当局有关部门包括经济主管部门、行政主管部门卫生署和科技顾问组等。其目的在于承接上游累积的成果，加速研发成果商品化，推动生技园区聚落的成型。具体措施包括成立生技创投中心、建立生技医药临床前期核心平台、开发医疗器材雏形品、推动学名药产业国际化和完善生技法规环境等。这一方案实施至今，在研究开发，技术转移及商品化、投资招商和药物审查等方面已初显成效。

台湾生物科技相关法规

近年来，台湾生技法规日趋完善，“生技新药产业发展条例”和“科技基本法修正案”已建立起生技产业的法规支柱。“生技新药产业发展条例”于2007年7月公布，为台湾生技产业注入强心针。这项法令的重要精神是，奖励生技公司从事研发，享有定额免税，鼓励技术发明者进入董事会，担任科技咨询委员，持有技术股份，分享营运成果。2010年1月1日，台湾食品药物管理局（TFDA）正式挂牌成立，其职责包括配合生技制药产业的整体发展，提升食品药物管理、研究以及检验水平。

2011年11月，台湾立法机构三读通过“科技基本法修正案”，修订多项条例。在技转相关规定上，此次修定了“科技基本法”第6条。除将“中研院”等公立研究机构的科研预算纳入科研成果下放的一环，并新增第二项明确定义，属于学校研发单位部分的科研成果，可不受“国有财产法”部分法条限制。这让生技科研成果的处理更及时且更具弹性。而在科研人员取得技转股权部分，第17条修订容许公立专科以上学校或公立研究机构研究人员，因科研需要进行技术作价投资或兼职，并且不受持股单一公司股权10%的上限与不得兼职的限制。在这一修正案下，台湾生技研究人员能与业界进行更为紧密的合作，有望创造出更大的价值。

台湾与其他国家/地区在生物科技产业领域的合作

1. 欧美

台湾与美国一直保持良好贸易关系，双方在生技产业的合作也日趋紧密。过去几年，美国在台协会商务组多次举办商务座谈会、投资说明会，吸引众多生物科技企业来台投资。与此同时，台湾当局也将美国视为拓展国际生技市场的重要一环，不遗余力地赴美展开推广活动。2011 年 7 月，由台湾工业局主管的财团法人医药工业技术发展中心以及台湾培力药品赴华盛顿参加“国际生物科技会议”，与 PharmaNet、Aihol 在内的若干生物医药公司签署合作协议。在科研层面，台美互动也日渐频繁。譬如，2012 年 2 月，中兴大学与加州大学戴维斯分校合作成立“国际植物与食品生物科技中心”，共同打造国际级的农业生技研究中心。

台湾与欧洲的生技合作也方兴未艾。2010 年，“行政院”与英国生物技术暨生物科学研究委员会签署合作备忘录，强化未来与英双方生物科学技术合作。双方希望借由生物科技研究协助解决粮食安全、能源危机及人口老化等全球性议题。根据该备忘录，与英将通过人员互访、双方研讨会和合作研究等机制推动在上述议题领域的双边合作。

2. 亚洲

日本是台湾生技产业的主要出口国，双方保持良好合作关系。台湾“行政院”多次率团前往日本，举办与日产业合作说明会，生技是重点推广的五大产业之一。2011 年 9 月，与日签署投资协议，可望进一步加强双方在生技领域的合作。除了日本，台湾也与东南亚和印度在生技领域展开合作，收获颇丰。2010 年 7 月，在第九届亚洲生技商机高峰论坛中，“中国化学制药与新医科技”分别与马来西亚生技企业 Nanocare 与 NMC 签署合作契约，预计将为台湾生技产业带来可观商机。2011 年 12 月，“台湾印度生技制药双边研讨会”在印度 I.S.F. 药学院（I.S.F. College of Pharmacy）召开，包括“中央研究院”两位前任“副院长”等 10 位台湾学者与会，发表 10 篇论文。

自 2008 年两岸恢复制度化对话协商以来，台湾与大陆在生技领域的合作可圈可点。目前为止，双方已经签署 15 项协议及达成 1 项共识。其中，《海峡两岸经济合作架构协议》、《海峡两岸知识产权保护合作协议》与《海峡两岸医药卫生合作协议》等协议涉及生技产业的技术合作、临床试验、智财保护及进出口关税减让等议题。此外，台湾“经济部”亦推动搭桥项目计划，促进两岸生技业的交流。

2011 年，台湾制药工业同业公会、台湾创业投资商业同业公会、嘉和富基投资管理公司和中国药都管委会共同在辽宁省本溪市建立台湾生技产业园，规划总面积 100 万平方米，总投资约人民币 30 亿元。这是大陆与台湾生技产业交流合作的重大成果之一。马英九连任成功后，预计两岸生技合作将加速进行，其中《两岸医药卫生合作协议》将台湾的基亚生技的 PI–88、太景生技的奈诺沙星及安成生技的 AC–201，作为两岸新药合作的优先指标，可在台湾与大陆同步进行临床试验，未来新药上市后将亦可在两岸同步销售。

结语

展望未来，台湾在生物科技领域拥有许多发展契机。尤其是，大陆已成为台湾生技企业在全球化布局中不可或缺的一环。可以预见，台湾生技产业未来的成长将与大陆市场紧密相关。2011 年，大陆启动“十二五”规划，将生物医学列入“战略新兴行业”，尤其将大力发展重大疾病的生物技术药物，比如现代中医、新型疫苗、化学药物与诊断试剂等。此外，大陆新医疗改革正在如火如荼地进行，多项政策开始从规划走向运行时间。有业界人士估计，医改商机高达 8500 人民币。因此，一些符合“十二五”规划以及中国大陆新医改需求的生技产品，在台湾业者的积极布局下势将有所收获。

两岸生技业的合作将日趋密切，似乎是难以逆转的潮流。有业界人士担心，合作亦伴随着风险，譬如台湾生技企业的先进管理制度将被模仿学习，生技人才亦有被挖角的风险。但俗语说，风物长宜放眼量，健康的竞争有利于鞭策进步，刺激创新，密切的合作亦有助于达成共识，创造共赢。大陆市场的巨大商机是台湾生技企业更上一层楼，提升国际化水平的难得机遇；陆资来台投资亦会加强台湾生技业的资金挹注，刺激研发创新。相信两岸资本与人才的互通有无，加上双方的持续会谈，势将强化台湾和大陆生技产业各自的竞争优势，促进两岸生技产业的共同成长与繁盛。

第四部分

产业面

第二十一章　台湾不动产制度及发展

陈 联 兴 / 华渊鉴价股份有限公司总经理

专业领域 / 无形资产及企业评价

不动产投资评估及估价

机械设备鉴价

前言

两岸更密切交流后，对台湾房地产看法，投资者出现两极化观点；乐观者举香港开放自由行后，不动产价格至今已上涨 50% 以上；台湾有更多产业与大陆可以互补；台湾是大陆和台、港、澳唯一拥有永久不动产所有权的地方等等理由显示，当台湾开放陆资投资不动产后，台湾不动产将会吸引陆资大量进入台湾市场，造成另一波不动产高点，回报投资者超额利润。悲观者认为两岸交通已方便了，大陆会产生磁吸效应，台湾终将边缘化；台湾当局担心陆资操作不动产，对购置不动产限制自用、实际商用或重大投资使用。住宅所有权人最高融资 50%、一年仅能在台住四个月、取得所有权三年内不能移转等限制（543 限制）。

未来两岸更密切合作已是确定趋势，台湾不动产在未来发展中，是否是值得投资的标的？有待时间证明。本报告旨在以不动产估价师之观点，介绍台湾不动产之制度及价格变化之参考指针，另提到台湾北中南各地重大建设供各位先进参考。

本报告之结论如下

1. 目前以大陆企业或人民身份购置台湾不动产仍受到相当限制。

2. 调降遗赠税、台商回流、外资及陆资入台是影响台湾近三年不动产价格上涨最主要因素，预估未来三年境外资金的投入，仍是台湾不动产上涨最大之动能。

3. 投资标的建议为区域地标型办公大楼及休闲不动产产品；建议观察投资区域短期为台北市信义计划区、敦化北路附近办公大楼，长期建议桃园航空城；台中近第七期重划区；南部高雄经贸园区、卫武营区；金门及垦丁地区休闲不动产产品。[①]

台湾不动产管理制度

如同所有法令均有崇高目标一样，台湾土地管理制度设计上，主要谈土地之“公平”及土地使用“效率”二问题。公平谈的是土地之权利与义务的均衡。即不动产权利之取得、持有及丧失（地权）；不动产相关权利人应该负担什么义务（地税）。效率谈如何让不动产使用上能达到最高使用效率（地用），如土地综合开发计划、都市更新、市地重划、都市土地及非都市土地使用管制等。而为了让权利及义务状态能更公平、效率地达成，即有“地价”及“地籍测量、登记”之课题，兹分述如下：

---

① 作者：陈联兴，现为华渊鉴价股份有限公司总经理。具美国商业投资分析师（CCIM），英国皇家测量师（MRICS），不动产估价师（CRA）；无形资产评价师等资格。

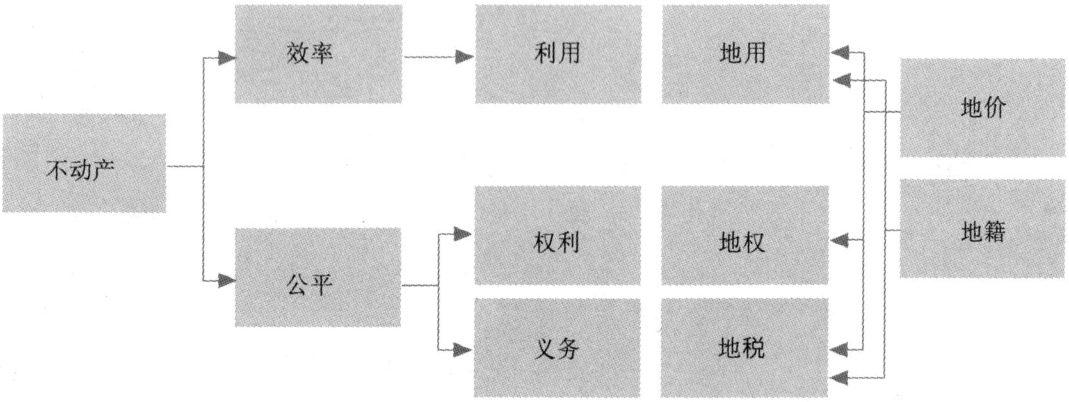

1. 土地权利——土地所有权私有化及限制

（1）所有权及所有权之取得

依台湾民法765条规定“所有人，于法令限制之范围内，得自由使用、收益、处分其所有物，并排除他人之干涉”。“土地所有权，除法令有限制外，于其行使有利益之范围内，及于土地之上下”。所有权是永久之使用、收益及处分权，和有使用期限之土地使用权不同。

依照台湾土地法第十条规定台湾领域内之土地，属于台湾人民全体。其经人民依法取得所有权者，为私有土地。私有土地之所有权消灭者，为公有土地。即土地所有权在最原始的状态下，属于公有，人民如向有所有权之人承购，即属依法取得该所有权，亦即该不动产之所有权属于该依法取得人民所有，即为私有所有权，而且私有所有权得继承给子女或指定之继承人。

（2）土地权利限制

虽然土地可以私有，但部分与公共利益相关之土地如海岸或河湖附近土地不得私有。外国人士不得取得或租赁林地、水源地等①。

① 参土地法14、17条。

对于大陆地区资金来台购置不动产，分三个部分规定，即对“大陆人民”、“大陆一般企业”及“有助台湾经济发展之企业”三个不同主体。

A. 大陆人民

大陆地区人民根据现行规定，大陆地区资金来台购买不动产时，贷款不得超过5成、1年在台居留最多4个月、3年内不可以转售（543措施），也不允许具有党、政、军背景的大陆自然人或法人在台取得不动产。②

B. 大陆地区“法人、团体或其他机构，或陆资公司”

为供业务人员住宅、经营需要之厂房、办公场所等得经申请审核后取得不动产物权。即有实际用途之企业，可购置不动产，不受543之限制。

C. 有助台湾整体经济或农牧经营之投资

从事有助台湾整体经济之投资包含以下项目

（A）观光旅馆、观光游乐设施及体育场馆之开发或经营。

（B）住宅及大楼之开发或经营。

② 参考“大陆地区人民在台湾地区取得设定或移转不动产物权许可办法”。

（C）工业厂房之开发或经营。

（D）工业区及工商综合区之开发或经营。

（E）其他经“中央”目的事业主管机关公告投资项目之开发或经营。

农牧经营之投资，指符合“行政院”农业委员会公告之农业技术密集与资本密集类目及标准之投资。可取得、设定或移转不动产物权。

以上三个层次可以看出，台湾对整体经济发展及农牧发展有帮助者，是放宽及鼓励的。对于陆资来台设置工厂、办公室虽采审查制，但原则上均同意。对于大陆人民购置住宅，台湾当局担心房价操作及地区安全，仍有许多不合理之限制。但台湾地区不动产有可继承之永久所有权，良好的医疗系统、友善的人民、舒适宜人之生活环境，亦吸引大陆及港澳地区人民来台购置。北京万通集团冯仑先生也在台推出不动产案件销售①。

2. 土地相关义务——不动产之税

权利与义务是相对的，且必须同时存在。除台湾民法规定相关义务外②，主要义务即缴税。依台湾地区土地税法及房屋税法规定。持有期间每年需缴纳房屋税及地价税，二者约为总房地价之1%③。交易时，买方须负担总房价约1%之契税④。卖方因持有期间不同，有不同之土地增值税及特种货物及劳务税。⑤台湾并未在交屋时缴纳公共维护基金，而是每个月按面积大小缴纳20~70元/平米之大楼管理费。⑥

3. 土地利用——为达到不动产使用更有效率，与自然环境共存共荣，台湾不动产管制体系如下

土地之使用

① 万通国际开发2011年7月取得位于新北市淡水小坪顶的“万通台北2011”建照后，2011年9月开始在北京、上海、厦门、新加坡、美加等地销售，销售诉求是“全球华人宜居恒产”，强调台北的适合居住与台湾的永久产权。

② 台湾民法第773至800-1条谈不动产相邻、使用等一般性权利义务规定。

③ 台湾税捐机关对不动产价值计算方式与市场成交价不同，一般交易系以房地结合体计算总价，但税捐机关依房屋所处地段、用途、新旧程度、建筑结构订定房屋现值及房屋税率；依地政机关订定之公告地价课征地价税。房屋税及地价税依不同使用用途而差异。新建五年内成屋持有成本约为房地总价之1%。

④ 依房屋评定现值之6%计算，概算为总价之1%。

⑤ 土地增值税依土地公告现值增值之20%，30%、40%采累进计算。特种货物税，即俗称之奢侈税；指持有二户以上之非自用住宅，买进后一年内出售课出售价15%；1~2年内出售，课售价之10%税额。

⑥ 大楼管理费多少，属各大楼住户共同组成之大楼管理委员会制定。原则上愈高挡之大楼，其要求公共安全及外围服务愈多，相对其管理成本愈高，每月须缴纳管理费也愈多。

台湾地区土地管制系统如下表：

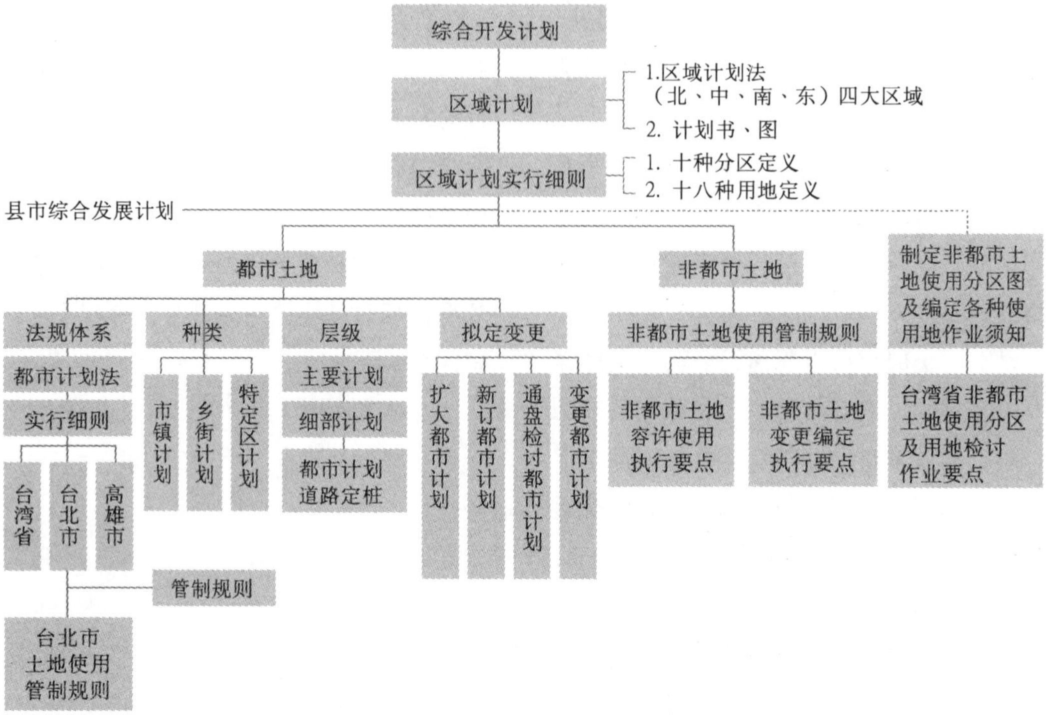

在土地利用上，最上位为综合开发计划，规划台湾地区整体土地之使用。区域计划共北、中、南、东四个区域。县市综合发展计划属县市政府未来预定开发方向，无法律位阶。在实用上较多使用的是都市计划及非都市土地使用管制。

台湾土地之使用，在未作都市计划之地区，主要受非都市土地使用管制规则之限制，分成十种分区，十八种编定，某一非都市计划土地，只要查一下“非都市土地使用管制规则”及相关建筑规定，大致可知“得”或“不得”作什么使用。都市计划内土地受“都市计划法”及“都市计划法施行细则”之管制。另各县市可能有一些单行法规。在购置不动产前，应要求中介机构提供相关法令数据或自行上网调阅。

4. 土地登记制度

台湾不动产属绝对登记制度。不动产产权移转非经登记，不生效力。所谓登记即权利变动时，须向各区域地政事务所申请，并经登记完毕方生产权变动之效力。登记完毕后，代理登记之人员会提供土地及建物（如果有）各一份不动产所有权状。另任何人均可依权状上地号与建号，亲自到土地登记机关或在网络上，查询不动产之面积、使用项目、相关权利状态数据。

5. 中介机构

不动产中介单位如（1）不动产估价师：提供公正客观之合理价值意见。（2）土地登记专业代理人：俗称地政士或代书，除较特殊之不动产交易委托律师协助签约外，大部分不动产买卖均委托代书签约、办理产权变动之申请。（3）不动产经纪人员：一般分为销售预售屋之代销公司及成屋之中介公司[①]。（4）其他：如建筑经理公司、建筑师、土木技师等。

台湾地区不动产买卖，除非当事人自行买、卖，原则上均透过不动产经纪人员协助。经纪人费用在一般预售屋承买时由建商给付，买方原则上不付中介费。成屋买卖时多以成交价之6%计算（买方2%，卖方4%或买方1%、卖方5%）。大面积或商用不动产交易多以买、卖各1%给付中介机构当做中介费用。[②]

6. 地价

除了市价外，公部门为课税目的使用之“房屋评定现值”、“土地公告现值”、“公告地价”等。所谓市价即市场上成交或可能成交之金额。房屋评定现值依建筑物所在区段、建筑结构、楼层、屋龄等因素，由税务机关每年定出一个该不动产之现在价值，以作为课征契税及房屋税之依据。公告现值是地政单位每年针对该区段土地所作之价值评估意见，通常约为市价40%~80%间，作为课征土地增值税及政府征收人民土地之参考。

7. 资料取得

台湾地区不动产相关数据可以在网络上取得90%的信息。只要有土地之地段地号或房屋之门牌号码，可以上各县市政府网站取得不动产位置图、附近土地之都市计划图、土地使用管制；另透过Google之图资，可以在网络上找到附近环境概况。甚至附近成交价格多少，是否发生过非自然死亡等数据，均可在网络上找到。

台湾不动产价格变动之因素

1. 经济因素

由过去的经验发现，台湾房地产的成长在60年代到80年代由经济成长带动，在80年末达到高峰。台湾经济成长以出口为导向，土地面积有限且相对缺乏自然资源，属浅盘型经济，与国际经济环境高度连动。近年来与大陆经济合作，推动经济成长，唯欧美国家经济状况不佳，影响台湾经济成长动能及不动产成长。近三年，由于外商资金投入台湾不动产；遗产及赠与税率大幅调降，暂泊岛外之资金大举回台寻找合适之投资标的；台商鲑鱼返乡潮等因素，带动台湾部分地区不动产价格在三年内上涨一倍以上。

由于部分地区不动产价格急涨，造成政府施行奢侈税、预计时价课税等措施，唯这些抑制不动产价格之措施，仍不敌资金行情及对不动产价格上涨之预期。

2. 重大产业及交通建设

重大交通建设带动生活之便利性，自台湾第一号高速公路兴建后，带动整体交流道附近不动产价格之上涨。“国道”五号雪山隧道带动台湾东部宜兰发展；“国道”六号给中部埔里带来新的商机。“国道”十号联络美浓旗山地区；台北市更是捷运盖到哪里，那里就上涨。

重大产业园区设置带来新的就业机会，创造不动产需求增加，带动区域不动产价格

① 这是一般民众之分法，但仍有中介公司及代销公司同时销售预售屋及成屋。

② 以上费用也因买卖条件不同而差异，但依台湾规定中介费不得超过成交价之6%

之上涨。台湾北部之南港园区、内湖科技园区、中北部之新竹科学园区、中部科学园区、南部科学园区等；均因当局规划园区后，厂商进驻，促进地方繁荣，增加有效需求，造成地价上涨。台湾高速铁路各厂站区未来之开发、松山机场与桃园机场新捷运沿线、桃园航空城周边、台中水湳经贸园区、高雄梦时代百货之经贸园区及软件园区，均为尚未具体开发，较具潜力之区域。

3. 自然因素

台湾平地少而山坡地多，加上法令管制，实际可建筑面积不到总面积 3%；台湾北部地区由于山坡地较多，精华地区可供建筑使用之土地供给极有限，加上北部地区人口密集，对土地需求大，造成需求大于供给，北部地区土地及房价高涨。为解决土地供给不足问题，北部地区建商积极推动老旧大楼拆除重建，即都市更新工作。由于部分建商操作手法较粗暴或住户基于对土地感情，不愿重建，造成许多社会争议，主管机关正在修法调整中。相对台湾中部及南部地区较多平原，建筑用地透过土地重划或区段征收增加供给，除市中心特殊公共建设完善区域外，仍有许多闲置之建筑用地可供开发，地价相对较平稳。

4. 社会因素

华人社会中普遍有传统有土斯有财之观念，购置不动产可让人安定的感觉。唯近年来对不动产之观念也在调整中。取代传统三代同堂或三至四人组成之家庭，不生小孩之家庭或不婚族带动大套房或二房产品。老人公寓、酒店式公寓、地上权房屋等不动产产品相继推出。由于社会观念的改变，造成产品需求及供给变化，反映各不同产品之价格变动。

结语

台湾不动产有永久产权，可满足部分住宅需求、炫耀目的；台湾气候宜人，极适合休闲度假过生活。最重要的是预期不动产会因两岸往来而上涨。综合以上原因，投资台湾不动产不论自用或投资均为很好之标的。唯台湾房市竞争激烈，每案件总量体有限，利润总额不大；投资报酬率短期相对香港及大陆仍偏低；居住环境不如中国熟悉等因素，也让大陆投资人犹豫是否值得投资。投资决策背后涉及对未来看法差异，无法评论。仅此提供较适合之标的及区域供投资者参考。

1. 办公楼产品

办公楼产品相对这波资金行情推升之不动产涨声中，调升幅度有限，而在两岸签两岸金融监理合作备忘录（Memorandum of Understanding, MOU）及 ECFA（Economic Cooperation Framework Agreement 两岸经济合作架构协议）以后，两岸人流及金流将由早期台湾到大陆，变成双向互通。人才来台对办公空间之需求，多元及更丰沛资金的投入，将刺激各主要城市 A 级及 B 级办公室之需求。短期内各主要商业集中区及地标性建物将是可选择之标的，如台北 101 附近商办、敦化北路沿线、内湖科学园区、南港三鐵共构区；中部以台中港路与七期重划区为主，南部以高雄中正路上大楼及八五大楼。

2. 休闲度假产品

“从事观光旅馆、观光游乐设施及体育

场馆之开发或经营”属有助于台湾地区整体经济之投资。且度假风潮、结合台湾高素质医学、美容能力。近来有愈来愈多外国观光客及陆客选择到景色宜人、著名观光地区进行一次性健康美容度假。台湾南部垦丁地区；离厦门仅有30分钟船程的金门，将是未来大陆人士来台投资观光旅游较适地点。

3. 中长期可考虑之投资

（1）桃园航空城

桃园航空城整体分区规划主要以“交通部”提出之“荷包蛋理论”进行规划。机场主计划区和周边特区犹如“蛋黄”，开发主体为“中央政府”，同时参酌国际先进机场的组织条例及营运模式后研拟“桃园国际机场园区发展条例草案”，特区外围则如“蛋白”，回归地方政府都市规划，分享特区溢出的经济效益。计划预估招商投资金额超过1兆，年产值超过6千亿，超过8万个就业机会。

（2）台中市七期重划区附近

台中市现阶段存有众多题材正逐渐发酵，多在七期重划区附近，包含都市捷运建设、水湳经贸园区、中科扩大引资、精密机械园区持续征才，对周边县市将产生磁吸效应，未来可望发展成第二大都会。

（3）高雄多功能经贸园区

高雄市前镇区多功能经贸园区是目前高雄市公共建设大量投入的区段之一，早期多为石化厂地，近年随厂房搬迁，重大建设包括软件科学园区、海洋文化及流行音乐中心、旅运大楼、世贸展览馆、高雄市图书总馆及60期重划区等公共建设。另有家乐福成功店、IKEA等大型量贩店、梦时代购物中心进驻，沿复兴四路可至新光码头，周边还有劳工公园、星光公园等绿地，中山三路有捷运红线狮甲站，生活圈兼具生活、交通、休闲等机能。区内地主组成的DC21地主开发促进会正密集招商共同开发中。

第四部分

产业面

第二十二章　房地产业分析：
浅谈陆资来台投资房地产

将捷集团 / 永捷资产管理股份有限公司

专业领域 / 信义企业集团之全球资产管理股份有限公司

前言

本文将针对陆资来台投资房地产之缘起，以及来台投资房地产之相关法令规定进行说明，让各位读者对于投资之相关规范、限制、申请方式有所了解，并提供相关陆资来台投资房地产之现况及案例，有助于陆资对来台投资房地产之特性有更深一层的认识。

开放陆资来台投资房地产之缘起

台湾开放陆资来台投资房地产，最早可从 2002 年台湾修正“台湾地区与大陆地区人民关系条例”第 69 条开始。条文载明大陆地区人民法人、团体或其他机构等投资台湾房地产之方式与规定，并明订相关办法应由台湾主管机关拟订，报请台湾行政主管部门核定之。台湾内政主管部门依据上述法源，进而于 2002 年 8 月 8 日发布“大陆地区人民在台湾取得设定或移转不动产物权许可办法”，内容涵盖投资相关资格、规定及管理方式，展开大陆投资台湾房地产之新页。

近年来，台湾积极推动两岸开放之相关政策，从启动两岸直航政策开始，至开放陆资产业来台投资等。2009 年 4 月 26 日，双方在南京召开第三次“陈江会谈”，会议中双方达成共识，共同推动陆资来台投资政策。台湾拟订“大陆地区人民来台投资许可办法”及“大陆地区之营利事业在台设立分公司或办事处许可办法”，同时修正发布“大陆地区人民在台湾取得设定或移转不动产物权许可办法”之相关条文，于 2009 年 6 月 30 日生效，并实施受理陆资来台投资或设立办事处的申请。

目前陆资来台投资主要法令依据包括：

一、台湾地区与大陆地区人民关系条例

二、大陆地区人民在台湾地区取得设定或移转不动产物权许可办法

三、大陆地区专业人士来台从事专业活动许可办法

以下将针对陆资来台投资之法令相关规定、陆资来台投资不动产之现况，以及未来陆资来台投资不动产之特性进行更详细之说明。

陆资来台投资不动产之相关法令规定

1. 得为不动产登记之权利主体者

依据“大陆地区人民在台湾取得设定或移转不动产物权许可办法”第 4 条，下列情形得为不动产登记之权利主体：

（1）大陆地区人民。但现担任大陆地区党务、军事、行政或具政治性机关（构）、团体之职务或为成员者，不得取得或设定不动产物权。

（2）经依本条例许可之大陆地区法人、团体或其他机构。

（3）经依公司法认许之陆资公司。

2. 陆资得投资台湾不动产物权之种类

依据“大陆地区人民在台湾取得设定或移转不动产物权许可办法”第 7 条，大陆地区法人、团体或其他机构，或陆资公司，为供下列业务需要，得取得、设定或移转不动产物权：

（1）业务人员居住之住宅。

（2）从事工商业务经营之厂房、营业处所或办公场所。

（3）其他因业务需要之处所。

3. 陆资投资台湾不动产之限制

依据“大陆地区人民在台湾取得设定或移转不动产物权许可办法”第2条，大陆地区人民、法人、团体或其他机构，或其于第三地区投资之公司申请在台湾地区取得、设定或移转不动产物权，有下列情形之一者，应不予许可：

（1）依土地法第十七条第一项各款所定之土地。

包括林地、渔地、狩猎地、盐地、矿地、水源地、要塞军备区域及领域边境之土地。

（2）依国家安全法及其施行细则所划定公告一定范围之土地。

（3）依要塞堡垒地带法所划定公告一定范围之土地。

（4）各港口地带，由港口主管机关会同国防部及所在地地方政府所划定一定范围之土地。

（5）其他经“中央”目的事业主管机关划定应予禁止取得之土地。

另依据“大陆地区人民在台湾取得设定或移转不动产物权许可办法”第3条，大陆地区人民、法人、团体或其他机构，或陆资公司申请在台湾地区取得、设定或移转不动产物权，有下列情形之一者，得不予许可：

（1）影响岛内重大建设者。

（2）涉及土地垄断投机或炒作者。

其中，依据“内政部”2010年10月29日台内地字第0990215799号函解释，为避免一再购置不动产导致土地垄断投机或炒作之虞，不许可大陆地区人民在台湾地区取得第二栋不动产。

（3）影响土地整体发展者。

（4）其他经“中央”目的事业主管机关认为足以危害国家安全或社会安定之虞者。

4. 陆资投资台湾不动产该如何提出申请

依据“大陆地区人民在台湾取得设定或移转不动产物权许可办法”第6条，大陆地区人民取得、设定或移转不动产物权，应填具申请书，并检附下列文件，向该管直辖市或县（市）政府申请审核：

（1）申请人身份证明文件。

（2）依前条规定而经过验证之证明文件。

（3）其他经内政部规定应提出之文件。

直辖市或县（市）政府为前项之审核通过后，应并同取得、设定或移转不动产权利案件简报表，报请内政部许可。

5. 陆资投资台湾不动产之移转

依据“大陆地区人民在台湾取得设定或移转不动产物权许可办法”第6.1条，大陆地区人民取得供住宅用不动产所有权，于登记完毕后满三年，始得移转。但因继承、强制执行、征收或法院之判决而移转者，不在此限。

6. 大陆地区专业人士来台从事经营、管理与买房之停留时间

依据“大陆地区专业人士来台从事专业活动许可办法”第12条，大陆地区专业人士来台从事经营、管理与买房之停留时间规范如下：

（1）大陆地区专业人士来台之停留期间，由主管机关依活动行程予以增加五日，自入境翌日起不得逾二个月。停留期间届满得申请延期，延期期间依活动行程核实许可，每年总停留期间不得逾四个月。

（2）大陆地区人民已取得台湾地区不动产所有权者，其来台停留期间及入境次数，不予限制。但每年总停留期间不得逾四个月。

7. 大陆地区人民投资台湾不动产担保放款业务相关事项：

依据台湾“行政院”金管会之规定，台湾地区银行及信用合作社办理在台无住所大陆地区人民不动产担保放款业务相关事项汇整如下：

（1）本事项所称在台无住所大陆地区人民，系指未持有台湾地区长期居留证得、设定不动产物权者。

（2）银行及信用合作社办理本放款业务，担保品限于经内政部许可在台湾地区取得、设定之不动产物权。

（3）本放款业务之资金用途限于投资台湾地区不动产，并应符合“大陆地区人民在台湾地区取得设定或移转不动产物权许可办法”之规定。

（4）银行及信用合作社办理本放款业务之核贷成数，不得优于适用相同利率期间、融资用途、担保品条件之台湾地区客户，并以担保品鉴估价值百分之五十为上限。

（5）本放款之拨款方式，应直接拨付交易对方指定之新台币账户。

8. 大陆地区人民不得申请共同取得不动产

依据台湾内政部门 2010 年 9 月 2 日台内地字第 0990175971 号函解释，开放陆资来台投资目的在于顺应国际经济自由化潮流，有效运用资金及技术，提升“国家”整体土地资源开发利用，是以取得不动产应符合上开意旨。另为配合开放陆资政策，“大陆地区专业人士来台从事专业活动许可办法”第 12 条第 3 项亦规定：“大陆地区人民已取得台湾地区不动产所有权者，其来台停留期间及入境次数，不予限制。但每年总停留期间不得逾四个月。”开放已取得台湾地区不动产所有权之大陆人士来台。鉴于两岸土地面积、资源及人口数量过于悬殊，即使共有人数仅 2 人，惟如准许以共有方式取得台湾地区不动产，尔后如有更多大陆人比照此共有模式取得台湾地区不动产，借此方式进入台湾地区，不仅徒增困扰，且当人数过多不易管控，甚至有危害地区安全或社会安定之虞。再者，当一笔不动产如持分共有人过多时，表面上来台购置不动产之大陆人士众多，但实质所持有不动产却不多，对于有效运用资金及技术提升台湾整体土地资源开发利用之立法意旨并无帮助。

9. 台湾地区人民，不得将台湾地区不动产物权以买卖、设定或赠与方式移转给大陆地区配偶及一等亲

依据内政部门 2004 年 1 月 2 日台内地字第 0930065602 号函解释，鉴于开放陆资来台投资不动产之政策意旨，应指大陆地区人民、法人、团体或其他机构以支付价金方式取得或设定台湾地区不动产物权，基此，宜明文规定，台湾地区人民不得将台湾地区不动产物权以买卖、设定或赠与方式移转给大陆地区配偶及一等亲，兹依“台湾地区与大陆地区人民关系条例”第 69 条第 2 项规定之授权，配合修正“大陆地区人民在台湾地区取得设定或移转不动产物权许可办法”，增订明文禁止之条文及配合修正相关条文。

陆资来台取得不动产之数量、金额

自2002年8月8日“大陆地区人民在台湾地区取得设定或移转不动产物权许可办法”公布后迄今，依上开许可办法申请购买台湾地区不动产之者，共60件申请案经台湾“内政部”许可。分别位于台北市6件、新北市7件、基隆市3件、桃园县11件、台南市2件、宜兰县2件、高雄市11件、彰化县1件、新竹县1件、台中市15件及南投县1件。

从实际买卖分布地点可以看出，陆资实际取得不动产的地点仍分布在台湾人口集居地区，北部地区的台北市、新北市、桃园县、基隆市、宜兰县合计达29件，占了近半数。但件数最多的地区并未在台北市，而是台中市的15件，另外高雄市也有11件，与桃园县共同并列第二名，首都台北市仅6件（图1、表1）。

图1：陆资购买不动产数量分布图

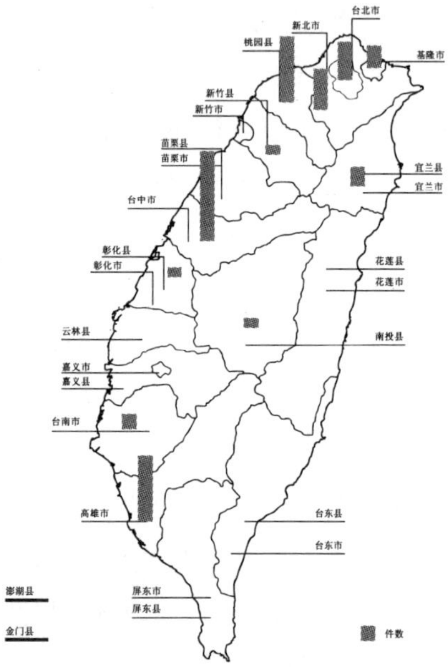

数据源：台湾“内政部”地政司网站

表1：陆资取得台湾不动产件数及权利价值统计表

年度	件数	金额（新台币/元）
2002年至2011年	50	529,464,766
2012年第1季	10	223,869,246
注：本表所称之权利价值系依申请书上申请人填载之不动产权利价值统计		

数据源：“内政部”地政司

若自开放至今，历年陆资取得不动产的件数与金额来看，2002年至2011年之间通过仅50件，金额约新台币5.29亿元，但2012年前三个月就已通过10件，金额达新台币2.23亿元，显见在相关配套如陆资来台投资许可项目的放宽，以及陆客个人游的扩大试点，对于陆资取得台湾不动产的意愿有明显提升。

陆资来台投资不动产之案例

1. 案例一：海旅会购买台北办公大楼

海峡两岸旅游交流协会（以下简称海旅会）台北办事处于2010年买下了位于敦化南路上的润泰金融大楼13楼，并在同年5月正式在台北挂牌成立，作为海旅会在台办公处所，购买的办公区建筑面积达到了174坪（约575平米）。预计提供在台湾的10位工作人员使用，海旅会台北办事处的主要职能是开展旅游咨询、旅游宣传、联络协调及处理旅游纠纷等非营利性业务。

2. 案例二：中国金贸购买高雄办公大楼

大陆国有企业中钢集团子公司中国金贸，2011年进驻高雄，原打算买下高雄市政总裁办公大楼15楼整层办公室，虽然最终仅以3,000多万元买下两个单位，但这却是大陆国有事业首次在台湾购买商用不动产的案例，据了解，中国金贸购买坪数将近150坪（约495平米），以该大楼成交价介于新台币每坪17万到20万间计算，成交总价大约新台币2,500万元到3,000万元间。

3. 案例三：陆资洽购内湖厂办大楼

“华固建设”向媒体透露，已有陆资客户正洽购华固在内湖兴建的“V Park”三栋科技厂办大楼，总销金额达130亿元，预期2012年第3季可望敲定签约。由于经济部门已松绑陆资来台投资设厂，因此这组陆资正洽购华固三栋V Park，希望作为未来在台湾的企业营运总部中心。

4. 案例四：开发商推案“万通台北2011”

大陆知名的开发商“北京万通地产公司”，透过参股29%“新加坡万通投资”公司，转投资成立“台北万通国际开发”公司，以规避陆资投资台湾地产开发项目，不得超过30%的门坎限制。并与区域最大地主南国开发合作，在阳明山小坪顶坡地推出“万通台北2011”建案，规划30~40坪（约100~132平米）及50~120坪（约165~397平米），总计将出售276套顶级度假公寓，并设定以大陆高端投资者及全球华人为目标客户。

万通诉求大陆潜在客源，在台湾置产，诉求拥有“台湾土地私有”、“台北全球最宜居城市”、“五洲华人的后花园”、“自由行启动，取得台湾住宅不动产所有权利，可停留及入境时间为4个月”等五大卖点，原仅针对陆客售屋，在大陆已销售60户，其中台商约占3~4成，部分买家为持有国外护照的大陆人，至于纯陆籍大概买了20户，2012年始正式在台湾开卖，目前已购户含纯陆籍客买家，2014年交屋登记产权时才会经过有关部门审核。

陆资来台投资不动产之特性

1. 以租赁取代购买

依据投审会通过来台投资的陆资家数，从2009年中开放陆资来台投资后，截至3月底为止，投审会共通过237件，核准陆资投资金额为2.79亿美元，但若对照自2002年实际购买不动产而通过审查的件数仅60件，陆资企业初期仍以设置小型办事处为主，故现阶段来台投资之陆资企业多以租赁取代购买的方式来取得办公地点。

依投审会统计数据显示，目前来台投资的陆资企业八成集中在台北市与新北市的大台北地区，排名第三则为桃园县，其中设点于台北市就占约55%，新北市则有23%，桃园县8%。若单就台北市来说，办公室区位的选择以信义世贸商圈、内湖科技园区、敦北民生商圈等三个商圈居多，与目前一般外商企业习惯群聚的商圈相似，其中选择上述三个商圈的比重占全市的47%。

第一批进驻的企业以航空业为例，目前群聚在靠近松山机场的民生东路商办大楼，包括南航、厦航、海航、国航等公司，租用办公大楼的一楼作为营业处所。另外像特许行业的金融业，如交银、中银、招商银、建设银等则偏好进驻于目前台北的信义计划区，像是台北101大楼、国贸大楼都已有多家陆银办事处的进驻，其中如台北101大楼是目前陆资企业进驻最多的单一大楼，合计约 10 家（表 2、3）。

表 2：陆资来台设点县市统计表

投资类型 县市别	新设公司	设立分公司	投资 现有公司	总计	总计占比
台北市	51	29	12	92	55%
新北市	21	6	12	39	23%
桃园县	8	3	2	13	8%
台中市	6		2	8	5%
新竹县	2	1	2	5	3%
台南市	2		1	3	2%
云林县	2			2	1%
彰化县		1	1	2	1%
高雄市			1	1	1%
南投县	1			1	1%
金门县	1			1	1%
新竹市	1			1	1%
合计	95	4	33	168	100%

数据源：台湾“经济部”投审会（2012.04），全球资产管理公司整理

表 3：陆资来台设点北市办公商圈统计表

商圈名称	陆资家数	家数占比	商圈办公 平均租金 （元 / 坪）	商圈办公 平均售价 （万元 / 坪）
信义世贸商圈	17	18%	2,560	87.5 万
内湖科技园区	15	16%	1,158	46.1 万
敦北民生商圈	12	13%	1,796	72.7 万
松江南京商圈	11	12%	1,527	71.6 万
站前西门商圈	4	4%	1,692	61.5 万
复兴南京商圈	3	3%	1,608	70.8 万
南京四五段商圈	3	3%	1,471	64.8 万
其他商圈	26	28%	--	--
合计	92	100%		

数据源：台湾“经济部”投审会（2012.04），全球资产管理公司整理

2. 以港/外资身分购买

对照以陆资身份获准取得不动产的件数仅 60 件，但以其他国家身份取得台湾不动产的统计中看出，近年外国人在台购买土地的数量却明显增加，2011 年外国人取得土地笔数计有 1,139 笔，面积合计约 275,307 平米；建物栋数计有 947 栋，面积 201,003 平米。另 2012 年 3 月外国人取得土地计有 96 笔，面积约 2,766 平米，建物 70 栋数，面积约 14,451 平米。

依据台湾有关规定，非台湾人若欲取得台湾之不动产，依平等互惠原则办理，因此如香港或欧美国家人士，依平等互惠原则可以在台购买不动产，因此港资在台湾购买不动产的案例早已存在，其中在 2008 年之后又转趋热络。据台湾媒体报道，港资已购买高雄市住友及其余至少五家饭店，并经营低价中国旅游团，抢攻陆客观光商机。另外报载香港东方日报集团亦砸下新台币 25.5 亿元，买下台中市 1700 坪（约 5619 平米）商业区土地。

除了港资之外，如前述的“台北万通国际开发”则是以新加坡商的身份来台投资，虽然此举台湾政府并不鼓励，但事实上以外资身份申请购买或投资不动产的相关法令限制的确较少。同样登记为侨外资、资本额 20 亿元的吉富中华投资公司，在 2009 年买下位于忠孝东路四段办公大楼一楼店面与车位后；2010 年五月又以逾 21 亿元标下台北市东区办公大楼，其幕后资金的特殊背景引起各界好奇。

3. 以台商或台湾友人名义购买

近几年大陆台商返台投资案例时有所闻，包括购置住宅或商业不动产，近期比较知名案例为钟表商“香港亨得利”公司以“台湾亨得利”公司总经理的名义，买下了忠孝东路四段的大型商铺，作为在台湾的新增据点之一。

另外像是红顶商人邓文聪所领军的“亿大联合公司”也在 2011 年以 32.18 亿元标下高雄八五大楼的金典酒店 75% 的银行债权，再与债务人金典酒店进行协商，以取得大楼的所有权，据信在整合后目标可能是再转卖给陆资。上述案例虽然法律上都是以台商的身份出手购买不动产，但其背后庞大的资金一直难逃陆资的传闻。

结语

综合以上内容，陆资来台投资房地产可归纳为“五、四、三”之口诀，“五”即是百分之五十之融资贷款上限；“四”为大陆人士每年总停留期间不得逾四个月；“三”则是不动产所有权于登记完毕后满三年始得移转。

此外，亦可从目前陆资来台取得不动产之数量、金额、实际案例得知，2011 年以前陆资来台投资仍未普遍，多以租赁取代购买。但 2012 年之后随着投资项目之放宽、陆客个人游之扩大试点，以及开放两岸观光渐趋热络，陆资投资台湾房地产之意愿已有明显提升。期望日后台湾当局针对陆资投资台湾房地产能更加开放，除可扩大吸引陆资来台投资，再现台湾房地产市场之荣景，亦能进一步促进台湾产业与经济之提升与发展。

第四部分

产业面

第二十三章　房地产业分析：
扩大经济受惠 发挥“筑巢引凤”

杜 孟 真 / 安信商务律师事务所 资深律师

专业领域 / 企业并购、投资架构规划、履约安全机制规划、两岸投资、公平交易法事件、商务仲裁及诉讼事件

前言

房地产业为典型的内需产业，占台湾的生产面 GDP 约 2%，比例些微，但房地产业之兴衰波动，对砂石、水泥、红砖、瓷砖、钢筋、木材、塑料制品、管线、玻璃、电工器材等上下游相关行业正常发展的影响至巨，其产业关联效果显著，对关联产业荣枯、就业机会多寡、民间消费动能等，有密切关系。据“行政院主计处”估计，房地产业每投资新台币 1 元，可带动上下游产业创造 2.8336 元的产出。从此可见，房地产业虽然未扮演产业火车头或龙头的地位，但却具有举足轻重的关键力量。

据“行政院”经建会 2009 年提出之研究报告显示，整体而言，台湾自 1970 年以来，房地产业主要经历 3 次大规模景气循环，包括：1970 年代保值需求，转变为 1980 年代晚期成本推动；1990 年代至 2003 年因需求走缓，呈现长期低迷；2003 年后，因市场受到低利因素刺激，景气逐渐回升[①]。往后，台湾更历经 2008 年全球金融海啸来袭，对房地产业产生另一波价格之修正及财富重配置；2010 年 6 月两岸签署 ECFA 后，至 2012 年 3 月间历经三阶段开放陆资投资等，均带动精华地区房地产业另一波荣景。

① 许易民(2009),“台湾房地产业景气循环之影响与对策”期刊，综合规划研究：96 及 97 年，“行政院经济建设委员会”，P327-346 页。

台湾房地产发展历程

1. 第 1 波成长：保值需求带动[②]

1970 年代为台湾工业快速发展初期，1974 至 1981 年间，平均经济成长率达 8.3%，民众所得水平大幅增加，平均每人 GDP 从 933 美元增至 2,743 美元。期间，经历 1973 年、1979 年两次石油危机之同时，家庭财富逐渐累积及消费者物价指数大幅上扬（CPI 年增率达 28%、15%），民众购屋保值之需求增加，因此带动房地产业景气转趋繁荣。

2. 第 2 波成长：成本与游资趋动[③]

1980 年代，台湾工业逐步朝产业升级与科技导向转型，成果丰硕。1981 至 1989 年平均经济成长率高达 8.5%，对外贸易快速成长，所得水平大幅扩增，平均每人 GDP 增幅达 2.8 倍，从 2,743 美元增至 7,634 美元。同时，随着对外贸易持续畅旺，外汇累积持续增加，台币对美元汇率亦持续升值，从 1983 年 1 美元兑换 40.22 台币，升值至 1992 年兑换 24.52 台币。由于民众所得大幅扩增、外汇快速累积、台币升值、外资大举流入等因素，带动岛内股市、汇市及房地产出现飙涨现象。以台北市标准住宅为例，1981 年每坪单价约新台币 6.2 万元，至 1989 年增至 17.9 万元，增幅高达 2.9 倍，推动第 2 波房地产景气繁荣期。

3. 第 3 波成长：容积率的实施推动[④]

1989 年后，为抑制房地产过度飙涨，

② 同前。
③ 同前。
④ 同前。

“央行”以提高存款准备率，发行定期存单及针对房地产业采行选择性信用管制等紧缩货币政策，房地产过度投机现象降温，且景气亦逐渐下滑。1990年代初期，因应容积率实施恐造成兴建成本大幅上扬，建商大量抢建，加上新银行陆续成立及积极推动建筑融资等相关业务，造就第3波房地产景气荣景。

4. 1997年亚洲金融风暴带来的影响

1997年后，受亚洲金融风暴后续效应之影响，多家建商纷纷传出财务危机，在此期间之整体经济环境表现不佳，失业率大幅攀升、股市下挫，民众财富缩水，影响民众购屋意愿，加以住宅市场之存量仍多，造成房地产业自1994年景气高峰下滑以来，陷入长期低迷困境。

5. 2003年起，高房价“黄金十年”

2003年下半年，台湾透过土增税减半征收与低利优惠房贷措施刺激，房地产市场转趋活络；尤其在2008全球金融海啸后，中央银行调降利率再加上遗赠税边际税率调降至10%之影响最大，促使资金回流台湾。

依台湾房仲业之统计显示，都会区以台北市精华地段为例，从2003年到2011年，房价飙到最高点；信义区的中古屋房价，8年已经累积上涨2.11倍，涨幅高居台北市12个行政区之冠，每坪均价已突破新台币70万元大关，信义计划区更有每坪开价新台币200~300万元之指针对象；大安区则已飙上每坪130万元，创下台北市预售屋房价的历史新高点。如以台北市全区平均单价，每坪约60万，平均总价约1500万。再依据台北市地政局统计，2012年北市土地公告现值涨幅可能达9%，如2011年调高12.08%，加上2012年的9%，估算累计两年土地公告现值涨幅达22%，涨幅是近20年新高。

近年来影响房价的重要政策

1. 政策开放及ECFA带动经贸发展

2002年台湾政策开放，准许符合规定之大陆地区法人、团体或其他机构、陆资公司[①]，得申请购置不动产，同年内政部门公布“大陆地区人民在台湾地区取得设定或移转不动产物权许可办法”，由原本之禁止规定修正为许可制度，但成效不彰，其关键因素在于当时并未没有开放陆资来台投资。

2009年台湾有条件开放陆资来台投资后，符合规定之大陆地区法人、团体或其他机构、陆资公司，得申请取得、设定或移转不动产，即陆资企业在台核准设立分公司后，依法得视业务需要申请购买台湾办公、营业处所或厂房、业务人员住宅。陆资来台取得之不动产者，依台湾规定，须经“内政部”、“陆委会”、“国防部”、“国安局”等联合审查，且其来台购买房地产后，须在登记后满3年才能移转买卖等限制。但2009年7月起，“陆委会”政策定调，不再追查背后资金来

① 台湾对“陆资”之定义，包括（1）大陆地区（不含香港及澳门）设立登记之公司。（2）大陆地区人民、法人、团体或其他机构直接或间接持有股份合计超过其已发行股份总数之30%；或具有控制能力者。

源是否属于陆资[①]；因此，若陆资透过台商个人名义、私募基金或第三地登记等管道进入台湾购置房地产，亦有其可能。

据“经济部”投审会之统计资料，2009年中开放陆资来台投资后，截至2012年1月底为止，通过208件，核准陆资投资金额为3.08亿美元，换算新台币约90亿元。据“内政部”地政司之统计显示，自2002年至2010年10月间，开放大陆人民来台购屋以来，计有58件申请案提出，31件核准，22件未通过，5件仍在审核中，其中95%是购置住宅。截至2011年6月，大陆人士申请来台购屋已累计达90件，约过半数获得核准。核准案件中，购置不动产所在地以台北地区比例19%较高；土地使用分区以住宅区20笔占61%为主[②]。

无论如何，相较于规模庞大的陆资，台湾对于陆资之“不动产购置之开放及管制”，政策上允宜有所松绑；其来台投资规模，亦显有可望扩大之空间与可能。

2010年6月签署ECFA，带动两岸经贸加速发展，2011年7月陆续开放陆客自由行，以及持续扩大陆资企业来台投资等趋势下，再度掀起另一波资金行情。相关产业受惠于政策开放，除制造业将大幅松绑之外，2011年3月第三波开放更增加关键性产业，包括五大关键性产业积极寻求出海口，包括面板、半导体、工具机等陆资参股之比率大幅松绑；服务业放仓储服务业等；公共建设（非承揽新增25项，加计以往开放的20项，共计开放43项，陆资可以BOT方式参与投资，包括捷运、轻轨系统、车站、转运站、国道服务区、桥梁、公园绿地、缆车等项目[③]。

不难想见，在台购置房地产不仅可拥有“所有权”，且具增值效益；加上“陆委会”对于取得台湾房地产，已无须揭露取得资金来源；以及两岸经贸政策越趋开放、ECFA后续效应（例如ECFA早收清单，台湾要求钢铁、水泥等不动产相关产业之产品，其输出至大陆关税将逐年减少）等大方向趋势激励之下，未来势将因来台投资而衍生增加不动产之需求、大幅带动台湾房地产市场成长。未来，不仅住宅不动产之房市荣景可期；陆资投入商办不动产市场，将可使闲置单位减少，因其来台投资亦将增加对新楼地板面积的需求，租金及价格水平上升，指日可待。同时，因应大陆人士来台观光热潮，在观光游憩型不动产（如观光旅馆）的市场需求方面，亦将增加。

2. 奢侈税政策实施

承前述，台湾房地产业持续上涨，据行政部门2010年之调查，都会地区之房价偏高名列十大民怨之首，有住宅需求的民众之

① 截至2010年10月，法人申请购买台北市敦化南路、信义路四段的单层商用不动产，面积约153.67坪，总金额约1.3亿元，是由“两岸旅游交流协会”所买下，用途是作为办事处。另依报载，2009年大陆顶级钟表商亨得利公司插旗北市忠孝商圈烫金店面，据“内政部”地政司表示，因该案件是使用“台湾亨得利总经理赵振良名义”购买，也就是使用台湾自然人名义，并不适用大陆人士来台取得设定移转不动产物权许可办法。

② 参考资料来源：“行政院”内部地政司统计数字，2010年 。目前有关部门统计，无法反应陆资如以台商个人名义、私募基金或经由第三地登记等渠道进入台湾购置房地产。

③ “经济部”投审会2012年3月9日公布之“大陆地区人民来台投资业别项目”。

共识认为房价非常不合理。究其原因，主要是房价涨幅远高于薪资调整，造成房价所得比偏高。为减少民怨，政府先前已使用调整利率、限制贷款成数等多项政策工具，欲压抑不动产价格攀升；然而，成效始终有限，遂而有“奢侈税”之政策推动。

台湾2011年2月宣布将实施奢侈税，同年4月6日即初审通过特种货物及劳务税条例草案（即所谓之“奢侈税”），同年6月1日发布施行。“奢侈税”主要是对投机性的购屋者给予较大的税赋，在不动产方面，出售非自用住宅（含商办、房地、店面、建筑空地等），如持有未满一年必须按销售价格15%课征交易税、持有满一年未满二年必须课征10%税捐。

奢侈税政策发布前，在台湾房地产掀起一波的抛售潮，除2011年3月之“329建案”档期推案潮受到影响之外，各地区的房价也呈现降价求售的情形，尤其以都会区受影响最剧（因都会区投资持有者相对多数）。以台北地区的房价变动为例，在奢侈税宣布以后的1个月内，房价的跌幅即超过一成以上[①]，台北市2011年第3季住宅市场之议价空间率扩大至19.96%，显示奢侈税确实对房价造成抑制作用。但是，“奢侈税”之目的并非在于增加税收，而在抑制不动产短期投机炒作[②]，亦非打击商业活动，或影响经济活络，相关税赋政策后续有无调整之可能，例如分区域开征等[③]，亦有待关注。

整体而言，奢侈税政策属“短空长多”，政策促使房地产回归合理正常之市场交易已有初步效果，但就基本盘而言，台湾房地产相对于香港、欧美等地，房价偏低；加上，在两岸开放签署金融开放政策，包括开放购买不动产、开放陆资来台投资、两岸签署金融监理MOU、EFCA等驱使下，外商及陆资对于投资台湾之不动产，兴趣盎然。

3.“都市更新”持续推动

“都市更新”为英、日等先进国家中央级之重大发展政策，其所实行之策略因地制宜，尽管各国法制不尽相同，但均以强化城市竞争力为目标。

台湾为振兴经济、提升环境质量、改善都市机能，在2003年7月“行政院”经济顾问小组第一次会议裁示：都市更新是当前提高老旧小区土地价值、促进建筑业发展及提升民众生活质量的最有效方式之一，应视为岛内重大经济建设计划，而加速推动。有关都市更新申请案件，行政部门应研究建立单一窗口服务制度的可行性，并选择若干适当地点作为都市更新跟不动产证券化的示范计划积极落实都市更新工作。之后，陆续在2005年5月25日推行“都市更新示范计划”、2006年1月25日“加速推动都市更新方案”，由“内政部营建署”与地方政府共同推动都市更新，并辅导民间自行实施。

相关政策支持，包括：（一）在财源筹措方面，由“行政院国发基金”于2006年至2009年匡列总额度新台币20亿元作为贷款

① “财团法人国家政策研究基金会”，“奢侈税与房地场行情”，2011年5月11日。

② 据“财政部”公布4月税收统计显示，累计11个月奢侈税收入新台币34亿元，其中仅6成4来自房地交易，

③ 2011年2月22日，自由时报引述“经建会”部长刘忆如之采访。

额度，由“中央政府”编列相关公共建设预算，配合本方案办理都市更新地区周边公共工程，另提供2000亿中长期低利贷款予实施者以实施更新事业；（二）在“容积率”奖励政策上：台北市政会议2007年通过“合理容积调整、促进都市再生”案，决定释出3000公顷容积，除了老旧小区外，包括捷运站附近，公园绿地附近、科技产业轴带、大街廓等地及其他配合市府重大政策或建设区域，均可提出申请，以加速老旧地区的更新脚步。“中央”部分，“行政院”为刺激房地产市场，于2008年也通过放宽都市更新建筑容积奖励，扩增“策略性再开发地区”的建筑基地法定容积，其容积率由建筑基地法定容积1.5倍增加为2倍，或者将容积率由法定容积0.5倍（原本是0.3倍）加上原建筑容积。以住宅用地“住四”为例，法定容积率为300%，现有奖励每坪土地可以盖4.5坪房屋，套用新的奖励每坪土地可盖6坪房屋。若是150户的建案，则可增加为200户，将有效刺激建商投资都市更新奖励案的意愿。

2009年2月，“内政部”研订“爱台12建设[①]—都市更新推动计划”，提出8年愿景，其中针对台湾5大城市中6个重点地区进行“国家级”更新计划，并在各地主导推动及辅导民间实施地域型都市再生计划，期加速营造都市之适居性、自明性及良好经济循环体质之发展环境。[②]

然而，台北市2012年4月发生“文林苑”事件，因为都更反对者与政府、建商爆发冲突引发社会关注，难免令外界对政府推行“都市更新”政策产生疑虑，甚至建商宣布短期内不采取“都市更新”方案，将改以“合建”或直接价购土地方式推案。但整体而言，政策宣示“都市更新”不因此中止或趋缓，未来将以更加重视“都市更新”过程的周延性之方式，以创造地主、实施者及环境三赢的局面，予以落实。

重大建设及奖励，发挥“筑巢引凤”之功效

产业引入，通常是带来大量人潮最快的一种手段，例如科学园区、经贸园区的设置，带来大量产业进驻及就业人口。鉴于各国针对新市镇或特定区的开发，政府在初期均扮演重要角色，需投入大量的公共、交通、环境建设，将素地培养至完善的小区形式，“筑巢引凤”。如能引进最优先、最龙头、最能带领产业陆续加码进驻之厂商，增加其诱因，辅以开发方式多元，得以出租、设定地上权、标售、委托开发经营、联合开发、信托或投资设立公司等多元弹性方式；相辅相成之下，将发挥“引凤筑巢”的效应，有效带动周边地区房地产业发展。

预期在两岸开放三通、两岸ECFA签署效应后，配合政策奖励及优惠，扩大建设及

① 爱台十二建设于2009-2016年预计投资经费约达新台币4兆。包含便捷交通网、高雄港市再造、中部高科技产业新聚落、桃园国际航空城、智慧台湾、产业创新走廊、都市及工业区更新、农村再生、海岸新生、绿色造林、防洪治水及下水道建设等十二项优先建设，总计包括284项实施计划。

② 参考资料来源：“内政部”营建署都市更新网。

奖励创造空间之优先性，将吸引台商跨国企业回流进驻，及国际企业投资，而成为一大亮点。以下，将介绍台湾两项最具规模、开发潜力之重大建设案例：

1. 台湾高速铁路站区开发

台湾高速铁路工程 2007 年 3 月全线通车后，已成为台湾西部发展的交通动脉，透过高速铁路之运输，将台湾西部整合成为“一日经济圈、一日生活圈”；尤其是高铁车站附近的地区[①]，不仅是区域转运的枢纽，更是台湾政治、经济、文化及休闲发展的焦点；目前，高铁局已完成区段征收及相关工程基础建设，将进入实质招商开发阶段。

依高铁沿线规划，其产业专用区响应政府“新兴六大产业”[②]发展政策，引进生技、绿能、文创、精农、观光、医疗照护产业（恰与大陆“十二五”战略性产业，适逢对接）[③]，及提供相关产业、工商服务及展览、金融办公、媒体视讯、旅馆、购物中心、仓储量贩、文化教育、休闲游憩等使用。其他奖励措施，包括：提供贷款奖励（申请“行政院”中长期资金），用以投资开发高铁产业专用区，以及税赋奖励、容积奖励等等[④]，政府提供投资诸多诱因，以建置更完善之投资、融资及租税优惠环境等。

2. 桃园航空城开发

另一个亮点系“桃园航空城”之开发。有鉴于韩国仁川机场、日本羽田机场、新加坡樟宜机场及荷兰史基浦机场等，近年来已成为区域转运中心，机场及其附近土地整体规划为航空城；机场，不再只是转运站，而是吸引相关产业的聚宝盆，机场为国际竞争力的象征；机场所在的城市在各国产业全球布局中扮演运筹枢纽的重要角色，机场之发展影响国家竞争力。“爱台 12 建设”将“桃园航空城”列为建设旗舰计划，以达到提升台湾的竞争力，进而带动经济之整体发展。爱台十二项建设于 2009~2016 年预计投资经费约达新台币 4 兆，桃园航空城计划为将投资约 2,900 亿元，约达总经费之 7.35%，第一阶段目标年为 2021 年兴建完成。

依桃园市县政府规划蓝本，区域将包含八大功能区域分块：（1）机场园区包括“机场专用区”：发展供航空器起飞降落之跑道、航厦、导航设施、供公共使用之航空运输支

① 台湾高铁局拟规划开发范围，包括：桃园、新竹、台中、嘉义与台南等五个地区；及高铁局另以有偿拨用方式取得之用地，左营附属事业用地与转运专用区、新竹专二用地及苗栗、彰化、云林等新设三站之附属事业用地。故高铁局共有五个车站特定区、两个车站专用区以及新设三站附属事业用地欲开发亦亟待招商开发。

② 台湾“经建会”有鉴于 2008 年美国金融海啸爆发并扩大蔓延、欧美主要国家经济衰退为例，即造成台湾科技产业出口严重萎缩，企业裁员、实施无薪假造成大量失业等问题，显示台湾产业过度集中的风险，产业结构亟需进行调整。既有两兆双星及资通讯产业的基础上，并因应未来节能减碳、人口老化、创意经济兴起等世界趋势，选定生物科技、绿色能源、精致农业、观光旅游、医疗照护及文化创意等六大产业，初步估计自 2009 至 2012 年间有关部门投入经费超过新台币 2,000 亿元。

③ 桃园站定位为“国际商务城”、新竹站定位为“生医科技城”、台中站定位为“娱乐购物城”、嘉义站定位为“休闲游憩城”、台南站定位为“生态城”。

④ 参考资料来源：高速铁路工程局。

持服务、商业服务设施等使用；以及“自由贸易港区”：发展因机场活动衍生国际贸易所需之各类加工制造、加值作业、进出口转口仓库、保税仓库、物流发货、批发仓储、打拆盘作业、空盘柜维修、办公行政、会议展览服务等使用。(2)航空服务生活地区：供飞机机体结构、发动机、航电及内装等系统及其零组件、飞机维修、客机改装货机、航电系统设施等使用；及因航空服务所衍生之专业研发训练、航空公司、营业性飞航业务、购物商场及餐馆、休闲娱乐及运动服务，并供机场服务旅馆、宿舍、住宅等使用。(3)经贸展览园区：发展供国际会展中心及展览服务、商务办公、信息服务、国际金融业务、购物商场及餐馆、休闲娱乐及运动服务、旅馆及旅游服务等使用。(4)机场相容产业园区：飞机系统改装、专业训练与研发、休闲娱乐及运动服务、汽车租赁、停车租赁等使用。(5)滨海游憩地区：结合竹围渔港及滨海资源发展购物商场及餐馆、水域游憩活动、一般旅馆使用。(6)农产加值产销地区：结合地区农业资源发展花卉交易及展售服务、花卉及农渔产品加值服务、休闲农业及民宿服务业等使用。(7)生活机能地区：以捷运车站周边地区发展住宅、购物商场及餐馆、休闲娱乐及运动服务等使用①。

桃园航空城之发展，除上下游整合航空产业链，成为企业营运总部外，依政府规划亦将连结“六大新兴产业”之发展。航空产业区：连结绿色能源产业；经贸展览园区；连结文化创意、医疗照护；机场相容产业园区：连结色能源产业、生物科、技产业、医疗照护；滨海游憩地区：连结观光旅游产业、绿色能源产业；农产加值产销地区：连结观光旅游产业、绿色能源产业、精致农业产业、生物科技产业；生活机能地区：观光旅游产业、文化创意、医疗照护。

结语

两岸经贸，自2002年以来逐步开放；自2008年以来，交流更为热络。在两岸排除关税障碍、战略性产业对接，促进双向投资等商业发展契机下，可预期陆资将扩大来台投资，此势将衍生、增加对于不动产之需求，住宅、商办、乃至于观光休憩之不动产涨幅，指日可待。根据2012年2月新闻报载、引述“经济部”投审会之统计数据显示，来台投资的陆资企业，八成集中在台北市与新北市的大台北地区，排名第三则为桃园县；设点于台北市就占约58%，新北市则有20%，桃园县8%。台北市以内科、敦北、信义三商圈最受欢迎。且来台投资的行业别则以批发及零售业、信息软件服务业及运输及仓储业占了大宗，投资型态以新设公司占比约64%，排名第一，设立分公司则占22%，投资台湾现有公司占14%。以来台投资的业种观察，目前开放陆资来台投资开放项目采“正面表列”方式，总计已开放247项业种，而因ECFA“早收清单”的降税效果，目前初期来台的陆资多数选择以批发零售业作为主要登记营业项目，来台湾试水温。

高铁沿线及桃园航空城等新市镇或区域

① 参考资料来源：桃园县政府，2010年3月，于安信商务律师事务所发表《桃园航空城》简报。

性之大型开发案，将有效带动周边地区及房地产业发展，将北、中、南之都会区整合为一条“黄金走廊”。台湾也将借由区域发展、链接新兴产业，引进外资、陆资合资或参股等方式，开创两岸企业合作之契机，同时发挥产业互补分工的作用，发挥投资综效，以提升投资能量与范围及促进产业的升级及转型。

未来，在金融全球化的潮流趋势下，资金无国界的现象会愈来愈明显。对台湾而言，2012 年最受瞩目的经济议题，即预定在 6 月份举行之第八次“陈江会谈”，该次会谈将讨论《两岸投资保障协议》之签署；毫无疑问，这将使陆资来台投资金额呈现倍数成长，对房地产业而言，堪称实质利多！

第四部分

产业面

第二十四章　陆资想走出去，先要改变心态

张 志 浩 / 沃特（中国）财务集团 CEO

专业领域 / 沃特中国，作为中国顶尖的专业跨境交易投资银行，一直致力于为中国高增长型企业提供全方位的专业金融服务，业务范围涵盖跨国并购顾问、海外上市顾问、私募融资顾问等。

前言

三一重工收购普茨迈斯特、吉利收购沃尔沃、联想收购NEC、海尔收购三洋白电业务、光明收购玛纳森食品75%股份、复星国际战略投资Folli Follie……过去两年，中国企业的身影频频出现在国际并购交易的舞台上，投资数量、投资规模都呈现快速增长的趋势。清科研究中心的数据显示，2011年中国企业完成跨境并购交易11宗，涉及金额41.49亿美元。

进入2012年，中国企业跨境并购的热情丝毫没有减弱。商务部近期披露的数据显示，今年前两个月，境内投资者对全球97个国家和地区的706家境外企业进行了直接投资，累计非金融类对外直投达到74.35亿美元，同比大涨41%。而另一机构公布的数字是，一季度披露金额的24宗中国企业海外并购案，投资总标的达到116.13亿美元，环比增长45.3%，同比增长77.9%。

中国企业的全球化步伐确实在加快，管理咨询机构罗兰贝格在其4月9日发布的《中国企业全球化》“白皮书”中归纳了现阶段中国企业全球化的几大特征：投资规模快速增加，但海外资产存量与影响仍然有限；欧美等发达地区已成新的投资增长目标区域；贸易与采矿业投资规模较大，制造业投资增长领先趋势明显；中国企业以技术与品牌为目标的并购案例显著增加；优秀民营企业已快速登上全球化舞台。

然而，中国企业仍然存在“身体走出去，大脑仍然留在国内”的现象。在罗兰贝格统计的122家企业中，有49%的企业海外收入占比不足15%，与2007年相比，62%的企业海外收入占比下降。跨境并购，中国企业已经在路上，中国企业在摸索中成长。

国际化还是“被国际化”？

笔者以为，近来跨境并购交易的活跃显而易见，这是出于中国企业的内生需求。竞争越来越激烈，毛利一点点下降，企业家深知按照现在的套路走下去，企业只会垮掉，他们必须找出路。

这种变化是两重因素作用的结果。5~10年前，国内企业，尤其是民营企业成长的主要瓶颈是资本，而随着国内A股市场的发展繁荣，以及创业板的开市，中小企业获得了更多来自资本市场的支持。特别是在全球金融危机之后，中国企业似乎越来越“不差钱”，缺钱的欧美企业纷纷来中国寻找资金，我们发现，资本已经不是中国企业发展的障碍了。中国俨然从“资本输入方”成为“资本供给方”。

另一方面，随着劳动力成本和原材料价格的上升，加之人民币升值压力，企业面临着更多的生存困难。“代工企业往往没有核心竞争力，靠成本维系的优势日渐丧失，越来越多客户有意将生产线挪到印度、巴基斯坦等成本更低的国家。”在张志浩看来，大多数中国企业缺技术、缺品牌、缺管理，始终在低效经营，而研发不足也决定了企业后劲乏力。这时候，那些钱袋子鼓起来的企业自然想向国际市场“取长补短”。对此，我的主张是：“人民币越是值钱的时候，越是应该‘走出去’。”

可以说，正是中国企业在技术升级和品牌突破方面的强烈需求推动了中国企业将并购目标转向欧美国家。然而，多数中国企业仍未充分适应并完成全球化的角色升级。罗兰贝格高级合伙人、大中华区副总裁刘文波指出，在持续的欧美经济危机之下，一些海外收购对象通常是在正常运营出现困难，特别是现金方面遇到问题后，在投资银行等机构的推动下“被”中国企业收购。事实上，不少民营企业是在短期内“被国际化”。毫无疑问，企业事前是否制定了清晰的、可执行的并购策略及后续的整合计划，将直接影响企业并购的效果。而“被国际化”必然在一定程度上使并购前景蒙上阴霾。

中国企业跨境并购的成功案例不多，根本原因在于中国企业的国际化程度不高，跨境交易及跨境管理的能力不足。这是一个沉淀的问题，在跨境交易领域，中国企业还是小学生。

以今年年初三一重工并购普茨迈斯特为例。德国普茨迈斯特公司是全球混凝土机械巨头，金融时报评论这宗并购大案时称：“中国将把德国工业的一大支柱收入囊中。”这一评价与26.54亿元的交易金额就足以令业界侧目，然而，最叫人吃惊的还是这单合作竟然是“闪婚”。“这是典型的交易流程失控。”我所知道的是，在这宗大型跨境收购案中，竟然省略了尽职调查！并购交易中的尽职调查，包括财务、法律和商业三个方面，涉及大量公司核心的、甚至机密的商业信息。一般跨国企业在并购前都会聘请专业的外部机构进行尽职调查并给出整合方案，比较顺利的并购一般也要花6~9个月时间。三一重工短短两周时间就决策要完成一宗大额并购，这在业界是不可想象的。不仅是仓促，而且是草率。企业会为这样的交易付出昂贵代价。

三一重工高管曾对媒体这样解释：“我们一直在研究普茨迈斯特，连尽职调查都免了——对它的研究比一般的尽职调查都要详细。”诚然，作为长期的竞争对手，可能从行业、产品、市场等方面了解对方，相对于其他外部人士的确会掌握更多情况。但从专业角度，作为买方，应该有一个独立的核查过程。竞争对手从外部获取信息而进行的研究不能取代专业人士从内部着手进行的尽职调查。

我们都知道，并购交易的根本目的在于收购后企业间的协同效应带来的增值部分。因此，并购定价的重要参考数据应是基于协同效应和被收购企业内在价值之和来考虑的。如果交易价格低于这两者之和，那么在这个金额之下的价格都是合理。但若没有尽职调查，买方是无法具体估计并购后的协同效应到底有多大，交易价格的合理性更是无从谈起。此外，在跨境并购中，后续的整合方案也是在尽职调查的过程中逐步形成的。简言之，没有尽职调查，并购万万不能。

这桩“闪婚”其实暴露了中国企业在跨境并购中“结果导向”的误区，企业更关心“买不买得起”、“能不能拿下”而不是“买下来对我有什么好处”、“能不能赚到钱”。对此，笔者以为，不要为了并购而并购，不要别人“走出去”并购了，我就跟风上。这样不仅会导致交易失败，还会招致巨大的经济损失。

管还是不管？

谈起成功的跨境并购案例，应该首推吉利收购沃尔沃。

去年底，欧洲新车安全评价组织（EuroNCAP）发布了最新一批新车碰撞测试成绩，吉利帝豪EC7获得四星成绩，此前中国自主车企在该测试中的最高纪录是两星。无疑，一向以安全性著称的沃尔沃已开始“反哺”吉利。

在把沃尔沃收归囊中一年多后，吉利与沃尔沃之间的协同效应已经初显。当初，很多人曾质疑李书福能否“管”好沃尔沃。如今沃尔沃的成绩单以及吉利帝豪获得的成绩无疑最具说服力。“李书福的‘管’，不是当时质疑者所想的‘管’。换个角度来看，与其探究李书福是怎么‘管’好沃尔沃的，不如想想他是如何‘不管’的。”

笔者留意到，在沃尔沃的很多重要场合，李书福刻意退在幕后。这样作为的是避免他的讲话影响沃尔沃的经营团队。在把沃尔沃放手给职业经理人团队的同时，李书福在吉利集团董事会下设沃尔沃—吉利对话委员会，自己亲任主席，由吉利高层和沃尔沃高层参与。在该对话机制下，双方就汽车制造、采购、新品开发、技术、营销及人才培养等各领域开展广泛交流，充分交换想法。“这种‘管’与‘不管’间的平衡显示了李书福和吉利的智慧。”

李书福始终强调吉利与沃尔沃是“兄弟”而非“父子”，我更愿意说“融合”而不是“整合”。所谓“整合”，凸显的是并购后主导和从属的思路。而在跨境并购中，应倡导“融合”，收购者与被收购者间不应有从属关系。一个“整”字，隐含的意思是把对方“搓圆了”、“揉扁了”，以迎合收购企业的需求。而“融”字则建立在平等的基础上，相互取长补短，形成更强有力的整体。

那么，怎样的企业适合开展跨境并购交易，并且能像吉利那样取得协同效应？笔者提出了以下三点。

首先，企业家要有开放的心态。应该把跨境并购之旅比作“艾丽斯梦游仙境”，进入一个新世界，第一步就是要吐故纳新，抛弃在中国养成的固定思维和理念，接受新事物、新想法。眼下很多中国企业的成功是依靠低成本下的积累取得的，其管理仍然粗放。但一些企业因为在某一领域做到了区域第一甚至全球领先，就想当然地以为自己的做法、理念放之四海皆准。事实并非如此，在跨境并购时，这种“山大王”做派更是要不得。企业经营良好，有能力去收购海外企业，并不一定说明该企业的管理方法更高明，并且适用于被收购企业的市场环境。

其次，企业要有合格的管理团队。家族式管理显然不适合参与跨境并购，企业必须有职业经理人团队，虽然国内的职业经理人可能欠缺国际经验，但职业经理人至少有学习能力。反过来看，如果没有专业的管理能力，并购所希望得到的技术和品牌根本“买不来”。虽然表面上看，一些企业拥有的专利等技术会随着并购交易实现转移，但如果收购方没有研发管理能力，后续不能进一步提升技术的话，这些专利的价值不能得到最大的发挥。

最后，要有正确的态度。在商言商，应该是企业第一要务。但恰恰在很多中国企业跨境并购的案例中，我们看到“成功者心态”在作祟。长期以来，中国企业一直在行业中担任后来者和新生力量的角色，不知不觉中就把一些老牌的欧美企业视为心目中的奋斗目标。突然有一天，他们发现已经能够把成功的前辈囊括旗下，兴奋之情不言自明。三一重工的高管就多次公开强调并购的“重要意义”，董事会甚至放话，“即使200亿，也要拿下”豪言壮语的背后是“扭曲”的商业心态。其实，在国外，不少并购的出资方仅仅愿意扮演投资人而不是管理者的角色，他们要的并不是主宰一家企业，他们投资的唯一考虑就是能不能获得丰厚回报。

有意愿进行跨境并购的中国企业，“走出去”一定要摆正心态，既不要妄自菲薄，也不要妄自尊大，只有以理性的商业思维来对待跨境并购的交易机会，才能抓住真正的馅饼，而非误入陷阱。“并购是把双刃剑，好的交易会快速提升一家企业，糟糕的交易也会拖住企业的后腿。”

交“路费”还是交“学费”？

近年来，中国企业海外并购的步伐迈得很快，失败的案例也不少，原因多种多样，但笔者认为，缺少专业的买方顾问参与是其中非常重要的一条。并购顾问分买方顾问和卖方顾问，现在中国企业在与国外企业进行并购交易时，双方背后的专业团队往往极不对等，中国企业会很吃亏。

根据彭博社的相关资料，2010年和2011年，中国企业参与了450多宗跨境并购（包括已完成和正在进行的），其中绝大多数以买方身份出现，但是买方顾问的参与程度与并购规模成反比。在披露金额的近400宗交易中，金额在10亿美元以上的19宗跨境并购，85%有买方顾问参与；交易金额介于1亿美元至10亿美元之间的，聘请买方顾问的比例为43%；交易金额介于5000万至1亿美元之间的交易，聘请买方顾问的只有12%；交易金额在5000万美元以下的260多宗跨境并购中，只有不到2%的中国企业聘请了买方顾问。随着交易金额的降低，聘请买方顾问的比例锐减，可中小规模的交易却是当前中国企业参与最多的交易类型。

据我观察，买方顾问参与度与跨境并购的交易成功率往往成正比。这里的成功，不仅仅指完成交易，还有交易完成对双方产生的协同效用。不会游泳的人往往不会淹死，打比方说，一般不会游泳的人肯定会求助救生圈，戴上救生圈，就不会淹死。而最危险的就是会一点游泳的人，他们自以为会游泳，不需要救生圈，但他们那点“狗爬”本事在泳池里或许管用，可一旦到了海里，就完全不管用了。在国外成熟市场，即便像通用电气这样大的集团企业，内部有很专业的财务、法律团队，但在参与跨境并购时，仍然会聘请投行及其他专业人士担任顾问。

说到底，还是国内企业对并购顾问的价值没有充分认可。在国外，顾问费用一般占到整个交易金额的2%~3%，一般中型并购交易的顾问费用在100万美元以上；而要请高盛、美林等知名投行出马，顾问费用不会低于500万美元。动辄百万美元，顾问的“要价”看似不低，但事实上，其对整笔交易价值的影响巨大，比如财务状况评估的结果直接会改写整单交易的总价，有时候一个小数点都会上下百万甚至千万美元。从这个角度来看的话，顾问的价值远比其收取的费用要高。更极端的情况是，在一宗完不成的并购交易中，顾问的价值却得到了极致的体现。买方顾问如果及时“叫停”一宗买卖，那么，收购方避免的可能就是超过顾问费用几十倍乃至几百倍的损失。

在行业内，有人形象地把这个问题比喻成是付“路费”还是付“学费”的问题。现在很多中国企业不断地付高昂的“学费”，而不愿意支付一点点“路费”。其实企业的融合工作在并购交易未达成前就已经开始了，买方顾问除了要给出交易方案外，还要给出融合方案，整个并购的估值也与融合方案有关，这是买方顾问更重要的价值所在。“海外并购，不是一次简单的自助游。在一个相对陌生的市场环境中，找个向导，多了解一下当地情况，多依靠一些外脑，经过反复权衡、比较，甚至放弃，由此结成的‘跨境联姻’，幸福概率会大一点。”笔者乐观预测，未来3~5年，中国企业的跨境并购会更加活跃，专业机构的参与度也会越来越高。

多种数据显示，2012年将是中国企业对外并购大热之年。中国“十二五”规划中鼓励扶持的领域，比如新能源、新材料、升级制造业等，大多与欧洲尤其是德国的龙头产业有契合度，这会鼓励有实力的中国企业进行全球化布局战略。

另外，跨境并购是否成功的核心问题，简而言之：贵不贵？值不值？并购交易的根本目的在于收购以后企业间的协同效应带来的增值部分。因此，并购定价的重要参考数据应是基于协同效应和被收购企业内在价值（intrinsic value）之和来考虑。如果交易价格低于这两者之和，那么在这个金额之下的价格都是合理，甚至合算的。否则另当别论。没有公允专业的尽职调查，就很难真正理解对方企业的运作及核心竞争力。

但和市场对跨境并购需求增加不符的是，多数中国企业家依然以结果导向型心态看待跨境并购，把第三方专业财务顾问和尽职调查服务单纯地、错误地视作“交易促成者”。

当买方顾问提供咨询的时候，调研团队需要展开一系列的谈判。评估之后，如果购买弊大于利，就会建议放弃购买。很多时候站在客户角度、为客户利益着想的时候，建议买方放弃收购就意味着自己损失利益，然而不这么做，买方企业可能将蒙受潜在风险和损失。

而在中小型的跨境交易中，为什么买方顾问参与程度如此之低？据笔者的观察，这主要因为国内许多企业家对买方顾问的认识存在多重误区。

误区之一：不少企业家认为只有大型并购交易才需要请买方顾问，中小型并购则可以把买方顾问可以省略。其实，大企业进行大规模的并购，而中小企业进行中小规模的并购，对买方企业来说，都是一样重要，甚至中小企业参与的并购对其企业本身的影响更为深远。因此，无论什么规模的并购，只要对买方企业来说是一宗重要的交易，就必须谨慎，否则一旦失败，将会给企业带来巨大的负面影响，甚至影响公司固有业务的正常经营。如果公司本身的团队缺乏相应的人才，就该借助外力来协助完成交易，以确保交易的安全、可靠。

误区之二：卖方提供的信息已相当充分，足以作出恰当的判断，不需要再额外聘请顾问。而事实是，当前中国企业参与的大部分并购交易源于卖方主动找上门。卖方及其顾问会提供相关的财务资料，买方总是根据卖方提供的信息及自身对行业的理解和市场的判断，来作出决策。殊不知，卖方提供的信息，往往基于卖方的利益考虑。在很多失败的跨境并购案例中，有些买方只有在交易完成，正式入主阶段，才突然发现自己面对的是个多大的黑洞。毫无疑问，一味依赖卖方提供的数据的话，难免会造成对标的物片面或不准确的认知，加大交易的风险。

误区之三：把买方顾问当成了并购中介。笔者在业务实践中，常常碰到一些企业家直接提出诸如这样的要求：请你帮我收购一项资产……这样的企业家虽然想到了请买方顾问，但却把买方顾问仅仅当做了交易中介而已。实际上，无论是买方还是卖方顾问，都包含了双重角色：咨询和经纪。对于卖方顾问来说，职责相对明确。因为出售资产的决定已由股东作出，那么卖方顾问除了准备文件外，关键任务是定价及协助找到买家，并促成交易。因此，国内外通用的方式是卖方顾问按照交易金额收取一定比例的佣金。对于买方顾问来说，其咨询的职责要胜于中介的职责。咨询，是对企业的战略负责，要确保交易对企业带来协同效应，为股东创造新价值；中介，则只要确保买卖双方完成交易即可。无疑，中国企业在选择买方顾问的时候，更应侧重其提供咨询服务的能力，而非仅仅考虑其协助交易完成的中介能力。

误区之四：把买方顾问的佣金与交易完成后的金额挂钩。这样做的弊端，是买方顾问在商业利益驱动下，极有可能力促一宗本不该有的交易。如果买方顾问从专业角度出发，认为应该叫停这宗交易，那其前期大量的劳动价值就将付之东流。有职业道德的买方顾问，不得不面对这样的尴尬境地：为获得报酬而违心促成交易或者秉承了职业道德而让工作团队几个月甚至一两年的劳动化为乌有。

因此，在这种佣金制度下，买方顾问要不就退化为交易中介，要不就只能面临着潜在道德和商业利益的冲突。一些专业机构因此不愿承接买方顾问的角色，以避免可能的冲突，这使得企业更难找到合适的顾问。

从国际上通行的操作而言，为认可买方顾问的劳动，都是按照工作进程和时间支付佣金的。在笔者参与的一些国际并购交易中，莫不如此。显然，只有在合理的佣金制度下，才能吸引专业的机构。而对企业来说，如果买方顾问从专业角度出发，建议终止收购，反而应该庆幸因此避免了更大的潜在损失。此时，虽然交易没有完成，买方难道不该对顾问提出的意见给予合理的定价么？只是，当买方顾问按照交易完成后的金额而收费时，有多少买方顾问会给出“终止”的建议呢？

结语

近年来，中国企业海外并购的步伐很快，失败的案例也不少，原因当然多种多样，缺少专业的买方顾问参与其中是重要的一条。

海外并购，不是一次简单的自助游。在一个陌生的市场环境中，找个向导，多了解一下当地情况，多依靠一些外脑，经过反复权衡、比较，甚至放弃，由此结成的“跨境联姻”，幸福的概率应该会大一点。

第五部分

其他

第一章　大陆人士在台工作、居住相关问题

李 静 秀 / 勤业众信联合会计师事务所税务部协理

专业领域 / 现任勤业众信会计师事务所税务部协理 / 中国税务与商务咨询组协理。李静秀协理曾任职“经济部投资审议委员会”多年，具有超过 20 年以上申办投资业务及工商登记之丰富实务经验。目前主要负责大陆投资架构主体规划、海外投资申请、外国人来台投资申请、规划台商回台上市之大陆投资补办流程暨限额计算与合规化申报及申请大陆科技及商务人士来台与外籍人员之来台工作许可，并提供境外及大陆地区企业之设立等多项专业服务。近期亦针对陆资来台投资等相关议题进行研究，提供专业之见解，并承办相关专案业务。

前言

为因应陆商来台投资之人员进出需要，“内政部入出国及移民署”业已修改“大陆地区专业人士来台从事专业活动许可办法”、“大陆地区人民来台从事商务活动许可办法”及“大陆地区专业人士来台从事专业活动之邀请单位及应备具之申请文件表”，以协助陆商来台之有关人员进出、金融保险、通勤居住等问题之依循，兹简述下列情况，以为参考。

如何申请陆资企业之大陆籍主管或专业人士在台从事商务活动及专业活动之台湾地区入出境？

陆资企业来台考察必须透过台湾方的邀请单位向“内政部入出国及移民署”事先提出申请。

1. 若陆资企业尚未有具体的投资计划，可透过以下规定进行申请：

（1）依照“大陆地区人士来台从事专业活动许可办法”当中“乙、戊、己”类之规定，由台湾地区立案核准成立满一年之县市级以上经济或大陆事务团体邀请组团来台访问：

（2）依据“大陆地区人民来台从事商务活动许可办法”规定，符合资格之台湾公司邀请来台从事商务访问。

（3）依据“大陆地区人民来台从事观光活动许可办法”规定来台观光兼考察（旅游全程日数的三分之一范围内可安排自由活动）。

2. 若陆资企业已有具体来台投资计划，可透过以下规定进行申请：

依照“大陆地区人士来台从事专业活动许可办法”内“庚类I”规定提出申请，由符合“大陆地区人民、法人、团体、其他机构或其在第三地区投资之公司于台湾地区之代理人（法人及自然人均可）”及“在台湾地区之被投资事业”两项条件之一者担任邀请单位，检具相关文件向台湾“内政部入出国移民署”办理（作业时间约为7~10个工作日）。

3. 陆资企业来台投资设立公司后，陆籍员工可以透下规进行在台居留申请：

依照“大陆地区人士来台从事专业活动许可办法”内“庚类II”及“辛类”规定提出申请：

（1）大陆地区人民、法人、团体、其他机构或其于第三地区投资之公司，依法于台湾地区投资之事业，符合下列资格者：

A. 设立未满一年者，实收资本额或台湾地区营业所用资金金额达新台币1,000万元以上。

B. 设立一年以上者，最近一年或前三年平均营业额达新台币3,000万元以上、平均进出口实绩总额达300万美元以上或平均代理佣金达100万美元以上。

大陆地区人民、法人、团体、其他机构或其于第三地区投资之公司，依法于台湾地区设立之办事处者。投资后：

大陆地区投资人于设立营利事业或办事处后，其经理人、主管或专业技术人员，从事之经贸活动。

（1）每次停留期间不得逾 1 年。

（2）其本人、配偶及子女，经许可得发给一年效期多次入出境许可。

陆资企业驻台人员申请配偶及子女随行来台及父母来台探亲问题。

1. 在台陆资企业其陆籍负责人、经理人、主管或专业技术人员之配偶及子女 可申请随行来台，检附相关文件向台湾“内政部入出国移民署”办理（作业时间约为 7~10 个工作日）。

2. 台湾已经开放庚类二与辛类大陆地区经贸专业人士之父母可来台探亲，以及大陆地区民用航空公司与航运公司来台停留期间 6 个月以上驻点人员之父母、配偶或未成年子女可来台探亲。

依“内政部”2011 年 5 月 24 日修正发布施行“大陆地区人民进入台湾地区许可办法”部分条文，说明如下：

（1）大陆地区人民其子女为大陆地区专业人士来台从事专业活动许可办法之大陆地区经贸专业人士庚类二或辛类，得申请进入台湾地区探亲。

（2）大陆地区人民为符合第二十八条之一第一项或第二十九条之一第一项规定许可来台停留期间六个月以上之驻点人员，其父母、配偶或未成年子女得申请进入台湾地区探亲。

（3）探亲停留期间，每次两个月入出境许可效期，不得逾 2 个月，并不得申请延期，并可享一年三次，让陆籍驻台人员有机会在台湾共享天伦之乐。（每年来台不得逾 3 次）。

在台陆资企业负责人及驻台人员之子女来台湾就学申请问题

1. 依照“大陆地区专业人士来台从事专业活动许可办法”第十六条第四项规定，以下之大陆地区专业人士来台，其未满 18 岁之同行子女得申请入学：

（1）大陆地区经贸专业人士庚类担任台湾地区投资事业之负责人，来台从事经营、管理、执行董、监事业务等活动。

（2）大陆地区经贸专业人士辛类。

2. 申请入学之规定及应备文件如下：

（1）申请就读与其学历相衔接之中、小学者，应向其在台住所所在地学校之主管教育行政机关提出申请，由该主管教育行政机关分发至在台住所学区或邻近学区学校；其拟就读私立学校者，应附学校同意入学证明。

（2）申请就读与其学历相衔接之高级中等学校者，应检附下列文件，向其拟就读学校之教育行政主管机关提出申请，比照台湾地区学生参加学校转（入）学甄试，达录取标准，经教育行政主管机关核定后，采增额方式录取；其增加之名额，以各校各年级转（入）学名额百分之一为限，计算遇小数点时，采无条件进位法取整数计算：（1）入学申请表。（2）“中央”卫生主管机关指定医院所出具之健康检查合格证明。（3）申请人之父或母台湾地区入出境许可证复印件。（4）经大陆地区公证处公证，并经本条例（按：此指台湾地区与大陆地区人民关系条例）第四条第一项所定机构或依第二项规定受委托之民间团体查证、验证之最高学历证明文件及成绩单。（5）台湾地区入出境许可证复印件。（6）其他相关证明文件。

（3）申请就读外国侨民学校者，准用外国侨民子女就学相关规定办理。

3. 其 18 岁以上子女如拟来台就读大学、得与其他大陆地区人民，依大陆地区人民来台就读专科以上学校办法规定，申请来台就学。

陆籍人士在台申请健保

经许可在台湾地区停留一年之大陆专业人士及其配偶及子女，取得投保资格之证明文件，可依全民健康保险法相关规定参加健保。说明如下：

1. 投保资格：

（1）大陆人士在台湾地区领有居留证明文件者，应自在台居留期间满 4 个月之日起参加健保。

（2）大陆专业人士及其配偶、子女申请参加健保，应持有以下文件之一，始符合投保资格：

A. “产业科技研究”、“学术科技研究”事由之台湾地区入出境许可证。

B. “随行团聚”事由之台湾地区入出境许可证。

C. “企业内部调动”事由之台湾地区入出境许可证。

D. “投资经营管理”或“陪同来台（一）”等事由之台湾地区入出境许可证。

2. 申请所需文件：

台湾地区入出境许可证复印件，另以眷属身份依附大陆专业人士投保者，须载有配偶或子女关系之证件复印件。

3. 申请程序：

（1）由邀请单位以代办第 6 类（地区人口）保险对象之方式在该单位投保，或至居留地之乡（镇、市、区）公所办理投保手续。

（2）另以“投资经营管理”事由申请来台之大陆人士，若在台湾地区为经济部门、许可设立之公司、分公司或办事处之负责人，则应成立投保单位以雇主身份投保。

4. 健保医疗服务项目：

保险对象按月缴纳健保保险费，于发生疾病、伤害、生育事故时，可提供门诊或住院诊疗服务。但保险对象应依医疗相关规定及携带健保 IC 卡就医，分别依诊所或医院挂号费收费标准及健保部分负担规定缴交费用。

5. 注意事项：

（1）居留证明文件效期届满即丧失投保资格，应办理退保。

（2）持单次入出境许可证者投保后出境，该证即失效，应办理退保。于再次来台取得新入出境许可证者，自再次来台居留满 4 个月之日起投保。

陆籍人士如何在台取得房地产

如何办理大陆地区人民（专指自然人）取得、设定或移转不动产物权？应备哪些应备文件及如何办理？

1. 身份证明文件：

大陆地区人民持大陆地区制作之常住人口登记表或居民身份证文书，向大陆地区县市公证处办理涉台公证书，再向财团法人海峡交流基金会申请验证之文件。受托人为大陆地区人民，受托人之身份证明文件及委托书均应依上述规定办理。

2. 申请书：

向不动产所在地直辖市或县（市）政府洽取或网络下载。

3. 申请机关：

直接向土地所在地之直辖市或县（市）政府地政机关申请。

大陆地区人民（专指自然人）取得不动产物权后，该不动产有何管理限制？

依本许可办法第 6 条之 1 规定："大陆地区人民取得供住宅用不动产所有权，于登记完毕后满三年，始得移转。但因继承、强制执行、征收或法院之判决而移转者，不在此限。取得前项供住宅用不动产，于登记完毕后三年内，不得办理土地权利移转之预告登记。"

陆资企业及陆籍驻台人员在台如何到银行开户

1. 若要以陆资身份对台湾企业进行背书行为，建议先通过投资台湾的程序，成为已在台陆资企业的身份后，一般银行较容易受理陆资身份位台湾做背书的行为。且也要看台湾方企业是否愿意接受对方以陆资身份来做背书保证。

2. 陆资企业之专业人士（大陆地区人民）在台湾可否为背书保证行为，也如同上述条件一样。

3. 陆资企业若已完成为已在台陆资企业的身份后，皆可以在台湾银行开户，开户流程为下：台湾金融机构受理申办业务采"双证件查核"，陆籍人员备妥人"出境许可证"及"可辨识身份之证明文件（如护照）"之双证件，亲自前往台湾金融机构即可办理开户（不限金融机构及户数），陆籍人员可透过账户进行活期储蓄存款、定期存款之行为，贷款部分，仅提供购买台湾不动产之贷款（贷款成数，以不动产价款的五成为上限）。

第五部分

其他

第二章　台湾知识产权法制简介

赖 文 智 / 益思科技法律事务所所长

前言

有关大陆地区来台投资所涉知识产权保护事宜，台湾加入 WTO 后因须遵守“与贸易有关知识产权协议（TRIPS）”，故包括：专利法、商标法、著作权法、营业秘密法等，均采互惠原则，且“台湾地区与大陆地区人民关系条例”并未特别就大陆地区人民或企业知识产权权利的行使为特别限制，因此，大陆地区人民或企业均可在互惠原则的前提下，依台湾知识产权相关法律申请或取得相关保护。事实上，依据“经济部智慧财产局”统计，这几年来大陆地区人民或企业在台湾申请专利权、商标权的数量都大幅增加，且逐年成长，相信在签署《海峡两岸知识产权保护合作协议》后，良好的互动将使大陆地区来台投资之知识产权更加完善。以下则简单介绍台湾知识产权相关法制，供大陆地区人民或企业来台投资之参考。

1. 专利法

台湾专利法所保护的专利包括：发明专利、新型专利及设计专利（约相当于发明、实用新型和外观设计），都是采取“属地主义”，必须依据台湾专利法规定申请、审查后，始可取得专利权。发明专利权保护期间自申请日起算 20 年，新型专利权自申请日起算 10 年，设计专利权则自申请日起算 12 年。发明专利与设计专利均采实质审查，获得专利权的期间与各该技术领域有关，较热门的领域须 2~3 年始能取得；新型专利与大陆地区相同，采取“形式审查制度”，申请后约 6 个月即可取得新型专利权，但若要对他人主张专利权侵害，则建议要先行申请新型专利技术报告后再行使权利，以避免后续因新型专利无效而产生的损害赔偿。

台湾申请专利的要件与大陆和其他国家大致相同，包括：新颖性、进步性与产业利用性。以发明专利为例，所谓新颖性是指发明在申请前并无已见于刊物、已公开实施、已为公众所知悉之情形。目前台湾采取绝对新颖性原则，在判断新颖性的要件时，会审查岛内外相关刊物、专利申请文件或展览等，若是在大陆已公开利用的技术，除依优先权规定主张外，不能在台湾申请专利；所谓进步性，则指该发明必须并非其所属技术领域中具有通常知识者，依申请前的先前技术（prior art）所能轻易完成之技术；所谓产业利用性，则指该发明的技术内容已臻成熟阶段，可被产业界利用，但并不以该技术已成熟到足以达商品化或可以大量生产为要件。

台湾专利法针对专利权的让与（移转）与授权，采取“登记对抗制度”，亦即，专利权要出售、转让或授权予他人时，虽然合约是经双方签署就生效，但是，若要确保该交易不致因专利权人后续违约转让或授权而受到影响，建议在交易完成后尽速向智能财产局登记，以产生得对所有第三人主张自己是新的专利权人或被授权人的效果。

此外，值得注意的是，专利侵害的案件，台湾并未以刑事责任相绳，必须要透过民事诉讼的途径处理，若要有效防止专利侵害损害的扩大，需要善用有关定暂时状态假处分的制度，一般专利侵害的案件中，如何搜证、保全证据也会是影响诉讼成败的关键。

2. 商标法

台湾商标法对于商标权的保护，采取“注册主义”，必须要依台湾商标法注册的商标，始可在台湾主张商标权。至于哪些标示可以申请商标权，商标法第 18 条即规定：“Ⅰ商标，指任何具有识别性之标识，得以文字、图形、记号、颜色、立体形状、动态、全像图、声音等，或其联合式所组成。Ⅱ前项所称识别性，指足以使商品或服务之相关消费者认识为指示商品或服务来源，并得与他人之商品或服务相区别者。”亦即，只要具有可被消费者认识为商标，具有“识别性”之标示，即可申请商标权。

至于厂商最关注的“商标抢注”的问题，商标法第 30 条第 1 项有下列几款规定可以处理：“十一、相同或近似于他人著名商标或标章，有致相关公众混淆误认之虞，或有减损著名商标或标章之识别性或信誉之虞者。但得该商标或标章之所有人同意申请注册者，不在此限。十二、相同或近似于他人先使用于同一或类似商品或服务之商标，而申请人因与该他人间具有契约、地缘、业务往来或其他关系，知悉他人商标存在，意图仿袭而申请注册者。但经其同意申请注册者，不在此限。十三、有他人之肖像或著名之姓名、艺名、笔名、字号者。但经其同意申请注册者，不在此限。十四、有著名之法人、商号或其他团体之名称，有致相关公众混淆误认之虞者。但经其同意申请注册者，不在此限。十五、商标侵害他人之著作权、专利权或其他权利，经判决确定者。但经其同意申请注册者，不在此限。”

比较值得注意的是前述条文所提到的“著名”（类似大陆地区“驰名”商标），必须是在台湾地区著名，而不是在大陆地区著名，唯在《海峡两岸知识产权保护合作协议》签署后，因为保护著名（驰名）商标、地理标志或著名产地名称，共同防止恶意抢注行为，乃是协议内容之重要事项。因此，在该合作协议生效后，若可证明在大陆地区为著名（驰名）商标，亦有机会成功撤销其他厂商在台抢注的商标；至于并非著名的商标、个人或法人的名称，则通常会以两岸间商务、旅游往来频繁，而依第 12 条主张该注册人“知悉”他人商标存在，意图仿袭而申请注册为由，申请撤销商标，但这需要具体举证抢注者有知悉的可能性。

商标权的侵害案件会有民、刑事责任，一般贩卖仿冒商品的行为，可以透过提起刑事告诉或自诉的途径处理，民事责任的部分，损害赔偿额的计算，最常见是“就查获侵害商标权商品之零售单价一千五百倍以下之金额。但所查获商品超过一千五百件时，以其总价定赔偿金额”。对于商标权人来说，是比较简便的主张损害的计算方式。

3. 著作权法

台湾著作权法对于著作的保护，采取“创作完成主义”，著作创作完成后，即受著作权法保护，无须登记或公开，对于大陆地区人民或企业的著作，因采互惠原则及“国民待遇”原则，因此，大陆地区人民或企业的著作，只要符合台湾著作权法保护的要件，一样是创作完成时即受保护，若在台湾地区遭侵害，一样可以依据台湾著作权法行使权利。

至于著作保护的要件，著作权法就著作

的定义为“属于文学、科学、艺术或其他学术范围之创作”，据此衍生出著作须具有“文艺性”（即属文艺形态创作，实用物品不受保护）、“原创性（或创作性）”（即须属人类精神创作活动的成果，且具有一定创作高度或与个人特性连结），此外，著作权法第10条之1规定，“依本法取得之著作权，其保护仅及于该著作之表达，而不及于其所表达之思想、程序、制程、系统、操作方法、概念、原理、发现”。即仅保护具体的“表达”，不保护抽象的“思想”。

另外，著作权法对于“真品平行输入”的议题，与专利法、商标法不同，采取禁止真品平行输入的政策，因此，若是在大陆地区采购的真品，除少数个人随行李输入等例外，没有经过著作权人或专属授权的被授权人同意在台湾地区贩卖或出租，亦会涉及相关著作财产权的侵害。

著作权的侵害案件会有民、刑事责任，刑事责任的部分，比较值得注意的是“台湾地区与大陆地区人民关系条例”第78条规定：“大陆地区人民之著作权或其他权利在台湾地区受侵害者，其告诉或自诉之权利，以台湾地区人民得在大陆地区享有同等诉讼权利者为限。”因为大陆著作权法对于刑事责任与台湾规范有些许差异，常见非营利、网络上的著作权侵害，有检察官据此作出不起诉处分。民事责任的部分，比较特殊的是法定赔偿额的规定：“如被害人不易证明其实际损害额，得请求法院依侵害情节，在新台币一万元以上一百万元以下酌定赔偿额。如损害行为属故意且情节重大者，赔偿额得增至新台币五百万元。”

4. 营业秘密法

台湾营业秘密法采取互惠原则，大陆地区虽然没有专门的营业秘密法，但在反不正当竞争法及相关的行政法规中，对于营业秘密亦予相当的保护，故大陆地区来台投资所涉及将大陆地区营业秘密移转至台湾或授权台湾厂商利用时，仍可依据营业秘密法及刑法有关工商秘密的保护。

营业秘密与著作的保护相同，并不采登记制度，依据营业秘密法第二条规定：“本法所称营业秘密，系指方法、技术、制程、配方、程序、设计或其他可用于生产、销售或经营之信息，而符合左列要件者：一、非一般涉及该类信息之人所知者。二、因其秘密性而具有实际或潜在之经济价值者。三、所有人已采取合理之保密措施者。”台湾“营业秘密法”并没有特别针对保护的客体加以限制，无论是技术或信息，只要是可以让拥有者拥有较其竞争者为多的竞争力（即可用于生产、销售或经营之信息），都有可能成为营业秘密法保护的“营业秘密”。

刑事责任的部分，“刑法”第317条规定：“依法令或契约有守因业务知悉或持有工商秘密之义务，而无故泄漏之者，处一年以下有期徒刑、拘役或一千元以下罚金。”不过，在涉及营业秘密的刑事案件，若与计算机、网络犯罪有关，另可依入侵他人计算机（“刑法”第358条）或无故取得他人电磁纪录（“刑法”第359条）规定处理。此外，背信或侵害著作权也是经常用以处理营业秘密侵害的刑事责任的依据。

5. 公平交易法

知识产权领域有关不公平竞争的规范，

在台湾是与结合、联合等反垄断（反托拉斯）一并规范在公平交易法中，亦有对于技术授权协议案件之处理原则。比较值得注意的是第20条有关“表征”（相关事业或消费者所普遍认知之他人姓名、商号或公司名称、商标、商品容器、包装、外观或其他显示他人商品、营业或服务之表征）的保护，经常被用以处理未在台湾注册的商标的侵害的问题，亦禁止对于外国著名商标之仿冒及销售仿冒品之行为。

第24条规定：“除本法另有规定者外，事业亦不得为其他足以影响交易秩序之欺罔或显失公平之行为。”是最主要用来处理不公平竞争的补充性条文。有关“榨取他人努力成果（搭便车）”亦可能被认定为属于显失公平之行为而有违反公平交易法的问题。依据公平会之处理原则，判断是否违法原则上应考虑（一）遭攀附或高度抄袭之标的，应系该事业已投入相当程度之努力，于市场上拥有一定之经济利益，而已被系争行为所榨取；（二）其攀附或抄袭之结果，应有使交易相对人误以为两者属同一来源、同系列产品或关系企业之效果等。常见行为态样包括：攀附他人商誉、高度抄袭、利用他人努力，推展自己商品或服务之行为。过去即曾有网络业者、数据库业者透过此等规定就可能不受著作权法保护的数据库，提出违反公平交易法的举发。此外，事业若滥发侵害著作权、商标权或专利权警告函，亦可能遭认定为违反公平交易法。

若竞争对手有违反公平交易法的行为，除可向公平交易委员会提出举发，由该委员会进行调查决定是否影响市场竞争秩序予以处分外，亦透过民事诉讼行使权利或主张损害赔偿，刑事责任的部分，不公平竞争的部分以先行政后刑事为原则，公平会若进行处分禁止为特定不公平竞争行为后，该业者仍不停止，则可能会有刑事责任。

6. 其他

除前述介绍之专利法、商标法、著作权法、营业秘密法、公平交易法外，台湾另有集成电路电路布局保护法，针对电路布局（layout）予以保护，惟采登记制及实质审查，自申请日或首次商业利用日起保护10年，首次商业利用后逾二年者，不得申请登记。对于电路布局进行还原工程，并不会构成对该电路布局权的侵害。

植物品种及种苗法则针对植物新品种（植物不得申请专利）及其种苗予以保护。具备新颖性、可区别性、一致性、稳定性及一适当品种名称之品种，得申请品种权。木本或多年生藤本植物之品种权期间为25年，其他植物物种之品种权期间为20年，自核准公告之日起算。对取得品种权之种苗，品种权人得禁止他人生产或繁殖、以繁殖为目的而调制、销售、销售之要约、输出或输入及为前述目的之持有行为。不过，农民留种自用的行为及一些非营利、研究行为，都有权利除外的规定。

7. 智慧财产案件审理法

台湾智慧财产法院自2008年7月1日成立后，依智能财产法院组织法规定，除知识产权案件之刑事案件一审仍由各地方法院受理外，刑事案件（“刑法”第253条至第255条、第317条、第318条之罪或违反商标法、著作权法、公平交易法第35条第

1 项关于第 20 条第 1 项及第 36 条关于第 19 条第 5 款案件）的二审及民事案件（依专利法、商标法、著作权法、光盘管理条例、营业秘密法、集成电路电路布局保护法、植物品种及种苗法或公平交易法所保护之知识产权益）一、二审均由智慧财产法院管辖，专利权、商标权的行政诉讼案件，亦由智慧财产法院管辖，属于三合一的诉讼架构，以集中知识产权案件的审理。

配套的智慧财产案件审理法，比较值得注意的包括导入技术审查官（通常是专利的案件，但著作权涉及软件或是其他比较复杂的技术，亦会由承审法官来决定是否请技术审查官协助）、强化证据提出命令（可以命当事人或第三人提出文书或勘验物，但不提出的效果仍然有限）、营业秘密不公开调查程序（得依声请或职权禁止或限制阅览、抄录、摄影）、秘密保持命令（禁止诉讼中接触相关秘密之人后续利用或揭露）、不能仅以供担保替代假处分或假扣押之释明（须有具体释明相关事由法院始会核准假处分或假扣押，较一般民事争议案件严格）、定暂时状态假处分须实质认定其要件（会实际开庭就要件进行审理）等，都使得涉及知识产权的争议案件更加专业与复杂，若是厂商有需要在智慧财产法院进行诉讼活动时，建议最好还是委由专业律师协助。

第五部分

其他

第三章　两岸交通直航，企业并购偏航

罗 千 里 / 北京金杜律师事务所，资深合伙人，两岸法律小组召集人

专业领域 / 跨国并购、海外上市、投资法律

前言

过去，中国大陆的崛起，表现在从巴西、俄罗斯、印度以及南非金砖国家中突出，成为全球吸金力最强大的经济体之一。近年来，中国的崛起早不只展现在吸金力，更表现在中国企业昂首阔步地“走出去”。自2001年中国大陆在《国民经济和社会发展第十个五年计划纲要》中明确提出实施“走出去”战略以来，中国的对外开放政策已成为“引进来”与“走出去”并举的方式。后者，在近年全球对外投资的竞技场上，已经交出了斐然的成绩。2005年，中国的海外并购活动，仅占全球并购的0.5%，但至2009年上半年，在全球跨境并购规模下降35%的情形下，中国企业的跨境收购总额却同比增加40%，居全球第二位。

走出去要与专业人士同行

随着时间的进行，中国的对外投资在全球遍地开花。2010年，中国在全球129个国家、地区，对3125家境外企业进行直接投资，累计实现非金融类对外直接投资590亿美元，同比增长36.3%。研究报告统计，2011年中国大陆企业完成的境外并购交易同比增长93%。这表示，中国大陆企业境外并购越来越纯熟，被并购的标的公司也乐于拥抱中国资本。甚至，更多的中国大陆企业更勇于、乐于步出中国。在2011年的相关境外并购案中，笔者所服务的律师事务所，即代表了银行业（工商银行收购南非标准银行、民生银行收购美国联合银行）、天然资源业（中海油田服务公司整体收购挪威上市公司Awilco、某石油天然气公司收购哈萨克斯坦公司、某央企在澳大利亚的煤矿探矿权竞标收购项目、某央企在俄国的电力合作项目、某央企收购哈萨克斯坦矿产项目、某民企参与收购新西兰铁矿企业的竞标）、电子业（中国电子产业集团收购某香港上市公司）、仓储物流业（诚通集团收购某香港上市公司），电机制造业（卧龙控股集团收购奥地利最大电机制造企业ATB集团）、以及汽车制造业（吉利汽车收购London Taxi、北汽集团收购荷兰英纳法天窗系统集团公司）等各行业的国企、民企、上市公司，成功的收购其相关产业的17家公司的资产或股权。当然，这些只占中国企业在全球并购中的一小部分而已。

企业并购，向来都是复杂的，尤其是境外（跨国）并购，涉及陌生的当地法令、税务、财务管理等议题。倘若未能在尽职调查中侦测出投资方关心的重要事项，或是谈判过程中，未能厘清并排除风险，极有可能使一桩美事变为法律争讼事件。此时，有经验的律师、会计师、财务咨询公司等外部顾问不但可发挥啄木鸟的功能，找出潜在问题并解决，更可在交易过程中，顺利引领投资方成功走向彼岸。

走出去的航行策略——“偏航”(Deviation)

好比恋爱到论及婚嫁，并购过程一路走来，变量与各式挑战绝不少见。既然计划赶不上变化，为了不让惊喜（surprise）变脸成为惊吓，投资人经常需要仰赖专业人士来因应变化，调整并购策略，甚至形式上遵守相关法令，但在实质上突破法令限制，以期顺利完成交易。此一探索解决方案的过程，可称之为“偏航（“deviation”）策略”。

作为协助中国企业走出去的专业伙伴，我们累积了丰富的案例经验。以下仅选取两则实例，作为“偏航”的说明：

从“股权收购”谈成“破产重组”；从“管理层”谈到“债权人”

2012年2月，山东重工潍柴集团（以下简称“潍柴”）成功收购全球最大的豪华游艇制造商，意大利法拉帝集团（以下简称“法拉帝”）。作为潍柴的律师，并购的过程岂是媒体报导“历经数轮艰苦的谈判”一语能道尽。其实，从潍柴自2009年接触我们，表达欲收购境外顶级游艇制造商后，我们便协助客户在次年4月，锁定法拉帝为目标，开启了近两年蜿蜒崎岖的收购旅程。

在经历2011年五个月多次谈判后，潍柴与法拉帝管理层终于签下备忘录：法拉帝同意潍柴投资1亿欧元，取得其30%股权。但由于此时的法拉帝已经欠下高达7亿欧元的债务，因此备忘录附有条件：备忘录需得到债权人的同意始生效力。然而，备忘录只有两个月的有效期限，法拉帝的姿态非常高，只给我们两个月的时间完成交易。因为，法拉帝根本就不认为中国企业有此能力完成。为缓解前述条件与期限给潍柴留下的狭窄谈判空间，在我们的坚持下，增加一个条款：若出于再融资的目的，可调整备忘录的交易架构。这一个坚持，却开启了日后的坦途。

在进行尽职调查之后，我们才发现法拉帝有复杂的股权及债权结构。在形式上的债权人之上，更有多达70多个实质债权人（credit supporting providers）。更惊人的是，贷款协议设有若干财务指针，一旦该指标未达成，形式债权人即可终止贷款协议，且法拉帝的资产已全部被设定为抵押物。果然，法拉帝的财务状况终被江河日下的全球豪华游艇滞销量拖垮，贷款协议中的财务指针果真未达成，而且债权人最终不同意双方的备忘录内容，法拉帝管理层就此出局。可是本来认为无望的交易，在我们了解当地法律后，有了突破的可能。

我们立即将原本配合此次收购的当地意大利律师从并购律师换为破产律师，并向债权人提出第二次并购邀约。但唯恐招致意大利法律下破产程序中的刑事责任，这些债权人并未接受此一邀约。不料，在我们提出修改并购邀约后，债权人却自行提出债转股的重组方案，希望先完成债务重组再谈并购。使得潍柴的收购之路，至此又走回起点。

正值山穷水尽之际，传出70多位实质债权人之一，在市场上大量收购其他债权，并且提出激进的重组方案。由于该重组方案遭到管理层及其他债权人强烈反对，我们决定把握此一难逢的机会，针对这个持有40%债权的债权人进行重点谈判，最终以极低的代价买下该债权人40%的债权。

如此一来，我们立即从被动成为主动，并主导了与法拉帝形式债权人的谈判。最终签下了战略重组框架协议，以1.78亿欧元的股权投资，以及1.96亿欧元的债权投资，持有法拉帝75%股权，法拉帝的员工也非常欢迎潍柴的进入，因为他们不会因企业的破产而失业，这个收购，到此完美地画下句点（原先法拉帝只同意以1亿欧元取得30%股权）。而在这个案例中的“偏航”（从收购债权下手，而非收购股权）正是绝佳的佐证。

被拒台湾门外？交棒他人转进

随着马当局于2008年在台湾赢得选战，以及2012年继续当权，两岸关系吹起一道希望的春风。开放陆资来台投资的行业，经过三阶段的开放，制造业开放程度将近九成，服务业与公共建设则为五成。但到目前，只有204家陆资企业来台，累积投资金额1.75亿美元。我们事务所为更好协助陆资企业投资台湾，两年前即成立了两岸法律小组，积极将台湾优质的投资机会，例如旅馆业、服饰业、餐饮业、饮料业、生技医疗等各行业等推介给陆资企业。

其实，在引介陆资投资台湾企业的过程中，我们也发现台湾开放的政策极有可议之处。若干行业其实是开了大门却关上小门。例如开放陆资投资观光旅馆业，却禁止投资一般旅馆，使得资金需求最甚的中小型业者，却等不到陆资的滋润，而观光旅馆却根本不需要陆资的投入。造成大者恒大，弱者恒弱的局面。主管机关却老调重弹地认为，在WTO架构下，原本就不开放观光等级旅馆以外的外资投资，而且为确保外来观光客的旅游质量，重点培育观光旅馆业有其必要等说法。面板业亦同，目前台湾面板业一年要亏几百亿上千亿台币。既然已经不是优势的产业又何必抱残守缺，自欺欺人。面板业是台湾高科技产业。大陆目前需要技术（六代以上），与其台湾这些面板公司日后卖不掉，不如现在卖个好价钱，因为日、韩也在卖面板厂给中国大陆。有政府的支持，这些台湾面板厂是倒不了的，从另一个角度来看，与其任其倒闭造成失业，还不如换个股东使其生存下去，这对台湾就业反而是正面的。

诸如此类令人纳闷的“开一半政策”，比比皆是，又例如在三通之后，却不开放运输辅助业；仓储业也只限公共建设，且不得具有控制能力等等。凡此种种，实际上恐怕是担心管制失控或害怕竞争的心态。但仅就股权比例、实质控制力，甚至架设不予开放的业别围篱，真能限制得住陆资的进入吗？比如民用航空器，目前法规规定外资及陆资不得进入，但却允许“侨资”。如果陆资真要进入此行业，随便在香港找个侨资身份的个人或公司，不是轻而易举的事吗？

我们见到不少实际案例，在台湾就采取了另一种“偏航”的策略。例如某陆资公司欲对原本就有紧密合作关系的台湾公司注资。双方达成共识，由陆方提供台湾公司增资所需的资本，陆方投资者为巩固其投资而要求取得控股地位。该产业虽不具政治或高科技技术敏感性，却是现行台湾法令禁止陆资进入的行业。此时，双方并不会为了遵循现行法令而放弃这桩亲事。

为跨越类似的形式规范限制，常见的偏航做法，有人找寻有信赖基础的代持投资股权名义人，或在已开放投资的行业设立公司再间接控制受限制的公司；有人通过协议控制的方式，实现控制权并移转利润；有人则以接力赛跑的方式，先交棒名义投资人，然后再辗转展现控制力及取得利润等等，都是解决各种设有行业准入限制的常见方法。有趣的是，台湾有关主管机关早也知悉业者此一做法，但宁做鸵鸟，眼不见为净。其实，与其让众多演员：标的公司、投资人、代持者，甚至管制者大费周章地上演一出戏，还不如检讨不合时宜的相关准入规范。

另就陆资企业在台湾上市而言，目前即便是陆资企业在第三地设立公司，若该陆资企业不对该公司具有实质控制力，且持股比例低于30%，该第三地区公司才可以海外企业的身份在台上市（IPO）。否则，陆资企业必须经过一连串繁复的陆资审查申请程序，还不见得能进入台湾资本市场。从去年年中开始对陆资海外上市企业在台湾发行TDR连番受挫之后，陆资在台IPO更是个遥遥无期的遐想。因此，就有人盘算如何在台湾“买壳上市”了。

我们看过的计划很有创意：有的案例是，由该陆资公司在第三地设立的公司与台湾上市壳公司的海外控股公司的股东签订股权转让协议，收购其海外控股公司，即直接控制该海外控股公司，从而达到间接控制台湾上市公司的目的。由于双方交易主体及交易过程都在台湾境外，因此无需向台湾有关当局申请核准。有的是陆资与海外基金合作，以现金收购台湾上市公司的控股股权，日后再买回海外基金的股权，走的也是海外“偏航”的交易。

结语

“走出去”政策，是中国政府着眼于国家经济发展全局所作出的重大决定。鼓励纺织、家电及其他轻工业等生产力较大的企业，在境外增设加工基地、营销服务据点及研发机构，除有助于实现中国产品市场与原产地多样化的目的、汲取先进技术与管理经验，更有助于促进被投资地的经济发展与就业，缓解贸易摩擦。近年来资源类国企开展境外并购或其他开发合作，除可保障资源来源的稳定，亦有布局全球的战略意义。而中国的上市公司及民企，也在资金充沛的情况下，大举收购具有品牌、技术的海外公司，以期迅速完成产业升级的目的。

经调查，中国大陆企业跨境并购的成功案例，有下列几个共同因素，可称为“三近法则”：一、就近并购。选择与被投资企业业务内容相近，规模实力相近、合作关系密切的标的公司。二、拉近距离。联合其他当地投资者参与并购，拉近东道国政府和民众的距离。善用律师、国际投行、会计师等专业人士，增进对标的企业的企业文化、当地文化的了解。三、靠近获取。第一手接触标的公司，获取原有的管理技巧、生产技术。

台湾，在文化、语言上，是最符合大陆企业“三近并购”成功法则的选项。而在台湾这个美丽宝岛上的本地企业，在企业纷纷西进大陆或东南亚国家后，已渐失蓬勃活力。除了奋力发展服务业或进行产业转型之外，吸引外资，包含陆资来投资台湾，是必走的路。若为了吸引大陆企业来台，则应切实检讨相关陆资准入的规定，以及其他相关管制措施。否则，只会让陆资感叹台湾“好山，好水，好麻烦”。专业人士提供的诸多偏航解决之道，也都只是为了顺利达到投资的目的。从结论来看，其实投资者、标的公司、专业人士与管制者的目标是相同的。撇开若干政治敏感、技术敏感的产业不论，管制者何不把精力放在陆资落地之后的适切管制，而不是先将其拒之在外？毕竟，陆资是全球都在争取的活水，台湾无需要画地自限。记得 1980 年代起，大陆开放台商赴大陆投资，台商对一项投资，至少往返大陆数十次，才能决定选址、合作伙伴、当地市场等投资决策。今天台湾开放陆资进入台湾，却设定了重重限制，连陆资公司负责人来台考察，还要台湾企业或商会邀请才能成行。导致旅行社或不相干的协会商会邀请函满天飞，又走了“偏航”的路子。我们代表潍柴投资收购法拉帝的最后半年中，就与潍柴的公司高管往返意大利近二十次，甚至当天回到北京，晚上又立刻返回意大利。若是在台湾，这个项目绝对是做不成的，因为我们还得先找发邀请函的单位。当然，我相信台湾当局也不认为这些企业老板会滞留台湾成为黑户，但就是跨不开这一步。两岸要推动的和平协议，如果连逐利的商人都要天天找“偏航”的办法，怕是缘木求鱼了。

（本文感谢本所何佳梅律师的贡献）

编辑后记

《投资台湾》一书，旨在为大陆企业到台湾投资提供便利，避免企业完全依靠自己摸索，为企业节省昂贵的摸索代价。台湾并购与私募股权协会自2009年9月成立至今，无不朝着创会宗旨：战略合作—资本连结—携手两岸—迈向全球的目标奋进。随着海峡两岸签订ECFA后，加速促成更多的经贸投资活动往来，过去两年多来，中国企业投资协会和台湾并购与私募股权协会亦成功扮演海峡两岸投资的“桥梁”，促使两岸多次重要的实质交流，实现两岸资源共享和优势互补，最终达到双赢之目的。

在海峡两岸同业互动及推展双向投资过程中，大陆企业对台湾民情、投资经营环境及相关政策、投资范围、审批管理手续等了解还不够，希望能了解更多的台湾投资环境细节。在后ECFA时期，大陆资金将持续进入台湾，然而两岸产业却因信息不对称以及缺乏专业媒介平台的资源链接，无法达到相辅相成之功效。有鉴于此，台湾并购与私募股权协会理事长黄齐元先生于2012年4月在协会理监事联席会议上提议，黄日灿、王伯鑫副理事长及所有理事、监事附议，决定邀约台湾并购与私募股权协会内的财经、法律、会计、投资等领域之专家会员，分别就陆资来台投资所涉及之法令、法律、财会、资本市场、产业趋势等相关问题，集众之力共同撰写精辟论述，并以个案分析提供专业的信息及服务内容，让陆资充分了解来台投资应注意的相关事项，促进两岸实质投资交流合作。

同时，根据美国商业环境风险评估公司（简称BERI）最新公布2012年第一次的《投资环境风险评估报告》，在列入评比的全球50个主要国家和地区中，台湾在投资环境评比排名第四，营运风险评比排名第一，汇兑风险评比排名第四，政治风险评比排名居第七，加上即将签订的《两岸投保协议》，双边投资保障更为明确。综合这些评比数据，现阶段正是陆资投资台湾最佳时机点。据此，《投资台湾》一书编辑概念于焉诞生。

本书自开始着手企划、分派、论述撰写及编排校对，历时仅两个多月，虽然《投资台湾》工作成员非专业编辑团队，但他们日以继夜，希望不负会员专家所提供的真知灼见。特此感谢所有撰稿之专家们在如此短促时间内发挥个人专业领域长才，工作繁忙之余特别拨冗撰述，并配合《投资台湾》编辑团队严苛要求于期限内完成。尤其为方便两岸人士轻松阅读，大家的用字遣词审慎斟酌，这一本集结共57篇专业文稿真可谓呕心沥血之作，也使得本书成为当前市场上介绍台湾投资环境最为详尽、最为丰富的参考工具专书，相信一定会对两岸投资活动发挥显著之功效。

好的文章内容详实，来自于各方的经费及精神支持更不匮乏，《投资台湾》一书能够出版发行，台湾同胞给了我们很大的支持。首先感谢冠捷科技集团、众达国际法律事务所、蓝涛亚洲、东亚证券、福邦综合证券、台湾金融控股股份有限公司、“中国信托金控”、常在国际法律事务所、证券柜台买卖中心、中华开发金控以及岛内的四大会计师事务所：勤业众信、安侯建业、资诚、安永联合会计师事务所等会员单位在第一时间挺身支持，出钱又出力，以行动支持本书的出版。还要感谢宝华综合经济研究所叶明峰副董事长于公司搬家繁忙之际第一个缴交台湾经济展望文稿、两岸搭桥计划办公室热诚提供相关内容、信息工业策进会提供对台湾信息软硬件的研究报告等等。台湾证券交易所推展资本市场发展也不遗余力，以最快速及最准确方式提供最及时信息参考。在编排印制方面，更获得工商时报陈碧芬副主任的引荐发行商，以及台湾并购与私募股权协会会员单位东西设计公司陈国华总监及李景光设计师不计酬劳的鼎力承办编辑事项，才让这本 500 多页前所未有的巨作完整呈现。

当然，本书也得到了国内各界及同仁的大力支持，中国企业投资协会和台湾并购与私募股权协会共同合作编印本书简体字版并进行推广，徐渊哲副会长亲自过问，陈兴灏主任做了许多具体工作。中国社会科学院原常务副院长王洛林先生不辞辛苦为本书作序，积极推荐，禆益丰投资管理顾问有限公司董事长陈菊香女士为本书出版提供热情帮助。在印制经费上，获汇盈国际资产投资集团林宇晨董事长的情意相挺。

在新书发表之际，还将伴随数场由中国企业投资协会和台湾并购与私募股权协会在大陆各地共同主办的“投资台湾”论坛，两岸专家学者将共同探讨两岸实质投资合作趋势与发展。

中国企业投资协会和台湾并购与私募股权协会，作为民间与政府及世界的沟通桥梁，积极推广并购与私募股权投资的新观念，广泛地和全球的关联组织进行交流合作。台湾并购与私募股权协会成员皆为从事并购业务或私募股权投资之业界翘楚，包含台湾证券交易所、证券柜台买卖中心、银行、证券业、创投 / 私募股权基金及基金管理公司、金融控股公司等金融相关机构、律师、会计师、鉴价师和其他相关的产业专家。未来在两岸投资相关领域必能提供适时恰当的服务及专业咨询。这与中国企业投资协会宗旨不谋而合，中国企业投资协会旨在联合国内企业和相关的经济组织，通过投资咨询、经验交流、信息服务等活动，促进企业的改革和发展；利用“请进来”和“走出去”的方式，为企业扩大对外经济技术合作的领域和途径，增强企业的国际竞争能力，使之向国际化企业迈进。

希望在本书初版出刊之后，各方不吝赐教指正，我们将秉持一贯的服务精神，根据条件及环境变化继续充实本书有关内容。

最后，我们要向为《投资台湾》出力的所有朋友献上最高致意。

中国企业投资协会秘书长 宋晓鹤

台湾并购与私募股权协会秘书长 杨正秋

鸣谢

中国企业投资协会常务理事、汇盈国际投资集团董事长林宇晨先生的大力支持